"十二五"普通高等教育本科国家级规划教材

21世纪经济与管理精编教材·国际经济与贸易系列

国际电子商务

（第二版）

International Electronic Business

2nd edition

周升起◎主编

北京大学出版社
PEKING UNIVERSITY PRESS

图书在版编目(CIP)数据

国际电子商务 / 周升起主编 . —2 版 . —北京：北京大学出版社，2016. 1
（21 世纪经济与管理精编教材 · 国际经济与贸易系列）
ISBN 978 - 7 - 301 - 26601 - 4

Ⅰ. ①国… Ⅱ. ①周… Ⅲ. ①国际贸易—电子商务—高等学校—教材 Ⅳ. ①F713. 36

中国版本图书馆 CIP 数据核字(2015)第 293202 号

书　　名 国际电子商务（第二版）
GUOJI DIANZI SHANGWU
著作责任者 周升起　主编
策划编辑 周　莹
责任编辑 周　莹
标准书号 ISBN 978 - 7 - 301 - 26601 - 4
出版发行 北京大学出版社
地　　址 北京市海淀区成府路 205 号　100871
网　　址 http://www. pup. cn
电子信箱 em@ pup. cn　　QQ：552063295
新浪微博 @北京大学出版社　@北京大学出版社经管图书
电　　话 邮购部 62752015　发行部 62750672　编辑部 62752926
印 刷 者 北京大学印刷厂
经 销 者 新华书店
730 毫米 ×1020 毫米　16 开本　22. 25 印张　577 千字
2006 年 11 月第 1 版
2016 年 1 月第 2 版　2016 年 1 月第 1 次印刷
印　　数 0001— 3000 册
定　　价 45. 00 元

第二版前言

随着计算机通信和网络基础设施的不断完善、信息技术创新与网上交易安全水平的不断提升，以及国际电子商务法律环境的逐步改善，经过十多年的探索、试点和推广，国际（跨境）电子商务正进入快速发展期。自2008年国际金融危机以来，在世界贸易增长持续低迷的背景下，国际电子商务逐步取代传统贸易模式，成为引领进出口企业在交易方式转变、营销手段创新、新兴市场开拓和竞争力提升等方面的主要手段。不仅如此，由于国际电子商务在提高贸易效率、降低交易成本和商业模式创新上的巨大优势，联合国各有关机构、世界贸易组织（WTO）、世界银行（World Bank）、经济合作与发展组织（OECD）和亚太经合组织（APEC）等国际组织和多边机构，也都把加快国际电子商务发展作为推进贸易便利化的重要措施，列入国际协定谈判议题或贸易发展议程。所有这些都预示着，国际电子商务将步入繁荣发展期。

为适应国际电子商务发展对专业人才的需求，自21世纪初，我国高等院校就开始在国际经济与贸易、世界经济、国际商务和国际企业管理等专业，探索开设“国际电子商务”（或“国际贸易电子商务”）的理论和实验课程。也正是为了满足教学需要，在多年从事“国际电子商务”课程理论和实验教学的基础上，我们开始尝试编写《国际电子商务》教材。第一版《国际电子商务》被中国国际贸易学会推荐列入“全国高等院校国际经济与贸易专业系列统编教材”，由中国商务出版社于2006年11月出版发行。

十分荣幸的是，由我们编写的《国际电子商务》教材，被评为“十二五”普通高等教育本科国家级规划教材。对同行专家给予这本教材的充分肯定，我们表示欣慰和感谢的同时，也迫切感到第一版在知识结构和内容安排上，已明显落后于全球电子商务实践，难以满足未来发展需要。修订改版事宜势在必行。

基于上述考虑，教材编写组重新邀请多年从事国际电子商务理论与实践教学的骨干教师，经过充分酝酿讨论，确定了新版《国际电子商务》教材的编写内容、结构和体例，并根据每个人的教学和研究专长进行了写作分工。

新版《国际电子商务》教材，在结构上依然分为“基础篇”“技术篇”和“实务篇”三部分，但在每篇的章节内容上作出了重大调整：删除了陈旧、过时的内容，大量充实近年来国际电子商务领域出现的新概念、新思想、新技术和新做法；重新设计安排了“基础篇”各章节的写作内容，大幅增加了国际电子商务法律及网络营销方面的知识介绍；在精简、压缩“技术篇”各章节篇幅的同时，对“实务篇”各章节的内容进行了重点补充，以配合各高校国际电子商务实验课教学，满足对学生国际电子商务实际操作能力培养的需要；同时，在教材编写体例上作出了新的设计，在每章的开始增加“学习目标”和“导学案例”，以引发学生的阅读、学习兴趣和对实际发生典型案例的分析思考;在每章的结尾增加"本章小结"和"关键术语",为学生回顾、总结和复习每章重点内容提供线索和引导。另外,本次修订我们还在各章节尽可能多地插入国际电子商务网站页面截图,以提高教材的可阅读性。

新版《国际电子商务》教材,仍由周升起担任主编,负责教材的统稿和文字校对,并撰写第七、八章;纪尚安、张锡宝担任副主编,并分别撰写第四、五、六章和第一、三章;赵囡囡撰写第十、十一章;孙婧撰写第二、九章。

在本版教材的修订过程中,我们参考了大量国内外已出版的相关教材、专著、报告和其他文献,以及国内外众多具有代表性的(国际)电子商务网站,但受限于篇幅,书中未能一一列出,敬请作者谅解并向他们表示由衷的感谢。

作为新兴且快速发展的国际商务交易方式,国际电子商务领域几乎每天都会给我们带来新的思想、观点、知识、技术和成就,一本教材难以将其囊括在内。加上我们的研究范围和编写能力有限,教材中难免有纰漏或不当之处,敬请各位专家、学者批评指正。

最后,衷心感谢北京大学出版社,尤其是周莹编辑对本教材顺利出版所付出的辛勤努力,以及细心指导和帮助。当然,本教材编写内容上的任何错误、疏漏或不当,责任均由编者承担。

本教材适用于高等院校国际经济与贸易、世界经济、国际商务、商务英语和国际企业管理等专业本科、专科学生的理论教学,也可作为上述专业国际电子商务实验课程的辅助和参考教材,以及国际商务领域在职人员的培训和学习用书。

编　者

2015 年 10 月

目 录

第一篇 基础篇

第二篇 技术篇

第三篇 实务篇

第一篇

基础篇

第一章

国际电子商务概述

学习目标

掌握:电子商务的定义及内涵,国际电子商务的含义与特征,电子商务对国际贸易的影响

理解:电子商务环境下国际贸易的特点,国际电子商务的实现方式,国际电子商务的发展趋势

了解:电子商务的发展历程,中国电子商务的发展阶段,国际电子商务的发展障碍

导学案例

Labels4Kids 电子商务网站的成功

Labels4Kids 始于一个在其创始人家中运营的电子商务网站(http://www.labels4kids.com),它面向全球的学生为其提供个性化的标签。现在这家公司已经成长为一个拥有五家网上商店(分别用英语、法语、德语、西班牙语、瑞典语五种语言运行)、另有三家网上商店准备年内开业的全球性企业,并分别于 2011 年、2013 年获得英国"杰出创业奖"。

Labels4Kids 由苏格兰注册会计师 Ann-Maree Morrison 于 2004 年创建。该公司的广告语是:"因为孩子们总是丢东西。"当 Ann-Maree Morrison 成为三个男孩的母亲后,她发现她的孩子经常丢东西,这既为日常的家庭生活带来不便,也增加了家庭支出。通过对其他母亲、朋友的调查和网上调研,她感觉到每个家长都需要质量可靠、粘贴方便而又不会掉下来的个性化标签。于是,她创立了 Labels4Kids 公司。"Labels4Kids"的意思是"孩子们的标签"。该公司的产品是各种款式的塑料防水标签。顾客可以根据自己的喜好选择颜色和款式,并印上自己的名字,进而个性化定制自己的标签。这些标签可直接粘贴在帽子、衣服、瓶子、球棒、睡袋等物品上,且在水洗、加热、消毒之后不变形、不褪色,也不会脱落。除直接粘贴之外,标签还可以直接缝在纤维织物上,或是加热后再粘在相应的物品上。此外,Labels4Kids 近年来还将产品线延伸到个人旅行、养老院、高端服装等领域,为顾客定制个性化的标签。

Labels4Kids 的创业成功源于在当今大批量、标准化生产的时代,人们对于"个性化"定制产品的需求得不到满足。而该公司提供的可定制个性化标签,可以在一定程度上满足全球消费者的这一需求。但不可否认的事实是,是电子商务使得该公司的产品能够迅速打开市场并

走向世界。

资料来源:根据 Label4kids 网络(http://www.labels4kids.com)发布的信息翻译编写。

案例思考题:

访问浏览该公司网站(http://www.labels4kids.com)并尝试下订单。为什么电子商务能够使得这家公司迅速发展起来?

第一节 电子商务与国际贸易

一、电子商务及其发展历程

(一)电子商务的定义及内涵

1. 电子商务的定义

电子商务(Electronic Commerce,EC)的内容包含两个方面:一是电子方式,二是商务活动。自电子商务的概念出现以来,许多国际组织、国家政府、公司和学术团体等,根据自己的理解和需要均给电子商务下过定义,其中具有代表性的定义有:

联合国国际贸易委员会《电子商务示范法》认为:电子商务是指利用数据信息进行的商业活动,而数据信息是指由电子的、光学的或其他类似方式所产生、传输并存储的信息。

世界贸易组织(World Trade Organization,WTO)认为:电子商务是通过电子方式进行货物和服务的生产、销售、买卖与传递。

国际商会(Chamber International Commerce,CIC)认为:电子商务是指实现整个贸易过程中各阶段的贸易活动的电子化。交易各方以电子交易方式而不是通过当面交换或直接面谈方式进行任何形式的商业交易。

欧洲议会对电子商务的定义是:电子商务是各参与方之间以电子方式而不是以物理交换或直接物理接触方式完成任何形式的商业交易。这里的电子方式包括电子数据交换(Electronic Data Exchange,EDI)、电子支付手段、电子订货系统、E-mail、传真、网络、电子公告系统、条码、图像处理、智能卡等。

经济合作和发展组织(Organization of Economic Cooperation and Development,OECD)则认为:电子商务是通过数字通信进行商品和服务的买卖,以及资金的转账,包括 E-mail(电子邮件)、文件传输、传真、电视会议、远程计算机联网所能实现的全部功能。

美国政府在其《全球电子商务纲要》中指出:电子商务是指通过 Internet(互联网)进行的各项商务活动,包括广告、交易、支付、服务等,电子商务将会涉及世界各国。

美国国际商用机器公司(IBM)提出了一个电子商务的定义公式:电子商务 = Web + IT。它所强调的是在网络计算机环境下的商业化应用,是把买方、卖方、厂商及其合作伙伴在 Internet、企业内部网(Intranet)和企业外部网(Extranet)结合起来的应用。

美国惠普公司(HP)则提出:电子商务是跨时域、跨地域的电子化世界 E-World,EW = EC(Electronic Commerce) + EB(Electronic Business)。

综合以上不同定义,对电子商务概念的全面理解应包含以下几点:

(1)电子商务是通过计算机网络实现的整个商务活动的自动化和电子化。

(2)电子商务是利用各种电子工具和电子技术从事各种商务活动的过程。电子工具是指计算机硬件和网络基础设施(包括 Internet、Intranet 和 Extranet 等);电子技术是指处理、传递、交换和获得数据的多技术集合。

(3) 电子商务渗透到商务活动的各个阶段,因而内容广泛,包括信息交换、生产销售、售前售后服务、物流运输、电子支付、质量安全、共享资源等。

(4) 电子商务的参与者包括与交易有关的各种组织、机构或个人。

(5) 电子商务的目的就是要实现企业乃至全社会商务活动的高效率、低成本。

2. 电子商务的内涵

从形式上看,电子商务是以电子或“无纸”方式,取代传统的物理接触或“有纸”方式,来实现交易信息、资金的传递及货物与服务的交换。但由于商务活动的完成,不仅包括企业与企业之间、企业与消费者之间的活动,还包括企业内部、企业与政府部门之间的活动,因此,从本质上讲,电子商务是现代计算机信息技术和网络技术,运用于商务活动所催生的一种新型社会经济形态,它带来了整个社会生产经营活动价值链的改变。

电子商务通过影响人类的通信与交往方式,间接地对传统经济领域的生产、交换、分配和消费方式产生着渐进性的影响,直到渗透、改造、重塑传统经济的运行模式,以及社会经济价值标准与增值方式,从而加快社会商业模式、管理模式、组织结构的创新与变革,逐步降低社会经营成本、提高社会生产效率、优化社会资源配置。

而且,计算机网络的“跨时空”特征,使得电子商务的发展进一步加快了经济全球化的进程。国际(或跨境)电子商务的快速发展,必然打破国界、制度和各种贸易保护屏障,将整个世界经济活动互联为一个整体,推动全球资源的最优化配置,促进全球各国的经济发展。国际电子商务使得各个国家(地区)的企业可以在充分发挥自己的比较优势的同时,充分利用国内外资源,通过 Internet 实现低成本供应链管理,进行全球采购与技术合作,从而将大大提高企业的生产力和竞争力。

电子商务将成为新的经济增长点和增长动力。电子商务以低廉的交易成本、简化的贸易流程、超越时空限制的经营方式和由此带来的巨大利润,正成为传统企业追逐的热点,显示出了极强的生命力。同时,电子商务的应用将直接拉动信息产品制造业、信息服务业、现代金融、物流、营销服务业的快速发展,成为新经济的增长动力。

电子商务在推动传统产业发展和提升传统产业方面也起着重要作用。制造业企业可以利用电子商务将本地市场变成全球市场,以快速响应的优势,大大降低定制成本,实现大规模定制生产。因此,电子商务作为国民经济和社会信息化的核心,必将成为“以信息化带动工业化”的重要动力,推动经济结构优化升级和产业结构的高级化,从而进一步推动国民经济健康快速地发展。

更为重要的是,电子商务不断扩大人类的交往空间和丰富人类的沟通方式,它能够满足个人与个人、个人与组织、组织与组织之间,在最短的时间、最大的空间实现信息多元化共享与互动式交流的需要,进而使人们的生活和工作变得更加快捷与方便。在网络基础之上,电子商务构筑的是一种全新的社会基础结构,以及新的工作方式、生活方式、学习方式和生活理念。因此,电子商务的应用,不仅仅是一个商务模式变革的问题,更关系到经济和社会结构升级,关系到各国家和地区的竞争力问题,将对各国经济发展、社会进步、文化交流和生活改善产生一系列重大影响。

(二) 推动电子商务发展的主要原因

电子商务的产生与发展是生产力提高、IT(信息技术)发展和社会需求变化的客观要求及必然结果。

1. 生产力提高对电子商务发展产生根本推动作用

在商品经济条件下,经济规律作用的结果必然要求全球资源在全世界范围内的最优配置,因而形成了经济全球化、市场一体化、社会分工国际化,以及产业结构"梯次"调整优化的局面。而这种局面的形成又导致资本的跨国流动和跨国公司的大量涌现,推动国际贸易和国际投资的迅速发展。国际贸易和国际投资成为推动世界经济增长的"发动机"。自第二次世界大战以来,国际贸易和国际投资的增长大大快于世界经济的增长。国际贸易的快速增长导致传统以纸张为载体的贸易单证和文件数量的激增,其数量增加所带来的成本增长、纸面单证处理过程中的差错,以及纸面单证传递过程中的时间耽搁等,大大影响了国际贸易的效益和效率。改进国际间的信息传递方式、提高信息传递速度,从而降低国际贸易成本、提高国际贸易效率和效益就成为国际社会关注的焦点。

国际市场需求的个性化、多样化和竞争程度的加剧,使生产由大规模的批量生产向柔性的小批量、多品种生产方式转变,企业组织形式则由大型、纵向、集中式向小型、横向、分散式的网络化方向发展。制造商、供货商、批发商、零售商和消费者之间,跨国公司和各分支机构之间迫切要求提高商业文件、单证的传递速度,提高文件处理的准确性,缩短时间和空间跨度。因此,追求贸易的"无纸化"成为所有贸易伙伴的共同需求。

2. IT 技术发展为电子商务发展提供了坚实的技术基础

IT 技术发展过程中产生了晶体管集成电路、大规模集成电路和超大规模集成电路,对应产生了个人电脑(Personal Computer,PC)机、小型机、分布式计算等技术,在数据处理与传输方面,先后产生了超文本技术(HTML)、压缩与解压缩技术、多媒体技术、数字技术、光纤宽带传输技术等。IT 技术从以下几个方面促进了电子商务的产生:

(1) 近几十年来,电子计算机的处理速度越来越快,信息处理能力越来越强,价格也越来越低,应用范围越来越广。可以说,电子计算机的广泛应用为电子商务的产生和发展奠定了坚实的物质基础。

(2) 20 世纪 80 年代中期,国际通信协议(TCP/IP)的出现和 Internet 的诞生,成为全球通信与信息交换的主要媒体,全球上网用户呈几何级数增长。快速、安全、低成本、图文并茂的特点使网络不断走向普及和成熟,从而为电子商务的发展提供了应用基础。

(3) 以电子支付技术为基础的信用卡(Credit Card)、电子货币(Electronic Currency)的产生和普及应用,为电子商务的发展提供了金融基础,信用卡以其方便、快捷、安全、多用途等特点而逐渐成为人们消费支付的重要手段,并由此形成了完善的全球性信用卡计算机网络支付与结算系统,为电子商务发展中最关键的网上支付提供了重要的技术手段。

(4) 1997 年 5 月 31 日,美国"维萨"卡(VISA)和"万事达"卡(Master Card)等联合制定的安全电子交易协议(Secure Electronic Transaction,SET)的出台,得到大多数厂商的认可和支持,为电子商务的发展提供了一个关键的安全环境。

总之,计算机技术、网络技术、信用卡和电子货币的普及,以及 SET 的制定,为电子商务的产生、发展奠定了坚实的物质和技术基础。

3. 社会消费需求变化对电子商务发展产生巨大拉动作用

随着世界各国民众收入水平的逐步提高,不断提升消费水平、质量和舒适度,就成为各国人民的普遍追求。除对所消费产品与服务的种类、质量和安全有越来越高的要求外,人们更加重视消费的舒适度,因此,方便、快捷、低廉和个性化消费受到越来越多消费者的青睐和追捧。而基于网络进行设计、定制、生产、销售、配送和支付的电子商务，恰好满足了这一市场消费需求的变化趋势。而且，无论产品和服务的提供者、消费者，还是充当“中介”作用的专业第三方电子商务平台，都在通过不断的技术、模式和制度创新，以更快的速度在更大程度上满足各国消费者的上述需求。众多国际组织和各国政府也在通过消除体制、机制和政策障碍，建立有利于电子商务发展的原则、标准和法律规范，推动电子商务的规范化、便利化和国际化。可以说，电子商务的快速发展，在很大程度上是适应和满足国内外市场社会消费需求变化的结果。

（三）电子商务的发展历程

电子商务最早起源于20世纪70年代，主要形式是电子数据交换(EDI)。EDI具有统一标准，贸易各方按照标准格式对价格单、报价单、订单、发票、提货单、装卸单、海关申报单、进出口许可证等进行编码，转换成标准的EDI报文。在EDI通信协议下进行传输，报文接收方按EDI标准，对收到的EDI报文进行相关业务处理，完成交易。

EDI最多应用于进出口贸易和运输业中。它的缺点是由于必须使用专业网络，导致成本过高，因此长期以来其广泛应用受到制约。

到了20世纪90年代，Internet的商业化和万维网(World Wide Web，WWW)的出现、计算机应用的广泛与普及以及Internet用户数量的急剧增加，大大促进了以Internet为基础的、真正的电子商务的迅速发展。而数字化移动通信技术的进步和在电子商务领域的迅速普及应用，则进一步推动电子商务进入“大众化”和“国际化”时代。

电子商务的发展大致经历了三个大的阶段，如图1-1所示。

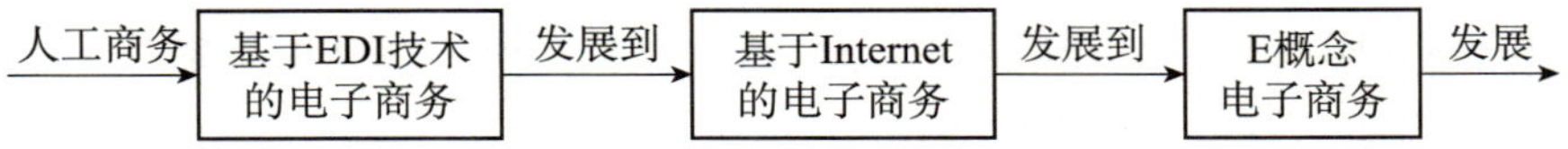

图1-1 电子商务的发展历程

1. 基于EDI技术的电子商务阶段

在贸易“无纸化”趋势的推动下，为了克服传统的人工处理贸易单证、文件带来的诸多困难和问题，贸易企业开始在国际商务活动中尝试应用计算机来处理商务活动中所涉及的文件和单证。在使用计算机来处理各种文件和单证的过程中，人们逐渐发现，人工输入一台计算机的信息，大约有70%是来自另一台计算机输出的信息；但由于传真文件是通过纸张打印来传递和管理信息的，因此不能将信息直接转录到另一个需要使用这些信息的计算机系统中去。在重复的输入和输出过程中，由于过多的人为因素，不仅影响了信息传递的准确性，而且增加了信息传递成本。这时，人们就开始尝试在贸易伙伴之间，或企业内部的计算机之间使数据能自动交换，于是EDI技术便应运而生了。

EDI是将业务信息按一个公认的标准从一台计算机传输到另一台计算机的电子传输技术。由于EDI技术大大减少了传统方法中使用纸张票据的使用，且信息传递及时，易于保存和编辑，因此，被形象地称为“无纸贸易”或“无纸交易”。从技术上讲，EDI包括“硬件”和“软件”两大部分，硬件主要是计算机和传输设备，软件包括计算机操作软件和EDI标准。从硬件方面看，20世纪90年代之前，大多数EDI都有单独的系统和标准，不是通过Internet，而是通过租用的电脑线在专用网络上实现，这类专用的网络被称为增值网(Value-Added Network，VAN)。这样做的目的主要是考虑到信息传递的安全问题。从软件方面看，EDI所需要的软件主要是将用户数据库系统中的信息,翻译成 EDI 的标准格式以供传输交换。由于不同的企业是根据自己的业务特点来规定数据库的信息格式的,因此,当需要发送 EDI 文件时,从企业专用数据库中提取的信息,必须被翻译成 EDI 标准格式才能进行传输。EDI 就是电子商务的初级阶段,这一阶段为 20 世纪 70 年代后期至 90 年代初期。

2. 基于 Internet 的电子商务阶段

EDI 的运用使得贸易文件和单证处理的劳动强度、差错率和费用大大降低,信息传递效率和贸易效率也大为提高,极大地推动了国际贸易的发展,显示出电子商务的巨大优势和强大生命力。但由于 EDI 信息传输系统的建立需要较大的投资,使用 VAN 的费用又很高,中小型企业难以应用,只有大型企业使用才有明显的效益,因此,基于 EDI 的电子商务的应用范围受到了很大的限制,而且 EDI 对于信息共享的考虑也较少,比较适合贸易规模大、客户多、单证和文件传输量大的大型公司之间使用。随着大量的中小型企业对信息共享和“无纸化交易”需求的增长,迫切需要建立一种新的成本低廉、能够实现信息资源共享、任何企业之间都可以无障碍地实现即时信息传递的电子信息交换系统。

20 世纪 80 年代后期,在美国国防部高级研究计划署(ARPA)网络的基础上发展起来的 Internet 网,迅速推广普及,逐步从大学、科研机构走向企业和普通百姓家庭,其功能也逐步从信息共享演变为一种大众化的信息传播与交互式即时交易工具。从 1991 年起,一直被排斥在 Internet 之外的商业贸易活动开始进入该网络系统;1995 年,美国国家科学基金会正式撤销了其严格禁止在 Internet 上进行商业活动的规定,从而使电子商务成为 Internet 应用的最大热点。

在全球迅速普及的 Internet 克服了 EDI 的不足,满足了中小企业对于电子数据交换和信息共享的要求。Internet 作为一个费用更低、覆盖面更广、服务更好的信息传输系统,已表现出替代 VAN 而成为 EDI 的硬件载体的趋势。在 Internet 的基础上建立电子信息交换系统,为在所有企业中普及电子商务活动成为可能,从而也将大大推动各国乃至世界经济、贸易、投资、金融的发展和一体化,促进经济全球化进程。基于 Internet 的电子商务具备 EDI 和 Internet 的共同优势,因此,有人将通过 Internet 实现的 EDI 直接叫作 Internet EDI。

3. E(Electronic)概念电子商务阶段

进入 21 世纪以来,人们对于电子商务的认识又进一步深化,逐渐由电子商务提升到 E 概念的高度。人们开始认识到,电子商务实际上是电子信息技术同商务活动的结合,而电子信息技术不但可以和商务活动结合,还可以同医疗、教育、文化、卫生、军事、金融、企业生产、产品营销等其他领域相结合,从而使整个社会的所有活动实现 E 化。电子信息技术同医疗结合,孵化出电子医务——远程医疗、网上医院;电子信息技术同教育结合,孵化出电子教学——远程教育、网上学校;电子信息技术同出版结合,孵化出网上书店、电子杂志;电子信息技术同军事结合,孵化出电子军务——远程指挥、模拟演习;电子信息技术同金融结合,孵化出网上银行;电子信息技术同企业生产结合,孵化出虚拟企业;电子信息技术同产品营销结合,孵化出新的营销手段——网络营销。对应于不同的 E 概念,产生了不同的电子商务模式,包括企业 - 企业(Business to Business,B2B)模式,企业 - 消费者(Business to Consumer,B2C)模式,企业 - 政府(Business to Administration,B2A)模式,消费者 - 政府(Customer to Administration,C2A)模式,消费者 - 消费者(Consumer to Consumer,C2C)模式等。

近年来,随着移动数字化通信技术的不断发展,电子商务也随之扩展到移动终端上来,且其市场在日益扩大,并由此产生了一些新的电子商务形式——移动电子商务(Mobile Commerce,M-Commerce),即基于手机、平板电脑等移动终端设备的电子商务活动。据艾瑞咨询

(iResearch)调查统计,2013 年移动电子商务的世界市场交易额为 2 300 亿美元,到 2017 年这个数字预计会达到 7 000 亿美元。其中,作为 M-Commerce 的一部分的 T-Commerce(Tablet Commerce,基于平板电脑的电子商务)约占其销售额的一半左右。

此外,随着电子商务的日趋大众化和国际化,电子商务交易所涵盖的产品范围也日益扩大,它既包括传统的数码产品(网上购买,网上送达)和传统的有形产品(网上购买,网下送达),也包括为其他电子商务形式提供决策帮助的"大数据"类服务产品。

(四) 中国电子商务的发展进程

1978 年,中国实施改革开放政策,计算机、信息技术、网络等概念开始逐步传入我国。虽然基于 EDI 的电子商务在西方发达国家已经起步,但由于我国通信技术及计算机网络基础设施相对落后,并且对电子商务发展前景及重要性的认识经历了一个逐步深化的过程,所以,电子商务的发展在我国是进入 20 世纪 90 年代之后才开始兴起的,迄今大致经历了四个阶段。

1. EDI 电子商务试点应用阶段(1990—1993)

自 1990 年开始,我国将 EDI 列入"八五"国家科技攻关项目,具有代表性的项目有"国家外贸许可证 EDI 系统""中国外运海运/空运管理 EDI 系统",以及中国化工进出口公司的"中化财务、石油、橡胶贸易 EDI 系统"和山东抽纱公司"EDI 在出口贸易中的应用"等。1991 年 9 月,国家成立了"中国促进 EDI 应用协调小组",同年 10 月成立了"中国 EDIFACT 委员会"并参加亚洲 EDIFACT 理事会。EDI 在国内外贸易、交通、银行等领域的应用得到国家的重视和有力推动。

政府重视、政策推动、集中攻关、试点应用,是这一阶段我国电子商务发展的主要特点。

2. "金"字工程为代表的 EDI 电子商务推广阶段(1994—1997)

在前一阶段试点应用的基础上,为引导和推动更多企业开展电子商务,1994 年国务院决定开始实施"金关"(海关通关)、"金卡"(银行信用卡)、"金税"(税务征缴)等"金"字工程。1994 年 5 月召开的"北京国际电子商务论坛",以及 1994 年 10 月召开的"北京亚太地区电子商务研讨会",吸引了上千位国内外计算机网络信息和电子商务领域的优秀专家及企业家参加,对加深我国企业对电子商务理念和重要性的认识,以及加快电子商务经营模式在我国的推广应用产生了重要影响。

自 1995 年起,Internet 在中国开始走向商业化,一大批 Internet 公司开始兴起。1996 年 1 月,国务院成立国家信息化工作领导小组,统一领导组织我国信息化建设。1996 年 2 月,"中国国际电子商务中心"(CIECC)成立,该中心被国务院正式确定为国家信息化建设重点工程"外经贸专用网"牵头建设单位,承担金关工程主干网建设。1997 年年初,由 CIECC 负责建设运用的"中国国际电子商务网"(http://www. ec. com. cn)上线运行。1997 年 4 月,全国信息化工作会议在深圳召开,各省区市开始制定包含电子商务在内的信息化建设规划。为给电子商务发展提供条件,这一时期中央和地方政府纷纷加大了对基础电信和计算机网络基础设施建设的投资,加大了对计算机信息、网络技术人才培养和软件应用系统开发等方面的投入。

政府政策引导、强化网络信息基础设施建设、市场机制在企业开展电子商务中逐步发挥引领作用,是这一阶段我国电子商务发展的基本特点。

3. 基于 Internet 的电子商务起步阶段(1998—2000)

1998 年 3 月,我国第一笔 Internet 网上交易成功。1998 年 7 月,由 CIECC 下属"国富通"

公司开发运营的"中国商品交易市场"网站(现"中国诚商网")正式上线运营,被称为"永不闭幕的广交会"。中国商品现货交易市场,是我国第一家现货电子商务交易市场,1999年该网站电子商务交易额就达到2 000亿元。同年,中国银行开通"网上银行",进行了电子银行试点,推出我国第一套基于SET协议的电子支付系统。1998年10月,我国启动以"网上贸易"为主要内容的"金贸工程",它是一项电子商务在经贸流通领域大型应用的试点工程。同年,由CIECC开发的"纺织品出口商品配额招标系统"在中国国际电子商务网投入运行,在我国首次实现纺织品被动配额电子招标。

自1998年起,北京、上海等城市都先后正式启动电子商务工程,进行"电子商场""电子商厦"和"电子商城"的试点,开展网上购物与网上交易,建立金融与非金融认证中心。1999年3月,8848等B2C网站正式开通,开始了实际的网上购物。同年,"阿里巴巴集团"(Alibaba Group)成立,推出让中国的小型出口商、制造商和创业者接触全球买家的首个"第三方电子商务交易"网站(http://www.alibaba.com)。

自1999年起,基于Internet的政府网站、企事业单位网站、中介组织网站等如雨后春笋般地纷纷上线运行,广义电子商务开始启动,并进入广大用户的实际体验和应用。新浪、网易、搜狐等门户网站先后在美国纳斯达克挂牌上市。到2000年年底,中国电子商务网站数量超过2 500家,其中网上购物类(B2C)为数最多,达到1 500家以上;网民数量超过3 000万,参与网上购物的网民比例接近10%,建立独立网站并开展B2B电子商务的大型中国企业已超过10%,网上交易额达到767.7亿元。

为适应并规范迅猛发展的电子商务,我国在本阶段也启动了电子商务立法进程。1999年3月,第九届全国人民代表大会第二次会议颁布了修订后的新《合同法》,新《合同法》第一次将合同的订立方式由传统意义上的书面形式扩展到数据电文形式,并明确了以数据电文形式订立合同的到达时间,此外还对电子商务合同的生效地点进行了规定。2000年6月21日,中国电子商务协会成立。

网上购物、网上支付由概念走向应用、专业第三方电子商务交易平台建立、电子商务立法提上议事日程,是该阶段我国电子商务发展的基本特征。

4. 基于Internet的电子商务全面发展阶段(2001年至今)

基于Internet的电子商务在我国快速起步后,我国电子商务于21世纪初进入全面发展阶段。

在该阶段,信息基础设施的不断完善、电子商务相关法规的实施、基于Internet数字化信息技术的普及应用和电子商务配套服务的逐步健全,为电子商务在我国的全面发展和在全球电子商务市场地位的不断提升提供了良好的环境和必要的支撑。

网络信息技术和信息产业的迅猛发展,为我国电子商务的快速发展奠定了良好的物质和技术基础。截止到2013年年底,我国Internet宽带接入用户数和移动Internet用户数分别达到1.9亿和8.1亿,移动电话普及率达到90.8部/百人,3G网络已经覆盖到全国所有乡镇,3G用户总规模突破4亿人次,渗透率达到32.7%①。截止到2014年6月,我国Internet"域名"总数为1 915万个,网站总数为273万个,网民规模达到6.32亿(超过全球网民总数的1/5),其中手机网民规模为5.27亿,网络购物用户规模达到3.32亿,网上支付用户规模达到2.92亿,均

① 《中国信息产业年鉴》编委会:2013中国信息产业年鉴[M],电子工业出版社,2014年5月。

为世界第一。①

除阿里巴巴、慧聪、全球采购、美商、eBay、环球资源、中国制造、网上广交会等 B2B 电子商务交易平台外，卓越、当当、天猫、京东商城、QQ 商城、盈送商城、凡客诚品等 B2C 电子商务网站，以及淘宝、易趣、拍拍、百度有啊等 C2C 电子商务网站纷纷成立。与此同时，为电子商务运营提供服务的支付宝（Alipay）、ChinaPay、财富通（Tenpay）等第三方网络支付平台，顺丰、韵达、中通、天天、汇通、运通、宅急送等众多物流快递企业相继建立，工商、税务、质量监督等电子政务系统也逐步开通，推动我国电子商务进入全面发展阶段。

该阶段，我国加快了电子商务立法和行业标准、规范的制定实施进程：2001 年 7 月，中国人民银行颁布《网上银行业务管理暂行办法》；2005 年 4 月 1 日，《中华人民共和国电子签名法》开始施行；2005 年 4 月，中国电子商务协会《网上交易平台服务自律规范》对外发布；2005 年 10 月，中国人民银行出台《电子支付指引（第一号）》；2007 年 3 月，商务部发布《关于网上交易的指导意见（暂行）》；2008 年 4 月，商务部发布《电子商务模式规范》和《网络购物服务规范》；2009 年 5 月 1 日，由中国国际经济贸易仲裁委员会颁布的《中国国际经济贸易仲裁委员会网上仲裁规则》正式施行，该规则特别适用于解决电子商务争议；2010 年 6 月，国家工商行政管理总局发布实施《网络商品交易及有关服务行为管理暂行办法》；2010 年 6 月，中国人民银行发布《非金融机构支付服务管理办法》；2012 年 1 月，发布《支付机构互联网支付业务管理办法》；2012 年 6 月，由国家工商总局牵头发起《网络商品交易及服务监管条例》的立法工作全面启动；2014 年 3 月 15 日，国家工商行政管理总局制定的《网络交易管理办法》正式施行。

根据商务部统计，2013 年我国电子商务交易额突破 10 万亿元，同比增长 26.8%，其中网络零售额超过 1.85 万亿元，占社会消费品零售总额的 7.8%，同比增长 41.2%。截止到 2013 年年底，我国跨境电子商务平台已超过 5 000 家，外贸企业电子商务网站超过 20 万家。2013 年中国跨境电子商务交易额突破 3.1 万亿元（约合 5 050 亿美元），其中，跨境在线零售交易额达到 461.9 亿美元。预计 2016 年中国跨境电子商务交易额将增至 6.5 万亿元，年均增速接近 30%。② 电子商务作为战略性新兴产业，在转变经济增长方式、推动产业转型升级、促进流通现代化上发挥了重要的作用，已经成为国家提振内需、扩大消费、促进就业的主要途径之一。

"网络购物、网上支付"的生活方式渐入人心，"网上销售"成为企业盈利和市场竞争的主要手段，电子商务基础环境不断成熟、法律环境逐步改善，跨境电子商务有望成为新的增长点等，是该阶段我国电子商务发展的重要特征。

当然，在这个阶段，电子商务在我国的发展也并非一帆风顺，而是经历了低迷调整、回暖复苏、纵深发展等几个时期：① 2001—2003 年，低迷调整期。由于在起步期扩张速度快，资金投入多，电子商务问题暴露，物流、管理问题突出，网络股出现泡沫，国际股市暴跌，导致部分网络公司倒闭，电子商务企业开始重新洗牌。② 2003—2005 年，回暖复苏期。经过上一时期的优胜劣汰，电子商务网站开始务实经营，再加上"非典"、禽流感、"9 · 11"恐怖袭击等事件的推波助澜，电子商务又迎来了全面发展的局面。在这个时期，我国的电子商务出现了三个较为明显的变化：第一，大批的网民逐步接受了网络购物的生活方式，而且这个规模还在高速地扩张。第二，众多中小型企业从 B2B 电子商务中获得了订单，得到了销售机会，"电商"的概念深入商

① 中国互联网络信息中心：中国互联网络发展状况统计报告[R]，2014 年 7 月。

② 中国商务部：中国电子商务报告 2013[M]，中国商务出版社，2014 年 5 月。

家之心。第三,电子商务基础环境不断成熟,物流、支付、诚信瓶颈得到基本解决,在B2B、B2C、C2C领域里,都有不少的网络商家迅速成长,积累了大量的电子商务运营管理经验和资金。③ 2006年至今,纵深发展期。这个时期最明显的特征是,电子商务已经不仅仅是Internet企业的天下,大量的传统企业和资金进入电子商务领域,使得电子商务成为企业经营的主流模式。另外,移动电子商务在该阶段异军突起,渐成未来电子商务的主力。

二、电子商务对国际贸易的影响

没有任何媒介能像Internet一样轻而易举地超越国界、跨越时空。电话与邮政在进入人类社会活动之初是有这种潜力的,但它们很快就为各国政府所控制,理由是为了保护国家利益。当然,Internet也曾存在被各国政府控制的可能,但在倡导贸易自由化、经济全球化趋势日益加强的今天,各国公众对政府将Internet国家化的做法大多是持反对意见的,而且由于电子商务自身所拥有的巨大优势,其不断地发展和完善必将对国际贸易发展产生广泛而又深远的影响,主要体现在如下几个方面。

1. 加快全球经济贸易一体化进程,有望形成统一的网络化国际大市场

电子商务的出现,突破了传统市场必须以一定的地域为前提条件的限制,导致全球"网络市场"的崛起,开辟了一个崭新的市场空间,在这种网络环境中各国间的经贸联系与合作得以大大加强,成为世界经济一体化的加速器。

首先,产生了全球统一的虚拟市场。目前,Internet已经覆盖了全世界几乎所有的国家和地区,连接的网络多达上亿个,网络终端用户也超过30亿,每年还在以接近20%的速度递增。因此,建立在Internet基础上的电子商务,即将成为全球统一的虚拟化交易市场。

其次,市场价值规律将在全球范围内发生作用。虚拟市场的形成,超越了以往地理界限的制约,使商品、服务的供求与价格等有关信息能在全球范围内迅速流动,表现出公开、完整和实时等特性,减少了交易各方信息的不完全性和不对称性,从而降低了信息不完全引起的市场扭曲,质量相等或相似的商品与服务之间的竞争更加激烈,保证了价值规律充分发挥作用。

最后,市场交易风险有可能加大。电子商务运用于国际贸易,交易者、交易方式、交易意向和交易标的表达都呈现虚拟化。交易者的知觉线索被部分剥夺,交易过程与结果的不确定性增加,加上网络黑客侵扰和电脑病毒攻击,商品、服务的提供方式和支付方式的信用风险、质量风险以及技术风险都大大增加。不过,当前快速发展的网络安全技术和逐步形成的电子交易诚信机制,有望降低电子市场交易的风险。

2. 促使国际分工进一步深化,比较优势得到充分发挥

由于电子商务的"去中"(即减少传统交易方式下的中间环节)作用,可以最大限度地消除生产厂商与最终用户之间的信息沟通障碍,极大地缩短生产和消费之间的距离,因而电子商务将通过国际贸易进一步延伸到国际生产领域,从而深化国际分工,使各国的比较优势得到充分发挥。

首先,电子商务催生"柔性"企业,使生产更具灵活性。所谓柔性企业,就是根据客户的要求利用高新技术降低企业的定制成本,随时从企业内部或外部调用信息,调整人员和财务组成新的生产部门或新的企业,按照客户要求进行设计、加工和生产,企业的生产方向和组织形式可以随时发生变化,经营更加灵活。

其次,电子商务的发展将促进跨国公司生产布局在全球范围内的优化。借助网络直接根据订单组织生产,一方面可以缩短产品的生产周期,减少库存;另一方面则有利于跨国公司在

全球范围内配置资源、安排生产，促进不同企业之间在全球范围内的分工与协作关系。比如在原材料、元器件的采购方面，企业可以通过 Internet 在全球范围内招标，以取得最优惠的供货条件。在产品设计和技术研发方面，隶属于不同企业的科研人员也可以通过网络实现共同设计、共同开发。同样，跨国公司总部也可通过 Internet 将研发任务分配给设在世界各地的研发机构，然后通过 Internet 实现研发技术和产品的集成。

再次，电子商务推动电子协作，提高贸易产品的技术含量和服务贸易在全球贸易中的比重，推动世界产业结构向高级化发展。电子商务是现代计算机信息技术和网络通信技术在商务领域的具体应用，它不仅带来了交易方式的革命性变化，而且催生了计算机信息、通信设备、新材料、数字化产品等一大批高技术新兴产业。同时，推动为电子商务提供服务的物流快递、网络支付、网上保险、网上营销等现代服务业的扩张，以及计算机软件、文化创意、业务流程等服务外包业务的兴起。

最后，电子商务将越来越多的企业吸引到产品国际化生产链条上，加速全球价值链国际分工的形成，导致“中间品”（零部件）在国际贸易中的比重不断提高。电子商务所带来的国际物流、信息流和资金流的加快与效率的提高，使得各国企业将业务重点越来越集中于自身比较优势显著的产品生产链的某个或某些环节，而不是从原料到成品的整个价值链都由自己完成。各国企业参与生产国际分工程度的深化，必然带来“中间品”在国际贸易中的比重提高。

3. 提高国际贸易效率，更新国际贸易交易手段

电子商务时代的到来，使得服务于国际贸易的一些交易手段在不知不觉间变得更便利和快捷。合同、订单、发票、提单、报关单、进出口许可证等日常往来的贸易单证，可以以加密的数据格式通过网络在各交易主体、监管部门之间进行传送，省去了通过传真与信函等传统方式传输的纸面文件，提高了效率，降低了成本。网上信息发布、网络广告部分代替了电视、报纸杂志等传统媒体中的广告宣传。企业可以通过网上市场、虚拟洽谈来开发新的客户。电子货币代替纸质货币，网上银行实现网上货款结算和转账，大大提高了货款结算效率。电脑软件、电子书刊、电子音像制品等数字（无形）产品，以及越来越多的服务类产品，通过 Internet 直接完成交易，则成为一种全新的国际贸易交易方式。

4. 引发国际贸易经营主体和经营方式创新

由于时间与空间的限制，在传统的国际贸易模式中搜集信息的成本相当高，致使许多国内商品生产企业没有足够的人力、物力和财力来实现商品的出口。外贸公司正是利用了这个信息缺口，凭借自身对国际市场信息掌握相对充分的优势，一方面在国际市场上寻找买主，另一方面在国内寻找出口商品制造企业，进行商品的跨国“倒卖”，进而从中获取经济利益。换言之，在传统的国际贸易模式中，外贸公司正是利用了存在于生产者和消费者之间的信息非对称性，而能够在从出口商品制造企业到国外最终用户之间这条长长的销售链中占据一席之地。如果在出口商品制造企业与国际市场之间出现一条便捷且成本低廉的信息沟通渠道，那么外贸公司也就失去了其竞争优势与生存空间。Internet 正是这一条成本低廉的全球性信息沟通渠道，它所具有的“去中”作用使得贸易中间商利用信息的非对称性，以独占信息的方式来赚取利润的可能性越来越小。正因为如此，诸如阿里巴巴、环球资源、美商等专业第三方电子商务交易平台等新的国际贸易经营主题随之发展起来。

一方面，电子商务在国际贸易领域的广泛应用，产生了大批向国际市场提供产品或服务的“虚拟”企业。由于信息流在供应链中逐渐占据主导地位，单个的公司或企业可利用在各自的专业领域拥有的卓越电子商务技术将它们编成一个网络，从而更加有效地向国际市场提供商

品和服务,由此,国际贸易的经营主体出现了重大变化。这种"虚拟"企业在功能上已经远远超出了原有的单个企业,它们可以迅速向全球范围扩展,但在资本关系上却不具有强制各个公司或企业发生联系的权力。因此,它实际上不是一个具有命令系统的经济组织,而是由于承担了一定的信息功能呈现出某种实体性。另外,由于电子商务技术简化了国际贸易流程,为中小企业进入国际市场提供了有效手段,由此迅速扩大了国际贸易经营主体。

另一方面,电子商务冲击着国际贸易中介组织结构,导致国际贸易经营方式发生了相应变革。在传统贸易方式下,进出口商作为国家间商品和服务买卖的媒介,在国际贸易中占有十分重要的地位。电子商务的产生突破了传统贸易方式以单向物流为主的运作格局,实现了以物流为基础、以信息流为核心、以商流为主体的全新模式。在 Internet 上为进出口企业提供包括进出口代理报关、商检、仓储运输等服务的物流企业作为电子商务体系的载体,不断向利益相关企业提供贸易信息咨询、市场分析、保税展示和仓储、网上推销与广告宣传等服务,在世界各地建立代理销售网络,为制造商与贸易商创造商机、寻找买主、撮合并成交,且提供成交后的各类服务。这种经营模式,把代理、展销等多种传统贸易方式融为一体,把全部进出口货物所需要的主要流程引入 Internet 中,为世界各地的制造商和贸易商提供全方位、多层次、多角度的互动式商贸服务。

5. 改变国际贸易成本结构

传统国际贸易方式下,信息搜寻、合同订立和执行、售后服务等环节所支出的费用是国际贸易成本的主要部分,而电子商务则可以大幅度降低这些成本。有调查显示,在传统的国际贸易方式下,一笔进出口业务要处理的相关单据约 200—350 份,业务流程长达一至数月;而纸张、行文、打印及改错的总开销约为货值的 7%。另外,在公司间共享的所有信息中,70% 是从采购订单中获得的。电子商务的应用,可以发掘订单附加的信息,简化数据处理程序,缩短国际贸易的文件处理周期,降低企业的库存水平,消除信息传递过程中的人工干预,从而降低成本。据美国《福布斯》杂志的统计表明,电子商务可以节省企业交易成本的 5%—10%。同时,各国政府为推动电子商务发展,也纷纷将传统的人工申领许可证、配额,人工办理报关、报检、纳税等业务手续,通过建立"电子政务"网络,实行电子化、网络化办理,进一步降低了进出口企业的交易成本。

当然,应用电子商务必然会增大包括软、硬件设施投入的成本、学习成本和维护成本。而网络的虚拟特征使电子商务产生新的风险和安全成本。与此同时,确立网上交易纠纷的司法权限、法律的适用性、安全认证管理,以及网上关税管理、网上交易知识产权和隐私权的保护等电子商务的相关规则及法律,也增加了各参与方的成本负担。但相比传统贸易方式,电子商务的单位成本要低得多。否则,电子商务也不会在全球得到如此迅速的应用和推广。

6. 降低国际贸易门槛,使得众多中小企业及个人消费者都可直接参与国际贸易

在传统的国际贸易模式下,由于参与成本较高,众多中小企业无法直接开展国际贸易,而是要选择专业进出口公司代理来进行。同样,个人消费者也无法直接从外国供应商那里购买商品,而是通过进口贸易企业从国外供应商那里以批量订单的形式购买,然后再转售给个人消费者,这样不仅销售链条长、环节多,而且增加了交易成本、抬高了进口商品的零售价格。而在电子商务时代,由于 Internet 低廉的接入成本,使得势单力薄的中小企业及个人消费者都可以借助网络,直接参与国际贸易,国际贸易的格局因此发生了根本性的变化。近年来,快速发展的跨境 B2C 和 C2C 电子商务实践正是充分的证明,本章导学案例中的 Labels4Kids 就是很好的一例。

7. 不断分化国际消费偏好

第一,电子商务交易模式给予消费者更多的选择。由于个人消费者可以直接以 B2C 或 C2C 的方式参与国际贸易,因此借助 Internet 消费者可以了解更多的商品与服务的信息。在一个电子商务网站上,同类商品的品种繁多,产品之间的替代性强,这为消费者提供了充分的选择空间和机会,使各国消费者可以足不出户就实现"货比千家、价比万家"。

第二,电子商务给小额消费提供了便利,节约了消费者的购物时间。尤其是物流快递服务业的发展,使得接受了小额消费网上订单的出口企业可以实现快速交货,电子商务最大限度地缩短了生产者与消费者之间的距离,使得产品定制、按需消费在技术上成为可能。

第三,电子商务在迅速引领和分化世界消费偏好。网络的全球化使得信息流动加快,任何产品或服务一旦上网便可面对整个国际市场,因而对全球的消费者有显著的示范效应,一种消费理念、消费时尚可以通过 Internet 在世界各地快速地传播。与此同时,电子商务使得国际贸易活动中的买卖双方可以通过 Internet 进行数字化互动,且买方居于主动地位,企业必须在产品的差异性上做文章,以使自己有别于其他企业,进而保持竞争优势。而这种趋势的终极结果就是为消费者提供个性化的产品定制服务,电子商务的这种"批量定制"(Mass Customization)必将对国际贸易传统的大宗交易模式产生冲击。

8. 创造新的国际贸易营销模式

电子商务在国际贸易领域的应用将引起市场营销的巨大变革,促进国际贸易营销模式创新,产生新的市场营销模式——网络营销。网络营销是电子商务在市场营销上的应用,也就是通过计算机信息网络,尤其是 Internet 开展市场营销活动。以 Internet 为核心的网络营销正在发展成为现代国际贸易营销的重要方式。与传统国际贸易营销方式相比,网络营销的主要特点是:

(1) 网络互动。网络互动的特性使客户真正参与到国际贸易营销过程中来成为可能,客户在整个国际贸易营销中的地位得到提高,客户参与和选择的主动性得到加强。在这种网络互动式营销中,卖方和买方可以随时随地进行互动式双向(而非传统国际贸易营销中的单向)交流。

(2) 网络整合。在网络营销中,企业和客户之间的关系变得非常紧密,甚至牢不可破,形成了"一对一"的营销关系,这种营销框架称为网络整合营销。它始终体现了以客户为出发点,以及企业和客户不断交互的特点,它的营销决策过程是一个双向信息耦合的过程。

(3) 网络定制。网络营销的发展趋势是将由大量销售转向定制销售。越来越多的企业在通过建立企业电子商务网站提供这一服务。

(4)"软"营销。网络营销是一种"软"营销,在"软"营销中居于主动地位的是客户,而不是企业。网上"软"营销的特征主要体现在遵守"网络礼仪"的同时,通过对网络礼仪的巧妙运用获得一种微妙的营销效果。

9. 促进国际贸易发展的同时,重组全球贸易利益格局

电子商务的应用使国际贸易对经济增长的促进作用更为明显。一方面,电子商务促进国际商品贸易的发展。电子商务的种种好处为进出口企业扩大了视野、减少了交易的撮合阻力,从而带动国际贸易扩张。另一方面,电子商务显著促进了国际服务贸易的发展,它突破了服务业固有的时空限制,使得人们可以在 Internet 上运作的服务范围大大增加。金融、广告、会计、设计、法律咨询、技术咨询、数据处理、文化、娱乐、教育、医疗等,在传统国际服务贸易下能实现或是不能实现的服务内容,在电子商务下几乎都具备了"可贸易"性。同时,电子商务还催生

了越来越多的新兴服务产品(如计算机软件、数字化服务、创意服务等)。由于许多服务产品的贸易过程就是信息传递或信息交换的过程,因此,电子商务同样可以提高服务贸易效率、降低服务贸易成本。总之,电子商务做大了国际贸易这块蛋糕,出口商通过网络贸易,可以开辟新市场、增加贸易机会、获得规模效益。消费者也可以扩大消费的选择空间,分享贸易成本降低的利益,提高消费者剩余。

然而,由于各国网络信息产业的发展水平仍存在明显差距,电子商务所带来的贸易利益在发达国家和发展中国家间的分配也就出现严重不均,这很可能进一步拉大各国之间的贫富差距。发达国家经济实力强,信息技术发达,计算机网络普及率高,企业和消费者的"电商"意识强,因此发达国家在电子商务领域具有先入为主的优势,占尽了市场先机。而在网络信息技术产业较为落后的发展中国家,电子商务发展的配套设施尚不完善,电子商务市场的规模和商机仍然有限,更何况,电子商务运行所需的关键设备和核心技术,大多数都掌握在发达国家的企业手中。因此,发展中国家在电子商务竞争中所获利益仍将小于发达国家。

发达国家与发展中国家之间存在的巨大"数字信息鸿沟",虽然整体上被"填平"仍需时日,但并不意味着发展中国家的某些企业在某些领域不能实现突破、不能赶上发达国家、不能在电子商务竞争中取得更大利益。近年来,印度计算机软件业的崛起及其占世界软件服务外包市场份额的不断提升正是成功案例。成立于20世纪90年代末的"阿里巴巴""腾讯"和"百度",抓住Internet和电子商务迅猛发展的市场良机,在短短十几年的时间内,快速成长为世界级的电子商务企业。"阿里巴巴"2014年9月在美国纽约成功上市,一跃成为全球历史上最大规模的IPO,目前企业总市值超过2 000亿美元,在2014年全球十大Internet公司中位列第三。"腾讯"和"百度"也分别以1 320亿美元、590亿美元的总市值分列第六和第九名。

10. 给国际贸易管理提出了新命题

作为一种全新的交易模式,电子商务也给国际贸易管理提出了新的命题,如电子商务基本属性的法律界定问题、安全性问题、税收问题、网络知识产权保护问题等。

WTO现有的货物和服务贸易协议很难直接适用于电子商务。由于其自身的多种属性和一些前所未有的特点,电子商务要求贸易政策的制定者充分考虑其规则约束的归属及其难以界定的行为处理程序。目前尚不存在统一的国际法来约束网上犯罪,而各国国内的立法既不完善,又不尽相同,这增加了对国际电子商务交易的监管难度。而且,电子商务使一个国家的经济安全也面临挑战。当经济日益电子化后,Internet的连通使数据很容易被他国掌握,尤其是技术相对落后的国家在保护经济数据、机密信息和商业秘密方面将更加困难。此外,WTO成员对电子商务暂不征收关税的承诺是否随着电子商务的进一步发展而继续得到各国的认可尚无定论。若是放开关税,则开征的规则、幅度也不知能否得到较为一致的认知。还有,根据WTO的基本原则,发展中国家在一般贸易中享有一定的例外和差别待遇,以鼓励发展中国家的积极参与。在未来的电子商务政策制定过程中,国际社会和WTO是否应建立切实可行的技术援助制度,以协助发展中国家在最大限度上利用电子商务可能给它们带来的好处,缩小发展中国家与发达国家之间存在的"数字信息鸿沟"。以上这些不确定性都是现有的政策和协议尚未涉及的。

针对电子商务对国际贸易管理所带来的挑战,一些国家和国际组织先后作出了积极的反应和努力。发达国家的政府最先调整了它们的相关法规和政策。美国于1997年推出了《全球电子商务政策框架》;1998年又宣布电子商务为免税区,Internet为全球贸易区;1999年开始实行政府采购全部上网,抢占了电子商务的制高点。欧盟、日本等国家和地区也不甘落后,先后提出了《欧洲电子商务行动方案》《欧盟支持电子商务共同宣言》《欧盟电子签名的法律框架指南》以及《日本改善电子商务环境》等文件。在它们的积极推动下，联合国贸易法委员会相继推出了《电子商务示范法》《联合国国际合同使用电子通信公约》等文件，WTO 成员方签署了《电子商务宣言》，亚太经合组织在渥太华举行的部长级会议上，达成了全球电子商务里程碑式的文件《全球电子商务行动计划》。

与发达国家相比，发展中国家在制定电子商务政策和法规方面相对落后，加之技术能力较弱和人才储备不足，因此，在解决电子商务发展中所面临的新命题上，仍将处于弱势地位。可以预见，在发达国家的主导下，电子商务将进一步推动贸易自由化。但时而出现的贸易保护主义将更倾向于通过技术壁垒，限制某些国家、某些行业的出口。在解决世界发展水平不平衡的问题上，电子商务不应引起新的贸易障碍，尤其是那些针对较贫穷国家的贸易障碍，以确保电子商务这一新型的国际贸易方式能够真正地使世界各国受益。

三、电子商务时代的国际贸易特点

电子商务在降低交易成本、提高经营管理效率、加速交易无纸化和提升透明度等方面的特点，同样会体现在电子商务时代的国际贸易领域中，而且会有更加明显的效果。因为电子商务在国际贸易领域的应用，使国界、时间和空间距离变得不再像以前那么重要。具体而言，电子商务时代的国际贸易将呈现以下几个特点：

1. 国际贸易管理手段的“电子化、网络化”

Internet 的发展在推动国际贸易方式从传统的“有纸化”向“无纸化”方向发展的同时，也在全方位影响着各国政府的贸易管理方式，要求政府贸易管理部门改进管理手段，提高管理效率。政府通过建立专门的网站，更加透明、快捷地发布贸易政策，处理企业登记、审批和备案业务，由传统政务走向“电子政务”，使国际贸易管理逐步实现“电子化、网络化”。政府贸易管理的“电子化、网络化”主要体现在以下几个方面：

（1）通过政府网站发布国际贸易政策、法规。

（2）通过网络开展进出口统计和统计资料发布。

（3）进出口商品配额实行网上招标。企业在网上发出投标书竞标，贸易管理部门在网上对标书进行评选和确认，并将配额迅速发放到企业。在配额使用过程中，政府贸易管理部门可以对贸易企业配额使用情况进行实时监管，对配额使用不当的企业进行指导纠正或者取消其配额。同时，不同贸易企业之间还可以更加便捷地进行配额转让。

（4）实现网上申领发放进出口许可证。网络在进出口许可证管理中有着广泛的应用，可以帮助实现全面的进出口许可证申领和核查。企业在网上填写许可证申请，审批部门在网上审核并颁发许可证。根据数据中心所传送的共享许可证信息，海关凭许可证验收，银行凭许可证结汇，这样可大大减少不必要的中间环节，提高效率，节省费用。

（5）实现海关管理和进出口报关、通关的网络化。

（6）实现进出口商品检验检疫、原产地证书申领和颁发的网络化管理。

（7）通过建立国际贸易“单一窗口”，实现外贸业务全过程管理的电子化、网络化和智能化。

2. 国际贸易主体的多元化

电子商务在国际贸易领域的应用和发展，将使国际贸易主体呈现多元化趋势，主要表现在：

（1）传统贸易方式下，因需投入较高国际市场开发成本而受到约束的企业，尤其是大量的中小微企业，由于 Internet 带来的便利，将会逐渐成为国际贸易的重要主体。

（2）在传统贸易方式下不可能直接参与国际贸易的消费者个人，可以通过专业的国际电子商务交易平台,实现跨境网上直接订购,因此也会成为国际贸易主体的一部分。

(3) 在传统贸易"中间商"的主体地位不断下降的同时,电子商务发展催生的新型专业化中间商——"国际电子商务平台"(或"电子商务运营商")大量涌现,为国际电子商务的普及搭建起新的网络贸易平台。

(4) 随着电子商务的发展而逐渐形成的网上"虚拟市场",也带动了新的企业形式——"虚拟企业"(在网上登记、注册,从事国际商品和服务贸易,但没有具体办公场所的企业)的产生和发展,并在网络贸易中发挥越来越重要的作用。

3. 国际贸易单证、报文的"标准化、统一化"

传统有纸贸易方式下,国际贸易中所使用的大量单证和报文,无论在格式还是在内容上,不同国家或地区的贸易企业之间存在明显差别,但由于是人工处理和寄送,不会影响贸易的正常进行。但在"网络"传输的电子商务方式下,不同格式和标准的单证、报文根本无法通过 EDI 方式或 Internet 在不同的贸易企业和机构之间实现传输,更不能实现信息的共享。

因此,电子商务在国际贸易领域的应用和发展,要求政府部门、企业和机构之间实现代码、单证、报文等的标准化和统一化。为此,国际组织、各国政府主管部门已经作出积极的努力,并取得了显著进展。如中国国际电子商务中心根据中国贸易企业开展国际电子商务的需要,依据联合国制定的《联合国行政、商业、运输电子数据交换规则》(UN/EDIFACT)等一系列规则和标准,先后制定发布了国际贸易方式代码、国际贸易单证代码、国际贸易交货条款代码等 7 项代码国家标准;商业发票、装箱单、装运声明等 6 项外贸单证标准;进出口许可证格式、原产地证明格式、联合国标准发票报文等 7 项国际贸易报文格式。这为促进我国企业国际电子商务的发展奠定了重要基础。

4. 国际贸易交货方式的多样化

以网络为媒介的电子商务方式,使部分商品,如样品和无形商品的交货方式发生了变化。凭样品成交的买卖中,样品可以通过网络以图文、动画信息发送给对方,省时、省钱,而且可以在网上实现样品的修改、确认。音像制品、电子图书等无形商品以及种类繁多的服务产品,可以实现网上的直接交付。而在传统交易方式下,成交样品的交付要通过跨国的邮寄运输来完成,成本高、时间长,无形商品和服务类产品的交付则需要供求双方直接见面来实现。当然,对于上述样品、无形商品和服务产品,交易双方若协商一致仍然可以选择传统方式实现交付。

5. 国际贸易从业人员知识结构的复合化

电子商务由于减少了贸易环节,提高了企业经营管理效率,使得进出口企业可以大量减少业务人员及管理人员。但同时企业对所需从业人员的知识结构、能力水平也提出了更高的要求。电子商务时代的国际贸易从业人员,除具备传统贸易方式下需要的外语、贸易、金融、管理、市场营销、法律和商品知识外,还要求具备开展国际电子商务必需的计算机信息技术知识、网络技术知识和网络操作技能,并能随着电子商务技术的发展,做到知识的不断更新;否则,将难以适应电子商务时代开展国际贸易的需要。

第二节　国际电子商务及其实现方式

一、国际电子商务的定义

网络经济的兴起与发展给国际贸易和经营全球化赋予了新的含义。从理论上讲,只要企业在 Internet 上建立起自己的网站，那么该企业将立刻变成一家跨国公司。因为网络本身是超越国界的，更重要的是它消除了在真实世界中的时空障碍，使得在任何国家的任何网络用户都可以轻松地访问企业的网站，并与企业进行网上交易。因而在国际贸易中采用电子商务是一种趋势。

目前，人们对于国际电子商务与电子商务的内涵有不同的认识和表述。一种观点认为，电子商务从产生那天开始，其应用就是以全球网络为背景、以全球市场为目标的，而国际电子商务是电子商务在国际贸易中的具体应用，它与一般电子商务的含义完全相同。从这个角度分析，没有必要区分和定义电子商务与国际电子商务。

另一种观点认为，国际电子商务是相对于一般的电子商务的应用而言的，它特指电子商务手段在国际贸易这一特定领域的应用，国际电子商务与一般电子商务存在明显的区别，进行国际电子商务要比进行一般的电子商务复杂得多。还有的文献和专门的应用系统使用“国际贸易电子商务”概念，来表示电子商务在国际贸易领域的应用，以避免人们对国际电子商务产生歧义。本书比较赞同第二种观点，即国际电子商务特指电子商务在国际贸易这一特定领域的应用。

近年来，随着我国消费者个人跨境网上购物活动的日趋流行，以及专门为个人跨境购物提供服务的专业电子商务网站的逐渐增多（如“跨境通”“跨境购”“海外通”“海外 e 购”等），我国在开展国际电子商务时，也越来越多地使用“跨境电子商务”这一术语。

具体来说，国际（跨境）电子商务是指利用现代通信技术、计算机技术和网络技术，以电子数据传输方式完成从建立贸易关系、商业谈判、电子合同签订到租船订舱，保险，商检，报关，申领许可证、配额、产地证以及货款结算全过程的交易方式。

简单来说，国际（跨境）电子商务，是指分属不同关境的交易主体，通过电子商务平台达成交易、进行支付结算，并通过跨境物流送达货物或服务、完成交易的一种国际商业活动。

在国际电子商务交易中，首先，参与交易的各方应来源于不同的国家（或地区），即交易本身是跨越“关境”的。其次，交易各方抛开传统的交易方式，利用现代网络信息技术和通信手段进行交易，从推广、洽谈、签约、付款至交货的整个交易过程部分或全部以电子化、网络化的手段完成。再次，从参与国际电子商务的交易各方来看，除了贸易企业之间的大宗交易（即 B2B）之外，企业对消费者之间的 B2C 交易，甚至不同国家个人之间的 C2C 交易，在快速增长。最后，从国际电子商务的交易标的来看，一类是有形商品即货物的贸易。对此类商品的贸易而言，通过国际电子商务可以完成推广、洽谈、订货、租船订舱、投保、商检、报关以及货款收付等交易环节，但商品的配送仍需以传统方式进行；另一类是无形商品的贸易，这包括电脑软件、影视产品、电子图书等数字化产品以及各种服务类产品。对于无形商品的贸易而言，利用国际电子商务可以完成包括商品配送在内的所有国际贸易交易环节。另外，从电子商务的广义定义来看，国际电子商务也应该包括 EDI 等基于非 Internet 的电子交易手段。

随着国际电子商务的发展，人们也在从不同的角度和层次来理解国际电子商务：

（1）从覆盖的交易范围分析，可以从狭义和广义两个方面来理解国际电子商务。狭义的国际电子商务是指进出口交易双方之间通过网络进行的交易活动，也就是指国际贸易企业利用电子商务运作的各种手段部分或全部地完成进出口交易过程。广义的国际电子商务则是指利用网络完成进出口交易、进出口贸易管理和相关的服务活动，它不仅包括进出口买卖双方的交易活动，还包括与进出口有关的贸易中介机构提供的服务活动，以及各国政府贸易管理机构的网络化管理活动。

（2）从参与主体的角度分析，国际电子商务因参与交易和管理的主体不同，以及提供网络贸易的网站性质不同,可以区分为四种不同的模式,即企业国际电子商务、中介机构国际电子商务、个人国际电子商务以及政府管理机构国际电子商务。

(3) 从信息传递手段的不同分析,由于国际贸易信息可以通过多种不同的电子或数字通信手段来传递,因此,国际电子商务根据交易信息传递方式或信息传递技术的不同,可以区分为基于 EDI 技术的国际电子商务、基于 Internet 技术的国际电子商务,以及基于 Internet EDI 的国际电子商务等。严格说来,传统的通过电话、传真、电传等方式进行的国际贸易活动,也是国际电子商务的一种形式。

二、国际电子商务的特征

(一) 国际电子商务与国内电子商务的共性

由于国际电子商务是国内电子商务技术和手段在国际贸易这一特殊领域的应用,因此二者之间具有很多共性。主要表现在以下五个方面:

(1) 普遍性。(国际)电子商务作为一种新型的交易手段,将生产企业、流通企业以及消费者和政府管理机构带入了一个无所不包的网络经济、数字化生存的新天地。

(2) 方便性。在(国际)电子商务环境中,人们不再受地域和时间的限制,企业、消费者和政府管理部门,能以非常简捷的方式完成过去较为繁杂的商务活动。

(3)整体性。(国际)电子商务能够规范事务处理的工作流程,将人工操作和电子信息处理集成为一个不可分割的整体,这样不仅能提高工作效率、降低工作强度,也可以提高系统运行的严密性。

(4)安全性。在(国际)电子商务中,安全性是一个至关重要的核心问题,它要求网络能提供一种端到端的安全解决方案,如加密机制、签名机制、安全管理、存取控制、防火墙、防病毒保护等,这与传统的商务活动有着很大的不同。

(5)协调性。在(国际)电子商务方式下,生产企业、物流企业、金融服务企业、通信企业、网络运营商、消费者和政府管理部门之间,所采用的计算机设备、网络通信技术、信息传输标准以及操作软件系统等,必须统一或相互兼容,才能保证交易信息传输的准确性、安全性,实现整个网上交易过程的连续性。

(二) 国际电子商务与国内电子商务的差异

由于国际电子商务的交易各方来自不同的国家、涉及更多的中间环节和政府管理部门,因此与国内电子商务相比,它也有自身的特殊性,主要表现在以下六个方面:

(1) 语言不同。由于交易各方来自不同的国家(地区),因而在通常情况下他们的母语是不同的。这一点对于 B2B 国际电子商务而言影响不大;但对于 B2C、C2C 国际电子商务而言,处于不同国家的企业与个人、个人与个人之间如何有效地沟通成为一个不可忽视的问题。因此,对于贸易企业和专业国际电子商务运营商而言,就要开发建立多语种的电子商务平台和交易系统。

(2) 文化习俗、消费习惯不同。分处不同国家(地区)的交易各方由于历史、宗教、文化传统等方面的差异,反映在消费习惯方面也会有很大的不同。这就要求开展国际电子商务的企业,要针对不同国家(地区)市场的消费偏好,采取差异化的网上产品推广和营销方式。

(3)法律不同。虽然 WTO 为其成员国之间的贸易制定了系统而详细的规则框架,但各国在电子商务方面的法律、法规存在诸多差异,国际电子商务交易过程中相关的协调工作更加困难。

(4) 货币及电子支付系统不同。国际电子商务涉及货币换算、结算货币的选定、外汇管理等方面的因素。而且，基于安全考虑，各国电子支付系统及其安全标准存在较大差异。

(5) 各国国际电子商务技术与标准不同。由于不同国家采用的国际电子商务系统开发技术、安全技术、数据传输标准以及采取的相应的政策、法规存在差异，因此造成国际电子商务迄今还难以实现全过程的网络化、电子化。

(6) 国际电子商务参与的主体多。不仅有进出口贸易企业，还必须有银行、物流运输、保险、报关行等中介服务机构，以及贸易、海关、海事、检验检疫、外汇、税务等政府监管机构。它们在国际电子商务的交易过程中都发挥着不可或缺的作用。

(三) 国际电子商务与传统商务模式的不同

1. 对于已经从事国际贸易与跨国经营的公司而言，国际电子商务为它们提供了一种全新的跨国营销模式

例如，戴尔计算机公司(Dell Computer Corp.)原先就因以邮购方式直销计算机而业绩非凡，而自 1996 年开始网上销售以来更是成绩斐然。目前，戴尔公司已经在全球范围内建立了 160 多个采用目标市场国(地区)本地语言显示的“国家专一网站”(Country - specific Sites)，通过这些本土化网站销售其产品。客户只要访问该公司的网站(http://www. dell. com)，选好国别，网站便切换成客户所在国(地区)的语言显示(如图 1 - 2 所示)。然后，选择好需要的计算机型号并网上付款，其所订购的产品在几天之内便可送上门。戴尔公司目前是世界第三大计算机公司，其计算机显示器销量则是全球第一。

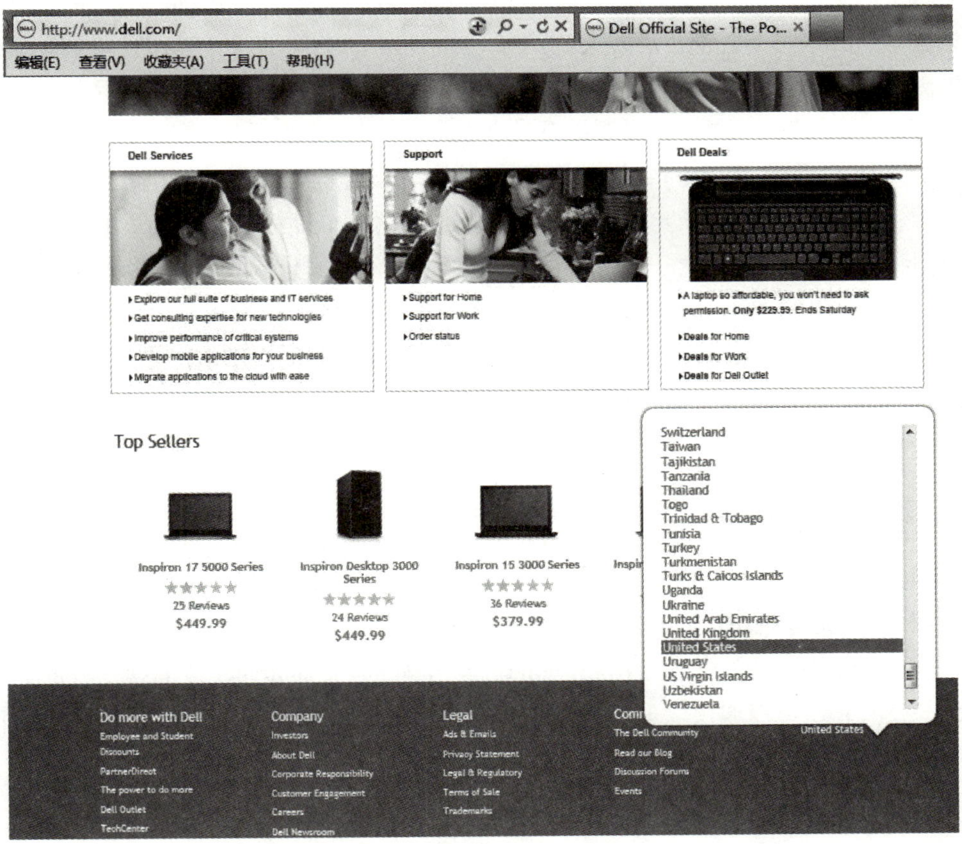

图 1 - 2　戴尔公司的多语种网站(www. dell. com)

2. 对于众多的中小微企业而言,国际电子商务为它们提供了打开海外市场的捷径

在国际电子商务尚未出现的时期,这些企业的生产营销业务多数只能局限于本国市场,而有了Internet,它们则可以直接将自己的产品"上网"推销,直接推向国际市场。

3. 国际电子商务还表现在产品销售渠道的变化上

传统的国际商务模式只能采取批量销售的方式,将出口商品批发给国外的进口商,再由它们通过其国内的分销渠道,最终由零售商销售给消费者。而国际电子商务方式下的网上销售则不然,出口商除了可以进行B2B营销模式外,还可以撇开中间商,直接与最终用户进行B2C营销,前文提到的"跨境通""跨境购""海外通""海外e购"和戴尔公司,我国的"联想""华为""海尔"等越来越多的跨国公司,均采取这种营销模式。国际电子商务的这种"去中"效用省去了传统分销渠道中的层层中间环节,从而大大提高了效率、降低了成本,有着传统的国际商务营销模式不可比拟的优势。

4. 从具体操作程序上讲,国际电子商务使得国际贸易中各种信息的传递变得更为便捷、成本更为低廉

传统的国际贸易交易磋商一般要经过询盘、发盘、还盘和接受几个环节,双方对交易条件达成一致后,再签订书面合同,之后进入合同履行环节。在整个交易过程中,信息的传递是影响交易成本和效率的核心。传统国际商务模式下通常采用的邮寄、电话、传真等手段,都有各自的缺陷。邮寄费时费力,电话虽然能实现信息的即时传递,但不能实现单证信息的传递,而传真的安全和保密性则不足。于是,在传统国际商务模式下,重要贸易文件和单证信息的传递主要靠邮寄,这也就大大制约了传统国际商务模式下交易效率的提高和交易成本的降低。

而国际电子商务交易方式,能够抛开这些传统的信息传输手段,有效地节约时间、降低成本,因为整个交易磋商、合同签订以及履行过程可以完全在网络上以数字信息流的方式实现。传统国际商务模式下的交易磋商条件、合同内容、单证的交换过程,在国际电子商务中演变成标准化电子数据、电子表格、电子报文在网络中的传递过程。各种各样的国际电子商务系统和专用的数据交换协议将交易数据及信息以加密的形式传输,保证了其准确性与安全可靠性。各类贸易单证,如价目表、报价单、提单、保险单、发票、汇票等,在国际电子商务环境下都变成了标准的报文形式,从而提高了交易信息的传递速度,减少了错误和遗漏,大大降低了交易成本。

三、国际电子商务的实现方式

国际电子商务也有B2B、B2C、C2C等多种模式,但由于其跨境贸易的特点,在国际电子商务中B2B模式占主导地位,所以本书在此主要论述B2B国际电子商务的实现形式。除了企业之间一对一地通过E-mail、电子订单(E-order)、电子合同(E-contract)等工具完成的大量日常B2B交易之外,它还可以通过以下一些形式实现。这些形式对众多中小微企业从事国际电子商务有着重要的参考价值。

(一) 网上贸易博览会

我国的"在线广交会"(CECF Online)是这一类国际电子商务B2B模式的代表(如图1-3

所示）。它们往往是由政府、商会、行业协会或其他第三方机构搭建的发布国际市场供求和国际买家、卖家信息，并促成网上交易的信息平台。这类网站的主要目的是为国内外进出口企业创造交易机会，提供交易的各种便利条件。除我国的“广交会”外，国际上历史较为悠久的国际博览会，均已经建立永久性的网上博览会。

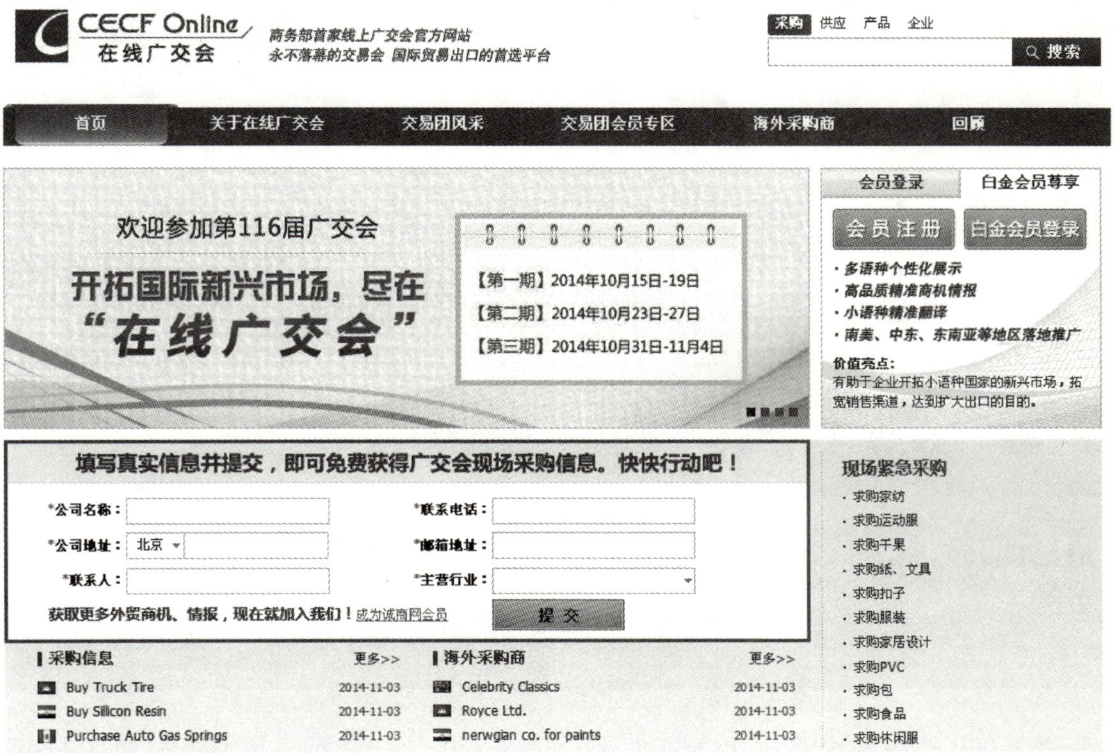

图 1－3　在线广交会（CECF Online）主页

与网上贸易博览会相似，还有一些按产业或大类商品（如汽车、家电、纺织品、农产品等）设立的网上国际交易市场，专门提供某类商品的产业、企业及市场供求信息，为专业进口商与出口商创造交易机会。通过这些专业交易市场提供的信息，进出口企业不仅可以实时掌握所经营产品的国际市场供求及竞争状况，而且可以随时调整生产、采购和营销方案。

（二）电子采购网站（E-procurement）

B2B 国际电子商务也包括大量的电子采购业务。网上采购一般是针对企业上游的供应商而言的，常常是指大规模和经常性的原材料、零部件等“中间品”的采购。由于 Internet 的全球性和开放性，供应商通过建立专业销售网站，可以以较低成本吸引更多采购商询价和购买，并从中选择优质客户。而采购商通过建立专门的采购网站，同样也可以吸引众多供应商报价，有助于采购商降低采购成本，选择价廉质优的产品供应商。由于电子采购网站的这一优势，有越来越多的同业竞争对手也在采购环节上逐渐联合起来，以大批量采购来降低采购成本，增强与供应商讨价还价的实力，并且在运输环节上大大节省物流开支。比如，美国三大汽车公司联合建立的汽车零配件采购网站 Covisint (http://www.covisint.com)(如图 1-4 所示),对于降低各公司的汽车生产成本都产生了积极作用。

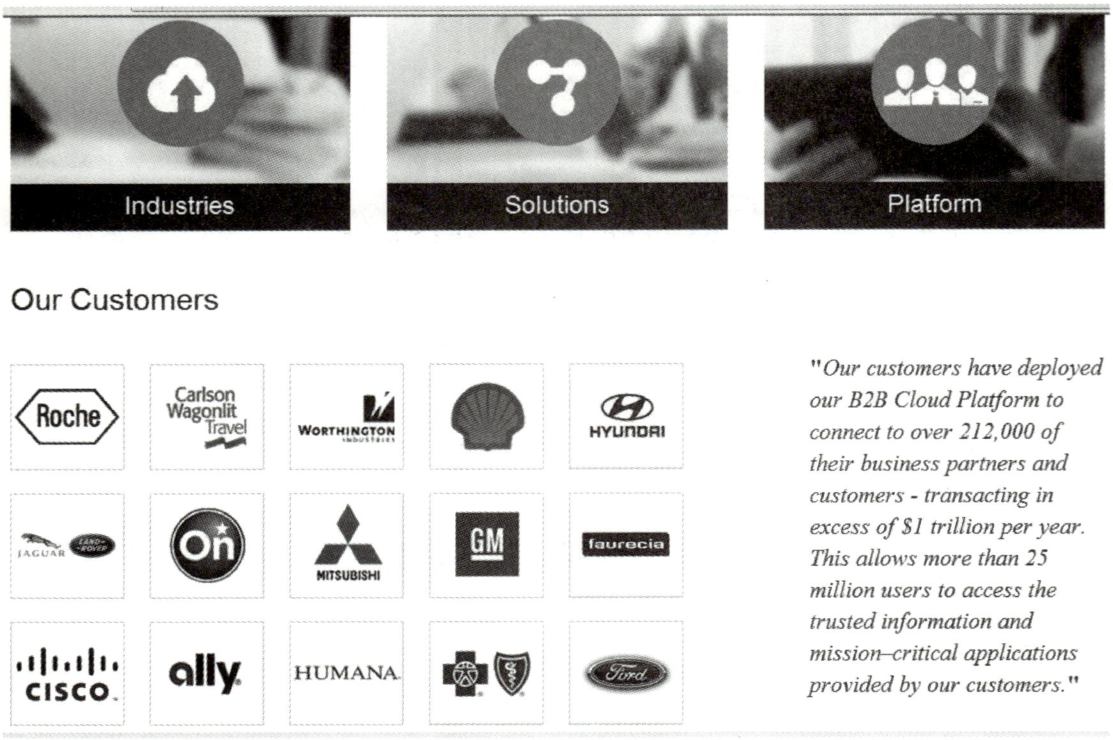

图 1-4　汽车零配件采购网站 Covisint 首页

由于在电子采购的过程中,网上协商和电子合同应用都可以进一步降低成本,而且供应商的产品可以接触更多的潜在客户,因而整个交易匹配成交过程的成本变得很低,只要供应商有价廉质优的产品,就不愁拿不到订单,批量采购带来的产品销量增加往往可以成为供应商新的收入来源。

(三) 第三方国际电子商务市场

第三方国际电子商务市场这种 B2B 应用形式,是由专业 Internet 运营商建立起来的,专门针对没有能力独立建立电子商务交易网站的中小微贸易企业,为其提供专业化、综合性电子商务服务的国际电子商务交易平台。第三方国际电子商务市场,不仅提供国际市场产品供求及交易信息、为买卖双方搭建安全可信的交易平台,而且把网上交易涉及的各种业务环节,包括物流、保险、检验、通关、税收、货款支付、索赔理赔等环节都涵盖进来,为交易双方提供全流程的网上交易服务。为适应跨境个人网上购物和消费的需求,目前,第三方国际电子商务交易平台的功能,逐渐向 B2B2C 模式和 B2B 与 B2C 混合的模式发展。

作为网上交易服务平台的第三方国际电子商务运营商,是独立于所有卖方或买方的新型“中间商”,其平台技术水平、交易安全性和服务信誉是吸引大量国内外买主和卖主的关键因素。在中小微企业数量上占各国贸易主体大多数和个人跨境购物快速增长的背景下,第三方国际电子商务交易平台正发挥越来越重要的作用,因为在这样的交易平台上,一个大型中立的

B2B 或 B2B 与 B2C 混合的网站能大大降低中小微企业的交易成本并具有较高的交易匹配能力。2014 年 9 月在纽约证交所成功上市，成为中国最大的电子商务运营商的“阿里巴巴”，是这种国际电子商务模式的典型代表。世界各国企业或消费者用户不仅可以登录该网站发布采购、出售信息，或是寻找国际贸易伙伴，还可以实现在线洽谈、网上签约、网上履约、网上付款等全流程交易功能(如图 1-5 所示)。

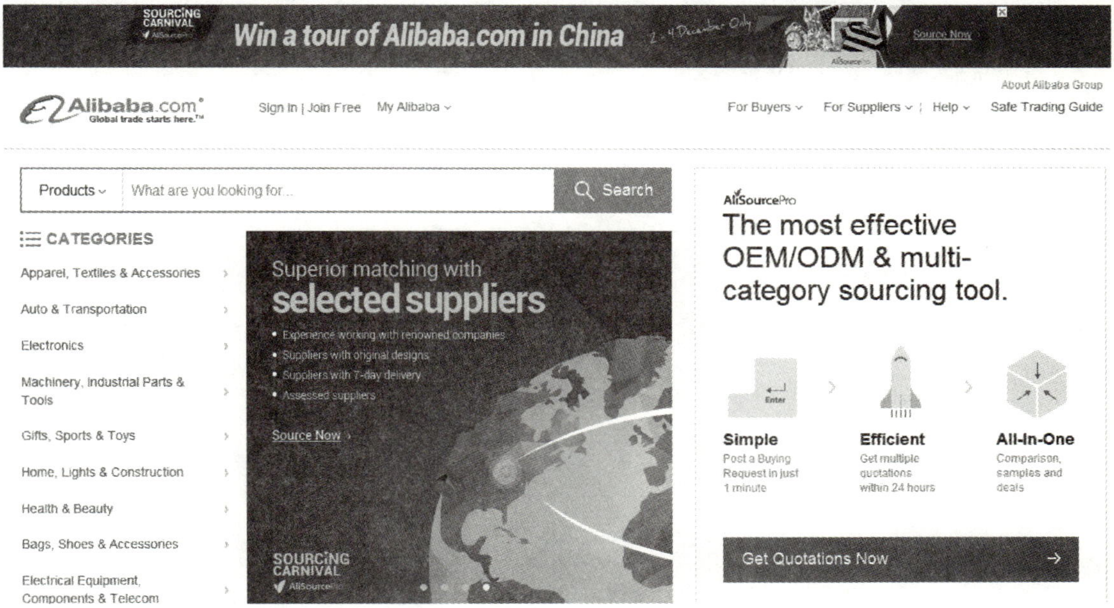

图 1-5 “阿里巴巴”国际电子商务网站首页

（四）产品目录式销售

产品目录式销售是指一些专门的网站集中了大量产品信息，形成完整的商品目录，为卖方提供一种低成本的销售渠道，为买方提供一站式的采购站点。产品目录式销售的价值在于将高度分散市场中的需求方与供给方聚集到一起，提供“一店买全”的服务。通过产品目录式销售，可为卖方带来较低的销售成本、更高的客户满意度、新的销售渠道和收入来源；可为买方带来更低的采购进货成本和库存成本，扩大了供应商来源，使买方更容易获得多种产品的比较信息。euroseek 就是一家国际著名的“产品目录式销售”B2B 国际电子商务网站(如图 1-6 所示)。

（五）国际招投标网站

一些国际组织、政府机构和大型企业等，在采购大型设备和大宗货物时，往往采用国内外公开招标的方法，利用卖家之间的竞争以降低采购成本。现在这种招标也越来越多地采用网上招投标的方式。我国在办公设备、家具、电器、船舶制造、纺织品等许多方面拥有相当大的成本优势，应当积极参与有关国际招投标竞争，特别是联合国等国际组织的招标采购项目，以拓宽我国产品的国际销售渠道，扩大产品的市场影响力。中国国际招标网(http://www.china-bidding.com)是这类网站的典型代表(如图 1-7 所示)。

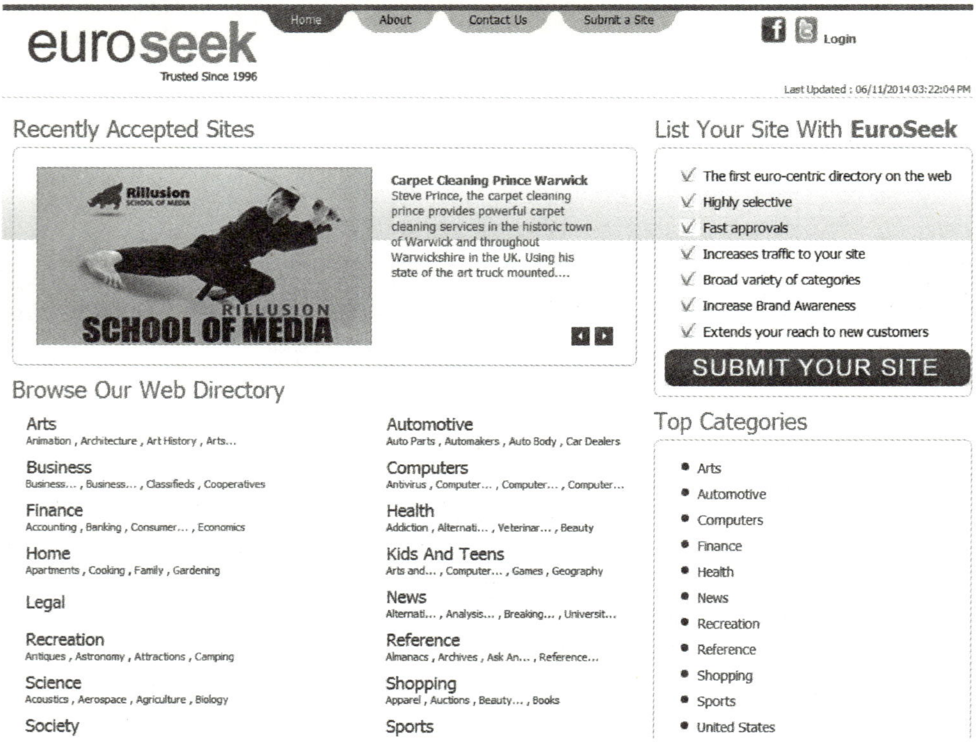

图 1－6　euroseek 国际电子商务网站首页

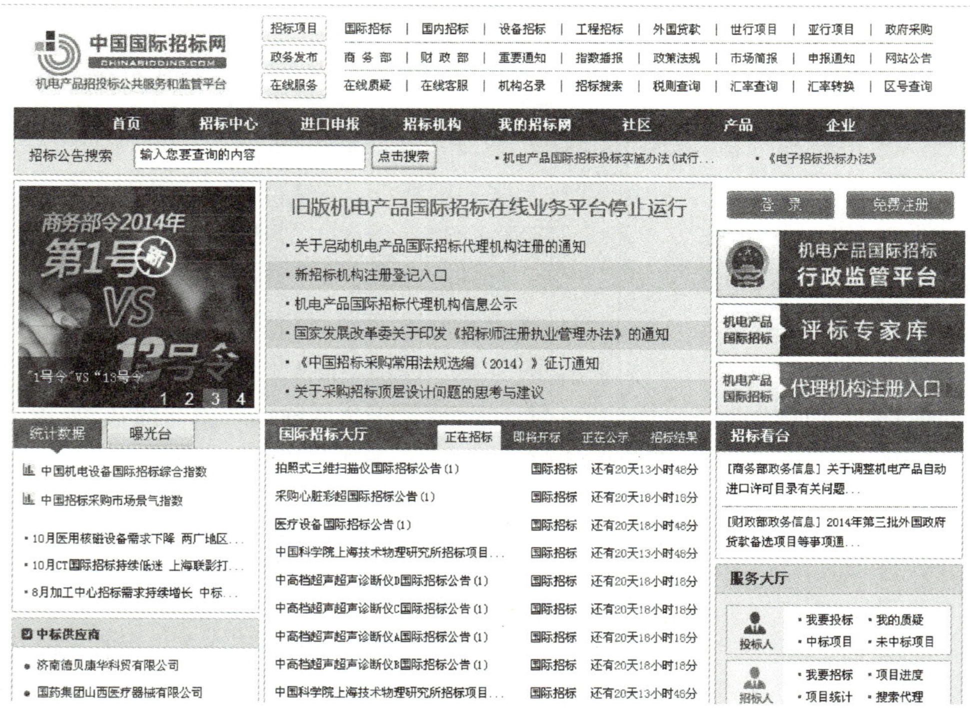

图 1－7　“中国国际招标网”首页

第三节　国际电子商务的发展趋势及面临的障碍

一、国际电子商务的发展趋势

（一）全球电子商务交易额持续快速增长

随着全球网络用户数量的迅速增加，以及企业、个人对电子商务认识的进一步深化，全球范围内的国际电子商务交易额呈现急剧增长态势，给国际电子商务带来了极大的商机。根据 Internet 世界统计网站（http://www.internetworldstats.com）发布的数据，截至 2015 年 6 月全球网络用户数量高达 32.7 亿人，较 2000 年增长了 8 倍（如表 1－1 所示）。全球 Internet 普及率（Internet 用户占人口比例）达到 45%（如表 1－2 所示）。这表明，随着全球各国对网络经济发展的日益重视，网络基础设施不断完善，"上网"已逐渐成为一种新的生活方式，世界正在走向网络社会。Internet 的普及相应地带动了电子商务的快速发展，电子商务交易额呈大幅增长之势。据中国电子商务研究中心《2014 年度中国电子商务市场数据监测报告》发布的数据显示，2014 年，我国跨境电子商务交易规模达到 4.2 万亿元，同比增长 33.3%。跨境电子商务贸易额占全部进出口贸易额的毕生，由 2013 年的 12.1% 上升到 2014 年的 15.9%。这表明，国际电子商务的快速发展，正在逐渐改变当代国际贸易交易方式。

表 1－1　全球 Internet 用户发展趋势（按语言）

语种	用户数量（人，2015 年 6 月）	网络普及率（占总人口比例，%）	用户数量增长率（2000—2015，%）	占世界用户比重（%）
英语	851 623 892	60.9	505.0	26.0
中文	704 484 396	50.4	2 080.9	21.5
西班牙语	245 150 733	55.5	1 248.4	7.5
阿拉伯语	155 595 439	41.5	6 091.9	4.8
葡萄牙语	131 615 190	50.0	1 637.3	4.0
日语	114 963 827	90.6	144.2	3.5
俄语	103 147 691	70.5	3 227.3	3.2
马来语	93 915 747	32.7	1 539.0	2.9
法语	92 265 199	23.9	669.0	2.8
德语	83 738 911	87.7	204.3	2.6
前十种语言	2 576 501 025	52.4	768.2	78.8
其他语种	693 989 559	29.6	980.6	21.2
全球总数	3 270 490 584	45.0	806.0	100.0

资料来源：http://www.internetworldstats.com/stats7.htm。

表 1-2　全球 Internet 用户发展趋势(按地区)

地区	用户数量（人,2000 年年底）	用户数量（人,2015 年 6 月）	网络普及率（占总人口比例,%）	用户数量增长率（2000—2015,%）
非洲	4 514 400	313 257 074	27.0	6 839.1
亚洲	114 304 000	1 563 208 143	38.8	1 267.6
欧洲	105 096 093	604 122 380	73.5	474.8
中东地区	3 284 800	115 823 882	49.0	3 426.1
北美洲	108 096 800	313 862 863	87.9	190.4
拉丁美洲	18 068 919	333 115 908	53.9	1 743.6
大洋洲	7 620 480	27 100 334	72.9	225.6
全球总数	360 985 492	3 270 490 584	45.0	806.0

资料来源:http://www. internetworldstats. com/stats. htm。

(二) 非英语网络用户比例逐年提高

据 Global Reach 公司的统计,在全球网络用户中,非英语网络用户的数量于 2000 年首次超过英语网络用户。自此之后,非英语网络用户的比例逐年提高;到 2013 年年底,全球非英语网络用户的数量已高达 20 亿,占全球网络用户总量的 71%(如表 1-1 所示)。但从绝对数量上看,英语用户仍然以 8 亿的数量位居第一,汉语用户则以 6.5 亿的水平紧随其后。西班牙语、阿拉伯语、葡萄牙语用户则分别位居第三、四、五位。

非英语网络用户比例的逐年提高,意味着 Internet 与电子商务已经冲出其发源地美国,正在向全球各地蔓延,电子商务也将被越来越多地应用于国际贸易中,任何从事国际贸易及跨国经营的企业都必须重视电子商务。从表 1-2 中我们可以看出,截至 2013 年年底,亚洲地区的网络用户数量高达 12.65 亿,遥遥领先于其他地区。欧洲和拉丁美洲地区的网络用户数量也超过了网络的发源地北美洲,显示出 Internet 的使用已经全球化,电子商务也从北美洲和欧洲向亚洲、拉丁美洲、非洲等地区扩散,整个世界都不同程度地进入了电子商务时代。

从另一方面看,随着非英语网络用户数量与比例的逐年提高,语言也将成为制约国际电子商务的一个因素。特别是在 B2C 国际电子商务中,仅仅使用英语与那些非英语用户进行网上营销或交易,显然其有效性会受到制约。因此,从事国际电子商务的企业必须有针对性地对网站语言进行完善。

(三) B2B 仍将占据主导地位,但 B2C 也不应忽视

从全球范围内看,B2B 电子商务将处于主导地位。较为普遍的看法是,在未来一段时间内 B2B 业务在全球电子商务销售额中所占的比重仍将在 80% 以上。从 2013 年的数据看,当年全球 B2B 电子商务交易额高达 40 万亿美元,而同期全球 B2C 电子商务交易额仅为 4.36 万亿美元,占 10.9%。2013 年 B2C 国际电子商务交易额占当年全部国际电子商务交易额的比重约为 14.3%。这显示出 B2B 方式在全球电子商务中的主导地位。

但从另一方面讲,虽然 B2C 所占的比重较小,但它所代表的趋势却不容忽视。首先,在传统的国际贸易中,由于时间与空间的隔阂,企业直接对消费者销售的模式是十分困难的。由于 Internet 的“去中”作用,在电子商务时代,跨国直销可以通过 B2C 电子商务而得以实现。而

B2C 国际电子商务的出现与发展，其直接的作用是销售链的缩短。更重要的是，它意味着，制造业企业可以通过国际电子商务直接面对国际市场，使得它们能够更快地满足国际市场不断变化的需求。近年来跨境 B2C 零售交易额的迅猛增长，已经在很大程度上佐证了这一趋势。市场研究公司 eMarketer 调查统计显示，2012 年 B2C 跨境电子商务交易额为 1 万亿美元，比 2011 年增长 21.1%；2013 年达到 1.36 万亿，增速达到 36%。中国国际电子商务中心的统计显示，2012 年中国跨境 B2C 交易额为 150 亿美元，较 2011 年增长 30%；2013 年交易额达到 214 亿美元，比 2012 年增长 43.3%。

（四）“门户”网站的作用日益增强

“门户”网站（Portal Web）又称“电子做市商”（E-Market Makers），即 Internet 专业运营商所建立的专门为各类企业，尤其是中小微企业和个人开展网上贸易，提供专业化服务的电子商务平台。凭借网络、技术、资金和服务优势，这些“门户”网站可以为无实力独立建立电子商务网站的企业和个人提供全流程交易服务，因此，在促进国内、国际电子商务发展中发挥着越来越重要的作用。例如，“环球资源”（http://www.globalsources.com）便是一家专门为中小企业提供国际电子商务交易平台的“门户”网站。任何一家公司都可以在“环球资源”网站上发布供求信息，并且还可以利用该网站的网上交易系统进一步完成交易。目前该网站注册采购商有 100 多万家（其中包括 95 家世界 100 强零售企业），有十几万种商品及供应商的详细信息（如图1－8所示）。我国类似的代表性“门户”网站有“阿里巴巴”“敦煌网”“兰亭集势”“中国制造”“中国诚商网”“慧聪网”等。

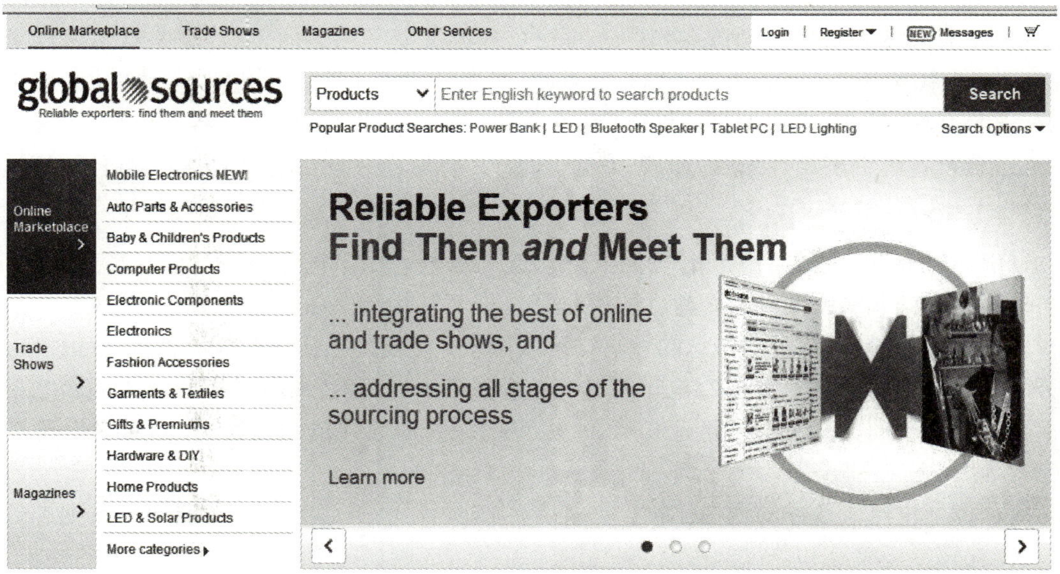

图 1－8　“环球资源网”首页

“门户”网站的优势在于，对于采购商而言，仅仅访问一个网站便可“货比千家、价比万家”，可以从众多供应商中选择最合适者成交，并可进一步在网上完成几乎所有交易流程。这就最大限度地缩短了交易时间、降低了成本、提高了效率。对于出口商（特别是那些在国际市场上知名度不高的中小微企业）而言，“门户”网站很高的访问率，使其可以在较短的时间内提高企业及其产品的知名度，迅速拓展海外市场。

二、国际电子商务发展面临的障碍

(一) 法律环境仍有待完善

电子商务逐步取代传统贸易模式,一方面,现有规范传统贸易的合同法、买卖法、票据法、银行法以及国际贸易条约、规则和惯例等无法完全适用于电子商务,另一方面,电子商务也引发诸如身份认证、信息安全、网络欺诈、软件盗版、病毒与黑客攻击等新的法律问题。因此,国际社会必须在修改已有条约、规则和惯例的同时,针对电子商务发展中可能出现的新问题,制定并实施新的条约、规则和惯例。

自 1996 年 12 月联合国大会以 51/162 号决议通过《电子商务示范法》以来,一系列规范电子商务发展的国际、国内法规和惯例得到实施(详见本书第二章第三节),对规范和推进全球电子商务发展,发挥了至关重要的作用。但相对于国际社会对电子商务交易安全的期望而言,规范电子商务发展的法律环境仍有待于进一步完善。

(1) 从交易安全方面看,目前一个迫切需要解决的问题是加强数据保护,保证用户的个人隐私权,保证用户具有对 Internet 上的信息进行控制的自主权,以解决电子商务进行中发生的各种纠纷,防止网络欺诈、病毒和黑客攻击等案件的发生,保证消费者在电子商务活动中的合法权益不受侵犯。

(2)从电子支付方面看,需要制定相应的法律,明确电子支付的当事人、付款人、收款人和银行之间的法律关系,制定相关的电子支付规则,出台关于电子支付数据的伪造、更改、涂销问题的处理办法。

(3)各国电子商务法规的统一问题。为规范和促进电子商务的发展,越来越多的国家颁布并实施了本国的电子商务法规。国情的不同,造成各国电子商务法规内容存在或多或少的差异,这势必对国际电子商务的顺利开展带来法律障碍。因此,由联合国、WTO 这样的国际机构,通过谈判签署更多具有约束力的有关电子商务的国际条约和协定,势在必行且任重道远。

(二) 税收问题亟待解决

国际电子商务交易的“虚拟化”“无纸化”,交易参与者的多国性、流动性、快捷性等特征,使各国基于属地和属人两种原则建立的税收管辖权面临挑战。以往对纳税主体、客体的认定以及对纳税环节、地点等基本概念的理解均陷入困境。为此,电子商务发展初期,各国对电子商务均采取了“免税”的做法。在电子商务交易规模不大时,免税对各国财政收入的影响不明显。但随着电子商务交易额的迅速扩大,从保证国家财政收入的角度考虑,继续对电子商务“免税”显然难以为继。

对一国境内电子商务的征税比较容易解决,但对国际电子商务交易按照何种原则进行征税,却仍存在很多难题和争议。目前,一些国际组织达成的国际电子商务税收政策的共识,要求尽可能扩展现行国际税收条例的适用范围,对实物形态和电子形态产品的提供者实行同等待遇,建立简单明了、公平有效并且富有弹性的税收原则,以适应电子商务快速发展的需求。但是在具体税收原则、标准和管辖权等问题上,仍未完全达成共识。

(三) 物流成本仍然偏高

对货物类有形商品而言,采用国际电子商务方式达成的交易,货物的交付仍需通过海、陆、空等运输方式来完成。因此,物流成本成为影响低价和小额货物采用电子商务(尤其是 B2C 方式)实现交易的最主要因素。美国 Forrester 公司经过长期调查后提出建议:由美国发往海外的运费是每磅 10—40 美元,所以每磅产品如果能够卖到 50 美元或更高的价格,才适合国际电子商务,否则就无利可图。这就是笔记本电脑、手机、平板电脑及其他数码产品的海外销量很大的原因,因为它每磅的售价大约是 300 美元。

虽然近年来国际快递业的迅猛发展,已使国际间小件货物的物流费用得到明显降低,但对价格低廉的小件货物的贸易企业或个人而言,仍然难以承受。因此,通过统一国际物流技术标准、减少物流配送环节、提高运速和运能,来进一步降低国际物流成本,对加快国际电子商务的发展,仍有巨大的潜力和空间。

(四) 交易安全问题突出

在电子商务中,大量的敏感信息要通过网络在参与交易的各方之间频繁地传输。虽然网上交易过程中,采用数字证书确认参与各方的身份,敏感的数据也以加密的形式传输,但由于经常发生病毒和黑客入侵,所采用的操作系统和应用软件经常存在技术"漏洞",网上物品质量鉴定困难,网上欺诈大量发生等,使得交易安全成为企业和个人参与电子商务普遍担心的问题,也是一部分企业和个人对参与电子商务缺乏热情的关键原因。在国际电子商务中,上述安全问题显得更为突出。这是因为,一旦发生因安全问题而造成货物、货款损失,甚至货款两空的情况,由于时间、空间限制,再加上交易各方的语言、法律不同,通过法律途径解决,进而挽回损失的难度更大。

解决上述问题,一方面,要靠网络信息传送、加密、甄别、防病毒和防黑客攻击技术的不断进步和完善,另一方面,也更为重要的是,要尽快完善电子商务交易制度和法律法规。

(五) 电子交易信用体系不完善

在基于 Internet 虚拟市场的国际交易中,良好的信用对国际电子商务的健康持续发展尤为重要。虽然在网上交易条件下,参与国际电子商务交易的国内外企业具有很方便的信用积累条件,但在国际电子商务领域的企业信用管理和应用还十分滞后,对网上交易企业的信用评级,缺少客观、中立的第三方评级机构。不同国际电子商务交易平台的企业信用信息,尚不能做到有效整合和共享。在跨境个人购物规模日益扩大的趋势下,缺乏对个人购物信用信息的采集和管理,导致对网上虚假夸大评价、恶意差评、刷单、恶意退货等行为缺乏约束手段。因此,国际组织及各国政府国际电子商务管理部门应尽快探索建立国际电子商务交易记录及信用评价规则。

(六) 复合型国际电子商务人才不足

国际电子商务是现代信息技术与国际商务的有机结合,是一项复杂的系统工程,涉及计算机技术、网络技术、国际商务和国际法律知识及实际操作技能。顺利开展国际电子商务并不断创新盈利模式,需要从业者具备复合型知识和技能,成为掌握现代信息技术、精通现代商贸理论、具有开拓创新精神的复合型人才。复合型人才的缺乏,是困扰包括中国在内的广大发展中国家,缩小与发达国家电子商务发展差距的一个重要因素。因此,应通过加快教育体制改革,探索形成复合型国际电子商务人才培养体系。

本章小结

本章就电子商务对国际贸易的影响、国际(跨境)电子商务及实现方式、国际电子商务的发展趋势及面临的障碍等内容进行了分析和论述。

电子商务是通过计算机网络实现的整个商务活动的自动化和电子化。从本质上讲,电子商务是现代计算机信息技术和网络技术,运用于商务活动所催生的一种新型社会经济形态,它带来了整个社会生产经营活动价值链的改变。生产力提高对电子商务发展产生了根本的推动作用,IT技术发展为电子商务发展提供了坚实的技术基础,社会消费需求变化对电子商务发展产生了巨大的拉动作用。从全球来看,电子商务经历了基于EDI的电子商务、基于Internet的电子商务和E概念电子商务三个阶段。我国电子商务起步虽然稍晚,但经过了基于EDI电子商务试点和推广、基于Internet的电子商务起步和全面发展等几个阶段,目前正处于快速发展时期。

电子商务对国际贸易的影响表现在多个方面:加快全球经济贸易一体化进程,促使国际分工进一步深化,提高国际贸易效率,引起国际贸易经营主体和经营方式创新,改变国际贸易成本结构,降低国际贸易门槛,分化国际消费偏好,创新国际贸易营销模式,重组全球贸易利益格局,推动国际贸易管理方式改革。电子商务在国际贸易领域的应用,将呈现出国际贸易管理手段的"电子化、网络化",国际贸易单证、报文的"标准化、统一化",国际贸易主体多元化,国际贸易交货方式的多样化和国际贸易从业人员知识结构的复合化的特点。

国际(跨境)电子商务,是指分属不同关境的交易主体,通过电子商务平台达成交易、进行支付结算,并通过跨境物流送达货物或服务、完成交易的一种国际商业活动。国际电子商务与国内电子商务在方便性、整体性、安全性和协调性等方面具有共同性,但在语言、文化、消费习俗、法律、标准和参与主体数量等方面又有显著差异。与传统商务模式相比,国际电子商务在营销模式创新、海外市场开拓、销售渠道构建、交易信息传递和合同履行效率等方面,都有更高的效率。国际电子商务也有B2B、B2C、C2C等多种模式,在B2B模式中又有网上贸易博览会、电子采购网站、第三方国际电子商务市场、产品目录式销售和国际招投标网站等具体类型。

全球电子商务交易额持续快速增长,非英语网络用户比例逐年提高,B2B仍将占据主导地位和"门户"网站的作用日益增强,将是未来国际电子商务发展的基本趋势。但发展中仍面临法律环境不完善、税收问题尚未解决、物流成本偏高、交易安全问题突出以及复合型人才不足等障碍。

关键术语

电子商务,EDI电子商务,Internet电子商务,贸易单一窗口,国际电子商务,"门户"网站,网上贸易,电子采购,第三方电子商务市场

复习思考题

1. 电子商务对国际贸易有哪些影响?
2. 电子商务时代的国际贸易有哪些特点?
3. 什么是国际电子商务?它有哪些主要特征?
4. 实现国际电子商务的方式主要有哪些?这其中有哪些方式特别适合中小企业?
5. 试分析"阿里巴巴"在美国成功上市的原因。
6. 访问"阿里巴巴"或"环球资源"等国际电子商务网站,尝试以出口或进口企业的身份在网站上进行国际电子商务。
7. 国际电子商务的发展趋势有哪些?我国企业如何适应这些趋势以扩大国际电子商务

规模？

8. 国际电子商务面临的障碍有哪些？如何克服这些障碍？

参考文献

胡松筠，屈莉莉：电子商务［M］，东北财经大学出版社，2013 年 9 月。

刘德华，柴郁：电子商务与国际贸易［M］，中南大学出版社，2013 年 3 月。

刘咏芳等：国际贸易电子商务［M］，清华大学出版社，2008 年 6 月。

兰宜生：国际电子商务教程（第 2 版）［M］，首都经济贸易大学出版社，2010 年 9 月。

肯尼思 · C. 劳东（Kenneth C. Laudon），卡罗尔 · G. 特拉弗（Carol G. Traver）：电子商务：商务、技术、社会（第 7 版）［M］，中国人民大学出版社，2014 年 2 月。

施内德（Gary P. Schneider）：电子商务（第 10 版）［M］，机械工业出版社，2013 年 8 月。

王丰：国际电子商务发展的主要障碍及我国的应对之策［J］，《对外经贸实务》，2009（06）：82— 85。

中国互联网络信息中心：中国互联网络发展状况统计报告［R］，2014 年 7 月。

中国商务部：中国电子商务报告 2013［M］，中国商务出版社，2014 年 5 月。

《中国信息产业年鉴》编委会：2013 中国信息产业年鉴［M］，电子工业出版社，2014 年 5 月。

第二章

国际电子商务交易模式及法律制度

学习目标

掌握：国际电子商务技术基础，国际电子商务系统，国际电子商务主要交易模式，国际电子商务知识产权保护

理解：国际电子商务基础服务产业的现状及发展，国际电子商务交易模式及特点，国际电子商务参与各方的法律义务

了解：国际电子商务网站建设，国际电子商务的有关法律和惯例内容

导学案例

亚马逊网上书店的经营策略

亚马逊书店（http://www.amazon.com）是世界上销售量最大的网上书店。它可以提供310万种图书目录，比全球任何一家书店的存书要多15倍以上。而实现这一切既不需要占地面积大的空间，又不需要众多的工作人员，亚马逊书店的1 600名员工的人均销售额37.5万美元，比全球最大的拥有2.7万名员工的Barnes & Noble图书公司要高3倍以上。这一切的实现，电子商务在其中所起的作用十分关键。

亚马逊书店的商业活动主要表现为营销活动和服务活动。它工作的中心就是要吸引客户购买它的商品，同时树立企业良好的形象。

1. 经营销售

亚马逊书店的营销活动在其网页中体现得最为充分。它在营销方面的投资也令人注目：现在，亚马逊书店每收入1美元就要拿出24美分开展营销、吸引顾客，而传统的零售商店则仅花4美分就够了。亚马逊书店的营销策略主要有产品策略、定价策略和促销策略。

2. 售前售后服务

（1）搜索引擎。设置“搜索引擎”和“导航器”以方便用户的购买已成为书店的一项必不可少的技术措施。在这一点上，亚马逊书店的主页做得很有特色，它提供了全方位的搜索方式，包括对书名、主题、关键字和作者的搜索，同时还提供了一系列的栏目，如畅销书目、获奖唱片、卖座影片等导航器，而且在书店的任何一个页面中都提供了类似的搜索装

置，方便用户进行搜索，引导用户进行选购。这实际上也是一种技术服务，归结为售前服务中的一种。

(2) 客户的技术问题解答。书店还提供了对客户的常见技术问题的解答这项服务。公司专门提供了一个 FAQ(Frequently Asked Questions)页面，回答用户经常提出的一些问题。例如，如何进行网上的电子支付？客户需要支付多少运输费用？如何订购脱销书？等等。而且，如果你有特殊问题，公司还会专门为你解答。

(3) 用户反馈。亚马逊书店的网点提供了 E-mail、调查表等获取用户对其商务站点的反馈。用户反馈既是售后服务，也是经营销售中的市场分析和预测的依据。E-mail 中往往有用户对商品的意见和建议。书店一方面处理用户的意见(这实际上是一种售后服务活动)；另一方面也可以从 E-mail 中获取大量有用的市场信息，常常可以作为指导今后公司各项经营策略的基础(这实际上是一种市场分析和预测活动)。

(4) 读者论坛。亚马逊书店的网点还提供了一个类似于 BBS 的读者论坛。企业商务站点中开设读者论坛的主要目的是吸引客户了解市场动态和引导消费市场。在读者论坛中可以开展热门话题讨论，以一些热门话题，甚至是极端话题引起公众兴趣，引导和刺激消费市场。同时，可以开办网上俱乐部，通过俱乐部稳定原有的客户群，同时吸引新的客户群。通过对公众话题和兴趣的分析把握市场需求动向，以提供令用户感兴趣的书籍和音像产品。

资料来源：根据叶子的博客(http://blog.sina.cn/fanny05308)“亚马逊网上书店的网络营销战略分析”缩编。

案例思考题：

1. 亚马逊网上书店采取的是哪一种电子商务交易模式？其为何能取得成功？
2. 分别登录亚马逊网站和当当网站，浏览并比较其网站栏目的设计特点。

第一节　国际电子商务框架

一、国际电子商务技术基础

国际电子商务技术基础主要包括：计算机网络技术、Internet 网络技术、EDI。

(一) 计算机网络技术

计算机网络技术是指把分布在不同地点且具有独立功能的多个计算机，通过通信设备和线路连接起来，在功能完善的网络软件运行下，以实现网络中资源共享为目标的系统。

网络协议是实现计算机之间、网络之间相互识别并正确进行通信的一组标准和规则。它主要分为三层协议：网络协议、传输协议和应用程序协议。网络协议(Network Protocol)是负责将消息从一个地方传送到另一个地方；传输协议(Transport Protocol)负责管理被传送内容的完整性；应用程序协议(Application Protocol)是对通过网络应用程序发出的一个请求的应答，它将传输转换成人类能识别的信息。

计算机网络按照覆盖范围不同可以分为局域网、城域网、广域网和 Internet，其各自的特点如表 2-1 所示。计算机网络按传输介质不同分为有线网、无线网和光纤网。有线网即采用双绞线、同轴电缆连接;无线网是利用空间电磁波(无线电波、微波、红外线或激光)实现站点之间的通信;光纤网是使用光缆作为通信传输介质,目前以其频带宽、损耗低、重量轻、抗干扰性强、保真度高、性能可靠等优点成为办公、居住计算机网络的首选。

表 2-1　局域网、城域网、广域网和 Internet 的特点比较

网络分类	缩写(简称)	分布距离	计算机位置	传输速率范围
局域网	LAN	10 米	房间	4 Mbps ~ 2 Gbps
		100 米	建筑物	
		1 000 米	社区	
城域网	MAN	10 千米	城市	50 Kbps ~ 100 Mbps
广域网	WAN	100 千米	国家	9.6 Kbps ~ 45 Mbps
Internet	Internet	100 千米以上	全球	9.6 Kbps ~ 45 Mbps

(二) Internet 网络技术

Internet 技术是从 20 世纪 90 年代发展起来的新的网络技术,它能把计算机网络上分散的信息资源融为有机整体,实现资源的全面共享和有机协作,使人们能够透明地使用信息资源并按需获取信息。基于 Internet 网络开展国际电子商务,主要涉及 TCP/IP 协议、IP 地址、域名、服务器以及 Internet 接入方法等内容。

1. TCP/IP 协议

TCP (Transmission Control Protocol)协议属于传输层协议。TCP 提供 IP 环境下的数据可靠传输,它提供的服务包括数据流传送、有效流控和多路复用等。通俗地说,它是事先为所发送的数据开辟出连接好的通道,然后再进行数据发送。

IP(Internet Protocol)协议规定了数据传输时的基本单元和格式。如果将数据传输比作货物运输,IP 协议则规定了货物打包时的包装箱尺寸和包装的程序。除此以外,IP 协议还定义了数据包的递交办法和路由选择。同样用货物运输作比喻,IP 协议规定了货物的运输方法和运输路线。

2. IP 地址

IP 意为"网络之间互联的协议",也就是为计算机网络相互连接进行通信而设计的协议。在 Internet 中,它是能使连接到网上的所有计算机网络实现相互通信的一套规则,规定了计算机在 Internet 上进行通信时应当遵守的规则。任何厂家生产的计算机系统,只要遵守 IP 协议就可以与 Internet 互联互通。正是因为有了 IP 协议,Internet 才得以迅速发展成为世界上最大的、开放的计算机通信网络。IP 地址的主要作用是为了区别不同的主机。IP 地址由 4 部分数字组成,每部分数字对应于 8 位二进制数字,各部分之间用小数点分开,如某一台主机的 IP 地址为 211.152.65.112。

3. 域名与域名解析

域名(Domain Name),是由一串用点分隔的名字组成的 Internet 上某一台计算机或计算机组的名称,用于在数据传输时标识计算机的电子方位或地理位置等。域名由英文字母和数字组成,每一个标号不超过 63 个字符,不区分大小写字母。由多个标号组成的完整域名总共不超过 255 个字符。标号中除了连字符(-)外不能使用其他的标点符号。

一个域名由若干个子域名组成，子域名之间用圆点隔开，最右边的子域名是顶级域名（国家或地区代码），而级别最低的子域名写在最左边。

以域名 www. cnnic. net. cn 为例，其顶级域名是 cn（China 的缩写），表示该台主机在中国注册；第一级子域名是 net，表示主机所在的机构属于网络支持机构；第二级子域名为 cnnic，是中国 Internet 络信息中心（China Internet Network Information Center，CNNIC）的英文缩写名称；第三级子域名 www 是该主机的名字，即表示它是一台 WWW 服务器①。

域名解析就是域名到 IP 地址的转换过程 。

4. 服务器

服务器（Server）指一个管理资源并为用户提供服务的计算机，通常分为文件服务器、数据库服务器和应用程序服务器。运行以上软件的计算机或计算机系统也被称为服务器。主要的服务器包括 WWW 服务器、FTP 服务器、邮件服务器、数据库服务器和域名服务器。

WWW 服务器，也称为 Web 服务器或 HTTP 服务器，提供网页浏览、论坛访问等服务。FTP 服务器，提供各种文件的服务器，如软件、MP3、电影、程序等。邮件服务器，提供 E-mail 的接收存储和发送服务。数据库服务器，为客户应用提供服务，这些服务包括：查询、更新、事务管理、索引、高速缓存、查询优化、安全及多用户存取控制等。域名服务器，负责将域名解析成为 IP 地址的服务器。

5. Internet 接入方法

Internet 接入方法包括接入方式和接入技术。在 Internet 接入中，大多采用专线方式和拨号方式。专线方式是指通过租用专用通信线路与 Internet 进行直接的、24 小时不间断的连接。这种方式的费用较大，适合于多人使用、数据通信量大的情况。拨号方式是指利用电话线和调制解调器（Modem），采用拨号的方式登录到 ISP 的主机，获得动态分配的 IP 地址信息后连接到 Internet，上网完毕后断开连接并释放资源。

Internet 接入是通过特定的信息采集与共享的传输通道，利用以下传输技术完成用户与 IP 广域网的高带宽、高速度的物理连接。Internet 接入技术包括基于双绞线的不对称数字用户线（Asymmetric Digital Subscriber Line，ADSL）技术、基于混合光纤同轴（Hybrid Fiber Coaxial，HFC）网络的 Cable Modem 技术、基于五类线的以太网（Ethernet）接入技术和光纤接入（Fiber Access）技术。

（1）基于双绞线的 ADSL 技术，是充分利用现有电话网络的双绞线资源，实现高速、高带宽的数据接入的一种技术。ADSL 是 DSL 的一种非对称版本，它采用频分复用技术和 DMT 调制技术，在保证不影响正常电话使用的前提下，利用原有的电话双绞线进行高速数据传输。

（2）基于 HFC 网的 Cable Modem 技术，是宽带接入技术中最成熟和最先进入市场的。Cable Modem 的通信和普通 Modem 一样，是数据信号在模拟信道上交互传输的过程，但也存在差异，普通 Modem 的传输介质在用户与访问服务器之间是独立的，即用户独享传输介质，而 Cable Modem 的传输介质是 HFC 网，将数据信号调制到某个传输带宽与有线电视信号共享介质。另外，Cable Modem 的结构较普通 Modem 复杂，它由 Modem、调谐器、加/解密模块、桥接器、网

---

① WWW，是万维网（World Wide Web）的英文缩写，是一个由许多互相链接的超文本组成的系统，通过 Internet 访问。在这个系统中，每个有用的事物，称为一种“资源”；并且由一个全局“统一资源标识符”（URI）标识；这些资源通过超文本传输协议传送给用户，而后者通过单击链接来获得资源。万维网联盟（World Wide Web Consortium，W3C），又称 W3C 理事会，1994 年 10 月在麻省理工学院计算机科学实验室成立。万维网联盟的创建者是万维网的发明者蒂姆·伯纳斯-李（Tim Berners－Lee）。

络接口卡、以太网集线器等组成,它无须拨号上网,不占用电话线,可提供随时在线连接的全天候服务。

(3) 基于以太网技术的宽带接入网,由局侧设备和用户侧设备组成。局侧设备一般位于小区内,用户侧设备一般位于居民楼内;或者局侧设备位于商业大楼内,而用户侧设备位于楼层内。局侧设备提供与 IP 骨干网的接口,用户侧设备提供与用户终端计算机相接的 10/100BASE - T接口。局侧设备具有汇聚用户侧设备网管信息的功能。

(4) 光纤通信具有通信容量大、质量高、性能稳定、防电磁干扰、保密性强等优点。在干线通信中,光纤扮演着重要角色,在接入网中,光纤接入也将成为发展的重点。光纤接入网,是指接入网中的传输媒质为光纤的接入网。光纤接入网从技术上可分为两大类:有源光网络(Active Optical Network,AON)和无源光网络(Passive Optical Network,PON)。

(三) EDI

1. EDI 简介

EDI 是 20 世纪 80 年代发展起来的电子化贸易工具,是用户的计算机系统之间对结构化的、标准化的商业信息进行自动传送和自动处理的过程。它是一种在公司之间传输订单、发票等作业文件的电子化手段。它通过计算机通信网络将贸易、运输、保险、银行和海关等行业信息,用一种国际公认的标准格式,实现各有关部门或公司之间的数据交换与处理,并完成以贸易为中心的全部过程。EDI 主要有以下几个特点:

(1) EDI 所传送的资料一般是业务单据,如发票、订单等,而不是一般性的通知。

(2) EDI 传输的报文是格式化的,是符合国际标准的,这是计算机能够自动处理报文的基本前提。

(3) EDI 使用的数据通信网络一般是增值网、专用网。

(4) 数据传输由收发双方的计算机系统直接传送,无须人工介入操作。

2. EDI 的优缺点

EDI 的优点表现为简单、明确、快捷、省钱和安全。简单主要指数据和操作标准化;明确体现在计算机传输并有程序自动检验;快捷表现在一般传递只需几秒钟,所用时间很短;省钱即节省了大量花费在单据处理上的成本;安全表现在 EDI 系统的设计,只允许被授权的人存取信息。

EDI 的缺点表现在:①初期成本高昂,需租用专用的线路,定制一对一转换的系统,增加了企业的信息处理成本;②覆盖面窄,采用封闭的专用增值网络,因此只能与有限的贸易伙伴连接;③EDI 标准的结构灵活性差,不能与其对应的业务环境的变化相同步;④EDI 报文的传输有较多限制,只能使用指定的网络协议和安全保密协议;⑤EDI 标准基于传统商业事务规则,由于社会发展及规则的进步,有许多商务应用已无法用早期的 EDI 标准去规范化表示。

3. EDI 的组成要素和实现过程

(1)EDI 的组成要素包括计算机应用系统、通信网络和 EDI 标准,如图 2 - 1 所示。计算机应用系统是生成和处理电子单证的实体,应用系统包括报文生成处理模块、格式转换模块、通信模块和联系模块四部分。通信网络是传输电子单证的载体,通过其实现电子单证的远距离传输。EDI 标准是应用系统生成统一规范的电子单证的依据。EDI 标准包括 EDI 基础标准体系、EDI 单证标准体系、EDI 报文标准体系、EDI 代码标准体系、EDI 通信标准体系、EDI 安全标准体系、EDI 管理标准体系和 EDI 应用标准体系等。

图 2-1 EDI 的组成要素

（2）EDI 的实现过程就是用户将相关数据从自己的计算机信息系统，传送到有关交易方的计算机信息系统的过程，该过程因用户应用系统及外部通信环境的差异而有所不同。在有 EDI 增值服务的条件下，这个过程分为以下几个步骤，如图 2-2 所示。

第一，发送方将要发送的数据从信息系统数据库提出，通过转换模块转换成平面文件（也称中间文件）。

第二，将平面文件通过翻译模块翻译成标准 EDI 文件，发送至通信模块，并组成 EDI 信件，发送至 EDI 交换系统。

第三，接收方从 EDI 信箱收取信件，通过通信模块导出 EDI 文件。

第四，将 EDI 信件拆开通过翻译模块翻译成平面文件。

第五，将平面文件转换并送到接收方信息系统中进行处理。

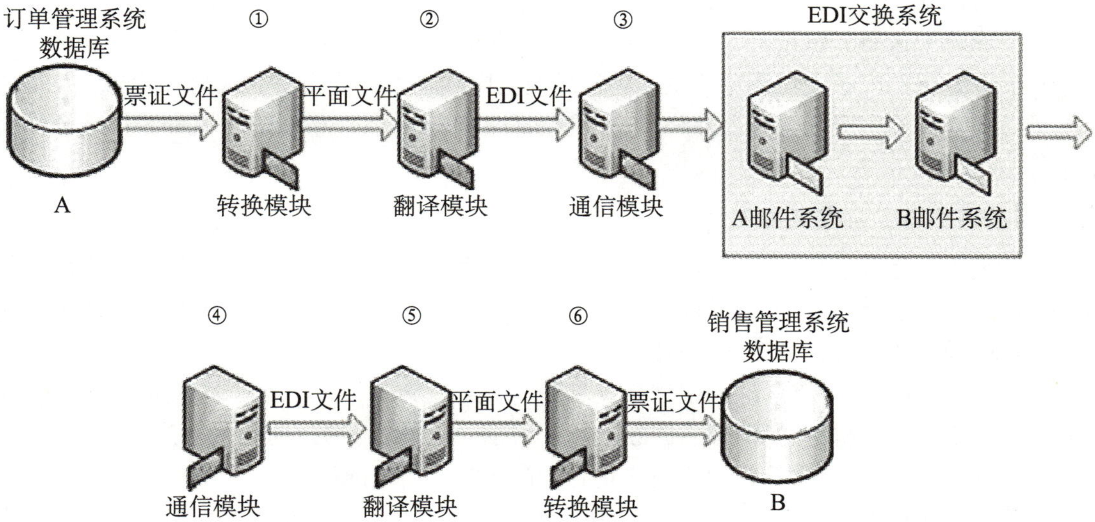

图 2-2 EDI 的实现过程

二、国际电子商务基础环境

（一）国际电子商务基础服务体系

国际电子商务基础服务产业，是以国际电子商务交易为服务对象的一种全新的服务产业，它不仅要有为国际电子商务提供服务的技术手段、商业技术标准以及完善的商业服务体系，而且还要具备实现世界范围内信息资源互通的手段。国际电子商务基础服务体系主要包括：

1. 软硬件服务体系

（1）Internet 服务提供商（Internet Service Provider，ISP）。它包括电信、网络基础设施运营商和 Internet 接入服务企业，能提供上网服务、网上浏览、下载文件、收发 E-mail 等服务，是网络最终用户进入 Internet 的入口和桥梁。如中国电信、中国移动、中国联通等。

(2) Internet 内容提供商(Internet Content Provider,ICP)。它指在 Internet 上提供大量丰富且实用信息的服务提供商。ICP 提供的产品是网络内容服务,包括企业产品供求信息、搜索引擎、虚拟社区、电子信箱、新闻等。如百度、新浪、雅虎、腾讯、谷歌等。

(3) Internet 数据中心(Internet Data Center,IDC)。它指能够提供资源(包括虚拟主机、虚拟专用服务器、服务器托管)出租服务的 Internet 企业。凭借丰富的 IT 基础资源和高度集中化、标准化的运营管理系统,IDC 可以向客户提供数据存储、数据备份、数据交换等服务。如中国万网、中国蓝汛、世纪互联、电信通、阿里云等。

(4) 加密认证服务业。它提供国际电子商务的资格认证、数据加密等服务。如中国国际电子商务中心(CIECC)。

(5) 技术平台服务产业。它包括为企业提供技术平台和 ASP 服务的厂商,如惠普、IBM 等企业。

(6) 应用软件服务业。它包括提供国际电子商务中贸易、销售和营销的应用软件的企业。如中国资讯行(Infobank)、甲骨文(Oracle)、仁科公司(PeopleSoft)等。

2. 商业服务体系

(1) 认证支付体系。它包括第三方电子认证系统、专业化电子支付平台以及各大银行提供的在线认证和支付服务。

(2) 物流配送服务体系。它基于网络化、电子化的物流、快递配送服务体系。

(3) 专业化的电子交易服务体系。它包括规范国际电子商务交易的规则、标准,以及为国际电子商务完成提供服务的网上保险、电子检验检疫、电子报关、配额、许可证和原产地证网上申领等。

(二) 国际电子商务交易平台

国际电子商务交易平台,是为进出口企业开展网上贸易提供信息、磋商、签约和履约的场所,类似于传统商务模式下的交易市场。通过该交易平台,进出口企业可以完成交易的全部流程。国际电子商务交易平台的建立有两种模式:

一是资金、技术实力雄厚的大中型企业自建。所建交易平台独立运营,专门服务于本企业产品的网上销售或原材料、零部件的国际采购。目前,大多数跨国公司均采取这种模式,如我国的海尔、联想、华为、中兴等跨国公司均建有自己的电子商务网站。

二是专业化运营商建立的第三方国际电子商务服务平台。这类交易平台专门为各类进出口企业和个人提供全流程网上交易服务,适合于众多中小微企业和个人开展国际电子商务。第三方国际电子商务服务平台,由于其技术、服务优势,在推进国际电子商务发展中发挥着越来越重要的作用。我国比较著名的第三方国际电子商务交易平台有:阿里巴巴“一达通”、兰亭集势、敦煌网、中国制造、中国诚商网、慧聪网、美商(中国)网、环球资源(中国)网等。

(三) 国际电子商务法律环境

正如第一章所述,由于规范传统国际贸易方式的条约、规则和惯例等,不能完全适用于国际电子商务交易方式,以及国际电子商务也会带来传统贸易方式下不会出现的信息安全、网络欺诈、软件盗版、病毒与黑客攻击等新的法律问题,因此,国际电子商务的顺利开展,除了要具备坚实的软硬件基础服务体系、建立国际电子商务交易平台外,还必须构建完善的法律环境。

一方面,应对原有的合同法、买卖法、票据法、银行法以及国际贸易条约、规则和惯例等进行修订，使之适用于国际电子商务交易；另一方面，要制定实施应对国际电子商务中可能产生问题和纠纷的新的专门性规则、法律和惯例。

三、国际电子商务系统

（一）国际电子商务系统的构成

从技术角度来看，一个完整的国际电子商务系统由企业内部网（Intranet）、企业内部网与Internet的连接以及国际电子商务应用系统这三部分组成。

1. Intranet

Intranet内部网由Web服务器、邮件服务器、数据库服务器、电子商务服务器、账户服务器和客户端的PC机组成。所有这些服务器和PC机通过网络设备——集线器（Hub）或交换机（Switch）连接在一起，组成一个网络。

Web服务器最直接的功能就是向企业内部和企业外部提供一个WWW站点，用来完成企业内部日常的信息访问；邮件服务器为企业内部提供E-mail的发送和接收；数据库服务器和电子商务服务器通过Web服务器本身向企业内、外部提供电子商务处理服务；账户服务器提供企业内部网络访问者的身份验证，不同的身份对各种服务器的访问权限将不同。

客户端的PC机上要安装有Internet浏览器，如Microsoft Internet Explorer或Netscape Navigator等，借此来访问Web服务器。

在Intranet中，每种服务器的数量随企业的情况不同而不同，例如，如果企业内访问网络的用户比较多，可以放置一台企业Web服务器和几个部门级Web服务器，如果企业电子商务种类多且业务量大，可以放置几台电子商务服务器。

2. Intranet与Internet的连接

为了实现企业与企业之间、企业与用户之间的连接，Intranet必须与Internet进行连接。但连接后会产生安全问题，所以在进行连接时，必须采取一些安全技术措施如安装防火墙等。为了进一步提高安全性，企业往往还会在防火墙外建立独立的Web服务器和邮件服务器供企业外部访问用。同时，在防火墙与Intranet之间，一般设一台代理服务器。代理服务器的功能有两个：一是安全功能，即通过代理服务器，可以屏蔽Intranet内的服务器或PC；二是缓冲功能，代理服务器可以保存经常访问的Internet上的信息，当PC访问Internet时，如果被访问的信息存放在代理服务器中，那么代理服务器将把信息直接送到PC机上，省去对Internet的再一次访问，可以节省费用和提高访问速度。

3. 国际电子商务应用系统

在建立了完善的Intranet和实现了与Internet之间的安全连接后，企业已经为建立一个好的国际电子商务系统打下了良好的基础。一般来讲，国际电子商务应用系统主要以应用软件形式实现，它运行在已经建立的Intranet之上。

国际电子商务应用系统分为两部分：一部分是完成企业内部的业务处理和向企业外部用户提供服务，比如用户可以通过Internet查看产品目录、产品资料等；另一部分是极其安全的电子支付系统，使得用户可以通过Internet在网上购物、支付等，真正实现电子商务。

（二）国际电子商务网站建设

国际电子商务应用系统建设中最核心的部分是电子商务网站的建设，它是企业开展国际电子商务的物质基础。国际电子商务站点的建设是一项系统性的工程，它的建设不仅仅是技术方面的问题,而且需要遵循一定的方法来实施。

1. 国际电子商务站点的规划

国际电子商务站点的规划,首先要确定电子商务站点的服务对象,包括确定访问者的范围和访问者的访问目的。其次要确定站点的目标,即公司的任务或目标、网站的近期目标和远期目标以及网站的访问者信息。再次要确定为访问者提供的信息。公司在建设国际电子商务站点时,必须根据所销售的产品和服务为访问者提供尽可能详细的资料,并在衡量成本与效益后作出决策。最后要确定站点评价体系。要明确竞争者的站点,并建立评价每个网站的一系列特征和规则,作出客观合理的评价分析。

2. 国际电子商务站点的建设

(1) 外包。对于某些企业,国际电子商务站点的建设和管理都是企业的非核心业务。企业自己承担此类非核心业务只会增加企业负担,占用企业资金、人力与物力。将国际电子商务站点的建设外包出去,企业一方面可以集中精力从事核心业务,增强核心竞争力;另一方面可以迅速建立国际电子商务站点,获得订制的国际电子商务方案,节省开发费用并获得专业化的服务。

(2) 租用。企业也可以在"门户"网站提供的国际电子商务方案中租用甚至免费获得空间。这是一种最简单的国际电子商务建设方案,企业只需要提供企业及产品的资料,其余如网站的维护等技术性事务,甚至促销、物流配送以及结算均可由"门户"网站提供。这种方式通常建设和维护成本低,整个站点通过 Web 进行管理,企业不必安装任何软件,只需在客户端操作系统进行必要的设置,输入企业和产品信息,然后就可以进行国际电子商务交易了。因此,这种方式适合于绝大多数中小微企业和个人开展国际电子商务。在选择要租用的国际电子商务"门户"网站时,主要考虑的因素是租金和站点的访问量。这种方式的缺点是,企业没有独立的 IP 地址和域名,企业也不能完全根据自己的产品及经营特点,对站点栏目和风格进行个性化设计。因此,通过这种方式企业从事国际电子商务的发展空间受到很大制约。

(3) 自建。规模较大的企业一般资金和技术力量雄厚,通常都有专门的信息化管理部门,从战略角度考虑会选择自行设计、开发、维护和推广服务于本企业(甚至为相关企业提供服务)的国际电子商务网站。通过自建个性化电子商务网站,企业可以把上下游配套企业及客户资源,最大限度地汇集到一个站点,在提高资源配置效率、降低交易成本的同时,增强市场影响力。

3. 估计电子商务站点的域名申请

(1) 域名与域名申请。域名是企业在 Internet 上的商标,全球任何一个 Internet 用户只要知道企业的域名,就可以立即访问该企业网站。所以,企业要建立国际电子商务网站,就必须要为网站确定名称,也就是申请域名。中国互联网络信息中心和国际互联网络信息中心分别提供了检索国内、国外域名的免费服务,如果所申请域名已被使用,检索系统可以提供域名使用者的信息。现在,出现了一种新的域名访问技术——通用网址,它是通过建立通用网址与网站地址 URL 的对应关系,实现浏览器访问的一种便捷方式。通用网址、域名、网站地址三者有着密切的关系,但最基础的是域名。所以,注册一个通用网站,必须先要注册域名,然后将通用网址指向的基于域名的网站地址提交给注册服务机构,这样通用网址就可以指向所提供的网站地址。

(2) 域名申请流程。注册国际域名手续非常简单,只需登录域名申请网站,填写注册表后提交,30 天内支付注册费即可。. com 域名的管理机构为 Internet 名称与数字地址分配机构(Internet Corporation for Assigned Names and Numbers, ICANN)。注册国内域名,手续稍复杂一些,填表提交后还需将单位营业执照复印件、申请表及介绍信交到 CNNIC 备案方可生效(如图 2-3 所示)。

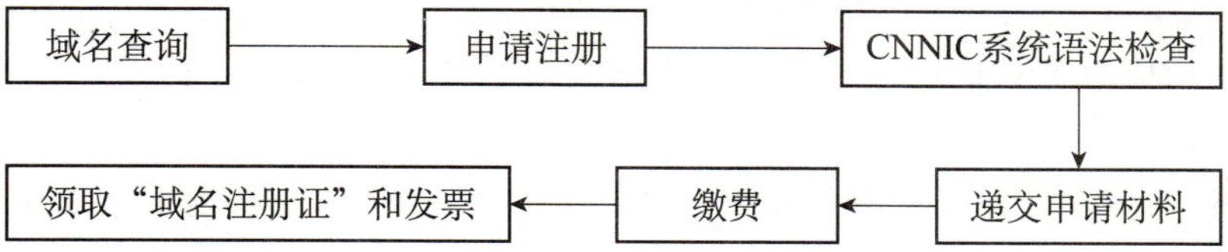

图 2-3　域名申请流程图

第二节　国际电子商务交易模式

同国内电子商务的发展历程一样,国际电子商务最初的应用主体是贸易企业,因此 B2B 是主要交易模式,但随着消费者个人跨境网上购物的快速崛起,B2C 以及 C2C 交易模式日益受到青睐。同时,由于进出口贸易必须办理检验、通关、原产地证申领,部分货物的进出口还需办理配额、许可证申领等行政手续,因此,G2B(政府与企业之间的电子政务)模式(本质上属于“电子政务”)也成为完成国际电子商务交易必不可少的部分。

一、B2B 模式

(一) B2B 模式概述

B2B 模式是指进行国际电子商务交易的供需双方都是商家(或企业、公司),它们之间通过各种电子商务平台,完成进出口贸易交易的全部或部分流程。

B2B 模式包括买卖、合作与服务等基本内容。买卖是指提供 B2B 交易的国际电子商务平台,为供求双方提供交易信息、交易磋商及签订合同、履行合同的技术工具,同时促使更多的商家成为交易平台会员。合作是指通过 B2B 交易平台,建立与国内外生产、销售、物流、保险、银行等相关企业的密切合作,为网上合同履行提供便利。服务是指 B2B 交易平台为买卖双方提供完成交易的全流程服务。

B2B 模式的成本主要分为四大类:第一类为技术成本,包括软硬件成本、学习成本和维护成本;第二类为安全成本;第三类为物流成本;第四类为客户成本。

(二) B2B 模式的类型

按照国际电子商务交易网站(平台)面向的服务对象不同,B2B 模式还可以分为水平 B2B 模式、垂直 B2B 模式、自建 B2B 模式等三种类型。

1. 水平 B2B 模式

水平 B2B(Horizontal B2B)也被称为综合 B2B,是面向中间交易市场的 B2B。它是将各个行业中相近的交易集中到一个网站,为商品采购方和供应方提供一个集中的交易场所,这类交易平台既不是生产产品的企业,也不是经营商品的商家,它只提供一个便利供求双方交易的服务平台,在网上将销售商和采购商汇集一起,采购商可以在其网上查到销售商及其商品的详细信息。

水平 B2B 模式的优势在于,一个网站上聚集了分布于各个行业中的大量客户群,供求信息来源广泛,登录交易平台的企业有着广泛的选择空间,真正可以做到"货比千家、价比万家"。因此,这种模式下的供求信息可以得到较高的匹配。但水平 B2B 模式缺乏对各行业的深入理解以及对各行业资源的深层次整合,导致供求信息的精准度不够,进而影响到买卖双方供求关系的长期确立。目前,在全球比较著名的 B2B 国际电子商务网站中,多数属于这种类型,如中国的"阿里巴巴一达通""敦煌网""环球资源网",美国的"亚马逊"等。

2. 垂直 B2B 模式

垂直 B2B(Vertical B2B,Directindustry B2B),是面向供应商或采购商的 B2B 交易平台。面向供应商的 B2B 网站为上游供应商选择最佳下游买家提供交易机会和平台;面向采购商的 B2B 网站为下游采购商寻找最合适的上游供应商提供交易机会和平台。通过垂直 B2B 网站,生产商或零售商可以与上游的供应商形成供货关系;生产商与下游的经销商可以形成销货关系。简单地说,这种类型的 B2B 网站,或者集中了某行业大量的采购商及采购信息,供国内外供应商选择;或者集中了某行业大量的供应商及产品供应信息,供国内外采购商选择。同时,网站还提供交易的全过程服务。同水平 B2B 模式相比,垂直 B2B 由于集中了某行业同类企业及同类产品的信息,因此,信息的专业化程度、全面性和精准度高,有利于节省企业的信息搜寻成本和交易对象选择成本,使供求双方形成长期稳固的交易关系。但垂直 B2B 模式也存在供求信息广泛性不足的缺陷。

国内外行业协会、商会建立的国际电子商务交易平台,大多数属于垂直 B2B 模式。如"中国供应商网"(http://cn. china. cn)、"中国化工网"(http://china. chemnet. com)、"石油产业网"(http://www. oem17. com)、"Globalspec"(http://www. globalspec. com)、"Importers"(http://www. importers. com)等。

为弥补自身存在的缺陷,更多外部上下游企业及产品信息资源被引入交易平台,越来越多的垂直 B2B 网站,呈现向关联 B2B 类型发展的趋势。

3. 自建 B2B 模式

自建 B2B(Self-built B2B),是指经营产品种类多、规模大、资金和技术雄厚的大型企业(尤其是跨国公司),自行开发建立的以本企业生产经营产品供应链为核心的国际电子商务平台。企业通过自建 B2B,可以将整条产业链的上下游供应商、采购商以及消费者整合到一个电子交易平台上,在建立稳固的上下游供应、销售渠道的同时,增强其在产业链资源配置上的控制力和影响力。同时,在自建 B2B 平台上,企业可以根据不同国家的消费市场的特点,分类建立适合不同市场的交易平台。图 2-4 为联想集团自建的多语种、多国家(地区)国际电子商务平台主页。

正是由于这一优势,自建 B2B 成为绝大多数跨国公司争夺国际电子商务市场的最重要选择。但自建 B2B 也存在市场封闭和缺乏外部资源支持等劣势。

(三) B2B 模式实例

下面以"敦煌网"为例,简要介绍水平 B2B 第三方跨境交易平台的盈利方式(如图 2-5 所示)。

敦煌网成立于 2004 年,是中国第一家整合在线交易和供应链服务的第三方水平 B2B 电子商务网站,是协助中国众多中小供应商,向海外庞大的中小采购商直接供货的新生代网上批

图 2－4 联想集团自建 B2B 网站的首页

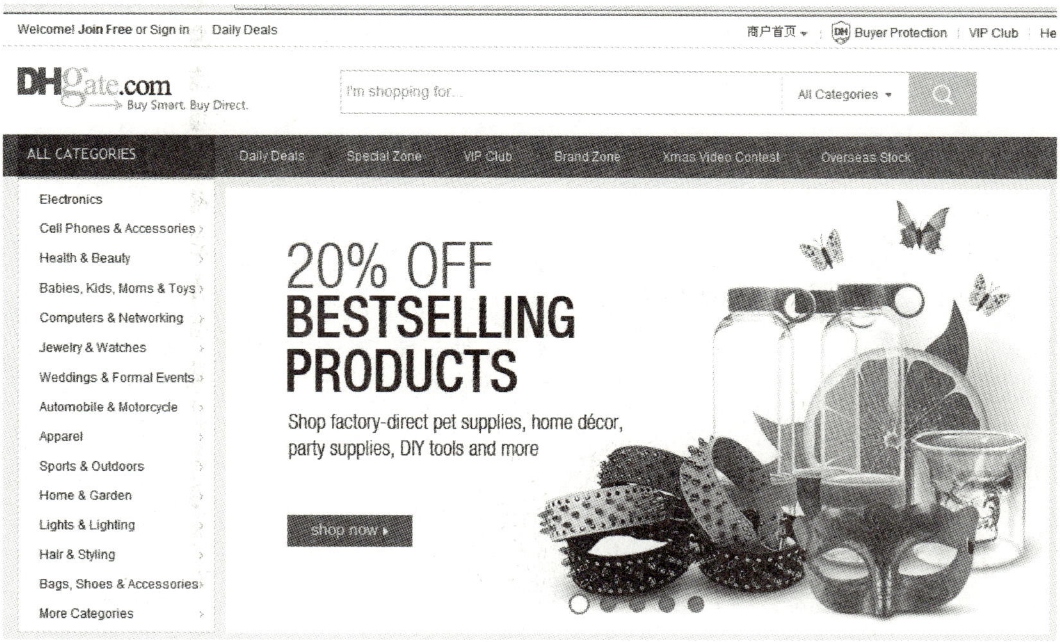

图 2－5 "敦煌网"(国际)主页

发交易平台,致力于打造一个完整的在线供应链体系,直接打通中国上游中小制造企业和贸易商同国外无数中小采购商之间的贸易联系。

经过十年的探索与实践,敦煌网通过不断的努力与创新,搭建了一条通往全球的网上"丝绸之路"。在敦煌网,在线销售产品品类以电子产品、手机及配件、计算机及网络、健康与美容、婚礼用品、纺织服装、运动与户外产品等为主。截至 2014 年 6 月,敦煌网拥有 120 万家国内供应商、550 万买家和 2 500 万种商品,已拥有超过 400 万规模的注册买家,遍布全球 224 个国家和地区;每小时有 10 万买家实时在线采购,每 3 秒产生一张订单;其年交易规模估计已超过 10 亿美元。

敦煌网的服务对象定位,由最初的中小商户开始扩展到规模化的外贸企业、工厂和品牌商家。针对不同服务对象,敦煌网除了交易平台外,还推出了网货中心。网货中心是针对传统外贸企业的服务,2013 年 8 月开始,敦煌网和义乌共同推出打造“全球网货中心”平台。除了提供基于平台的基本服务外,敦煌网也在优化一体化服务,主要包括:①支付:DHpay 对接全球三十多种支付方式;②物流:在线发货,DHlink 支持 EMS、UPS、DHL 等二十多种物流方式,也可提供仓库及集运服务;③信贷:与金融机构合作,由 DHCredit 提供信贷服务;④其他增值服务:培训、营销推广和代运营等服务。

为适应移动电子商务需求的快速增长,2011 年,敦煌网上线跨境电商领域第一款买家端移动 App,随后推出买家端 WAP 平台和卖家端 App,并在美国硅谷成立移动实验室。截至 2014 年 6 月,敦煌网移动端访问量占到全交易平台访问量的 42%,交易量同比增长 200%,新注册的实名买家增长 248%,活跃买家增长 220%。

敦煌网主要有两种盈利模式:①佣金收入。作为第三方交易平台,敦煌网提供一个交易市场,买家和卖家可以在平台上交易,交易成功之后,向买家收取一定比例的交易佣金。②服务费收入。跨境平台的交易复杂性及商务性,决定了整个跨境交易过程需要很多服务环节。基于这个特点,敦煌网向注册企业提供集约化物流、金融、代运营等多项服务,并收取一定的服务费。2013 年 5 月,敦煌网在线发货系统同时推出了“仓库发货”和美国线“国际 e 邮宝”两项服务,这两个服务使敦煌网平台上的物流成本大幅度降低,而且大大提高了发货速度。

二、B2C 模式

(一) B2C 模式概述

B2C 模式是指企业与消费者之间的电子商务模式,企业通过 Internet 为消费者提供了一个新型的购物环境——网上商店,消费者在网上购物和支付。由于这种模式节省了企业推销商品和消费者选择及购买商品的时间,同时,最大限度地扩展了企业、消费者相互选择的机会,大大提高了交易效率。因此,B2C 模式一出现,就大受消费者尤其是青年“上班族”的青睐。

B2C 模式较早出现于国内电子商务,并已形成相当大的规模。根据商务部《中国电子商务报告(2013)》发布的数据,我国已成为世界最大的网络电子商务零售市场,2013 年网络购物用户规模达到 3.02 亿人,全年网络电子商务零售交易额超过 1.85 万亿元人民币,同比增长 41.2%,相当于 2013 年社会消费品零售总额的 7.8%。近年来,随着跨境个人购物的法律、安全、通关、税收等制约因素的逐步减少,B2C 国际(跨境)电子商务呈现迅猛发展态势。

就 B2C 电子商务类型来看,国内出现的类型较多,有网上综合商城、网上百货商店、网上垂直商店、网上复合品牌店、服务型网店、导购型网店、定制型网店等。但在国际电子商务领域,B2C 的类型相对单一,基本都是集产品供求和国际供应商及采购商信息展示、交易磋商、订单确立、货款支付、物流配送、查验通关及纳税退税于一体的交易服务型 B2C。

(二) B2C 模式实例

1. 兰亭集势

兰亭集势(http://www.lightinthebox.com)创始于 2006 年,国际电子商务网站 2007 年开通运行,其创始人是 Google 中国前首席战略官郭去疾。目前已发展成为国内 B2C 跨境电子商务业界最好的网站之一(如图2－6所示),是其他B2C国际电子商务平台争相模仿的对象。

图2－6　兰亭集势网站首页

公司成立之初即获得来自美国硅谷和中国著名风险投资公司的注资,成立高新技术企业,总部设在北京,在北京、上海、深圳共有1 000多名员工。兰亭集势涵盖了包括服装、电子产品、玩具、饰品、家居用品、体育用品等14大类,共6万多种商品。公司年销售额超过2亿元人民币。经过几年的发展,公司采购遍及中国各地,在广东、上海、浙江、江苏、福建、山东和北京等省市均有大量供货商,并积累了良好的声誉。许多品牌,包括纽曼、爱国者、方正科技、亚都、神舟电脑等也加入到兰亭集势交易平台,成为公司的合作伙伴或者供货商。

2013年6月在美国纽约证交所上市后,兰亭集势更加积极地渗透全球市场,目前其旗下的电商网站与移动应用支持27种全球主要语言、16种主要货币、数十种全球在线支付平台。兰亭集势的日均国外客户访问量超过100万,访问页面超过200万个。网站已经拥有来自世界各地的注册客户数千万人,累计发货目的地多达200个国家和地区,遍布北美洲、亚洲、西欧、中东、南美洲和非洲。公司也因此荣获PayPal“最佳创新公司奖”等殊荣。

兰亭集势已在欧洲和北美建立了仓储与配送体系,为欧洲和北美客户提供了更加快捷的配送与退换货服务,同时公司正在积极筹建南美仓库。目前,兰亭集势在美国、西班牙、波兰和巴西均已招聘全职本土雇员,并通过其自主打造的“虚拟公司”网上协作平台,建立了遍布全球数十个国家的员工协作网络,将全球电子商务进一步深化。

根据所发布的2014年前三季度财报,兰亭集势前三季度总营业收入超过2.7亿美元,同比增长41%,订单数达到670万份,同比上升40.9%,客户重复订购率超过40%。按地域来看,欧洲是兰亭集势的最大市场,该市场的营业收入占62.6%;其次为北美市场,订单金额占总营业收入的18.9%。服装是兰亭集势网上销售的主要产品,2014年其服装销售营业收入占其总营业收入的35.8%。

为在迅猛发展的B2C跨境电子商务市场中占据更大份额,兰亭集势2014年5月发布全球时尚开放平台战略(Lightinthebox Global Fashion Open Platform),并启动全国招商计划。其时尚开放平台将同时出现在兰亭集势的桌面网站、移动网站和移动应用上。除常见的流量引导、店铺管理、交易支付等功能外,更重要的是解决了广大商家对国际配送不熟悉、难以制作多语言的产品内容、无法提供全球客户服务等问题。兰亭集势将会把多年来精心打造的配送体系、本地化体系、客户支持体系以及数据分析系统开放出来,为卖家所用。

兰亭集势全球时尚开放平台包括全球本地化体系(Localization By Lightinthebox)、开放配送体系(Fulfilment By Lightinthebox)、开放客服体系(Care By Lightinthebox)、开放数据体系(Insight By Lightinthebox)。平台入驻商家不要求懂外语,不需要有仓库与客服,大大降低了跨境电商的进入门槛。

同时,随着国家对跨境电商的重视与扶持,兰亭集势已经与多地合作,开通了跨境电商出口退税流程,入住该交易平台的商家可以自动享受到跨境电商的出口退税政策优惠。此外,基于现有客户群和中国产品的特点,兰亭集势的开放平台专注于服装品类,以 15% 的分成方式与商家结算,不收取年费。

2. 跨境通

跨境通(http://www.kuajingtong.com)由上海东方电子支付有限公司投资建设,于 2013 年 10 月在上海自由贸易试验区正式上线运行,是我国首家专门为国内消费者网购进口产品设立的 B2C 国际电子商务交易平台。该交易平台基于上海口岸面向国内消费者实现全球网络直购。商品主要包括服装服饰、婴幼儿用品、3C 电子产品、化妆品、箱包等,主要定位于中高端进口商品(如图 2-7 所示)。通过建设跨境通平台,实现"信息流""资金流"和"物流"三维信息合一比对,建立起一整套适于跨境贸易电子商务发展的完整、高效、安全、严密的管理规范,引导消费者通过直购渠道购买国外高品质商品,阳光纳税,逐渐杜绝以非法代购形式入境的灰色购买通道。

在跨境通交易平台上,入住商户都经过海关备案,以防买到进口假货,而且对平台出售的商品均有售后服务保障。该平台上的每件产品,都会标明商品本身的价格、进口关税和物流费用,使消费者对所支付价格及其构成一目了然。通过该平台成功下单购物的消费者还能获取相应的缴税凭证。确定购买、生成订单后,由于消费者是经过实名认证的,确认商品符合海关规定的个人物品合理自用数量及金额后,就可以实现网上付款,入驻交易平台的物流企业负责将商品快递到消费者手中。

随着上海自由贸易试验区的发展,这一跨境电商平台吸引越来越多的境外知名品牌电商入驻,有望形成仓库到个人的直销模式,从而降低国内消费者的购买成本。据采样测算比较,同样国际品牌的商品,通过跨境通网上购买,其支付价格也要比国内实体店低三成。

亚马逊公司在对国内市场进行充分调研的基础上,与跨境通开展业务合作,2014 年 6 月底以来已试单千余票,实现了订单无纸化申报,通关系统自动审单、数秒内放行。截至目前,美国亚马逊、韩国现代百货集团等一大批境外知名品牌大型电商已入驻跨境通,形成了正品货源聚集态势,国内消费者可以通过交易平台,直接进口上述知名品牌电商经营的产品。

FedEx、UPS、TNT、DHL、顺丰、义达等国内外物流快递企业,浦发银行、招商银行、中国银联等金融机构,以及多家报关企业均已成为跨境通的合作伙伴,为其提供物流、支付和报关服务。

在开通运行的一周年内,国内 70 多万名消费者通过跨境通交易平台购买进口商品,进口

图 2-7　跨境通网站首页

业务累计单证放行近 120 万票，货值超过 2.7 亿元人民币。

三、C2C 模式

（一）C2C 模式概述

C2C 模式是一种个人对个人通过电子商务交易平台实现的网上交易行为。C2C 电子商务企业通过为买卖双方搭建拍卖平台，按比例收取交易费用，或者提供平台方便个人开设网上店铺，以会员制的方式收费。同时，为便于买卖双方交易，C2C 交易平台还提供交易所需的一系列配套服务，如市场信息汇集、建立信用评价制度、多种付款方式、物流配送。C2C 模式交易流程如图 2-8 所示。

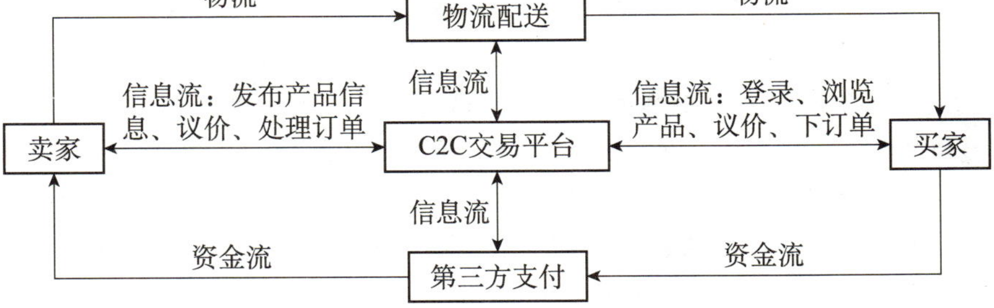

图 2-8　C2C 模式交易流程图

C2C 模式开始于 1995 年 9 月在美国加州圣荷西成立，可让全球民众上网买卖物品的线上拍卖及购物网站——eBay(http://www.eBay.com)。在我国则是以 1999 年成立的易趣网为标志(http://www.eachnet.com)。不过，由阿里巴巴于2003 年 5 月投资创立的淘宝网后来居上，网上销售规模远远超过易趣网。国内采用 C2C 模式的国际电子商务网站还有拍拍、百度有啊、一拍等。

C2C 模式电子商务交易的顺利开展,除需要顺畅的信息流、物流和资金流外,交易平台是否能提供全面、安全的交易信用与风险控制至关重要。eBay 之所以能够在全球 C2C 电子商务交易市场上长期占据主导地位,除了与 PayPal 电子支付工具的"无缝对接"外,也是与 eBay 一开始就重视注册用户信用征集,建立起规范的交易风险控制体系分不开的。在 eBay 交易平台上,PayPal 既扮演着收单商家,又扮演了银行的角色,这种双重角色使得 PayPal 在聚拢了买方与卖方大量资金的同时,掌握着买卖双方的交易与信用状况。阿里巴巴的淘宝 C2C 交易平台,在中国电子商务市场后来居上超越易趣,也与其同时推出"支付宝"电子支付系统,建立网上交易赔付制度有直接关系。

C2C 交易平台的盈利方式主要有:收取会员费、交易提成、广告费、搜索排名竞价以及支付环节收费等。

(二) C2C 模式实例

1. eBay

eBay 是于 1995 年 9 月 4 日由 Pierre Omidyar 以 Auctionweb 的名称,在加利福尼亚州圣荷西建立起来的一家个人拍卖网站,1997 年 9 月该网站正式更名为 eBay(如图 2 - 9 所示)。在不到 20 年的时间内,eBay 已经从最初只有几个人的小型 C2C 拍卖型网络公司,发展成拥有 1.5 万名员工,在全球 50 多个国家设有网站,2013 年交易量达到 2 120 亿美元,营业收入达到 83 亿美元,在线活跃用户超过 1.28 亿,每年活跃用户数增加 1 000 多万,全球最大的 C2C 国际电子商务交易平台。eBay 的经营模式正在从 C2C 向包括 B2C、B2B 和 B2B2C 的混合模式发展。根据 eBay 发布的最新财报,其 2014 年第一季度网上交易量达到 580 亿美元,同比增长 24%,其中移动业务交易量超过 110 亿美元,同比增长 70%;跨境交易量达到 130 亿美元,同比增长 24%,活跃用户数达到 1.45 亿,新增活跃用户 470 万,营业收入同比增长 12%,达到 22 亿美元。

eBay 创始人 Omidyar 在网上贩卖的第一件个人物品是一只坏掉的激光指示器,以 14.83 元成交。他惊讶地询问得标者:"你难道不知道这玩意坏了吗?"Omidyar 收到了以下回复:"我是个专门收集坏掉的激光指示器的玩家。"现在,在 eBay 全球各个不同语言交易网站,每天都有数以百万的家具、收藏品、电脑、车辆等被出售。有些物品稀有且珍贵,然而大部分的物品可能只是个满布灰尘、看起来毫不起眼的小玩意。这些物品常被他人忽略,但如果在全球性的大市场竞价售卖,其身价就有可能水涨船高。只要物品不违反法律或不在 eBay 的禁止贩售清单之内,即可在 eBay 上发布出售。服务及虚拟物品也在可出售物品的范围之内。因此可以说,eBay 超越了以往那种规模较小的实体性跳蚤市场,将买家与卖家拉在一起,创造了扩展到全球、一个永不闭市的网上"虚拟跳蚤市场"。截止到 2014 年 3 月,eBay 在线交易市场上架物品增至逾 6.5 亿件。

大型的跨国公司,像是 IBM 会利用 eBay 的固定价或竞价拍卖来销售它们的新产品或服务。资料库的区域搜寻使得运送更加便捷或便宜。软件工程师们借着加入 eBay 软件开发者项目,得以使用 eBay API,创造出许多与 eBay 相整合的软件。截至 2013 年年底,已经有超过 50 000人加入这个计划,许多公司或个人创造性开发的软件,使得买家与卖家在 eBay 上的交易更方便了。

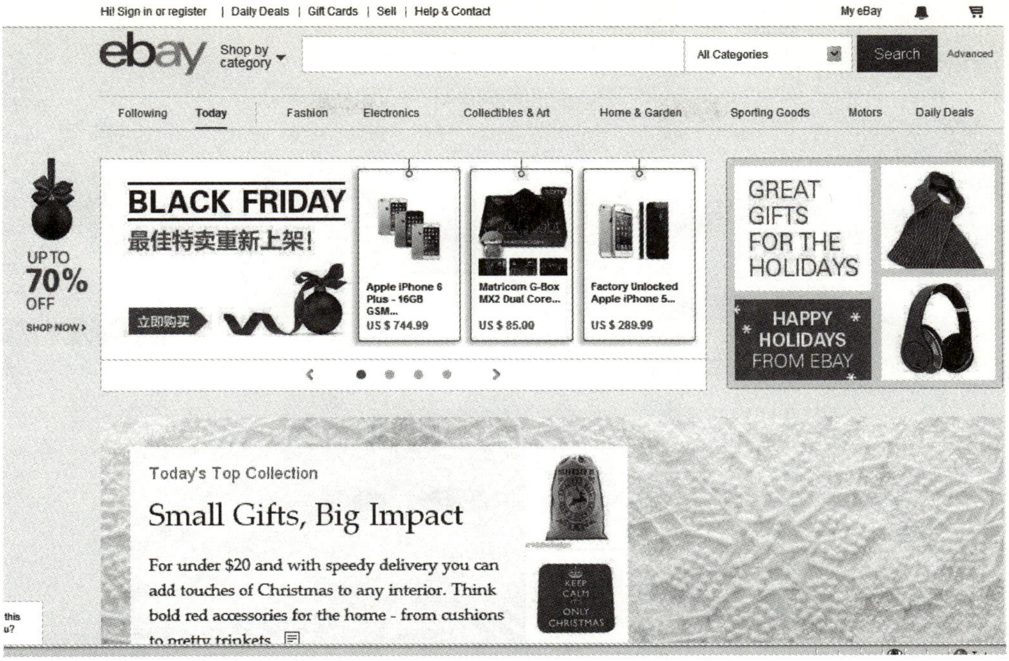

图 2-9 eBay 网站首页

目前,全球知名的物流快递公司,包括 FedEx、UPS、TNT、DHL、EMS、ePacket、eExpress 等都是 eBay 的合作伙伴。

2. 淘宝

淘宝网(http://www.taobao.com),由阿里巴巴集团在2003年5月10日投资创立,在推出1年后,其销量排名就超过 eBay 和易趣网位居第一。2004年其网上拍卖市场规模实现了217.8%的增长,全年成交金额从2003年的10.7亿元增至2004年的34亿元。截至2014年年底,淘宝网拥有注册会员近5亿,日活跃用户超1.2亿,在线商品数量达到10亿,在C2C市场,淘宝网占95.1%的市场份额。经过十多年的快速发展,淘宝已从初期单一的C2C网络集市,发展成包括C2C、B2C、B2B以及团购、分销、拍卖等多种商务模式在内的,中国规模最大、全球仅次于 eBay 的综合性国际电子商务交易平台,包括"天猫""聚划算""淘宝商城""一淘""阿里妈妈""阿里旅行""阿里旺旺"等电子商务网站群(如图2-10所示)。

淘宝专门从事国际电子商务交易的平台有两个,一个是为国内消费者购买进口产品提供交易服务的淘宝"全球购"(http://g.taobao.com)(如图2-11所示),另一个是为国外消费者购买中国产品提供交易服务的淘宝"全球速卖通"(http://www.aliExpress.com)(如图2-12所示)。

淘宝"全球购"又名全球购物网,是为广大国内消费者购买全球进口商品提供交易服务的专业导购平台,拥有韩国、日本、美国、英国、法国、德国、加拿大等多个进口代购频道。该交易平台本着帮助会员实现"足不出户,购遍全球"的目标,由阿里巴巴于2007年在淘宝网上设立,以时尚高档奢侈进口品为重点。淘宝"全球购"提供独立的全球购商品筛选功能,通过严格审核每一位卖家,精挑细选每一件商品,为淘宝网的用户提供更好的服务。凡是通过审核加入"全球购"的境外商品卖家,将被打上"全球购"的荣誉标志,其店铺和商品取得在"全球购"平台展示的机会,卖家也同时获得使用"全球购"各项服务的权利。

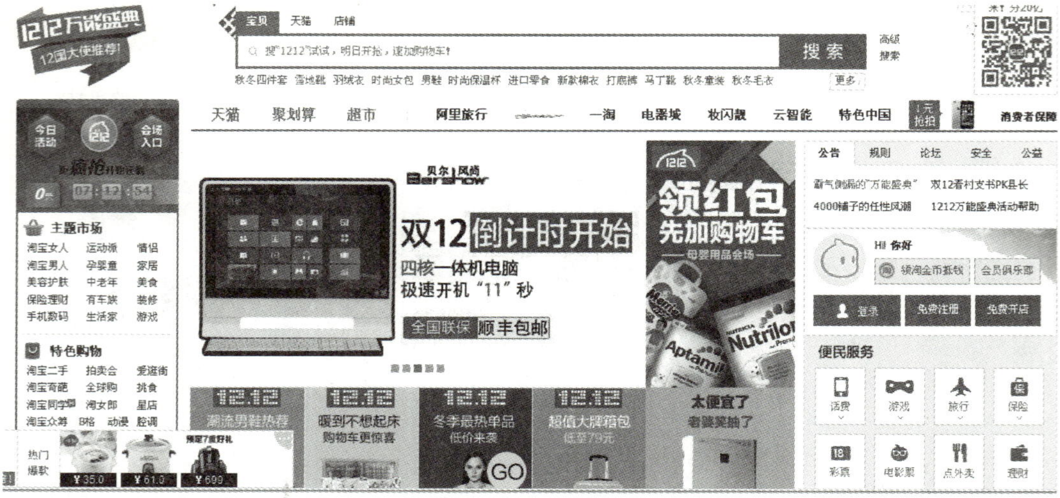

图 2-10　淘宝电子商务网站首页

图 2-11　淘宝"全球购"网站首页

2015 年 8 月，淘宝"全球购"发布《十年海淘报告》显示，10 年来，国人"海淘"版图逐年扩大，足迹超 100 多个国家和地区。与此同时，"海淘"品类也日趋丰富，超过 200 万款海外商品在淘宝"全球购"销售。统计数据显示，LV、GUCCI、PRADA、CHANEL 等国际名牌商品"全球购"的价格大约是国内专柜的 7—8 折，而更多时尚潮流的大众品牌，如 COACH、CK、IT 等，"全球购"的价格仅仅是国内专柜的 5 折甚至更低，还有一些在国内没有专柜销售的海外特色品牌商品，如 TOPSHOP、ASOS、Miss Selfridge 等，均可以在"全球购"上买到。

"全球速卖通"是阿里巴巴帮助国内中小企业或个人，接触境外终端消费者，实现小批量、快速销售、拓展利润空间，而全力打造的融订单、支付、物流于一体的在线交易平台，该平台于

2010年4月正式上线运行(如图2-12所示)。“全球速卖通”面向海外买家,通过“支付宝”国际账户进行担保交易,并使用国际快递发货。

图2-12 淘宝“全球速卖通”网站首页

截止到2013年3月,“全球速卖通”已覆盖全球220多个国家和地区,销售产品涵盖3C、服装、家具、饰品等44大类,海外买家流量每天超过6 800万,交易额以年均400%的速度递增。“全球速卖通”目前已成为全球第三大英文在线购物网站。

四、G2B模式

G2B模式是指政府与企业之间的电子政务。严格意义上,G2B不应列入电子商务的范畴,但由于国际贸易与国内贸易的最大区别在于,无论进口还是出口货物,必须经过各国海关审验放行后才能运出或运进国境,属于法定检验检疫的商品必须获得检验检疫证书,许多货物还需申请配额、取得进出口许可证等,因此,G2B构成国际电子商务交易全流程中不可或缺的重要组成部分,为此,本书把G2B模式作为单独的一部分进行介绍。

国际电子商务中的G2B模式主要涉及的业务包括:电子交易身份认证,电子配额招投标,网上加工贸易审批,网上进出口许可证审批,网上合同备案,电子检验检疫,网上产地证申领签发,网上报关通关,网上外汇核销以及网上纳税与出口退税等。

经过十多年的努力,我国为国际电子商务交易服务的政府G2B网站的开发、建设与应用,取得了显著成绩。电子交易身份认证、电子配额招投标、网上加工贸易审批、网上进出口许可证审批、网上合同备案等业务,可以在中国商务部官网(如图2-13所示)或中国国际电子商务网(如图2-14所示)上实现。

电子检验检疫、网上产地证申领签发等业务,可以在中国检验检疫电子业务网上完成(如图2-15所示)。网上报关通关、网上外汇核销以及网上纳税与出口退税等均可以在“口岸电子执法系统”——“中国电子口岸”网站上实现(如图2-16所示)。关于国际电子商务中G2B业务的具体操作,将在本书第八章进行详细叙述。

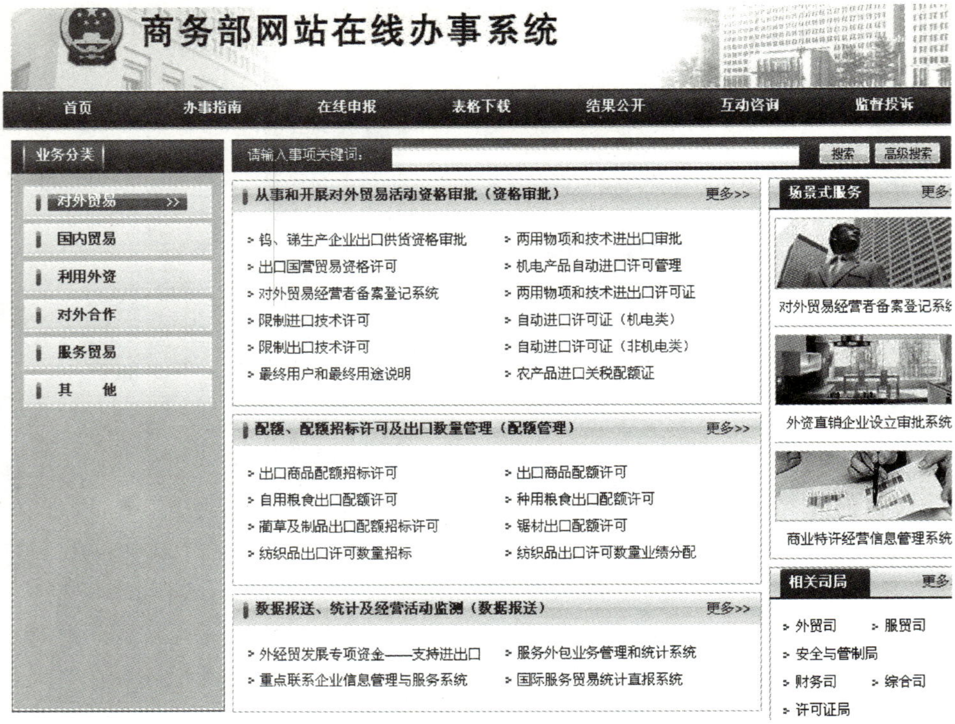

图2－13　中国商务部网站“在线办事系统”页面

图2－14　中国国际电子商务网“业务申请系统”页面

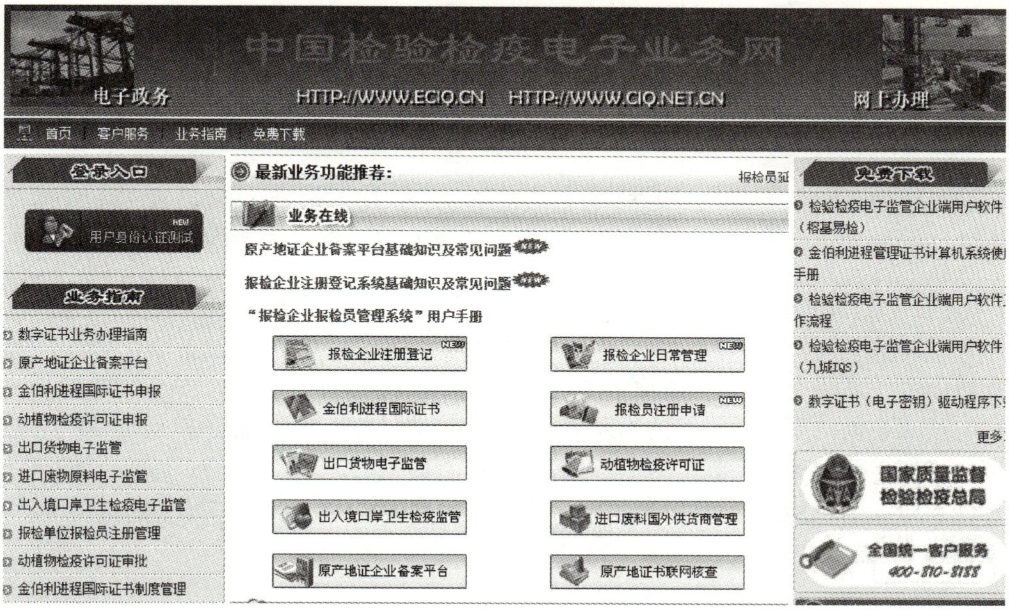

图2-15　中国检验检疫电子业务网首页

图2-16　中国电子口岸客户端系统界面

第三节 国际电子商务法律制度

一、国际电子商务参与各方的法律义务

国际电子商务交易的顺利完成,不仅涉及卖方、买方、网上银行,还要涉及传统贸易方式下一般不涉及的网络交易平台(中心),这些当事人均要在国际电子商务中承担一定的法律责任和义务。对此,国际公约、惯例和各国已经颁布的与电子商务有关的法规,均作出了明确规定。

(一) 卖方的义务

在国际电子商务条件下,卖方应当承担三项义务。

(1) 按照合同的规定提交标的物及电子或纸质单据。提交标的物和单据是国际电子商务中卖方的一项主要义务。为划清双方的责任,标的物的交付时间、地点和方式应当明确规定。如果合同中对标的物的交付时间、地点和方式未作明确规定,应按照有关合同法或国际公约的规定办理。

(2) 对标的物的权利承担担保义务。与传统的买卖交易相同,卖方仍然应当是标的物的所有人或经营管理人,以保证将标的物的所有权或经营管理权转移给买方。卖方应保障对其所出售的标的物享有合法的权利,承担保障标的物的权利不被第三人追索的义务,以保护买方的权益。如果第三人提出对标的物的权利,并向买方提出收回该物,则卖方有义务证明第三人无权追索,必要时应当参加诉讼,出庭作证。

(3) 对标的物的质量承担担保义务。卖方应保证标的物的质量符合规定。卖方交付的标的物的质量应符合各国规定的质量标准或双方约定的质量标准,不应存在不符合质量标准的瑕疵,也不应出现与网络广告、网络发布产品信息相悖的情况。卖方在网络上出售有瑕疵的物品,应当向买方说明。卖方隐瞒标的物的瑕疵,应承担责任。买方明知标的物有瑕疵而购买的,卖方对瑕疵不负责任。

(二) 买方的义务

在国际电子商务条件下,买方同样应当承担三项义务。

(1) 买方应承担按照网络电子交易规定方式支付价款的义务。由于国际电子商务的特殊性,网络购买一般没有时间、地点的限制,支付价款通常采用信用卡、智能卡、电子钱包或电子支付等方式,这与传统的支付方式有区别。但在国际电子商务交易合同中,应明确规定采用哪种支付方式。

(2) 买方应承担按照合同规定的时间、地点和方式接受标的物的义务。由买方自提标的物的,买方应在卖方通知的时间内到预定的地点提取。由卖方代为托运的,买方应按照承运人通知的期限提取。由卖方运送的,买方应做好接收标的物的准备,及时接收标的物。买方迟延接收的,应负迟延责任。

(3) 买方应当承担对标的物验收的义务。买方接受标的物后,应及时进行验收。规定有验收期限的,对表面瑕疵应在规定的期限内提出。发现标的物的表面瑕疵时,应立即通知卖方,瑕疵由卖方负责。买方不及时进行验收,事后又提出表面瑕疵,卖方不负责任。对隐蔽瑕疵和卖方故意隐瞒的瑕疵,买方发现后,应立即通知卖方,追究卖方的责任。

（三）对买卖双方不履行合同义务的救济

1. 卖方可采取的救济方法

买方不履行合同义务，包括买方不按合同规定支付货款和不按规定收取货物。在这种情况下，卖方可选择以下救济方法：

（1）要求买方支付价款、收取货物或履行其他义务，并为此可以规定一段合理的额外延长期限，以便买方履行义务；

（2）损害赔偿，要求买方支付合同价格与转售价之间的差额；

（3）解除合同。

2. 买方可采取的救济方法

卖方不履行合同义务，主要指卖方不交付标的物或单据或交付迟延；交付的标的物不符合合同规定以及第三者对交付的标的物存在权利或权利主张等。当发生上述违约行为时，买方可以选择以下救济方法：

（1）要求卖方实际履行合同义务，交付替代物或对标的物进行修理、补救；

（2）减少支付价款；

（3）对迟延或不履行合同要求损失赔偿；

（4）解除合同，并要求损害赔偿。

（四）网络（虚拟）银行的法律义务

国际电子商务货款的收付和结算，越来越多地通过网上银行或第三方网络支付平台等虚拟银行的电子资金划拨来完成。电子资金划拨依据的是虚拟银行与网络交易客户所订立的协议，这种协议属于标准合同，通常由虚拟银行起草并作为开立账户的条件递交给网络交易客户。所以，虚拟银行应以合同为基础承担相应的法律责任。

在国际电子商务中，虚拟银行同时扮演着发送银行和接收银行的角色。其基本义务是依照客户的指示，准确、及时地完成电子资金划拨。作为发送银行，在整个资金划拨的传送链中，承担着如约执行资金划拨指示的责任。一旦资金划拨失误或失败，发送银行应向客户进行赔付，除非在免责范围内。作为接收银行，妥当地接收所划拨来的资金。如果接收银行未能妥当地执行资金划拨指示，则应同时对发送银行和受让人负责。

在实践中，电子资金划拨中可能出现因过失或欺诈而致使资金划拨失误或迟延的现象。如系过失，适用于过错归责原则。如系欺诈所致，且虚拟银行的安全程序是合理可靠的，则电子资金划拨指示的名义发送人需对支付命令承担责任。

银行承担责任的形式通常有三种：

（1）返回资金，支付利息。如果资金划拨未能及时完成，或者到位资金未能及时通知交易客户，虚拟银行有义务返还客户资金，并支付从原定支付日到返还当日的利息。

（2）补足差额，偿还余额。如果接收银行到位的资金金额小于支付指示所载数额，则接收银行有义务补足差额；如果接收银行到位的资金金额大于支付指示所载数额，则接收银行有权依照法律提供的其他方式从收益人处得到偿还。

（3）偿还汇率波动导致的损失。对于在国际贸易中，由于虚拟银行的失误造成的汇率损失，交易客户有权就此向虚拟银行提出索赔，而且可以在本应进行汇兑之日和实际汇兑之日之间选择对自己有利的汇率。

(五) 网络交易平台(中心)的法律义务

在国际电子商务交易中,专业化的网络交易平台(中心)发挥着越来越重要的作用,其在国际电子商务交易中扮演着介绍、促成和组织者的角色。这一角色决定了交易平台既不是买方的卖方,也不是卖方的买方,而是交易的居间人。它应按照法律规定、买卖双方委托业务的范围和具体要求提供信息发布、交易工具和相关服务,并按约定收取服务费用。

国际电子商务交易平台的设立,根据《中华人民共和国计算机信息网络国际联网管理暂行规定》第九条,必须具备以下4个条件:

(1) 是依法设立的企业法人或者事业法人;

(2) 具有相应的计算机信息网络、装备以及相应的技术人员和管理人员;

(3) 具有健全的安全保密管理制度和技术保护措施;

(4) 符合法律和国务院规定的其他条件。

国际电子商务交易平台,应当认真负责地执行买卖双方委托的任务,并积极协助双方当事人成交。交易平台在进行介绍、组织交易时要诚实、公正、守信,不得弄虚作假,否则须承担赔偿损失等法律责任。

国际电子商务交易平台,必须在法律许可的范围内开展业务。网络交易平台经营的业务范围、物品的价格、收费标准等都应严格遵守各国规定。网络交易平台对所发布产品供求信息的合法性、真实性和准确性负有审查责任,法律规定禁止销售和流通的物品或服务不得作为合同标的物。交易平台对注册用户(包括企业、组织和个人)身份的真实性负有审查责任,对显然无支付能力的当事人或尚不确知具有合法地位的法人,不得为其进行居间活动。

二、有关国际电子商务的国际法律与惯例

为规范和促进国际电子商务的健康发展,各国立法机关和国际组织在逐步修改原有法规、条约和惯例以适用于国际电子商务交易的同时,也陆续制定颁布了规范国际电子商务交易的专门法律、条约和惯例。本节对主要的法规、条约和惯例进行重点介绍。

(一)《联合国国际贸易法委员会电子商务示范法》

1991年,联合国国际贸易法委员会(The United Nations Commission on International Trade Law,UNCITRAL)下属的国际支付工作组,开始负责制定一部世界性的电子数据交换统一法。1993年,该工作组全面审议了《电子数据交换及贸易数据通信手段有关法律方面的统一规则草案》,这是世界上第一部EDI统一法草案。为了解决全球电子商务所遇到的法律冲突,适应各国对EDI的迫切要求,制定时采取了灵活的"示范法"形式,并决定统一法标题中不再使用"电子数据交换(EDI)"的字样,代之以"电子商务(EC)",并将"统一规则草案"名称改为"电子商务示范法"。

1996年12月16日,UNCITRAL第85次全体大会通过了《联合国国际贸易法委员会电子商务示范法》(*Model Law on Electronic Commerce of UNCITRAL*),简称《电子商务示范法》。该法是世界上第一部规范电子商务交易的国际法,其目的是向各国提供一套国际公认的法律规则,以供各国法律部门在制定本国电子商务法律规范时参考,促进使用现代通信和信息手段(诸如EDI、E-mail和传真等)在国际贸易中的应用。

《电子商务示范法》奠定了电子商务立法的基本框架,该法允许贸易双方通过电子手段传递信息、签订买卖合同和进行货物所有权的转让。该法的通过为实现国际贸易的"无纸操作"

提供了国际法律依据。

《电子商务示范法》分为两部分，共 17 条。第一部分为电子商务总则，共三章，即一般条款；对数据电文的适用法律要求；数据电文的传递。第二部分为电子商务的特定领域，主要涉及货物运输中的运输合同、运输单据、电子提单的效力和证据效力等问题。

该法对电子商务的一些基本法律问题的规定，有助于填补国际上电子商务的法律空白。虽然它既不是国际条约，也不是国际惯例，其本身并不具有法律效力，仅仅是为各国制定电子商务法进行示范的法律范本，但是，各个国家一旦以“示范法”为蓝本制定了自己的法律，那么，“示范法”中的规则就会成为这些法律的组成部分。在这个意义上，“示范法”具有使世界各国的电子商务立法统一化的作用。该示范法发布后，世界各国陆续颁布实施的电子商务法规，所涉及的概念（如数据电文、EDI、信息系统、电子合同等）、原则等大多采用了该示范法的文字描述。

（二）《联合国国际贸易法委员会电子签名示范法》

为弥补《电子商务示范法》有关电子签名规定过于简单的缺憾，2000 年 7 月 5 日 UNCITRAL 又通过了《联合国贸易法律委员会电子签名示范法》（*Model Law on Electronic Signature of UNCITRAL*）（以下简称《电子签名示范法》）。

当事人意思表示一致是合同成立的要件，而在众多表明行为人意思的方法中，最简单、经济、方便的莫过于签名。签名在法律上的意义就在于证明以及确认某一项意思表示或法律文件之成立、生效及其内容的确实性。因此，在国际电子商务活动中，签名的作用举足轻重。如果说《电子商务示范法》奠定了电子商务立法的基本框架，那么《电子签名示范法》是对《电子商务示范法》的有益补充。

《电子签名示范法》共 12 条，按照电子商务的流程，即签名方签发、交易相对方接收、认证机构确认其真实性，分别规定了：电子签名的适用范围，本法中的定义，签名技术的平等对待，解释，经由协议的改动，符合签名要求，签名要求的满足，签名人的行为；认证服务提供人的行为，可信赖性，依赖方的行为，对外国证书和电子签名的承认。该法第 12 条关于外国证书和电子签名的承认的规定，充分体现了电子商务的国际属性，为消除国家之间的法律歧视确立了国际立法的原则。

《电子签名示范法》的制定，为电子签名的使用带来了法律的确定性，“数字签名”是目前电子商务中应用最普遍、可操作性最强的一种电子签名方法，它主要用于鉴定签名人的身份以及对一项电子数据内容的认可。该法促进了电子商务交易中对电子合同、电子单证等电子签名法律效力的承认，为世界各国制定电子签名法构建了整体的法律框架。该法律确立的相关原则对世界各国的立法具有指导意义。

（三）《联合国国际合同使用电子通信公约》

从宏观上讲，《电子商务示范法》解决了利用数据电文订立的合同的法律承认问题（比如，第 11 条规定了合同订立与有效性以及可能表示的要约和承诺形式，第 13 条关于数据电文的归属，第 14 条关于确认收讫，第 15 条关于发出和收到数据电文的时间和地点），《电子签名示范法》解决了利用数据电文订立的合同的安全认证问题，但如何利用数据电文开展合同的订立工作，是上述两部示范法都没有解决的问题。2001 年 6 月 25 日至 7 月 13 日在联合国国际贸易法委员会第 34 届会议上，专门就电子商务领域未来可能开展的工作进行了讨论。会议提出，应当从《联合国国际货物销售合同公约》的角度来审议电子订约问题；应当依据该公约提出人们可以普遍接受的框架用于货物销售的在线合同;应当确定该公约在多大程度上适用于服务或“虚拟货物”的交易,即可在计算机空间购买和递送的物品(如软件)的交易。

会议之后,UNCITRAL 电子商务工作组开始了电子订约的立法工作,意在解决电子商务合同的订立问题。经过两年的努力,电子商务工作组基本形成了电子订约立法的整体构思,并提出了《由数据电文订立或证明的(国际)合同公约草案初稿》(*Preliminary Draft Convention on (International) Contracts Concluded or Evidenced by Data Message*)。

根据 UNCITRAL 电子商务工作组第 39 次会议有关《电子订约:一项公约草案的条文》(*Electronic Contracting: Provisions for A Draft Convention*)报告,《由数据电文订立或证明的(国际)合同公约》将在《联合国国际货物销售合同公约》的基础上,协调全球范围内的电子订约法律问题。经过 UNCITRAL 电子商务工作组先后六次会议的讨论,公约名称最后改为《联合国国际合同使用电子通信公约》(*United Nations Convention on the Use of Electronic Communications in International Contracts*)(以下简称《公约》)。《公约》于 2005 年 7 月在 UNCITRAL 第 38 届会议上得到通过。2005 年 11 月 23 日,联合国大会第 60 届会议以 21 号决议通过了《公约》,并自 2006 年 1 月 1 日起开放供各国签署。我国政府参加了《公约》的起草工作并于 2006 年 7 月 6 日签署了该《公约》。《公约》被认为是国际上有关国际电子商务的第一个专门性公约,是国际商事立法的重要成果。

《公约》在序言中总结了立法的目的:“注意到电子通信的使用提高了商业活动的效率,加强了贸易联系,并为过去相距遥远的当事人和市场提供了新的准入机会,从而对促进国内、国际贸易和经济发展发挥着极其重要的作用,考虑到国际合同中使用电子通信的法律效力不确定性所产生的种种问题构成了对国际贸易的障碍,深信采用统一规则消除对国际合同使用电子通信的障碍,包括消除现有国际贸易法文书在执行上可能产生的障碍,将加强国际合同的法律确定性和商业上的可预见性,有助于各国获得现代贸易途径;认为统一规则应当尊重当事人在其所选择的手段符合相关法律规则的目的的限度内选择适当媒介和技术的自由,同时顾及不偏重任何技术和功能等同的原则。希望以法律制度、社会制度和经济制度不同的国家所能接受的方式对消除电子通信使用中的法律障碍提供一个共同的解决办法。”

《公约》共四章 25 条,第一章适用范围,包括适用范围,不适用情形,当事人意思自治;第二章总则,包括定义,解释,当事人所在地,对提供情况的要求;第三章国际合同使用电子通信,包括对电子通信的法律承认,形式要求,发出、收到电子通信的时间和地点,要约邀请,自动电文系统在合同订立中的使用,合同条款的备查,电子通信中的错误;第四章最后条款,包括保存人,签署、批准、接受或认可,区域经济一体化组织的参与,对本国领土单位的效力,关于适用范围的声明,根据其他国际公约进行的通信往来,声明的程序和效力,保留,生效,适用时间,退约。

《公约》的宗旨是在对国际合同使用电子通信的情形中增强法律确定性和商业可预见性。该公约处理的国际合同使用电子通信问题包括:如何确定一方当事人在电子环境中的所在地;电子通信的收发时间和地点;使用自动信息系统订立合同;确立电子通信、纸面文件(包括“原始”纸面文件)以及电子认证方法和手写签名功能上等同所使用的标准。

《公约》的签署,促进了电子通信在国际贸易中的应用和在其他国际条约中的适用,增进了国际电子商务立法在世界各国的统一化,更新和完善了 UNCITRAL 先前通过的《电子商务示范法》与《电子签名示范法》。我国政府签署《公约》加快了国内电子商务立法与国际电子商务法律接轨,提高了国际贸易便利化水平,推动了中国国际电子商务的发展。

（四）《国际海事委员会电子提单规则》

为了适应信息时代电子资料交换系统的广泛应用，从20世纪80年代开始联合国、国际商会和国际标准化组织，先后设计制定了《联合国贸易资料指南》《联合国行政、商业、运输电子资料交换规则》《电讯贸易资料交换实施统一规则》和《电子数据交换统一规则》等规范国际贸易中"无纸化"电子数据传递和交换的标准及规则。在此基础上，国际海事委员会（Committee Maritime International，CMI）于1990年6月29日在巴黎召开的第34届大会上通过了《国际海事委员会电子提单规则》（*CMI Rules for Electronic Bills of Landing*）（简称《CMI电子提单规则》），用以在网上贸易合同履行中，承认和推广使用电子提单。由于该规则属于国际"惯例"性质，因此经当事方同意适用后才具有法律约束力。

《CMI电子提单规则》共11条，主要内容有：适用范围，定义，程序规则，收货单据的形式和内容，运送合同的术语与条件，密码，发送，接受纸面单证的选择，电子数据等同书面，数据电文的鉴定等。

《CMI电子提单规则》对电子密码的运用，使作为物权凭证的电子提单的转让成为可能。按照规则第7条、第8条的规定，在采用电子提单时，发货人和承运人必须事先约定，他们将用电子方式进行通信，并将使用电子提单而不使用书面提单，这是使用该规则的前提条件。当事人通过对电子提单密码的转让来代替传统提单的背书转让，以达到同样的目的。其具体过程是：承运人在接收到发货人的货物之后，应该按照发货人说明的电子地址给予发货人已接收到货物的电子通知（其中包括同意日后传输的密码），发货人必须向承运人确认收到该电子信息；根据该电子信息，发货人便成为持有人。

《CMI电子提单规则》在处理电子数据与书面数据的关系时，采用了"功能等同"原则。根据第11条的规定，承运人和发货人以及此后所有采取本程序的当事方均同意载于计算机数据存储中，可用人类语言在屏幕上显示或由计算机打印的业经传输和确认的电子数据将满足任何国内法或本地法，习惯或实践规定运输合同必须经签署并以书面形式加以证明的要求。经采纳上述规定，所有当事方将被认为业已同意不再提出非书面形式的抗辩。

（五）国际商会《跟单信用证电子交单统一惯例》

《跟单信用证电子交单统一惯例》（*the Uniform Customs and Practice for Documentary Credits for Electronic Presentation*）（简称"eUCP1.1"），是作为国际商会2007年7月1日公布实施的《跟单信用证统一惯例》（UCP600）的补充规则发布的，与UCP600一同生效，适用于信用证付款方式下的电子交单议付结汇。

为顺应国际电子商务的发展，适应电子单证在国际贸易中的应用，以及承认电子单证与纸面单证在货款结算中具有同等法律效率，在2002年4月1日修订生效的《UCP500》中，国际商会就同时发布的作为其附件的《UCP500电子交单附则》（*Supplement to UCP500 for Electronic Presentation*）（简称"eUCP1.0"），对信用证业务中电子交单的有关问题作出了专门规定。因此，"eUCP1.1"实际上是为配合《UCP600》的实施，对"eUCP1.0"的升级版。

"eUCP1.1"共有12个条款，主要包括：eUCP的适用范围，eUCP与UCP的关系，定义，格式，交单，审核，拒绝通知，正本与副本，出具日期，运输，交单后电子记录的损坏，eUCP电子交单的额外免责。"eUCP1.1"明确了一些贸易术语在电子单据与纸制单据上的不同定义，规定了电子交单的格式与电子拒绝通知的操作，明确了银行系统无法收到电子记录以及电子记录损坏的后果，定义了电子正本单据等核心问题。《UCP600》的很多条款不对电子交单产生影响,要与"eUCP1.1"一起使用。在电子交单或电子和纸制单据混合方式提交单据时,要同时使用"eUCP1.1"和《UCP600》两个规则。

与《UCP600》一样,"eUCP1.1"也不是法律,而是国际惯例的成文化。

除"eUCP1.1"之外,为配合联合国贸易法委员会在国际电子商务立法方面的工作,国际商会在国际电子商务规则和惯例的制定、推广方面,早已作出了多方面的努力,并且成效显著。早在1989年修订的《国际贸易属于解释通则1990》(《INCOTERMS 1990》)中,国际商会就认可了电子信息传输的使用,并在《INCOTERMS 2000》和《INCOTERMS 2010》中继续承认并强化电子单证与纸面单证具有同等的法律效力。国际商会于1997年11月发布了《国际数字签署商务通则》(*General Usage for International Digitally Ensured Commerce*),该通则被认为是第一部真正意义上的电子商务的全球性自律性规范。国际商会银行委员会于1999年起草了《电子贸易和支付统一规则》(*The Uniform Rules for Electronic Trade and Payment*)。国际商会在2004年制定了《国际商会2004年电子商务术语》(*ICC eTerms* 2004),载有《国际商会电子订约指南》(*ICC Guide for E-Contracting*),为当事人提供了两个易于纳入合同中的简短条款,以此表明当事人打算商定一项具有法律约束力的电子合同。之后,2005年4月发布了经过修订的《营销和广告使用电子媒体指南》(*Guide to Using Electronic Media in Marketing and Advertising*)。

此外,1995年1月1日WTO成立后,立即开展了信息技术的谈判,并先后达成了三大协议:1997年2月15日达成的《基础电信协议》(*Agreement on Basic Telecommunications*),主要内容是要求各成员方向外国公司开放其电信市场并结束垄断行为;1997年4月1日生效的《信息技术协议》(*Information Technology Agreement*, ITA),要求所有参加方将主要的信息技术产品的关税降为零;1997年12月31日签署的《开放全球金融服务市场协议》(*Agreement on Opening Global Financial Service Market*),要求成员方对外开放银行、保险、证券和金融信息市场。这三项协议为电子商务和信息技术的稳步有序发展确立了新的法律基础。

三、国际电子商务中的知识产权保护

(一)国际电子商务中知识产权保护的内容

知识产权是专利权、商标权、著作权、版权、专用技术、商业秘密以及邻接权、与贸易有关的知识产权的统称。随着网络信息技术的迅速发展,知识产权保护对象的范围不断扩大,不断涌现新型的智力成果,如计算机软件、数据库、数字多媒体作品和域名等,也是当今世界各国所公认的知识产权的保护对象。而上述权利在Internet上得以自然延伸,一切侵犯上述权利或数字化后的上述权利的行为都将构成对知识产权的侵害。

1. 网络版权保护

所谓版权(Copyright),有时也称作者权,在我国被称为著作权,是基于特定作品的精神权利以及全面支配该作品并享受其利益的经济权利的合称。版权法自产生以来,一直受着技术发展的重大影响,版权制度总是随着传播作品的技术手段的发展而不断发展的。

版权的主体是版权的合法持有人,版权的客体是指版权法所认可的文学、艺术和科学等作品。计算机技术以及网络通信的发展给版权的客体带来了新的内容,版权客体在网络空间得到延伸并以新的形式——"网络作品"呈现。一类是数字化作品,指进入网络前已经借用传统载体存在,只是通过键盘、扫描仪等工具输入计算机,然后通过网络传播的作品;另一类就是在网络上创作的作品,即从被创作起就直接以数字化的形式在网络上传播的作品。

网络作品所有人所应享有的权利即网络版权。网络版权的侵权一般来自三个方面：网络服务或网络内容提供者侵权、网站管理者侵权和网络作品使用者侵权。

对网络版权的保护，除网络版权所有者采取网络技术措施外（如加密、防火墙和口令等），就是各国政府和国际组织采取法律保护，目前一般采取两种做法：一是制定实施专门的网络侵权保护法，如美国的《1998 年数字千年版权法》；欧盟 2001 年颁布的《关于信息社会版权及相关权利的法令》；我国 2005 年 7 月、2006 年 7 月正式实施的《互联网著作权行政保护办法》和《信息网络传播权保护条例》；世界知识产权组织颁布的《表演和录音制品条约》。二是通过修改原有版权法使之适用于网络版权保护，如日本分别于 1997 年 6 月 10 日和 1999 年 6 月 15 日两度对其著作权法进行了修订，增加了有关网络环境中版权保护的规定。

（1）计算机软件保护。计算机软件是开展国际、国内电子商务必不可少的交易工具，其开发凝聚了研发人员巨大的智力投入，因此，应该受到保护。而计算机软件不同于一般的文字作品，其版权保护客体是以计算机语言表达的操作系统、微程序、固化程序等。因此，必须出台专门的法律或条例进行保护。为促进电子商务的发展，最大限度上保护计算机软件开发者的权益，世界各国已经建立了一个比较全面的计算机软件版权保护法律体系，一方面把计算机软件纳入原有《版权法》或《著作权法》保护范围（如我国在 2001 年 10 月修订的《著作权法》中，就明确把计算机软件列入保护范围），另一方面也制定实施专门的保护法规，给计算机软件所有者提供更加及时和完善的保护。如我国国务院 2001 年 12 月 20 日发布新的《计算机软件保护条例》，并于 2011 年 1 月和 2013 年 1 月进行两次修订，并对计算机软件著作权实施严格的登记保护制度。另外，美国、欧盟和日本等国家，也逐渐通过修改专利法，把计算机软件纳入专利权的保护范围。

（2）数据库保护。数据库由版权作品选编、汇集而成，属于汇编作品而受版权保护；数据库由不受版权保护的材料组合而成，但因在材料的选择和编排上具有独创性，而构成智力创作成果时，也可作为版权法意义上的编辑作品加以保护。上述两种数据库所受的保护与一般文学艺术作品版权没有本质区别。世界各国已普遍将其纳入版权法或计算机软件专门法规的保护范围。

（3）数字多媒体作品保护。数字多媒体作品是指将传统的单纯以文字方式表现的计算机信息以图形、动画、声音、音乐、照片、录像等数字化方式来展现的作品。除开发者和管理者采用网络技术手段进行自我保护外，数字多媒体作品的权利保护，普遍也被各国纳入与一般文艺作品相同的版权法保护范围。

2. 网络商标权保护

商标在一定程度上体现了商品生产者或服务提供者的信誉这一“人格化因素”。在电子商务环境下，网上销售的各种产品，其所用商标或品牌需要保护，同时，各类电子商务网站以及网络作品的品牌标识，也需要进行保护。因此，网络商标权的保护主要涉及如下内容：网络链接上的商标侵权、网上搜索引擎上的隐性商标侵权和电子形式的商标侵权。

对网络商标权的保护，世界各国也将其普遍纳入《商标权法》的保护范围。

3. 域名的保护

任何厂商要从事电子商务，都必须拥有一个自己的网络名称——域名。作为一种全新的网上资源和商战热点，域名抢注的纷争近二三十年来频繁发生。其原因在于用户和管理者对域名这一新生事物的法律性质认识不足，对其注册与使用行为的法律性质分析不够深入，同时也缺乏相应的法律规范来调整。因此，在电子商务环境下域名保护成为企业知识产权保护的重要内容。

对域名的保护目前有两种方式,一是把域名纳入《商标法》的保护范围,目前世界多数国家采用这种方式。二是制定实施专门的保护法规。如 ICANN 于 1999 年 10 月通过的《国际域名争端统一解决协议》和《统一域名争议解决办法程序规则》;美国于 1999 年 11 月 29 日经国会通过《反域名抢注消费者保护法》;我国于 2004 年 12 月 20 日起施行的《中国互联网络域名管理办法》,最高人民法院于 2006 年 3 月 17 日施行的《中国互联网络信息中心域名争议解决办法》等法规。

(二) 网络隐私权保护

从事国际电子商务的企业或个人,在通过电子商务平台进行交易时,必须首先进行信息注册,通过审核和身份认证后,才能登录交易系统开展交易。这是交易平台保证交易信息真实、准确和采集交易者信用所采取的必要手段。然而,这却将企业和个人的全部信息留存在交易平台,如果交易平台因疏忽或技术原因导致信息泄露,或者出于盈利目的出售交易者信息,或者网站遭受病毒、黑客攻击而导致交易者信息被窃取,那么交易者的隐私就会被暴露。严重情况下,如果这些泄露的信息包含网上银行账号和密码,交易者可能因此而遭受重大损失。因此,保护网络隐私权是保护网络信息安全的重要组成部分,对促进国际、国内电子商务发展有着重大意义。

网络与电子商务中的隐私权,从权利形态来分为隐私不被窥视的权利、不被侵入的权利、不被干扰的权利、不被非法收集利用的权利;从权利的内容可以分为个人特质的隐私权(姓名、身份、肖像、声音等)、个人资料的隐私权、个人行为的隐私权、通信内容的隐私权和匿名的隐私权等。

目前网上隐私权保护主要存在三方面的问题:个人数据过度收集、个人数据二次开发利用、个人数据交易。上述三个方面的问题是相互联系的,它们共同对网络隐私权的保护造成威胁。但由于具体情况不同,不应该采取武断的处理方法,而需要在商家与消费者之间找到一个平衡点,既保证个人信息的正常流动,使得商家可以提供有针对性的服务,同时又要注意保护网上隐私,使网上消费者不受非法干扰。

美国是最早用立法保护隐私权的国家,然而在网络隐私权保护方面,除了保护儿童隐私权的立法外(《儿童在线隐私保护法》和《未成年人互联网保护法》),美国更倾向于行业自律。所谓行业自律是指业界通过采取自律措施来规范自己在个人资料的收集、利用、交换方面的行为,达到保护隐私权的目的。

而欧洲各国政府普遍认为,个人隐私是法律赋予个人的权利,应采取相应的法律手段对消费者网上隐私权加以保护。1995 年 10 月 24 日,欧盟通过了《个人数据保护指令》。1996 年 9 月 12 日,欧盟理事会通过的《电子通信数据保护指令》对上述《个人数据保护指令》进行补充。1998 年 10 月,欧盟制定的有关电子商务的《私有数据保密法》开始生效。1999 年年初,欧盟委员会制定了《互联网上个人隐私权保护的一般原则》,随后又颁布了《关于互联网上软件、硬件进行的不可见的和自动化的个人数据处理的建议》和《信息公路上个人数据收集、处理过程中个人权利保护指南》等相关法规。

我国对网上隐私权的保护也非常重视,在 1994 年实施的《计算机信息网络国际联网安全保护管理办法》第 7 条规定:“用户的通信自由和通信秘密受法律保护。任何单位和个人不得违反法律规定,利用国际联网侵犯用户的通信自由和通信秘密。”1998 年颁布的《计算机信息网络国际联网管理暂行规定实施办法》第 18 条规定:“不得擅自进行未经许可的计算机信息,篡改他人信息,冒用他人名义发出信息,侵犯他人隐私。”2000 年施行的《互联网电子公告服务管理规定》第 12 条规定:“电子公告服务提供者应当对上网用户的个人信息保密,未经上网用户同意不得向他人泄露,但法律另有规定的除外。”

(三) 网上消费者权益保护

消费者权益,是指消费者依法享有的权利及该权利受到保护时而给消费者带来的应得利益。它包括两个方面,即消费者权利和消费者利益,其核心是消费者权利。我国《消费者权益保护法》为消费者规定了安全保障权、知悉真情权、自主选择权、公平交易权、依法求偿权、结社权、求教获知权、受尊重权、监督批评权等 9 项权利,并同时规定了经营者、国家和社会负有保障消费者权益得以实现的义务。

电子商务的兴起拓宽了消费市场,增加了消费信息量和市场透明度,给消费者带来了便利,但是,网上经常出现的虚假、暴力、有害和垃圾信息,又不可避免地使消费关系复杂化并增加了消费者遭受损害的机会。与此同时,电子商务对消费者也带来了一定的威胁,具体包括消费者信息知情权、消费者安全使用产品的权利、消费者退换货的权利、网上购物合同的效力问题和电子商务中系统风险的责任承担问题等方面。

保护消费者网上消费权益,目前一般也是采取两种方式,一是修改《产品质量法》《食品卫生法》《反不正当竞争法》《广告法》等,将网络销售产品的质量安全、宣传推广等纳入上述法律的约束范围,同时将网上消费者权益保护明确纳入《消费者权益保护法》的范畴(我国经第二次修订于 2014 年 3 月 15 日正式生效的《消费者权益保护法》,就明确把网上消费者权益纳入保护范围)。二是制定实施打击网上侵犯消费者权益、保护网上消费者权益的专门法律,如 OECD 在 1999 年制定的《电子商务环境下的消费者保护准则》,欧盟 1997 年实施的《消费者保护(远距离销售)规则》,美国实施的《计算机犯罪法》《计算机欺诈和滥用法》《反垃圾邮件法》等。

本章小结

本章从国际电子商务框架体系入手,对国际电子商务技术基础、基础服务产业以及国际电子商务系统进行了相应的阐述。计算机网络技术、Internet 网络技术和 EDI 是国际电子商务的技术基础。国际电子商务的顺利进行,需要软硬件服务体系、国际电子商务平台和完善的法律法规等基础环境的支撑。国际电子商务系统一般由企业内部网(Intranet)、企业内部网与 Internet 的连接和国际电子商务应用系统三部分构成。国际电子商务应用系统建设中最核心的部分是电子商务网站的建设,国际电子商务网站有外包、租用及自建等方式。

国际电子商务最初的应用主体是贸易企业,因此 B2B 是主要交易模式,但随着消费者个人跨境网上购物的快速崛起,B2C 和 C2C 交易模式日益受到青睐。同时,由于进出口贸易必须办理检验、通关、产地证申领,部分货物的进出口还需办理配额、许可证申领等行政手续,因此,G2B 模式也成为完成国际电子商务交易必不可少的一部分。

在国际电子商务条件下,卖方应当承担按照合同的规定提交标的物及单据、对标的物的权利承担担保和对标的物的质量承担担保三项义务。买方同样应当承担按照网络交易规定方式支付价款的义务,按照合同规定的时间、地点和方式接受标的物的义务和对标的物进行验收三项义务。同时,作为交易组织者的国际电子商务交易平台和提供金融服务的网络银行也要承担相应的法律义务。为规范和促进国际电子商务的健康发展,联合国、国际商会等国际组织相继制定了多部法律、公约和惯例,主要有《联合国国际贸易法委员会电子商务示范法》《联合国国际贸易法委员会电子签名示范法》《联合国国际合同使用电子通信公约》《国际海事委员会电子提单规则》和《跟单信用证电子交单统一惯例》等。国际电子商务发展引发了对网络版权、网络商标权、数字多媒体产品和域名等网络知识产权,以及网络隐私权和网上消费者权保护的重视。为此,世界各国或者通过修改原有法律,或者通过制定实施专门法规来加以保护。

关键术语

TCP/IP 协议,IP 地址,域名,电子数据交换(EDI),Internet 服务提供商(ISP),Internet 内容提供商(ICP),Internet 数据中心(IDC),企业内部网,水平 B2B,垂直 B2B,B2C,G2B,知识产权,版权,网络隐私权,网上消费者权益

复习思考题

1. 国际电子商务的技术基础包括哪些?
2. EDI 的特点和优缺点都表现在哪些方面?
3. 我国电子商务基础服务产业的现状如何?存在的问题有哪些?
4. 建立电子商务基础平台的意义是什么?
5. 电子商务系统由哪三部分构成?
6. 域名的申请包括哪些环节?
7. B2B 交易模式有哪几种类型?各自有何特点?
8. 试比较 B2B 与 B2C 交易模式的不同。
9. 国际电子商务中的 G2B 包含哪些内容?
10. C2C 的盈利模式有哪几种?
11. 登录我国主要的 B2B、B2C 和 C2C 网站,浏览其网站栏目设计并比较其特点。
12. 国际电子商务中卖方和买方的基本法律义务有哪些?
13. 如何理解网络隐私权和网上消费者权益?
14. 试分析国际电子商务中网上侵权行为的表现形式,如何有效打击网络侵权行为?
15. 如何进一步加强对网络隐私权和网上消费者权益的保护?

参考文献

冯晓宁:国际电子商务实务精讲[M],中国海关出版社,2012 年 5 月。

国家发改委高技术产业司,全国人大财经委调研室:中国电子商务法律法规汇编[M],法律出版社,2014 年 7 月。

兰宜生:国际电子商务教程(第 2 版)[M],首都经济贸易大学出版社,2010 年 9 月。

李晓明:电子商务案例分析[M],中国铁道出版社,2012 年 5 月。

牟丹等:电子商务与国际贸易实务教程[M],东软电子出版社,2014 年 1 月。

庞大莲等:电子商务概论(第 2 版)[M],北京大学出版社,2012 年 9 月。

尚明等:电子商务国际公约与我国电子商务立法[M],法律出版社,2009 年 5 月。

王丹:电子商务法律实务[M],上海交通大学出版社,2013 年 1 月。

王健:电子商务国际贸易理论与实务[M],中国财富出版社,2006年7月。
严晓红:电子商务法律法规(第2版)[M],清华大学出版社,2014年1月。
杨坚争:国际电子商务[M],电子工业出版社,2009年1月。
俞立平等:电子商务概论(第3版)[M],清华大学出版社,2012年7月。

第三章

国际电子商务环境下的市场竞争与营销策略

学习目标

掌握：国际电子商务环境下的市场竞争策略，网络营销的概念及特点，网络营销的手段，网络营销的实施过程，网络营销的组织重组、业务流程重组和人员重组

理解：国际电子商务环境下市场竞争的变化，市场竞争的特点，网络营销实施的时机决策和投资决策，网络营销的评估过程、指标建立，网络营销中网络交易风险的控制

了解：网络营销年度计划控制，网络营销中的消费者保护

导学案例

高迪亚公司的国际网络营销

上海高迪亚电子系统有限公司成立于1996年，位于上海松江高科技园区内，建有2万平方米的现代化工业厂房。公司致力于中央空调电控系统的研发与生产，产品被国内外许多知名空调厂家采用，York、海尔、清华同方、山东贝莱特、扬子必威、德州亚太等都是其合作者。另外，高迪亚公司也从事自动化控制系统软硬件设计开发、计算机系统集成、单片机技术在电子集成电路控制领域的应用开发等项目。在计算机软件与系统集成等方面，公司拥有许多科研成果，形成了具有自主知识产权的高新技术产品系列。高迪亚公司的主营产品是电子产品、电器机械、计算机、非专控通信设备等，同时经营本企业及自身产品所需的机械设备、零配件、原辅材料的进出口业务。自2000年起，产品进入国际市场。

高迪亚公司主要通过阿里巴巴网站发布供货信息，以节省产品宣传费用。因为公司的产品比较特殊，基本上是定做的，所以客户一般很少会到展览会上寻找产品。自2005年4月高迪亚公司开始在阿里巴巴上做宣传后，客户明显增多，市场也相应扩大了。现在公司的海外客户有10多家，主要分布在泰国、西班牙、丹麦和阿联酋等国。

高迪亚公司的目标市场主要是中东，该地区的业务占到公司全部出口份额的60%—70%。这些发展中国家的客户要求相对简单，确认订单的时间短，这就使得公司可根据客户的需求生产产品（比如把温控器的按键简化成3个，方便消费者的操作），从而扩大了市场销售。公司原来还有其他一些产品不太适合市场需求，经过改进后投放市场也成为很受欢迎的产品。

因为公司产品通常是专门定制的，一旦客户退货或者拒收就会给公司造成很大损失，所以高迪亚公司全部出口产品都采用 T/T 付款方式，要求客户在生产前全部付清货款。例如，有个也门的客户，预付 30% 的货款后要求生产，但公司坚持全部付款后才能生产，最终，客户在深圳办事处的人员带着余下的 70% 的货款到公司，公司才开始生产。这也充分体现了公司十分重视货款的安全。

资料来源：兰宜生，国际电子商务教程（第二版）[M]，首都经济贸易大学出版社，2010 年 9 月，第 232 页。

案例思考题：

高迪亚公司从国际网络营销中获得了什么收益？

第一节　国际电子商务环境下的市场竞争

一、市场竞争环境变化

Internet 的兴起和发展大大减小了世界各国之间的时空隔阂，相距遥远的市场之间实现了“天涯若比邻”，“地球村”概念随之产生。而相伴相生的国际电子商务则充分利用了 Internet 这种跨越时空隔阂的特性，在全球范围内形成了一个统一大市场，完全颠覆了传统的世界经济贸易竞争格局。Internet 对市场竞争环境的影响主要表现在以下四个方面。

（一）加快经济全球化

全球化并不是一个新概念。早在 20 世纪 80 年代，哈佛大学商学院教授列维（Levitt）就指出：由于技术的持续进步，人类正在走向全球化，世界市场正在走向大一统，之前各国封闭半封闭的国家市场正在走向整合乃至融合。由此“地球村”“地球是平的”等观点相继出现。在 WTO 及其前身 GATT 等国际组织的大力推动下，贸易壁垒被大幅度拆除，一个跨越国界、一统全球的超级大市场应运而生。作为竞争主体的企业因而可以摆脱国界的羁绊，将自己的产品推销到世界最遥远的角落，进而取得越来越大规模的经济利益。

技术进步是全球化的根本推动力。人类社会持续不断的技术革命和技术进步使得有形物体的运输（货物运输、人类旅行）和无形物质（信息、服务）的运输（传输）速度大为提升，运输（传输）成本大为降低，消费群体大为普及。在 Internet 出现之前，信息的传输已经变得相当便捷。而在 Internet 普及的今天，如果说有形物体的运输还需要花费时间的话，信息的传输则几乎是没有“时滞”地实时实现。历史上世界各国之间从来没有像在全球化的今天这样极为密切地、全方位地、持续不断地接触与互动。

Internet 的发展及电子商务的应用，突破了传统国际贸易所面临的时空隔阂，将局部竞争进一步推向全球竞争，显著加快了经济全球化进程。利用电子商务开展国际贸易活动，可以到达过去无法涉足的新市场，因为在 Internet 上传递信息没有国界限制，信息可以在瞬间为不同国家和地区的人们所了解。新的市场环境变化无疑蕴藏着大量机会，而且这些机会往往是全球性的。实践表明，Internet 的发展对国际贸易有明显的促进作用，主要是因为国际电子商务大大降低了企业将自己的产品打入国外市场所面临的巨大进入成本，而对众多中小企业而言，这种传统的市场进入成本限制了它们将产品推向国际市场的能力。另外，国际电子商务也大大加剧了竞争的激烈程度，因为在 Internet 时代，每一个企业所面临的，都是全球范围内的所有竞争对手。

（二）推进信息全球化

Internet 使得信息在全球范围内实现瞬间传播成为可能,这从根本上改变了整个人类社会的经济形态。Internet 极大地提高了个人、企业乃至整个社会的信息提供、获取、交流能力,人类正通过无数个彼此相连的计算机终端或网络迅速进入一个信息和知识极大丰富的全球格局中,任何国家、企业乃至个人的发展都离不开以 Internet 为核心的信息技术。而这种信息全球化的趋势对企业的竞争环境也产生了巨大的影响。这主要表现在以下几个方面:

1. 价格竞争压力加大,价格统一化的趋势明显

网络技术的进步为更为频繁的价格调整、更为精细的价格差异化营销提供了可能。例如,企业不仅可以在不同的国家市场中为自己的产品制定不同的价格,而且可以对同一国家或地区市场中不同的企业及个人采取不同的销售价格。当一个网络用户单击一个网站询问产品及价格时,企业可以确定该用户上网的 IP 地址,并据此进行即时的价格定制,进而实现不同国家之间价格的差异化。

但这仅仅是问题的一面而已。从另一方面讲,网络用户也可以迅速地意识到这种价格差异。这是因为,网络用户可以通过网络迅速地“货比千家、价比万家”,立刻找出价格最低的供应商,进而抵消这种价格歧视。特别是,网络用户还可以通过使用比价软件,在全球的网络空间内搜集指定商品的价格信息,以供网络消费者进行价格比较。综合起来考虑,国际电子商务会使得某种产品在全球范围内的价格趋同化,并进一步加大价格竞争的压力。

2. 中介服务的角色转变

在传统国际贸易中,经销商、代理商、经纪人等中介组织起着重要的作用。而由于电子商务的“去中”(Disintermediation)作用,使得这些传统的中介服务机构失去了存在的必要性。但从另一方面讲,买卖双方通过 Internet 直接完成交易,又可能产生“信息过载”(Information Overload),即由于网络搜索所产生的海量信息,超出了网络用户的信息处理能力,而产生不良的交易决策。这种理想与现实之间的差距正好为一种新型的中介——“信息中介”(Infomediary)提供了机会。“信息中介”专门从事信息的搜集、分类、整理、分析等服务。信息全球化时代,传统中介组织的作用不断下降,新型中介组织的作用不断提升。

3. 第三方网络交易平台的兴起

第三方网络交易平台,即“门户”网站,又被称为“电子做市商”(E-Market Makers)或“电子市场”(E-Marketplaces),是指那些自身并不直接参与商品交易,而是为买卖双方在 Internet 直接“见面”洽谈乃至完成交易提供“虚拟”场所的专业化网站。第三方网络交易平台是随着 Internet的发展而兴起的一种全新的商业模式。它实际上类似中国“广交会”这样的传统国际商品交易会的网络版本,但却有着后者不可比拟的优势:它利用了 Internet 作为跨越时空、低成本、开放性、全球性信息交易平台的特性,世界各国的企业足不出户便可以通过“门户”网站进行国际贸易,只要网络不中断,在这些网络交易平台一年 365 天都可以进行交易。前文介绍过的环球资源网(http://www.globalsources.com)及阿里巴巴(http://www.alibaba.com)等便是第三方网络交易平台的典型代表。

（三）贸易自由化与新贸易壁垒并存

经济全球化深度和广度的不断拓展,使贸易自由化成为世界经济运行的主旋律。WTO 在肯定关税保护原则的前提下,主张逐步削减关税,简化贸易程序,加快各成员的市场准入和市场开放,以促进全球贸易的自由化。发达国家正将电子商务作为推进国际贸易进一步自由化

的工具。例如,美国政府就率先倡导,对通过 Internet 完成的交易不征税。合理的贸易自由化,可以实现资源在世界范围内的有效配置,有利于各国分工与合作,有利于降低国际贸易成本,提高企业效率。

在贸易自由化政策全面推动、关税壁垒不断削弱的同时,隐蔽的新型贸易壁垒也在不断增强。其中,信息技术壁垒正以超常的力量阻挡着弱势企业进入国际市场。所谓信息技术壁垒,是指进口国利用在信息技术上的优势,对国际贸易的信息传递手段提出要求,从而造成贸易上的障碍。对许多发展中国家而言,先进的电子商务技术本身就是一种无形的贸易壁垒。

世界各国及各地区的信息基础设施及信息技术发展程度的不同,导致全球网络化发展的不平衡。虽然近年来发展中国家在信息基础设施建设方面奋起直追,并取得了非凡的成绩,但从全世界范围来看,发达国家与发展中国家之间仍然存在"数字鸿沟"。另外,一些发达国家力图控制和垄断世界信息资源,以达到继续主导国际贸易的目的。这种新型信息技术壁垒将不发达国家排除在国际贸易主流之外,有可能导致国际贸易中出现新的"边缘化"倾向。由于新型贸易壁垒具有介于合理和不合理之间的双重性,同时又非常隐蔽和复杂,不同国家和地区间达成一致标准的难度大且不容易协调,因此,它正日益成为国际贸易争端的主要表现形式。

(四) 全球虚拟大市场的形成

建立在 Internet 基础上的国际电子商务,突破了传统市场必须是地理市场的概念,导致以信息网络为纽带连接而成的全球统一"虚拟"大市场的崛起,各国间的经贸联系与合作在这种网络贸易的环境下得以加强。

1. 虚拟市场竞争加剧

虚拟市场上,商品与服务等有关信息能在全球范围内充分流动,表现出公开、完整和实时等特性,减少了进出口双方信息的不对称性,以及市场信息不完全而引起的交易扭曲,使得同等或相似质量商品之间的竞争更加激烈。

2. 增大国际贸易风险

由于在电子商务中,交易者、交易方式、交易意向和交易标的物的表达都虚拟化了,因此交易过程与结果的不确定性增加;加上网络黑客的侵扰及网络经济犯罪的威胁,商品、服务的提供方式和支付方式的信用风险、质量风险以及技术风险都可能增加。

3. 催生新的贸易中介组织

因信息不对称而形成的委托代理关系在虚拟市场环境下发生动摇,传统贸易中间商、代理商和专业进出口公司的地位相对降低。与此同时,为了防止网上商业欺诈,又必须确认交易对象的法律地位及支付能力,于是身份认证、信用认证、金融结算、质量担保、物流配送、商务纠纷调解等新的信息服务中介机构,又成为估计电子商务交易所必需的条件,成为新的贸易中介。

4. 改变市场供求力量

在世界市场日益成为买方市场的今天,IT 技术能够加速信息流动,通过传递市场信息的变化来及时调整全球范围的生产。网络需求对贸易品的生产和流向起着越来越重要的作用,传统的贸易供给导向被需求导向取代,多样化、个性化成为世界市场发展的新趋势。

二、市场竞争特点

国际电子商务的兴起,以前所未有的速度创造着新的市场环境和市场需求,这就意味着,决定企业取得竞争优势及其竞争成功与否的关键因素也发生了新的变化,市场竞争出现了新的特点,竞争要素、竞争规则、竞争模式、竞争手段、竞争形态等都呈现出新的特点。

(一) 竞争要素:网络信息

可以说,在任何历史阶段,信息都是企业取得竞争优势、击败竞争对手的关键因素。在现代市场竞争中,信息因其能创造倍加的效益,体现出比传统要素更高的价值,且取之不尽、用之不竭,理所当然地成为除劳动、资本、土地三大传统生产要素之外的至关重要的新要素。但是,在 Internet 出现之前,获取信息所需要的资金与时间成本太高,信息因而成了短缺的竞争要素。而 Internet 的出现使得世界进入"信息大爆炸"时代,Internet 上的信息量不仅巨大,而且获取障碍大大减少,获取成本大幅度降低。因此,网络信息逐渐成为企业竞争取胜的关键要素。

Internet 时代,由于各类企业都可以迅速而高效地获取和利用信息,因而使得市场竞争格局迅速发生变化。通过 Internet,越来越多的企业(特别是中小企业)能够进入那些以前没有能力进入的行业或市场,这就大大降低了市场进入壁垒,为中小企业创造了成长机会。这在国际电子商务中尤为突出,甚至处于初创期的小企业也可以与大型跨国公司在全球范围内"同台"竞争。同样,Internet 还改变了供求双方之间的力量平衡,使得供求双方都可以通过网络搜集、整理、分析所需的数据信息,从而降低买卖双方信息的不对称性,使得市场的运行效率更高,竞争更为充分和激烈。

(二) 竞争规则:速度制胜

Internet 时代,客户需求表现为多变、个性化的特点,由此产生的基本市场竞争规则是快速反应、速度制胜。所谓速度制胜,是指企业为了获得和保持竞争优势,抢先一步采取行动,开发新产品、新市场,抓住市场机会、抢占市场制高点,使企业在竞争中成为"先发者(First Mover)",利用先发优势最终获得竞争优势。先发者能够获得竞争优势,这主要是因为:第一,率先培育了客户并增加了他们的依赖性和忠诚度;第二,能抓住最具吸引力的客户(指为企业带来最大利润的客户群);第三,使企业成为行业的创新者、领导者,掌握了市场话语权和主导权;第四,使企业依靠市场竞争者稀少时期获得的高利润而快速成长起来;第五,迅速覆盖市场进而压缩后来竞争对手的生存与发展空间。

此外,这种"速度制胜"的竞争规则也意味着,先发者的优势地位同样可以被后发竞争对手迅速瓦解。因为在 Internet 时代,市场参与者可以实时地同时关注、监视多个市场,并迅速而便捷地调整在这些市场中的竞争与营销策略。即使是先发者,如果策略稍有失误,或是速度稍有迟缓,也有可能被后发者利用速度优势击败。

(三) 竞争模式:联盟式竞争

传统上,企业竞争模式多数是基于单个企业的竞争。企业所利用的资源仅限于参与竞争的企业自身,考虑重点也是如何提高企业内部资源的利用效率。在基于 Internet 的国际电子商务环境下,客户对企业提供新产品、新服务的速度和反应能力提出了更高的要求,而要满足这些要求,单靠一个企业所拥有的内部资源往往是不够的。

在这种情形下,"虚拟联盟企业"应运而生并迅速发展成为新的国际贸易经营主体。虚拟联盟企业(又称虚拟公司、网络虚拟企业),是企业之间或企业的单元组织之间为分摊共同成本而组成的临时性、松散性、网络化的战略联盟共同体。不同的企业将自身具有竞争优势的技术、人才或信息资源作为联盟共同体的合作资本,实现强强联合,整合快速反应所需要的技术和信息等要素资源。这是一种竞争对手、供货商和客户之间的合作,跨国公司战略联盟便是这种虚拟联盟企业的主要表现形式。通过建立或加盟虚拟联盟企业,企业可以寻找合适的资源、技术,也可以与其他企业共同开发新产品,并把新产品迅速推向市场,从而给所有参与联盟的企业带来分工合作、优势互补、资源互用、利益共享的好处。

虚拟联盟企业的出现促使企业之间的竞争模式,由基于单个企业的竞争转变为基于供应链的竞争,即包括供应商、制造商、分销商等整个企业的供应链在内的所有为客户提供和创造价值的主体的竞争,此时企业的竞争优势主要不是来源于企业内部,而是主要来源于企业外部,依靠整个供应链的综合竞争优势。

(四) 竞争手段:电子化

在 Internet 时代,企业有条件采用更加方便、快捷的电子化手段参与国际竞争。电子化竞争手段主要表现在以下几个方面。

1. 交易过程的电子化

通过 Internet 实现订单、发票、提货单、海关申报单、进出口许可证等贸易单证的网络传输;网络广告取代电视、杂志、报纸等传统广告;通过视频会议系统实现网上谈判、产品推介等活动;E-mail 和 MSN 等替代电话、传真、信函,降低了通信成本,节省了时间。

2. 付款方式的电子化

网上银行系统支持电子付款,即将资金存入电子银行或信用卡公司的计算机系统,交易完成后,在网络上进行资金的结算、转账、信贷融资等活动。

3. 交付方式的电子化

国际贸易分为有形产品贸易和无形产品贸易两种方式。前者可通过电子信息的网络传输,先对买卖有形产品进行洽谈、订货、付款、开发票、收款等活动,然后在商定的地点进行有形产品的交付装运;后者则通过 Internet 电子商务交易系统,实现电子磋商、电子签约、电子交货和电子付款的全部交易过程,如购买咨询报告、计算机软件、电子书籍、电子音像制品等。

4. 营销手段的电子化

网络营销是一种开辟国际市场的新途径,通过网上多媒体为产品做广告,利用视听技术可以把产品的形状构造及性能、物理化学性质等,在网站页面上形象生动地展现在客户面前。企业可以通过网络互动,提高客户参与的主动性,形成与客户一对一的营销关系,并根据客户需求提供个性化的网络定制。

5. 企业管理集成化

利用计算机网络技术,使企业内部网与 Internet 互联互通,可以把相互独立分割运行的企业资源计划系统(ERP)、客户关系管理系统(CRM)和供应链管理系统(SCM)等所有与企业业务过程相关的系统进行整合,实现系统间的信息共享和企业管理的集成化,从而提高信息资源的利用效率、企业的管理效率和市场需求的反映效率。

(五) 竞争形态:竞争与合作并存

传统的竞争方式是采取一切合法手段打击和战胜对手,以竞争对手的失败和消失为目的。国际电子商务环境下的现代竞争方式,则转向更深层次的合作竞争,即为竞争而合作,靠合作来竞争,"竞合"成为竞争常态。企业之间不仅要讲竞争,更要注重合作和协调,这种合作的基础、前提是合作双方竞争优势的互补和共享。"竞合"指的是一个合作与竞争的混合空间,目的在于促使管理者同时以合作与竞争的角度去思考企业如何在竞争中成长。

由于任何一个企业,不论其规模大小,都无法控制所有的资源。高新技术的广泛应用使企业提高了竞争力,增强了竞争优势,但同时由于需要增加研发投入,导致企业经营成本提高,同时新技术和新产品也会面临更大的市场风险。为共享资源、降低成本、分散风险,具有互补条件的企业正日益成为相互依赖的"竞合"共同体,企业间的"共赢"竞争正在取代传统的零和竞争。换言之,企业之间的竞争不再是一方获利必然导致另一方损失的零和模式,而是更加强调"双赢"或"多赢"的共赢策略,保持和巩固企业的长期发展能力。

三、市场竞争策略

国际电子商务时代,市场竞争环境的新变化和新特点,要求企业在国际市场竞争中应采取并适时改变和调整市场竞争策略。

(一) 实现国际贸易竞争优势的提升

哈佛大学教授迈克尔·波特在《竞争优势》(*Comptitive Advantage*)一书中指出,成本领先(Cost Leadership,低成本)战略是企业最根本的竞争战略,具有稳定低成本的企业可以在市场上保持长期的领导地位。多年来,我国出口产品主要依靠低廉价格来取得竞争优势、占领市场,而低廉价格主要来源于相对较低的劳动力成本。随着我国经济发展和收入水平的提高,劳动力成本不断上升,导致出口产品的价格竞争优势逐步减弱。因此,要继续保持我国出口产品在国际市场的竞争力,就必须从过去以劳动力要素为基础的低层次的成本比较优势,尽快升级到以信息技术为基础的高层次的竞争优势。国际电子商务的开放性、全球性、便利性优势,为企业培育和升级竞争优势创造了条件。实力雄厚的大型企业,可以在原有的企业信息系统基础上,进一步整合企业信息资源,构建企业内部网和企业外部网的互联互通。对于众多的中小企业来说,可以充分专业化第三方国际电子商务交易平台,利用那些能够提供国际电子商务解决方案的网络企业资源,用相对较少的投入与大型企业开展竞争。

(二) 发掘新的生存和发展市场空间

国际电子商务为各类贸易企业提供了完全平等的竞争空间和竞争条件,传统的中介型专业外贸公司虽然受到一定冲击,但仍然有新的生存和潜在发展的空间可以发掘。

(1)交易模式转型。传统专业外贸公司应该充分发挥由长期专业分工而积累起的渠道、信息、人才、经验及规模化经营等方面的优势,并将之与国际电子商务结合起来,通过借助第三方网络交易平台,把"线下"(Off-line)交易迅速转移到"线上"(On-line),实现交易模式的转型。

(2) 经营领域与服务延伸。专业外贸公司与生产企业相比,最大的优势是经营产品选择空间大、经营方式灵活、国外销售渠道健全、与相关服务企业联系紧密等。因此,把这些优势充分应用于国际电子商务,可以为专业外贸公司拓展新的市场空间。一方面,开展产品的多样化经营、多样化营销;另一方面,在交易模式上实现从 B2B 模式向 B2B、B2C 甚至 B2B2C 混合模式发展。

(三) 与全球采购商开展广泛合作

中小贸易企业可以借助国际电子商务,与跨国公司全球采购商建立广泛合作,融入其全球采购链，甚至成为其必不可少的一环。全球产品价值链分工已成为国际分工的主流模式，跨国公司为最大化其全球利润，越来越多地按照成本比较优势，借助国际电子商务手段，在全球范围内寻找交易对象，从世界各地采购其产品生产所需的原材料、零部件等“中间品”及制成品。这就为在某些产品或某些零部件的生产上，具有“小而精”“小而专”优势的中小贸易企业融入跨国公司全球采购链，提供了良好的机会。

（四）利用网络信息资源加快产品创新

企业产品的创新是企业竞争优势得以发展和延续的基础。因此，产品创新对企业未来竞争优势的形成非常重要。企业要立足于国际市场，不仅要发挥低成本优势，还要充分了解国际市场信息，积极参与产品创新，获得新的竞争优势。Internet 为国内外企业提供了平等获得新技术和新产品信息的机会，因此，企业应通过常态化浏览网络信息资源，寻找与本企业产品有关的新技术研发信息，用于开发适合国际市场需求的新产品，成为新产品市场的引领者，取得市场先发优势。

（五）加快培育企业自主产品品牌

Internet 在为企业获取信息带来便利的同时，也为企业宣传推广产品品牌和企业形象，提供了成本低廉、跨越时空的全球化广告空间。不同于传统的报纸、电视和户外广告媒体，Internet 的无国界性、运行时间的连续性，使得在国际电子商务网站发布的企业及产品品牌信息，可以让所有上网浏览者都有机会看到。如能充分利用国际电子商务的这一优势，向世界各国的客户提供质优价廉的自主品牌产品和完善周到的服务，企业的品牌形象和影响力就会日益改善和提高。

（六）实现企业管理资源整合

在国际电子商务时代，贸易企业管理的理想境界是无纸化贸易与企业资源管理的有机整合，实现采购、生产、销售、运输、支付一条龙。只有通过有效整合企业资源、重组业务流程、优化管理方法，并与深化企业改革、建立现代企业制度相结合，才能保证国际电子商务的顺利实施，保持国际贸易的竞争优势。

第二节　国际电子商务环境下的网络营销

一、网络营销的概念及特点

（一）网络营销的概念

网络营销（Internet Marketing，Web Marketing）也被称为“在线营销”（Online Marketing）或电子营销（E-Marketing），是指企业在 Internet 上进行的产品或服务营销活动，是电子商务在市场营销中的运用。

网络营销是以现代营销理论为基础，借助网络、通信和数字媒体技术实现营销目标的商务活动，由科技进步、客户价值变革、市场竞争等综合因素所促成，是信息化社会的必然产物。网络营销将 Internet 的技术层面与创意层面紧密结合，包括网站的设计与开发、在线促销与广告、在线销售等。它不仅仅指网站建设与推广，或是做在线广告，有效的网络营销必须建立在一个系统全面的战略基础之上,这个战略将公司的商业模式、销售目标与网络营销有机地结合起来。

网络营销不仅包括像Internet、移动网络、E-mail、即时通信工具等网络媒体,也包括在线客户资料库的管理和电子客户关系管理系统。网络营销还包括在与客户接触和互动的不同阶段,通过搜索引擎营销、搜索引擎优化、在其他网站上投放广告等不同的方式进行网络营销。

网络营销也不等于网上销售。网上销售是网络营销发展到一定阶段的结果,网络营销是为实现网上销售目的而进行的一项基本活动,但网络营销本身并不等于网上销售。因为网络营销的效果可能表现在多个方面,如企业品牌价值的提升,加强与客户之间的沟通,作为一种对外发布信息的工具等。网络营销活动并不一定能立即实现网上直接销售,但是,长期来看有利于增加企业销售、提升品牌价值和客户忠诚度。

网络营销根据其实现方式有广义和狭义之分。广义的网络营销,是指企业利用一切计算机网络(包括Intranet、EDI系统专线及Internet)进行营销活动。而狭义的网络营销,专指基于Internet的营销活动,即企业基于固定或移动Internet,对产品、服务进行宣传推广,达到满足客户需求的过程。网络营销是企业整体营销战略的一部分,是建立在Internet基础之上借助于Internet的开放性、全球性、交互性特征而实现一定营销目标的活动。

(二)网络营销的特点

1. 跨越时空性

营销的最终目的是占有市场份额,由于Internet能够跨越时间约束和空间限制进行信息交换,这使得营销活动脱离时空限制而开展成为可能,使企业有更多的时间和更大的空间进行营销,可实现每周7天、每天24小时随时随地地提供全球性营销服务。

2. 多媒体性

Internet可以传输多种媒体信息,如文字、声音、图像等。这就为企业根据产品特点、市场需求和市场定位,选择营销手段带来便利,可以充分发挥企业营销人员的创意、创新和创造性。

3. 交互性

Internet通过展示商品平面、立体或动态图像,供消费者查询商品信息资料库,来实现供需双方的互动与双向沟通;还可以进行产品测试与消费者满意度调查等活动,同时也为产品联合设计、定制设计以及各项服务提供最佳工具。

4. 个性化

区别于传统营销模式,在Internet上可以实现一对一的、需求导向的、非强迫性的、循序渐进式的营销。由于网络信息传输的即时性,这种营销表现出低成本与人性化,避免了传统营销模式下强势推销给消费者带来的烦恼,并通过信息提供与双向交流,与消费者建立长期良好关系。

5. 成长性

Internet使用者数量快速增长并遍及全球,而且使用者多为年轻人、中产阶级或具有高教育水平,由于这部分群体购买力强而且具有很强的市场影响力,因此网络营销是极具开发潜力的营销模式和手段。

6. 整合性

网络营销过程,可由企业与产品信息发布开始,经过磋商、签约,至交货、付款和售后服务,在网络交易平台上连续完成，因此，它是一种全流程的营销方式。同时，借助 Internet，企业可以将不同营销手段进行统一设计和协调实施，以统一的传播内容向消费者传达信息，避免不同传播方式下信息不一致而产生负面效果。

7. 超前性

Internet 是一种功能强大的营销载体，它同时兼具渠道、促销、交易、服务以及市场信息提供与分析等多种功能。它所具备的一对一营销功能，迎合了定制营销与直复营销发展的趋势。

8. 高效性

Internet 数据中心可储存大量的企业及产品信息供消费者随时查询，其可传送的信息数量与精确度，远超过其他媒体，并能应市场需求变化及时更新产品和价格，因此能及时有效地了解并满足客户的需求。

9. 经济性

通过 Internet 进行数字化电子信息发布与交换，取代传统的报刊、广播、电视和人工散发等产品信息宣传方式，一方面可以减少印刷、邮递和发布成本，同时可以实现无店面销售，大大节约了水电与人工成本，另一方面可以减少由于迂回传递所带来的信息损耗和信息失真。

10. 技术性

网络营销建立在 IT 技术支撑的 Internet 基础上，企业实施网络营销必须有一定的前期网络基础设施投入和技术投入，必须改变传统的营销组织模式，提升企业信息管理部门的地位，引进既懂营销又掌握 Internet 技术的复合型人才。

二、国际贸易网络营销

（一）国际贸易网络营销的发展阶段

国际贸易网络营销可根据其发展阶段分为无站点网络营销、基于网站的网络营销和国际电子商务营销。

1. 无站点网络营销是网络营销的初级阶段

该阶段主要凭借“E-mail”和“虚拟社区”两种网络工具来开展。这是绝大多数贸易企业初涉电子商务时必经的阶段。

2. 基于网站的网络营销是网络营销的中级阶段

这一阶段，贸易企业通过外包、租用或自建网站，来推广企业及产品，利用网站来完成特定的产品营销任务。同时，企业有独立的网站，能够利用网站发布供应信息，搜集需求信息，进行市场调研和数据发掘、贸易洽谈以及售后服务等。

3. 国际电子商务营销是网络营销的高级阶段

这一阶段，贸易企业利用国际电子商务交易系统，进行在线推广、在线磋商、在线交易、在线支付和在线服务，从事实现全交易流程的网络营销。

（二）国际贸易网络营销的现实基础

开展国际贸易网络营销，不仅可以超越国界的限制，而且能节约大量的跨国营销费用，减少库存商品的资金占用，及时掌握市场需求变化信息，从而可以最大限度地满足市场需求。但开展网络营销，要求国际贸易企业必须具备一些基本的条件。

1. 技术基础

Internet 将入网的不同类型的网络和不同机型的计算机连接起来,构成一个整体,从而实现了网上资源和网络信息的共享以及商业信息的发布与互动。移动电子商务技术的蓬勃发展使得 Internet 不再是电子商务的唯一平台,通过移动设备、网络设施以及相关的软件技术,也可以完成网络营销活动。

2. 观念基础

消费价值观的改变是 Internet 的用途由学术研究向商业应用转变的关键。随着全球经济一体化,同在"地球村"的不同国家消费者消费心理的变化既有差别又存在共性。这些共性主要体现在:一是个性化消费的回归;二是消费的主动性增强;三是追求购物的方便;四是追求购物的乐趣;五是注重价格因素。这些共性成为国际贸易网络营销的观念基础。

3. 法律基础

法律环境是网络营销顺利开展的重要前提条件。国际组织和各国政府陆续颁布实施的与电子商务有关的公约、惯例和法规等(参见第二章第三节),正在为开展国际贸易网络营销营造良好的法律制度环境。为向我国企业开展国内、国际电子商务提供有效的法律服务,中国电子商务协会政策法律委员会设立了"中国电子商务法律网"(www. chinaeclaw. com)(如图 3 - 1 所示)。

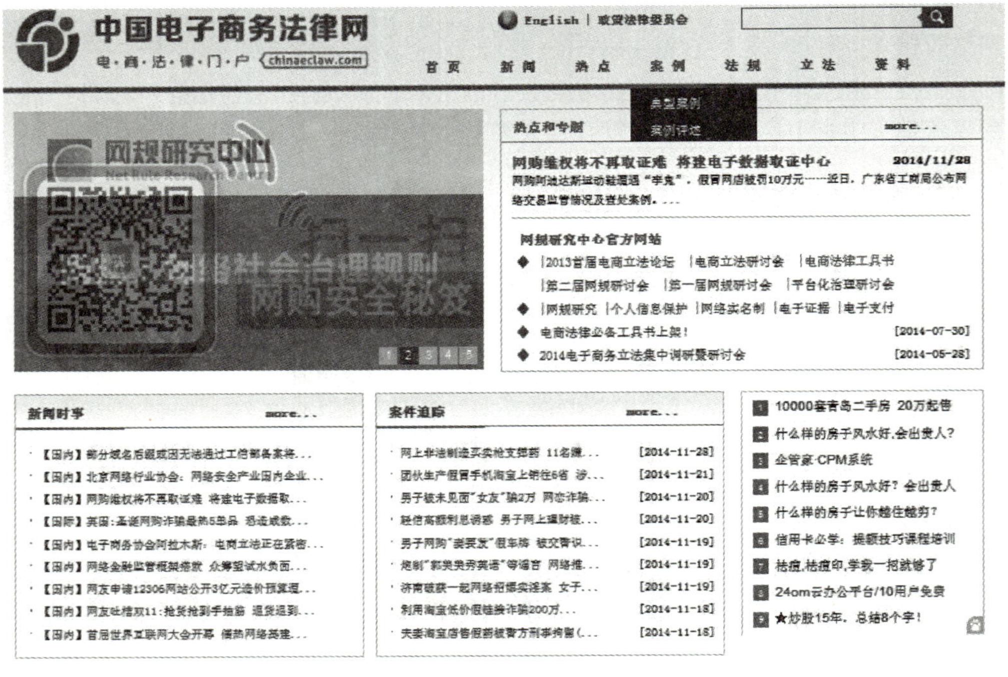

图 3 - 1 中国电子商务法律网主页

4. 支持服务基础

(1) 银行金融服务。网上银行业务的发展为网络营销特别是在线销售提供了便捷的支付和结算手段。

(2) 第三方认证体系。可信的第三方认证体系不仅提供网站的基本信息,还承担对网站交易安全保障、消费者满意度以及隐私保护等方面的评价和认证。

(3) 物流服务。高效的物流服务不再是商务流程的瓶颈,随着物流基础设施的逐步完善,其将促进网络营销的蓬勃发展。

（三）国际贸易网络营销对出口商的好处

1. 营销无纸化

网络营销无纸化表现在营销信息书写的电子化、信息传递的网络化。网络营销由于采用电子数据、电子传递，使出口商无论身在何处，均可与世界各地的贸易伙伴进行信息交流、订货、交易，实现快速准确、双向式的数据信息交流。另外，网络营销使出口商在“网络展室”中摆放商品几乎不受任何限制，网络营销可以做到不受出口商经营规模大小和市场多少的影响。

2. 营销标准化

它主要表现在：① 信息标准化。网络营销中，规范化的、标准格式的商品信息，便于发送双方的理解和认可，降低了信息交互成本。② 交易标准化。在国际电子商务交易系统开展营销、进行交易，均要遵循既定的原则和标准程序。交易的标准化如同国际贸易价格术语的标准化一样，能够缩短交易过程，降低交易成本。

3. 营销个性化

由于网络营销可以实现一对一的、需求导向的营销，因此出口商可根据有关进口商的信息，针对其经营产品的特点和特殊需求生成投其所好的网页，突出营销的个性化和针对性，从而大大增强对进口商的吸引力，提高其对出口产品的忠诚度。就像亚马逊一样，客户第一次访问其网页时，看到的是千篇一律的网页，但是如果该客户登录超过三次，从第四次登录开始，他所看到的网页将是专门为他设计的个性化网页，其最感兴趣的商品及其信息，已经放到了这个网页上最显眼的位置。这种个性化网络营销的做法，必然会引发客户对商品的购买兴趣。

4. 营销低成本化

网络营销可以大幅度降低企业营销成本，主要表现在：① 降低信息制作、发布和通信费用；② 降低促销成本和调研费用；③ 网络营销一体化的信息传递和信息处理体系，可以大大节省打印、包装、存储、交通等费用；④ 降低出口企业的采购成本；⑤降低企业的营销管理成本。

5. 营销跨时空性

由于 Internet 不受任何时间、空间与国界限制，网上信息可以在任何地方、任何时间发布和浏览，因此，网络营销可以全天候、全时空进行。

三、网络营销的基本要素

同传统营销一样，网络营销的基本要素也包括四个：产品和服务（Product）、分销渠道（Place）、网络推广（Promotion）、价格（Price），简称“4P′s”。

（一）产品和服务

网络营销的主要目的是吸引消费者购买产品或服务，因此，作为网络营销内容的产品和服务是否有吸引力就成为关键。一是产品或服务有特色，二是产品商标、服务标志和营销网站的域名有特点。在特色方面，产品设计、功能和服务价值，与相同和类似产品或服务相比，应让消费者感知到个性差别。同时，要体现特色还必须做好产品定位。企业的产品和服务选择什么途径和角度切入市场，这就是产品的定位。就一般企业商务运作过程而言，定位主要涉及产品特征、质量、价格、公司信用、品牌形象等。

在商标、服务标志和域名这几个因素中,域名是电子商务区别于传统商务的重要特色。域名注册在网络营销上具有重要的意义。域名具有唯一性、排他性,一方面可增强网站的可信度,另一方面便于用户链接或使用网络实名查询网络地址,从而避免由于他人仿冒造成的网站访问量的减少。因此,域名本身就是网络营销的重要手段之一。此外,企业还要注意选择有价值的域名,即让本企业的域名与产品特色或品牌联系起来,从而便于用户查找和链接。

(二) 分销渠道

根据分销渠道利用 Internet 的程度,网络营销分为完全网络营销和部分网络营销。并非所有的产品都适合在 Internet 上完成分销,很多产品还需要借助于传统分销渠道。比如跨境 B2C 及 C2C 贸易,由于存在货币兑换、跨国物流成本、消费文化及购买习惯等因素的影响,采用 B2C 或 C2C 模式从事国际贸易依然存在不小的难度,目前在国际电子商务中的主流还是 B2B 模式。在 B2B 模式中,Internet 作为分销渠道,可以帮助企业节约交易成本、提高信息流通效率,是实现销售区域扩大化的重要手段。

(三) 网络推广

网络推广是网络营销的最重要手段,目前,网络推广的主要方法有以下几种。

1. 搜索引擎营销

Internet 上的搜索引擎(Search Engine)搜集了成千上万的网站索引信息,并将其分门别类地存放于数据库当中,当人们需要在浩如烟海的网络信息中寻找自己所需要的产品或服务网站时,一般都会从搜索引擎入手,输入相应的关键词,如在 Yahoo 网站"搜索"栏输入 tape measure(卷尺),便可得到一个网站列表(如图 3-2 所示)。有关机构的统计报告显示,搜索引擎查询已经成为上网者仅次于 E-mail 的最常使用的一种网上服务项目。

正因如此,每个企业都希望自己的网站能被搜索引擎罗列出来,并且排名靠前。因此,搜索引擎营销(Search Engine Marketing,SEM)也应运而生,它所做的就是全面而有效地利用搜索引擎来进行网络营销和推广。追求最高的性价比,以最小的投入获得最大的来自搜索引擎的访问量,并产生商业价值。具体而言,企业需要进行搜索引擎加注,把自己提供的产品或服务信息以一系列关键词的形式提交给各搜索引擎网站(如 Yahoo、Google、Infoseek、百度、搜狐等)。此外,企业还需要对自己网站的网页标签进行优化。这是因为,搜索引擎在给出搜索列表时,会根据网页标签与搜索关键词的对应程度,从高到低排列。一般而言,企业需要在网页标签中加上自己公司的名称,以及最能够代表网页内容和本公司产品的词汇,以做到网站的主题及内容与对应的关键字的无缝融合。

搜索引擎营销的优点是节省费用且全面覆盖,为企业提供了巨大的免费商机。其缺点则主要是见效周期较长且优化关键词数量也有限。另外,各搜索引擎通常都有付费服务,如果企业不向搜索引擎支付费用,则其排名位置会永远在竞价排名之后,进而对公司的业务开展产生负面影响。

当然,企业也可以自己采用付费的方式进行搜索引擎营销。具体而言,企业可以通过控制每次单击的价格而决定企业在该关键词的广告排名位置,支付较高的价格就可以让企业的产品和名称出现在单击该关键词后列出的所有相关企业的靠前位置,更容易吸引客户注意。做广告的企业按单击次数向搜索引擎网站支付广告费用,而不是按网络广告投放的时间长短支付广告费,因而广告支出与广告效果相关性较高。

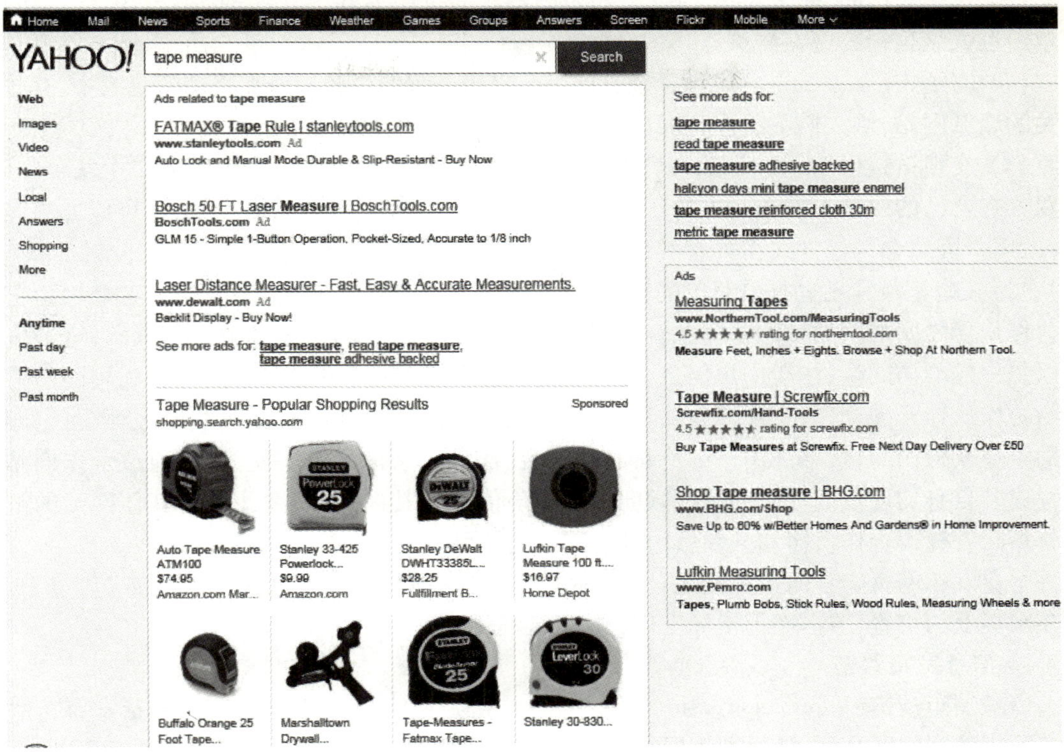

图 3-2　在 Yahoo. com 上输入 tape measure 所得到的搜索结果列表第一页

2. E-mail 营销

E-mail 营销(E-mail Direct Marketing, EDM),是一种仅次于搜索引擎的重要网络营销形式。E-mail 广告往往以邮件列表的形式发送,一个广告发布者可以同时向许多个电子信箱发布广告邮件,成本低廉、效果直接、强制性强,这种不期而至的广告比推销员上门更难拒绝。

但 E-mail 广告既有正面作用,也有负面影响,许多人都深受 E-mail 广告的骚扰之苦,如果不尊重消费者的个人意愿和个人隐私,厂家就有触怒消费者的危险,结果可能会适得其反。因而在网络已经普及、网络用户普遍遭受垃圾邮件骚扰的情况下,E-mail 营销成功的关键因素之一是在事先取得用户许可的前提下,通过 E-mail 向目标用户传递对其有价值的营销信息。

E-mail 营销的优点包括精准直接、个性化定制、信息量丰富且全面,还具备追踪分析能力。但其缺点也很明显,主要包括:受应用条件的限制和垃圾邮件的影响,邮件被阅读的概率较低;对用户信息的掌握有限;跳出率高、转化率低等。因而制作精美、内容友好、发送方式友好的邮件是 E-mail 营销成功的关键所在。

3. 页面广告营销

页面广告营销(Page Advertisement Marketing, PAM),是指企业通过在网页页面上所做的广告来进行产品或服务营销。页面广告主要包括以下几种:

(1) 横幅标牌式(Banner)广告,或称标准标志广告、标牌式广告、旗帜式广告。即在网页上显示的一块方形或长方形、类似于小旗形状的广告标志,包括全尺寸和小尺寸两种,可以是静态图片、Gif 动画或 Flash 动画等。单击该广告便可以获取更详细的企业产品或服务信息。

(2) 标识(Logo)广告。它又分为图片和文字两类,访问者对广告内容感兴趣时,即会单击链接到广告发布者的网站上。

(3) 按钮式(Button)广告。即以尺寸大小不等的按钮形式出现在网页上的广告,访问者可单击进入该公司的网站浏览。

(4) 墙纸式(Wall Paper)广告。企业可以把宣传介绍的内容制作在精美的墙纸中,存放在有关的墙纸网站,供人们下载作为屏幕保护页面。

(5) 交换链接(Link Exchange)广告。企业可以通过网站之间交换链接来交换发布广告,即双方在自己的网站上发布对方的广告,互相交换而不必支付广告费。此外,还可以通过内容合作、用户资源合作等方式在具有类似目标的网站之间实现互相推广。网站之间的交换(交互)链接策略是最常见也是最简单的合作方式,可以实现网站之间的互补优势,这是因为它利用合作伙伴之间的网站访问量资源合作互为推广。每个企业网站都有独特的资源,这种资源可以是一定的访问量、注册用户信息、有价值的内容和功能、网络广告空间等。利用网站的资源与合作伙伴开展合作,实现资源共享,共同扩大收益。交换链接的优势主要表现在:它能够帮助企业获得访问量、增加用户浏览时的印象、在搜索引擎排名中增加优势、通过合作网站的推荐提升自身的可信度等。网站都倾向于链接价值高的其他网站,因此获得其他网站的链接也就意味着获得合作伙伴和某领域内其他网站的认可。

企业发布网页广告的一种模式是向网站购买广告空间和时间,根据网站的知名度、广告出现在网页上的位置、单击率等指标支付相应的广告费用。

4. 信息发布营销

信息发布营销(Information Issue Marketing)是指企业将自己的产品推广信息发布在潜在用户可能访问的网站上,进而利用网络用户在这些网站获取信息而实现营销目的。

信息发布是免费网络营销推广的常用方法之一。随着网上信息量爆炸式的增长以及网络用户的逐渐成熟,免费信息发布所能发挥的作用日益降低,信息发布在网站推广中的作用也有明显的下降,但是一些针对性、专业性的信息发布在相关性较高的网站上,仍然可以引起人们的关注。

5. 快捷网址营销

快捷网址(Express Web Site)使用自然语言和网站统一资源定位符(Uniform Resource Locator,URL),即网页网址建立对应关系。比如用户输入中文实名网址就可以访问相应的网站。选择企业名称或者商标、主要产品名称等作为中文网址,大大弥补了英文网址的缺陷,因而在网址推广方面有一定的价值。快捷网址营销能够帮助企业合理利用网络实名、通用网址以及其他类似的关键词网站快捷访问方式来实现网站的推广。

6. 微博营销

微博(Microblog),如 Twitter,腾讯微博等,是一个基于用户关系的信息分享、传播和获取平台,用户可以通过网页(Web)、无线应用协议(Wireless Application Protocol,WAP)以及各种客户端个人社区,以微文字的形式更新信息,并实现即时分享。随着微博在国内外网络上的走红,微博营销也迅速成为现代网络营销的主要形式之一。

微博营销的优势是价格低廉、操作简单,互动性、亲和度高,易监控。此外,企业还可随时查询微博在"粉丝"群中的喜好度。当然,由于微博经常受字数限制,主要以短文的形式发布,因而其传播能力有限,容易被淹没在浩如烟海的信息海洋中,且其传播效果也受"粉丝"量的影响。

7. 视频营销

视频营销(Video Marketing),是一个较新但却相当有效的在线产品推广手段。从最简单的角度来看,视频营销指的是制作一个产品推广的视频,并将其上传到 Internet 上。视频营销主要不是依靠文字,而是依靠视频来实现网上营销的目的。由于许多网站允许企业免费上传视频,因而视频营销是一个低成本的网络营销方法。

视频与 Internet 的结合使得视频营销具备了两者的优点:它具有电视短片的种种特征,如感染力强、形式内容多样等;又具有网络营销的互动性、主动传播性、传播速度快、成本低廉等优势。它把产品或品牌信息植入视频中,产生一种视觉冲击力和表现张力,通过网民的力量实现自传播,达到营销产品或服务品牌的目的。

在国际上,YouTube 和 Dailymotion 等是最受企业欢迎的视频营销上传网站。这些网站广受欢迎是因为它们巨大的访问量,进而能够大大提高推广产品的曝光率。企业进行网络视频营销,力图使其上传的视频能被大量的网络用户观看,则其中部分观看用户才可能会成为其产品的潜在客户。此外,企业还可以通过为其上传的视频加注关键词的方式来优化其推广效果。

8. 病毒式营销

病毒式营销(Viral Online Marketing),并非真正地通过传播病毒的方式实现营销目标,而是通过用户的口碑宣传,利用用户之间的主动传播,让信息像病毒那样迅速地传播和扩散,利用快速复制的方式传向数以千计、万计甚至百万计的受众,从而达到推广的目的。

病毒性营销方法实质上是在为用户提供有价值的免费服务的同时,附加了一定的推广信息,常用的工具包括免费电子书、免费软件、免费 Flash 作品、免费贺卡、免费邮箱、免费即时聊天工具等。换言之,病毒式营销是通过提供有价值的产品或服务,"让大家告诉大家",通过别人为你宣传,进而实现"营销杠杆"的作用。病毒式营销已经成为网络营销最为独特的手段,可以以极低的代价取得非常显著的效果,因而被越来越多的商家和网站成功利用。

(四) 价格

由于国际电子商务带来的交易成本的降低和信息沟通的高效率,有可能给消费者带来更低的商品价格。但是,网络营销并不一定意味着通过降低价格来吸引客户。事实上,国际电子商务给人们带来的主要是信息沟通的便利。消费者对"物美价廉"产品和服务的偏好,首先取决于充分了解市场同类商品的价格。

"酒香也怕巷子深",这是 Internet 商务真实的写照。如何引导消费者更多地了解本企业产品和服务的特性,引导消费者发现产品和服务的价值,成为网络营销中价格策略的关键。事实证明,一味采用低价策略并不适合国际电子商务环境下的企业经营。价格是企业获得盈利的基本点,但并不是唯一源泉。在网络环境下,通过不断的经营创新来创造新的盈利模式,用创新型盈利模式代替传统收费的价格机制,有可能给企业带来可持续性的发展。

网络营销的盈利模式主要有三类,即广告盈利、销售盈利、增值服务盈利。

(1)以广告盈利为主的网络营销相当于传统媒体,它们帮助广告主制作或者发布广告来获得收入。"门户"网站就是典型的广告盈利模式,它们依赖发布网络营销广告来盈利,其核心在于给用户提供独特的内容服务,从而吸引用户眼球,是注意力经济的代表。

(2)采用销售盈利模式的网络营销充分利用网络平台的便利性,以销售自有产品或者帮助生产商销售产品来赚取利润,比如戴尔的网上直销,阿里巴巴的 B2B 交易平台等。信息技术的集成,以及为用户提供整合性的企业内部与外部信息管理服务,是这种模式实现盈利的关键。

(3)增值服务盈利是在提供免费服务的同时,提供一定的差异化增值服务,通过在增值服务中收取费用获得盈利。增值服务盈利模式的核心是拥有庞大的客户群,以及给用户提供的产品和服务具有高黏性。例如,腾讯公司依靠 QQ,利用产品和服务庞大的客户资源的优势,培育出与用户之间的强大黏性,进而将用户牢牢绑定,并通过为这些用户提供增值服务的方式获得盈利。

第三节　国际电子商务网络营销管理

与传统营销相比,网络营销有着其自身的特点,因而不能将传统营销的方式、方法直接应用于网络营销。同样,对于网络营销的管理,也不能直接套用传统营销的做法。本节从实施、组织、评估、控制四个方面对网络营销的管理进行讨论。

一、网络营销实施

(一)网络营销的实施过程

企业实施网络营销不单单是技术方面的问题,更多的是管理和组织方面的问题,涉及企业高层的战略决策和业务流程。网络营销的实施是一项涉及资金、技术、物资和人员的系统工程,需要有专门的机构进行组织和管理。由于它会影响到企业的各个层面和整个业务流程,也会影响着与企业相关联的其他企业,因而网络营销计划和方案的制订需要由企业管理高层组织实施。

1. 企业内部环境和外部市场环境分析

企业首先必须了解其内部经营状况和外部市场环境,分析实施网络营销的必要性和可行性。

必要性分析主要是分析企业的外部市场环境,包括:考察、分析企业的竞争对手是否已经开展网络营销,是否对企业产生潜在威胁;企业是否能够通过网络营销比竞争对手更好地满足目标市场的信息和服务等方面的需求,是否可以通过网络营销提升企业的市场竞争力。

可行性分析首先是考察外部市场环境是否成熟,客户是否愿意接受网络营销方式。如果目标市场的信息化程度低或者排斥信息化,企业实施网络营销就失去了基础。如果目标市场信息化趋势发展得很快,企业就应当马上考虑网络营销。如果目标市场在近期内信息化发展比较缓慢或存在一定难度,企业则可以根据自己的情况选择时机进行网络营销。

此外,由于实施网络营销要求企业内部的各项业务流程实现自动化和信息化,因此可行性分析还要考察企业内部是否有信息化基础,是否有足够的资金、技术和人才。

2. 制订计划和确定实施方案

计划的制订必须由企业管理高层统一领导和协调,因为国际电子商务的实施可能对企业的整个组织和各方面的管理都产生影响。制订计划必须从企业整体出发。确定好计划后,制订实施方案,同时邀请相关的第三方方案提供商参与招投标,从而确定最佳方案。

网络营销实施的核心部分是网络营销系统的建设。网络营销系统通常是国际电子商务系统的一个有机组成部分。网络营销系统的建设通常有三种途径:购买商业软件、自行开发、联合开发。第一种方式比较简单,但系统一般只能满足一些基本要求。第二种方式比较有利于企业自行维护,但不专业会导致效率低下。第三种方式目前用得比较多,是在购买一些应用工具软件的基础上,结合本企业的实际情况,联合专业的方案提供商共同开发。

3. 网络营销的组织实施

网络营销方案确定后，关键是组织实施。网络营销实施是一项系统工程，它需要资金准备、设备采购、软件采购、人员组织等几个方面的协调工作。网络营销系统建设好后，企业面临的一个重要问题是管理和组织。企业要适应网络营销的业务流程变化，调整组织结构，建立新的管理体系以发挥网络营销的竞争力。企业实施网络营销不仅仅是一个技术问题，还涉及组织结构变迁、管理方式变革，以及员工思维、工作方式的革新。

（二）网络营销实施的时机

网络营销可以给企业带来很大的竞争优势，但是实施网络营销是一项涉及高新技术的投资较大、风险较大的决策。任何一种信息技术，只要在社会上存在，就必然会为企业所利用。但信息技术的应用必须要能够有助于拓展企业的核心业务，因而信息技术的应用就必然受到行业特点的制约。虽然网络营销已经在一些行业中得到了成功的应用，但仍有相当多的行业还未找到有效运用网络营销的途径。企业面临着实施网络营销时机的选择。

要掌控实施网络营销的时机，必须能够判断出行业竞争、消费行为、经济与社会在未来几年内的变化趋势及其对于信息技术的影响。企业主管必须积极主动地制定网络营销的实施规划，如果采取消极观望的态度，则很可能贻误商机。

若企业认为网络营销的确非常重要，可是现阶段实施网络营销还不够成熟，需要等待，企业就可以采取一种变通的方式，即在 Internet 上注册一个空网址。这样一方面能够防止好的网址被其他企业强占，为后续的网络营销留下余地；另一方面建立空网址的成本非常低，却可以树立企业的先锋形象，至少可以向消费者展示本企业积极进取的态度。

二、网络营销组织

（一）网络营销组织的重组

1. 网络营销对组织的影响

网络营销的实施对组织的影响是深远的，它将影响到组织的形式和结构，使其组织形式可以摆脱传统地域的限制，进而可以更加灵活地适应市场环境的变化。

（1）组织形式不受地域的限制。传统企业只能在集中化和分散化中选择其一。在传统市场环境下，制造工厂、服务设施和销售部门如果远离总部，就不得不将这些部门作为分离、分散、自治的组织，以保证部门的效率和效用。而在 Internet 环境下，网络通信技术提供了跨越地域的通信网络，使得信息的搜集、传播和处理不再受到地理位置的影响，将地理位置分离的部门联系在一起。因此，企业各部门可以根据业务需要选择不同的管理方式。基于 Internet 的网络营销实施可以实现营销组织结构的跨时空运转，而不用过多考虑地理位置的限制。

（2）组织结构扁平化。传统企业的组织结构一般都是垂直式的结构，信息沟通主要通过命令和报告形式进行，容易滋生官僚主义，影响营销组织机构的正常运转。网络营销的实施使得企业的组织结构可以直接运作在 Internet 平台上，信息沟通可以实现平等交互式的沟通模式。因此，网络营销实施后的营销组织结构可以实现扁平化，减少中间层次，加强不同部门之间的合作，以统一协调的方式为客户提供优质产品和服务。

（3）组织运行更加灵活。组织形式的变化和组织结构的调整，将使营销组织的运行方式也进行相应的调整。传统营销组织的运作只是单向传播信息，很少有双向的互动交流。企业实施网络营销后，组织的运行是市场驱动的模式，根据市场变化由相关营销部门组成临时团队应对变化,通过部门之间的直接沟通直接解决问题。因此,网络营销实施后的企业工作流程非常畅通,但也对企业组织的人员素质和信息沟通渠道提出了很高的要求。

2. 组织重组

企业实施网络营销后,企业营销部门对外必须协调统一地面对市场,为客户提供统一直接的服务;对内必须同其他业务部门紧密合作,使企业能及时提供产品和服务以满足客户的需求。因此,网络营销的实施使得传统的条块分割的部门组织结构必须加强协调,转为统一地为客户服务。同时,企业必须建立与供应商联系畅通的渠道以支持企业的生产。构建在信息系统基础上的网络营销系统为企业与外部的客户和供应商以及内部各业务单位之间的沟通与信息传输提供了平台。组织的运转由市场中的客户进行驱动,由营销部门的客户服务部门提供统一的服务,然后通过企业内部的业务价值链向下传递,直至最后满足客户的需求。企业实施网络营销后的组织结构有如下特点。

(1) 统一客户服务部门。网络营销的主要目标是满足市场需求,为客户提供更好的产品和服务。因此,简化和统一客户服务程序,方便客户购买产品和寻求服务支持,是网络营销能否取得成功的关键。

(2) 横向信息沟通。为客户提供统一的服务,需要不同职能部门协作配合。网络营销系统为部门之间的横向沟通提供了渠道和基础。

(3) 组织结构简化。网络营销要求实时为客户提供服务,对企业反应速度的要求很高。如果企业组织层次过多,势必影响对市场反应的效率。此外,网络营销的实施也为组织结构的简化提供了技术支持。

3. 网络营销组织重组后的信息部门

网络营销运作中,信息平台加快了信息流动,提高了运作效率,从而对企业组织机构提出了全新的要求。重组后的网络营销组织机构应围绕信息平台的要求实现相应的功能。实施网络营销的企业将通过双向快速的信息交流来协调工作,实现整个组织机构的决策与控制职能。为此,企业重组后的信息部门必须具备以下五项职能:

(1) 竞争信息分析。竞争信息分析主要是针对竞争者的营销战略和市场营销战略组合进行资料搜集和处理,用于支持相关决策。进行信息采集可以采用模拟客户法,即以一个客户的身份访问竞争对手的网站,分析研究其技术架构和营销策略。

(2) 客户邮件处理。客户邮件处理主要是完成主动发送信息和答复客户问题两项工作,在工作中要根据企业发展战略、营销策略和客户的特点,有针对性地发送相应的邮件。

(3) 网站广告管理。网站广告管理是指通过分析信息平台提供的客户广告访问数据,把握客户消费行为的变化趋势,为制定广告策略决策提供依据。

(4) 交易信息处理。交易包含着大量的有效信息,通过交易信息分析寻找客户的消费重点和消费行为模式,丰富客户个性化的服务信息,以便进行必要的产品或服务调整。

(5) 网站客户信息综合分析。网站客户信息综合分析是网站组织机构中最重要的工作,其任务是通过综合分析客户访问信息以及各部门的分析报告,确定客户的消费能力、消费特点及消费潜力,判断客户对网站提供服务的满意度,据此对网络营销的战略和策略进行改进,提供与客户需求更匹配的产品或服务平台。

(二) 网络营销业务流程重组

网络营销的一切管理是围绕保障核心业务工作的完成而进行的。因此,管理不再是过去的垂直式上下级领导管理，而是层级较少的工作组式管理。管理的重点不再是完成计划，而是加强沟通、适应市场变化。随着管理手段的改善，企业管理效率必然提高，企业管理的难点不再是信息处理，而是如何将信息转化成对企业决策有用的知识。

企业在调整组织结构、改变管理方式时必须遵循一定的标准和方法。业务流程重组是分析如何采用信息技术来改造企业业务流程，而不是简单的随意设计。它是在相关技术和方法改进的基础上，对原有的流程进行再设计，提高了业务流程的效率和效用。

在流程重组过程中需遵循的基本原则包括：

（1）围绕输出而不是任务进行组织。通过确定和识别流程服务对象和目标，以最小的成本与时间代价进行组织和管理。

（2）由使用输出结果的用户执行流程。设计优秀的信息系统最终能整合全部流程，能够使输出结果的最终用户自己引导输出结果。

（3）把信息处理纳入实际的工作。没有必要再设计一个独立的操作完成信息的处理，应配合实际工作处理，否则将降低工作效率和效用。

（4）集中分散资源。网络技术使得信息人员的工作所在地无关大局，并能保持集中控制。

（5）减少重复活动。业务活动的重复是常有的，通过信息分析揭示业务重复部分，并通过对这些活动背后的信息结构的理解减少或取消重复。

（6）将决策置于工作的执行之中。工作流程经常被中断以便高级管理人员给予批准。通过弄清楚决策的基础和必要的信息，决策点可能被转移到实际工作中去。

（7）在源头一次性获取信息。在很多组织中，信息重复导致信息的不完整性和模糊性。而在源头一次性获取信息，可以避免这种不完整性和模糊性。

（三）网络营销人员重组

企业实施网络营销后，营销组织结构必将发生变化，原来的岗位也将相应发生变化，组织内部许多旧岗位不再需要设立，一些新岗位需要增加。同时，一些岗位的人员可以减少，另外一些岗位的人员需要增加。下面就具体的几个重要岗位的变化进行分析说明。

1. 客户服务部门岗位

在传统的营销组织机构中，客户服务岗位主要是接待客户、记录客户的问题，然后将问题移交给相关单位处理，处理完后再反馈给客户。因此，不但客户等待周期长，而且经常出现无人过问的现象。在网络营销中，客户服务成为重要岗位，而且要求其能马上给客户答复。因此，许多企业内部成立客户服务中心，由许多有技术背景的专业人员提供服务。

2. 销售部门岗位

传统营销中，销售部门是企业的重要部门，因为销售人员业绩的好坏直接关系到企业市场销售业绩的好坏。在网络营销中，企业可以通过 Internet 进行直接销售，传统的一些销售人员，特别是推销人员的岗位就要受到冲击。随着越来越多的客户在网上自主购物，推销员的上门销售将不再是主要渠道。但对于某些企业和组织客户，仍需要销售人员上门推销，但其职能将发生变化。销售人员不再简单地推销，而是给客户进行产品介绍和说明，为客户的理性购买提供决策支持。

3. 营销部门岗位

传统营销中，营销部门岗位主要进行广告宣传和促销策划。在网络营销中，营销部门不但要在传统市场继续进行活动，而且还要针对网上市场开展促销活动。因此，市场营销部门的岗位要求发生了变化,主要是要提升营销人员对网上市场的认识。此外,由于客户购物由过去的被动的有限选择变为主动的大范围选择,企业营销策略由过去的推式营销转变成拉式营销。营销部门在采用传统营销手段的同时,还要考虑促销活动如何吸引客户注意,这对营销部门的岗位要求更高。

三、网络营销评估

企业网络营销部门的工作就是规划和控制网络营销活动,而这涉及考查所实施的网络营销方案是否有效。当评估结果表明未能达到预期目标时,就要调整网络营销方案,对网络营销活动进行适当的控制。

Internet 能够精确地记录、定位和追溯网上的每一项活动,为网络营销评估提供了巨大的便利。下面讨论网络营销评估的步骤和几种具体的评估方法。

(一) 网络营销评估的步骤

1. 确立网络营销总体目标

为了评估网络营销的效果,必须确定网络营销具体要达到的总体目标,否则就无法评估网络营销是否成功。例如,网络营销的总体目标可以是提高品牌知名度、服务客户满意度、在线销售商品量等。因而企业必须在网络营销计划书中加以明确:建设企业营销网站的目的、网站希望吸引的浏览者类型、利用网络想完成的工作、网站建设者能为网站付出的一般的维护费用有多大等。

下面是几类典型的网络站点及其营销目标:

(1) 将企业网站作为公司形象宣传媒体或以提升品牌知名度为目标的商业网站。这类企业建立网址的目的是让消费者知晓,或将网络营销视为提高知名度的一种手段,作为其他沟通战略的有效辅助物。企业通常在网页上列出公司的背景资料、产品系列以及反馈的表格。

(2) 将企业网站作为为客户服务的替代物。大多完全开放的企业网站起初是从回复在线客户提问的客户服务部门发展起来的。这类公司以客户电话等待时间的减少和得到公司有效帮助的客户人数的增加为目标。

(3) 标新立异型企业网站。一些公司认为 Internet 是最“酷”的事物,它们仅为了在网络世界占据一席之地,而对于与公司的其他沟通工具是否相关漠不关心。能够成为某些网址评估机构公布的“最好站点名单”中的一员是基于这种目标的成功标志。

(4) 以开拓国际市场为目标的企业网站。从 Internet 的本质来看,它是最具国际性的交流工具,所以开拓国际市场是不言而喻的目标。假如企业的主要目标市场定位于国外市场,那么网页的设计以及对营销成功的评估都将有很大的不同。

(5) 以直接营利为目标的商业网站。一些公司将网络视为一种新的广告媒体,这类公司的目的是利用网络站点的广告宣传,直接驱动消费者成为购买者,增加企业的销售额。采用网络营销后企业销售额的增长就是它们成功的标志。

2. 确定评估标准

网络营销的目标确定以后,下一步需要确定的是评估指标,即用哪些指标来评估网络营销活动,能说明它达到了预期的目标。针对不同的目标,通常有这样几个不同的评估标准:站点的浏览量、有购买倾向的潜在客户比例、站点知名度的提高等。尽管目前还不能说明某些指标与网络营销效果之间的必然联系,但开展网上营销的企业在评估自己的站点是否成功时,还是有必要根据自己的特点选择合适的评估标准,或结合每个标准综合评价自己的网络营销努力是否成功。这些指标应该包括网站设计、网站推广、网站流量等。

3. 选择评估网络营销工作的基准点

评估网络营销计划执行的过程实际上是一个比较的过程,这样就需要选择一个比较的基准点。基准点的选择可以有多种形式:比较自己与竞争对手、比较现在和过去、比较网络与其他的营销媒体等。只有将企业自己当期的指标数值(如单击率)与竞争对手同期的数值或者上个月或上年同期的数值相比较才能作出正确的判断。

4. 比较网络营销效果与目标

在选定评估标准和基准点之后,网络营销企业就可以比较网络营销的执行效果和设定的目标,从而判断网络营销的计划与实施是否成功,以及还有哪些执行效果与目标存在差距等。

5. 得出可付诸行动的结论

企业决策者需要的最终结果是隐藏在数字背后的信息,而不是数字本身。网络营销人员要通过数字的量化分析,评估已作出的网络营销努力是否成功,提出营销资源配置是否需要优化及怎样优化、哪些地方需要改进等可付诸行动的结论。这样才能使营销工作更富有效率,更节约成本。

(二) 网络营销评估标准的建立

1. 网站设计评估标准的建立

网站是企业开展网络营销的基础。在网站的设计方面,除了功能、风格和视觉设计等取决于网站本身的特定要求之外,主要还有主页下载时间、有无死链接或拼写错误、不同浏览器的适应性、对搜索引擎的友好程度、使用便利性、保护个人信息等一些通用评估指标可作为参考。

2. 网站推广评估标准的建立

网站推广的力度在一定程度上说明了网络营销人员为之付出的努力程度,而且可以进行量化评估,评估指标主要有登记搜索引擎的数量和排名、在其他网站链接的数量、注册用户数量等。网络营销人员登记的搜索引擎数量越多,企业网站在搜索引擎中的排名越靠前,企业的站点在其他网站上链接的数量越多,对搜索结果排名越有利,对访问者直接从链接的网页进入企业的网站越方便,对网站推广可以起到重要作用。注册用户数量和收藏本网站的用户数量在一定程度上反映了用户对网站的认可,也是网站价值的一个重要体现。

3. 网站流量评估标准的建立

网络营销计划的执行效果在很大程度上取决于网站流量的大小。但是,在确定网站流量的评估标准方面也有一些争议。关于网站流量统计最流行的术语可能就是"单击量"。但相对而言,单击量没有很大的实际意义。与此相反,页面浏览指标(主要指页面浏览数及每个访问者的页面浏览数)就显得比较有意义。

目前还没有哪一个统计指标能够完全反映浏览者的所有信息,要全面评估网站流量的效果,就需要通过以下这些指标全面评估:

(1) 主页浏览量。尽管许多浏览者并非通过企业的主页进入网站,但是大多数浏览者通常是会主动进入到企业主页的,因此,主页浏览量可用于评估浏览者的整体情况。

(2) 提交 URL。这个信息反映出浏览者的来源,如果浏览者来自搜索引擎,大多数提交的 URL 信息甚至可以告诉网络营销者有关浏览者在搜索引擎中使用的关键词,而分析浏览者使用的关键词对于网站的建设和推广非常重要。

(3) 最主要的进入页面与离开页面。如果网络营销者了解浏览者常通过哪些页面进入企业的网站,就可以对这些页面进行优化设计并对其进行重点维护,同时也可以将这些网页的Meta标签应用于可以增强浏览者印象或可增加线上销售的网页。而了解浏览者离开网站的相关信息,则有助于网络营销者对这些页面的设计进行更新,甚至将其删除。

(4) 最多或者最少的访问页面。网络营销者对最多或者最少访问页面的分析,可以了解浏览者为什么来到企业网站以及停留在企业网站上的原因,从而为进一步重新变更网站设计策略提供帮助。

(5) 每个访问者的平均停留时间。每个浏览者在网站上的停留时间是指所有浏览者在企业网站上的停留时间与全部浏览者数相除的平均数。通过对每个浏览者访问的平均停留时间的分析,即对每个浏览者在网站上的停留时间与浏览者在每个页面的平均时间进行分析,可以得出许多有价值的结论。浏览者停留时间的长短反映了企业网站的内容对浏览者的吸引力的大小。浏览者在每个页面的平均时间,主要指浏览者在企业的网站上停留的总时间与企业的网站页面总数之比。这个指标说明了网站内容对浏览者的有效性,如果网络营销者发现许多浏览者在某些页面停留的时间比较长,那么可能需要网络营销者对其他页面进行更新改造。

(6) 每天访问高峰期。所有的网站都需要维护与更新,网络营销者最好在访问高峰期到来之前更新网站内容。

(7) 访问者使用什么浏览器。尽管大多数网页在不同的浏览器中的效果没有根本性的区别,然而,网络营销者还是发现,网站访问量在某一种浏览器中会表现得更好一点。网络营销者可以利用这种现象来优化针对该浏览器的网页设计特征。

四、网络营销控制

当企业实施网络营销并建立了与之相适应的组织后,要达到网络营销的目标,协调和控制就显得十分重要。网络营销者的工作就是规划和控制网络营销活动,由于在网络营销计划实施过程中会出现许多意料之外的事情,所以网络营销企业必须不断地监督和控制网络营销活动。

(一) 网络营销年度计划控制

年度计划控制的目标是保证网上经营企业达到在年度计划内建立的网络营销销售利润目标和其他目标。年度计划控制的核心是网络营销目标管理,这包括四个步骤:

(1) 网络营销企业应当确立季度、月度网络营销目标;

(2) 对网络营销的绩效进行监控与评估;

(3) 找出造成严重绩效偏差的原因;

(4) 必须采取矫正行动,包括改变行动方案或改变目标。

这种控制模式适用于企业的各级管理部门。企业管理高层确立本年度网上经营销售总目标,这些目标又被层层分解融入各个低层管理部门的具体目标。每个时期,企业管理高层都要重新检查与评估,说明效果,并弄清楚是否需要采取某些正确的行动。

(二) 网络营销风险控制

由于Internet的匿名性、非直接接触性等特征,网络经营的风险具有与传统市场环境下不同的特征。网络营销企业必须认真识别这些风险因素并采取相应的对策控制风险。

1. 产生网络营销交易风险的因素

识别网络营销风险的因素，主要是依据对网络交易整个运作过程的考察，确定交易流程中可能出现的各种风险，分析其危害，旨在发现交易过程潜在的安全隐患和漏洞，从而使网络交易安全管理有的放矢。

(1) 信息风险。从技术上看，网络营销的信息风险主要来自三个方面。一是冒名偷窃。"黑客"为了获取重要的商业秘密、资源和信息，常常采用源 IP 地址进行欺骗性攻击。入侵者伪装成一台内部主机的一个外部地址传送信息包(这些信息包中包含有内部系统的 IP 地址)，在 E-mail 服务器中使用报文传输代理来冒充他人，窃取信息。二是篡改数据。攻击者未经授权进入网络交易系统，使用非法手段，删除、修改、重发某些重要信息，破坏数据的完整性，损害他人的经济利益，或干扰对方的正确决策，造成网络营销中的信息风险。三是信息丢失。营销信息的丢失，可能是因为线路问题或安全措施不当，也有可能是因为在不同的操作平台上转换操作从而丢失信息。

(2) 信息传递过程中的风险。信息在网络上传递时要经过多个环节和渠道，由于计算机技术发展迅速，病毒防范技术、加密技术、防火墙技术等始终存在被新技术攻击的可能性。计算机病毒的侵袭、"黑客"非法侵入、线路窃听等很容易使重要数据在传递过程中泄露，威胁网络交易的安全。各种外界的物理性干扰，如通信线路质量较差、地理位置复杂、自然灾害等，都可能影响到数据的真实性和完整性。

(3) 信用风险。信用风险是网络营销发展的主要障碍，这是因为网络营销是以信用为基础的，即交易双方相互信任并信守承诺。信用风险可能来自买方。个人消费者可能在网上使用信用卡进行支付时恶意透支，或使用伪造的信用卡骗取卖方的货物；企业客户则有拖延货款的可能，卖方需要为此承担风险。信用风险也可能来自卖方。卖方不能保质、按量、按时寄送消费者购买的货物，或者不能完全履行与企业客户签订的合同，造成买方的风险。

(4) 管理方面的风险。严格管理是降低网络交易风险的重要保证，特别是在通过第三方网络交易平台营销的过程中，客户进入网络交易平台，买卖双方签订合同，交易平台不仅要监督买方按时付款，还要监督卖方按时提供符合合同要求的货物。在这些环节上，都存在大量的管理问题。防止此类问题产生的风险需要有完善的制度设计，形成一种相互关联、相互制约的制度群。其中，人员管理常常是在线商店安全管理上最薄弱的环节。近年来，我国计算机犯罪呈现出内部犯罪的趋势，这主要是工作人员职业道德修养不高、安全教育欠缺和管理松懈所致。一些竞争对手还利用企业招募新人的方式潜入该企业，或利用不正当的方式收买企业网络交易管理人员，窃取企业的用户识别码、密码、传递方式以及相关的机密文件资料。

(5) 法律方面的风险。国际电子商务的技术设计是先进的、超前的，具有强大的生命力。但必须清楚地认识到，国际电子商务发展日新月异，目前的法律条文在网络交易保护方面还存在许多缺陷，在网上交易可能需要承担法律滞后造成的风险。

2. 网络营销交易风险的控制

一个完整的网络营销和交易安全体系，至少应包括三类措施。一是技术方面的措施，包括防火墙技术、网络防毒、信息加密存储通信、身份认证、授权等，但只有技术措施并不能保证百分之百的安全。二是管理措施，包括交易的安全制度、交易安全的实时监控、提供实时改变安全策略的能力、对现有的安全系统漏洞的检查以及安全教育等。在这方面，政府有关部门、企业的主管、信息服务商应当扮演重要的角色。三是社会的法律政策与法律保障。只有从上述三方面入手,才可能真正实现电子商务的安全运作。

(1) 客户认证。客户认证是基于用户的客户端主机 IP 地址的一种认证机制,它允许系统管理员为某一特定 IP 地址的授权用户设定访问权限。服务器和客户端无须增加、修改任何软件。系统管理员可以决定对每个用户的授权、允许访问的服务器资源、应用程序、访问时间以及允许建立的会话次数等。客户认证技术是保证国际电子商务交易安全的一项重要技术。客户认证主要包括身份认证和信息认证。前者用于鉴别用户身份,后者用于保证通信双方的不可抵赖性和信息的完整性。在某些情况下,信息认证显得比信息保密更为重要。如网络中传输的广告信息,接收方主要关心的是信息的真实性和信息来源的可靠性。因此,在这些情况下,信息认证将处于首要的地位。

(2) 防止"黑客"入侵。"黑客"入侵可导致企业内部资料的失窃,进而对网络营销企业及其客户造成严重的损失。防范"黑客"入侵的技术措施根据所选用的产品的不同,可以分为七类:网络安全检测设备、访问设备、浏览器/服务器软件、证书、商业软件、防火墙和安全工具包/软件。

(3) 网络交易系统的安全管理制度。无论参与网络营销的是个人还是企业,都涉及一个维护网络交易系统安全的问题,只不过对于在网上从事大量贸易活动的企业来说,这个问题更为重要。网络交易系统的安全管理制度是用文字形式对各项安全要求所做的规定,它是保证企业网络营销取得成功的重要基础工作,是企业网络营销人员安全工作的规范和准则。企业从实施网络营销开始,就应当制定一套完整的、适应于网络环境的安全管理制度,这些制度应当包括:人员管理制度;保密制度;跟踪、审计、稽核制度;网络系统的日常维护制度(包括硬件设备维护、软件的日常管理和维护、数据备份制度、病毒防范制度、权限控制制度、网络陷阱防范制度、应急措施)。

(三) 网络营销中的消费者保护

企业在开展网络营销活动的过程中,一个突出问题是要保护消费者的利益。对于企业而言,在开展网络营销活动的过程中保护消费者,也是在保护企业的自身利益、培育市场的良性发展。企业在网络营销过程中对消费者的保护要重点围绕以下几个方面进行。

1. 消费者隐私保护

在信息透明度很高的 Internet 上,企业可以很容易地在消费者不知情的情况下获得消费者的个人信息,而很多信息都是消费者不愿意透露的。当企业为自己的利益利用或者泄露消费者的个人隐私时,就对消费者造成了伤害。一些担心企业会使用他们个人资料的消费者倾向于放弃在线购物;即便是在线购物,他们在网上的支出也低于其他消费者。

许多网站都缺乏对消费者的保护,这些网站广泛使用各种客户跟踪和信息记录技术,这是造成消费者隐私受到威胁的主要原因。企业保护个人隐私的主要措施体现在以下三个方面:

(1) 在消费者知情的情况下收集其个人信息,并承诺对个人信息进行保护和非公开商业化使用。

(2) 收集消费者的信息时,隐藏消费者信息的隐私部分,不包含消费者的个体识别信息(身份证号码、电话号码、姓名等)。

(3) 在使用方面,如果企业收集的消费者信息只限于企业内部分析使用,消费者一般都比较能接受;如果企业将收集的消费者信息出售,则有可能造成对消费者隐私的侵犯,这是企业应当坚决杜绝的。

2. 消费者免受侵扰

由于网上信息发布非常方便，特别是随着 Internet 的广泛使用，许多企业为发布信息，经常向消费者发送 E-mail 广告，造成对消费者的侵扰。这类 E-mail 一般被称为垃圾邮件。垃圾邮件虽然偶尔能提供一些有用的信息，但也给 E-mail 用户带来不少烦恼。不期而至的 E-mail 不但占用有限的 E-mail 存储空间，对于按时计费上网的用户，花时间接收、阅览、删除垃圾邮件就意味着经济上的损失。因此，企业在向消费者发送 E-mail 广告时，要注意减免对消费者的侵扰。

企业发送 E-mail 时，避免对消费者造成侵扰主要有两种方式：一是企业利用邮件列表公司向那些愿意接收信息的消费者发送广告信息，采用这种方式要收取一定的费用。二是在收集 E-mail 地址时要遵照消费者的意愿，只对愿意接收的消费者发送信息，而且允许消费者取消对 E-mail 的接收。

3. 提供真实可靠的信息

企业在网上开展网络营销活动时，要注意提供信息的真实性和可靠性。企业在网络营销活动中如提供一些不真实的信息，将对消费者造成损害，也势必对企业自身造成负面影响。因为消费者可能将个人感受发布到网上，而 Internet 上的信息传播速度非常快，而且影响范围广。

4. 提供完善的售后服务

企业利用网络营销渠道销售产品时，要特别注意产品质量和提供完善的售后服务。消费者在网上购买产品时，最担心的问题是无法现场检验产品的质量和性能，因此比较关心网站的信誉和售后服务。如果消费者在购买产品后，发现产品质量不符合要求，或者购买的产品与预期差距很大，则可能产生不满足感。如果企业不能保证产品质量，同时又没有完善的售后服务，势必妨碍消费者继续利用网络营销渠道进行购物。如果消费者不能得到完善的售后服务，同样可能在网上发表自己的评论，影响其他消费者对企业的评价，对企业造成负面影响。

本章小结

本章重点介绍了国际电子商务时代的市场竞争及其特点，国际电子商务环境下的网络营销特点及构成要素，以及国际电子商务环境下的网络营销管理。

国际电子商务时代，在市场环境发生变化，经济全球化、信息全球化加快的同时，国际贸易自由化和新贸易壁垒并存，区域性虚拟大市场逐步形成。市场环境变化导致国际竞争出现新特点：网络信息成为重要的竞争要素；速度制胜成为新的竞争规则；联盟式竞争成为新的竞争模式；电子化成为主要的竞争手段；“竞合”成为新的竞争形态。这些新特点要求国际贸易企业采取新的市场竞争策略，实现国际贸易竞争优势的提升；发掘新的生存和发展市场空间；与全球采购商开展广泛合作；利用网络信息资源加快产品创新；加快培育企业的自主产品品牌；实现企业管理资源的整合。

网络营销是以现代营销理论为基础，借助网络、通信和数字媒体技术实现营销目标的商务活动，由科技进步、客户价值变革、市场竞争等综合因素所促成，是信息化社会的必然产物。网络营销具有跨时空性、多媒体性、交互性、整合性、成长性、高效性和个性化等特点。同传统营销一样，网络营销也包括产品、分销、推广和价格等“4P′s”要素，但具体内容与传统营销有巨大差异，产品（和服务）更加有特色，分销渠道更加多元化，推广手段更加多样化，定价方式更加差异化。

网络营销所具有的新特点，要求企业必须改变传统营销管理思想，在实施、组织、评估、控制等方面,采取新的方式、方法和标准进行管理。在网络营销管理中,应对营销组织、业务流程和人员进行重组,建立新的评估标准,在控制营销风险的同时,有效保护消费者利益。

关键术语

虚拟联盟企业,网络营销,搜索引擎营销,E-mail 营销,页面广告营销,信息发布营销,快捷网址营销,微博营销,视频营销,病毒式营销,网络营销管理,网络营销风险,网络营销评估,信息风险,信用风险

复习思考题

1. 国际电子商务环境下的市场竞争有什么特点?
2. 国际电子商务环境下的市场竞争策略有哪些?
3. 什么是网络营销? 与传统营销相比,它有什么特点?
4. 网络推广的方法都有哪些? 如果你负责一家小型公司的国际网络营销,你会主要采取哪几种方法?
5. 在网络营销中价格的作用是什么? 是不是从事网络营销,就一定要采用低价战略? 为什么?
6. 网络营销的实施过程是什么? 中国外贸企业实施网络营销的主要障碍是什么? 如何克服?
7. 如何开展网络营销管理的实施、组织和评估?
8. 网络营销的风险都有哪些? 如果你负责一家公司的国际电子商务业务,且你的海外客户是企业,则你需要主要采取哪些措施来应对你的公司和你的客户所面临的潜在风险?

参考文献

蔡震东:外贸企业发展电子商务的战略研讨[J],国际市场,2009 (04): 72 - 74。

冯英健:网络营销基础与实践(第 4 版)[M],清华大学出版社,2013 年 6 月。

兰宜生:国际电子商务教程(第 2 版)[M],首都经济贸易大学出版社,2010 年 9 月。

李光明:网络营销[M],人民邮电出版社,2014 年 1 月。

刘咏芳等:国际贸易电子商务[M],清华大学出版社,2008 年 6 月。

吴竑:应用国际电子商务,争创国际贸易竞争优势[J],金融经济,2005(04): 59 - 60。

杨坚争,段元萍:我国国际电子商务发展策略研究[J],世界经济研究,2008(10): 37 - 41。

朱迪・斯特劳斯(Judy Strauss),雷蒙德・弗罗斯特(Raymond Frost)著,时启亮,孙相云等译:网络营销(第 5 版)[M],中国人民大学出版社,2010 年 9 月。

Caroline L. Freunda & Diana Weinholdb, The effect of the Internet on international trade, *Journal of International Economics*, 2004, 62(1):171 - 189.

Levitt, T. , The globalization of markets, *Harvard Business Review*, 1983, 61(3): 92 - 102.

Meloan, Taylor W. & Graham, John L. *International and Global Marketing*, McGraw - Hill, 1998.

第二篇

技术篇

第四章

国际电子商务开发技术

学习目标

掌握:国际电子商务网站的建设技术,网页制作技术

理解:Internet 的基本技术、结构和接入方式,外联网与内联网的概念、结构、特点及应用,移动通信协议

了解:计算机网络的基本概念、功能及组成,Internet 的产生与发展,移动通信系统的发展历程

导学案例

阿里巴巴的数据库建设

阿里巴巴在发展初期,以提供免费服务为主。为了降低成本,阿里巴巴在网站基础架构中,采用了基于 Linux 平台的单机 Oracle 数据库和大量的免费软件。由于免费软件的技术支持很难得到有效的保障,导致网站系统管理的复杂度增加。这样的基础架构已经远远不能满足阿里巴巴业务快速发展的需要。随着我国企业 Internet 服务消费的逐步成熟,付费服务的环境已悄然形成。阿里巴巴审时度势,果断作出战略调整,从过去纯粹提供免费的服务逐步发展成为提供商业运作服务。商业服务对网站的基础构架提出了新的要求,要求基础构架能够确保客户数据安全,能够确保网站在并发用户数量突然增多的情况下仍能够保持高性能。为此,阿里巴巴决定投资引进新技术,升级原有的基础构架,部署一个高效、安全、稳定、可扩展的平台,从而能不断提升网站服务水平,提升企业的竞争力。

作为网站基础架构的核心动力——数据库,阿里巴巴要求新系统既能够满足网站发展的需要,又能够把包括购买成本、管理成本在内的总成本降至最低。简而言之,阿里巴巴要求新数据库平台能够高效、稳定、安全、易扩展、可管理、低成本。

经过严格的比较和筛选,阿里巴巴最终决定采用基于 Linux 平台的 Oracle 9i 集群数据库(Oracle 9i RAC)。新的数据库集群是以 DELL 6650 为硬件服务器、以 DELL/EMC CX200 为存储阵列、存储服务器以 Red Hat Linux Advanced Server 2.1 为操作系统,数据库采用 Oracle 9i 集群数据库,采用三层架构,部署两个节点的集群系统。由于 Oracle 9i RAC 在节点间信息交

换的性能有了很大的改进,使得新系统得以快速地部署。阿里巴巴采用基于Linux的Oracle 9i集群数据库,实现了在性能与成本之间的良好平衡,既能够充分利用Linux平台的低成本优势,同时能够获得Oracle 9i数据库强大的性能优势,提高了网站的系统性能、安全性、可靠性和可扩展性。

基于Linux的Oracle 9i集群数据库的新系统投入使用,成功地把阿里巴巴网站的性能提高了60%。新系统投入使用后不久,中国部分地区遭受"非典"的影响,企业和个人纷纷转向网上交易,作为中国最主要的商业网站之一,阿里巴巴成为广大企业进行交易的平台。新系统及时的投入使用,为阿里巴巴从容应对快速增长的交易量提供了强大动力,帮助阿里巴巴及时把握住了新的发展机遇。

借助于基于Linux的Oracle 9i集群数据库的先进技术和高可用性(High Availability),阿里巴巴简化数据库的管理工作,有效减少计划内停机时间。同时,集群系统中两个节点互为备份,大幅度减少了意外停机时间。阿里巴巴采用基于Linux的Oracle 9i集群数据库作为产品数据库,有效地缩小了其在开发、测试、产品应用平台之间存在的差异,使得很多测试工作变得真正有意义,可直接用于产品应用平台,从而提高了系统的部署效率。

资料来源:根据郭振华主编,电子商务教程[M],清华大学出版社,第87—88页的案例和阿里巴巴网站(http://www. alibaba. com)发布的信息汇编。

案例思考题:

计算机网络技术和数据库技术对电子商务网站的运营起到哪些具体作用?

第一节 计算机网络技术

计算机网络,特别是Internet,是国际电子商务最主要的技术平台。国际电子商务是在全球范围内展开的,面对不同的国家和地区,语言和文化的差异、政治制度和经济体制的不同,使国际电子商务系统的开发比一般的电子商务更为复杂,所用到的技术更为先进。

一、计算机网络基本知识

(一)计算机网络概述

1. 计算机网络的定义

通过通信设备和线路将地理位置不同且具有独立功能的多个计算机系统连接起来,由功能完善的网络软件(网络协议、信息交换方式、控制程序和网络操作系统)实现网络资源共享和数据通信的系统称为计算机网络。

2. 计算机网络的功能

(1)数据传输。数据传输是计算机网络最基本的功能之一。它使计算机之间能够相互输送数据和交换信息。

(2)资源共享。资源共享是计算机网络最有吸引力的功能。它包括计算机软件、硬件和数据的共享。用户能在自己的位置上部分或全部地使用网络中的软件、硬件或数据。

(3)提高计算机的可靠性和可用性。计算机网络的另一个十分重要的功能是提高计算机的可靠性和可用性。网络中的每台计算机都可通过网络相互成为后备机。一旦某台计算机出现故障,它的任务就可由其他计算机代为完成,从而提高了系统的可靠性。而当网络中某台计算机负担过重时，网络可以将任务交给网络中其他较空闲的计算机，提高了每台计算机的可用性。

（4）分布式处理。分布式处理是近年来计算机应用研究的重点课题之一。对于一些大型的综合性问题，通过一些算法交付给地理上分散的不同计算机来处理，就像使用一台机器一样。

3. 计算机网络服务

计算机网络提供的应用常称为计算机网络服务，是借助于计算机网络实现的主要商业服务。

（1）文件和打印服务。文件服务是指使用文件服务器提供数据文件、应用（如文字处理或电子表格）和磁盘空间共享的功能。使用打印服务可以共享网络上的打印机。

（2）通信服务。借助于计算机网络通信服务，远程用户可以通过通信线路连接到网络，从远程地点共享打印机，登录到主机，接收邮件，或者对数据库进行查询等。

（3）邮件服务。邮件服务可以保证网络上用户 E-mail 的收发和保存，实现快捷、安全、可靠的通信。

（4）Internet 服务。Internet 服务包括 WWW 服务、E-mail、文件传输（FTP）、远程登录（Telnet）等。

（二）计算机网络的拓扑结构

所谓拓扑结构，是采用数学中“拓扑”（Topology）的方法，抛开网络中的具体设备，把工作站、服务器等网络单元抽象为“点”，把网络中的电缆等传输介质抽象为“线”，这样从拓扑学的观点看计算机和网络系统，就形成了由点和线组成的几何图形，从而抽象出网络系统的具体结构。

常见的网络拓扑结构有星型、总线型、环型、树型、网状型和蜂窝型。其中，星型拓扑、总线型拓扑、环型拓扑是三种最基本的拓扑结构。在局域网中，使用最多的是星型结构。

1. 星型拓扑结构

星型拓扑结构是由一个功能较强的中央节点为中心，把若干外围节点连接起来的辐射式互联结构。各节点与中央节点通过点与点的方式连接，网络上所有信息的传输都必须经中央节点转发，因此中央节点负荷重。这种结构适用于局域网，特别是近年来连接的局域网大都采用这种连接方式。星型拓扑结构的优点是建网容易，易于扩充，控制相对简单。其缺点是属集中控制，对中心节点的依赖性大。现有的数据处理和声音通信网络多采用星型拓扑结构，如图 4－1 所示。

2. 总线型拓扑结构

总线型拓扑结构是所有的站点都通过相应的硬件接口直接连到一条共享总线上。总线型网络采用广播通信方式，即任何一个站点发送的信号都可以沿着总线传播，且能被所有其他站点接收。一次只能由一个设备传输信号，即必须采取某种介质访问控制协议来分配信道，以保证在一段时间内，只允许一个站点传送信息，如图 4－2 所示。总线型拓扑结构曾经是较为普遍的一种网络物理结构，常用的国际标准是载波侦听/冲突检测（CSMA/CD）访问控制协议。最著名的总线型拓扑结构是以太网。

3. 环型拓扑结构

环型拓扑结构是一种首尾相连的总线型拓扑结构，它由公共通信线路组成一个封闭的环，各节点直接连到环上，信息沿着环按一定方向从一个节点传送到另一个节点，如图 4－3 所示。环

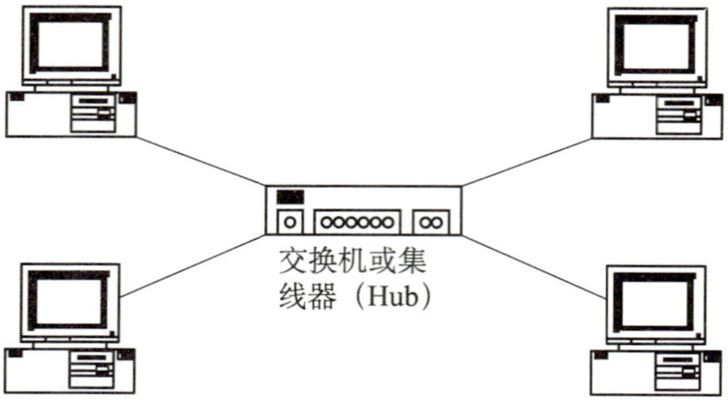

图 4－1 星型拓扑结构示意图

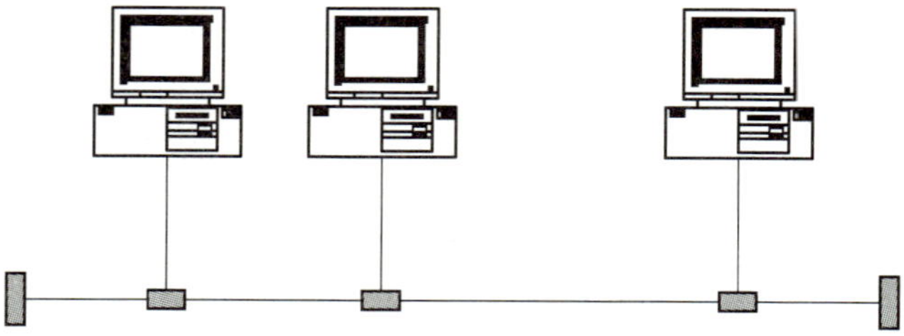

图 4－2 总线型拓扑结构示意图

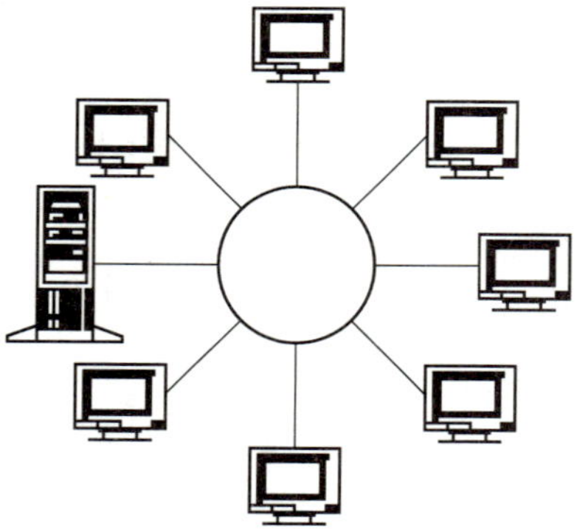

图 4－3 环型拓扑结构示意图

路接口一般由发送器、接收器、控制器、线控制器和线接收器组成。环路中各节点的地位相同,环路上的任何节点均可请求发送信息。一个节点发出的信息必须穿越环中所有的环路接口,信息流的目的地址与环上某节点地址相符时,信息被该节点的环路接口接收,并继续流向下一环路接口,一直流回到发送该信息的环路接口为止。环型拓扑结构的特点是所有节点都能公平访问网络的其他节点,网络性能稳定。其缺点是节点故障会引起全网故障,节点的加入和撤出过程复杂。

4. 树型拓扑结构

树型拓扑结构从总线型拓扑结构演变而来,形状像一棵倒置的树,顶端是树根,树根以下带分支,每个分支还可再带子分支,如图 4－4 所示。它是总线型拓扑结构的扩展,是在总线网上加上分支形成的,其传输介质可有多条分支。树型网是一种分层网,其结构可以对称,联系固定,具有一定的容错能力,一般一个分支节点的故障不影响另一分支节点的工作,任何一个节点送出的信息都可以传遍整个传输介质,也是广播式网络。树型网上的链路一般具有一定的专用性,无须对原网作任何改动就可以扩充工作站。树型拓扑结构是一种层次结构,节点按层次连接,信息交换主要在上下节点之间进行,相邻节点或同层节点之间一般不进行数据交换。把整个链路连接成树型,树枝分层的每个分支节点都有一台计算机,数据依次往下传。这种结构的优点是连接简单,维护方便,适用于汇集信息的应用要求,易于扩展,故障隔离较容易。缺点是资源共享能力较低,可靠性不高,任何一个工作站或链路的故障都会影响整个网络的运行,并且各个节点对根的依赖性太大。

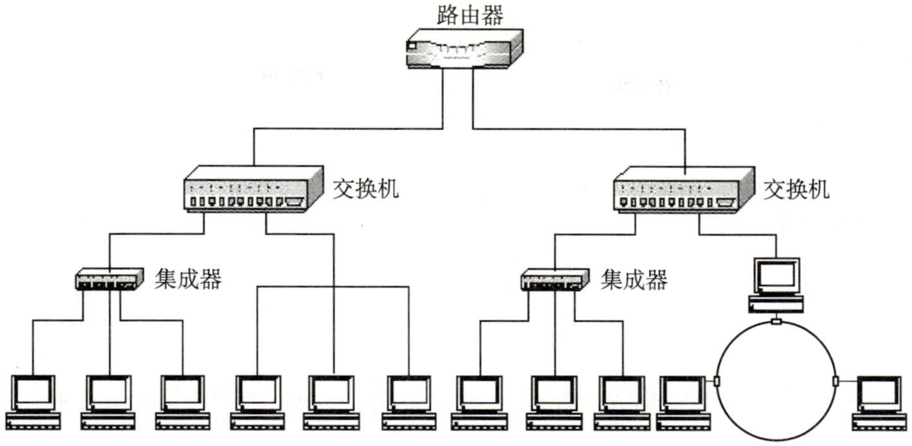

图 4－4　树型拓扑结构示意图

5. 网状型拓扑结构

网状型拓扑结构又称无规则结构，节点之间的连接是任意的，没有规律。它是将多个子网或多个局域网连接起来构成网际拓扑结构，如图 4－5 所示。在一个子网中，集线器、中继器将多个设备连接起来，而桥接器、路由器及网关则将子网连接起来。根据组网硬件的不同，可分为三种网际拓扑：网状网，通过路由器与路由器相连，可让网络选择一条最快的路径传送数据；主干网，通过桥接器与路由器把不同的子网或 LAN 连接起来形成单个总线型或环型拓扑结构，这种网通常把光纤作为主干线；星状相连网，利用一些叫做超级集线器的设备将网络连接起来，由于星型结构的特点，网络中任一处的故障都可容易查找并修复。网状型拓扑结构的优点是网络可靠性高，网络可组建成各种形状，采用多种通信信道及多种传输速率；网内节点共享资源容易，可改善线路的信息流量分配；可选择最佳路径，传输延迟小。缺点是控制复杂、软件复杂、结构复杂，每一节点都与多个节点进行连接，线路费用高，不易扩充。网状型拓扑结构一般用于 Internet 主干网，使用路由算法来计算发送数据的最佳路径。

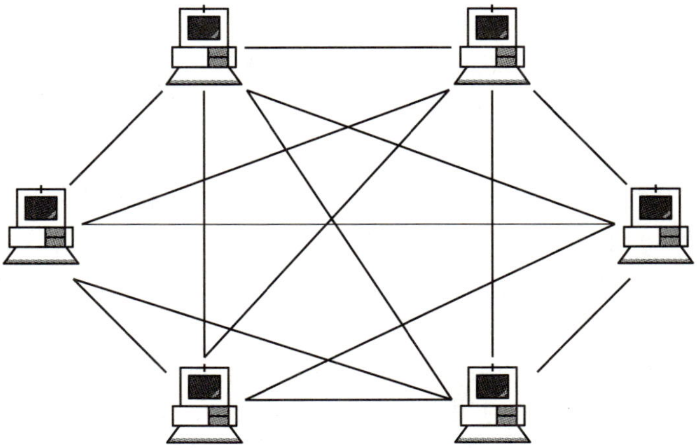

图 4－5　网状型拓扑结构示意图

6. 蜂窝型拓扑结构

蜂窝型拓扑结构是无线局域网中常用的结构。它以无线传输介质（微波、卫星、红外等）

点到点和多点传输为特征,是一种无线网,适用于城市网、校园网、企业网。

在计算机网络中还有其他类型的拓扑结构,如总线型与星型混合、总线型与环型混合连接的网络等。

(三)计算机网络的分类

计算机网络发展到现在应用非常广泛,依据网络不同的分类方法,在同一网络中可能会出现多种不同的网络名称,如局域网、总线网、以太网或专用网等。下面介绍计算机网络的两种主要分类方法。

1. 按计算机网络的规模和覆盖的地理范围的大小分类

根据这种分类方法,可将计算机网络分为局域网、城域网和广域网。

(1)局域网(Local Area Network,LAN)。LAN 的地理范围通常在 2 千米左右,通过高速通信线路相连,传输速率通常在 10 Mb/s—1 Gb/s。LAN 是目前计算机网络技术发展中最活跃的一个分支,它主要用于构建某个单位或部门的内部网络,如高校的校园网、工厂的企业网以及政府机构的办公网等。

(2)城域网(Metropolitan Area Network,MAN)。MAN 的覆盖范围介于 WAN 和 LAN 之间,它的传输媒介主要采用光缆,传输速率在 100 Mb/s 以上。MAN 的设计目的主要是满足几十千米范围内的大型企业、政府机关及社会服务部门的计算机联网需求。它主要是指构建的大型集团公司、Internet 服务提供商、电信部门或政府机构(部门)之间的专用网络与公用网络。

(3)广域网(Wide Area Network,WAN)。WAN 的覆盖作用范围从几十到几千甚至几万千米,它能连接多个城市或国家,横跨几大洲甚至覆盖全球,形成国际性的远程网络。Internet 在范畴上属于 WAN,但它并不是一种具体的物理网络技术,它是将不同的物理网络技术按照某种协议统一起来的一种高层技术,是 WAN 与 WAN、WAN 与 LAN、LAN 与 LAN 之间的互联,形成了局部处理与远程处理、有限地域范围资源共享与广大地域范围资源共享相结合的网络。Internet 是世界范围内最大的 WAN,也是当前世界上发展最快、最热门的计算机网络。

2. 按计算机网络所有权和管理性质的不同分类

根据这种分类方法,常将计算机网络分为公用网、专用网和增值网(VAN)。

(1)公用网(Public Network)。公用网是由电信部门或其他提供通信服务的经营部门组建、管理和控制的网络,网络内的传输、转接装置可供任何部门和个人使用。公用网常用于 WAN 的构造,支持用户的远程通信,如我国的电信网、广电网、联通网等。

(2)专用网(Private Network)。由用户部门组建经营的网络,不容许其他用户和部门使用。专用网常为 LAN 或者是通过租借电信部门的线路而组建的广域网络,如学校组建的校园网、由企业组建的企业网等。

(3)VAN。许多部门直接租用电信部门的通信网络,并配置一台或者多台主机,向社会各界提供网络服务,这些部门构成的应用网络称为 VAN。即在通信网络的基础上提供了增值服务,如中国教育和科研计算机网(CERNET)、全国各大银行的网络等。

(四)计算机网络的组成

计算机网络系统是由硬件系统和软件系统两大部分组成的。网络硬件是计算机系统的物质基础,对网络的运行性能起着决定性的作用;而网络软件则是支持网络运行、提高效益和开发网络资源的工具，是实现网络功能不可缺少的软件环境。表 4－1 所示为计算机网络的组成。

表 4－1　计算机网络的组成

网络硬件系统	计算机	服务器、工作站
	网络设备	网卡、调制解调器、集线器、交换机、路由器等
	传输介质	有线介质：光纤、双绞线、同轴电缆
		无线介质：无线电、微波、卫星通信、移动通信
网络软件系统	网络操作系统	Windows 2003 Server、Linux、UNIX 等
	网络协议	TCP/IP、IPX/SPX 兼容协议、NetBEUI 协议等
	网络应用软件	IE 浏览器、Netscape Navigator 等

1. 网络硬件系统

计算机网络硬件系统是指构成计算机网络的物理设备。随着计算机技术和网络技术的不断发展，网络硬件日趋多样化，功能更加强大、更加复杂。

（1）服务器。服务器（Server）是计算机网络中的核心设备，它运行服务器操作系统，负责管理网络资源和网络通信，并为用户提供服务。服务器通常分为文件服务器、数据库服务器和应用程序服务器。它是网络环境中的高性能计算机，负责侦听网络上其他计算机（客户机）提交的服务请求，并提供相应的服务，为此，服务器必须具有承担服务并且保障服务的能力。服务器的构成与普通 PC 基本相似，有处理器、硬盘、内存、系统总线等，它们是针对具体的网络应用特别制定的，因而服务器与普通 PC 在处理能力、稳定性、可靠性、安全性、可扩展性、可管理性等方面存在很大差异。相对于普通 PC 来说，服务器在稳定性、安全性、性能等方面都要求更高，因此 CPU、芯片组、内存、磁盘系统、网络等硬件与普通 PC 有所不同。

（2）网卡。网卡（Network Interface Card，NIC），也称网络适配器，在构建局域网时，每台计算机上必须安装网卡。网卡的功能主要有两个：一是将计算机上的数据封装后发送到网络上，二是接收网络上传过来的数据。按速率分类，网卡可分为 10M、10/100M 自适应、100M 和 1 000M 网卡。按用途分类，可分为普通网卡、无线网卡和笔记本网卡。

（3）网络传输介质。常用的网络传输介质可分为两类：一类是有线的，一类是无线的。有线传输介质主要有双绞线、光纤和同轴电缆：① 双绞线（Twisted-pair Cable）。双绞线（网线）是目前 LAN 中使用得最广泛的一种传输介质，主要用于星型网络拓扑结构。双绞线分为屏蔽双绞线和非屏蔽双绞线两大类。LAN 中常用的为 5 类、超 5 类和 6 类双绞线。其数据传输速率可达 100 Mbps 以上。传输距离在 100 米之内。双绞线通过 RJ－45 接头（俗称“水晶头”）连接两端的设备。② 光缆（Fiber Optical Cable）。在大型网络系统的主干或多介质网络应用系统中，几乎都把光导纤维（简称“光纤”）作为网络传输介质。相对于其他传输介质，低损耗、高带宽和高抗干扰性是光纤最主要的优点。光纤的数据传输速率在 2.5 Gbps 以上，光纤的无中继传输距离在 20 千米以上。它不像普通电缆那样存在电磁信号泄漏问题，有利于通信的保密。③ 同轴电缆（Coaxial Cable）。同轴电缆曾经是 LAN 中使用得最广泛的一种传输介质，用于总线型拓扑结构。数据传输速率可达 10 Mbps。根据同轴电缆的直径粗细，又可分为细缆和粗缆两种，细缆的最大传输距离可达 925 米，粗缆的最大传输距离可达 2 500 米。它的抗干扰性能要优于双绞线。无线传输介质主要有无线电波（如微波等）和红外线：① 地面微波

(Terrestrial Microwave)。地面微波通常为语言和电视传输所使用。另一个日益增加的微波用途是在楼宇之间建立短距离的点对点通信,用于闭路电视,或者局域网络的数据链路。但频带的使用权限被严格控制。② 卫星微波(Satellite Microwave)。卫星最为重要的应用是电视传播、长途电话传输和专用商业网络。由于长距离传输,在两个收发的地面站之间会有1/4秒的传输延迟。卫星微波还具有广播性质。③ 红外传输(Infra-red Transmission)。红外通信的收发机须互相置于可视线内并对准,可直接或经房间天花板浅色表面的反射传递信息。红外线和微波传输之间的重要差异是前者不能穿透墙壁。因此,在微波系统中遭遇的安全和干扰问题这里不再出现。

(4) 网络连接设备。网络连接设备主要有交换机、路由器和网关。① 交换机(Switch)。交换机是使用广泛的网络设备,用来组建星型拓扑的LAN。比如一台100 Mbps的交换机,它的每个端口都可以达到100Mbps,而不像以前使用的集线器那样平均分配带宽,因而交换机能够提供更佳的通信性能。按交换机所支持的速率和技术类型,可分为以太网交换机、千兆位以太网交换机、万兆位以太网交换机、ATM交换机和FDDI交换机等。按交换机的应用场合,可分为用于小型LAN的工作组级交换机、中型网络的部门级交换机和大型网络的企业级交换机(骨干交换机)等类型。② 路由器(Router)。路由器主要用于不同类型的网络的互联。所谓路由,就是信息传输路径的选择。当使用路由器将不同网络连接起来后,路由器可以在不同网络间选择最佳的信息传输路径,从而使信息更快地传输到目的地。事实上,Internet就是通过众多的路由器,将世界各地的不同网络互联起来的。路由器在Internet中选择路径并转发信息,使世界各地的网络可以共享网络资源。路由器还可以隔离广播、划分子网。当组建的网络规模较大时,同一网络中的主机台数过多,会产生过多的广播流量,从而使网络性能下降。这时可以通过路由器将网络分隔为不同的子网,使一个子网的广播不会转发到另一个子网,从而提高每个子网的性能。③ 网关(Gateway)。网关又称网间连接器、协议转换器,是最复杂的网络互联设备,用于两个高层协议不同的网络互联,网关通常用来连接某些专用的系统。网关这个术语涵盖的范围较宽,在TCP/IP网络协议中,网关有时所指的就是路由器。还有IP电话网关、支付网关等。网关不一定就是一台设备,也可以利用软件实现网关的功能。当然也不排除使用一台计算机来专门实现网关的协议转换功能。

2. 网络软件系统

网络软件系统主要包括网络操作系统、网络协议和网络应用软件。网络软件是实现网络功能所不可缺少的软环境,它的功能强弱直接影响到网络的性能,尤其是网络操作系统。

网络操作系统(Network Operating System,NOS)是指能使网络上的计算机方便而有效地共享网络资源,为用户提供所需的各种服务的操作系统软件。Windows 2000 Server/Server 2003、UNIX和Linux等,都是典型的网络操作系统,从服务器的角度为用户提供丰富的网络服务。而桌面操作系统Windows 2008、Windows Vista、Professional/XP和Linux桌面版等,一般为从用户的角度访问网络提供接入手段。

二、Internet的基础知识

(一) Internet的产生与发展

Internet的萌芽期起源于20世纪60年代中期由美国国防部高级研究计划局(ARPA)资助的阿帕网络(Advanced Research Project Agency Network,ARPANET),此后提出的TCP/IP

协议为 Internet 的发展奠定了基础。1986 年美国国家科学基金会(NSF)的 NSFNET 加入了 Internet 主干网,由此推动了 Internet 的发展。但是,Internet 的真正飞跃发展应该归功于 20 世纪 90 年代的商业化应用。此后,世界各地无数的企业和个人纷纷加入,终于发展演变成今天成熟的 Internet。

Internet 是一个建立在网络互联基础上的开放的全球性网络,2014 年 11 月,国际电信联盟发布的数据显示,目前全球互联网用户已超过 30 亿人,占全球人口的 40% 。Internet 是全球信息资源的超大型集合体,所有采用 TCP/IP 协议的计算机都可加入Internet,实现信息共享和相互通信。与传统的书籍、报刊、广播、电视等传播媒体相比,Internet 使用方便,查阅更快捷,内容更丰富。今天,Internet 已在世界范围内得到了广泛的普及与应用,并正在迅速地改变人们的工作方式和生活方式。

Internet 是由全球各种类型的计算机网络连接组成的巨大的广域网。连入 Internet 的计算机等设备具有平等的地位,统称为主机(Host)或节点。

Internet 提供了多种服务,包括实现全球范围的 E-mail、WWW 信息查询与浏览、远程登录、文件传输、语音与图像通信、电子商务及各种查询服务等功能。

Internet 是覆盖全球的信息基础设施,是国际电子商务的载体。

(二) Internet 的基本技术

Internet 作为一个全球性计算机网络系统,每个接入这个系统中的计算机想要享有服务和互相通信,都必须遵循统一的标准和共同的协议。

1. TCP/IP 协议

TCP/IP 协议,即传输控制协议和网际协议,是提供已连接 Internet 的计算机进行通信的协议。TCP/IP 协议是一组包括 TCP 协议、IP 协议、用户数据报文协议(User Datagram Protocol, UDP)、互联网控制报文协议(Internet Control Messages Protocol, ICMP)和其他一些协议的协议组,其中 TCP 协议和 IP 协议是该协议组中的两个重要的核心协议。TCP 协议主要保证数据传输的完整性和正确性,是传输层的控制协议;IP 协议主要负责把数据传送到目的地,是网络层的协议。利用 TCP/IP 协议可以很方便地实现多个网络的无缝连接。

为了降低网络设计的复杂性,人们引入了分层的思想和理念。按层来组织 TCP/IP 协议以及实现这些协议的网络硬件和软件。在每个网络的第 n 层部件,通过交换第 n 层的报文相互通信。这些报文称为第 n 层的协议数据单元(Protocol Data Unit, PDU)。TCP/IP 协议栈和 PDU 的对应关系如图 4-6 所示。

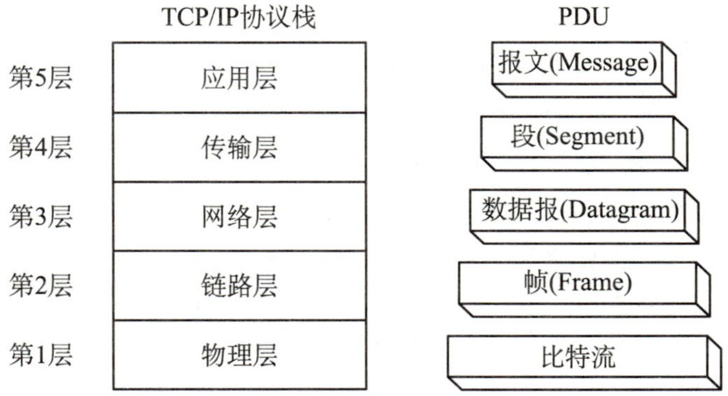

图 4-6　TCP/IP 协议栈和 PDU 的相应关系

每个协议层既可以用软件实现,也可以用硬件实现,还可以通过硬件和软件的组合来实现。

(1) 应用层包含了所有的高层协议,常见的如访问 WWW 站点的 HTTP 协议、FTP 协议、Telnet 协议、SMTP 协议、DNS 和 SNMP 协议等。

(2) 传输层负责为信源和信宿提供应用程序进程间的数据传输服务。这一层上主要定义了两个传输协议:TCP 和 UDP。

(3) 网络层负责将数据报独立地从信源传送到信宿,这一层主要解决路由选择、拥塞控制和网络互联等问题。Internet 的网络层有两个主要的功能部件:一个是用来对 IP 数据报中的字段域进行定义的协议,这就是 IP 协议;另一个是用来确定数据报在信源和信宿之间传送路径的路由协议。网络层是 TCP/IP 体系结构的核心。

(4) 链路层负责将 IP 数据报封装成适合在物理网络上传输的帧格式并传输,或将从物理网络接收到的帧解封,取出 IP 数据报交给网络层。同一个数据报在传输过程中既有可能封装在以太网帧中,也有可能转而封装到 PPP 协议帧中,这取决于其所途经的链路。

(5) 当链路层将一个数据帧在不同的网络设备间传输时,物理层的任务则是将比特流在节点间传送。该层的协议既与链路有关也与传输介质有关。

每台网络设备从某种意义上来说,都是协议体系结构在某种程度上的实现。TCP/IP 的协议体系结构中,最能体现协议体系结构精妙之处的设备包括所有的端接设备和数据交换设备,如图 4-7 所示。

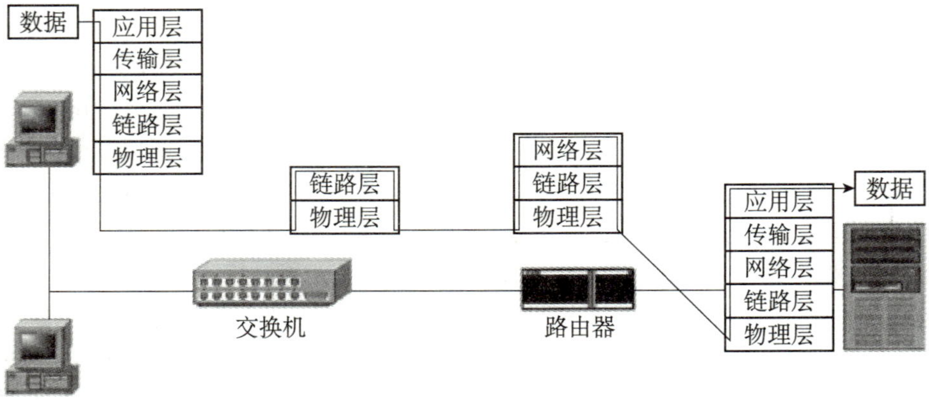

图 4-7 各种设备及与之相关的 TCP/IP 协议

2. IP 地址

为了确保通信时能相互识别,在 Internet 上的每台主机都必须有一个唯一的标识,即 IP 地址。IP 地址是 IP 协议提供的一种统一的地址格式,它为 Internet 上的每一个网络和每一台主机分配一个逻辑地址,以此来屏蔽物理地址的差异。目前,IP 地址的分配由 ICANN(The Internet Corporation for Assigned Names and Numbers),即互联网名称与数字地址分配机构负责。

现有的 Internet 是在 IPv4 协议(IP 协议第四版)的基础上运行的。IPv4 地址由 4 组 8 位二进制数,即 32 位二进制数表示。为书写方便和便于记忆,常将每组二进制数用十进制数来表示,每字段间用“.”分隔。例如,202.96.209.5 就是一个合法的 IP 地址。

IP 地址由网络标识和主机标识两部分组成。一般常用的 IP 地址有 A、B、C 三类。A 类地址一般分配给具有大量主机的网络使用,B 类地址通常分配给规模中等的网络使用,C 类地址通常分配给小型局域网使用。表 4-2 为计算机网络类别及 IP 地址分配表。

表 4-2 计算机网络类型及 IP 地址分配表

网络类别	最大网络数	IP 地址范围	最大主机数	应用范围
A	126	1.0.0.1 —126.255.255.254	16 777 214	大型网络
B	16 384	128.0.0.1—191.255.255.254	65 534	中等规模网络
C	2 097 152	192.0.0.1—223.255.255.254	254	小型局域网

在 IP 地址的某个网络标识中,可以包含大量的主机(如 A 类地址的主机标识域为 24 位,B 类地址的主机标识域为 16 位),而在实际应用中不可能将这么多的主机连接到单一的网络中,否则将给网络寻址和管理带来不便。为解决这个问题,可以在网络中引入"子网"的概念。注意,这里的"子网"与前面所说的"通信子网"是两个完全不同的概念。

将主机标识域进一步划分为子网标识和子网主机标识,通过灵活定义子网标识域的位数,可以控制每个子网的规模。将一个大型网络划分为若干个既相对独立又相互联系的子网后,网络内部各子网便可独立寻址和管理,各子网间通过跨子网的路由器连接,这样也提高了网络的安全性。

利用子网掩码可以判断两台主机是否在同一子网中。子网掩码与 IP 地址一样也是 32 位二进制数。若两台主机的 IP 地址分别与它们的子网掩码相"与"后的结果相同,则说明这两台主机在同一网络中。

IPv6(IP 协议第六版)是 Internet 工程任务组设计的用于替代现行版本 IPv4 的下一代 IP 协议,它由 128 位二进制数码表示。随着 Internet 的迅速发展,IPv4 定义的有限地址空间将被耗尽,而地址空间的不足必将妨碍 Internet 的进一步发展。为了扩大地址空间,拟通过 IPv6 以重新定义地址空间。IPv6 采用 128 位地址长度,几乎可以不受限制地提供地址。按保守方法估算 IPv6 实际可分配的地址,整个地球的每平方米面积上仍可分配 1 000 多个地址。在 IPv6 的设计过程中除解决了地址短缺问题以外,还考虑了在 IPv4 中不好解决的其他一些问题,主要有端到端的 IP 连接、服务质量、安全性、多播、移动性、即插即用等。

与 IPv4 相比,IPv6 主要有如下一些优势:

第一,明显地扩大了地址空间。IPv6 采用 128 位地址长度,几乎可以不受限制地提供 IP 地址,从而确保了端到端连接的可能性。

第二,提高了网络的整体吞吐量。由于 IPv6 的数据包可以远远超过 64K 字节,应用程序可以利用最大传输单元(MTU),获得更快、更可靠的数据传输,同时在设计上改进了选路结构,采用简化的报头定长结构和更合理的分段方法,使路由器加快了数据包的处理速度,提高了转发效率,从而提高了网络的整体吞吐量。

第三,使得整个服务质量得到很大改善。报头中的业务级别和流标记通过路由器的配置可以实现优先级控制及服务质量保障,从而极大改善了 IPv6 的服务质量。

第四,安全性有了更好的保证。采用 IPSec 可以为上层协议和应用提供有效的端到端安全保证,能提高在路由器水平上的安全性。

第五,支持即插即用和移动性。设备接入网络时通过自动配置可自动获取 IP 地址和必要的参数,实现即插即用,简化了网络管理,易于支持移动节点。而且 IPv6 不仅从 IPv4 中借鉴了许多概念和术语,还定义了许多移动 IPv6 所需的新功能。

第六,更好地实现了多播功能。在 IPv6 的多播功能中增加了"范围"和"标志",限定了路由范围并可以区分永久性地址与临时性地址,更有利于多播功能的实现。

随着 Internet 的飞速发展和 Internet 用户对服务水平要求的不断提高,IPv6 在全球将会越来越受到重视。

3. DNS

DNS 是一个以分级的、基于域的命名机制为核心的分布式命名数据库系统,由域名空间、域名服务器和地址转换请求程序三部分组成。DNS 统一管理 Internet 上的域名,帮助人们在 Internet 上用唯一的名字标识自己的计算机,并保证主机名(域名)和 IP 地址的一一对应。域名分层结构的格式如下:

主机名 . XXX. 二级域名 . 一级域名(或顶级域名)

域名是为了方便记忆而专门建立的一套地址转换系统,要访问一台 Internet 上的服务器,最终还必须通过 IP 地址来实现,域名解析就是将域名重新转换为 IP 地址的过程。一个域名只能对应一个 IP 地址,而多个域名可以同时被解析到一个 IP 地址。域名解析需要由专门的域名解析服务器来完成。DNS 使用了大量的服务器计算机,以层次型结构分布在世界各地。每台域名解析服务器只存储部分 DNS 数据,所有的域名解析服务器之间都存在某种关系,为全世界的用户提供域名解析。DNS 的域名空间是按照层次结构来组织的,如图 4 - 8 所示。

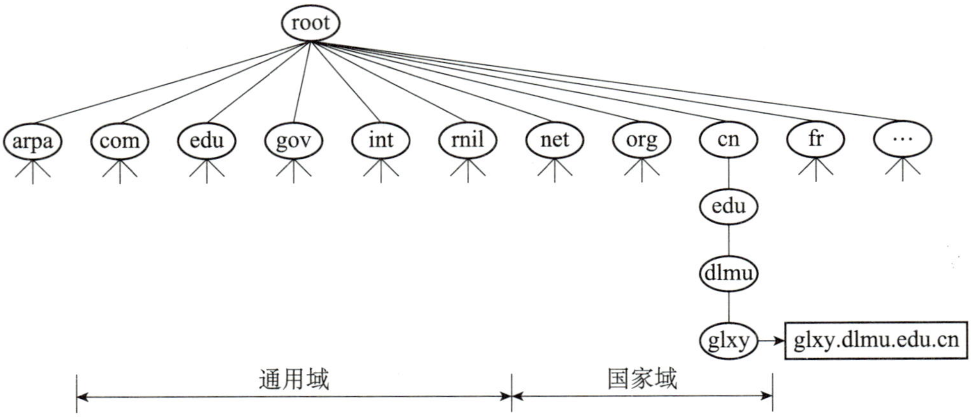

图 4 - 8　DNS 的域名空间

域名可分为不同级别,包括一级域名(或顶级域名)、二级域名、三级域名、注册域名。顶级域名又分为两类:一是国家顶级域名(National Top-level Domainnames,NTLDs),二是国际顶级域名(International Top-level Domainnames,ITDs)。表 4 - 3 为部分顶级域名代码表。

表 4 - 3　部分顶级域名代码表

国家和地区	代码	国家和地区	代码	申请机构的性质	代码	申请机构的性质	代码
中国	cn	美国	us	工商企业	com	WWW 活动的单位	web

（续表）

国家和地区	代码	国家和地区	代码	申请机构的性质	代码	申请机构的性质	代码
英国	uk	德国	de	网络提供商	net	文化、娱乐活动的单位	arts
法国	fr	加拿大	ca	非营利组织	org	消遣、娱乐活动的单位	rec
俄罗斯	ru	中国香港	hk	公司企业	firm	提供信息服务的单位	info
韩国	kr	中国台湾	tw	销售公司或企业	store	个人	nom

4. HTTP

HTTP 是 TCP/IP 应用层协议。HTTP 通过两个程序实现：一个是客户端程序（一般称为浏览器），另一个是服务器程序（通常称为 Web 服务器）。这两个程序通常运行在不同的主机上，通过交换 HTTP 报文来完成网页请求和响应。而 HTTP 则定义了这些报文的结构和客户端/服务器之间交换报文的规则。

网页（Web Page）是由若干对象（Object）组成的。而一个对象实际上就是一个文件。所有这些都可以通过单一的 URL 访问。大部分网页由一个基本的 HTML 文件和一些相关的对象组成。网页通过各个对象的 UML 对其进行引用。HTTP 的协议任务分别由浏览器和 Web 服务器来协作完成。

HTTP 的工作流程为：当用户要求访问某个网页时，浏览器立即向该网页所在的 Web 服务器发送“请求报文”。服务器一旦收到请求报文，立即查找网页文档并生成“响应报文”送回响应浏览器，浏览器在接收到响应报文后，随即在屏幕上的浏览器窗口进行网页的显示。

5. 统一资源定位器

WWW 上的每一个网页都有一个独立的地址，这些地址称为 URL，只要知道某网页的 URL，便可直接打开该网页。例如，在 Internet 浏览器的 URL 输入框输入 http://www. online. sh. cn ，按回车后即可进入中国上海热线的主页。

6. 用户 E-mail 地址

用户 E-mail 地址的格式为：用户名@ 主机域名。其中，用户名是用户在邮件服务器上的信箱名，通常为用户的注册名、姓名或其他代号，主机域名则是邮件服务器的域名。用户名和主机域名之间用“@ ”分隔。例如，hmchang@ online. sh. cn 即表示域名为“online. sh. cn”的邮件服务器上的用户“hmchang”的 E-mail 地址。

由于主机域名在 Internet 上的唯一性，所以，只要 E-mail 地址中用户名在该邮件服务器中是唯一的，则这个 E-mail 地址在整个 Internet 上也是唯一的。

（三）Internet 的结构

Internet 采用了目前最流行的客户机/服务器工作模式，凡是使用 TCP/IP 协议，并能与 Internet 的任意主机进行通信的计算机，无论是何种类型、采用何种操作系统，均可看成是 Internet 的一部分。

严格地说,用户并不是将自己的计算机直接连接到 Internet 上,而是连接到其中的某个网络上,再由该网络通过网络干线与其他网络相连。网络干线之间通过路由器互连,使得各个网络上的计算机都能相互进行数据和信息传输。例如,用户的计算机通过拨号上网,连接到本地的某个 ISP 的主机上。而 ISP 的主机通过高速干线与本国及世界各国各地区的无数主机相连,这样,用户仅通过一阶 ISP 的主机,便可遍访 Internet。由此也可以说,Internet 是分布在全球的 ISP 通过高速通信干线连接而成的网络。

Internet 这样的结构形式,使其具有如下特点:

(1) 灵活多样的入网方式。这是由于 TCP/IP 成功地解决了不同的硬件平台、网络产品、操作系统之间的兼容性问题。

(2) 采用了分布网络中最为流行的客户机/服务器模式,大大提高了网络信息服务的灵活性。

(3) 将网络技术、多媒体技术融为一体,体现了现代多种信息技术互相融合的发展趋势。

(4) 方便易行。任何地方仅需通过电话线、普通计算机即可接入 Internet。

(5) 向用户提供极其丰富的信息资源,包括大量免费使用的资源。

(6) 具有完善的服务功能和友好的用户界面,操作简便、易学,无须用户掌握更多的专业计算机知识。

(四) Internet 的接入方式

1. ISP 接入方式

(1) 帧中继方式。帧中继的主要特点是:低网络时延、高传输速率以及在星形和网状网上的高可靠性连接。这些特点使帧中继特别适用于 Internet 不可预知的、大容量的和突发性的数据业务,如 E-mail、客户机/服务器等系统。但是,帧中继还不适用于传送大量的大容量(100 MB)文件、多媒体部件或连续型业务量。

(2) DDN 方式。DDN 是通过数字信道为用户提供语音、数据、图像信号传输的数据网。DDN 可为公共数据交换网及各种专用网络提供用户数据信道,为帧中继、LAN 及各类不同网络的互联提供网间连接。DDN 具有速度快、质量高的特点,但使用上不及模拟方式灵活,且投资成本较高。

(3) ISDN 方式。ISDN(Integrated Services Digital Network)是数字技术和电信业务结合的产物,可用于取代租用线路实现域网间的互联。在这种连接方式中,ISDN 可以为用户提供高速、可靠的数字连接,并使主机或网络端口分享多个远程设备的接入。从窄带 ISDN(N-ISDN)发展而来的宽带 ISDN(B-ISDN),还能支持不同类型、不同速率的业务,不但包括连续性宽带业务,也包括突发型宽带业务。

2. 用户接入方式

(1) 仿真终端方式。终端可以通过电话线与远程主机相连,普通计算机安装相应的仿真软件后,也能像真正的终端一样实现与 ISP 主机的连接。这种接入方式简单、经济,且对用户计算机无特殊要求。但存在的缺点是用户端没有 IP 地址,无法运行高级接口软件,用户的各类文件和 E-mail 均存放在 ISP 主机上,影响了上网速度和时间。

(2) 拨号 IP 方式。拨号 IP 方式也称 SLIP/PPP 方式,该方式采用串行网间协议(Serial Line Internet Protocol,SLIP)或 PPP 协议,通过电话线拨号将用户计算机与 ISP 主机连接起来。

拨号 IP 方式的优点是用户端有独立的 IP 地址,用户可以使用自己的环境和用户界面(如 Windows、Unix、Macintosh 等)进行联网操作,各类文件和 E-mail 均可直接传送到用户计算机上。目前,大多数个人用户都采用这种方式上网。由于用户计算机上要运行大量接口软件,所以计算机的要求相对比较高。

(3) LAN 连接方式。有两种方式可以实现 LAN 与 Internet 主机的连接。一种方法是通过 LAN 的服务器,使用高速调制解调器经电话线路与 Internet 主机连接。在这种方法中,所有的工作站共享服务器的一个 IP 地址。另一种方法是通过路由器将 LAN 与 Internet 主机相连,是整个将 LAN 加入到 Internet 中成为一个开放式 LAN。在这种方法中,LAN 中的所有工作站都可以有自己的 IP 地址。

(五) Internet 的应用

1. WWW

WWW 是 Internet 上集文本、声音、图像、视频等多媒体信息于一身的全球信息资源网络,是 Internet 上的重要组成部分。浏览器是用户通向 WWW 的桥梁和获取 WWW 信息的窗口,通过浏览器,用户可以在浩瀚的 Internet 海洋中漫游,搜索和浏览自己感兴趣的所有信息。

WWW 的网页文件是用 HTML 编写,并在 HTTP 支持下运行的。超文本中不仅含有文本信息,还包括图形、声音、图像、视频等多媒体信息(故超文本又称超媒体),更重要的是超文本中隐含着指向其他超文本的链接,这种链接称为超链接(Hyper Links)。利用超文本,用户能轻松地从一个网页链接到其他相关内容的网页上,而不必关心这些网页分散在何处的主机中。

HTML 并不是一种一般意义上的程序设计语言,它将专用的标记嵌入文档中,对一段文本的语义进行描述,经解释后产生多媒体效果,并可提供文本的超链接。

WWW 浏览器是一个客户端的程序,其主要功能是使用户获取 Internet 上的各种资源。常用的浏览器有 Microsoft 的 IE 和 Navigator/Communicator。SUN 公司也开发了一个用 Java 编写的浏览器 Hot Java。Java 是一种新型的、独立于各种操作系统和平台的动态解释性语言,Java 使浏览器具有了动画效果,为联机用户提供了实时交互功能。目前常用的浏览器均支持 Java。

2. E-mail

E-mail 是 Internet 上使用最广泛的一种服务。用户只要能与 Internet 连接,具有能收发 E-mail 的程序及个人的 E-mail 地址,就可以与 Internet 上具有 E-mail 的所有用户方便、快速、经济地交流。E-mail 的发送模式可以是一对一,也可以是一对多,或将收到的邮件转发给其他用户。E-mail 中除文本外,还可包含声音、图像、应用程序等各类计算机文件。此外,用户还可以通过邮件方式在网上订阅电子杂志、获取所需文件、参与有关的公告和讨论组,甚至还可以浏览 WWW 资源。

收发 E-mail 必须有相应的软件支持。常用的收发 E-mail 的软件有 Exchange、Outlook Express 等,这些软件提供邮件的接收、编辑、发送及管理功能。大多数 Internet 浏览器也都包含收发 E-mail 的功能。

邮件服务器使用的协议有简单邮件转输协议(SMTP)、E-mail 扩充协议(Multipurpose Internet Mail Extensions, MIME)和邮局协议(Post Office Protocol, POP)。POP 服务需由一个邮件服务器来提供,用户必须在该邮件服务器上取得账号才可能使用这种服务。目前使用得较普遍的 POP 协议为第三版,故又称为 POP3 协议。

3. 专门讨论

专门讨论(Usenet)是一个由众多趣味相投的用户共同组织起来的各种专题讨论组的集合。通常也将之称为全球性的电子公告牌系统(Bulletin Board System,BBS)。Usenet 用于发布公告、新闻、评论及各种文章供网上用户使用和讨论。讨论内容按不同的专题分类组织,每一类为一个专题组,称为新闻组,其内部还可以分出更多的子专题。

Usenet 的每个新闻都由一个区分类型的标记引导,每个新闻组围绕一个主题,如 comp.(计算机方面的内容)、news.(Usenet 本身的新闻与信息)、rec.(体育、艺术及娱乐活动)、sci.(科学技术)、soc.(社会问题)、talk.(讨论交流)、misc.(其他杂项话题)、biz.(商业方面问题)等。

用户除了可以选择参加感兴趣的专题小组外,也可以自己开设新的专题组。只要有人参加,该专题组就可一直存在下去;若一段时间无人参加,则这个专题组便会被自动删除。

4. FTP

FTP 是 Internet 上文件传输的基础,通常所说的 FTP 是基于该协议的一种服务。FTP 文件传输服务允许 Internet 上的用户将一台计算机上的文件传输到另一台上,几乎所有类型的文件,包括文本文件、二进制可执行文件、声音文件、图像文件、数据压缩文件等,都可以用 FTP 传送。

FTP 实际上是一套文件传输服务软件,它以文件传输为界面,使用简单的 get 或 put 命令进行文件的下载或上传,如同在 Internet 上执行文件复制命令一样。大多数 FTP 服务器主机都采用 UNIX 操作系统,但普通用户通过 Windows XP 或 Windows 2007 也能方便地使用 FTP。

FTP 最大的特点是用户可以使用 Internet 上众多的匿名 FTP 服务器。所谓匿名服务器,指的是不需要专门的用户名和口令就可进入的系统。用户连接匿名 FTP 服务器时,都可以用"anonymous"(匿名)作为用户名、以自己的 E-mail 地址作为口令登录。登录成功后,用户便可以从匿名服务器上下载文件。匿名服务器的标准目录为 pub,用户通常可以访问该目录下所有子目录中的文件。考虑到安全问题,大多数匿名服务器不允许用户上传文件。

5. Telnet

Telnet 是 Internet 远程登录服务的一个协议,该协议定义了远程登录用户与服务器交互的方式。Telnet 允许用户在一台联网的计算机上登录到一个远程分时系统中,然后像使用自己的计算机一样使用该远程系统。

要使用远程登录服务,必须在本地计算机上启动一个客户应用程序,指定远程计算机的名字,并通过 Internet 与之建立连接。一旦连接成功,本地计算机就像通常的终端一样,直接访问远程计算机系统的资源。远程登录软件允许用户直接与远程计算机交互,通过键盘或鼠标操作,客户应用程序将有关的信息发送给远程计算机,再由服务器将输出结果返回给用户。用户退出远程登录后,用户的键盘、显示控制权又回到本地计算机。用户一般可以通过 Window XP 的 Telnet 客户程序进行远程登录。

(六) Extranet 与 Intranet

Extranet 指一组属于不同企业实体的网站,组合在一起来共享信息。Extranet 目前逐渐为 Internet 所取代。

Intranet 即企业内部网,是建立在企业内部的 Internet,它将 Internet 技术运用到企业内部信息系统中,其服务的对象原则上以企业内部员工为主。在 Intranet 与 Internet 之间架设防火墙，达到既防止黑客入侵又保持与 Internet 连通的目的。

由于采用的是 Internet 上早已成熟的标准技术，Intranet 使得机构内涉及多种平台的网络应用开发不必再拘泥于传统的客户/服务器技术，从而使开发工作变得十分简单。而且，用户端只需要配置一个一般用户都熟悉的浏览器软件，这样就使开发投资和培训费用也大大降低了。

Intranet 技术一问世就受到了各类机构组织和企业的极大欢迎，近年来推广速率与 Internet 相比有过之而无不及。可以说 Intranet 已成为当前机构和企业计算机网络的新热点。

1. Intranet 的结构

Intranet 通常是指一组沿用 Intranet 协议的、采用客户/服务器结构的内部网络。服务器端是一组 Web 服务器，用以存放 Intranet 上共享的 HTML 标准格式的信息以及应用；客户端则为配置浏览器的工作站，用户通过浏览器以 HTTP 协议提出存取请求，Web 服务器则将结果回送到原始客户。

Intranet 通常可包含多个 Web 服务器，一个大型国际企业集团的 Intranet 常常会有多达数百个 Web 服务器及数千个客户工作站。这些服务器有的与机构组织的全局信息及应用有关，有的仅与某个具体部门有关，这些分布组织方式不仅有利于降低系统的复杂度，也便于开发和维护管理。由于 Intranet 采用标准的 Intranet 协议，某些内部使用的信息必要时能随时方便地发布到公共的 Intranet 上去。

考虑到安全性，可以使用防火墙将 Intranet 与 Internet 隔离开来。这样，既可提供对公共 Internet 的访问，又可防止机构内部机密的泄露。

2. Intranet 的特点

（1）开放性和可扩展性。由于采用了 Internet 的 TCP/IP、FTP、HTML、Java 等一系列标准，Intranet 具有良好的开放性，可以支持不同计算机、不同操作系统、不同数据库、不同网络的互联。在这些相异的平台上，各类应用可以相互移植、相互操作，从而集成为一个有机的整体。在此基础上，应用的规模也可以增量式扩展，先从关键的小的应用着手，在小范围内实施，取得效益和经验后，再加以推广和扩展。

Intranet 的开放性和可扩展性使之成为构筑信息公路的主流。对内，Intranet 可将机构内部各自封闭的 LAN 信息孤岛连成一体，实现机构组织的信息交流、资源共享和业务运作；对外，可方便地接入 Internet 成为全球信息网的成员，实现全球范围内的信息交流和电子商务。

（2）通用性。Intranet 的通用性表现在它的多媒体集成和多应用集成两个方面。在 Intranet 上，用户可以利用图像、文本、声音等各类信息，实现机构组织所需的各种业务管理和信息交流。

Intranet 从客户终端、应用逻辑和信息存储三个层次上支持多媒体集成。在客户端，Web 浏览器允许在一个程序里展现文本、声音、图像、视频等多媒体信息；在应用逻辑层，Java 提供交互的、三维的虚拟现实界面；在信息存储层，面向对象数据库为多媒体的存储和管理提供了有效的手段。

利用 TCP/IP、Web、Java 和分布式面向对象等开放性技术，Intranet 能支持不同内容应用在不同平台上的集成，这些应用可运行在同一机构组织的不同部门，也可运行在不同机构组织之间。

（3）简易性和经济性。Intranet 的性能价格比远高于其他通信方式，这主要体现在其网络基础设施的费用投入较少。由于采用开放的协议和技术标准，大部分机构组织的现存平台（包括网络和计算机）均可继续利用。

作为 Intranet 的基本组成,Web 服务器和浏览器不仅价格较低,而且安装配置简易。作为开发语言,HTML 和 Java 等容易掌握及利用,使开发周期缩短。另外,Intranet 的可扩展性不仅支持新系统的增量式构造,从而降低开发风险,而且支持与现存系统的接口和平滑过渡,可充分利用已有资源。

超文本的界面统一标准,操作简易友善,超链接使用者只要简单地操纵鼠标就可浏览和存取所需的信息。由此,对用户的培训可以大大地简化。

Intranet 的简易性和经济性不仅表现在开发及使用上,而且也表现在管理和维护上。由于 Intranet 采用客户机方式,其客户端不存在程序代码,所以管理和维护更新可以方便地在服务器上进行。另外,由于 Intranet 开发和维护技术要求简单,可以让更多部门甚至个人参与开发,从而降低了 IT 人员的负荷和数量。

(4) 安全性。Intranet 的安全性是它区别于 Internet 的最大特征之一。Intranet 的实现基于 Internet 技术,两个地理位置不同的部门或子机构也可能利用 Internet 相互连接。但在与 Internet 互联时,必须加密数据,设置防火墙,控制职员随意接入 Internet,以防止内部数据泄露、篡改和“黑客”入侵。

3. Intranet 存在的问题

虽然 Intranet 具有传统管理信息系统(Management Information Service,MIS)和 LAN 无可比拟的优点,但由于 Intranet 的发展仍处于初级阶段,不少方面尚未成熟,其存在的问题主要表现在以下几个方面:

(1) 规划不足的问题。Intranet 的简易性和经济性,使得各类机构和企业在无缜密规划的情况下纷纷仓促上马,以致造成失控状态。为避免混乱,Intranet 实施前应该根据本机构的特点和现状进行统一规划,并制定相应的详细实施步骤。

(2) 安全风险问题。只要有接入 Internet 的可能,Intranet 的风险总是存在的。但是,如果能谨慎地设计安全系统,并充分利用如防火墙、公有密钥和私有密钥等成熟的安全性技术,风险是可以大大降低的。

(3) 信息管理的重要问题。Intranet 的优点之一是其信息可以让机构内的所有成员共享,但由此也引发了越权访问、信息泄露及垃圾数据上网的问题。为此,必须加强对信息管理的重视。

(4) 开发方法和策略缺少的问题。目前尚无成熟的方法与策略可用于 Intranet 的规划、设计和实施,大多数开发工作只能借助于旧有的方法和策略,这样不利于保障系统开发的质量和效益。

4. Intranet 的应用

在短短几年里,Intranet 的应用发生了两次跨时代的飞跃,从第一代的信息共享与通信应用,发展到第二代的数据库与工作流应用,今后将进入以业务流程为中心的第三代 Intranet 应用。

(1) 信息共享与通信。第一代 Intranet 将 Internet 的应用搬到机构组织内部,实现信息共享和快捷通信。

信息共享将机构内部的信息网转换成了全球性的信息网,实现了高效化、无纸化的信息传输。信息共享应用不仅将大量的文件、手册转换成了电子形式,从而减少了印刷、分发成本和传播周期,而且也营造了开放的企业文化。通过 Intranet,领导可以直接与员工交流,及时了解、掌握企业运作和市场营销情况。

通常,信息共享应用是一组采用 HTML 编制的静态 Web 页面,其中包含丰富的多媒体信息,页面之间通过超链接实现透明的浏览和切换。这些信息可以根据用户的身份和需要动态地产生或定制。与传统的媒体相比,Intranet 的信息共享应用不仅范围广、价格便宜、更新及时,更重要的是媒体丰富和按需点播。

初期 Intranet 应用的另一个内容是通信。通信应用可分为共同工作和独立工作两种方式。共同工作方式指不管参与者是否在同一地点,他们必须在同一时间一起工作,这类应用的目的在于提高合作和交流的效率,常见的共同工作方式有:日程安排、电话会议、视频会议、电子系统、白板系统及交谈系统。独立工作方式则不关心参与者在何时何地进行工作,这类应用的目的在于减少甚至取消参与者必须同时参与的会议。常见的独立工作方式有:电子邮件、讨论组、支持小组工作的文档编辑工具等。

(2) 数据库与工作流应用。随着 Intranet 应用的深入,静态的信息共享已不能满足用户需求,于是开始尝试将传统的 MIS 系统向 Intranet 上搬迁,这就是以数据库应用与工作流为主的第二代 Intranet 应用。

这一代 Intranet 应用的技术特点是 Web 和数据库的结合。在传统的 MIS 中,数据库的存取一般需要专门的用户端软件,检索所得的结果难以为大多数用户所接受。通过通用网关接口(Common Gateway Interface,CGI)将 WWW 与数据库结合起来后就使存取本身和结果都变得更加容易。WWW 提供的友好、统一和易用的界面,使更多的用户乐意去访问数据库。由于用户使用的是统一的 WWW 浏览器界面,而不是各种各样的用户端软件,所以数据库的管理和支持人员可以集中精力在数据库建设上,而不用过多关心对用户端的支持。这样,对于一个机构来说,原来不同部门之间不同应用与数据库的互联、转换、培训和使用等问题也就迎刃而解了。

(3) 以业务流程为中心的应用。Intranet 技术虽然为机构的信息化建设带来了巨大的活力,但仍然不能使现代企事业单位摆脱这样的尴尬:一方面,单位对信息化建设的投入越来越大,另一方面,预期的效益却总不能兑现。导致 IT 技术不能发挥其潜在效能的主要原因是,传统 MIS 系统仅使人工作业实现自动化,但并未改变原有的工作流程和管理方式。简单地对现有流程自动化,无论采用何种技术,都只会加剧混乱的程度。

解决这个问题的唯一途径是将新的管理理念和先进的 Intranet 技术有机结合起来,对现有业务流程进行重新分析、重组、优化和管理,以客户为中心将流程中的每一项工作综合成一个整体,使之顺畅化和高效化,以协调内部业务关系和活动,提高对外界变化的反应能力,改善服务质量,降低经营和管理成本。这就是第三代以业务流程为中心的应用。

所谓业务流程,是指与客户共同创造价值的相互衔接的一系列活动,也称为价值流。业务流程几乎包含了企事业单位的所有运行操作,按内容可分为客户关系管理、供应链管理、知识及决策管理等。业务流程包括时间、成本、柔性、客户满意度等可测量和分析的指标,因此,单位的业绩可由业务流程的指标来体现。这些指标的定义、测量、收集和分析是控制业务流程的关键技术。

以业务流程为中心的第三代 Intranet 集成了多种先进的 IT 技术,例如:基于 Web 的多层客户/服务器技术、数据库(Data Warehouse,DW)、计算机电话集成技术(Computer Telephony Integration,CTI)、分布对象技术(Distributed Object Technology,DOT)和安全保密技术等。

三、移动网络通信技术

移动电子商务(Mobile E-Business)是一种新兴的商务模式,其得以实现的基础是网络技术和移动设备的迅速发展。移动通信网络是一个有线网络和无线网络相混合的复杂网络构架,人们借助于便携移动设备,如手机、具有无线功能的笔记本电脑、无线 POS(Point of Sale)机以及个人数字助理(Personal Digital Assistant,PDA)等,在移动通信网络中进行信息交换和资源共享,从而实现各种商务活动。

(一) 移动通信系统的发展历程

移动通信(Mobile Communication)是指移动体与移动体或移动体与固定体之间进行信息交换的一种方式。移动通信的双方,至少有一方是在移动中实现信息交换的。这里所指的移动体可以是人,也可以是汽车、火车、轮船等在移动状态中的物体。移动通信自无线电发明之日起就已经产生了,移动通信技术则随着无线电技术的发展而发展。纵观近四十年移动通信技术的发展历程,几乎每十年就会研发出新的移动通信系统,以满足人们对移动通信更大容量、更高数据传输速率、更高安全性等性能的需求。现代移动通信技术产生于 20 世纪 70 年代,发展至今已经历了四代。下面就移动通信系统各代中的典型系统作进一步的阐述。

1. 第一代移动通信技术

其主要采用的是模拟调频(Frequency Modulation,FM)和频分多址(Frequency Division Multiple Access,FDMA)模拟移动通信技术。第一代移动通信系统为模拟蜂窝移动通信系统,仅限于语音传输。1978 年,美国贝尔实验室成功研制先进的移动电话系统(AMPS),建成了蜂窝状移动通信系统。相对于以前的移动通信系统,贝尔实验室提出的蜂窝网的概念是移动通信的一次最重要的突破。由于其实现了频率复用,因此大大提高了频率利用率并增大了系统容量。典型代表有英国的全接入通信系统(Total Access Communication System,TACS)、美国的高级移动电话系统(Advanced Mobile Phone Service,AMPS)、北欧国家的移动电话系统(Nordic Mobile Telephone,NMT)等。我国主要采用的是 TACS 系统。第一代移动通信系统有很多不足:频率利用率较低,不能满足大容量的需求;制式太多,各系统间互不兼容;安全保密性差;不能提供数据业务和自动漫游。

2. 第二代移动通信技术

其主要采用时分多址技术(Time Division Multiple Address,TDMA)和码分多址技术(Code Division Multiple Access,CDMA)两种技术。第二代移动通信系统是数字蜂窝移动通信系统,支持语音传输的同时也支持低速数据传输业务,因此又称为窄带数字通信系统。典型代表有欧洲的全球移动通信系统(Global System for Mobile Communications,GSM)和日本的个人数字蜂窝系统(Personal Digital Cellular,PDC),两者都采用 TDMA 技术;美国的 CDMA(IS-95)采用的是 CDMA 技术。GSM,是由欧洲电信标准组织(European Telecommunication Standards Institute,ETSI)制定的一个数字移动通信标准,其开发目的是让全球各地可以共同使用一个移动电话网络标准,让用户通过一部手机就能行遍全球。GSM 标准的设备自 20 世纪 90 年代中期投入商用以来,已被全球超过 100 个国家和地区采用,曾占据全球蜂窝移动通信设备市场的 80% 以上。GSM 也是我国著名移动业务品牌——“全球通”这一名称的本源。GSM 相对于模拟移动通信,提高了频谱利用率,支持多种业务服务,并与 ISDN 等兼容。

通用分组无线服务(General Packet Radio Service,GPRS)作为由第二代移动通信系统向第三代移动通信系统平滑过渡的主要方案，是高速移动数据通信成为移动通信发展趋势的体现，具有实时在线、成本低廉、信息容量大、传输速率高、提供 IP 服务等优点。GPRS 在 GSM 网络的基础上，通过系统软件升级、增加分组数据交换网络，大大提高了资源的利用率。它突破了 GSM 网络只能提供电路交换的思维方式，通过增加相应的功能实体和对现有的基站系统进行部分改造来实现分组交换，这种改造的投入相对来说并不大，但得到的用户数据速率却相当可观。

3. 第三代移动通信技术

其广泛采用宽带码分多重存取技术（Wideband Code Division Multiple Access，WCDMA）作为核心技术。2000 年 5 月，国际电信联盟（International Telecommunication Union，ITU）通过了国际移动电话系统-2000（IMT－2000）的无线接口技术标准，确定 3G 通信的三大主流无线接口标准：美国提出的多载波分复用扩频调制技术（CDMA2000）、欧洲和日本提出的宽频分码多重存取技术（W-CDMA）和我国提出的时分同步码分多址接入技术（Time Division-Synchronization Code Division Multiple Access，TD-SCDMA）。此外，2007 年 10 月，ITU 又接纳全球微波互联接入技术（Worldwide Interoperability for Microwave Access，WiMAX）为 3G 标准之一，至此，3G 移动通信技术已经有四种国际标准。

第三代移动通信系统为宽带多媒体数字系统，是无线通信与 Internet 等多媒体通信结合的新一代移动通信系统。3G 系统与前两代的主要区别在于传输语音和数据的速率及质量等方面有很大的提升，能够更好地实现在全球范围内的无缝漫游，并处理图像、音频、视频等多媒体数据，提供网页浏览、电话会议、电子商务等多种信息服务。3G 系统实现了把移动设备（如手机等）变为集音频、视频、数据传输等应用于一体的通信终端，这也必将进一步推动移动电子商务全方位的快速发展。

（1）WCDMA 标准主要起源于欧洲和日本的早期第三代移动通信系统的研究活动，GSM 的巨大成功对第三代移动通信系统在欧洲的标准化产生了重大影响。WCDMA 由 GSM 网络发展而来，其主要支持者以原来 GSM 系统的欧洲运营商为主，目标是实现由 2G 到 3G 网络的平稳过渡。截至 2013 年年底，遍布 170 个国家和地区的 156 家运营商已经开展 3G WCDMA 业务。中国联通将以 WCDMA 为基础升级到高速分组接入 HSPA（High-Speed Packet Access）。为了适应商用化和技术发展的需要，第三代移动通信伙伴项目组织（the 3rd Generation Partnership Project，3GPP）将 WCDMA 标准分成了两个阶段：Release 99（R99）版本、Release 4（R4）和 Release 5（R5）版本。R99 版本的主要标准已经完成，提供了第三代全网解决方案，具备蜂窝移动网络的实现基础、基本功能和扩展条件；R4 和 R5 版本将在这些功能基础上增加新的功能和业务，优化技术体制和网络结构，是 R99 版本的补充和完善，保证了 WCDMA 体制的延续性。

（2）CDMA2000 标准由美国高通公司为主提出，摩托罗拉和韩国三星都曾参与研发，韩国现在成为该标准的主导者。现由 3GPP2（3rd Generation Partnership Project 2）组织负责 CDMA2000 标准的开发工作。目前，CDMA2000 标准的主要使用国家有美国、韩国和日本，我国运营商中国电信也采用此标准。CDMA2000 标准与另两个主要的 3G 标准 WCDMA 和 TD-SCDMA不兼容。

（3）TD-SCDMA 是由中国提出的第三代移动通信标准，也是 ITU 批准的三个 3G 标准之一，它以我国知识产权为主并被国际上广泛接受和认可，是我国电信史上重要的里程碑。相对于另两个主要的 3G 标准（WCDMA 和 CDMA2000），TD-SCDMA 的起步较晚，但也正是因为这一点,TD-SCDMA 吸纳了 20 世纪 90 年代移动通信领域最为先进的技术,集成了频分(FDMA)、时分(TDMA)、码分(CDMA)和空分(Space Division Multiple Address,SDMA)四种多重存取(多址)接入技术,采用了同步 CDMA、智能天线、软件无线电、直接扩频 CDMA 和自适应功率调整等一系列高新技术,同时采用时分双工方式(Time Division Duplex,TDD),在频谱利用率、对通信业务支持的灵活性和降低成本等方面具有优势。2006 年 1 月 20 日,国家信息产业部规定 TD-SCDMA 为中国移动通信行业标准。我国运营商中国移动采用此标准。

4. 第四代移动通信技术

其主要以正交频分复用技术(Orthogonal Frequency Division Multiplexing,OFDM)为核心,OFDM 技术的本质是多载波调制技术之一。4G 移动通信系统又称为广带接入分布式网络,采用全数字分组交换方式,将移动通信系统与多输入多输出(Multiple Input Multiple Output,MIMO)网络、Ad-Hoc 网络和无线局域网络(Wireless Local Area Networlcs,WLAN)、蓝牙(Bluetooth)等局域网技术相结合,可以达到更高的数据传输率,同时还可以实现不同类型的移动通信业务和无线网络与系统之间的无缝连接。未来移动通信系统的发展趋势是高动态数据传输率、高机动性和无缝隙漫游。

第三代移动通信系统经过多年的研发和应用,仍然有许多问题亟待解决。目前,为满足人们对移动通信业务数量和数据业务种类日益增长的需求,ITU 和各大通信运营商都将 4G 移动通信系统作为研究热点。在 4G 系统中将会采用更多高新技术:

(1) OFDM,它作为多载波调制的一种,具有对抗频率选择性衰落与窄带干扰性强、频谱利用效率高、抗噪声能力强等优点,适用于高速数据传输。

(2) MIMO,该技术应用于移动通信系统可以增加系统的容量,抵抗信道衰落,并提供很高的频谱利用率,其空间分集可显著改善无线信道的性能,提高无线系统的容量及覆盖范围。

(3) 智能天线技术(Smart Antenna,SA),它被定义为波束间没有切换的多波束或自适应阵列天线,其形成的波束可在空间域内抑制交互干扰,既能改善信号质量又能增加传输容量;同时,SA 具有扩大作用距离和覆盖范围、提高链路质量和可靠性、提高频谱利用率等作用。

(4) 无线服务质量(Quality of Service,QoS)资源控制,它是无线网络的一种安全机制,是用来解决网络延迟和阻塞等问题的一种技术。无线系统资源的有限性及易阻塞性,要求 4G 系统有必要采用无线 QoS 资源控制,以保证业务质量和支持各种级别的应用。4G 系统的特点是,通过各种接入技术,依靠 4G 系统网络中的核心网——全 IP 网络,实现不同无线技术、有线技术的互联和融合,进而实现在各种网络系统之间的无缝连接和漫游。4G 系统是在 3G 系统的通信技术上完善和发展起来的,因此将具有以下显著的优点:第一,提供更加灵活多样的通信业务,在各种通信媒体间建立无缝连接和漫游;第二,提供更高的数据传输速率,4G 系统的数据传输速率从 3G 的 2Mbps 发展到 100Mbps,移动终端的速率从步行到车行甚至更快都能实现高质量的通信;第三,4G 系统将是一个高度智能化的网络系统,具有智能处理器,能够及时迅速地处理突发故障;第四,4G 系统必将实现 IP 地址的个人化,使得在设计核心网时具有更强的灵活性。

(5) WLAN,它是利用无线技术实现快速接入以太网的技术,是相当便利的数据传输系统。WLAN 利用射频(Radio Frequency,RF)技术,使用无线电波作为传输媒介,实现数据传输、Web 页浏览、收发 E-mail 等网络通信功能。WLAN 基于 IEEE802. 11 标准,允许在局域网络环境中使用可以不必授权的 ISM 频段中的 2. 4GHz 或 5GHz 射频波段进行无线连接。WLAN 具有安装便捷、使用灵活、经济节约和易于扩展等多方面的优点,因而发展十分迅速,并被广泛应用于电子商务、金融证券、教育科研等众多行业。

(6) Bluetooth,该技术的创始人是爱立信公司,并在1998年由爱立信、诺基亚、IBM、英特尔和东芝等著名的企业共同提出。蓝牙技术基于IEEE802.15标准,是一种无线数据与语音通信的开放性全球规范,用户不必经过申请便可利用2.4 MHz ISM(即工业、科学、医学)频段,其目标是实现最大数据传输速率1Mbps、最大传输距离为10米的短距离无线通信。蓝牙技术的应用不再局限于计算机外部设备,可以被集成到任何数字设备中,特别是那些对数据传输速率要求不高的移动设备和便携设备。它在全球范围内通用,具有模块体积小便于集成、低功耗低成本、抗干扰能力强、可同时传输语音和数据、支持多个蓝牙设备互连等特点。

(二) 移动网络通信协议

1. 无线应用协议

无线应用协议(Wireless Application Protocol,WAP)是一项全球性的网络通信协议,是开展移动电子商务的核心技术之一。WAP是在移动电话、Internet或其他个人数字助理机、计算机应用乃至未来的信息家电之间进行通信的全球性开放标准。

WAP定义可通用的平台,把Internet网上超文本标记语言(HTML)的信息转换成用无线标记语言(Wireless Markup Language,WML)描述的信息,显示在移动电话的显示屏上,其目标是将Internet的丰富信息及先进的业务引入到移动电话等移动通信终端。

WAP只要求移动电话和WAP代理服务器的支持,而不要求现有的移动通信网络协议作任何的改动,因而可以广泛应用于GSM、CDMA、GPRS、3G等多种网络。用户可以使用移动通信设备,如手机、掌上电脑等,安装微型浏览器后,借助WAP接入Internet获取信息。通过WAP这种技术,可以将Internet的大量信息及各种各样的业务引入到移动电话、PALM等无线终端。无论何时何地,只要你需要信息,就可以打开你的WAP手机,享受无穷无尽的网上信息或者网上资源。

WAP主要使用1.2和2.0两个版本,主流的手机都已经支持2.0版本。WAP 2.0版本将WAP协议与Internet的通信协议作了整合,对TCP/IP作了适当的改进,使TCP/IP更适合于无线网络。WAP 2.0使手机浏览的内容更生动,也可以像电脑站一样有背景音乐和背景图片,使原本单调的手机网页变得丰富多彩。

2. 移动网络互联之间的协议

移动网络互联之间的协议(Internet Protocol,IP)是移动通信和IP技术的深层融合,它通过在网络层改变IP协议,实现移动通信设备在Internet中的无缝连接和漫游。移动IP技术使得移动设备节点在从一条链路切换到另一条链路上时无须改变自身的IP地址,也不必终止正在进行的通信。

如前面所述,Internet当前使用的IPv4采用32位地址,其所能提供的IP地址也已基本分配完毕。随着IPv6被选为下一代的IP网络协议,将移动IPv4的研究成果应用到移动IPv6的协议设计以及移动IPv6协议的性能改进和完善成为重要的研究领域。IPv6采用128位地址,这意味着地球每平方米面积上可以分配1 000多个IP地址,从而可以彻底解决IPv4地址不足的问题。另外,IPv6还采用分级地址模式,高效IP包头,服务质量、主机地址自动配置、认证和加密等高新技术。

进入21世纪,随着移动通信技术的飞速发展,移动设备用户激增,移动通信技术和电子商务相结合的产物——移动电子商务应运而生。移动电子商务以其随时随地的便利性、支付方式的灵活性与安全性在商业购物、金融业务、电子商务等领域显现出巨大的优势。移动电子商务的发展也要求 Internet 为其提供大量的 IP 地址。IPv6 的巨大地址空间和层次化的地址结构可以为每一个移动通信终端配备一个 IP 地址,从而实现移动终端的随时随地上网。IPv6 在网络层支持对每个分组的认证和加密,增加了对 IP 数据源地址的认证、分组内容的完整性检验以及对分组加密解密的功能。因此,IPv6 能够有效地解决当前网络中电子支付的安全问题,保护电子交易各方的利益,使电子商务的安全性得到根本保障。

3. 蓝牙协议

蓝牙协议(Bluetooth Protocol)的目标是允许遵循规范的应用相互之间进行操作。蓝牙协议负责蓝牙设备间互相确认对方的位置,以及建立、管理蓝牙设备间的物理和逻辑链路。

蓝牙的核心协议由基带、链路管理协议、逻辑链路控制和适应协议以及服务搜索协议等组成。

(1) 基带、链路管理协议(Baseband & Link Manager Protocol,B&LMP),其中基带协议确保各个蓝牙设备之间的射频连接,以形成微微网络;链路管理协议(LMP)负责蓝牙各设备间连接的建立和设置。LMP 通过连接的发起、交换、核实进行身份验证和加密,通过协商确定基带数据分组大小;还控制无线设备的节能模式和工作周期,以及微微网络内设备单元的连接状态。

(2) 逻辑链路控制和适应协议(Logical Link Control and Adaptation Protocol,L2CAP),它是基带的上层协议,可以认为 L2CAP 与 LMP 并行工作。L2CAP 与 LMP 的区别在于当业务数据不经过 LMP 时,L2CAP 为上层提供服务。

(3) 服务搜索协议(Service Discovery Protocol,SDP),使用 SDP,可以查询到设备信息和服务类型,从而在蓝牙设备间建立相应的连接。

4. 无线保真协议

无线保真(Wireless-Fidelity,Wi-Fi)协议是一种可以将个人电脑、手持设备(如 PAD、手机)等终端以无线方式互相连接的技术。Wi-Fi 是一个无线网络通信技术的品牌,由 Wi-Fi 联盟所持有,目的是改善基于 IEEE 802. 11 标准的无线网络产品之间的互通性。

Wi-Fi 的突出优点是:首先,Wi-Fi 网卡的优势在于不需要布线,因此非常适合移动办公用户的需要;其次,无线电波覆盖范围广,其覆盖半径可达 100 米以上,适合办公室及单位楼层内部使用;再次,Wi-Fi 的传输速度非常快,即使在信号较弱或有干扰的情况下,带宽也可自动调整,保证了网络的稳定性和可靠性;最后,Wi-Fi 的发射功率不超过 100 米,对人体辐射较小,使用安全。

Wi-Fi 是目前无线接入的主流标准,但是 Wi-Fi 主要是解决 100 米内无线接入的问题,这属于 WLAN 的范畴。目前,解决这一问题的新兴技术也已推出,即 WiMAX。

WiMAX 是对 IEEE 802. 16 标准的通俗称呼,是针对微波和毫米波频段提出的一种新的空中接口标准,被认为是"最后一英里"的无线宽带接入技术。WiMAX 是一种城域网(Metropolitan Area Netuork,MAN)技术,能提供面向 Internet 的高速连接,数据传输距离最远可达 50 千米。它还具有 QoS 保障、传输速率高、业务丰富多样等优点。WiMAX 的技术起点较高,采用了代表未来通信技术发展方向的 OFDM/OFDMA、AAS、MIMO 等先进技术,随着技术标准的发展,WiMAX 将逐步实现宽带业务的移动化,而 3G 则实现了移动业务的宽带化,两种网络的融合程度会越来越高。

第二节 国际电子商务网站建设

在电子商务系统中,网站是面向公众的界面、交易伙伴进行商务运作的平台。与普通的网站相比,电子商务网站有更高的安全性要求;而与普通的电子商务网站相比,国际电子商务网站又在语言、文化和技术等方面有着更高的要求。

一、国际电子商务网站的规划与设计

(一) 网站建设流程

(1)注册域名和申请 IP 地址。域名是一个企业在 Internet 上的永久性电子商标,它的作用如同传统的商标,是一种无形资产。在域名注册机构(如 CNNIC)注册了域名之后,还要向 ISP 申请公网 IP 地址。

(2) 确定网站的技术解决方案。① 根据网站规模,规划网站的硬件平台和安全防护措施;② 对网络操作系统、Web 服务器和数据库系统进行选择;③ 确定网站开发体系结构,比如是 Java 还是 . NET 等。

(3) 根据业务模式,规划网站流程、功能和内容。

(4) 决定开发方式(外包或自主开发)。

(5) 网站的发布和推广。

(6) 网站的更新维护。

(二) 网站硬件平台的规划与设计

1. 建站方式的选择

国际电子商务网站,一般需要若干台(甚至上百台、上千台)服务器计算机等设备,而且需要不间断电源(Uninterruptible Power System,UPS)、适宜的温度、较好的贸易环境和充足的带宽等优良的外围环境。从经济性和可靠性方面考虑,主要有以下两种建站方式可供选择。

(1) 自己建立网站。它是指自建机房,配备专业人员,购买服务器计算机、交换机、路由器、机房的辅助设备和网管软件等;还要设立域名服务器、万维网、文件传输服务器、E-mail 服务器、数据库查询服务系统等,向电信部门申请专线出口。显然,这样的电子商务网站成本较高,适合于对信息量和网站功能要求较高的大中型企业。

(2) 主机托管。对于信息量不大、网站功能要求不高的中小型企业,也可以选择 ISP 所提供的主机托管方式,这种办法比较经济。主机托管也称服务器托管。就是客户把自己购置的服务器放置在某个经营主机托管业务(比如电信部门或者 Internet 数据中心)的机房里,该机房提供完善的外围环境和设施,比如 UPS、空调和充足的带宽。客户不用去机房就可以对自己的网站内容进行远程维护。机房的技术人员会每天 24 小时对客户的诸多服务器进行精心"看护和照顾",并承诺保证客户网站的信息安全。

2. 网站硬件选择原则

硬件是保证电子商务网站正常运行的物质基础,其稳定可靠与否,直接关系着网站的访问率、网站安全以及将来的扩充和发展等。

网站的硬件构成主要有两大部分:网络连接设备和服务器计算机。

(1) 网络连接设备。国际电子商务网站本身构成了一个局域网,该网接入 Internet。网络访问速度的快慢,很大程度上与网络设备有关。网络设备中的关键设备有交换机、路由器和安全设备:① 交换机是局域网组网的重要设备,不但可以在计算机数据通信时,使数据的传输做到同步、放大和整形,而且可以过滤掉短帧、碎片,对通信数据进行有效的处理,从而保证数据传输的完整性和正确性。交换机在工作的时候,发出请求的端口和目的端口之间相互响应而不影响其他端口。另外,交换机的每个端口都有一条独占的带宽,交换机既可以工作在半双工模式下,也可以工作在全双工模式下。② 在路由器市场中,思科(Cisco)的产品占有较大的份额。国产路由器华为、锐捷等也分别占有一席之地。由于局域网和广域网种类繁多,所以没有通用的路由器,需要根据实际情况进行选择或配置。对于路由器与局域网的连接,路由器会提供以太网、异步传输模式(Asynchronous Transfer Mode,ATM)网、光纤分布式数据(Fiber Distributed Data,FDD)等接口,最常见的是以太网接口。对于路由器与广域网的连接,接入方式种类繁多,如 DDN、帧中继、ADSL 方式等。目前大多数路由器都是模块化的,因此在选择路由器时,除品牌、型号外,还要根据路由器两边端口的不同,选择不同的模块,来适应不同的网络端口和通信速率。③ 国际电子商务网站中存放着大量的重要信息,如客户资料、产品信息等,网站开通之后,系统的安全问题至关重要。要选择合适的防火墙、入侵检测系统(Intrusion Detection System,IDS)、防病毒软件等安全设备和设施。

(2) 服务器计算机。国际电子商务网站中的服务器计算机,必须性能好、成本低、可扩展、安全可靠。主要类型有 PC 机服务器(PC Server)、机群和小型机及小型机以上的计算机系统。PC 机服务器一般运行 Windows 2003 操作系统,小型机及小型机以上的计算机一般运行 UNIX 操作系统。Windows 服务器的优点是价格低、易管理、便于使用、应用软件丰富。安装了英特尔公司的至强处理器的 PC 机服务器,具有较高的性能,是网络安全、流量管理、VoIP 和 Web 高速缓存,以及需要更高 I/O 吞吐速率和内存性能的通信解决方案的最佳选择之一。运行 UNIX 的小型机系统在可靠性、总线技术、I/O 速率、海量数据处理、支持多路 CPU 等方面都比 PC 机服务器领先许多。选择服务器的原则应该视网站的实际情况而定,如网站规模、能够接受访问量的大小、今后的扩展计划等;还要考虑到随着时间的推移,服务器的价格会不断下降,性能更好的服务器也会涌入市场。

3. 网站的软件平台选择

国际电子商务网站的软件平台选择,是与硬件平台统一考虑的,主要包括操作系统软件、Web 服务器软件、数据库软件等。

(1) 操作系统软件。国际电子商务网站的操作系统主要有 UNIX 操作系统和 Windows 操作系统。如果网站选用 PC 机服务器,操作系统可在 Windows 2000/2003 Server、Linux、SCO UNIX、Solaris 中选择。如果服务器选用小型机,多数都选用 UNIX 操作系统。比如 IBM 公司的 RS 6000 使用 AIX 操作系统,惠普公司使用 HP UNIX,Sun 公司的 Enterprise 系列使用 Solaris 等。Linux 操作系统属于 UNIX 系列,是一种自由软件,没有版权限制,比较经济,市场份额增长得很快。Linux 也赢得了一些大跨国公司的喜爱,如 Informix、Netscape、Oracle 等公司宣布了对 Linux 的支持,并推出了基于 Linux 的软件产品。Oracle 公司早在 1998 年年底就完成了 Linux 使用的数据库 Oracle 8,1999 年又推出 Linux 版本的各种企业应用软件和 Web 服务器程序。一些计算机供应商还在自己销售的计算机中为用户预装了 Linux。

(2) Web 服务器软件。Web 服务器软件是工作在操作系统之上、专门支持网站工作的软件,有时简称为 Web 服务器,比如 Windows 的 IIS、UNIX 的 Apache 等,就是最著名的 Web 服务器软件。大多数 Web 服务器主要是为一种操作系统进行优化的,有的只能运行在一种操作系统上,所以对于 Web 服务器的性能,一般要考虑以下几个方面:① 响应能力,即 Web 服务器对多个用户浏览信息的响应速度。响应速度越快,单位时间内可以支持的访问量就越多,用户单击的响应速度也就越快。② 综合集成能力。Web 服务器除直接向用户提供 Web 页面外,还担负后端服务器集成的任务,它必须将不同来源、不同格式的内容转换集成为统一浏览器能够解释的格式,供客户浏览。③ 网站开发的难易程度,即它所支持的开发语言是否满足要求。④ 管理的难易程度、稳定性、可靠性、与其他系统的搭配,特别是安全性都是考虑的重要因素。⑤ 对于小型网站,如果选择 PC 机服务器,Windows + IIS + ASP. NET + SQL Server 和 Linux + Apache + PHP + MySQL 是两种比较常见的搭配方式。对于较大型网站,如果选择了 IBM 公司的 UNIX 服务器,如 RS 系列,最好使用 IBM 公司提供的 Websphere 套件;如果选择的是 Sun 公司或惠普公司的 UNIX 服务器,那么 Netscape 的 iPlanet Web Server 则是最佳选择。⑥ 其他,如网站规模、可靠性、负载均衡、开发环境、内容管理以及安全性等。

(3) 数据库软件。网络和数据库是电子商务网站建设的两大支柱。Web 数据库产品非常多,如 Oracle、DB2、MS-SQL Server、MySQL 等,可视具体情况由专家帮助选择。

4. 电子商务网站的外观设计

国际电子商务网站的外观设计与策划,除了要考虑网站的目标、运行机制、功能,还要考虑服务对象所在的国家或地区,包括网站的语种、形象、风格、字体、布局设计和目录结构设计等,具体如下:

(1) 必须提供英文主页,其他语种根据网站的服务对象确定。

(2) 网站题材和名称要有特色、有创意。网站标志、主菜单、大标题应与网站的基本色彩协调,一般可采用固定的色彩搭配,给客户一种熟悉的感觉。

(3) 网站的布局设计,应拟好提纲,确定主题,规划好结构。页面应清晰明快、重点突出。

(4) 网站主要内容应包括:企业简介、产品搜索、服务内容、会员注册、产品价格、网上订单、付款方式等。

二、国际电子商务网站开发技术

国际电子商务网站规划和设计完成之后,就可以着手进行网站的开发了。电子商务网站都属于动态网站。所谓动态网站,是指网站后台都有大型数据库的支持,网页上显示的信息一般都是根据用户的请求,从数据库中实时提取的数据,插入到网页中合适的位置,最后提供给用户。

(一) J2EE 技术

1. J2EE 的含义

J2EE 的全称是 Java2 Platform Enterprise Edition,也叫作 J2EE 平台,它是一个 Java 语言程序设计环境,用于开发大型的分布式企业级应用程序,构建国际电子商务系统。

2. 使用 J2EE 平台的好处

(1)重用性好。J2EE 技术基于 Java 编程语言,采用了编写一次、随处运行的 EJB(Enterprise Java Bean)组件开发模型。由于在 EJB 模型中,各个软件组件都是严格分离的,因此,可以从现有的组件装配出服务器端应用程序,从而使软件组件能够重用。

(2)可移植性强。除了 Java 语言固有的可移植性外,EJB 体系结构提供了一套标准化的应用程序编程接口,这使开发人员能够将应用程序从一种操作环境移植到另一种操作环境,而无须重新编写其源代码。

(3)易于程序维护。由于 EJB 组件在 J2EE 平台上可以被独立地更新和替代,因此,通过更新应用程序中特定的组件,新的功能可以被很容易地添加,无用的功能也可以被方便地剔除。

(4)支持异构环境。基于 J2EE 的应用程序不依赖任何特定操作系统、中间件或硬件,因此,基于 J2EE 的应用程序只需开发一次就可以部署到各种平台。J2EE 还允许客户订购与 J2EE 兼容的第三方的现成组件,把其部署到异构环境中。

(5)提高开发效率。EJB 组件技术的采用,使基于 J2EE 平台的应用程序开发,可以通过程序开发人员之间的分工同时进行,从而提高应用程序的开发效率。例如,图形设计师创建 JSP(Java Server Pages)模板,商业逻辑由该领域的专家完成,JSP 页面则由 Java 工程师完成。

3. IBM 的 J2EE 架构简介

IBM 是全球最著名的电子商务解决方案提供商。它的解决方案依据企业规模大小可分为两大类:对大企业的电子商务解决方案包括 B2B 电子交易市场、CRM、ERP、SCM(供应链管理);对中小企业的电子商务解决方案则按具体应用和行业划分。

(1) IBM 电子商务基础设施的结构。它包括六个逻辑服务功能部分。这些服务功能可以同在一个服务器上实现,也可以分别在多个服务器上实现:① Web 显示服务器,它负责电子商务动态页面的生成,是系统面向客户的门面,关系到客户与系统接触时第一印象的好坏。② Web应用服务器,它是电子商务的心脏,是运行电子商务的应用逻辑。③ 目录和安全服务器,主要包括口令授权检查、数字证书等用户身份验证的安全检查,提供与不同级别应用访问有关的安全确认。④ 边缘服务器,它具有处理公司内部电子商务基础设施和 Internet 之间的通信功能,包括路由管理、基础授权、防火墙保护与接入新型网络设备时有关的代码转换等。⑤ 事务服务器,它能与 Web 服务器灵活可靠、无缝地集成。⑥ 数据服务器,它负责数据、程序等信息的存储和检索。

(2) IBM 的 B2B 电子交易市场解决方案。它有五个关键方面:① 内容方面,汇集规范化和标准化的产品目录信息;搜索和过滤内容;统计会员概况;报告交易活动。② 商务方面,包括动态定价、交易、支付和全球贸易。③ 交易活动的协调方面,包括批准流通、谈判、交换、拍卖和反向拍卖(RFP/RFQ)。④ 市场社区活动方面,包括聊天、讨论、共享工作空间和 E-mail。⑤ 与 Web 信息和交易活动的连接,包括与后端系统、交易合作伙伴系统及其他电子化市场的集成。

(3) IBM 电子商务基础设施的知识管理解决方案。它有三个方面的内容:① 商业智能的解决方案,其提供给客户的功能包括数据采集、挖掘、清洗、分析,对现有的数据有更多的了解;风险管理,决策支持,商机策略,提供新产品等。② 信息门户解决方案,分为纵向与横向两种门户,纵向门户由企业内部或同行业企业使用,横向门户由跨行业企业使用。信息门户提供的功能包括,集中多元化信息搜索、查询、显示,实现数据个性化,提高客户服务质量;将多元化数据信息分布在 Internet 或 Intranet 上,增加信息数据的沟通共享,扩大市场份额。③ 内容管理解决方案,其功能包括,处理及管理多元化数据;搜索、查询及管理现有及历史多元化数据,增加企业内部数据、信息的共享;提供企业内部自学及远程教学,提高客户与员工的自助服务能力;提供给门户良好的数据源。

(4) 企业数据和应用整合方案。它主要包括服务器整合、存储整合、数据库整合与数据整合。

（5）无线电子商务解决方案。它主要包括移动办公解决方案、外勤工作人员无线解决方案等。

（6）其他，如客户关系管理解决方案、客户分析解决方案和数据仓库解决方案等。

（二）.NET 技术

1. .NET 技术的组成

.NET 是微软公司提出的一个用于构建、运行和体验下一代分布式应用程序的平台，非常适合开发国际电子商务网站。它由以下各个部分组成：

（1）.NET 框架编程模型，可用于构建 Web 应用程序、智能客户端和 Web 服务。

（2）开发人员工具，如 Visual Studio .NET，它为用 .NET 框架进行编程提供了一个快速的集成开发环境。具体包括：① 一组服务器，包括 Windows 2003、SQL Server 和 BizTalk Server；② 客户端软件，如 Windows XP、Windows CE 和 Microsoft Office。

.NET 体系结构如图 4－9所示。

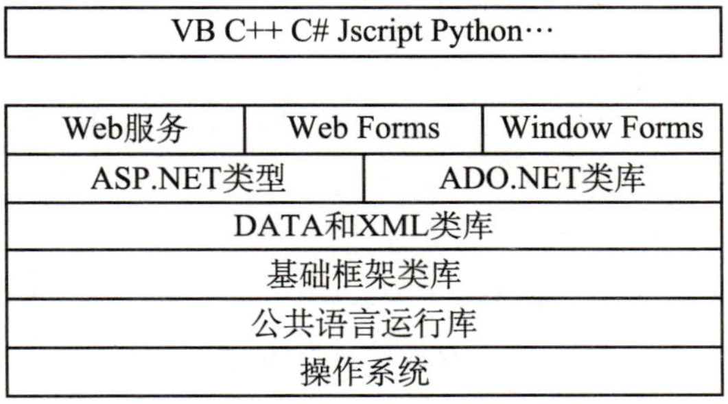

图 4－9 .NET 体系结构

注：XMC 为可扩展标示语言（Extensive Markup Language）的英文缩写。

2. .NET 技术框架

.NET 技术框架主要由两大部分组成：公共语言运行时（Common Language Runtime，CLR）和一个统一的类库，包括用于 Web 应用和 Web 服务的 ASP. NET、用于智能客户端应用程序的 Windows 窗体和用于断开式访问的 ADO. NET。

（1）公共语言运行时，是 .NET 框架应用程序的执行引擎。它提供许多服务，包括：代码管理（加载和执行）、应用程序内存隔离、类型安全验证、由微软中间代码到本机代码的转换、元数据（增强的类型信息）访问、为托管对象管理内存、强制代码访问安全、异常处理（包括跨语言异常）、托管代码、COM 对象和现有 DLL 之间的互操作、自动进行对象布局。基础框架类库提供了标准的功能，如输入输出、字符串操作、安全管理、网络通信、线程管理、文本管理、用户界面设计功能等。

（2）DATA 和 XML 类库提供了持久性数据以及 XML 描述数据存储的基础。.NET 通过 XML 类库定义了简单对象访问协议（Simple Object Access Protocol，SOAP）、Web 服务描述语言（Web Services Description Language，WSDL）、Web 服务发现协议（Discovery Protocol，DISCO）。SOAP 协议提供了在无中心分布环境中，使用 XML 交换结构化类型数据的简单机制；WSDL 协议定义了 Web 服务描述文档的结构，如类型、消息、端口类型、端口和服务本身；DISCO 协议定义了如何从资源或者资源集合中提取服务描述文档、发现相关服务的算法。ASP. NET 类库支持 Web Forms 和 Web 服务的开发。编写客户的 Web Forms，开发人员也可使用 Window Form 应用程序模板，利用 Windows 丰富的用户接口特点，包括 ActiveX 控件和 Windows 2000 的新特点,如透明的、分层的浮动窗口。开发人员会发现 Window Form 可编程模板和对设计阶段的支持非常直观。Window Form 利用 . NET 框架运行库减少了基于 Windows 的客户 Web Forms 的开销。只要 Web Forms 和构件都用 Window Form,那么,它们就能被 . NET 框架在客户机上安全地执行。ASP. NET 的一个主要优点是支持应用程序的实时更新。ASP. NET 同样提供高速缓冲服务,以改善性能。

(三) Web 服务技术

Web 服务的思路,与目前我们日常生活中使用煤气、水、电,本质上没有什么区别,只是后者通过管道、电网传输,前者通过 Internet 传输信息而已。

Web 服务体系结构是面向对象分析与设计的一种合乎逻辑的发展,同时演变也是国际电子商务解决方案中,面向体系结构、设计、实现与部署而采用的组件化的合理。这两种方式在复杂的大型系统中都经受住了考验。与面向对象系统一样,封装、消息传递、动态绑定、服务描述和查询也是 Web 服务中的基本概念。在 Web 服务中,所有东西都是服务,这些服务发布一个 API 供网络中的消费者使用,并且屏蔽了实现细节。

Web 服务是开发人员可以利用的一种技术标准,开发人员利用它封装现有业务过程,作为服务发布这些业务过程,搜索和预订其他服务以及在企业内部与外部交换信息,从而将各种不同系统灵活地连接在一起。Web 服务使很多以不同编程语言开发的,由不同供应商提供的或运行在不同操作系统之上的企业软件可以互相无障碍地进行通信。

尽管 Web 服务中有诸如 XML、SOAP、WSDL、UDDI(Universal Description Discovery And Integration)等协议和标准,但对于最终用户来说,他们根本看不到什么是 Web 服务。更确切地说,Web 服务是一种计算机应用开发结构上的变化,它将会成为分布式计算的核心实现手段。如果都使用 Web 服务,就如同螺丝与螺母之间有了标准接口一样,那么不同的功能就可以以程序能够理解的方式互相调用。Web 服务所具有的廉价、可靠、灵活和可伸缩特性以及简单的部署与维护是企业应用集成(Enterprise Application Integration, EAI)和 B2B 发展的必经之路。

传统 EAI,即利用中间件、应用程序接口和定制代码实现 EAI,是一项艰巨的工作。调查显示,集成费用平均耗费 24% 的 IT 年度预算。这对于大中型企业来说,就是一个代表着数百万美元的惊人数字。Web 服务将结束目前电子商务应用平台开发中编写自定义代码的历史。

虽然通过 COM+、公共对象请求代理体系结构(Common Object Request Breaker Architecture, CORBA)、远程方法调用(Remote Method Invocation, RMI)等技术也可以创建分布式应用,但这些技术不能广泛地部署在 Internet 上,以便让全球大量用户共享。Web 服务集中了这些技术的精华,并以开放标准为基础,让企业可以通过 Web 服务重组其应用和业务流程,充分利用 Web 服务的动态特性,在市场上抢得先机。因此,IBM 将这种新模式称为动态电子商务,而推动动态电子商务发展的关键就是 Web 服务。可见,Web 服务是构建新一代动态电子商务应用平台的首选。

动态电子商务是企业业务流程重组的产物,它从一开始就与 Internet 密不可分,具有与生俱来的动态特性。动态电子商务还有另一层意思,即在实时条件下应用可以被动态地集成,对企业来说,这比简单地访问 Internet 上目前应用的第一代电子商务更有价值。

企业如何实现动态电子商务呢?

第一,一家拥有信息和交易资产的企业可以逐渐转入 Web 服务架构,其途径是承认其在网上可估价的资产是有待其业务伙伴和客户评价的服务,并将这些资产作为 Web 服务通过 UDDI 注册来推广。此外,企业还可以借助 SOAP、XML、WSDL 等技术,展示其目前尚无法电子化的资产。

第二,企业可以向类似 IBM 的 UDDI 注册机构这样的 Web 服务供应商提出咨询请求,寻找符合其要求的服务商,并请求服务,最终将该项服务纳入其商业运作之中。这就是所谓的动态集成。这种松散的业务功能联合使企业能轻松地调整其业务运作。

由于基于 Internet 标准的 UDDI 和 Web 服务并不需要专门的通信协议,因此企业只要使用 Internet 及基于 Internet 标准的应用工具就能够轻松地开展 Web 服务。而随着 SOAP、WSDL、UDDI 等标准的发展,标准化的信息传递、数据格式化、描述用于简化业务运作过程的服务界面等动态电子商务基础设施将得到进一步的扩展。

通过软件产品的创新,企业不但能创建、发布、调用和管理 Web 服务,还可以将现有应用转化为 Web 服务。

可以通过一个例子来说明 Web 服务带来的变革。

美国最大的零售商之一 Nordstrom 的网上销售公司 Nordstrom. com,号称"世界上最大的鞋店",在线提供 2 000 万双鞋。在采用 Web 服务之后,客户订单可以更快、更顺畅地发送给制鞋供应商,一方面降低了库存,另一方面也让客户获得了更广泛的选择。

该公司的站点基于微软平台,而包括检查库存、放置订单的 ERP 系统则运行在 HP Unix 服务器上。更复杂的是,所有库存信息存储在 Nordstrom 总部的 IBM 主机上,它最初的目标是要实现这几个不同系统之间的顺畅沟通。

一开始 Nordstrom. com 考虑采用传统途径,使用消息中间件将系统连接在一起。但后来发现创建 Web 服务应用将可以更容易地将分离的系统连接起来,并可实时获得跨越不同平台的库存信息。若使用中间件,则不同应用之间交换数据需要自定义创建。通过使用 Web 服务,该公司省去了大量时间和费用,Nordstrom. com 可以一次性取出客户的订单数据,交给其他系统进行处理。

再如,在传统的电子商务流程中,如果某个消费者要买铅笔,他需要键入代表某个办公用品销售网站的 URL,并进入该网站进行选购。此时,整个交易过程完全由消费者驱动。如果想货比三家,消费者就必须分别浏览多个办公用品销售网站,既费时又费力,效率较低。

Web 服务能使购买铅笔这样的事情变得更加便利。在新的动态电子商务模式下,购物应用程序可代表消费者执行多种功能。它不仅可以自动地与铅笔销售商取得联系,而且还能主动发出询问:"我要买铅笔,价位怎样,质量如何?"显然,这一应用程序可以代替消费者去搜索或查询所有的候选公司以获得最佳结果,而不必过分依靠某一个产品销售商。在这种环境下,一切都是动态的! 事实上,现在的 Web 服务已经能为利用 WSDL 编程、利用 SOAP 访问、利用 UDDI 搜索的 Web 应用程序提供标准的 Internet 界面,这种界面完全是人性化的,它采用 HTTP 协议实现访问,通过 URL/DNA 服务器完成搜索。

Web 服务之所以有如此大的吸引力,最重要的原因之一是它提供了应用程序的自主性:应用程序可以在几秒钟内自动搜索 Internet 上不同企业的相关应用,并进行比较,看看哪个应用能最好地满足客户的需求,然后作出最佳选择。

第三节　网页制作技术

一、网页制作概述

网页制作是电子商务网站最基本的技术。当我们利用 IE 浏览器打开一个网页的时候,单击"查看"菜单,选中"源文件"菜单项,就打开了一个当前网页的程序代码,这是系统默认用记事本打开的一个 HTML 文件。在 Internet 上,无论用什么方法制作的 Web 页面,最终都必须转换成用 HTML 语言表示的文件,如此才能够为各种浏览器(IE 和非 IE 浏览器)所理解,从而显示给用户。

HTML 可以完成以下功能:

(1) 发布包括标题、正文、表格、图片的联机文档;

(2) 可以通过超链接标记将所建的文档与其他联机文档建立访问关联;

(3) 设计浏览器表单进行远程交互服务,如查找信息、进行预订、购置产品等;

(4) 可以将电子表格、视频、声音和其他多媒体信息包含在 HTML 文档中。

需要说明的是,大部分的网页并不是人们直接利用 HTML 语言手工编码完成的,而是如同上一节所述,是由动态网站中的计算机程序自动生成的,生成的 HTML 文档比手工编码要繁杂得多,但是对于浏览器来说,读取起来不存在任何难度。

二、网页源代码实例

下面通过一个实例来说明网页源代码:

(1) 用任何文本编辑器(记事本、Windows 的写字板或 Word 等)输入下列文本;

```
<html>
<head>
<title> EXAM <title>
</head>
<body>
<p align="center"><font size="7" color="#0000FF">秋夕</font></p>
<p align="center"><font size="5" color="#0000FF">杜牧</font></p>
<p align="center"><font size="6" color="#0000FF">银烛秋光冷画屏</font></p>
<p align="center"><font size="6" color="#0000FF">轻罗小扇扑流萤</font></p>
<p align="center"><font size="6" color="#0000FF">天阶夜色凉如水</font></p>
<p align="center"><font size="6" color="#0000FF">卧看牵牛织女星</font></p>
</body>
</html>
```

(2) 以纯文本格式存为"秋夕 . html"文件;

(3) 打开浏览器,在地址栏中输入"秋夕 . html",就会看到如图 4 -10 所示的页面。

三、网页制作的一般过程

制作网页如同泼墨作画,首先要进行构思,然后再加以实现。构思阶段需要考虑以下内容。

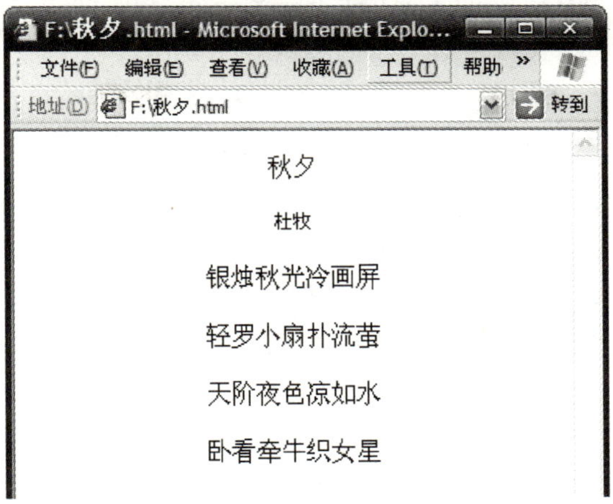

图4-10 一个网页实例

(1)页面主题:本页面的中心问题是什么。

(2)页面内容:用什么内容反映主题,如文字、图片、声音、动画等。

(3)结构布局:将什么内容放在什么地方。

(4)色彩搭配:彩色页面如同五彩缤纷的大自然,能给人美的享受,然而色彩搭配必须得当。

概括起来有两个原则:一是为读者提供有用的信息,二是要美观。把反映主题的内容按照设计的形式呈现给读者,要借助于HTML的规则加以实现。

HTML是一种简单的代码系统,利用特定的标记来产生各种特定的效果,比如控制超文本显示的字体、字号、颜色、位置,插入表格、图像、声音、超链接等。然而由于直接使用HTML制作网页比较烦琐,故许多公司开发出许多软件来帮助用户快速编制HTML文档,如微软的Frontpage、Macromedia的Dreamweaver等。这些软件和HTML统称为网页制作工具。

四、网页制作工具

HTML作为最基本的网页标记语言,能制作出网页的各种效果。为了使设计网页更加简单方便,产生了许多专用的网页编辑工具,主要分为三大类。

(一) HTML代码编辑工具

这种编辑工具把各种HTML的标记以按钮或菜单的形式提供给用户,当需要加入某种标记时,只需单击相应的按钮或菜单,标记就会自动加入到文件中,设计人员只需在标记中间加入文字、图像、声音等内容。典型的有HomeSite、HotDog Professional、HTMLed Pro、WebEdit Professional等,使用这种工具虽然省去了输入标记的时间,但设计人员仍然必须对各种标记的格式和功能非常熟悉,即使这样,编辑复杂页面仍然会显得繁杂。

(二) 所见即所得工具

所谓所见即所得,就是在编辑网页时看到的效果与使用浏览器时看到的效果基本一致,最终保存为HTML型文件,这为网页设计人员带来了极大的便利。如果希望建立一个美观而又不复杂的站点,选用这种工具比较合适,它可以很轻松地制作想要的效果,典型的软件是Drumbeat和NetObjects Fusion。但这种软件有时并不能完全控制设计效果,也就是说在设计阶段看到的与最终在浏览器中看到的效果可能不完全一样,有时即使经过多次调试也不理想,这时还需要对它生成的 HTML 文件作进一步的编辑。

(三) 混合型工具及网页制作工具

混合型工具能在所见即所得的工作环境下完成主要的工作,同时也能切换到一个文本编辑器,对 HTML 源代码进行直接的调整。典型的混合型工具有 Macromedia 的 Dreamweaver 和 Microsoft 的 FrontPage 等。

除编辑 HTML 文件外,制作网页还需要处理大量的图像、动画和声音文件,因此必须掌握一种图像处理软件。典型的图像处理软件有 Adobe 公司的 Photoshop、Macromedia 公司的 Fireworks,典型的动画软件有 Macromedia 公司的 Flash,Ulead 公司的 Cool3D、GIF Animator 等。

一般将下面的三个工具称为网页制作的"三剑客"。

(1)Dreamweaver 是一个所见即所得的网页编辑器,支持最新的动态超文本标记语言(Dynamical Hypertext Markup Language,DHTML)和计算机排成系统(Computer Scheduling System,CSS)标准。使用它的时间线和分层功能,能够快速创建极具表现力和动感效果的网页。利用目标浏览器检查特性,可以创建兼容各种平台和浏览器的网页。利用巡查(Roundtrip)技术,在可视编辑器中进行编辑时,还可以在 HTML 检视器中同时看到源代码的改变情况。Dreamweaver 可以生成尽可能少的代码量,并且不会任意修改其他工具所生成的源代码。它不仅提供了强大的网页编辑功能,而且提供了完善的站点管理机制。

(2)Fireworks 是一个专业化的 Web 图像设计程序,将位图图像和矢量图像的处理合二为一,还可以快速在位图图像和矢量图像两种编辑状态之间切换,避免了启动多个应用程序的麻烦,可以对矢量图像应用那些只有在位图图像上才能应用的各种技术。Fireworks 不仅可以生成各种格式的静态图像,还可以生成包含 HTML、JavaScript 代码的动态图像和可交换的图像文件(Graphic Interchange Format,GIF)动画,甚至可以编辑整幅的网页,因此可以直接生成在网页制作中常用的各种风格的动态按钮和翻转(Rollover)图像,或生成图像映像热区(Hotspot)和切片(Slice)。在将图像导出到网页中时,Fireworks 会自动将相应的 HTML 和 JavaScript 代码放置到网页中的正确位置上,从而实现丰富多彩的网页动态效果,另外用户也不必学习 HTML 和 JavaScript。

(3)Flash 是一个精巧的网页动画设计软件,它是一种交互式动画设计工具,可以将音乐、声效、动画以及富有新意的界面融合在一起,以制作出高品质的网页动态效果。Flash 提供了许多用于图像编辑的工具,从而可以创建出具有专业水准的图像,也可以借助于导入功能将其他在绘图或照片编辑程序中创建的美术作品应用到当前的动画中。关键帧和渐变动画功能,使得制作动画非常容易,只需随意画两个图像(方形或椭圆),也许不会超过一分钟就可以制作出超出想象的动画。Flash 的矢量图形编辑以及关键帧、符号和渐变动画的使用,使得所生成的动画文件占用空间小,网络用户不必等待就可以欣赏到精彩的动画。即使较大的动画文件,也可通过流式播放技术边播放边下载,从而缓解了网页浏览者焦急等待的情绪,即便是带有声音、动画和位图的大型文件也几乎可以同步实时放映。

音乐的加入会使动画更具感召力,而其交互性能使用户参与其中,饶有兴致。Flash 不仅可以导出动画文件,而且可以生成嵌入调用动画代码的 HTML 文件,甚至可以直接嵌入网页的任一位置,非常方便。

本章小结

本章从技术角度重点介绍了国际电子商务系统的建设，包括所需要的计算机网络技术、网站开发技术和网页制作技术。

计算机网络是开展国际电子商务最主要的技术基础，数据传输、资源共享是计算机网络的主要功能。计算机网络可以提供文件与打印服务、通信服务、E-mail 服务和 Internet 服务。计算机网络的结构有多种，星型拓扑、总线型拓扑、环型拓扑是三种最基本的结构。服务器、网卡、传输介质、交换机、路由器和网关等是计算机网络的硬件，网络操作系统、网络协议、通信软件、网络管理软件和网络应用软件等，是计算机网络运行必需的软件。Internet 是覆盖全球的计算机网络系统，是国际电子商务的载体。每个接入这个系统中的计算机都必须遵循统一的标准和共同的协议，包括 TCP/IP 协议、IP 地址、域名系统、HTTP 协议等。

移动网络通信技术发展得很快，并在移动电子商务领域广泛应用，已从第一代发展到第四代。移动网络通信协议主要有：WAP、移动 IP 协议、蓝牙协议和 Wi-Fi 协议。

建设国际电子商务网站，首先，要做好规划设计；其次，要根据网站定位选择所需的硬件和软件；再次，要进行网站栏目和外观设计；最后，开始建设网站。目前网站建设采用的技术主要有：J2EE 技术、. NET 技术和 Web 服务技术。在网站建设中，制作主题鲜明、内容独特、布局美观、色彩清新的网页十分重要，主要的网页制作工具有：HTML 代码编辑工具、所见即所得工具和网页制作“三剑客”——Dreamweaver、Fireworks 和 Flash。

关键术语

IP 地址，DNS，HTML，WLAN，WAP，Wi-Fi，服务器，数据库软件，J2EE 技术，. NET 技术，Web 服务技术，HTML 代码编辑工具，所见即所得工具，网页制作“三剑客”

复习思考题

1. 简述常用的网络连接设备、网络传输介质和 Internet 所提供的主要服务。
2. Intranet 有哪些特点？简述 Intranet 的应用范围。
3. Internet 接入方式有哪些？各自有什么特点？你的计算机是如何接入 Internet 的？
4. 简述无线应用协议（WAP）及其应用。
5. IPv6 在推动国际电子商务发展方面有哪些优势？
6. 简述 Wi-Fi 协议的特点及其应用。
7. 谈谈电子商务网站的规划、开发和维护技术。
8. 上网浏览几个典型的国际电子商务网站，比较分析它们的技术特色。

参考文献

蔡跃明，吴启晖：现代移动通信（第 2 版）[M]，机械工业出版社，2010 年 7 月。

冯博琴，程向前：计算机网络（第 2 版）[M]，清华大学出版社，2010 年 11 月。

冯晓宁：国际电子商务实务精讲[M]，中国海关出版社，2012 年 5 月。

兰宜生：国际电子商务教程（第 2 版）[M]，首都经济贸易大学出版社，2010 年 9 月。

刘宝玲，付长东：3G 移动通信系统概述[M]，人民邮电出版社，2008 年 5 月。

沙学军,吴宣利:移动通信原理、技术与系统[M],电子工业出版社,2013 年 4 月。
覃征,曹玉辉等:移动电子商务[M],清华大学出版社,2012 年 5 月。
徐大伟,杨丽萍:ASP. NET 应用开发案例教程[M],清华大学出版社,2012 年 1 月。

第五章

国际电子商务安全技术

学习目标

掌握：电子商务安全保护技术，电子商务安全的法律保护

理解：电子商务安全四个要素，即信息的保密性、交易方身份的确定性、不可否认性和信息的完整性；加密技术和电子商务鉴别技术

了解：国际电子商务安全问题，包括计算机网络的安全和电子商务活动流程的安全

导学案例

CSDN 泄密门告破　网站遭警方行政警告

CSDN 是国内最大的开发者社区。2011 年 12 月 21 日，有黑客在网上公开了 CSDN 网站的用户数据库，包括 600 余万个明文的注册信箱账号和密码。这些密码并未经过后台的再次加密处理，普通人只要下载就都能看懂，并可直接通过他人的账号进行登录，此事引起了业界及数亿网民的关注。

由于大部分用户在多个网站注册时采用了相同账号，百合网、人人网、开心网、珍爱网、世纪佳缘、多玩网、美空网等多家知名网站先后被卷入泄密风波，中国 Internet 史上最大的信息泄露事件由此爆发。

当晚，CSDN 在网上发表了致歉声明，称 CSDN 网站早期使用过明文密码，后来程序员始终未对此进行处理。2009 年 4 月，程序员修改了密码保存方式，改成了加密密码。声明表示，CSDN 用户数据库从 2010 年 9 月开始全部是安全的，9 月之前的有可能存在安全隐患。

事发后，北京警方对 CSDN 网站展开了调查，发现其未落实国家信息安全等级保护制度，这也是造成用户信息泄露的主要原因。北京市公安局于是向 CSDN 网站的运营公司提出了具体整改要求，并依据《中华人民共和国计算机信息系统安全保护条例》（中华人民共和国国务院令 147 号）第二十条第（一）项的规定，违反计算机信息系统安全等级保护制度，危害计算机信息系统安全的，由公安机关处以警告或者停机整顿。

警方表示，当前，黑客攻击破坏活动趋利性日益明显，已形成包括制作提供黑客工具、实施攻击、盗窃账号、倒卖账号、提供交易平台等各个环节的分工合作的利益链。据统计，2010 年

以来,北京警方共侦破网上诈骗、网络赌博等网络违法犯罪案件3 500余起,控制各类犯罪团伙15个、犯罪嫌疑人3 600余人。

资料来源:《CSDN泄密门告破黑客被拘　网站遭警方行政警告》,中国电子商务研究中心,http://www.100ec.cn,2012年3月21日。

案例思考题:

1. 与传统商务相比,电子商务对安全、法律提出了哪些新的要求?
2. 个人用户如何保证电子商务活动的安全?企业用户如何保证电子商务活动的安全?

第一节　国际电子商务的安全概述

Internet是一个完全开放的网络,它为国际电子商务提供全球性、高效率和便捷性的平台的同时,也会给国际电子商务活动带来安全隐患。如何应对国际电子商务活动中日益突出的安全问题,建立一个安全便捷的电子商务应用环境,是影响国际电子商务持续健康发展的重要问题。

一、国际电子商务的安全问题

国际电子商务是基于计算机网络的商务活动,从其概念上可以看出,主要有两个方面的因素会导致国际电子商务的安全问题:一是计算机网络的安全问题,二是国际电子商务交易安全问题。

(一)计算机网络的安全问题

1. 计算机系统的安全

ISO将"计算机系统安全"定义为:"为数据处理系统建立和采取的技术、管理的安全保护,保护计算机硬件、软件数据不因偶然和恶意的原因而遭到破坏、更改和泄漏。"

计算机硬件安全是指计算机的芯片、板卡、输入及输出等设备正常运行,不对计算机系统工作构成威胁。计算机硬件的安全威胁和隐患主要来自:自然灾害、硬件故障、电源故障和人为失误造成的故障等。

计算机软件安全就是确保软件在受到恶意攻击时能继续正常运行。由于计算机使用不同的操作系统、数据库软件和其他应用软件,因此操作系统(软件)自身的完整性、保密性和运行安全性等方面存在的技术漏洞会导致计算机系统存在安全隐患,如我们常常遇到的是各类软件的安全漏洞。

2. 计算机网络的安全问题

国际电子商务与传统商务相比,其最重要的特征就是通过计算机网络完成商务活动信息的传输,包括贸易伙伴的建立、交易双方的谈判、电子合同的签订、租船订舱、报关检验和货款结算等整个交易过程信息的接收与发送。因而,计算机网络的不安全势必会影响国际电子商务中信息数据传输的及时性、准确性和完整性。计算机网络的安全威胁主要有以下几方面:

(1)黑客的攻击。"黑客"一词是英文Hacker的音译,《牛津英语大词典》对"Hacker"一词的解释是:"利用自己在计算机方面的技术,设法在未经授权的情况下访问计算机文件或网络的人。"最早的黑客出现于麻省理工学院。起先,黑客是指热心于计算机技术、水平高超的计算机技术专家,尤其是程序设计人员,他们热衷于挑战、崇尚自由并主张信息的共享。长期以来,黑客现象呈多样性变化,很多企业通过雇用黑客从外部入侵系统,帮助企业发现系统的薄弱环节，寻找安全隐患，完善安全设施，这些“好黑客”被称为“白帽黑客”（White Hats）。与之相反，专门入侵他人计算机或企业信息系统，窃取机密信息和破坏数据的黑客被称为“黑帽黑客”（Black Hats）。带有上述双重性质的黑客被称为“灰帽黑客”（Gray Hats）。我们常说的黑客，大多数情况是指“黑帽黑客”，也就是“骇客”（Cracker），他们的行为带有强烈的目的性，其主要目标是恶意窃取或破坏交易信息，损害交易系统和骗取交易资金等。

我们一般也把黑客攻击分为两类：一类是非破坏性攻击，指其主要目的是扰乱系统运行，并不窃取系统资料数据，通常采用分布式拒绝服务攻击或“信息炸弹”攻击；另一类是破坏性攻击，指其以侵入他人计算机系统、窃取系统保密数据、破坏目标系统的数据为目的，这类攻击最多地来自“木马程序”攻击。

分布式拒绝服务攻击，也被称为“信息炸弹”攻击，是指黑客向目标主机发送超出其处理能力的大量数据包或服务请求，消耗大量系统资源，造成网络堵塞，使受害主机无法与外界正常通信，严重时会导致系统死机。

“木马程序”攻击，是黑客通过诱使用户下载并运行带有木马病毒的工具软件或游戏，使木马病毒驻留在计算机中，并通过 Internet 发送主机信息和保密数据，从而使黑客达到任意侵入和控制他人计算机的目的。如黑客利用特洛伊木马程序、后门程序等攻击目标主机，窃取或破解密码，从而实现对目标主机和计算机网络的控制权。

（2）病毒攻击。计算机病毒是编制者在计算机程序中插入的破坏计算机功能、毁坏数据且具有自我复制能力的一组计算机程序代码，它具有传播性、隐蔽性、感染性和破坏性。计算机病毒能够影响和破坏计算机的正常使用，其最大的危害在于窃取用户安全保密信息、破坏用户的操作系统和存储的信息资料。据国家计算机病毒应急处理中心（National Computer Virus Emergency Response Center，NCVERC）发布的 2012 年“十大计算机病毒”调查结果显示，2012 年我国传播最广的十种计算机病毒仍主要是各类木马病毒及其变种。而且受经济利益的驱动，网上银行、网络支付等仍然是病毒的主要攻击目标。2012 年，按计算机病毒造成的破坏程度由大到小排序，依次为：密码及账号被盗、受到远程控制、系统（网络）无法使用、浏览器配置被修改等。随着 Internet 的发展，计算机病毒的传播速度大大加快，成为电子商务中计算机网络重要的安全隐患之一。

历史上曾经爆发并造成巨大破坏的计算机病毒有：“网游大盗”（Online Thieves）、“熊猫烧香”（Nimaya）、“震荡波”（Sasser）、“我的末日”（My Doom）、“巨无霸”（Sobig）、“冲击波”（Blaster）、“红色代码”（Code Red）、“爱虫”（I love you）、“梅丽莎”（Melissa）和“CIH 病毒”。这些病毒的爆发，造成了少则几十亿，多则数百亿美元的损失。

（3）网页仿冒。网页仿冒又称网络钓鱼（Phishing），是将社会工程学欺骗原理与网络技术相结合的典型应用。它是黑客通过仿冒正规网站或篡改网页，伪造 Internet 上的银行、电子商务等服务，骗取电子商务用户的个人信息（如银行账号、口令密码等），从而窃取用户利益的攻击行为。

国家互联网应急中心（China National Computer Network Emergency Coordination Center，CNCERT/CC）发布的《2013 年中国互联网网络安全报告》统计显示，从钓鱼站点使用域名的顶级域分布来看，以 .COM 最多，占 51.1%，其次是 .TK 和 .NET，分别占 16.8% 和 8.3%；从域名类型来看，我国境内被篡改的网站中，代表商业机构（.com）的网站最多，占 67.2%，其次是政府类（.gov）网站和网络组织类（.net）网站，分别占 10.1% 和 6.4%，我国商业机构类网站被篡改的情况有小幅度的上升，从 2012 年的 64.5% 上升至 2013 年的 67.2%。

（4）安全产品使用不当。国际电子商务网站都会采用一些防护软件或安全设备，以期提高网站的安全可靠性。但是,由于安全产品本身的问题或配置使用问题,在计算机系统受到攻击时并没有发挥应有的作用。此外,许多安全产品的配置对技术人员的专业水平要求较高,当计算机系统改动或升级,需要改动相关安全产品的设置时,也容易产生一些安全问题。

(5) 安全管理制度的缺失。除了计算机网络本身存在的安全隐患以外,缺乏网络安全管理制度以及加强网络安全的意识不足,都会产生一些安全隐患。有些组织机构和商户的网站,即使采用了好的安全设备,由于没有严格贯彻执行安全管理制度,也极易受到黑客和病毒的攻击,导致网络系统瘫痪。

(二) 国际电子商务交易安全问题

1. 交易主体的准入机制

任何个人或企业在 Internet 中都是以虚拟主体形式存在的,可以不经过登记和批准就通过 Internet 进行信息的发布和交易。虚拟主体的存在使得电子商务交易的安全性受到威胁。虚拟主体身份的真实性需通过工商管理部门的网上管理制度和认证中心的认证制度来解决,这已成为国际电子商务交易安全首先要解决的问题。

2. 信用风险

电子商务信用风险是指电子商务活动中或虚拟市场中信用状态的不确定性,可进一步表述为:在电子商务活动中或虚拟市场中各交易主体遵守市场合约(隐性的或显性的)程度的不确定性大小。电子商务活动中信用状态的不确定性会导致交易主体蒙受损失。就交易双方而言,信用风险主要表现在以下三个方面:一是个人消费者使用信用卡网上支付时的恶意透支或使用伪造信用卡支付骗取卖方货物的行为和企业集团故意拖欠货款的行为,卖方为此要承担交易风险;二是卖方不能完全履行签订的合同,不能准时、保质、保量地交付货物,造成买方的风险;三是交易双方都可能存在不同程度的违约行为,从而造成对方的损失。

3. 电子合同的确认

电子合同是电子商务交易双方为了达成交易目的,通过 E-mail 和 EDI 等形式达成一致意向并明确相互之间的权利义务关系的协议。国际电子商务中,电子合同的订立仍然要具备要约和承诺两个阶段,与传统合同的显著区别在于,电子合同的要约和承诺以电子数据形式通过计算机网络传输完成。交易双方的数据信息均以电子化的形式存储于计算机硬盘等电子介质中,电子数据以磁性介质保存,其被删改、伪造或遗失不易留痕迹,且脱离存储介质作为独立证据存在具有一定的局限性。电子合同的风险防范需要通过建立和健全电子商务法律体系来解决,电子数字签名、电子合同确立的时间和地点、电子合同的效力问题和证据问题都是现代立法的重点及难点。

4. 电子支付的安全威胁

电子支付是指电子商务交易的各方当事人,包括买卖双方和金融机构等,使用安全可靠的电子支付手段和基于 Internet 的运作平台,通过网络进行货币支付或资金流转等业务的现代化支付结算手段。支付在国际电子商务中是非常重要的一个环节,也是电子商务中对于准确性和安全性要求最高的业务过程。电子商务网络支付由于交易制度设计、安全技术设计等方面存在的缺陷,可能导致交易中的风险。

5. 电子商务管理的安全隐患

电子商务安全强调的是三分技术七分管理,但目前很多从事电子商务的企业不同程度上都欠缺安全管理意识和安全管理规定。电子商务系统最终都是由人来操作的，员工是电子商务安全制度的执行者，因此人为因素也是导致电子商务安全隐患的潜在因素。要确保电子商务安全，既要不断建立和完善电子商务法律、法规，严格执行各种安全法律、法规和制度，同时还需要加强对相关从业人员的电子商务安全教育和培训。

二、国际电子商务的安全要素

交易安全性是国际电子商务发展的核心和关键。从交易角度来看，一笔国际电子交易过程应具备以下四个安全要素：

1. 信息的保密性

信息的保密性是指通过网络传输的商务信息内容必须是机密的，没有被交易双方之外的第三方窃取。传统的纸面贸易都是通过邮寄信件或其他通信渠道传输商业报文来达到保守秘密的目的，由于国际电子交易建立在开放的网络环境基础上，因此信息在一定程度上很容易被竞争对手或不法分子获取，如信用卡账号和用户名被人盗用，订货和付款的信息被竞争对手获悉而导致巨大的财务损失，因此在这种情况下信息需要进行加密处理，采用除交易双方之外其他人都无法看懂的形式以确保信息的保密性。

2. 交易方身份的确定性

在国际电子商务往来中，信息发送者和接收者真实身份的确认对于交易安全非常重要。由于网络的虚拟性，可能导致第三方假冒交易的一方进行交易，达到其破坏交易、败坏信誉或窃取交易款项的目的。因此为确保交易成功，首先要能确认对方的身份，商家能够确保客户端不是骗子，客户也可以获知网上商店不是一个欺诈的黑店。可靠地确认对方身份是电子商务交易的前提。

3. 不可否认性

在传统的纸面贸易中，贸易双方通过在交易合同、契约等书面文件上手写签名或印章来鉴别身份，确定合同或契约的可靠性并预防违约行为的发生，也就是人们常说的“白纸黑字”。但是在无纸化的电子合同中，通过手写签名确定交易双方不可能实现，特别是由于市场行情瞬息万变，达成的交易一旦被否认必将损害一方的利益。因此，电子交易通信过程的各个环节产生的交易信息都必须是不可否认的，它在传输过程中必须能够得到可靠的标识。

4. 信息的完整性

信息的完整性是指信息在传输中受到有效的保护，在未经授权的情况下不能够被更改或破坏。信息通常是以数据包，的形式进行传输的，当数据包经过路由器时很容易被截获，其包含的内容也可能被修改。例如，当用户将填写好的信用卡账号发送到商家的服务器时，黑客可以截获数据包，修改上面的 IP 地址，使数据包改变传输路径，传到黑客的服务器中，在客户毫不知情的情况下，修改客户的信用卡账号，破坏客户的交易信息。信息的完整性在大宗贸易买卖中尤为重要，例如，假设在交易双方签订黄金合同后，黄金价格大幅度上涨，如果交易一方将订购数量从 10 千克改为 10 克的话，将会严重地影响交易结果。

为了保证国际电子交易过程中的四个安全因素得以有效的实现，各种网络交易安全技术不断被开发和研制出来。

第二节 国际电子商务的安全技术

一、国际电子商务的安全加密技术

(一)保密理论概述

保密学是研究信息系统安全保密的科学,利用它可以将所写的文字内容和其他种类的信息进行转换,从而形成未经授权的访问者无法正确理解的特殊形式。保密学具有两个分支:密码学和密码分析学。密码学是一门对信息进行编码,将原始信息转换成难以理解的形式的学科。密码分析学则是对加密信息进行分析并破解的学科。

关于密码学的起源目前有众多的说法,其中主要的说法之一认为,最早有意识使用特殊方法加密信息的是公元前的古希腊人,他们使用一种特殊的木棍进行加密,送信人先用一张纸条缠绕木棒,然后把文字纵向写在上面,接着抽出木棒将纸条送给收信人,如果不知道木棒的宽度(这里作为密匙),其他人是无法解密信中内容的;另一种说法认为,密码学起源于凯撒大帝时期,当时罗马将军常常需要将机密文件传输给战场的指挥官,为了有效地保护信件内容,防止军事机密被泄露,就发明了凯撒加密法对信件进行保密处理。1920 年,美国电报电话公司的弗纳姆发明的密码体制,第一次运用电子电路而不是传统的手工操作实现了整个加密过程,推动了近代密码学的进一步发展。1976 年 Diffie 和 Hellman 率先引入的公开密钥加密体制以及 1977 年美国国家标准局颁布的用于非国家保密机关的数据加密标准,是近代密码学发展史上两个重要的里程碑。在随后的几十年中,密码学得到了快速的发展。

(二)加密技术的基本术语

1. 明文

人们可以理解的原始信息或数据。

2. 密文

在原始信息或数据的基础上经过处理形成的人们不能理解的形式。

3. 加密算法

将明文加密成密文和将密文解密成明文的数学方法。

4. 密钥

在算法中总是需要数字,它就是密钥。在相同的算法中,使用不同的密钥将产生不同的加密文本。密钥的位数越长,保密性越强。

(三)传统加密技术

1. 凯撒密码

凯撒密码是一种最早、最简单的加密方式,它是将明文中原有的每个字母转换成另一个字母,转换的方法是原有字母表的 A,B,C,…被向后平移 7 个字母的 G,H,I,…对应代替,这样就形成了一种与原有内容差别较大的新形式。比如按照以上加密算法对明文 MACQUAIRE UNIVERSITY 进行处理,生成的密文就是 SGIWAGOXK ATOBKXYOZE,其中 7 是密钥。由于凯撒密码很容易被破译,因此早已不再使用。

2. 变位密码

变位密码是将明文字母按顺序排列在有 n 列的二维矩阵中,这样第一组的 n 个字母就位于矩阵的第 1 行;第二组的 n 个字母就位于矩阵的第 2 行,以此类推;下一步将第 1 列的字母顺序排列,接着排列第 2 列……直到第 n 列;原有的所有字母就被重新组合成新的密文。例如:

明文:attackpostponeduntiltwoamxyz

列序号	1	2	3	4	5	6	7
	a	t	t	a	c	k	p
	o	s	t	p	o	n	e
	d	u	n	t	i	l	t
	w	o	a	m	x	y	z

密文:aodwtsuottnaaptmcoixknlypetz

3. 初级计算机加密

初级计算机处理加密的原理是:根据密码簿里的数字对报文中的字母进行移位操作或按位进行异或计算,来加密报文。接收方需要根据持有的密码簿,将密文的字母反向移位或再次作异或计算,进行解密处理,求出明文。

数论中的"异或"规则是这样的:1 ^ 1 = 0,0 ^ 0 = 0;1 ^ 0 = 1,0 ^ 1 = 1。下面就是一个按位进行异或计算的加密和解密实例:

加密过程中明文与密码按位进行异或计算,求出密文:

明文:101101011011

密码:011010101001

密文:110111110010

解密过程中密文与密码按位进行异或计算,求出明文:

密文:110111110010

密码:011010101001

明文:101101011011

(四) 常用信息加密技术

1. 对称密钥加密技术

(1) 对称密钥加密方法。1967 年,美国的 Horst Feistel 在分析传统加密算法的基础上,提出了对称密钥加密体制(也称密钥加密体制)的思想。其基本思路是将整篇明文分割为一系列 64 位(8 个字节)的明文块,再用一个长 64 位的密钥对每个 64 位的明文块进行加密,形成 64 位的密文块,最后连接所有的密文块形成密文。

对称密钥加密是最早的一种信息加密方法,它在对信息加密和解密的过程中使用同一把密钥,该密钥被称为私钥。通过使用对称加密方法,每个交易方都不必彼此研究和交换专用的加密算法而是采用相同的加密算法,因此能够简化加密、解密的处理过程。

对称密钥加密的过程如图 5-1 所示。信息发送方使用对称密钥对要发送的信息进行加密,变成密文。密文通过网络传输到达接收方之后,接收方使用相同的密钥对该密文进行解密,还原成明文。由于在整个过程中,信息双方都使用相同的密钥,因此存在密钥传送问题和信息发起方辨别的问题。

(2) 对称密钥加密常用算法。目前存在很多对称密钥加密算法,其中使用最广泛的算法是 DES(Data Encryption Standard),它是由 IBM 公司开发研制的加密方法,由于循环内部过程

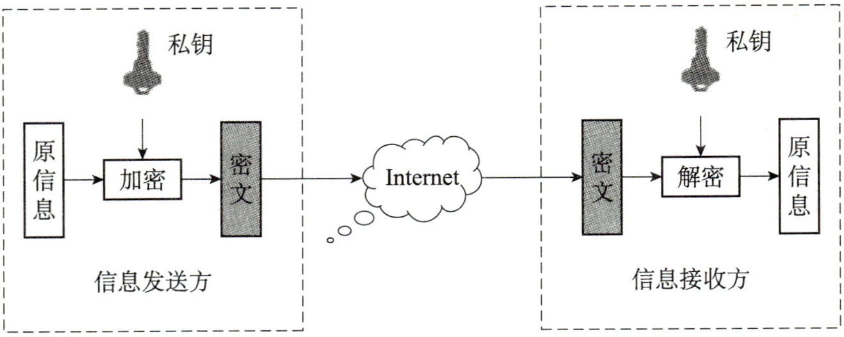

图 5-1 对称密钥加密实现过程示意图

的相似性,使得计算机实现 DES 算法相对简单,因此在 1977 年 DES 算法被美国政府确定为加密标准。

DES 的基本工作原理是选取一个 64 位的数据块,使用 56 位的密钥,在内部实现多次替换和变位操作达到加密的目的。作为第一个公开的新式加密方法,DES 的影响非常大,以致许多以后的加密方法都汲取了 DES 的思想和技术。但是 DES 也存在缺点,即它使用的密钥位数只有 56 位,排列组合只能形成 256 把密钥,随着计算机性能的提高,其破解难度已经大大降低了。

为了提高 DES 算法的安全性,并充分利用现有的 DES 软硬件,密码学家提出了将 DES 算法在多个密钥下多次使用的方法,即二重 DES 和三重 DES 加密方法。其中三重 DES 算法安全性较强,它使用两把密钥对明文作三次 DES 加密,效果相当于将 DES 密钥的长度加倍,从而克服了 DES 密钥过短的缺点。按照原理,三重 DES 是通过三次使用 DES 算法对数据进行编码加密并在每一层都使用不同的密钥,这样就可以形成一个 $3 \times 56 = 168$ 位的密钥,但是许多密码设计者认为 168 位的密钥已经远远超过实际的需要,因此通常只需要在第一重和第三重中使用相同的密钥,产生 112 位的密钥在加密时使用。

在对称密钥加密算法中,除了 DES 的系列算法外,还有 IDEA、RC2、RC4 等算法。其中 RC2(Rivest Code)和 RC4 是以其发明人——美国麻省理工学院的 Ron Rivest 教授的姓氏命名的,是不公开的专有算法。

(3) 对称密钥加密技术存在的问题。① 贸易双方如何安全交换密钥的问题。虽然对称加密体制能够有效地对传输的信息内容进行加密,保证其安全性,但是在实际操作中发送方同时也需要将密钥发送给接收方,以便于接收方解密密文,如果密钥在传输的过程中被黑客截获,那么密文将很容易被破解。因此,如何将密钥安全地传给对方是对称密钥加密方法存在的重大问题之一。② 如果贸易方有 n 个贸易伙伴的话,他就必须拥有 n 把专用密钥,因为它不能将相同的密钥发给其他任何两个企业,否则企业间的商业机密就很容易被泄露。每把密钥只能对应一个贸易方,因此 n 把密钥的管理和分发将是一件危险、烦琐的工作。③ 信息传输双方在加密和解密的过程中都使用相同的密钥,因此无法辨别贸易发起方和贸易终结方。④ 通过计算机使用穷举搜索法破译 DES 已成为可能。1997 年 1 月,美国 RSA 数据安全公司在其安全年会上举办了一个密钥挑战竞赛,悬赏 1 万美元寻找能够破译其密钥长度为 56 位的 DES 算法,结果一位程序员用了 96 天的时间成功地破解出这个密钥。

由于对称密钥技术存在以上问题,所以在一定程度上不能有效地保障信息的安全传输。然而随后出现的另一种加密技术——公开密钥加密技术可以很好地弥补对称密钥加密存在的不足。

2. 公开密钥加密技术

1976 年,美国斯坦福大学的两位研究人员研发出了一种全新的密码技术——公开密钥加密技术,也称为非对称密钥加密技术。公开密钥加密技术的特点是进行加密和解密的密钥是不同的,两把密钥需要满足以下三个条件:

(1)D(E(P)) = P;

(2)从 E 不能推导出 D;

(3)E 不能通过部分明文来破解。

注:假设明文为 P,加密法为 E(包括密钥),解密法为 D(包括密钥)。

(1) 公开密钥加密原理。在公开密钥加密体系中,密钥被分解为一对,即公开密钥和私有密钥,简称“公钥”和“私钥”。这对密钥中的任何一把都可以作为公开密钥(加密密钥)通过非保密方式向他人公开,而另一把作为私有密钥(解密密钥)加以保存。公开密钥用于加密,私有密钥用于解密,私有密钥只能由生成密钥的交换方掌握,公开密钥可以广泛公布,但它只对应于生成密钥的交换方。这种加密方法的关键在于人们不能从公开密钥推导出私人密钥,也不能从私人密钥推导出公开密钥。公开密钥加密的具体步骤可如图 5-2 所示:①信息的接收方产生一对密钥,其中一把作为私钥自己保存,另外一把作为公钥,通过网上公布或 E-mail 等非保密的方式传送给信息发送方;②信息的发送方使用接收方的公钥对信息进行加密,生成密文并将其传输给接收方;③信息接收方使用自己的私钥对密文进行解密。

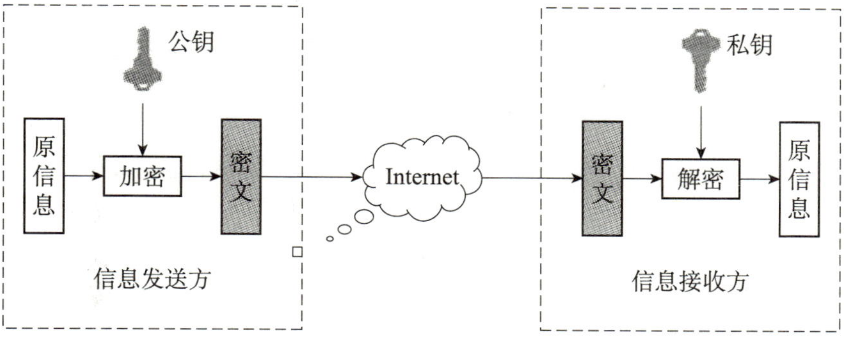

图 5-2　公开密钥加密实现过程示意图

通过使用公开密钥加密法不仅能够有效地保证信息的安全传输,而且可以使通信双方无须事先交换密钥就成功地建立安全通信,从而弥补了对称密钥加密技术中的种种不足,因此被广泛地应用于数据加密、身份认证、数字签名等信息交换领域。

(2) 公开密钥加密常用算法。RSA 密码系统是较早提出的一种公开密钥加密算法。1978 年,美国麻省理工学院的 Rivest、Shamir 和 Adleman 在题为“获得数字签名和公开密钥系统的方法”的论文中提出了基于数论的公开密钥加密技术,因此命名为 RSA 密码。RSA 是建立在“大整数的素因子分解是困难问题”基础上的,是一种分组密码体制。其原理是:求 2 个大素数的乘积很容易实现,但将一个大的合数分解成 2 个大素数很难实现。RSA 加密和解密运算的数学表达式为:

$C = XE(\mathrm{mod}\ M)$

$X = CD(\mathrm{mod}\ M)$

其中:X 为明文,C 为密文,$(0 < X < M - 1, 0 < C < M - 1)$。公钥对为$(E,M)$,密钥对为$(D,M)$,$E$ 为加密密钥,M 为公钥,D 为解密密钥。E,D,M 满足下述条件:① M 是 2 个大素数

P,Q 的乘积,从而 M 的欧拉数 $\varphi(M)=(P-1)\times(Q-1)$;② D 是大于 P,Q 的并与 $\varphi(M)$ 互素的正整数;③ E 是 D 关于 $\varphi(M)$ 的乘逆,即 $ED=1\ \mathrm{mod}(\varphi(M))$。

满足以上 3 个条件,(E,M) 便可作为公钥对,(D,M) 作为密钥对。

例如,$P=101$,$Q=113$,那么 $M=P\times Q=11\ 413$,$\varphi(M)=(P-1)\times(Q-1)=100\times112=11\ 200$,与 $\varphi(M)$ 互素的整数 E 有无数个,因此,假设 $E=3\ 533$,根据公式 $ED=1\mathrm{mod}(\varphi(M))$,求得 $D=6\ 597$。假设明文 $X=9\ 726$,那么加密时密文 $C=97\ 263\ 533\mathrm{mod}\ (11\ 413)=5\ 761$,在解密时明文 $Y=57\ 616\ 597\mathrm{mod}(11\ 413)=9\ 726$。因此只要加密密钥 E、解密密钥 D 和公共密钥 M 选择正确,那么加密前的明文 X 和解密后的明文 Y 一定是相同的。

(3) 公开密钥加密技术的优势。① 解决大规模网络应用中密钥的分发和管理问题。采用分组密码、序列密码等对称密码技术时,加解密双方所用的密钥都是秘密的,而且需要定期更换,新的密钥总是要通过某种秘密渠道分配给使用方,在传递的过程中,稍有不慎,就容易泄露。公钥密码加密密钥通常是公开的,而解密密钥是秘密的,由用户自己保存,不需要往返交换和传递,大大减少了密钥泄露的危险性。同时,在网络通信中使用对称密码技术时,网络内任何两个用户都需要使用互不相同的密钥,只有这样才能保证不被第三方窃听,所以 N 个用户就要使用 $N(N-1)/2$ 个密钥。在大型网络中,假设有 100 万个用户,那么就要使用 4 950 万个密钥,所以非常难以管理如此大量的密钥,并且使用起来非常麻烦。采用公钥加密体制的话,N 个用户只需要产生 N 对密钥,则 100 万用户只需 100 万对密钥,需要秘密保存的私钥只有 100 万个。使用两种加密方法所需的密钥数量相差近 50 倍,所以公开密钥加密技术能够更加方便、可靠地解决大规模网络应用中的密钥分发和管理问题。② 实现网络中的数字签名机制。对称密钥技术由于其自身的局限性,无法提供网络中的数字签名。因为数字签名是网络中证明人或机构真实性的重要手段,所以数字签名的数据需要是唯一的、私有的。由于对称密钥加密技术中的密钥是交互双方共享的,因此无法满足以上的两点要求。公开密钥加密技术由于存在互为一对的公钥和私钥,其中私钥可以是私有、唯一的,其他人无法仿冒,所以可以实现网络中的数字签名机制。③ 公开密钥加密技术的局限性。公开密钥加密技术安全问题是一种强有力的技术解决方案,但是它也有很多局限性。因为这种加密方法主要用来保护 Internet 上传输的信息,但对于内部人员,即那些可以合法访问包含了消费者信息的企业系统的人员来讲是无效的。同时,由于大多数的私钥都是保存在计算机里的,因此在很大程度上,很难保证使用私钥的人就是私钥真正的拥有者。

3. 数字信封

数字信封是数据加密技术的一种应用,它结合了对称密钥加密技术中运算效率高和公开密钥加密技术中密钥传递方便的优点,避免了对称密钥加密技术中密钥分发困难和公开密钥加密技术中加密算法运行时间长的不足,被广泛地应用于数据安全传输等领域中。其中在电子支付的 SET 协议中,就使用数字信封来保证数据传输的可靠性。

数字信封技术的工作原理是信息发送方首先使用随机产生的对称密钥,对要发送的信息进行加密,然后使用公开密钥加密算法和接收方的公钥对该对称密钥进行加密,最后将其同要发送的信息一起传送给接收方。接收方先用自己的私钥解密数字信封,得到对称密钥,再使用对称密钥解密信息。具体步骤和处理过程如图 5-3 所示:①信息发送方首先生成一个对称密钥;②发送方使用对称密钥加密算法和对称密钥对要发送的信息加密;③发送方使用接收方的公钥对对称密钥加密;④接收方收到密文信息后,首先使用自己的私钥解开加密的对称密钥,得到对称密钥;⑤接收方利用获得的对称密钥,使用对称密钥加密算法解密密文,获得原信息。

二、国际电子商务的安全鉴别技术

(一)数字摘要

国际电子商务交易双方在互相传递贸易单据、电子合同和其他文件的过程中,可能会出现由于非法入侵者篡改数据、通信线路故障或计算机病毒侵害等,产生接收到的数据不完整的现象。因此在电子商务活动中,需要一种技术来验证接收到的数据是否与发送方发送的数据完全一致,数字摘要技术可以满足这方面的要求。

数字摘要就是采用 Hash 函数把任意长的信息 M 映射成较短的、固定长度的唯一值 $H(M)$,这个函数值 $H(M)$ 就是数字摘要。由于映射的过程是单向的,即不能够被反向破解,同时不同的信息经过映射产生的摘要不同,因此摘要就类似于信息的"指纹",能够用来验证信息的真实性和完整性。

基于 Hash 函数的数字摘要验证数据完整性的工作过程是:发送方将要发送的原信息用 Hash 函数变换,加密形成数字摘要;然后将原信息和数字摘要同时发送给接收方,接收方用 Hash 函数对收到的信息进行映射生成一个新的摘要;最后将新生成的摘要与发送方传送过来的摘要对比,如果两个摘要相同的话,则证明了接收到的信息是完整的,在传输过程中没有被修改或替换,具体流程如图 5-4 所示。

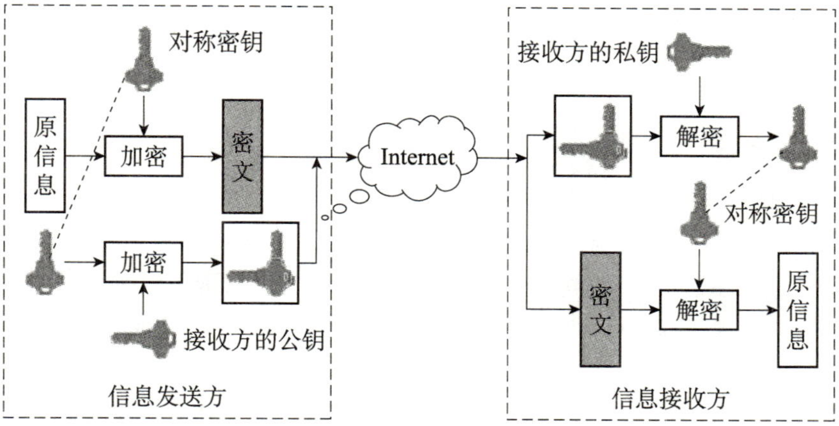

图 5-3 数字信封加密技术图解

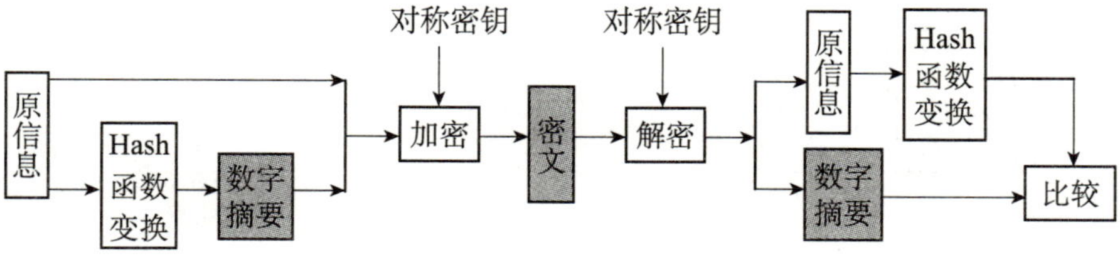

图 5-4 数字摘要技术图解

(二)数字签名

对文件进行加密只解决了传送信息的保密问题,而防止他人对传输的文件进行破坏,以及如何确定发信人的身份还需要采取其他的手段,这一手段就是数字签名(Digital Signature)。

在国际电子商务的安全保密系统中,数字签名技术占据着特别重要的地位,在国际电子商务安全服务中的源鉴别、完整性服务、不可否认服务中,都要用到数字签名技术。完善的数字签名应具备签字方不能抵赖、他人不能伪造、在公证人面前能够验证真伪的能力。

目前的数字签名是建立在公开密钥体制基础之上的,它是公开密钥加密技术的另一类应用。它的主要作用方式是信息发送方用自己的私钥对要发送的信息或数字摘要进行加密,然后传输给接收方。接收方收到信息后,用发送方的公钥对加密的信息进行解密,如果成功解密,则说明信息是由真正的发送方发出的。所以,数字签名不仅能够证实信息的确来自发送方而且可以避免发送方否认发送行为的情况出现。数字签名技术工作流程如图5-5所示。

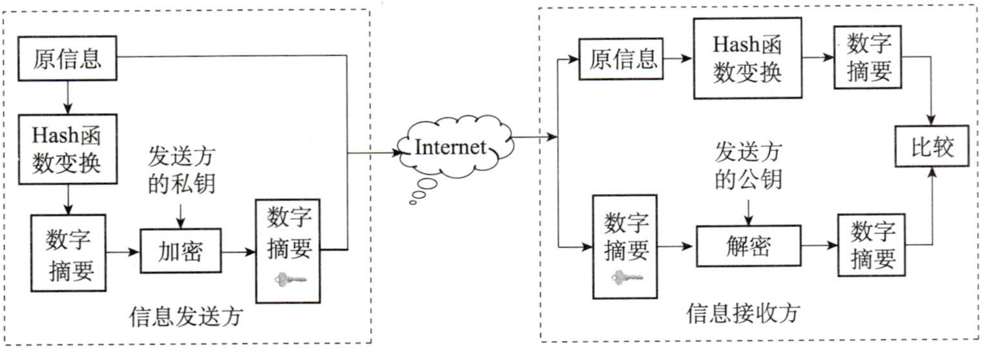

图5-5　数字签名技术图解

(三)数字时间戳

数字时间戳服务(Digital Time Stamp Service,DTS)是数字签名技术的一种衍生应用,是网上第三方提供的国际电子商务安全服务项目,它能够提供关于电子文件时间信息的安全保护,由专门的认证机构提供。数字时间戳(Time-stamp)是一个经加密后形成的凭证文档,它包括三个部分:需加时间戳的文件的摘要、认证机构收到文件的日期和时间以及认证机构的数字签名。

数字时间戳产生的步骤如图5-6所示:发送方首先将需要加时间戳的文件用Hash函数映射成摘要并将其发送到认证机构,然后认证机构在接收到的摘要上添加摘要到达时间并对该信息进行数字签名处理,最后将其发回发送方。

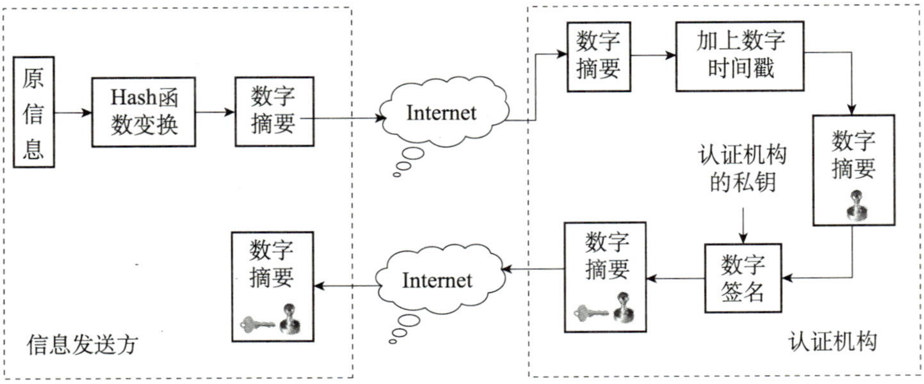

图5-6　数字时间戳技术图解

（四）数字证书

数字证书(Digital Certificate)是在网络环境中验证交易各方身份的一系列数据,其作用类似于人们日常生活中的身份证。它通过运用对称和非对称密钥加密技术建立起一套严密的身份认证系统,以保证信息除发送方和接收方外不被其他人窃取,信息在传输过程中不被篡改,以及发送方能够通过数字证书来确认接收方的身份且不能否认自己发送的信息。

数字证书的格式一般采用 X.509 国际标准,一个标准的数字证书包含以下内容:证书的版本信息、证书的序列号、证书所使用的签名算法、证书的发行机构名称、证书的有效期、证书所有人的名称、证书所有人的公开密钥、证书发送者对证书的签名。X.509 证书格式还预留了扩展内容,用户可以根据自己的需要进行扩展。

数字证书通常是由 CA 颁发的,是一个负责发放和管理数字证书的权威机构。其颁发的证书类型通常包括:个人身份证书、企业身份证书、服务器身份证书和企业代码签名证书。目前在全球处于领导地位的认证中心是美国的 VeriSign 公司,它创建于 1995 年 4 月,总部在美国加州的 Mountain View。该公司所提供的数字凭证服务已遍及全世界 50 个国家,接受该公司服务器数字凭证的 Web 站点服务器已超过 45 000 个,而使用该公司个人数字凭证的用户已超过 200 万名。

第三节　国际电子商务的安全保护

一、国际电子商务安全的技术保护

（一）网络病毒的防范

1. 特洛伊木马的防范

特洛伊木马是一种黑客程序,本身一般并不破坏遭受侵害的硬盘上的数据,而只是潜伏在被感染的计算机里,一旦这台计算机上网,就可能被黑客攻击。黑客可以通过 Internet 找到这台计算机,在自己的计算机上远程操纵它,窃取用户的上网账号和密码,随意修改或删除文件。

特洛伊木马的防范方法是不要轻易泄露自己的 IP 地址,下载来历不明的软件时要警惕其中是否隐藏了特洛伊木马,使用下载软件前一定要用特洛伊木马检测工具进行检查。

2. 邮件病毒的防范

邮件病毒和普通病毒是一样的,只不过由于它们主要通过 E-mail 传播,所以才被称为“邮件病毒”。这种病毒一般通过邮件中“附件”夹带的方法进行扩散,一旦收到此类 E-mail 并运行了附件中的病毒程序,就能使计算机中毒。

甚至在网络上出现过这样的恶作剧,有位黑客用 VBScript 写了一个 HTML 文件并通过 E-mail 传播,其代码如下,只要用户打开 E-mail,计算机就会自动启动 IE,运行代码,格式化用户的 D 盘。

```
<script language = "VBScript">
Dim WSHShell
Set WSHShell = CreateObject("Wscript. Shell")
WSHShell. run("c:\format d:")
</script>
```

3. IP 炸弹的防范

IP 炸弹一般是指专用的攻击软件(如 WinNuke),它通过发送大量的特殊数据,对远程计算机中 Windows 系统的漏洞进行攻击,造成对方的 Windows 蓝屏或死机。当用户用 QQ 等即时通信软件时,自身的 IP 地址很容易被别人查到,也就有被人用专用软件攻击的危险。

4. 邮件炸弹的防范

邮件炸弹的原理是向有限的信箱投入足够多或者足够大的邮件,使信箱崩溃,如 Nimingxin、Quickfyre 等。其防范的办法是像设置垃圾邮件过滤器那样,在邮件软件中或邮件服务器上设置好防范项目。

(二) 防火墙防护技术

1. 防火墙的概念

防火墙(Firewall)是由软件系统和硬件设备组合而成的,位于内部网和外部网之间的一种保护屏障,所有在内部网和外部网之间传输的信息都必须在此进行检查和连接,只有被授权的通信才能通过此保护层。因此,防火墙具有一定的隔离作用,能够有效地防止非法入侵事件的发生, 同时也可以执行安全管制措施,记录所有可疑信息产生的时间。

2. 防火墙的功能

(1) 防火墙是网络安全的屏障。它作为阻塞点、控制点,能极大地提高一个内部网络的安全性,并通过过滤不安全的信息而降低风险。由于只有经过精心选择的应用协议才能通过防火墙,所以网络环境变得更安全。

(2) 防火墙可以强化网络安全策略。通过以防火墙为中心的安全方案配置,能将所有安全软件(如口令、加密和身份认证等)配置在防火墙上。与安全软件分散安装在各个主机上相比,防火墙的集中安全管理更经济。

(3) 对网络存取和访问进行监控审计。当所有的访问经过防火墙时,防火墙就会记录下这些访问并生成日志,当有可疑情况发生时,防火墙能适时报警,并提供网络是否受到监测和攻击的详细报告。同时,防火墙通过对网络的使用情况进行统计,也能够清楚地了解自身是否能够抵挡攻击者的探测和攻击,并对此局面进行充分的控制。

(4) 防止内部信息的外泄。一方面,通过利用防火墙对内部网络的划分,可实现内部网络重点网段的隔离,从而限制了局部重点或敏感网络安全问题对全局网络造成的影响。另一方面,内部网络中的一些细节可能包含了有关安全的线索,从而引起外部攻击者的兴趣,甚至因此而暴露网络的某些安全漏洞,防火墙就能提供隐蔽内部细节的服务。

(5) 防火墙能够支持具有 Internet 服务特性的企业内部网络技术体系——虚拟专用网(Virtual Private Network, VPN)。通过 VPN,将企事业单位在地域上分布在全世界各地的 LAN 或专用子网,有机地联成一个整体。这样不仅可以节省专用通信线路,而且为信息共享提供了安全的技术保障。

3. 常见防火墙的类型

(1) 包过滤型防火墙(Packet Filtering Firewall)。它是在网络层对数据包进行分析、选择,选择的依据是系统内设置的过滤逻辑,也可称之为访问控制表。通过检查数据流中每一个数据包的源地址、目的地址、所用端口、协议状态等因素或它们的组合,来确定是否允许该数据包通过。包过滤型防火墙的优点是逻辑简单、成本低、易于安装和使用、网络性能和透明性好。

在一般情况下它是安装在路由器上的。包过滤型防火墙的缺点是很难准确地设置包过滤器，缺乏用户级的授权；包过滤判别的条件位于数据包的头部，由于 IPv4 的不安全性，很可能被假冒或窃取；作为基于网络层的安全技术，不能检测通过高层协议而实施的攻击。

（2）代理服务型防火墙（Proxy Service Firewall）。它能够检查进出的数据包，通过网关复制传递数据，防止受信任的服务器和客户机与不受信任的主机直接建立联系。它由两部分组成：代理服务器和筛选路由器。这种防火墙技术是目前最通用的一种，它是把筛选路由器技术和软件代理技术结合在一起，由筛选路由器负责网络的互联，进行严格的数据选择，应用代理则提供应用层服务的控制。代理服务器起到了外部网络向内部网络申请服务时的中间转接作用，内部网络只接受代理服务器提出的服务请求，拒绝外部网络其他节点的直接请求，代理服务器其实是外部网络和内部网络交互信息的交换点，当外部网络向内部网络的某个节点申请某种服务时，比如 FTP、Telnet、WWW、Gopher、WAIS 等，先由代理服务器接受，然后代理服务器根据其服务类型、服务内容、被服务的对象及其他因素（如服务申请者的域名范围、时间等），决定是否接受此项服务，如果接受，就由代理服务器内部网络转发这项请求，并把结果反馈给申请者，否则就拒绝转发请求。代理服务型防火墙能够理解应用层上的协议，完成更复杂的访问控制和做详细的注册。应用级网关是目前最安全的防火墙技术且具有较好的访问控制。根据其处理协议的功能可分为 FTP 网关型防火墙、Telnet 网关型防火墙、WWW 网关型防火墙、WAIS 网关型防火墙等，它的优点在于既能进行安全控制又可以加速访问，安全性好，但是实现比较困难，对于每一种服务协议必须为其设计一个代理软件模块来进行安全控制，同时有的应用级网关缺乏“透明度”。在实际使用中，用户在受信任的网络上通过防火墙访问 Internet 时，经常会发现存在延迟并且必须进行多次登录才能访问 Internet 或内部网。

（3）双源主机防火墙（Dual Homed Host Firewall）。它采用主机取代路由器执行安全控制功能，故类似于包过滤型防火墙。双源主机又称堡垒主机（Bastion Host），即一台配有多个网络接口的主机，它可以用来在内部网络和外部网络之间进行寻径，如果在一台双源主机中寻径功能被禁止了，则这个主机可以隔离与它相连的内部网络与外部网络之间的通信，而与它相连的内部网络和外部网络仍可以执行由它所提供的网络应用，如果这个应用允许的话，它们就可以共享数据，这样就保证内部网络和外部网络的某些节点之间可以通过双源主机上的共享数据传递信息，但内部网络与外部网络之间却不能传递信息，从而达到保护内部网络的作用。

4. 防火墙的局限性

（1）不能抵御来自内部的攻击。防火墙只是设在内部网和外部网之间，因此只能抵御经由防火墙的攻击，而无法防范不经过防火墙的攻击。

（2）不能防范人为因素的攻击，不能防止由公司内部人员恶意攻击或用户误操作造成的威胁，以及由于口令泄露而受到的攻击。

（3）不能有效地防止受病毒感染的软件或文件的传输。由于操作系统、病毒、二进制文件类型的种类太多而且更新很快，所以防火墙无法逐个扫描每种类型的文件以查找病毒。

（4）不能防止数据驱动式的攻击。当有些表面看来无害的数据传输或拷贝到内部网的主机上并被执行时，可能会发生数据驱动式的攻击。例如，一种数据驱动式的攻击可以使主机修改与系统安全有关的配置文件，从而使入侵者下一次更容易攻击该系统。

5. 防火墙技术的发展趋势

（1）优良的性能。新一代防火墙系统不仅应该能更好地保护防火墙后面内部网络的安全，而且应该具有更为优良的整体性能。传统的代理型防火墙虽然可以提供较高级别的安全保护,但是它同时也成为限制网络带宽的瓶颈,这极大地制约了其在网络中的实际应用。未来的防火墙系统将会把高速的性能和最大限度的安全性有机结合在一起,有效地消除制约传统防火墙的性能瓶颈。

(2)可扩展的结构和功能。对于一个好的防火墙系统而言,它的规模和功能应该能适应内部网络的规模和安全策略的变化。选择哪种防火墙,除了应考虑它的基本性能外,还应考虑用户的实际需求与未来网络的升级。未来的防火墙系统应是一个可随意伸缩的模块化解决方案,从最为基本的包过滤器到带加密功能的 VPN 型包过滤器,直至一个独立的应用网关,使用户有充分的余地构建自己所需要的防火墙体系。

(3)简化的安装与管理。防火墙产品配置和管理的难易程度是防火墙能否达到阻隔目的的主要考虑因素之一。实践证明,许多防火墙产品并未起到预期作用的一个不容忽视的原因在于配置和实现上的错误。同时,若防火墙的管理过于困难,则可能会造成设定上的错误,反而不能发挥其作用。因此,未来的防火墙将具有非常易于进行配置的图形用户界面,NT 防火墙市场的发展就证明了这种趋势。Windows NT 提供了一种易于安装和易于管理的基础。

(4)主动过滤。在 Web 数据流进入内部网络之前,网络管理员需要在数据流上完成许多工作,以实现数据流的简化和优化。防火墙技术开发商通过建立功能更强大的 Web 代理对这种需要作出了回应。例如,许多防火墙具有内置病毒和内容扫描功能或允许用户将病毒与内容扫描程序进行集成。许多防火墙还设定对过滤产品的支持,并可以与第三方过滤服务连接,这些服务提供了不受欢迎的 Internet 站点的分类清单。有些防火墙还在它们的 Web 代理中设定时间限制功能,允许非工作时间的"冲浪"和登录,并提供"冲浪"活动的报告。

(5)防病毒与防黑客。尽管防火墙在防止不良分子进入上发挥了很好的作用,但 TCP/IP 协议套件中存在的脆弱性使 Internet 对拒绝服务攻击敞开了大门。在拒绝服务攻击中,攻击者试图使企业 Internet 服务器饱和或使与它连接的系统崩溃,使 Internet 无法供企业使用。虽然没有防火墙可以防止所有的拒绝服务攻击,但防火墙厂商一直在尽其可能阻止拒绝服务攻击。像对付序列号预测和 IP 欺骗这类简单攻击,这些年来已经成为防火墙工具箱的一部分。

总之,未来防火墙技术会全面考虑网络的安全、操作系统的安全、应用程序的安全、用户的安全、数据的安全。此外,网络的防火墙产品还将把网络前沿技术,如 Web 页面超高速缓存、虚拟网络和带宽管理等与其自身结合起来。

二、国际电子商务安全的法律保护

虽然计算机网络安全和防护技术的不断进步,使国际电子商务交易的安全性得到持续提升。但是,技术不能解决国际电子商务交易安全的所有问题,尤其是人为因素造成的交易安全问题,如虚假信息、垃圾邮件、网络欺诈、软件盗版、网络知识产权侵权和黑客攻击等。这就需要依靠不断完善的法律保障来实现。本书第二章第三节已对与国际电子商务交易有关的示范法、电子签名法、电子通信法和网上知识产权保护法等进行了详细介绍。以下将重点围绕电子认证及惩治网络信息和网络交易犯罪等进行讨论。

(一)电子认证的法律保障

电子认证(Electronic Authentication)是采用电子技术检验网络用户和电子商务交易方合法性的一种操作。其主要内容包括三个方面:

(1)保证自报姓名的个人和法人的合法性的本人确认。确认本人的方法一般有组合使用用户 ID 和密码,以及磁卡或 IC 卡和密码。需要进行慎重的认证时,可利用指纹、虹膜类型等可识别人体的生物统计学技术。

(2)通过电子商务进行贵重物品交易时,保证个人或企业间收发信息在通信的途中和到达后不被改变的信息认证。

(3)数字签名,在数字信息内添加署名信息。

电子认证的目的就是通过 CA 机构对公共密钥进行辨别和认证(包括跨国认证)以防止或减少因密钥的丢失、损毁或解密等原因,造成电子交易的不确定因素及不安全性风险。同时,认证证明书还能佐证密钥申请人的资信状况。

电子认证是电子商务(包括电子政务)的核心环节,可以确保网上传递信息的真实性、完整性、保密性和不可否认性,确保电子商务交易的安全。

(1)真实性,就是要确保交易参与各方的身份真实、信息内容真实、交易发生时间真实。

(2)完整性,就是确保交易各方的信息是完整的、没有被篡改过或伪造过的。

(3)保密性,就是确保电子交易中数据、电子信息的保密性,使之不被交易各方以外的与交易无关的个体、企业或机构获知。

(4)不可否认性,就是确保交易各方不能对其参与过交易的事实进行抵赖,为日后可能存在的交易纠纷提供可信的证据。

电子认证的法律效力一般通过两种途径得到保障。第一种也是最直接的是通过立法的形式加以确认。这主要是通过法律及授权政府机关主管部门制定相应规则,从而最终达到保障电子认证的效力具有法律上的依据与保障。美国很多州都是采取这种方式。这主要表现在以下几个方面:

(1) 以直接的立法形式明示直接承认可被接受的技术方案标准。

(2) 授权政府主管部门制定相应规则,如享有颁布或吊销 CA 机构从事电子认证业务许可的权力,同时对违规/违法经营操作的 CA 机构具有行政处罚权。

(3) 制定明确的设立及管理 CA 机构的条件及程序。同时,在监管 CA 机构层面上,政府主管部门还设置所有合法登记、注册经营电子认证业务的 CA 机构的资料库供客户查询。

第二种是当事人之间通过协议方式来确认电子认证的效力。在这种情形下,法律只规定原则性条文,如确定电子签名与书面签名的同等效力,至于当事人之间如何选择技术方案以及由谁来做“第三者”——电子认证人,则由当事人协议确定。在此情形下,银行、ISP 公司等均可扮演电子认证机构的角色。但相对于第一种形式,这种方式中电子认证的效力就相对弱一些。特别是在发生纠纷的情况下,法院如何判定合约效力及责任归属问题,以及如何对抗第三人等,就无专门法律可依了。

我国于 2005 年 4 月 1 日正式实施的《中华人民共和国电子签名法》中,对电子认证作出了具体规定,明确了提供电子认证服务的机构应具备的条件、申请程序和提交的材料等。同时,在第 28 条、第 29 条和第 31 条规定了相应的法律责任,即电子签名人或者电子签名依赖方因依据电子认证服务提供者提供的电子签名认证服务从事民事活动遭受损失,电子认证服务提供者不能证明自己无过错的,应承担赔偿责任。未经许可提供电子认证服务的,由国务院信息产业主管部门责令停止违法行为;有违法所得的,没收违法所得;电子认证服务提供者暂停或者终止电子认证服务,未在暂停或者终止服务 60 日前向国务院信息产业主管部门报告的,由国务院信息产业主管部门对其直接负责的主管人员处一万元以上五万元以下的罚款。电子认证服务提供者不遵守认证业务规则、未妥善保存与认证相关的信息,或者有其他违法行为的,由国务院信息产业主管部门责令限期改正;逾期未改正的,吊销电子认证许可证书,其直接负责的主管人员和其他直接责任人员十年内不得从事电子认证服务。吊销电子认证许可证书的,应当予以公告并通知工商行政管理部门。

于同一天实施的由信息产业部制定的《电子认证服务管理办法》,则对电子认证服务机构应具备的条件,申请电子认证服务许可需提交的材料,《电子认证服务许可证》的审核、办法及有效期,电子认证服务机构应提供的服务、应履行的义务,电子认证的暂定与终止,电子签名认证、监督管理以及罚则等作出了详细规定。

(二) 惩治网络信息和网络交易犯罪的法规

1. 发达国家惩治网络信息和网络交易犯罪的法律

1984 年 10 月 12 日,美国国会通过《伪造连接装置与计算机欺诈及滥用法》,这是美国第一部专门惩治计算机网络信息犯罪的刑事立法,此法条后来被纳入《美国联邦刑法法典》第 47 章第 18 篇最后一条,名为“计算机相关之欺诈及其他犯罪行为”,规定计算机犯罪包括下列行为:非法使用者或合法使用者以非法目的使用计算机获利或造成他人损失的;非法或者以非法目的获取受相关法律保护的计算机资料;以破坏、篡改或改变信息储存为目的而访问计算机系统的行为,无论造成损失与否。1986 年美国又对 1984 年的法律进行了全面修订,颁布了《计算机欺诈和滥用法》,重点惩处未经授权而故意进入政府计算机系统的行为。1989 年颁布的《计算机保护法案》禁止行为人在明知或者有足够理由相信其行为足以造成不良后果的情形下,引入计算机程序或计算机本身之指令。

英国在 1984 年也颁布了《数据保护法》,规定了个人数据的保护原则,以防止不正当侵犯个人隐私权为立法目的。1990 年英国又制定实施了《计算机滥用法》,规定了三种犯罪类型:一是未经授权接触计算机资料;二是意图犯罪或意图协助犯罪而未经授权接触计算机;三是故意损毁、破坏或修正计算机资料或程序。

德国将与计算机网络信息有关的犯罪完全纳入《刑法典》体系,1986 年的《刑法典》中对有关计算机犯罪的规定主要包括:资料间谍罪、计算机欺诈罪、伪造可为证据之重要资料罪、刺探资料罪、变更资料罪、妨害计算机罪。1997 年 8 月 1 日德国颁布《多媒体法》,从而成为世界上第一个对互联网应用与行为规范进行法律约束的国家。《多媒体法》一方面扩大了服务商的经营自由,另一方面又强化了在公开电信网络上的消费者保护和数据保护,同时禁止在公开的信息网络上传播色情和宣扬暴力的文字、图片等。

法国于 1994 年 3 月 1 日生效的《新刑法典》中,“计算机信息领域的犯罪”一章中共定义了三种计算机犯罪,即侵入资料自动处理设备罪,妨害资料处理系统运作罪,非法输入、取消、变更资料罪。

2. 我国有关惩治计算机网络和交易犯罪的法规

我国惩治计算机网络和交易犯罪的法规建设比发达国家晚,从 1994 年才开始陆续颁布和实施,但是立法进程发展较快,先后颁布实施了多部惩治网络信息和交易犯罪的法规。目前,我国惩治计算机网络和交易犯罪的法规包括:

(1) 国家法律,即司法解释。包括 1997 年修订的《中华人民共和国刑法》中增加的惩处计算机犯罪的条款;2000 年 12 月第九届全国人民代表大会常务委员会第十九次会议通过的《关于维护互联网安全的决定》;2012 年 12 月 28 日第十一届全国人民代表大会常务委员会第三十次会议通过的《关于加强网络信息保护的决定》;经第十二届全国人民代表大会常务委员会第五次会议修改通过，于2013年3月15日实施的《中国消费者权益保护法》；2013年1月1日施行的《最高人民法院关于审理侵害信息网络传播权民事纠纷案件适用法律若干问题的规定》；2013年9月10日施行的《最高人民法院、最高人民检察院关于办理利用信息网络实施诽谤等刑事案件适用法律若干问题的解释》。

（2）行政法规。包括1994年2月18日国务院颁布的《计算机信息系统安全保护条例》，这是我国第一部计算机安全法规；1996年2月国务院颁布的《计算机信息网络国际联网管理暂行规定》；2000年9月25日国务院发布的《互联网信息服务管理办法》；修订后2013年3月1日起实行的《计算机软件保护条例》。

（3）部门规章。包括1997年12月公安部颁布的《计算机信息网络国际联网管理办法》及《计算机信息系统安全专用产品检测和销售许可证管理办法》；1998年8月公安部、中国人民银行发布的《金融机构计算机信息系统安全保护工作暂行规定》；2000年国家保密局发布的《计算机信息系统国际联网保密管理规定》；2000年5月17日公安部发布实施的《计算机病毒防治管理办法》；2004年9月28日国家信息产业部教师的《中国互联网络域名管理办法》；2014年3月15日由国家工商总局发布施行的《网络交易管理办法》；2014年5月28日国家工商总局发布的《网络交易平台经营者履行社会责任指引》。

本章小结

本章对国际电子商务的安全问题、国际电子商务的安全技术及国际电子商务的安全防护等进行了较为详细的介绍。

基于Internet开展国际电子商务面临的主要安全问题包括黑客攻击、病毒攻击、网页仿冒、安全产品使用不当和安全管理制度的缺失等，同时也存在交易主体的准入机制、信用风险、电子合同确认、电子支付、电子商务管理五个方面的安全隐患。保障国际电子商务交易的安全必须满足信息保密性、交易方身份的确定性、交易的不可否认性和信息的完整性等四个要素。

国际电子商务的安全技术主要包括信息加密技术和鉴别技术两大类。常用的信息加密技术有对称密钥加密、公开密钥加密和数字信封等三种，各有其优点和局限性。而信息鉴别技术则包括数字摘要、数字签名、数字时间戳和数字证书等四种常见技术。

国际电子商务交易安全的防护需要技术和法律两个方面的不断完善。防火墙是国际电子商务安全防护的主要技术手段，常见的类型有：包过滤型防火墙、代理服务型防火墙和双源主机防火墙等。未来的防火墙技术应全面考虑网络的安全、操作系统的安全、应用程序的安全、用户的安全和数据的安全。国际电子商务安全的法律防护必不可少，本章主要介绍电子交易认证与惩治网络信息和网络交易犯罪两个方面的法规。

关键术语

计算机网络安全，电子商务交易安全，对称密钥，公开密钥，数字摘要，数字签名，数字时间戳，数字证书，防火墙

复习思考题

1. 电子商务交易的安全隐患主要存在于哪几个方面？
2. 电子商务的安全需要包括哪四个要素？

3. 对称密钥加密体制和公开密钥加密体制的区别在哪里?
4. 什么是数字签名和数字时间戳?
5. 什么是数字摘要?
6. 什么叫防火墙,它可以实现哪些功能?
7. 常用的防火墙技术有哪些? 各有哪些优缺点?
8. 我国电子商务安全立法有何特点? 还应在哪些方面进一步完善?

参考文献

陈波,于泠:防火墙技术与应用[M],机械工业出版社,2013 年 1 月。
陈孟建,徐金华:电子商务网络安全与防火墙技术[M],清华大学出版社,2011 年 4 月。
郭振华,林莉:电子商务教程[M],清华大学出版社,2011 年 12 月。
胡宏力,张蕾:电子商务理论与实务[M],中国人民大学出版社,2012 年 10 月。
李飒,刘春:电子商务安全与支付[M],人民邮电出版社,2014 年 8 月。
石声波:电子商务安全[M],清华大学出版社,2011 年 10 月。
王世军等:国际电子商务[M],机械工业出版社,2006 年 1 月。
易久:电子商务安全[M],北京邮电大学出版社,2010 年 11 月。
张思光:电子商务概论[M],清华大学出版社,2011 年 11 月。
赵应文,胡乐炜:电子商务基础[M],北京大学出版社,2012 年 1 月。
曾勇:电子商务信用风险机理研究[D],武汉理工大学,2005 年 7 月。

第六章

国际电子商务信息管理技术

学习目标

掌握:有价值信息的特征,发掘企业内部财务资料、统计资料、消费者资料等信息数据,通过 Internet 商业信息检索服务搜集外部信息数据,数据仓库的定义、特点及其在电子商务中的应用,Web 数据库及其优点,企业资源规划系统和客户关系管理系统

理解:数据库的定义及分类,电子商务信息分析的作用和重要性,常用的信息管理方式,电子商务信息分析技术

了解:数据和信息的概念,信息管理的传统方法,信息系统的含义及功能

导学案例

惠普能否从企业数据仓库中受益

惠普是全球最大的信息技术供应商之一,虽然公司有相当多的专业系统出售给其他公司,但是它也有自身的信息技术问题。惠普有许多数据,但是它们被存储在多个应用程序和不同部门、营业单位和地理位置之间的数据仓库。惠普的许多系统和程序不能为它的企业活动提供完整和一致的信息。

其前任 CEO 马克·赫德表示很难收集和分析到“一致的、及时的包括企业不同方面的数据”。一些系统通过产品来跟踪销售情况和定价情况,而其他系统则从地理位置上跟踪销售信息。例如,不同的营业单位对于毛利的计算通常出现不同结果,公司管理层需要从全公司 750 多份单独的资料来获得信息。

数据的不一致拖垮了销售和利润。汇集关于来自各个系统的企业信息需要花费一周的时间,因此管理层的决定实际上是基于相对落后的数据。常常一个简单的问题,如公司不同业务的销售成本是多少就很难回答。没有一个统一的标准,高级主管之间经常对于一些事情(如分配到特定系统中的销售和服务团队的规模)产生分歧。管理层非常需要更完善的信息。

惠普管理层决定建造一个全球范围内的企业数据库,提供统一的、真实的信息,来解决上述问题。数据仓库替换了 17 种不同的数据库技术并且结合 14 000 个目前正在使用中的数据库,以实时的方式向惠普的员工提供数据,并且不受部门或者地理位置的限制。惠普为数据仓

库开发了专有的平台,由服务器、存储器、操作系统、数据库管理系统和查询及报告软件组成,有效地运行于数据仓库。惠普数据仓库系统如此成功以致于公司决定把它作为一个“数据仓库应用程序”出售给其他公司,名称叫作 Neoview。建成后惠普的数据仓库包括超过 400T 的数据,被 5 万名员工使用。惠普所有的财务数据都存储在该数据仓库中。

惠普的努力得到了回报。公司现在每三个月的数据查询、升级及其他财务数据处理的能力达到其建成数据仓库之前的 12 倍。惠普可以追踪其所有类别的市场成本,例如按照传媒、客户部门、全球或者国家进行分类。之前,惠普并不能开展这样的工作。

惠普的经验充分说明了数据管理以及数据库系统对于业务的重要性。在过去,由于数据的冗余、不一致以及分散在不同的系统和应用中,惠普无法作为一个整体运作,也无法及时作出决策。企业如何存储、组织和管理数据,对于组织能否有效运作有着至关重要的影响。

资料来源:[美]肯尼思·C. 劳顿,简·P. 劳顿著,薛华成译,管理信息系统(第 11 版)[M],机械工业出版社,2011 年 5 月,第 138 页。

案例思考题:

什么是数据仓库?其特点是什么?试讨论数据仓库在国际电子商务中的应用。

第一节 国际电子商务信息管理

一、信息概述

(一) 数据与信息

数据由原始事实组成,它反映真实世界的客观情况,如员工姓名、月销售额等都是数据;信息是按照特定方式组织起来的事实集合,它具有超出原始事实的额外价值,如管理人员对员工姓名与月销售额进行综合分析就会清晰地了解到每位员工的销售情况,这些信息比原有数据更有价值。简而言之,数据是未加工的信息,是对客观实体的一种描述形式,是信息的载体;信息是经过加工后的并且能为某个目的服务的数据,是数据包含的内容或是对数据的诠释。

(二) 有价值信息的特征

信息的价值直接体现在它是否能够帮助决策者实现组织的目标这方面。通常在商业领域,对决策者和管理人员有用的信息具备表 6-1 中的特点,如果信息以下的某些特点不突出,那么它们对企业而言就不会有太大的价值。如信息不精确或者不完全,会导致决策者制定的策略不准确,可能会使企业蒙受巨大的损失。

表 6-1 有价值信息的特征

特点	含 义
精确性	获取准确的信息是形成正确决策的基础和前提
完整性	完整性要求信息包含所有的重要事实,能够反映全面的客观情况。例如,完整的投资报告应包含全部的成本支出明细。信息表达完整有利于企业更好地把握这些信息,一个不完整的信息可能会使企业步入歧途,增大企业决策风险
经济性	信息的生成应该相对地具有“经济性”,即决策者需要保证信息的价值高于其产生成本
灵活性	灵活的信息应该可以用于多种情况、多个方面。例如,有关仓储的信息既能够被销售经理作为决定是否需要更多存货的判断依据,也可以被财务总管用来衡量仓储总资产的价值
可靠性	可靠的信息是能够完全相信和依赖的。数据来源的可靠性和数据搜集方法的正确性都会从整体上提高信息的可靠性

（续表）

特点	含　义
相关性	信息与信息之间应具有一定的联系或能够互相影响，相关的信息对决策者而言是很重要的。例如，木材降价的信息和芯片制造方面的信息是不相关的
简单性	信息量太多会导致信息超载，拥有过多的信息也会导致决策者对重要事件不能及时地作出判断，因此信息应该简单，特别是在一些情况下详细而复杂的信息是不需要的
及时性	及时性是指有用的信息能够在需要的第一时间传递过来。例如，前一周的天气状况对于决定今天应该穿什么衣服是没有什么帮助的
可验证性	信息应该是可以验证其正确性和可靠性的，可以考虑通过检查此信息的多个来源的方法验证它的可靠性
可访问性	为了满足用户的需求，经过授权的用户应该可以通过正确的方式、在正确的时间访问到信息
安全性	信息应该能够有效地阻止未授权用户的访问

信息在不同的情况下需要具备的特征是不一样的。例如，对于现金、存货、设备等会计数据而言，信息的精确性、可验证性和完整性是非常重要的，而就市场调查数据来讲，对于它的及时性的要求是很高的。

二、信息来源

企业在国际市场竞争的压力下，必然会通过各种途径，利用各种方法搜集与自身相关的商业信息，为企业的决策和规划提供有力的依据。国际商务信息涉及的领域非常广泛，不仅包括宏观环境中各国的政治、经济、地理、法律、社会、文化、技术、自然条件等方面的情况，而且包括微观环境中关于竞争对手、营销渠道、供应商等方面的信息。以下主要介绍如何从企业内部和外部搜集各种商业信息。

（一）发掘企业内部信息

任何信息系统都必须有效地储存和整理企业内部日常运作中产生的各种信息，因为此类信息不仅是最为经济的，而且是与企业关联性最强的、不可重复的重要资源。企业内部的信息通常主要包括以下四方面：

1. 消费者资料

许多企业都建立了当前消费者和潜在消费者的数据库，这是非常重要的营销信息，是企业了解市场需求、研发新产品、制定营销策略的重要依据。关于消费者的数据可以通过市场调查、销售人员记录、订货单统计等方式收集而来。

2. 统计资料

统计资料主要包括关于企业生产、销售、储存等方面的统计报表，这些资料是研究企业经营状况、特征及规律的重要定量依据，也是企业开发市场的基础。

3. 财务资料

财务资料是由企业财务部门提供的各种财务、会计和核算报表，报表中的信息主要包括生产成本、销售成本、税务成本、产品价格及总体利润等。财务资料能够直接反映企业的经济效益，通过对这些资料的研究，可以了解企业的盈利状况，制订企业的发展计划。

4. 其他资料

其他资料包括各种关于企业和产品的报道、广告,各种调查报告,员工的总结报告等。这些资料对于了解企业外部环境、地位和存在的问题等都具有重要的参考意义。

对发掘的企业内部信息进行有效管理的关键,在于控制内部信息并建立能够使内部信息迅速传输到决策者的系统结构。

(二) 搜集外部信息

Internet 是全球最大的计算机互联通信网络。它是把全世界各地已有的各种不同类型和规模的网络,通过路由器、通信线路等通信设备互连,并基于一个共同的 TCP/IP 协议实现通信的世界性计算机网络。Internet 的信息资源极其丰富。在丰富的 Internet 信息资源中,经济商务类信息所占的比例越来越大,它主要包括商业信息检索服务、专利信息服务、金融信息服务、商品与贸易信息服务、宏观环境信息服务等。

1. Internet 商业信息检索服务

由于大量用户不断地向网上提供各种文字、图片等信息,特别是众多著名商业数据库和信息系统纷纷上网,Internet 已成为世界上信息最多、门类最全、规模最大的信息库。随着大型搜索引擎的出现,人们能够方便、快速地查询到最新的商业信息。

自从 1946 年世界上第一台计算机问世以后,国外就有人研究计算机在情报检索中的应用。1954 年,美国海军兵器中心图书馆就在 IBM 701 型电子管计算机上建立起第一个信息检索系统。随着大容量电子计算机分时系统和强功能检索软件的研制成功,联机检索系统从局部区域发展到了全球范围。目前世界上有 100 多个联机检索系统,其中规模较大的有 DIALOG 系统、ORBIT 系统和 ESA/IRS 系统等。

2. 专利信息服务

专利信息也是重要的市场信息之一。目前在 Internet 上与专利有关的服务有多种形式,如英国 Derwent 的国家专利拷贝服务,可以向用户提供世界上各主要专利机构发布的专利说明书。又如美国的 SPO(the Shadow Patent Office)E-mail 专利服务,可提供美国专利商标局自 1972 年以后所有的专利信息,同时每周还可获得一份最新的包含美国专利名称和专利号的详细报告。

3. 金融信息服务

金融信息主要包括货币、信贷、资金运动等与金融有关的经济情况。在 Internet 上提供的金融服务主要有银行信息的查询、公司资信与投资评价的查询、证券与股票信息的检索,以及综合金融信息的咨询。

4. 商品与贸易信息服务

目前企业纷纷利用 Internet 开展多种市场营销活动,通过建立网站介绍产品和服务,提供产品和价格信息。电子商务实现了市场订货、支付等多环节的网上运行,同时也为上网的用户提供了丰富的商品与贸易信息。

5. 宏观环境信息服务

随着众多党政机关、媒体组织在 Internet 上开设网站,Internet 已经成为世界上最大的新闻媒体和信息网络。通过 Internet 可以获取政治、经济、法律、军事、文化、科技、社会等多方面的市场环境信息,为商务活动的开展提供了不可缺少的指导信息。

三、信息管理

信息管理(Information Management)是指人们搜集、加工和输入、输出的信息的总称。信息管理的过程包括信息的搜集、传输、加工、存储等环节。信息搜集就是对原始信息的获取。信息传输是信息在时间和空间上的转移,因为信息只有及时、准确地送到需要者的手中才能发挥作用。信息加工包括信息形式的变换和信息内容的处理。信息形式的变换是指在信息传输过程中,通过变换载体,使信息准确地传输给接收者。信息内容的处理是指对原始信息进行加工整理,深入揭示信息的内容。经过信息内容的处理,输入的信息才能变成所需要的信息,才能被适时有效地利用。信息送到使用者手中,有的并非使用完后就无用了,有时还需留作事后的参考和保留,这就是信息储存。通过信息的储存可以从中揭示出规律性的东西,也可以重复使用信息。

四、常用信息管理方式

(一)信息管理的传统方法

信息管理的传统方法之一就是利用书面文件进行数据信息管理。常见的做法是文件柜中摆放不同类别的文件夹,各个文件夹中存放同类的相关文件。例如,一家小型的批发公司根据经营的需要设置了两个不同的客户资料文件柜,在第一个文件柜中,以客户已下订单的情况为标准存放客户资料;在第二个文件柜中,按照付款情况存放客户的记录。资料管理员每天需要把已付款的客户资料从订单柜中转移至已付款柜中,每个月末整理已付款客户资料形成账户清单。从某种程度上看,文件柜中的文件及其所包含的记录反映了企业的基本组织结构。

表面上看,该公司组织得井井有条。然而,随着时间的流逝,这种面向文件的数据管理方法的缺陷就会越来越明显。很多的客户数据,如姓名和地址会在两个或多个文件中重复出现,这种分散在多个文件中的重复数据就是数据冗余(Data Redundancy)。数据冗余所带来的问题是某个文件中的数据改变了,但是另外的相关文件中的相同数据却未变化,因而数据冗余与数据的可靠性发生了冲突。如果通过只修改一个文件中的记录就可以达到其他文件中的内容也相应变化的目的,就能够消除数据冗余的现象,提高信息的准确性,为决策者制定正确的经营策略提供有力的保障。

(二)建立数据库

由于传统的信息管理方法存在各种问题,因此很多企业都通过建立数据库组织企业内部和外部的数据信息。

1. 数据库的定义

数据库(Database)是按照一定的数据模型在计算机系统中组织、存储和使用的互相联系的数据集合。其本质是可以共享的、有一定组织方式的相关数据集合。例如,某一时段内某地区消费者对商品品牌的认知数据的集合。为了便于管理存入数据库中的数据,数据进入数据库前就已具有一定的数据结构和文件组织方式。另外存入的数据可以被多个用户反复使用,达到资源共享的目的。

2. 数据库的分类

大部分的数据库中,关系结构最常见的是以下三种逻辑模型:层次模型、网状模型和关系模型,其中关系模型最为流行。

(1) 层次(树状)模型。在很多情况下,数据采取一种层次或树状结构。在层次数据库模型中,数据呈现出一种"自顶向下"或"倒挂树"的结构。例如,某公司实施某个项目,该项目涉及部门 A、B、C,每个部门中的员工都将参与该项目的执行,那么数据关系就可以通过层次模型来表示,如图 6－1 所示。

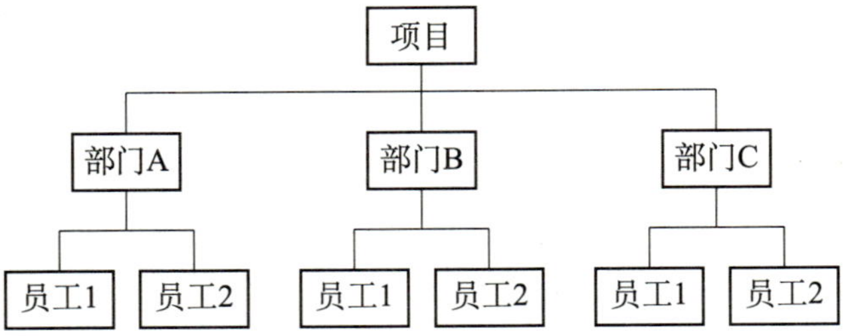

图 6－1 层次(树状)模型

(2) 网状模型。网状模型是层次模型的扩展,它与层次模型中只有一对多的关系有所不同。网状模型是一种“首”与“属”的关系,其中一个属记录可以有多个首记录。例如,一个企业要实施两个项目,同时,部门 A、B、C 都要参与项目的策划和实施,这样就需要采用网状模型,如图 6－2 所示。

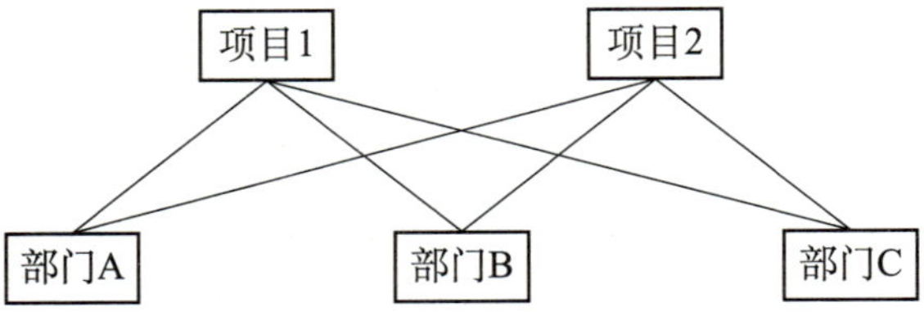

图 6－2 网状模型

按层次或网状模型组织的数据库有共同的缺陷,就是数据元素间的关系被确定后,就很难对这些关系进行修改或者创建新的关系。

(3) 关系模型。关系模型已成为最流行的数据库模型,它是用标准的表格形式来描述数据。在按关系模型组织的数据中,所有数据元素都存在于被称作“关系”的二维表中,它在逻辑上等同于文件。关系数据库表以行和列的形式来组织数据,从而简化了数据的存取和操作,如图 6－3 所示。

数据表 1:项目表

项目号	说明	部门号
99－01	工资系统改革	A
99－02	建立销售数据库	B
99－03	改进销售数据库	C

数据表 2:部门表

部门号	部门名	经理社会号
A	会计部	001
B	生产部	002
C	市场部	003

数据表 3:经理表

经理社会号	姓名	聘用日期	部门号
001	王明	96－12－1	A
002	李丽	93－02－1	B
003	胡强	95－08－1	C

图 6－3 关系模型

3. 数据库的发展

数据库技术的发展，已经成为先进信息技术的重要组成部分，是现代计算机信息系统和计算机应用系统的基础与核心。数据库技术最初产生于20世纪60年代中期，根据数据模型的发展，可以划分为三个阶段：第一代的网状、层次数据库系统，第二代的关系数据库系统和第三代的以面向对象模型为主要特征的数据库系统。

第一代数据库的代表是1969年IBM公司研制的层次模型的数据库管理系统IMS和70年代美国数据库系统语言会议（CODASYL）下属数据库任务组DBTG提议的网状模型。第二代数据库的主要特征是支持关系数据模型（数据结构、关系操作、数据完整性）。而随着科学技术的不断进步，各个行业领域对数据库技术提出了更多的需求，关系型数据库已经不能完全满足需求，于是80年代产生了第三代数据库。第三代数据库支持多种数据模型（如关系模型和面向对象的模型），并和诸多新技术相结合（如分布处理技术、并行计算技术、人工智能技术、多媒体技术、模糊技术），广泛应用于多个领域（商业管理、GIS、计划统计等），由此也衍生出多种新的数据库技术。

随着科学技术的发展，计算机技术不断应用到各行各业，而数据存储不断膨胀的需要，对未来的数据库技术将会有更高的要求。

4. 数据库在商业领域的应用

所有企业最重要的资源之一就是大量的商业数据，数据库能够有效地管理不断增加的数据并使其价值最大化。企业内部建立的数据库，在商务活动中的积极作用是十分明显的。例如，企业通过消费者数据库可以很容易地辨认出潜在消费者、一次性消费者和忠实消费者，企业的市场人员根据这些信息可以分析出消费者的其他特点。数据库可以提供帮助企业降低成本、提高利润、追踪业务活动轨迹、开创市场新机遇的有用信息，通过向决策者提供及时、准确、相关的信息，帮助企业获得成功。

（三）数据仓库

1. 数据仓库的定义

数据仓库（Data Warehouse，DW）是在数据库已经大量存在的情况下，为了进一步挖掘数据资源、满足决策需要而产生的。数据仓库的概念始于20世纪80年代中期，首次出现在“数据仓库之父”William H. Inmon的《建立数据仓库》一书中。DW被认为是在企业管理和决策中面向主题的、集成的、与事件相关的、不可修改的数据集合。

2. DW的特点

（1）面向主题。传统数据库主要是为应用程序进行数据处理，未必按照同一主题存储数据；DW侧重于数据分析工作，是按照主题储存的。主题是一个抽象的概念，它对应着企业中某一宏观分析领域所涉及的分析对象，是针对某一决策问题而设置的。面向主题的数据组织方式，就是在较高层次上对分析对象的数据进行完整和统一的描述并找寻出数据之间的联系。

（2）集成的数据。DW中的数据不是最新的，是来源于其他数据库或子系统的。它们并不是原有数据的简单拷贝，这些原有数据在进入DW之前必须经过计算或综合处理，如抛弃不必要的数据项，增加一些将会涉及的外部数据。因为原有数据记录的多是每一项业务处理的流水账，所以不适合分析使用。

（3）数据不可更新。从数据的使用方式上看，DW中的数据是不可更新的。数据被存放到 DW 中以后,用户只能通过分析工具进行查询和分析,不能修改储存的数据,也就是说 DW 中的数据对用户而言是只读的。从数据内容上看,DW 储存的是企业当前的和历史的数据,并不是数据库处理的日常事务记录。

(4) 数据随时间不断变化。数据库保存数据的时候,不一定需要具有时间因素。然而由于应用于决策的需要,DW 中的数据都必须标明时间属性,这样随着时间的变化,其中的数据能够被不断地综合到更高的层次满足趋势分析的需要。当 DW 中的数据超过存储期限或对于分析不再有用时,将会被从 DW 中删除。

如果说数据库的重点与要求是快速、准确、安全和可靠地将数据输入数据库中的话,那么 DW 的重点与要求就是准确、安全、可靠地从 DW 中抽取数据,经过分析、加工形成有规律的信息供决策者使用。

3. DW 的结构

DW 的结构分为数据提取层、数据组织层和数据挖掘层等多个部分。数据提取层的作用是把决策主题所需要的数据,从各种相关的业务数据库或数据文件等外部数据源中抽取出来,进行各种必要的清洗、整合和转换处理,再将这些数据集成存储到仓库中。数据提取层在 DW 的整体系统应用中占有非常重要的地位。数据组织层是以一定的组织结构存储各种主题数据。DW 总是包括多个主题,一个主题的数据通常储存在一个数据库中。数据挖掘层集成各种数据挖掘的算法,包含很强功能的数据挖掘工具,可以提供灵活有效的人物模型、组织形式等支持各项决策的数据挖掘任务。

4. DW 在国际电子商务中的应用

面对激烈的国际市场竞争,越来越多的企业开始实施"以客户为中心,以服务求发展"的经营策略。如何优化客户关系,增强企业的竞争优势已经成为现代企业关注的焦点。现有的应用系统往往以产品为中心,以单据处理为基础,是面向联机事务处理(Online Transaction Processing,OLTP)的系统。而以客户为中心的经营管理模式要求对现有业务系统的数据进行有效的继承并加以重组,建立面向联机分析处理(Online Analysis Processing,OLAP)的系统。通过分析客户的行为,掌握不同类型客户的特征,进而为客户提供更加优质的服务,尤其是个性化的服务,同时全面掌握、理解并分析企业业务的发生情况,充分发挥企业现已积累的数据,为各级管理人员提供科学化管理和决策的有利依据,以提高企业的经营业绩,保证利润的持续增长。

目前很多企业根据自己的业务特点和办公的需要,建立了各省的业务处理系统和企业办公自动化系统,如企业资源计划系统(ERP)、客户关系管理系统(CRM)等,这些业务信息系统对提高企业的工作效率、减少重复性的工作起到了积极的作用。

(四) 建立 Web 数据库

1. Web 数据库概况

随着 Internet 的快速发展与普及,Web 数据库已经成为 Internet 中最流行、最主要的信息服务方式之一。Web 数据库(也叫网络数据库)是一个大型的分布式超媒体信息数据库,它能够把各种类型的信息和资源,如文本、图片、视频和音频等储存起来并且通过网络发布,使用户能够在 Internet 上浏览、查询和共享数据库中所有的信息。

Web 数据库是由实现数据存储与处理的数据库技术和网络资源共享技术结合产生的一种新技术。访问 Web 数据库的过程是用户利用浏览器作为输入接口,输入所需的数据;浏览器将输入的数据传送给网站服务器，网站服务器再对这些数据进行处理，比如将数据存入后台的 Web 数据库中或者对后台的 Web 数据库进行查询等操作；最后网站服务器将操作结果传回浏览器呈现给用户。

通常，Web 数据库的环境由硬件元素和软件元素组成。硬件元素包括 Web 服务器、客户机、数据库服务器和网络。软件元素包括客户端安装的、能够解释执行 HTML 代码的浏览器。在 Web 服务器中，必须具有能执行自动生成 HTML 代码的程序的功能，如 ASP、CGI 等；同时还需具有能自动完成数据操作指令的数据库系统，如 Access、SQL Server 等。图 6－4 是 Web 数据库运行的外部环境的基本结构示意图。

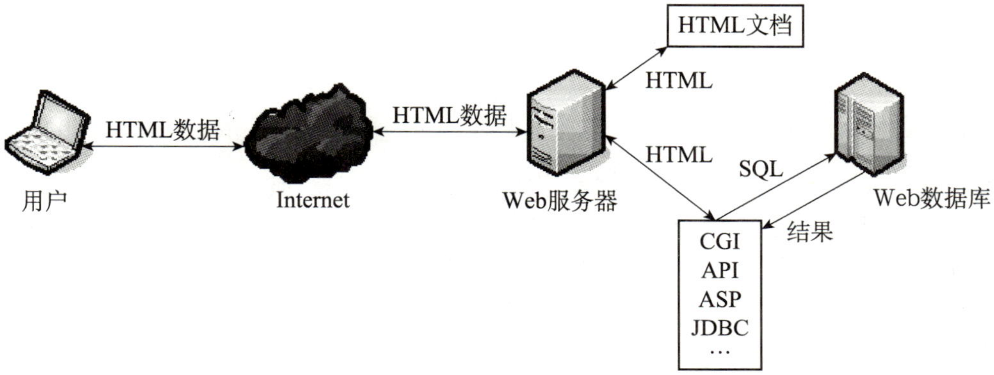

图 6－4　Web 数据库运行的外部环境的基本结构

2. Web 数据库的优点

Web 与数据库的结合从一定意义上讲是人、企业、社会与 Internet 的结合。数据库技术发展的成熟，特别适用于对大量的数据进行组织和管理，Web 技术具有广泛的信息发布途径，两种技术的互补性决定了相互融合是其发展的必然趋势。将 Web 技术与数据库技术融合在一起，使数据库系统成为 Web 的重要有机组成部分，不仅可以把二者的所有优点集中在一起，而且能够使用户通过 Web 浏览器方便地检索和浏览大量已有的数据库信息资源，如可以查询期刊信息、银行账户、股票价格和利率等。这些功能是 HTML 编写的网页无法做到的，因为 HTML 无法实现交互功能。由于数据信息是资源的主体，因而 Web 数据库技术自然成了 Internet 的核心技术之一。将 Web 技术与数据库相结合，开发动态的 Web 数据库应用一直以来都是 Web 技术研究的热点。

3. 常用的 Web 数据库

目前比较流行的 Web 数据库主要有：SQL Server、MySQL 和 Oracle。这三种 Web 数据库适应性强、性能优异、使用简便，目前在国内外已经得到了广泛的应用。

（1）SQL Server 是微软公司从 Sysbase 获得基本部件的使用许可后，开发出的一种关系数据库。由于出自微软公司，使得 SQL Server 和 Windows 等产品有着天然的联系。事实上以 Windows 为核心的几乎所有微软的软件产品都采用了一致的开发策略，如界面技术、面向对象技术、组件技术等。微软的很多软件都配合密切，可以相互调用，因此如果使用 Windows 操作系统，SQL Server 将是最佳选择。

（2）MySQL 是 UNIX 或 Linux 类型服务器上广泛使用的 Web 数据库系统。由于它不支持事务处理，因此处理速度比其他的商业数据库快 2—3 倍。同时通过优化操作平台，MySQL 还可以支持多 CPU 系统的多线程方式。因为 MySQL 的源代码是公开的并且能够免费使用,所以许多中小型网站和个人网站都使用 MySQL。

(3) Oracle 是 Oracle 公司开发的一种面向网络计算机并支持对象关系模型的数据库产品。它是以高级结构化查询语言为基础的大型关系数据库,是客户/服务器体系机构的数据库之一。它具有以下突出的特点:① 支持大型数据库、多用户和高性能的事务处理。②遵守数据库存取语言、操作系统、用户接口和网络通信协议的工业标准。它是一个开放的系统,保护了用户的投资。③ 实施安全性控制和完整性控制。Oracle 为监控数据库存取提供可靠的安全性,并为可接受的数据指定标准,保证数据的完整性。④ 支持分布式数据库和分布式处理。

第二节　国际电子商务信息分析

一、信息分析的重要性

数据信息分析是连接数据收集与商业经营活动的重要纽带。所有被高效收集起来的数据如果没有经过分析,它们就是没有内在联系、毫无价值的信息。分析的主要目的是将数据或信息转化成某种特殊类型的、在商业活动中所需要的知识,我们可以把这种转化称为"情境意识"。

情境意识(Situational Awareness)是一种将对整个情境的认识建立在瞬间得到的多种信息的联系之上,并融合形成一种容易理解的知识的过程。它是借用战斗机驾驶员的一个专业术语,战斗机驾驶员在飞行时,几乎不需要任何单个数据,因为没有时间分析这些数据,所以他需要得到经过快速分析而形成的知识,本能地把握它们并在短时间内作出判断。这种情境意识来源于战斗机设计者耗费大量精力研发的信息分析系统,此系统能够将多种来源的信息融合成一种单一的、综合的、实时的情境意识,在一定程度上看,高效的决策需要的是一种高度概括精练的情境意识。

在企业经营过程中,决策者和管理者需要一种综合的情境意识工具。在某种意义上,商业环境比飞行员的环境更加复杂、无序和难以预测。大量的商业信息不断地涌入企业,决策者更需要在信息的洪流中提炼出对企业真正有实际意义的信息。商业信息分析的目的,就是为决策者提供一种对周围发生的事件进行充分和综合认识的工具或方法,以便其作出决策。目前我国企业经营存在的普遍问题是绝大部分的数据和信息被遗漏或浪费了,重要的数据很少获得,在从信息转化为情境意识的过程中,信息分析和数据的有效收集远远落后于西方发达国家。

二、信息分析的作用

(一) 促进信息的进一步深化

通常情况下,信息反映的多是事物分散、粗糙的表面现象,属于浅层次的信息。必须对信息进行分析和推理,才能够使信息系统化、深层次化,正确地反映事物的本质,成为领导决策的依据。例如,某些道路经常发生交通堵塞,这反映的是表层现象,如果略加思索,就可以得出车多路窄、管理不善等问题的实质,这样便可以从加强道路管理入手,拓宽路面、改善道路条件,从根本上解决交通堵塞和拥挤的问题。

(二) 有效地扩大信息容量

信息量也被称为信息容量,表示信息包含的内容有多少。在一定程度上,对一条信息进行有效、深入的分析能够推导出许多条信息,使单一信息转变为多重信息,使信息的内容更加丰富。例如,人们可以通过某一地区粮食产量的增长速度,估算出该地区农民购买力的增长状况、农村储蓄额的增长势头,以及农民对农业生产资料的需求情况等。对于决策者来说,有效的分析能够扩大信息的容量。信息容量越大,参考的依据就越多,决策就更为准确。

(三) 促使信息增值

直观的原始信息往往是粗糙的、含有"杂质"的。经过分析推理,能够使信息更加精确,信息的使用价值更高。

(四) 发掘潜在的信息

有些信息仅仅反映出某些问题的蛛丝马迹或者能够提供一些问题的思考线索,所以需要通过对此信息进行分析、猜测、推算、联想等一系列的推理过程,才能够发掘出潜在的信息,作为正确判断的重要依据。

三、常用的信息分析技术

(一) 联机分析处理技术

在过去的 20 年中,大量的企业利用关系数据库来存储和管理业务数据,并建立相应的应用系统来支持日常业务运作。这种应用以支持业务处理为主要目的,被称为联机事务处理应用,它所存储的数据被称为操作数据或者业务数据。随着市场竞争的日趋激烈,近年来企业更加强调决策的及时性和准确性,这使得以支持决策管理分析为主要目的的应用迅速崛起,这类应用被称为联机分析处理(OLAP),它所存储的数据被称为信息数据。

OLAP 技术的发展速度很快,在数据仓库的概念提出不久,OLAP 的理论及相应工具就被相继推出了。数据仓库侧重于存储和管理面向决策主题的数据;而 OLAP 则侧重于数据仓库中的数据分析,并将其转换成辅助决策信息。OLAP 的一个重要特点是多维数据分析,这与数据仓库的多维数据组织正好形成相互结合、相互补充的关系。

OLAP 是一种自上而下、不断深入的分析工具,在用户提出问题或假设之后,它负责提取出关于此问题的详细信息,并以一种比较直观的方式呈现给用户。OLAP 要求按多维方式组织数据,为此人们提出了多维数据库的概念。"维"是人们观察现实世界的角度,决策分析需要从不同角度观察和分析数据,以多维数据为核心的多维数据分析是决策的主要内容。

目前,OLAP 的工具可分为两大类,一类是基于多维数据库的,另一类是基于关系数据库的。两者的相同点是基本数据源仍是数据库和数据仓库,都是基于关系数据模型的,都向用户显示多维数据示图。不同之处在于,前者是把分析所需的数据从数据仓库中抽取处理,物理地组织成多维数据库,而后者则是利用关系表来模拟多维数据,并不是物理地生成多维数据库。

对于企业中的专业分析人员和管理决策人员而言,他们在分析业务经营的数据时,从不同的角度来审视业务的衡量指标是一种很自然的思考模式。例如分析销售数据,可能会综合时间周期、产品类别、分销渠道、地理分布、客户群体等多种因素。这些分析角度虽然可以通过报表来反映,但每一个分析的角度可以生成一张报表,各个分析角度的不同组合又可以生成不同的报表,这使得 IT 人员的工作量相当大,而且往往难以跟上管理决策人员思考的步伐。

OLAP 的主要特点是直接模仿用户的多角度思考方式,预先为用户组建多维的数据模型。一旦多维数据模型建立完成,用户就可以对多维数据进行切片、切块、钻探和旋转等处理,快速地从各个分析角度获取数据,也能动态地在各个角度之间切换或者进行多角度综合分析,具有极大的分析灵活性。

(二) 数据挖掘技术

数据挖掘(Data Mining)技术是人们对数据库技术不断研究和开发的结果。自1989年出现以来,数据挖掘技术已经趋于成熟,并投入了商业应用。从广义的角度来讲,数据挖掘技术是按照一定的规则对数据库和数据仓库中已有的数据进行信息开采、挖掘及分析,从中识别和抽取隐含的信息,并利用这些信息为决策者提供决策依据。

OLAP技术是由用户驱动的,很大程度上受到用户应用水平的限制。而数据挖掘技术是由数据驱动的,使用数据挖掘工具,用户不必提出确切的要求,系统能够根据数据本身的规律性,自动地挖掘数据潜在的模式,或通过联想建立新的业务模型,帮助决策者调整市场策略,并找到正确的决策。这显然有利于发现未知的事实。从数据分析深度的角度来看,OLAP位于较浅的层次,而数据挖掘则处于较深的层次。

实际上,数据挖掘与数据仓库是密不可分的,数据挖掘要求以数据仓库为基础,并要求数据仓库已经存有丰富的数据。数据仓库中的数据则来自市场中的各种渠道。例如,每当我们用信用卡消费时,商业企业就可以在信用卡结算过程中搜集商业消费信息,记录下我们进行消费的时间、地点、感兴趣的商品或服务、愿意接受的价格水平和支付能力等数据。当我们在申办信用卡、办理汽车驾驶执照、填写商品保修单等其他需要填写表格的场合时,我们的个人信息就存入了相应的业务数据库。企业除了自行搜集相关业务信息之外,甚至可以从其他公司或机构购买此类信息为自己所用。由于MIS和POS系统在商业尤其是零售业内的普遍使用,特别是条形码技术的使用,使得关于用户购买情况的数据被大量搜集,并且数据量在不断激增。

目前,数据挖掘技术在企业市场营销中得到了比较普遍的应用,它以市场营销学的市场细分原理为基础,其基本假定是“消费者过去的行为是其今后消费倾向的最好说明”。通过收集、加工和处理涉及消费者消费行为的大量信息,确定特定消费群体或个体的兴趣、消费习惯、消费倾向和消费需求,进而推断出相应消费群体或个体下一步的消费行为,然后以此为基础对所识别出的消费群体进行特定内容的定向营销。

以产品营销领域为例,数据挖掘的主要应用方式有以下三种:

(1)客户特性分析,希望找出客户的共同特性,借此预测哪些人可能成为目标客户,以帮助销售人员找到正确的推销对象。

(2)目标市场分析,利用客户特性从潜在客户数据库中筛选出可能成为客户的名单,作为营销人员推销的对象。

(3)市场购物篮分析,用以了解客户的消费行为,譬如哪些产品客户会一起购买;或是客户在买了某一样产品之后,在多久之内会买另一样等,如此可以更有效地决定进货量或库存量,决定店里要如何摆设。

(三) 人工智能技术

人工智能(Artificial Intelligence)技术是一种以计算机技术为基础,实现模拟人类智力和感知的新型技术,属于计算机科学领域。人类智力是智能中最富有创造性的部分,对人工智能的研究主要体现在如何通过学习获取知识,如何对各种知识进行加工处理以及如何运用各种知识解决实际问题等方面。目前人工智能主要涉及问题求解、定理机械证明、公式自动推导、博弈、模式识别、机器翻译、自然语言处理等方面,特别是在专家系统、自然语言理解和机器人等领域有着十分广泛的应用。

人工智能与其他具体的科学领域，如数学、物理等存在显著的不同，即人工智能的重点不在于研究某些具体学科的知识，而是着重研究如何表示和使用这些具体知识，也就是在更高层次上研究那些具有方法论意义的知识。研究内容主要包括知识表达技术、知识获取技术、知识推理技术、知识运用技术以及人工智能语言等方面，下面介绍人工智能的主要应用领域。

1. 专家系统

众所周知，专家之所以能解决许多错综复杂的实际问题，是因为他们具有渊博的专业知识和在实践中积累的丰富经验，他们能根据实际情况灵活、综合地运用知识和经验来作出判断及决策。如果人们事先把某些专家的知识、经验加以总结和条理化，形成事实和规则，以适当的形式存入计算机，建立起专门的知识库和推理机构，那么计算机系统就可以对输入（一般通过人机对话来进行）的原始数据进行推理（特别是不精确推理），在很大程度上可代替专家作出判断和决策。总而言之，专家系统是计算机的一个程序系统，它对某一领域的问题提供专家水平的解决方法。专家系统具有咨询功能——回答用户提出的某个特定领域的问题；学习功能——在用户的教授和训练下，系统能不断增添或修改所拥有的知识，以及教育功能——系统通过解释自己的决策过程以及回答有关的询问，向用户提供某个专业领域的知识。

20 世纪 60 年代中期出现了世界上第一个专家系统 DENDRAL 系统，该系统能根据有机化合物的分子或其质谱确定有机化合物的分子结构，后来该系统经过一系列的改进和扩充达到了年轻博士的专业水平。70 年代中期出现的 MYCIN 系统开创了专家系统的新局面，它的系统构成和推理技术很有代表性，成为第一代专家系统的“样板”，该系统能帮助不是传染病专家的内科医生对患有严重细菌传染病的患者采用合适的治疗方案。又如著名的 PROSPECTOR 系统，能帮助地质学家进行矿藏勘测，通过样品分析等手段来确定最有希望的开采地区乃至具体的下钻地点。目前国外已有上万个专家系统正在不同的专业领域中得到广泛的应用。近年来国内也陆续建造了一批实用的专家系统及其开发工具，人工神经网络的技术也被融入到专家系统中。

2. 自然语言理解

由于自然语言（如汉语、英语等）本身具有“多义性”，在人—机交换信息的过程中不得不使用某些人工语言，如 BASIC、FORTRAN、PASCAL、C、C++ 等算法语言，这给使用者带来诸多不便，妨碍了计算机更广泛地普及应用。20 世纪 50 年代，人们一度热衷于对机器翻译的研究，并认为很快就有可能通过词法和句法的分析来解决两种不同语言之间的翻译。但经过一段时间的努力后，人们意识到语言交流是与信息环境密切相关的，其中隐含着大量的常识性知识和社会背景知识，没有自然语言的理解，语言的机器翻译就不会成功。于是从 60 年代开始，人们的注意力转向了对自然语言理解的研究。所谓自然语言理解，就是利用计算机来理解自然语言，让计算机懂得自然语言，从而使计算机可以在能人的指导下进行智能工作。

目前这方面的研究已取得了一些进展，人们也越来越认识到，对语言的分析与表达，单靠语法分析是远远不够的，还应注意语义的分析，甚至应深入到概念水平上去。20 世纪 70 年代以来，出现了一系列自然语言理解系统，它们的共同特点是均与知识的表示密切相关，在这些系统中都利用了大量的背景知识来帮助理解句子。中国科学院自动化研究所近年来一直专注于机器翻译技术的研究和开发工作，在多语言文本机器翻译和语音翻译研究中做了大量工作。该所先后提出的一系列机器翻译的新方法和新模型居世界领先水平。目前已开发完成了汉英双向、日汉、德汉、阿汉、维汉、藏汉和蒙汉等多语种翻译系统，相关系统已经在特定领域获得实际应用。

3. 自动定理证明

数学定理的证明,特别是复杂定理的证明,往往包含着极为巧妙的构思,它是人类思维中演绎推理能力的重要体现。演绎推理实质上是符号运算,因此原则上可以用机械化的方法来进行。数理逻辑的建立使自动定理证明的设想有了更明确的数学形式。1965 年,美国数学家鲁滨逊提出了一阶谓词演算中的消解原理,这是自动定理证明的重大突破。为了提高消解效率,人们相继提出了许多新的消解策略。1976 年,美国伊利诺伊大学的阿佩尔等三人在三台高速计算机上耗时 1 200 小时,证明了 124 年未能解决的"四色问题",轰动了整个科学界,它表明利用电子计算机有可能把人类思维领域中的演绎推理能力推进到前所未有的境界。我国著名数学家吴文俊在 1976 年年底开始研究可判定问题(即论证某类问题是否存在统一算法解),他在微型机上成功地设计了初等几何与初等微分几何中一大类问题的判定算法及相应的程序。他在这方面的研究处于国际领先地位。值得一提的是,许多非数值领域的任务,如医疗诊断、信息检索和规划制定等,都可以转化成相应的定理证明问题,所以自动定理证明的研究具有普遍的意义。

4. 自动程序设计

自动程序设计就是根据给定问题的原始描述(更确切地说应是给定问题的规范说明)自动生成满足要求的程序。它大致可分成两个阶段——生成阶段和改进阶段。在程序的生成阶段,人们将从具体问题的形式规定出发,先设计一个面向问题的、易于解决的正确程序,这时暂时不考虑程序的运行效率;在程序的改进阶段,通过一系列的保持正确性的程序变换,进行数据结构和算法的求精,最终将生成阶段所生成的程序变换成一个面向过程的、高效率的程序。

除此之外,人工智能在机器人学、模式识别、物景分析、数据库的智能检索、网上对弈(实质上是博弈论问题)和家用电器智能化等领域都有广泛的应用。

人类智能的物质基础是人脑,而人工智能的物质基础是电脑,人脑与电脑有着完全不同的物质结构。尽管电脑在处理信息的速度、记忆的准确度以及在承受恶劣环境和长时间稳定工作等方面显得比人脑优越,但是人脑在创造性思维能力、能动的自适应能力以及认识世界、改造世界的主观能动性方面却远远超过电脑。正因为人脑与电脑具有不同的本质,所以建立在人脑基础上的人类智能与建立在电脑基础上的人工智能是完全不能等同的,人脑的活动是有"意识"的活动,而目前的电脑却还不具备任何"意识"。虽然在局部范围内,人工智能有时会超过人类智能,但在总体上,人工智能是无法与人类智能相比拟的。研究人工智能的目的就是更合理地利用电脑,使电脑成为人类的忠实助手,成为我们大脑的延伸,协助人类完成智能方面的一系列工作。

第三节　电子商务信息管理系统

一、信息管理系统的定义

在信息时代,企业要求信息处理的数量越来越大,速度越来越快。为了让管理者及时掌握准确、可靠的信息,以及执行之后构成真实的反馈,必须建立一个功能齐全和高效率的信息管理系统。信息管理系统采用以电子计算机为主的技术设备,通过自动化通信网络,与各种信息终端相连接,利用完善的通信网,沟通各方面的联系,以保证迅速、准确、及时地搜集信息和下达命令。

广义地说，信息管理系统（Information Management System，IMS）是指组织管理系统中分工从事信息处理的子系统，它包括生物、工程以及社会经济领域的各种概念和对象。从应用于社会经济领域的狭义角度而言，信息系统是指在一定的社会经济系统中，为了完成信息处理工作而定义的机构、人员、设备等子系统。它是整个组织系统中的一个不可缺少的重要子系统，同时它本身也是一个有机的、完整的系统。从对信息的处理过程来看，信息管理系统是不断地输入和输出信息的开放式系统。它可以看成是由三个基本的行为部件构成的，即输入、处理和输出。

二、信息管理系统的功能

1. 信息管理系统能够进行全面的信息收集

根据信息的不同来源，可以把收集工作分为原始信息收集和二次信息收集两种。原始信息收集是指在当时、当地把信息直接从被描述的实体中取出，并用某种技术手段在特定的介质上记录下来，其核心是完整、准确、及时地把所需的信息收集起来，做到不漏、不错、不误时，因此它要求信息管理系统具备时效性强、校验功能强和系统稳定可靠等特征。二次信息收集是在不同的信息管理系统之间展开的，它是指收集已经储存在其他介质上，与所描述的实体在时间和空间上已经分离的信息。

2. 信息管理系统可以完整地储存信息

信息系统的储存功能就是能够使储存的信息保持准确、完整、安全和及时。通常对于各种信息系统，其储存的要求是不同的。业务信息系统中储存的信息，其格式比较简单，储存时间比较短，但数量往往很大。管理信息与决策支持系统中的信息的格式比较复杂，要求比较灵活，储存时间比较长，因此储存难度较大。办公信息管理系统在数据储存上的特点是灵活性要求高，结构比较复杂。

3. 信息管理系统能够有效地加工信息

一般来说，系统需要对已经收集到的信息进行处理，以便得到更加符合需要或者能够清晰反映事物本质的信息，这就是信息的加工。加工可以分为数值运算处理和非数值运算处理两大类。在各类信息管理系统中，决策支持系统对信息加工的要求最高。由于业务信息管理系统与办公信息管理系统使用频繁、要求信息加工速度快，所以它们使用的信息加工方法都比较简单。

4. 信息管理系统可以实现信息的及时传递

信息系统的管理者与计划者必须充分考虑所需要传递的信息种类、数量、频率、可靠性等因素。

5. 信息管理系统能够向用户提供信息

信息管理系统必须具备向用户提供信息的手段或机制，否则它就不能实现自身的价值。信息管理系统可以通过接口或界面向用户提供信息，提供的方式由双方的情况决定。

在从事国际贸易电子商务企业的生产管理中，信息技术被广泛采用，再加上与之相应的管理流程再造，大大提升了企业的竞争力并为企业创造了不菲的价值。伴随着国际贸易电子商务的发展，更多的Internet信息交流与企业资源优化结合成一体，这已不再是创新，而是已经成为从事国际电子商务企业的“新常态”。国际电子商务企业的信息与资源管理主要涉及客户关系管理、企业资源管理、供应链管理等。本节主要介绍企业资源管理和客户关系管理。

三、常用的电子商务信息系统

(一) 企业资源管理系统

企业资源管理系统大致经历了以经济批量(Economic Order Quantity,EOQ)为基础的订货点法、物料需求计划(Material Requirements Planning,MRP)、MRP II、ERP、iERP 等几个阶段。ERP 是基于供应链思想,面向业务流程的管理系统;而基于供应链和 Internet 的 iERP 则是建立在远程网络技术的基础上,进一步拓展 ERP 的应用领域,使地理位置不同的、共生的供应链企业的信息沟通更加便捷,更进一步支持在线决策等工作。

1. ERP 的概念

ERP 即企业资源规划,是指建立在信息技术基础上,以系统化的管理思想,为企业决策层及员工提供资源管理和决策运行手段的管理平台。它是从 MRP 发展而来的新一代集成化管理信息系统,它扩展了 MRP 的功能,其核心思想是供应链管理。它跳出了传统企业边界,以供应链管理思想来优化企业的资源。

ERP 系统能够运用工作流技术,以流程为主轴整合企业内部各个部门的作业,减少流程中的重复、闲置和等待等无附加价值的作业,缩短作业周转时间,有效地利用企业资源,因此全球大中型企业在 20 世纪末期以后纷纷采用 ERP 系统管理企业的资源。ERP 从本质上讲是一个在线交易处理系统,它的即时性、整合性、信息分享和流程合理化等特点都能即时反映企业资源整体的使用状况,产生最佳的调配方案,从而可以产生诸多成效,如节省成本、快速反映市场需求、缩短产品上市时间等。

2. ERP 的管理思想

ERP 的核心管理思想就是实现对整个供应链的有效管理,体现在以下几个方面:

(1) 对整个供应链资源进行管理。在知识经济时代,仅仅依靠企业自身的资源不可能有效地参与市场竞争,企业还必须把经营过程中的相关各方如供应商、制造商、分销商和客户等纳入一个紧密的供应链中,这样才能合理地安排企业的产、供、销活动,满足企业利用社会一切资源快速、高效地进行生产经营的需求,进一步提高效率、获得竞争优势。换言之,现代企业竞争不再是单个企业与单个企业的竞争,而是一个企业供应链与另一个企业供应链之间的竞争。ERP 系统实现了对整个企业供应链的管理,适应了企业在知识经济时代市场竞争的需要。

(2) 精益生产、敏捷制造和同步工程。ERP 系统支持对混合型生产方式的管理,其管理思想表现在两个方面:第一个方面是“精益生产”(Lean Production)的思想,即企业按大批量生产方式组织生产时,把客户、销售代理商、供应商、协作单位纳入生产体系。企业同销售代理、客户和供应商的关系已经不再是简单的业务往来关系,而是利益共享的合作伙伴关系,这就是精益生产的核心思想。第二个方面是“敏捷制造”(Agile Manufacturing)的思想,其核心是当市场发生变化,如企业遇到特定的产品需求,企业供应链上原有的合作伙伴不一定能满足新产品生产的要求时,企业会组织一个由特定的供应商和销售渠道组成的短期或一次性供应链,形成“虚拟工厂”,把供应商和协作单位看成是企业的一个组成部分,运用“同步工程”(Simultaneous Engineering)组织生产,用最短的时间将新产品打入市场,时刻保持产品的高质量、多样性和灵活性。

(3) 事先计划与事中控制。已经集成到整个供应链系统中的 ERP 计划体系主要包括生产计划、物料需求计划、能力计划、采购计划、销售执行计划、利润计划、财务预算和人力资源计划等。

（4）企业流程再造。采用 ERP 不仅仅是一个购买软件的简单问题，而且是一个重新改造企业业务流程的过程。因此，实施 ERP 意味着一种“伤筋动骨”的变化。ERP 不仅涉及软件技术，还蕴含着丰富的管理思想。软件出售给企业后，还需要一系列与之配套的应用服务，否则，企业获得后也根本用不上。

（5）商业智能。它是一门用先进分析方法开发智能化的业务决策和企业战略的技术，是建立在 OLTP 的基础上，进一步实现 OLAP，进而实现数据挖掘的 IT 管理技术手段。企业通过数据挖掘来发现其经营过程中的各种规律，进而提升其竞争力和盈利能力，这已经成为大数据时代企业经营的新动态。

3. ERP 系统的组成

ERP 系统主要包括以下模块。

（1）生产管理，根据生产路线和工艺路线对生产基础数据（物料数据、财务数据等）进行管理并通过预测生成生产能力计划、主生产计划、物料需求计划等；

（2）采购管理，对供应商资料、货物来源、报价单、采购单等信息进行管理；

（3）财务管理，对应收、应付账款以及一切财务发票、单据、财务预决算等进行管理；

（4）库存管理，对货物的进出进行编码分类管理以及对库房货位、装箱单、汽车过磅等进行管理；

（5）销售管理，对销售框架进行定义，对销售价格、订单、退货、客户资料等进行管理；

（6）质量管理，对检验项目进行定义，对检验员、检验申请、检验结果等进行管理；

（7）人力资源及工资管理，对部门、员工、工种资料及员工工资数据等进行管理；

（8）系统维护及报表管理，对公司基本资料、系统参数、操作员权限、各类报表等进行管理。

4. ERP 系统的实施过程

企业实施 ERP 的过程一般包括四个阶段：

（1）准备阶段，企业需对 ERP 系统和自身企业的需求有清楚的认识，同时应成立领导小组、实施小组、业务小组组成 ERP 项目团队。

（2）设计阶段，包括业务流程设计、现状调研、未来流程设计、确定客户范围。

（3）实施阶段，包括软件培训、安装和调试。实施 ERP 之前，要准备和录入一系列的基础数据，还要为系统安装调试设置好一系列参数。对将要使用 ERP 的人员进行软件培训，然后安装调试系统。

（4）实施后的技术支持阶段，为了保证系统能够支持日常的业务运营及解决出现的问题并对系统配置进行进一步的完善，系统上线之后提供系统技术支持，是确保 ERP 系统在上线后能够正常运转的保障。

（二）CRM 系统

面对信息时代快速发展、不断变化和充满挑战的市场环境，很多企业认识到，要取得竞争优势，就必须为客户提供好的服务。如何有效地管理和发展自身的客户已成为当前形势下企业谋求发展的关键。企业除了建立 ERP 系统和电子商务网站外，还必须从根本上改变企业的管理理念、工作流程和业务方式，把关注重点从单纯的产品市场转移到有价值的客户身上，建立起以客户为中心的管理思想。

CRM 正是建立在“客户关系一对一理论”的基础上,即为了满足每个客户的需要,特别是满足重要客户的特殊需要,企业应该在保持长期稳定的客户关系的基础上,进行“一对一”的个性化服务,从而提高客户的忠诚度,使企业获得更多的利润。

1. CRM 的概念

从管理学的视角来看,CRM 源于“以客户为中心”的市场营销理论,是一种旨在改善企业与客户之间关系的管理机制。从解决方案的角度考察,它是将市场营销的科学管理理念通过信息技术集成在软件上。电子商务时代的 CRM,是指利用现代信息技术手段,在企业和客户之间建立的一种数字的、实时的、互动的交流管理系统。CRM 是企业电子商务管理系统构架中的重要组成。

CRM 可以帮助各企业最大限度地利用其以客户为中心的资源,并将这些资源集中应用于客户和潜在客户身上。一方面,CRM 能够提供给客户量身定做的产品与服务,以满足客户需求、提高客户忠诚度与企业营运效益;另一方面,CRM 通过分析搜集的客户数据预测市场趋势、完成产品创新与新客源开发。正如实施 ERP 能够提高企业的效率一样,CRM 的目标是通过缩减销售周期和销售成本,扩展业务所需的新市场和新渠道,提升客户价值、满意度、盈利能力以及客户的忠诚度来改善企业的经营环境。

2. CRM 的过程

CRM 是一种反复循环的过程,它不断将新的、即时的客户信息转化为客户关系。它是一个包含知识发掘、市场规划、客户互动、分析与修正的循环过程。

(1) 知识发掘,是指分析客户信息,来确认市场中是否存在商机,以及提供客户相关信息(包括客户确认、客户细分、客户预测三项),能让营销人员使用详细的客户信息作出最佳决策。

(2) 市场规划,是指定义特定的客户产品,提供渠道、日程、关系,在发展战略性客户计划时,能帮助营销人员先定义特定的营销计划与活动。

(3) 客户互动,是指运用相关的信息与产品,通过各种客户互动渠道和应用软件与客户进行沟通。

(4) 分析与修正,是指利用来自客户的资料加以分析并持续学习,也就是以分析结果为基础不断积累并改善客户关系。

3. CRM 的关键因素

(1) 转变管理理念。管理理念的转变是一个非常关键的环节,它直接关系到 CRM 能否取得成功。企业必须充分认识到客户是企业最重要的资源,树立以客户为中心的经营思想,正确认识企业与客户的关系,构筑一种获得、保留和吸引最有盈利价值的客户群的管理模式是 CRM 成功实施的基础。CRM 的这种管理理念还应贯穿到上至公司高层、下至可能与客户发生关系的每位员工的思想之中。因此在 CRM 实施之前,必须对员工进行培训,使之具备实施 CRM 的理念和认识。

(2) 制订实施计划。在 CRM 实施之前,应制订详细的实施计划。计划中应包括实施 CRM 的目标、投入项目的资金数额、实施阶段的划分、各阶段应完成的任务及应达到的效果、各阶段完成的时间、实施的顺序、对 CRM 项目实施的回报率如何考核等。

(3) 确定自身需求和 CRM 系统的功能范围。企业在 CRM 实施前,应进行 CRM 市场研究,以减少实施风险。应对市场中在售的 CRM 软件进行调查分析或向 CRM 的顾问公司、研究机构或软件商咨询，汇总市面上各种 CRM 软件所具备的功能；同时还需通过业务部门进行 CRM 需求调查和分析，弄清企业目前最迫切需要 CRM 的哪些功能；了解企业自身的客户对企业实施 CRM 的期望，从客户的期望中来考核 CRM 能否提供个性化的功能，能否满足不同团体客户和个人客户的需求。

（4）根据企业财力和需求选择 CRM 产品。首先，要考虑将实施成本控制在合理范围内；其次，要结合企业的实际情况，看 CRM 产品的业务解决方案是否能满足企业内部不同部门的需要，是否能对企业现有的信息系统提供接口支持；最后，要充分利用 Internet 的开放性和互联性，选择能为客户查询与沟通提供最大便利的 CRM 产品。

（5）将 CRM 与企业原有系统实现整合。CRM 系统不是一个孤立的系统，应与企业原有的各种业务系统，如财务、仓储、物流等系统进行整合，通过与不同业务系统实现数据共享，才能保证 CRM 客户分析数据发挥最大作用。在 CRM 系统的支持下，企业可以把产品信息和服务信息发布出去，提供给客户，同时又能够受理客户的查询、投诉和抱怨以及为客户提供售后的支持。

（6）CRM 的实施策略。CRM 的实施策略有一步到位和分步到位两种。分步到位指将 CRM 划分成几个部分来分步实施，先从其中的一个或两个入手，或从企业最需要的模块入手，成功后再推广到其他部门。一步到位需要一定的经济实力，实施起来难度和风险都比较大。

本章小结

本章定义了数据和信息的概念，列举了有价值信息的特征及含义；并提出企业需要通过挖掘和搜集与自身相关的商业信息，建立数据库来组织、管理企业内部和外部的数据信息，为企业的决策和发展规划提供有力的依据。数据仓库是面向主题的、集成的、与时间相关且不可修改的数据集合。数据仓库是分析系统的数据平台，它从事务系统获取数据，并作汇总、加工，为决策者提供决策的依据。Web 数据库是由实现数据存储与处理的数据库技术和网络资源共享技术结合产生的一种新技术，本章简要介绍了 Web 数据库的优点及三种常用的 Web 数据库。

数据信息分析是连接数据搜集与商业经营活动的重要纽带，分析的主要目的是将数据或信息转化成某种特殊类型的、在商业活动中所需要的知识，为决策者提供一种对周围发生事件进行充分和综合认识的工具或方法，以便其作出决策。本章简要介绍了联机分析处理技术、数据挖掘技术、人工智能等常见的信息分析技术。

电子商务信息系统是一种专门化的信息系统，它由人、硬件、软件和信息资源组成，目的是及时、正确地搜集、加工、存储、传输和提供商务信息，对企业中的商流、物流、资金流进行管理、调节和控制，以支持企业的经营活动。常见的电子商务信息系统有企业资源管理系统和客户关系管理系统。

国际电子商务的顺利开展，离不开信息系统和信息管理，同时也对企业资源管理和客户关系管理提出了新的要求。ERP 即企业资源规划，是适应电子商务发展需要，建立在信息技术基础上，以系统化的管理思想，为企业决策层及员工提供资源管理和决策运行手段的管理平台，已成为提高企业资源整合和资源管理效率的重要工具。Internet 为企业改善客户关系管理提供了新的技术手段，但同时也对客户关系管理提出了新的要求。国际电子商务方式下，企业客户关系管理的重点，应从单纯的产品市场转移到有价值的客户身上，建立起以客户为中心的管理思想。

关键术语

信息，信息管理，数据库，Web数据库，信息分析技术，人工智能，信息管理系统，企业资源规划（ERP），客户关系管理（CRM）

复习思考题

1. 数据与信息的区别是什么？
2. 有用信息的基本特征是什么？
3. 数据仓库和数据挖掘是什么？数据仓库具备哪些特点？
4. 常见的信息分析技术有哪些？
5. 何谓信息与信息管理？
6. 什么是企业资源管理和客户关系管理？
7. 国际电子商务环境下应如何做好企业资源规划和客户关系管理？

参考文献

李兴国：信息管理学[M]，高等教育出版社，2007年3月。

骆正华，向东：电子商务系统规划与设计（第2版）[M]，清华大学出版社，2012年8月。

卢辉：数据挖掘与数据化运营实战：思路、方法、技巧与应用[M]，机械工业出版社，2013年9月。

王伟军，黄杰：电子商务信息管理[M]，科学出版社，2010年9月。

温雅丽：ERP原理与应用教程[M]，北京大学出版社，2009年1月。

徐华飞，周晓军：电子商务管理与应用[M]，机械工业出版社，2005年8月。

徐天宇：电子商务系统规划与设计[M]，清华大学出版社，2007年7月。

叶乃沂：电子商务——信息时代的管理与战略[M]，西南交通大学出版社，2002年9月。

朱宝慧：ERP管理及应用[M]，北京大学出版社，2014年3月。

周根贵：数据仓库与数据挖掘（第2版）[M]，浙江大学出版社，2014年2月。

拉尔夫·M. 斯泰尔（Ralph M. Stair）等：信息系统原理[M]，机械工业出版社，2001年12月。

第三篇

实务篇

第七章

国际电子商务交易前准备

学习目标

掌握：国际电子商务平台的含义、作用及类型，国际电子商务发展战略的内容、因素分析与实施阶段，网站(页)推广的主要手段，国际电子商务风险及其防范

理解：国际电子商务人才队伍构成，网上市场调研的内容与方法，网上信息发布的渠道与发布信息需注意的问题

了解：价值链分析，SWOT 战略因素综合分析，网络信息搜索

导学案例

通过网上贸易开拓国际市场并促进企业快速成长

上海南都能源科技有限公司是专业生产经营聚合物锂离子电池产品及提供相关电源系统解决方案的供应商。公司成立于 2001 年 10 月，2003 年 3 月通过 ISO9001 质量体系认证。2005 年 8 月之前，该公司是没有任何出口的生产内销型企业，由于国内市场竞争日趋饱和，公司销售业绩和利润不断下滑。于是，公司开始调整市场营销策略，逐步转向国际市场。但考虑到没有国际市场营销经验，同时为降低营销成本，公司决定依托"第三方电子商平台"——阿里巴巴网站(http://www.alibaba.com)开展"网上贸易"，同时，积极引进电子商务和外贸专业人才，建立中英文双语的公司网站，加强产品品牌及公司形象的宣传推广。

自 2005 年 8 月起该公司开始通过"阿里巴巴"第三方电子商务平台开拓国际市场，到 2006 年 3 月近七个月的时间内，已与 5 个欧美买家达成交易，交易额超过 500 万美元，占同期公司全部销售额的 1/5。为进一步吸引国外大型优质客户资源，该公司自 2006 年下半年起又在拥有更多大客户资源的"环球资源"网站(http://www.globalsources.com)做宣传，并利用该平台，与大型优质客户建立贸易关系，贸易额由此成倍增长。

该公司业务员一般通过 E-mail 与客户进行信息交流。对有公司后缀的 E-mail 通常进行重点回复，将其视为比较重要的潜在客户。对只是泛泛询问公司产品信息的 E-mail，则作简单回复，并告知公司网址，方便对方查阅产品信息。对要求提供产品样品，尤其对方提供航空邮费的 E-mail，则十分重视，因为这很可能是要下订单的国外买家。公司要求业务人员对国外客

户的 E-mail 询盘一定要有耐心和毅力,除有问必答外,对每封 E-mail 都要定期跟进,询问对方对本公司产品印象和报价的看法,争取更多机会达成交易。

由于出口业务的快速发展,为满足海外市场售后服务和业务进一步扩展的需要,公司先后在新加坡、英国、美国和阿根廷投资成立四个分公司。在扩大出口的同时,公司更加注重根据国外客户需求,开发安全性能高、适合移动通信和数字娱乐电子产品的新型锂离子电池,以及动力电池、储能电池等,同时加快在锂电、燃料和阀控技术研发上的创新步伐。继被授予高新技术企业、全国电子信息百强企业称号后,该公司下属子公司"南都电源动力股份有限公司"于 2010 年 4 月在 A 股创业板成功上市。

资料来源:根据兰宜生主编的《国际电子商务教程》(第 2 版)(首都经济贸易大学出版社,2010 年 9 月,第 38—40 页案例)和南都公司网站(http://www. naradabattery. com. cn)发布信息汇编。

案例思考题:

通过本案例你能得到哪些方面的启示?

第一节　交易平台建设与发展战略制定

一、搭建国际电子商务平台

企业开展国际电子商务,最基本的条件是购置和安装计算机网络设备、操作系统与必要的业务软件,实现与专用网络 VAN 或 Internet 的互联,即"上网"。但上网只是企业从事国际电子商务活动的第一步。要进入真正的信息发布、查询,开展网上销售与采购,实现与交易方和有关机构的单证、报文交换,则必须自建或通过专业电子商务运营商搭建国际电子商务平台。

(一) 国际电子商务平台及其作用

1. 国际电子商务平台

国际电子商务平台,是为从事进出口业务的企业或个人,提供产品展示、信息交换、交易洽谈和合同履行服务的网络空间,它是利用现代计算机网络信息技术,在 Internet 上进行国际商务活动的虚拟空间和保障进出口业务各个环节顺利运营的管理工具,是协调和整合信息流、物质流、资金流进行跨国界有序、关联、高效流动的重要场所。

2. 国际电子商务平台的作用

有了国际电子商务平台,进出口企业和个人可充分利用平台所提供的网络工具、信息平台、支付平台、安全平台和管理平台等,高效、低成本地开展国际商务活动。与传统的为进出口贸易服务的"实体"国际商务平台相比,国际电子商务平台主要有以下作用:

(1) 实现资源整合,提升交易效率。传统的国际贸易交易模式下,为进出口贸易提供服务的通信、营销、物流、银行、保险以及政府许可审批、商检、通关和税务等环节,在地点和空间上相互独立,彼此之间信息资源不能共享,进出口厂商通过这些环节办理完所需手续,不仅需要花费大量时间,而且办理过程中重复提交各种资料信息,也会造成资源的严重浪费。国际电子商务平台的建立,将上述各环节集聚在一个"虚拟"的网络平台上,并通过计算机信息传输和 Internet,实现各个环节的互联互通和信息资源共享。进出口厂商无须再派人到各个机构或部门办理,只需坐在办公室的计算机终端前轻点鼠标和键盘,即可在几分钟甚至几秒钟内完成传统模式下几小时甚至几天才可以完成的绝大部分手续,交易效率大大提升,同时交易成本也明显降低。

(2) 扩大客户群体,拓展市场空间。Internet 打破了传统贸易方式下的时空限制,其信息传输的即时性、交互性和开放性，使得地球上任何国家或地区、任何有条件上网的厂商或个人，都可以通过登录国际电子商务平台，查询产品生产、质量、价格信息，获得关于产品使用、售后服务的帮助，同时向供应商提出产品需求信息及具体要求，并通过广泛的质量与价格对比，寻找到最满意的交易对象。这样，国内外厂商之间建立起的良性互动关系，使产品和服务更贴近用户需求，从而能在最大限度上吸引潜在客户群体，大大拓展市场空间。

（3）改变营销模式，加速品牌推广。传统国际贸易方式下的人员营销、平面媒体以及广播、电视宣传推广，不仅成本高、效率低，而且营销市场和品牌推广范围，严格受到时间和地点的制约。而基于 Internet 的国际电子商务平台，可以让登录平台的国内外厂商或个人，随时看到公司的品牌标识。新技术的问世、新产品的发布以及所有促销活动，均可以在该平台上面向所有网民来完成。理论上讲，Internet 通到哪里，厂商的销售区域便可以扩大到哪里，企业品牌便可以推广到哪里。

（4）加剧市场竞争，促进管理创新。Internet 的全球性、开放性，使得在国际电子商务平台交易的任何产品或服务，都要面临来自世界各地相同或类似产品或服务的竞争和挑战，都要接受来自全球各个国家市场消费者的比较和挑选。因此，这不仅对生产供应商的技术创新、产品创新和质量控制能力，提出严峻挑战，而且对其信息开发、人才组织、供应链优化、网络营销和资源整合等能力提出更高要求。

（二）国际电子商务平台的基本内容

由于功能和定位存在差异，不同国际电子商务平台的内容也会有所不同，并且随着计算机信息及网络技术的发展，国际电子商务平台的功能、内容也将不断拓展和变化。但由于国际电子商务平台的核心功能是“完成交易”，因此，无论何种类型的国际电子商务平台，均应包括以下基本内容（系统模块）：

1. 产品信息发布系统

该系统用于发布各种产品或服务的供求信息，管理者可以通过后台的管理界面将各厂商的供应产品和求购原料信息加入数据库，再通过可以定制的网页模板将供应和求购信息分类发布，客户也可以对此信息进行询价、订购等操作。

2. 产品快速查询系统

该系统用于客户按产品名称、型号、类别进行模糊查找，获取相关产品的介绍、图片资料、生产供应能力、现有库存等。

3. 在线客户洽谈系统

不论客户在全球的哪一个角落，都可以通过该系统进行在线咨询或业务商谈。

4. 客户订单查询系统

通过系统后台数据库的操作，平台管理人员或市场人员可以即时了解国外客户订单的执行情况。

5. 客户反馈查询系统

通过该系统，可以查询所有客户的需求信息、对产品及售后服务的意见建议，包括对客户提出的问题作出实时解答等。

6. 全球采购系统

该系统旨在为全球潜在客户提供尽可能多的产品或服务的采购目录和求购信息，以吸引更多客户登录国际电子商务平台进行交易。

7. 客户服务中心

它一般包括:投资机会(股东介绍、公司股票信息、商务合作等),产品知识(产品的选购、操作说明书等),常见问题解答(FAQ),全球销售服务网络分布等。

8. 其他内容

其他内容包括:新闻中心(发布公司动态、媒体报道、专题报道等,以增强投资者信心,提升公司形象),产品中心(各类产品功能的详细介绍,包括实时的三维动态产品演示等),人才中心(最新招聘、长期招聘等信息,进行网上直接招聘)。

(三) 国际电子商务平台的类型

1. 企业自建国际电子商务平台

对于销售规模大、经营范围广、产品种类多的生产型跨国公司,或大型综合贸易公司而言,由于其财力雄厚、人才齐备、资源整合和全球价值链管理能力强,因此,自建国际电子商务平台成为其首要选择。通过该平台的良好运行和管理,这些企业的国际品牌价值和市场占有率不断得到提升。深圳华为技术有限公司的"华为商城"(http://www.vmall.com)、海尔集团的"海尔商城"(http://www.ehaier.com)以及中粮集团的"我买网"(http://www.womai.com)是几个典型案例。

2. 第三方国际电子商务平台

第三方国际电子商务平台,是指独立于产品或服务提供者和需求者,由专门的电子商务企业搭建并负责运营,按照特定的交易与服务规范,为买卖双方提供供求信息发布与搜索、交易洽商、合同订立、物流配送、货款结算、报关纳税以及售后服务等交易全过程服务的专业性或综合性网络平台。除大型跨国公司外的其他进出口企业,受技术、人才和资金限制,绝大多数难以自建国际电子商务平台,因此,第三方国际电子商务平台的出现和推广,就为这些企业提供了开展国际电子商务的良好机遇。事实上,中国近年来所实现的国际电子商务交易,有80%以上是通过5 000多家第三方国际电子商务平台完成的。① 表7-1列出了国内主要的第三方国际电子商务平台,其中"跨境通""跨境购""义乌购"和"海外通"等几个网络平台,是2013年以来相继开通上线的专门为个人从事跨境贸易电子商务服务的第三方国际电子商务平台。

表7-1 国内主要的第三方国际电子服务平台

平台名称	网址	平台名称	网址
中国国际EC网	http://www.ec.com.cn	慧聪网	http://www.hc360.com
网上广交会	http://e.cantonfair.org.cn	美商网	http://www.meetchina.com
阿里巴巴	http://www.alibaba.com	大龙网	http://www.dinodirect.com
敦煌网	http://www.dhgate.com	跨境通	http://www.kuajingtong.com
兰亭集势	http://www.lightinthebox.com	跨境购	http://www.kjb2c.com
环球资源	http://www.globalsources.com	义乌购	http://www.yiwubuy.com
中国制造	http://www.made-in-china.com	海外通	http://www.wtdex.com
中国诚商网	http://www.trade2cn.com	海外e购	http://www.letsebuy.com

3. 联合搭建国际电子商务平台

为克服单个贸易企业因财力、人力和技术力量弱小,而无力自建国际电子商务平台的困难,同一行业或产品经营领域相同的贸易企业,联合投资、共同建设专业型国际电子商务平台,

① 艾瑞咨询集团:2012—2013年中国跨境电商市场研究报告[R],http://report.iresearch.cn/2021.html。

也成为很多中小型贸易企业的共同选择。最为典型的是，行业商（协）会搭建的专门为会员企业提供进出口交易服务的国际电子商务平台，如中国纺织品进出口商会网站（http://www.ccct.org.cn），中国机电产品进出口商会网站（http://www.cccme.org.cn），中国五矿化工进出口商会网站（http://www.cccmc.org.cn），中国轻工工艺品进出口商会网站（http://www.cccla.org.cn），中国食品土畜进出口商会网站（http://www.cccfna.org.cn）和中国医药保健品进出口商会网站（http://www.cccmhpie.org.cn）。企业联合搭建国际电子商务平台的优势，在于弥补单个企业财力、人力和技术资源的不足，实现电子商务信息资源的互补共享，吸引更多的国外客户，扩大市场空间、降低交易成本、提高贸易效率，同时，通过实现行业内同类产品在一个平台上的竞争，促进企业技术研发、设计生产、质量安全、品牌营销和服务能力提升。但联合搭建的国际电子商务平台，其良好管理与高效运转需要企业之间的良好协作，而平台交易产品品种的重叠或雷同，也会导致平台内的注册企业之间争抢客户信息资源。

二、建立国际电子商务人才队伍

搭建国际电子商务平台，只是具备了开展国际电子商务的基础设施，能否实现网上交易，并进而提高贸易效率、增加盈利，关键还在于贸易企业是否拥有业务精通、结构合理的国际电子商务经营管理人才队伍。

企业开展国际电子商务需要的人员包括：

（1）业务管理人员。他们负责实施业务计划并实现内部团队设定的目标。业务经理应具备国际电子商务网站业务活动的经验和知识，如国际贸易知识、计算机操作技能、网络基础知识等。

（2）电子商务应用专家。他们的任务是安装企业自行开发的或购买的各类国际电子商务软件包，并维护软件的正常运行。

（3）客户服务人员。他们的任务是在国际电子商务运营中实现国际电子商务企业的客户关系管理职能，如搜集客户信息、处理客户 E-mail 和电话请求、在网上发布信息调查等。

（4）系统管理员。他们的职责是维持国际电子商务网站 24 小时的运转和网站安全，包括预测和监控网络负荷，解决网络中出现的各种问题，设计、开发和应用容错技术等。为此，他们必须掌握服务器硬件和操作系统的相关知识。

（5）网上交易操作人员。他们的任务是按照国际电子商务交易程序和网络操作指令，完成某种产品网上贸易的全部过程，以实现最终盈利的目的。

（6）数据库管理员。国际电子商务的交易处理、订单登录、查询管理以及后勤运输等活动都需要相应的数据库来支持，因此开展国际电子商务的企业必须由数据库管理员来负责数据库建立和维护的职能。

除此之外，随着国际电子商务的日益普及，网络营销将逐步取代传统营销模式成为主流，因此，开展好国际电子商务还应拥有既熟悉传统的“4P”和“4C”营销理论，又掌握现代“4R”和“4I”营销理论的专业化网络营销人才。①

---

① “4P”营销理论，由美国著名的营销学家麦卡锡在 20 世纪 60 年代提出，即产品（Product）、价格（Price）、渠道（Place）和促销（Promotion），该理论强调以满足市场需求为目标。“4C”营销理论，由美国营销专家劳特朋在 1990 年提出，即客户（Customer）、成本（Cost）、便利（Convenience）和沟通（Communication），该理论强调以追求客户满意为目标。“4R”营销理论，由唐·舒尔茨和艾略特·艾登伯格在 20 世纪初提出，即关联（Relativity）、反应（Reaction）、关系（Relation）和回报（Retribution），该理论强调以建立客户忠诚度为目标。“4I”营销理论，即趣味（Interesting）、利益（Interests）、互动（Interaction）和个性（Individuality），该理论强调以满足网络化时代的客户个性化需求为目标。

三、制定国际电子商务发展战略

企业发展战略是企业在分析外部环境、内部条件的现状和变化趋势的基础上,为求得企业长期生存和不断发展壮大而进行的整体性、全局性和长远性的谋划及其相应的决策和对策,它是企业发展和制胜的行动纲领。国际电子商务与传统贸易方式的不同,决定着企业发展战略的差异。

(一) 企业国际电子商务发展战略的构成要素

企业国际电子商务发展战略的构成要素通常包括:企业使命(战略指导思想)、战略目标、战略方案(包括战略步骤、战略重点和战略对策)等几个要素。其中,企业使命是企业从事国际电子商务的总的战略指导思想,是整个企业国际电子商务发展战略的灵魂。具体来说,企业使命要界定企业国际电子商务的市场定位(经营领域)、确定企业国际电子商务的经营理念、明确企业在国际电子商务领域的公众形象和所要满足的市场主体(消费群体)。

(二) 企业国际电子商务发展战略的制定程序

战略制定是战略管理的起点和首要环节,贸易企业必须制定一个既符合客观环境变化趋势,又有利于长远发展的国际电子商务战略使命和战略目标,并以此为基础,进一步制订出实现国际电子商务发展战略目标的具体方案。战略方案是保证企业战略使命和战略目标顺利实现所采取的手段与措施。

贸易企业国际电子商务发展战略制定的程序可用图 7－1 来表示。无论传统贸易企业还是国际电子商务企业,在战略制定程序上是基本一致的。

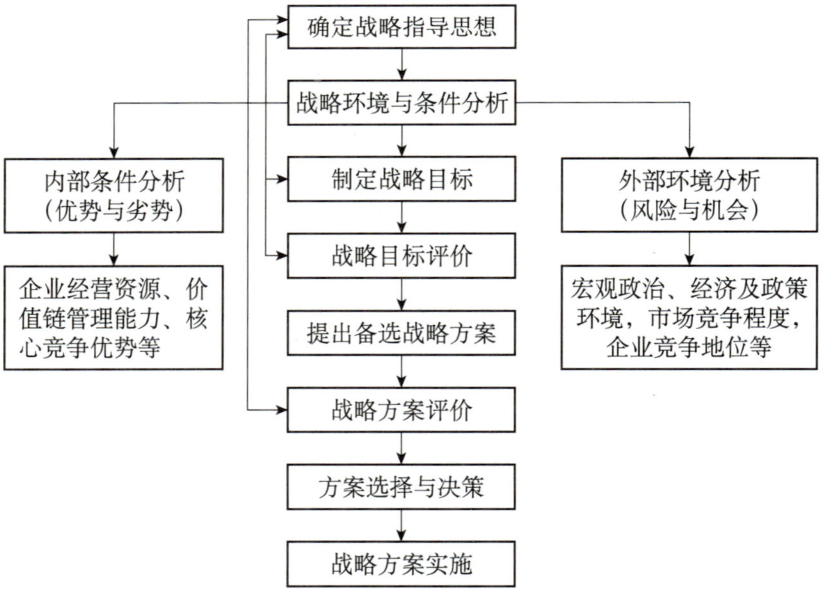

图 7－1　企业国际电子商务发展战略的制定程序

(三) 企业制定国际电子商务发展战略的外部环境分析

企业分析制定国际电子商务发展战略的外部环境一般从以下几个方面入手。

1. 国际电子商务总体发展状况分析

具体包括:国内外国际电子商务发展所处的阶段,国际电子商务在国际经济贸易中的地位与作用,国际电子商务法规、政策环境,国际电子商务技术与安全环境,各国国际电子商务竞争政策及变化趋势等。

2. 企业在国际电子商务领域的竞争状况分析

通常包括两部分:①现有企业间的竞争,具体又包括现有竞争者的数量及其力量、企业间国际电子商务技术与人才质量、企业间网上经营产品和服务的差异化程度等。②潜在进入者的实力和可能采取的竞争策略,以及形成的威胁程度。

3. 企业国际电子商务经营地位分析

企业在某个领域的经营地位分析可借助“波士顿矩阵”进行(如图7－2所示)。其中,企业国际电子商务经营领域的吸引力的强弱主要由市场因素(市场规模和市场增长速度)、竞争者因素、投资回报率、技术因素(如技术变化的快慢)以及社会政治因素(如是否受到政府支持)等决定。

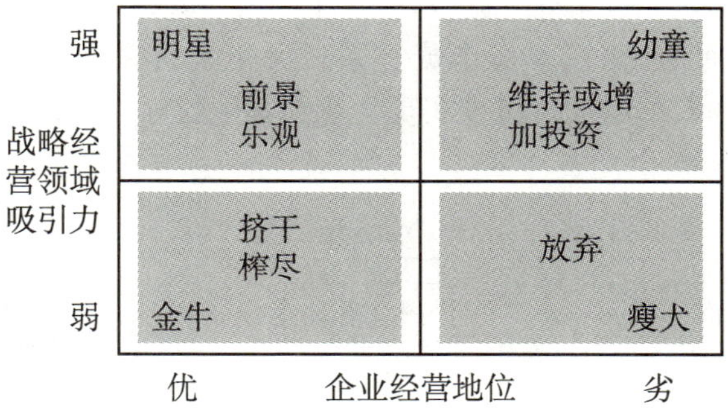

图7－2　企业经营地位的“波士顿矩阵”

根据“波士顿矩阵”,企业在国际电子商务经营领域中可能面临四种情况:前景乐观的“明星”类企业(有较强的吸引力和较大的竞争优势,发展前景良好);需要维持或增加投资的“幼童”类企业(具有较强的吸引力,但企业的经营地位处于劣势);采取挤干榨尽策略的“金牛”类企业(企业处于优势竞争地位,但行业吸引力差,即属于“夕阳产业”);以及必须放弃的“瘦犬”类企业(企业既没有吸引力也缺乏竞争优势)。企业只有明确了自己在行业中的竞争地位,才可能制定出相应的战略对策。

(四)企业制定国际电子商务发展战略的内部条件分析

企业分析开展国际电子商务的内部条件和能力分析可以从四个方面入手。

1. 企业经营资源分析

它又可称为企业经营实力分析,分析的内容主要包括:

(1)企业经营者的决策能力和组织能力。这些能力体现在三个方面:企业经营者的性格(是进取型还是稳健型)、专业水平(是否拥有相关专业的知识水平)、价值观与经营经历等个人素质;企业经营者对企业内部的管理能力和对外部环境的洞察力、判断力和应变能力;企业经营者的决策能力及与领导层的协调配合能力、发挥集体智慧的能力等。

(2)人力资源。企业要想顺利实施国际电子商务,就必须了解自己是否拥有开展国际电子商务所必需的各类技术人员、管理人员和业务人员,其数量和水平是否满足开展国际电子商务的基本需要。

(3)财务资源与融资能力。国际数据公司(IDC)和Gartner Group公司的调查表明,小企业通过第三方国际电子商务平台开展国际电子商务的平均费用为7.8万美元,大企业自建国际电子商务平台大约需要花费200万—300万美元。而且一旦国际电子商务网络平台建立并开始运营,不管其规模大小,年维护成本会达到其建设投资的50%—100%。因此,预开展国际电子商务的贸易企业必须评估自己的财力,能否负担得起国际电子商务计划实施所需的全部费用,并与传统方式下的经营成本进行比较。如果企业资金不足,还需考察自身的融资能力,包括融资数量、来源、归还能力、方式,不同融资渠道的筹资比例,采用何种融资方式最为适宜等问题。

(4) 物理资源与技术条件。企业制定国际电子商务发展战略前,还需考察是否具备实施国际电子商务发展战略所需的硬件和软件及其他相关物理资源。如果尚不具备这些物理资源和技术条件,企业是否能够获得,以及如何获得。

2. 企业贸易价值链分析

迈克尔·波特在1983年出版的《竞争优势》(*Comparative Advantage*)一书中提出了企业"价值链"的思想,他把企业业务活动分解成一系列为企业创造价值的活动,这些活动结合在一起可以为企业带来利润,即增加价值并实现企业的其他目标。对进出口贸易企业而言,其价值链构成可用图7-3来表示。

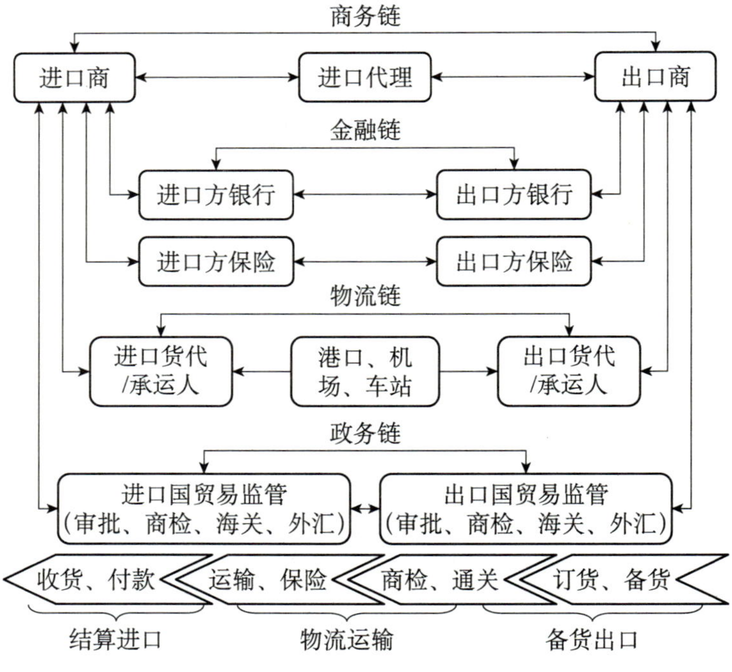

图7-3 企业贸易价值链构成

从图7-3可以看出,企业贸易价值链由"备货出口""物流运输"和"结算进口"三个大的价值链条构成,但整个贸易价值链中,又内含"商务""金融""物流"和"政务"四个价值子链。在国际电子商务方式下,贸易价值链及价值子链中的各个环节,只有通过国际电子商务平台实现互联互通,才能完成各价值节点之间的信息共享和单证传递,达到通过贸易获得价值增值的目的。其中,任何一个节点不能与国际电子商务平台互联,都将影响国际电子商务的交易效率,从而降低贸易厂商可能获得的价值增值。通过国际(跨境)电子商务平台,实现贸易价值链各节点互联互通的方式,可用图7-4来表示。

图 7-4　贸易价值链各环节通过国际电子商务平台实现互联的基本方式

3. 企业竞争优势分析

通过企业竞争优势分析，能使开展国际电子商务的贸易企业认识到如何培育和发挥竞争优势，从而在国际电子商务的市场竞争中取胜。竞争优势通常包括地位优势和实力优势两个方面，而后者有直接竞争力（指企业在市场、产品、服务、企业成长因素等方面的竞争优势）和基础竞争力（指企业的人、财、物、技术、信息等资源的数量、质量及其对电子商务运作的满意程度，优越的管理能力等有竞争优势）两个方面。

4. 企业战略因素综合分析

企业战略因素综合分析，是为了综合评价从事国际电子商务企业的外部环境和内部条件，并达到最佳组合。企业战略因素综合分析，通常采用优势（Strengths）、劣势（Weaknesses）、机会（Opportunities）、威胁（Threats）分析方法，即 SWOT 分析。如图 7-5 所示，SWOT 分析通过识别构成企业优势、劣势、机会和威胁的相关因素，为今后发挥优势、克服劣势、充分利用有利机会和避免威胁，找到真正有利于企业发展国际电子商务的时机。

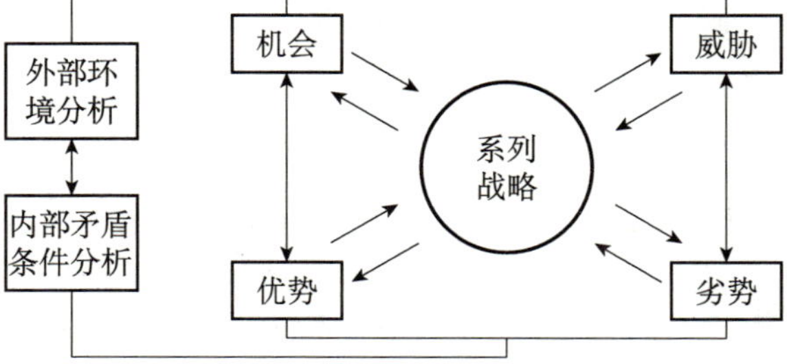

图 7-5　企业战略 SWOT 分析图

SWOT 分析方法为开展国际电子商务的贸易企业提供了四种可以选择的战略：SO 战略、WO 战略、ST 战略和 WT 战略。

（1）SO 战略：企业利用自身优势去抓住外部环境机会的战略。

（2）WO 战略：企业利用外部有利机会来扭转自身劣势的战略。

（3）ST 战略：企业利用自身优势来减轻或避免外部环境威胁的战略。

（4）WT 战略：企业克服自身劣势和避免外部环境威胁的战略。

在对外部环境及其变化趋势和内部条件进行全面、科学的分析之后，企业就可以有针对性地制定开展国际电子商务的战略定位、战略目标、战略步骤和战略措施。

（五）企业国际电子商务发展战略分类

传统商务模式下，根据职能的不同，贸易企业往往对发展战略进行分类，并依次制定相应的分项战略。传统商务模式下的企业发展分项战略主要有：① 产品战略；② 人才战略；③ 市场战略；④ 价格战略；⑤ 竞争战略；⑥ 营销战略；⑦ 财务战略；⑧ 投资战略；⑨ 技术开发战略；⑩ 经营战略。

国际电子商务模式下，由于经营环境发生根本改变，传统模式下的企业商务发展战略，逐步为新的更加综合的国际电子商务发展战略所取代。国际电子商务模式下的企业发展战略，一般被分为电子化国际市场战略、客户关系管理战略、电子交易战略以及供应链管理战略等。

1. 电子化国际市场战略

电子化国际市场战略，是指通过电子（无纸化）方式实现进出口商品的在线销售、在线订购、在线服务，从而达到扩大销售市场、降低销售成本的目的。

2. 客户关系管理战略

客户关系管理战略，是指把有关国际市场和客户的信息数据，通过数据库进行统一管理、共享，并采用专门的计算机软件进行有效分析，从而为企业未来的技术研发、产品设计、品牌推广、市场营销和客户服务等提供全面支持。

3. 电子交易战略

电子交易战略，是指进出口交易双方通过国际电子商务网络交易平台，能够在线完成从谈判、签约到履约的全部或绝大部分业务流程，以降低交易成本。

4. 供应链管理战略

供应链管理战略，是指通过国际电子商务平台，实现从原材料和零部件采购、生产组织、库存管理、订单管理、分销到售后服务管理的一体化，以降低物流成本。

上述四项战略中，电子化国际市场战略是基础和关键，其他三项战略都是在电子化国际市场战略的基础上制定和实施的。

（六）企业国际电子商务发展战略的实施

企业在实施国际电子商务发展战略时，需要根据企业所处的不同市场环境与市场地位，选择国际电子商务实施的最佳切入点。企业在制定和实施电子商务发展战略时，应充分考虑并利用在现有国际商务模式中的主导地位，主动开展能够直接为企业增加盈利的国际电子商务活动。如华为、海尔、联想等跨国企业，充分利用其品牌国际化、产品多元化和销售规模优势，自建全球化国际电子商务平台，逐步从初期的企业及产品信息发布，发展到网上谈判签约，再到订单管理、通关检验、物流配送、货款结算和售后服务的完全“无纸化”，使交易效率得到明显提升。

企业国际电子商务发展战略的实施，一般可以分为四个阶段：

1. 酝酿阶段

贸易企业研究开展国际电子商务的环境和条件，启动国际电子商务发展战略规划的制订。

2. 交易阶段

贸易企业自建国际电子商务平台，或在第三方国际电子商务平台上创建网页，展示企业的产品信息，进行网络推广、网络广告等网络营销活动。

3. 整合阶段

贸易企业在网络"虚拟市场"逐步占据一定份额，国际电子商务活动日益渗透到贸易企业的各个业务部门，与国际电子商务配套的物流、金融和售后服务不断完善。

4. 转型阶段

进出口企业根据国际电子商务市场的发展要求，通过建立 ERP 对企业研发、设计、采购、生产、营销、物流和售后服务等业务流程进行重组，形成基于 Internet 的全新经营管理理念。

企业国际电子商务发展战略实施的四个阶段与贸易企业经营管理内容及业务重点转变的关系可用表 7－2 来表示。

表 7－2　国际电子商务发展战略的实施阶段与企业业务内容的变化

战略阶段	酝酿阶段	交易阶段	整合阶段	转型阶段
国际电子商务发展战略	制定国际电子商务发展战略	国际电子商务战略成为企业发展战略的一部分	国际电子商务战略在企业发展战略中占据重要地位	国际电子商务战略推动企业发展战略的根本转变
企业发展战略	国际电子商务战略与企业发展战略还没有发生联系	企业发展战略开始重视电子商务战略	企业发展战略开始酝酿对国际商务流程的调整	企业发展战略根据国际电子商务战略进行全面调整
涉及范围	涉及少数几个职能部门	涉及多个职能部门，特别是重要的供销部门	涉及内部多个职能部门和外部少数企业	与供应商、客户和合作伙伴形成完整的供应链或企业联盟
收益状况	负收益	不明确，大部分没有盈利	交易成本降低，企业开始盈利	实现盈利能力的全面提升
技术状况	开始使用网络搜集信息	电子商务平台已经建立，能够进行双向沟通	形成完整的国际电子商务技术体系	根据网络信息发展，适时更新软硬件技术和设备
信息地位	主要用于企业发展战略的实施	企业开始依赖网络信息	网络信息成为国际贸易不可缺少的信息来源	企业发展战略调整显著依赖网络信息

第二节　网上信息搜索、发布与风险防范

一、网上信息搜索与市场调研

在确定交易对象、开展交易谈判之前，无论是出口方还是进口方，都需要对所交易产品或服务的国际市场价格、供求状况以及各国政府的贸易政策进行详细考察，从而制定谈判策略和营销战略奠定基础。

传统国际贸易方式下,产品或服务出口方一般通过广告、市场推广、人员推销或参加国际性博览会、展销会等方式进行产品推销,而进口方则通常通过阅读广告、订阅专业性报纸和杂志、参加国际性博览会及展销会等途径搜寻所需进口商品的信息。传统国际贸易方式下,买卖双方的供求信息查询和市场调研,将花费大量的时间和费用,不仅影响交易效率,而且增加了交易成本。

而在国际电子商务方式下,Internet 的全球性、开放性、交互性、全天候性和信息的可储存性及数字化,为进出口企业及个人发布、查询、更新产品供求信息,开展市场调研,提供了前所未有的便利条件。在各种类型的"虚拟"网络空间内,有数不胜数的同类产品和供应商可供进口方选择,也有足够的需求者可供出口方挑选,而越来越多的网络工具,如搜索引擎、电子杂志、专题论坛、E-mail、微博、微信、QQ、Twitter 等,也为进出口企业开展市场调研,提供了众多可供选择的手段和工具。当然,网络在为供求双方信息发布、查询和市场调研带来便利、扩大选择范围的同时,也可能导致供求双方因虚假信息而上当受骗,或因同类信息太多而增加选择困难、增加信息甄别和选择成本。这也就要求进出口企业不断提高网络信息甄别和信息管理能力。

在国际电子商务方式下,进出口双方之间的信息交流一般是通过双方网站、第三方网络平台或搜索引擎,其基本原理可用图 7-6 来表示。

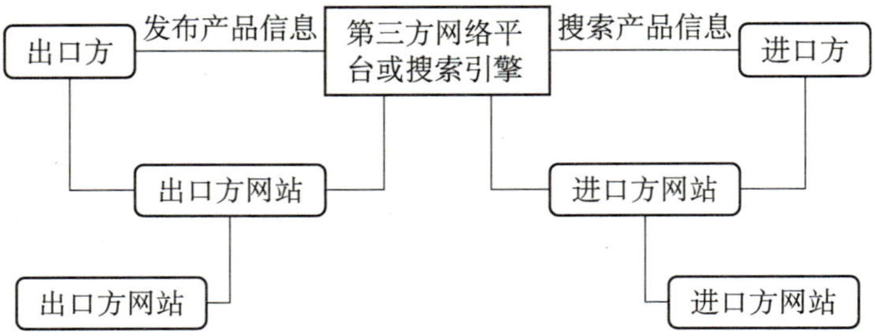

图 7-6　网上信息发布搜索示意图

随着国际电子商务的迅速发展和贸易企业对国际电子商务重要性认识的不断提高,专门为企业开展国际电子商务提供服务的网站运营商——第三方国际电子商务平台(如前文提及的"阿里巴巴""环球资源""敦煌网"和"兰亭集势"等)应运而生。同时,政府部门为促进国际贸易的发展也逐步建立面向全球的开放式国际电子商务网络平台(如"中国国际电子商务网"和"网上广交会"),而国际贸易生产与经营企业为适应国际电子商务发展的需要,也纷纷建立自己的网站,或通过第三方国际电子商务平台,注册建立企业网页,发布各种供求信息。这就为外经贸企业了解产品国际市场行情、开展国际市场调研和寻求贸易伙伴提供了多种可供选择的途径。

图 7-7 是"网上广交会"——广交会电子商务平台(http://e. cantonfair. org. cn)的进出口供求信息发布与查询页面。在该平台上,不仅可以发布和查询中国供应商、国际买家、产品供求信息,而且有详细的产品图、文展示和供应商的视频展示。

(一) 网上信息搜索

网上信息搜索,对进口商而言是寻找和选择"物美价廉"的产品和最佳供应商的重要手段,对出口商而言也是了解竞争性产品和市场供求状况的主要方式。只有对所经营产品的生产、品质、价格和市场供求信息有了充分的把握,才能"有的放矢"地制定谈判策略和营销

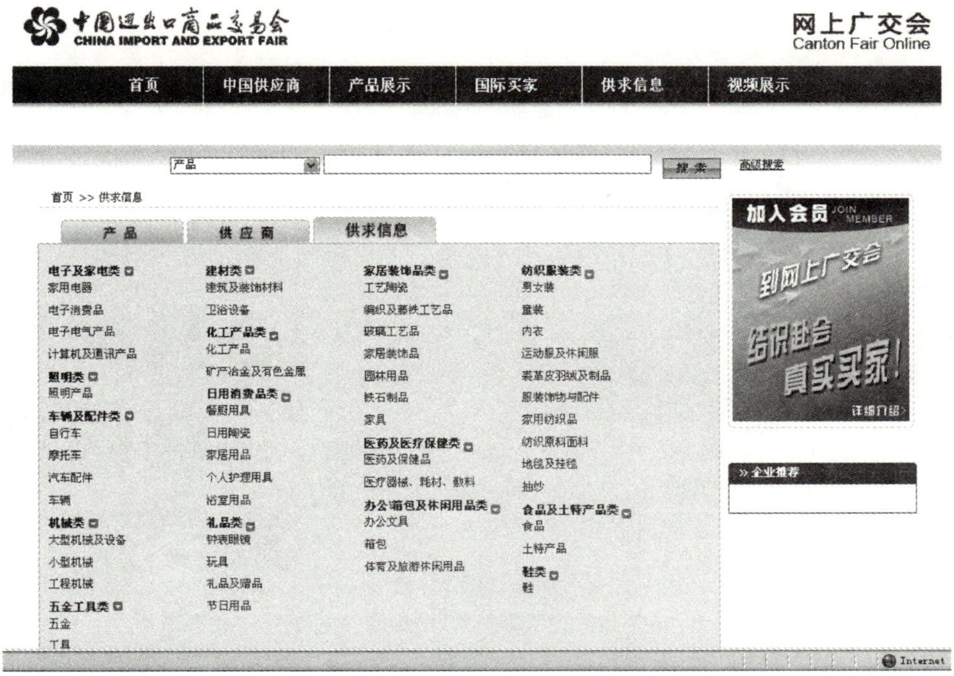

图 7-7　"网上广交会"产品信息发布与查询页面

战略。

对在某一行业已有多年贸易经验的进出口企业而言，由于对所经营产品的全球主要供应商和采购商已经比较熟悉，因此，直接到产品主要供应商或采购商的网站、行业商(协)会网络平台或者专业性第三方国际电子商务平台，去查询相关产品的市场信息更加方便、高效。

而对新建贸易企业和欲开拓新产品贸易市场的企业来说，由于其对全球主要供应商和采购商的信息不了解，难以直接到其网站或专业性第三方交易平台去查询相关信息。因此，对这些贸易企业而言，网络搜索引擎就成为其搜索、查询产品及市场信息的主要渠道。搜索引擎是指根据一定的策略、运用特定的计算机程序，搜集 Internet 上的特定信息，并对信息进行组织和处理后，为用户提供信息检索服务的系统。用户在搜索引擎提供的搜索框内输入特定词语，提交给搜索引擎后，搜索引擎就会返回与用户输入的内容相关的信息列表，通过该信息列表提供的内容，用户可以直接得到要查询的内容，或者根据列表提供的线索，可以进一步登录有关网站、网页作更具体的查询。

利用搜索引擎进行信息搜索的基本方法是，在搜索框中输入关键词进行搜索，关键词的输入方式通常有以下组合方式：

(1)产品名称 + 出口商、进口商、分销商、供应商、批发商、零售商等。

图 7-8 显示了在百度搜索引擎中输入"纺织品 + 出口企业"关键词后，搜索到的部分经营纺织品出口的企业名称、网址以及与纺织品出口有关的专业性网站和国际电子商务平台。

(2)买 + 产品名称、卖 + 产品名称、供应 + 产品名称、采购 + 产品名称、进口 + 产品名称、出口 + 产品名称等。

(3) 价格 + 产品名称、规格 + 产品名称、尺寸 + 产品名称等。

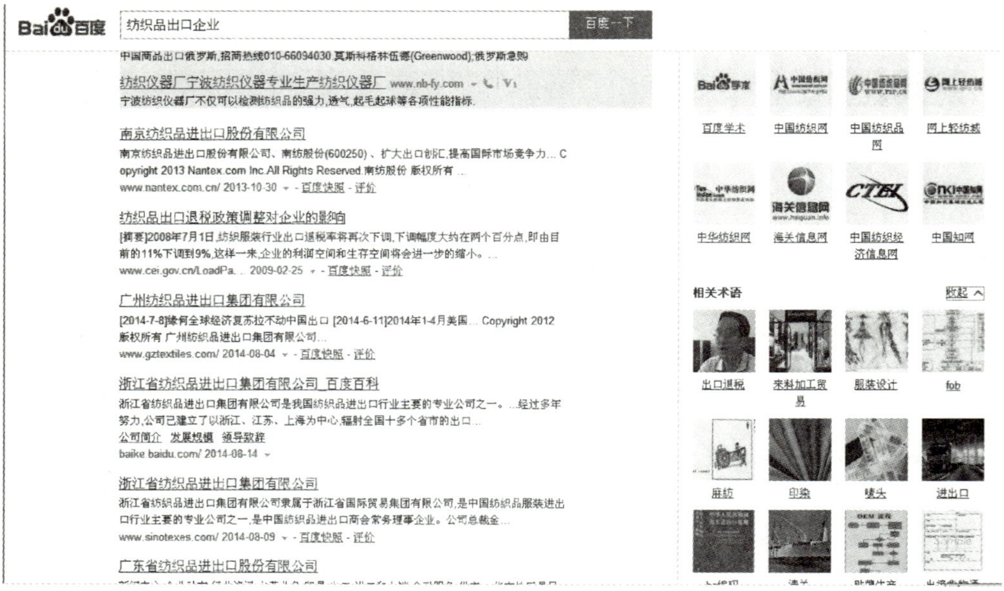

图 7-8　在百度搜索引擎搜索"纺织品+出口企业"信息

如果要搜索其他更精确的信息内容,可以适当扩展。如果还要搜索国外客户的 E-mail 地址,那么就可以在以上关键词组合后 + E-mail;如果还要搜索客户传真号码,则同样可以输入以上关键词组合后 + Fax,以此类推。表 7-3 列出了国内外常用的主要搜索引擎及其网址。

表 7-3　国内外主要搜索引擎

外国搜索引擎	网址	中国搜索引擎	网址
Google	http://www. google. com	百度搜索	http://www. baidu. com
Yahoo	http://www. yahoo. com	雅虎中国	http://www. yahoo. cn
Ask Jeeves	http://www. askjeeves. com	中搜	http://www. zhongsou. com
Alltheweb	http://www. alltheweb. com	爱问搜索	http://iask. sina. com. cn
Lycos	http://www. lycos. com	搜狗搜索	http://www. sogou. com
Alta Vista	http://www. altavista. com	奇虎搜索	http://www. qihoo. com
AOL Search	http://www. aolsearch. aol. com	Openfind	http://www. openfind. com. tw
MSN Search	http://www. search. msn. com	腾讯搜搜	http://www. soso. com
Excite	http://www. excite. com	360 搜索	http://www. so. com
Infoseek	http://www. infoseek. com	有道搜索	http://www. youdao. com

"网络黄页"(企业名录)也是贸易企业搜索获取信息的另一个重要渠道。它是传统纸面黄页在 Internet 上的延伸和发展。网络黄页除包括公司名称、地址、电话、邮编和联系人等信息外,一般还包括企业简介、电子信箱、产品动态、买卖信息、即时留言和短信互动等功能。在网络黄页搜索查询信息时,一般是按照网页上的行业或地区的划分在线查找,也可以键入所需搜索的企业关键字或代码来搜寻。

网络黄页可以分为综合性和专业性两类。综合性网络黄页包含各行各业的企业信息，如美国黄页（http://www.superpages.com）、欧洲黄页（http://www.europages.com）、中国黄页在线（http://www.yp.net.cn）、黄页88（http://www.huangye88.com）等。专业性网络黄页一般只包括某个行业的企业、产品信息，如中国化工企业黄页（http://www.qrx.cn）、美国工业领域著名的托马斯黄页（http://www.thomasnet.com）。

此外，各国的行业商（协）会网站和国际性博览会、展览会或交易会的网站，也是企业及产品信息较为集中的来源之一，在搜索引擎中输入"产品+协会"就可以搜索到相关的商（协）会网站。行业商（协）会网站的信息优势在于：一是企业之间的产品关联性强，对于查询者而言，可以对同类产品和企业进行充分比较，选择最佳者进行交易；二是信息内容丰富，除企业及其产品介绍外，还往往包含市场行情、调研报告、行业新闻和相关链接等。

国际性博览会、展览会或交易会的网站，通常会罗列出参会企业的名录及其详细介绍，所以通过查询博览会、展览会或交易会的网站，可以直接获得参会企业的信息和联系方式，更重要的是可以获得同类厂商之间的报价信息，以及竞争对手的信息。查询博览会、展览会或交易会网站的方法，同查询行业商（协）会网站信息一样，在搜索引擎中键入"产品或行业名称+Exhibition or Fair"即可。

（二）网上市场调研

在信息发布和信息查询的基础上，有针对性地进行市场调研，是贸易企业制定国际电子商务营销决策的重要前提，也就是说，进出口企业通过各种方式和途径搜集产品和市场信息后，还应该对本企业所生产经营产品的市场认可度作出详细分析后，才能制订并实施营销方案。可见，市场营销决策来源于良好的市场营销调研。Internet以其信息的多样性和时效性等优点，成为开展国际电子商务的企业进行市场调研的重要工具。网上市场调研是指贸易企业利用Internet及网络工具进行的产品供求、贸易机会和企业资信等调研活动。

贸易企业利用Internet进行市场调研的内容，主要包括贸易机会和企业资信两类。当然也包括了目标市场本身的相关资讯，如市场需求状况、价格水平、质量标准、相关政策法规等。

1. 网上调研的内容和调研方法

凡是直接或间接影响企业国际营销的网上信息都有搜集、整理和研究的必要。因此，网上调研的内容包括：

（1）市场需求量调查。市场需求量包括市场需求潜量和销售需求潜量。市场需求潜量调查是指调查一个行业在某个市场上可能达到的最大销售量或最大需求量；销售需求潜量调查是指调查某企业的某一产品在某一市场上的最大销售量或最大需求量。

（2）消费者需求动机调查。包括调查消费者对商品质量、品种、价格的需求，消费者的爱好、习惯、需求结构的变化，以及在一定时期内影响消费者需求的各种因素。为了分析消费者的需求，企业还需调查有哪些厂商或消费者购买了本企业的产品；厂商或消费者购买本企业产品的习惯，如购买地点、购买数量和频率；厂商或消费者的购买决策主要受哪些因素的影响等。

（3）产品调查。调查国外消费者对本企业产品的质量、性能、款式、包装、服务等的反映和评价，消费者产生满意或不满意态度的原因是什么，客户对新产品的反映和接受程度，竞争者的产品和服务在市场上的表现等。

（4）产品价格调查。调查国外消费者对本企业产品和服务价格的反映，其他竞争者的定价策略和定价方法等。

(5) 分销调查。调查企业的国际分销策略实施的效果,中间商的工作绩效,竞争对手采用何种分销渠道及效果如何等。

(6) 促销调查。调查企业采取的各种促销手段的效果,在某个阶段哪种促销方式效果最好,竞争对手采取什么样的促销策略,以及效果如何等。

(7) 企业经营宏观环境调查。调查了解影响企业营销的政治、经济、法律、文化、地理环境等方面的信息。

传统国际贸易方式下,进行上述市场调查的信息来源一般可以分成两大类:一类是通过市场调查人员的实际走访搜集到的第一手原始资料;另一类是由他人搜集并已经过整理的现成资料或者说二手资料,如政府机构公布的资料、各部门或各企业团体发布的资料和刊物、市场调研机构发布的调查分析报告等。因此,市场调研的方法大致分成两类:一是直接调查,即直接搜集一手资料的市场调研活动;二是间接调查,即搜集二手资料的市场调研活动。

实践中企业使用最多的还是间接调查方法,因为一般来说,使用二手资料可以省钱、省时,所以市场营销调研人员通常从搜集二手资料开始。当二手资料不能满足企业决策的全部需要时,就必须辅以直接调查方法搜集原始资料。在传统的市场营销调研方法中,直接调查法又可分为调查法、观察法和实验法等。调查法是企业最普遍采用的,以调查表并辅以面谈、电话和邮寄等用户访问形式收集资料;观察法指调查者直接观察用户的行为动态并加以记录;实验法是指在一定小范围的市场内,以实验的方法测量企业市场营销策略的效果。

当企业利用 Internet 进行市场调研时,上述这些方法仍然有效,只不过在它们被应用到网上后,出现了新的形式,具有了一些新的特点。如在线调查和 E-mail 调查代替了传统的入户调查和街头调查;网上视频会议代替了传统的面谈调查;Cookie 技术的应用,网页访问的统计数据,以及留言板、论坛、讨论组的设置使市场人员跟踪观察用户的行为,获得客户对企业营销策略的反映变得更加方便、简单和准确。

同时,搜索引擎、NewsGroup、BBS、微博、微信、QQ 等网络工具成为网上间接调查的主要渠道。与传统的以印刷型为主的信息源相比,网络信息源可以高效、快速地帮助市场调研人员获得与企业营销有关的市场行情,获得消费者、竞争者和宏观经济环境等方面的信息。下文将分别讨论网上直接调查的一些方法及其特点。

2. 网上直接调查

(1) 网上问卷调查。网上问卷调查,即将调查问卷设计成网页,被调查对象可以在专门设计的网页上直接填写和选择,完成后提交调查表即可。

若按照调查者组织调查样本的行为,网上问卷调查法又可以分为主动调查法和被动调查法。主动调查法,即调查者主动组织调查样本,完成统计调查的方法;被动调查法,即调查者被动地等待调查样本造访,完成统计调查的方法。

第一,E-mail 法是典型的主动调查法。它是通过给被调查者发送 E-mail 的形式将调查问卷发给一些特定的网上用户,由用户填写后以 E-mail 的形式再反馈给调查者的调查方法。与传统邮件法相比,E-mail 调查法的优点是邮件传送的时效性大大提高。但应注意,通过 E-mail 调查最好是对老客户进行,一来他们对企业有一定的信任,填写问卷的可能性很大,从而能保证问卷的回收率;二来他们对企业的了解比较充分,回答问题会比较中肯。

第二,随机 IP 地址法也是一种主动调查法。它是以产生一批随机 IP 地址作为调查样本的调查方法。随机 IP 地址法的理论基础是随机抽样。利用该方法可以进行纯随机抽样,也可以依据一定的标志排队进行分层抽样和分段抽样。由于在 Internet 中,每台联网计算机的 IP 地址是唯一的,因此通过对一个随机 IP 地址发生软件设定 IP 码段取值范围,来产生一批随机的 IP 地址,再由一个 IP 地址自动拨叫软件,向这些 IP 地址发出呼叫,并传送一个类似"打扰一下,我们是 XXX 调查机构,现在正对 XXX 问题进行网上调查,如果您有兴趣参加本次调查,我们将非常感谢,这是一次有奖调查活动,谢谢!"的信息,接到该信息的网上用户可以自己决定是否参加调查。

第三,站点法则是典型的被动调查法。它是将调查问卷的网页放在网络站点上,由浏览这些站点的用户在此网页上回答调查问题的方法。对于中小型贸易企业而言,如果没有自己的网站,则可以借助访问率很高的第三方国际电子商务服务商,或者行业商(协)会网站来发布调查问卷。

网上问卷调查法的优点表现在以下几个方面:

第一,无时空、地域限制。网上问卷调查可以 24 小时全天候进行,并且调查不受地域限制,用户只要有一台联网计算机,就可以参加问卷调查。

第二,组织简单、费用低廉。网上问卷调查在信息采集过程中不需要派出问卷调查员,不需要印刷调查问卷,调查过程中最繁重、最关键的信息采集和录入工作分布到众多网上用户的终端上完成,可以无人值守和不间断地接受调查填表,信息检验和信息处理由计算机自动完成。所以,实施网上问卷调查,节省了传统调查中耗费的大量人力和物力。

第三,统计结果的及时性。由于调查对象在填写完调查表后,调查的数据可以马上保存到数据库中,在经过统计分析软件初步自动处理后,可以马上查看到阶段性的调查结果。网上问卷调查具有的这种高时效性和效率,便于调研人员实时跟踪调查过程。

第四,调查结果的可靠性和客观性提高。一是因为被调查者是在完全自愿的原则下参与调查,而不是传统中的强迫式,因此填写者一般对调查内容有一定的兴趣,回答问题会相对认真些,从而使问卷填写信息的可靠性大大提高,也有助于调查结论的客观性。二是被调查者在完全独立思考的环境下接受调查,不会受到调查员及其他外在因素的误导和干预,能有效提高调查结果的客观性。

第五,可以实现多媒体问卷调查。在网上调查问卷上可以附加多种形式的背景资料,可以是文字的、图像的和声音的,这样不仅有助于在调查问卷上对每个调查指标附加规范的指标解释,便于被调查者正确理解调查指标的含义,而且可以增加调查问卷对被调查者的吸引力。

网上问卷调查作为一种新型的调查方式已经在电子商务营销调研活动中得到广泛的应用,有学者利用 www. yahoo. com 搜索引擎进行检索,发现有 5 000 多个站点、47 万个英文 Web 含有调查栏目,中文检索的结果发现 126 个站点、9 万个 Web 含有调查栏目,这说明网上调查已经有了相当程度的应用。

虽然网上问卷调查具有很多传统调查方法所不具备的优点,但也存在以下一些缺陷:

第一,调查人群的局限性。虽然 Internet 的普及程度在日益提高,但实际上,目前网民大多是具有较高知识层次和收入的青年人,而中老年人上网人数比例较低,且网民大多集中在经济发达的国家和城市。所以通过网络在线调查获得的结果大多只能代表部分国家或地区、部分人群的消费意见和想法。由于网上调查只适用于对上网比例比较高的群体,所以,依据当前网上群体的特征,目前在网上较适合开展一些超前的网上调查研究项目。比如某一网络服务行业或某类新产品的市场前景等。

第二,被调查样本的代表性。即使企业是针对上网比例比较高的发达国家或地区的高收入群体开展网上调查研究,如何保证被调查样本的代表性仍是在线问卷调查中很头痛的问题。因为网上信息如此繁多,上网用户可能并不知道有某项调查;或者他们知道有该项调查,却可能不愿意填写调查问卷,因为这会花费他们一定的时间,特别是在调查内容较多的情况下。

第三,如何保证调查结果的可靠性和客观性。虽然在线网上调查参加的自愿性和填写环境的独立性可以提高调查结果的可靠性及客观性,但是一旦调查结果会涉及企业利益和情感冲突,调查样本的可靠性就成了很大的问题,调查结果的可靠性和客观性也很难保证。

为了对采集信息的质量实施检验和控制,进行网上调查时应特别注意采取技术分析手段排除不合格答卷。例如,为有效防止因同一个被调查者多次填表给调查结果带来的代表性偏差,必须采用身份验证技术,来过滤虚假样本。其做法大多采用"IP + 个人特征"作为判断被调查者填表次数唯一性的检验条件。调研人员可以用承诺奖励的办法鼓励被调查者提供真实的个人信息如姓名、性别、年龄、身份证号码、通信地址等,这样就能有效排除不真实的答卷。另外,Cookie 技术的采用也能有效避免重复统计。其做法是对已经统计过的访问者,在其计算机上放置一个 Cookie,它能记录下访问者的编号和个人信息,这样既能使用户下次接受调查时可以不用填写重复信息,也可以减少对同一访问者的重复调查。

此外,可以考虑在联机调查获得的样本的基础上,再结合采用抽样调查,以便对调查结果进行比较和验证。对有疑义的答卷回访也可以有效保证采集信息的质量,从而保证调查结果的可靠性。

(2) 网络视频会议法。网络视频会议法,指的是通过 Internet 技术和视频技术将分散在不同地域的被调查者虚拟地组织起来,并在主持人的引导下讨论调查问题的调查方法。这种调查方法可以说是传统调查法中的面谈调查在网上应用的新形式,不同之处是参与调查的用户、中间商、管理人员、专家或其他有关人员不必实际地聚集在一起,而是分散在任何可以连入有线或无线网的地方,如家中、办公室里等。网络视频会议的组织比传统的面谈调查法简单得多,成本也低得多。网络视频会议法适合于对新产品、新市场的定性调查研究。

(3) 网络论坛调查法。网络论坛调查法,指的是国际电子商务企业在网站开设具有交互功能的系统模块,如留言板、论坛、讨论组等,让客户、中间商或营销专家发表自己对企业产品与服务的意见和建议。由于问卷调查是从企业的角度出发考虑问题,而论坛上发表的是用户自己的感受和体会,被调查者处于主动地位,因此传达的信息也是最接近市场实际和最客观的。但这种调查方法的缺点是搜集到的信息不够规范,需专业人员进行整理和挖掘。为激励被调查者多提建议,企业应注意通过主动发送 E-mail 邀请被调查者参与,对被调查者提出的每一条意见、建议甚至是抱怨,都要做到及时回答。

(4) 网上观察法。贸易企业也可以充分利用网站访问统计软件如实记录以下数据:①站点访问者的数量(不包括重复访问者);②回头客的数量和频率;③访问者连入本站点之前所处的站点位置,包括利用哪个搜索引擎连入本站点;④访问者访问本站点的停留时间;⑤访问者浏览了哪些网页;⑥访问者看过网页上的哪些条目;⑦访问者的域名;⑧访问者的国别代码;⑨访问者的购买操作。这些数据可以让贸易企业了解它的客户来自何处,他们经常访问哪些站点,他们是通过什么途径进入本企业网站的,他们对网站上的哪些内容最感兴趣,对哪些内容最不感兴趣。客户每次购买的商品种类、品牌及金额等信息,可以让企业市场营销人员客观地观察购买方的行为,为后续的网上营销提供可靠的决策依据。

（5）网上实验法。由于有网站访问统计软件的帮助，使贸易企业的营销人员可以更方便地在网上以试验的方法，来测定国外客户对某个营销活动的反应。例如，市场调研人员可以在不同时间，在网站主页的同一位置放置两幅内容相同而布局不同的“旗帜”（Banner）广告，设定一幅广告是先显示图像后显示标题，另一幅广告是先显示标题后显示图像，观察客户对这两幅广告的单击情况，来测试客户对不同推销广告的反应，进而选择效果好的推销广告布局。又如将同一类商品采用不同的价格在网上销售，测定其销售情况的变化，就可依此调整企业该类商品在网上销售的价格策略等。

3. 网上间接调查

网上间接调查主要是利用 Internet 搜集与企业营销相关的竞争者、市场价格以及宏观经济贸易政策等方面的二手资料信息，并根据所搜集的资料信息来制定新的营销策略。

（1）竞争者信息调查。利用 Internet 调查搜集竞争者信息，一般有以下几种途径：

第一，用搜索引擎查找竞争者。如前文所述，搜索引擎为贸易企业查询各类信息提供了极大的便利，因此，利用搜索引擎可以在尽可能短的时间内，查找已经开展国际电子商务的国内外竞争者的基本信息。在用搜索引擎查找竞争者信息时，首先，应注意只需选择国内外最知名的几大搜索引擎检索即可；其次，在搜索前，应选择合适的搜索栏目，并确定 5—10 个关键词或词组来查找竞争者；最后，由于时间和精力的限制，在检索到的大量结果中，一般只需审看前 10—20 条检索结果的描述。如果前 10—20 条检索到的企业网站或主页，都从事与你相同或相近的业务，那么他们就可能是你的主要竞争对手，而且这些站点在搜索引擎上的排名往往代表了这些企业的竞争实力。然后，通过专门浏览这些竞争者的网站或主页发布的信息，就可以了解其技术、产品及营销特点。

第二，定期浏览竞争对手的网站。贸易企业在已经掌握哪些国内外企业是竞争对手的情况下，就可以通过定期浏览这些竞争对手的网站，通过发现其网站发布信息的变化，来判断其营销策略的变化。浏览竞争对手网站时应重点关注以下方面的信息：一是观察竞争对手的网站有哪些特色值得借鉴，有什么疏漏需要避免；二是竞争对手现在提供了哪些产品和服务，尤其是跟踪竞争对手推出的新产品和新服务，这些新产品和新服务有可能对本企业带来挑战；三是观察竞争对手正在做哪些市场调研；四是跟踪竞争对手的人员招聘广告。后两项内容可以帮助调研人员分析竞争对手研发和决策的新动向。因为竞争对手正在开展的市场调研，很可能就是他们作出某项决策前的准备。而从竞争对手招聘人员尤其是技术人员的条件要求上，可以判断出竞争对手未来新技术和新产品开发的基本方向。调研人员还可以选择竞争对手经常发布广告、招聘信息或调查问卷的站点，动态观察他们的市场调研以及人员需求变化情况。

第三，参加行业聊天室。由于国内外贸易企业的商业秘密保护意识都在日益增强，所以企业网站公布的信息一般深度不够，或者关键信息根本不在网站上发布。所以，若想获取关于企业内部研发或营销活动的最新动向，经常参加网上行业聊天室是更好的选择，特别是想获得关于企业新产品研发方面的信息，参加由技术人员组成的聊天室，往往可以得到很多有价值的信息。如微软为了提防 Linux 对其操作系统 Windows 的挑战，就经常访问有关 Linux 的 BBS 和新闻组站点，以获取最新资料。

第四，查找专利数据库。企业通过在网上检索专利数据库，可以了解竞争对手的专利申请情况，这是了解竞争对手新产品开发计划的极好途径。企业可以直接查询，也可委托专利事务所代理查询。

第五，从网上新闻媒体获取竞争者信息。如果竞争者是一家有较高知名度的跨国公司，企业还可以通过关注电子网络新闻以及电台、电视台的网站对这些竞争者经营状况的报道,了解竞争者的最新动向。

第六,从专业研究机构发布的研究报告获取竞争者的信息。当前,国内外研究机构越来越多地发布市场研究报告,为政府或企业决策提供参考。这些研究机构发布的研究报告,大多是就某个行业或领域的发展进行总结和评述,其中往往会以大量成功企业为案例,评论其产品的优劣、经营决策的成败,并常常提出非常有建设性的结论和建议,如预测某行业的市场发展趋势、某些新技术的研发趋势或某些新产品的上市时间,或者为某些企业提出诊断意见等。这些都是企业市场调研人员深刻了解和剖析竞争对手的极有价值的资料。

(2) 利用 Internet 调研国际市场价格行情。对贸易企业来说,充分了解所经营产品的国际市场价格行情及变化趋势,是制定价格策略和谈判方案的必要前提。为满足进出口企业查询和了解国际市场价格行情的需要,国内外政府部门、国际组织和大宗商品交易机构等,近年来都纷纷建立了专门的价格信息网站(表 7-4 列出了部分国内外重要的国际市场价格行情信息网站)。而第三方国际电子商务平台所发布的各类供求产品的价格信息,对期望通过这些平台开展跨境贸易的企业或个人,制定自己的成交价格而言,则具有更加实际的参考价值。

表 7-4 部分国内外国际市场价格行情信息网站

网站名称	网址
石油输出国组织(OPEC)	http://www.opec.org
芝加哥商业交易所(CME Group)	http://www.cmegroup.com
伦敦金属交易所(LME)	http://www.lme.com
洲际交易所(ICE)	http://www.theice.com
英国金融时报市场分析(FT Markets)	http://www.ft.com/intl/markets
香港联交所	http://www.hkex.com.hk
商务部国际市场价格信息网	http://price.mofcom.gov.cn
中国国际电子商务网行情分析	http://analysis.ec.com.cn
中国价格信息网	http://www.chinaprice.gov.cn
中国产品报价网	http://www.quot.com.cn
中华鼎网	http://www.dingcom.com
中国金属网	http://www.metalchina.com
全球金属网	http://www.ometal.com
上海期货交易所	http://www.shfe.com.cn
大连商品交易所	http://www.dce.com.cn
郑州商品交易所	http://www.czce.com.cn
中国东盟矿产资源网	http://www.10s1.com

与传统的从各种印刷型媒体搜集的市场价格行情信息相比,网上国际市场价格行情信息,通常数据量大、涉及产品种类多、即时性强,而且具有时间连续性。通过网络绘图工具所显示的价格变化曲线,可以较为准确地判断未来价格走势。

（3）利用 Internet 调研国际贸易宏观政策信息。由于进出口贸易往往受到各国政局变动、法规调整和贸易政策变化的影响，因此，贸易企业在作出行动决策前，还必须对国际政治、经济和安全环境及其变化趋势等作出判断，以便贸易企业综合考虑市场变化因素，制定全面的风险防范措施。对于国际政治和安全方面的信息，企业一般从相关国家政府部门网站（以 . gov 作为最高域名）和世界主要新闻媒体的网站中即可搜寻到。而对于国际经济贸易法律和政策方面的信息，贸易企业从国际经济贸易组织和有关国家政府经贸管理部门的网站中，也可以随时查阅到。表 7－5 列出了部分国际经济组织和我国政府贸易监管部门的网站。

表 7－5 部分国际经济组织和我国政府贸易监管部门的网站

网站名称	网址
世界贸易组织	http://www. wto. org
联合国贸发会议	http://www. unctad. org
世界银行	http://www. worldbank. org
国际货币基金组织	http://www. imf. org
经济合作与发展组织	http://www. oecd. org
国际商会	http://www. iccwbo. org
中国经济信息网	http://www. cei. gov. cn
中国商务部	http://www. mofcom. gov. cn
中国国际电子商务网	http://www. ec. com. cn
中国海关总署	http://www. customs. gov. cn
中国电子口岸	http://www. chinaport. gov. cn
国家质量监督检验检疫总局	http://www. aqsiq. gov. cn
中国检验检疫电子业务网	http://www. eciq. cn

Internet 是信息的海洋，市场调研人员利用 Internet 能获得海量的数据信息，但必须牢记的是，只有经过甄别、筛选和加工处理的信息才真正具有价值。所以贸易企业调研人员在搜集到数据信息后，必须根据自己的经验、需要，并利用信息分析软件，对所搜集的数据信息进行筛选、组织和加工处理，采用数据库技术进行分类管理，作为企业决策的依据。

二、网上信息发布与网站（页）推广

Internet 不仅为贸易企业方便、高效地浏览和查询产品、品牌、市场及非市场信息，提供了快捷工具和手段，同时也为贸易企业尤其是出口企业发布信息和营销推广，提供了有效平台。信息发布既是网站推广的基础，也是网络营销的基本职能，还是一种实用的国际电子商务操作手段。

（一）网上信息发布

对出口商而言，让自己的产品和品牌被尽可能多的国外买家了解和熟悉，以吸引已有或潜在购买者，是信息发布的主要目的。在国际电子商务模式下，对不同的贸易企业而言，要实现这一目标应选择适合的网络信息发布途径。

1. 网上信息发布的途径

对于大型跨国公司和综合贸易企业而言,由于其生产经营规模大、产品种类多,因此,通过在本公司网站或自建的电子商务平台开设信息专栏,发布以多种方式、多种语言呈现的图文并茂的公司发展历程、经营范围、产品品牌等详细信息,并实现与国际电子商务门户网站和搜索引擎的链接,对吸引国际买家有更大的优势,可以让买家在了解产品信息的同时,进一步认识公司的历史、文化、品牌形象、技术研发力量、供应链组织管理等,有利于增强买家的信心,吸引买家建立长期贸易关系。图 7-9 显示了中国深圳华为技术有限公司,在自建网站进行的多语言信息发布系统。

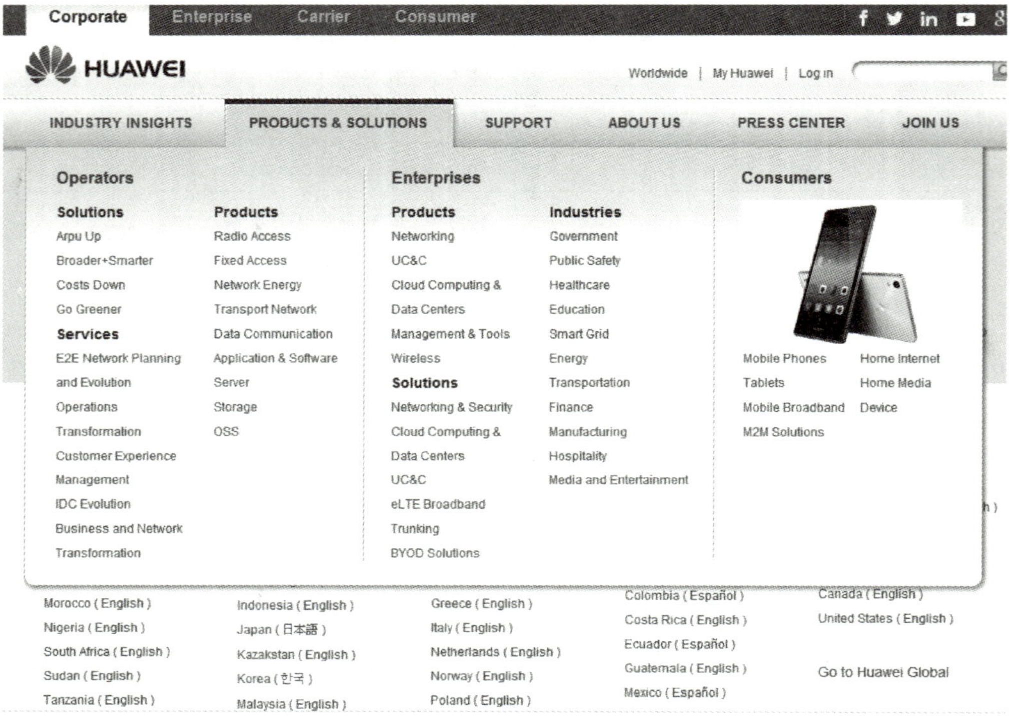

图 7-9　华为技术有限公司产品信息的发布页面

对于中小型生产和贸易企业而言,由于其生产经营规模小、产品种类相对单一、品牌知名度不高,且受技术、财力、人力所限,难以自建企业网站或独立运营国际电子商务平台,因此,它们多选择通过第三方国际电子商务平台或行业商(协)会网站,发布企业产品信息,既可以让国外买家搜索到本企业产品的信息,又可以大大降低信息发布的成本,并可以让潜在买家通过同类产品信息比较,发现本企业产品的特点和优势。图 7-10 显示了深圳 ATR 工业有限公司通过“环球资源”国际电子商务平台,所发布的图文并茂的英文产品信息。

随着网络社交媒体的兴起和广泛使用,注重通过国外主要的社交媒体如 Facebook、Twitter、Linkedin、YouTube 以及越来越被国外接受的国内社交媒体 QQ、微博、微信等来发布信息,将逐渐成为消费品生产出口企业信息发布的重要渠道。

2. 网上信息发布应注意的问题

无论贸易企业通过哪种渠道、采用何种方法和技术发布信息,其目的都是扩大企业产品知名度,吸引更多的买家达成交易。因此,贸易企业所发布的信息是否有吸引力,就成为网上信

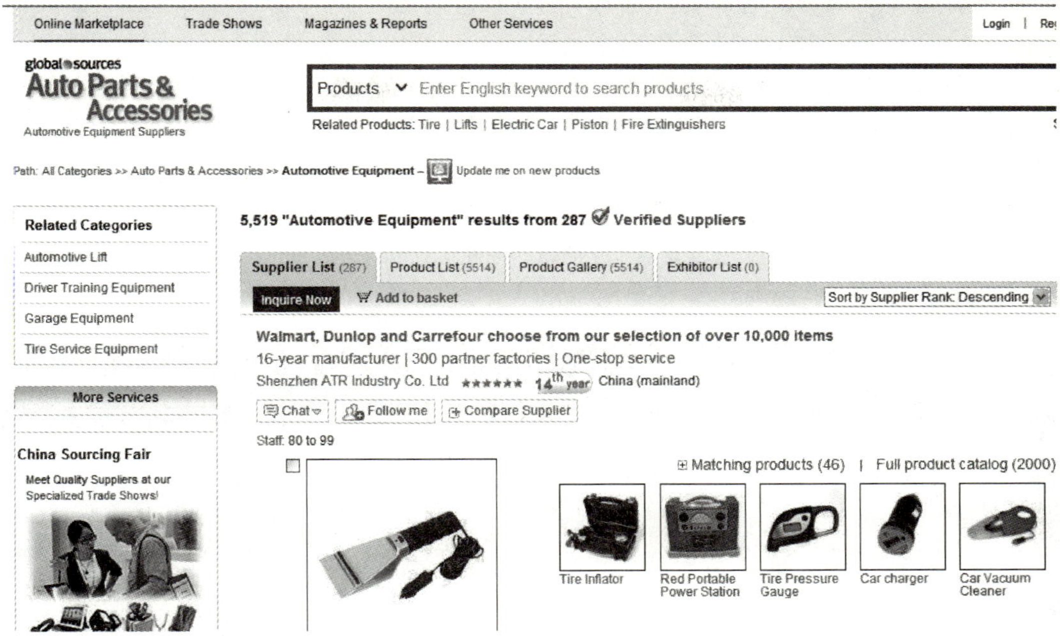

图 7-10 深圳 ATR 工业有限公司在环球资源网发布的产品信息

息发布是否成功的关键。而要使发布信息有吸引力应注意做到：

(1) 信息的全面性。尽管不同企业的客户群体定位存在差异，但对所有客户而言，其在决定是否与某企业达成交易前，不仅希望详细了解企业产品功能信息，更希望掌握企业经营发展历史、品牌价值、售后服务以及资信状况和社会形象等信息。

(2) 信息的完整性。对贸易企业发布的每一项信息而言，要尽可能为信息浏览者提供详尽的内容，尽可能不给浏览者留下“疑问”，如果浏览者出现“疑问”，也应有便捷的“疑问和反馈”渠道。比如，贸易企业所发布的产品信息，不仅要包括产品名称、编号、品牌、规格、性能、颜色、图片、包装、价格等内容，还应有生产日期、可供数量、运输方式、产品使用说明、安全注意事项、售后服务以及联系方式、联系人等信息。

(3) 信息的真实性。虽然虚拟网络空间内，一时夸大的企业及产品信息，能够暂时提高吸引力、扩大成交量，但事实与信息宣传的“反差”，一旦让客户感觉到“上当受骗”，该企业在国际市场的信誉和形象就会遭受长期严重贬损，失去竞争力，甚至永远退出市场。

(4) 信息的新颖性。在技术进步导致产品生命周期越来越短的局面下，只有让国外信息浏览者查看到企业的最新信息，才能激发其兴趣和成交欲望。因此，适时维护和更新企业信息，其重要性不言而喻。

(5) 信息语言的通用性和针对性。由于英语已经成为事实上的国际商业语言，因此，对于无特定市场目标的贸易企业而言，其最有效的做法是采用英语发布各类信息。但对以某种语言为特定市场的贸易企业而言，为吸引和扩大该市场的客户群体，采用特定语言进行信息发布就显得更加重要。当然，对于自建网站和国际电子商务平台的大型跨国公司而言，采用多种语言发布信息是最佳选择。

(6) 信息显示的多媒体性。随着信息技术的进步和发展，信息呈现方式也逐渐从平面静态的文字、表格和图片，向三维动态的语音、视频和动画等数字化方式发展，信息展示内容越来越丰富、信息显示方式越来越逼真。更多采用多媒体信息展示方式,自然对客户有更大的吸引力。

(7) 信息查询的便捷性。网络在给企业或个人带来信息查询方便的同时,网络上以指数级增长的海量信息,也给用户方便高效地查找有用信息提出了挑战。谁能让浏览者在尽可能短的时间内查看到有用信息,谁就能吸引更多的潜在客户。调查发现,除信息发布网站(页)的栏目导航要清晰、文字与背景的颜色对比要强烈之外,信息浏览者通过导航进入信息全文阅读界面的单击次数,一般不能超过 3 次,否则,访问者就会失去耐心。图 7 - 11 显示了“联想”美国网站的信息发布内容和布局。

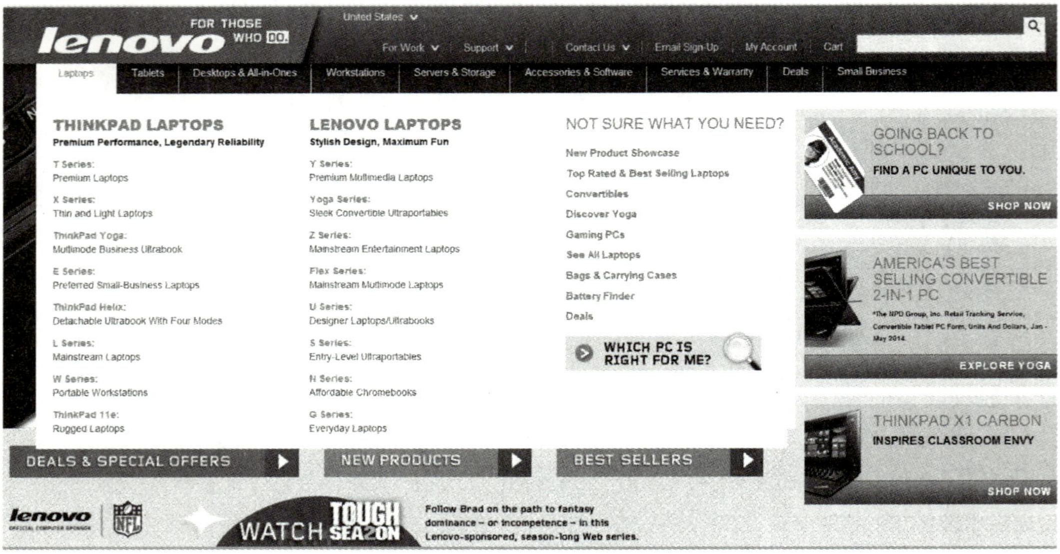

图 7 - 11 “联想”美国网站的信息发布内容和布局

(二) 网站(页)推广

网站(页)是信息发布的载体。发布有贸易企业各方面信息的网站(页),只有让尽量多的用户很方便地找到并登录,才能真正起到信息发布、吸引买家或卖家成交的目的。

1. 网站(页)推广的方法

网站(页)的推广,利用传统的报刊、广播、电视和流动广告等方式进行,当然可以起到一定的作用。但随着 Internet 的日益普及,更快捷、低廉、有效的方法则是利用搜索引擎、网址交换链接、E-mail、分类目录等网络推广手段。中国互联网络信息中心(CNNIC)的调查发现,83.4%的用户得知新网站是通过搜索引擎,65.5%的用户是通过网站之间的交换链接,32%的用户是通过 E-mail,分类目录在用户获得新网站信息中所占比重也在明显提升。

(1) 搜索引擎推广。搜索引擎是使用最为广泛的一种网站推广方式,国外调查显示,网站访问率的 70%—80%都是来自搜索引擎。在搜索引擎网站的搜索页面上,用户只需输入关键字并单击“搜索”,便会显示包含该关键字的所有网址,并提供通向这些网站的链接。因此,贸易企业向国内外主要搜索引擎提供自己的网站信息(一般搜索引擎会使用专门软件在 Internet 上搜索新的网站及其更新的信息),通过在搜索引擎上进行登记来进行网站(页)推广,是最为简便易行的方法。

(2) 网址交换链接推广。网址交换链接也称友情或互惠链接,是相互熟悉的企业之间最基本的网络资源合作形式,即企业分别在自己的网站上放置对方网站的LOGO或网站名称,并设置网站的超级链接,使得用户在登录合作企业的网站时,就可以发现本企业的网站并在单击后直接登录,从而达到企业之间网站互相推广的目的。交换链接的作用主要表现在:获得访问量,增加用户浏览时的印象,在搜索引擎优化排名中得到提升。更为重要的是,每个企业都倾向于链接价值高的其他企业网站,因而,获得其他网站的链接也就意味着获得了合作企业或行业内同类企业的认可。所以,对于新进入国际电子商务的贸易企业而言,通过合作企业网站的网址交换链接,可以大大增加访问者对本企业的信任度。

(3) E-mail推广。E-mail推广,是在得到用户事先许可的前提下,通过E-mail的方式向目标用户提供贸易企业网址信息的网站推广方式,它同时可以附带发送一定数量的商业广告信息。E-mail因为方便、快捷、成本低廉的特点,成为目前被广泛使用的有效网站推广工具之一。根据用户许可E-mail地址资源的所有形式,E-mail推广可以分为内部列表E-mail推广和外部列表E-mail推广两类。内部列表E-mail推广,是利用网站的注册用户资料开展E-mail推广的方式,常见的做法有新闻邮件、会员通讯录、电子刊物等。外部列表E-mail推广,则是利用国际电子商务专业服务商的用户E-mail地址来开展E-mail推广,即采用E-mail广告的形式向国际电子商务服务商的注册用户发送网站推广信息。

(4) 分类目录推广。分类目录,也就是"网络黄页",指该类网站服务商将网站信息按照不同类别标准系统地分类整理,提供一个按类别编排的网站目录,在每类目录中,排列着属于这一类别的网站站名、网址链接、内容提要以及子分类目录。用户可以在分类目录中逐级浏览寻找到感兴趣的网站,分类目录中往往还提供交叉索引,从而可以方便地在相关的目录之间跳转和浏览。分类目录是把同一主题网站信息放在一起并按一定顺序排列。它拥有可供用户单击浏览的树状结构,用户可按主题目录层层单击下去,直至找到感兴趣的所有企业网站。图7-12显示了国外著名分类目录网站DMOZ的主页(http://www.dmoz.com)。

除以上介绍的几种网站推广方式外,目前出现的网站推广方法还有:社交媒体(如博客、微博、微信、QQ、BBS、Facebook、Twitter、Youtube等),快捷网址(如网络实名、通用网址),网络广告(如Banner广告、文本链接广告、弹出式广告、赞助式广告、视频广告等),信息发布(如在线黄页、论坛、博客网站、供求信息平台、行业网站),"病毒"推广(如免费电子书、免费软件、免费FLASH作品、免费贺卡、免费即时聊天工具等),等等。

(三) 网站(页)维护

贸易企业网站建立后,能否持续不断地吸引并扩大国外客户的访问量,进而实现扩大成交量、提升企业品牌价值和形象的目标,除了页面设计、网站推广等因素外,网站维护也是十分重要的因素。事实上,贸易企业对于网站的维护,就是对于企业经营信誉和形象的维护。

第一,贸易企业网站一旦建立,保持页面设计的特色、风格以及信息栏目的稳定性至关重要,不到万不得已,企业不要轻易改变网页的设计风格和内容。

第二,对网站发布的业界动态、行业新闻和企业信息等,必须及时更新,特别是有关企业新产品、新技术、新服务项目以及促销方案等信息,更要设专栏突出宣传和推广,以吸引客户注意。

第三,对于网站访问者的任何提问、意见和建议,应有专人给予及时回复和反馈。对于常见问题,可以使用专门的"常见问题"栏目,由客户自己查询。

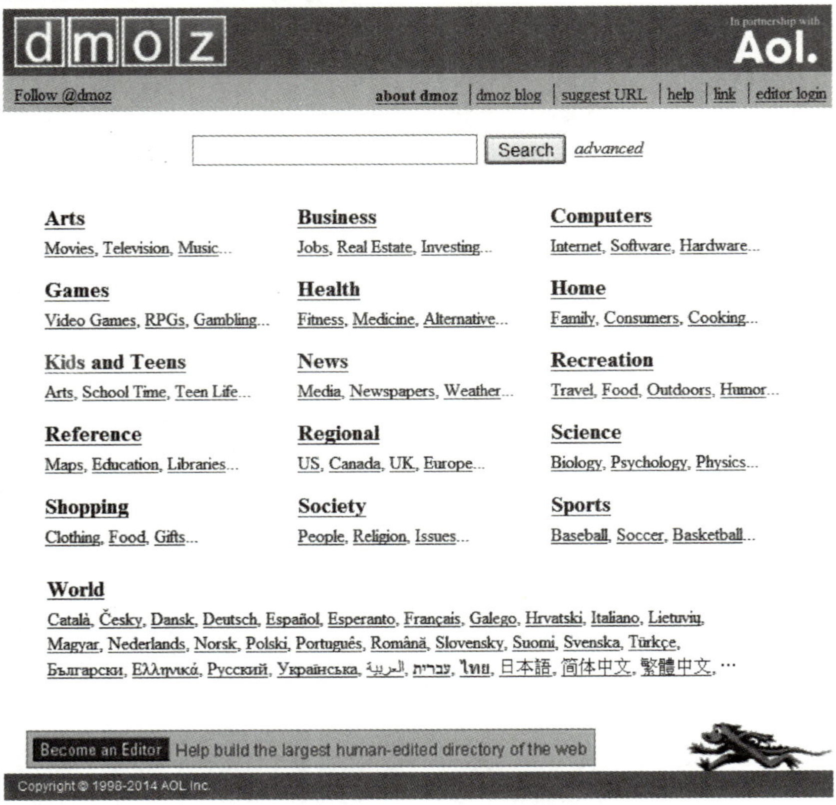

图 7-12　分类目录网站 DMOZ 的主页

第四,要成为成功的国际电子商务经营企业,还应不断积累与企业经营相关的电子数据信息,建立专门的数据库,并运用专门的信息检测、统计和分析软件,适时检测网站访问流量、访问渠道、访客来源,对客户重点访问和关注的栏目进行分析,以便为企业优化网站布局、调整国际电子商务营销方案提供事实依据。

三、交易对象的确立与风险防范

(一) 交易对象的确立

网上信息查询、市场调研和信息发布的目的,是为了在了解市场行情的同时,选择合适的交易对象达成交易。因此,在对所经营产品的国际市场行情和潜在客户群有了基本了解后,贸易企业就应该根据所掌握的信息,确定下一步进入实质性商务谈判的交易对象。

但由于"虚拟"网络空间内所发布的信息,并不完全是真实可信的。出于更广泛吸引客户的考虑,发布信息的一方通常都会故意隐瞒对己方不利的信息,并在一定程度上夸大对己方有利的信息。因此,慎重起见,贸易企业在确定谈判交易对象之前,还应通过其他途径,如委托国内外专业中介机构、国内外往来银行、进出口行业商(协)会、本国驻外使领馆的商务处等,对潜在交易对象的资信状况作更进一步的核实。

经过多方信息比对和核实,确认对方的资信状况和信誉满足己方的交易需求后,方可进入实质性网上商务谈判阶段。

（二）网上交易风险及风险防范

国际电子商务方式下，贸易企业除面临传统贸易方式下可能发生的价格风险、汇率风险、信用风险、社会安全风险和政策变化风险外，由于国际电子商务所依赖的Internet空间的虚拟性、开放性，信息技术的不完善性、信息传输的无纸性和电子交易法规的不健全性，也导致国际电子商务交易方式，在给贸易企业带来便利和效率的同时，也增加了新的风险。只有对这些可能会发生的风险有全面的认识，并提前采取防范措施，才能使从事国际电子商务的贸易企业避免或减少损失。

1. 网上交易风险的种类

（1）技术风险。国际电子商务交易的安全顺利进行，要依赖计算机软硬件技术、信息传输技术和网络技术的整合支持。其中任何一项技术存在缺陷或漏洞，都有可能影响国际电子商务交易的正常进行，或者延缓交易进程，或者增加交易成本，甚至导致交易失败。常见的技术风险包括：①硬件技术设备风险。如计算机设备及传输线路故障；存储设备和传输线路容量小而导致网络运行速度慢等。②软件技术风险。如操作系统、应用系统和程序设计存在缺陷和漏洞；网络安全技术软件缺乏或更新不及时；交易各方系统技术标准不匹配，数据传输标准不统一等。③技术运用风险。如误操作带来的程序运行异常；数据录入错误或信息传输遗漏；未及时保存或备份导致数据丢失等。

（2）信息风险。如同传统贸易方式下，买卖双方真实意思的表达、交易的达成和合同的顺利履行，需要纸面单证信息的准确传输一样；国际电子商务方式下，交易能否顺利完成，也要依赖电子信息的准确传递。但Internet的开放性、网络技术不可避免存在的各种漏洞和网络“黑客”及病毒的攻击等，都可能给开展国际电子商务的企业带来巨大的信息风险。常见的信息风险主要有：①虚假信息。Internet空间的虚拟性，为世界各国以欺诈为生的不法企业或个人，创造了有利条件和生存空间。为达到欺诈目的，这些企业或个人往往通过各种网络渠道发布大量虚假供求信息。这些虚假信息与真实信息混在一起，一方面增加了企业甄别、筛选真实信息的困难和成本，另一方面缺乏经验的贸易企业及其业务人员，一旦不慎被虚假信息蒙骗，就可能会遭受重大损失。②信息泄露。同一国际电子商务系统中，不同企业所采用的终端计算机的型号、操作系统、应用系统及传输介质等可能千差万别，兼容性问题以及安全技术漏洞，都可能导致国际电子商务系统中的信息数据丢失。“黑客”等不法之徒可能会利用系统存在的安全漏洞，窃取交易双方的数据信息，造成商业机密信息泄露，使竞争对手获益。③信息篡改。利用网络软硬件系统可能存在的安全技术漏洞，“黑客”等网络攻击者除“窃取”贸易企业商业信息外，还有可能利用其所掌握的过人手段，入侵贸易企业网站和数据库，对发布、储存或传输中的信息进行恶意复制、篡改、增添或删除，造成信息查询者或交易对象接收到的信息失实、失真，轻者使贸易企业形象受损、潜在客户流失，重者则增加交易风险或带来利益的重大损失。④病毒信息。随着各种电子商务应用软件的开发、应用和推广，各种新型病毒及其变异也往往相伴而生。传统的计算机病毒攻击，会使得网络服务在一定时间内失效，或导致电子商务交易数据阻滞、泄露甚至丢失。随着病毒隐蔽性的增强，越来越多的病毒隐藏在信息内，或者说信息本身就是病毒。一旦贸易企业不小心将这些隐藏有病毒的信息打开，就会对网络运行和信息安全造成严重威胁。

（3）侵权风险。Internet的开放性、全球性和虚拟性，不仅使得传统知识产权（商标权、专利权、版权和著作权）使用和保护的独占性、地域性原则受到严峻挑战，而且Internet信息技术所催生的新兴知识产权,如计算机软件、多媒体作品、数据库、网页设计等,也对网上知识产权的使用、转让和保护提出新的要求。

虽然近年来,各国政府和国际组织纷纷出台网络知识产权保护法规,或修改原有知识产权保护法规以涵盖对网络知识产权的保护。但不可否认的是,国际电子商务方式下,网上信息的“爆炸式”增长,使得贸易企业难以对网上所发布产品的技术、设计和商标品牌等知识产权归属,进行详细查询核实,尤其是对不断推出的数字化出版物、音像制品等新技术、新产品、新服务,以及新开发计算机软件、网络应用工具和数字库等知识产权的归属更加难以查证。出口企业在不知晓的情况下,按照进口方网上提供的侵权设计图样生产加工并出口,进口企业在不了解的情况下,购买了出口方采用侵权技术和假冒商标生产的产品或服务,一旦遭到被侵权方的起诉,很可能因难以追究交易对象的责任而遭受重大损失。

此外,国际电子商务交易企业,还可能因网上电子支付技术存在漏洞,而面临支付和结算风险;因各国对网上交易征税、网上交易纠纷处理的法律规定存在差异,而面临税收和法律风险。

2. 网上交易风险的防范

针对开展国际电子商务可能面临的更多风险,贸易企业应做到防患于未然。

(1) 增强国际电子商务风险及防范意识。作为基于新技术的新型国际贸易交易方式,受技术本身不完善和相关制度不健全的制约,与传统国际贸易方式相比,开展国际电子商务,贸易企业明显要面临更多的风险。因此,增强对开展国际电子商务交易风险的认识,重视风险分析和风险防范,并将风险管理提高到企业战略管理高度,对贸易企业规避国际电子商务交易风险,避免或减少风险损失至关重要。

(2) 健全国际电子商务人才队伍。与传统的国际贸易交易方式相比,国际电子商务方式下,掌握外语和国际贸易操作技能的业务人员数量占比会明显降低,而负责计算机网络安全运行、维护管理、信息处理和故障排除的专业技术人员所占的比例将显著提高。对于自建国际电子商务交易平台的大型跨国公司和综合贸易企业而言,其还应拥有软件应用系统设计、数据库开发等方面的专业技术人才,以满足国际电子商务交易模式创新和系统提升的需要。对于通过第三方国际电子商务平台,开展国际电子商务的中小型贸易企业来说,其计算机网络运行和信息管理方面的专业技术人才虽然不用考虑,但至少也要拥有满足需要的计算机系统管理、网页维护与信息处理方面的技术人才,以降低计算机网络软硬件技术运营风险所带来的损失。同时,对于所有开展国际电子商务交易的贸易企业而言,应通过培训,提升进出口业务及管理人员的计算机网络操作及信息系统应用能力,以避免或降低因操作不当引起的技术应用风险。

(3) 强化电子商务软硬件技术基础设施建设。软硬件技术基础设施的质量,是保证国际电子商务交易网络安全运行的基础。这就要求贸易企业在采购计算机和网络传输设备时要把好质量关,应购买安装兼容性强的正版软件操作系统、应用系统以及各种防病毒软件。对于自建国际电子商务交易平台的大型贸易企业而言,在开发和应用各种网络安全技术上要舍得投入。对中小型贸易企业而言,应选择信誉高、技术力量雄厚的第三方国际电子商务平台,作为自己的国际电子商务服务运营商。同时,贸易企业还应密切跟踪计算机网络、信息技术和各种应用软件开发的最新成果和发展趋势,及时更换落后硬件设备,随时更新软件系统,以提高网络安全运行效率,有效防范新型病毒和网络“黑客”攻击,降低因设备和软件落后而产生的各类技术风险和信息风险。

(4) 提升知识产权保护能力。对贸易企业而言：

第一，要熟悉各国对传统及新型知识产权保护的法规和做法。

第二，要按照诚信、合规、合法的原则，对外发布网络信息。

第三，对于拥有自主知识产权的技术、产品、品牌和服务，在网上发布信息时应进行明示。

第四，一旦发现有侵犯自己知识产权的行为，应坚决采取法律手段制止侵权行为。

第五，为避免在不知晓的情况下，侵犯他人知识产权行为的发生，应尽可能到有 CA 认证技术的网站或交易平台查询企业、产品信息并开展交易。如果对查询信息所涉及的知识产权存疑，应到知识产权查询网站或通过专业中介机构进行查证。

本章小结

本章从交易平台建设与发展战略制定，以及网上信息搜索、发布和风险防范两个方面，系统介绍了贸易企业开展实质性国际电子商务交易前，应做好的基础条件准备及其内容。

贸易企业根据自身条件和发展需要，可以通过自建、联建或第三方专业服务商，搭建国际电子商务交易平台，同时建立满足交易平台安全顺利运行的专业化的国际电子商务人才队伍，并在对企业外部环境和内部条件进行全面分析的技术上，制定实施国际电子商务发展战略。

利用 Internet 进行信息搜索查询、市场行情调研和企业供求信息发布，是贸易企业扩大影响、吸引客户、制定营销策略和选择交易对象的重要基础。搜索引擎为网上信息搜索提供了便捷通道，而各种网络应用软件也为企业开展直接和间接市场调研提供了有用工具。贸易企业无论通过何种网络渠道发布信息，都要做到信息的完整性、真实性、新颖性，信息查询的便捷性，语言的通用性和信息展示的多媒体性，并通过搜索引擎、网址交换链接、E-mail 和分类目录等渠道，来推广企业网站(页)，扩大对潜在客户群体的吸引力。

除面临传统贸易方式下可能发生的价格风险、汇率风险、信用风险、社会安全风险和政策变化风险外，从事国际电子商务交易的企业还可能面临更多的技术、信息和侵权风险等，贸易企业必须增强风险意识，从专业人才队伍、软硬件技术基础和知识产权保护等方面，提升风险防范能力。

关键术语

国际电子商务平台，贸易价值链，SWOT 分析，网上信息搜索，网上市场调研，网上信息发布，搜索引擎，网址交换链接，分类目录，技术风险，信息风险，侵权风险

复习思考题

1. 建立国际电子商务平台有什么作用？
2. 国际电子商务平台有哪几种类型？试比较不同类型国际电子商务平台的优势和劣势。
3. 企业开展国际电子商务一般需拥有哪些专业人员？
4. 利用 SWOT 方法对某一外贸企业实施国际电子商务战略的因素进行综合分析。
5. 试分析国际电子商务发展战略的内容。
6. 试分析国际电子商务发展战略实施阶段与企业业务重点内容变化之间的关系。
7. 试选择一小型外贸企业并为其制订国际电子商务发展战略规划。
8. 国际贸易企业如何开展网上市场调研？

9. 网上信息发布应注意哪些问题?
10. 网站(页)推广的手段有哪些? 试比较各自的特点。
11. 与传统贸易方式相比,贸易企业开展国际电子商务会面临哪些风险? 应如何防范?

参考文献

陈拥军:电子商务与网络营销(第2版)[M],电子工业出版社,2012年2月。
冯晓宁:国际电子商务实务精讲[M],中国海关出版社,2012年5月。
傅少川:企业电子商务风险预防[M],清华大学出版社,2007年9月。
兰宜生:国际电子商务教程(第2版)[M],首都经济贸易大学出版社,2010年9月。
李光明:网络营销[M],人民邮电出版社,2014年1月。
刘德华等:电子商务与国际贸易[M],中南大学出版社,2013年3月。
刘咏芳等:国际贸易电子商务[M],清华大学出版社,2008年6月。
牟丹等:电子商务与国际贸易实务教程[M],东软电子出版社,2014年1月。
王健:电子商务国际贸易理论与实务[M],中国财富出版社,2006年7月。
商玮等:网络营销[M],清华大学出版社,2012年9月。
杨坚争:国际电子商务[M],电子工业出版社,2009年1月。

第八章

国际电子商务交易程序

学习目标

掌握：电子交易磋商的概念、流程、内容和方式，电子磋商方式下发盘、接受的生效、撤回与撤销，电子合同的概念、类型与法律效力，网上合同履行的基本环节及操作

理解：电子合同与传统书面合同的区别，中国电子口岸执法系统，贸易单一窗口，电子报检，电子报关，电子通关，电子监管

了解：国际电子商务交易网络，国际电子商务交易流程，网上合同履行各环节涉及的重要网站及应用系统的基本功能及其特点

导学案例

跨境电子商务助推外贸企业成长

Funcity是位于广州成立于2008年的一家小型外贸公司，2009年开始从事外贸电商业务，其出口的主要产品是大型充气游乐设施，如充气足球场、游泳池、悠波球等。2014年上半年，Funcity的销售额就已经超过400万美元，这对于一个不到20人的小型外贸企业来说，是一个不错的业绩。

回想其最初创业的日子，公司主要创立者高凯华说："一开始最难的是获取客户，公司开业的前两年都在完善网站信息，做网络推广，让客户能更方便地找到我们。直到2010年以后，公司的客户才越来越多，业务也越做越好。"

跨境电子商务难题：支付和物流

高凯华认为："跨境电子商务最难的就是支付和物流，而且这两个问题经常相互影响。很多时候会因为物流慢了，导致对方不愿支付货款等问题。"

Funcity从2010年起开始在小额交易中通过第三方支付平台PayPal进行货款结算，这对公司业务的拓展起到了重要的助推作用。一方面是国外客户在小额交易时往往希望用PayPal付款，另一方面是因为PayPal在处理交易纠纷的时候也很公平合理。

有一次，一位英国买家以"产品不符合要求"为由向PayPal提交投诉，要求Funcity退款，PayPal在了解了买卖双方的沟通过程、调查了产品生产图纸的确认邮件等相关材料后，判定责

任在买方而非卖方,最后拒绝了买家申请退款的无理要求。

虽然在收款方面公司找到了比较好的解决方案,但物流仍然是令公司头疼的问题。"公司一开始采用的是海运,但是海运的不确定性太大,时间太长,经常引起客户投诉。"高凯华说。对一些高端客户公司往往采用"快递"的方式,同时,Funcity 仍在尝试不同的物流方式以寻求最优方案。

从纯贸易公司到工贸一体化

对于电商公司来说,流量固然重要,但是其核心竞争力还是在于产品。Funcity 一开始并没有自己的工厂,因此为把控产品质量带来很大的困难和成本。

2011 年年底,Funcity 建立了自己的生产工厂,开始对产品质量和整个产品供应链有了更好的控制。而且有了自己的工厂后,就能更多地按照国外客户要求进行"定制化"服务。2013 年 Funcity 曾根据一位阿联酋客户提供的草地图片、尺寸、周边环境,结合阿联酋陆地运动爱好者的喜好和当地的天气状况,给对方设计了搭建两个足球场、一个排球场的方案。高凯华说:"最后我们不仅敲定了这笔订单,客户还主动提出在中东代理我们的品牌。"

由于充气游乐设施的国内市场较小,高凯华表示公司在未来将坚持做跨境电子商务,并且有信心继续扩大产品销售市场,把业务做得更大。

资料来源:根据"思路商道"网(http://www.siilu.com/20140225/92236.shtml)发布的报道信息整理。

案例思考题:

1. 何谓第三方支付平台?与传统货款结算方式相比,它有哪些特点?
2. 跨境电商如何助推 Funcity 从纯贸易公司发展到工贸一体化的经营企业?

第一节 国际电子商务交易流程

一、国际电子商务交易网络

国际电子商务方式下,不仅仓储、物流、支付、保险等业务环节,越来越多地由专业服务商所建立的"国际电子商务服务平台"来提供,而且进出口中所涉及的政府监管与服务环节(包括审批、检验检疫、海事、海关、港口、外汇和税务等),也逐渐通过各国政府所建立的"贸易单一窗口"来完成。这样,通过互联网就形成了一个完全不同于传统国际贸易交易方式的国际电子商务交易网络。在该网络中,"国际电子商务平台"和"贸易单一窗口",分别整合和承担了传统交易方式下,应该由出口商、进口商分别单独完成的商务和政务活动,出口商、进口商通过一次性录入和提交相关数据信息,就可以完成传统交易方式下必须多次录入和提交才能办理的出口和进口手续,大大减少业务环节,显著提高业务效率。典型的国际电子商务交易网络如图 8-1 所示。

"单一窗口"(Single Window 或 Sole Window)贸易政府管理模式,由包括联合国、亚太经合组织、WTO 和世界海关组织等在内的诸多国际组织先后提出,2004 年 9 月联合国下设机构"贸易便利和电子商务中心"(UN/CEFACT)通过了《建设"单一窗口"建议书》,建议各国政府将建设"单一窗口"作为加快贸易便利化进程的重要措施来落实。

当前,"单一窗口"已成为国际电子商务趋势下,世界各国大力推广的一种贸易管理模式,也是保障供应链安全和促进贸易便利化的重要措施。它实现了参与国际贸易的各方,通过单一的信息输入点一次性提交标准化信息,就可以完成所有需申报及办理的各项业务手续,为参与贸易管理的政府部门协调各自的管理职责提供了一个平台,并为办理相关手续提供了便利。

于 20 世纪 90 年代后期开始启动建设,目前正在推广应用的"中国电子口岸",从促进政

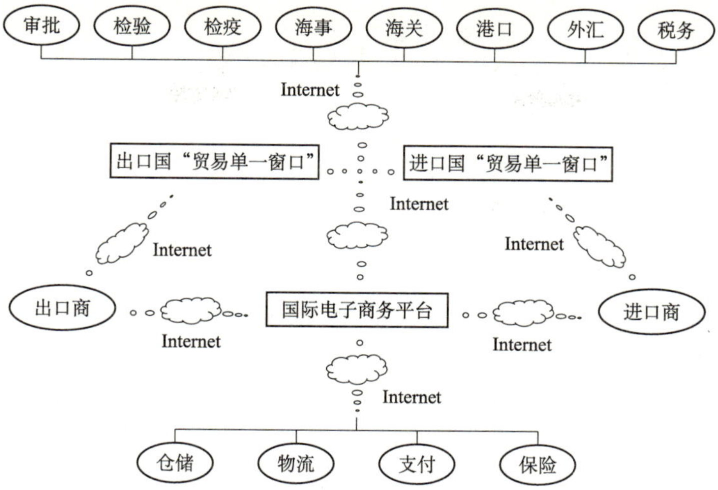

图 8-1 国际电子商务交易网络

府部门间贸易监管信息的互联互通出发，在政府和企业需求的推动下，已初步建成了集通关、商检、税务、物流、商务服务于一体的大通关统一信息平台，实际上已经延伸到“单一窗口”领域，是符合国际理念，具有中国特色的“单一窗口”。

二、国际电子商务的交易流程

就交易流程而言，国际电子商务与传统国际贸易交易方式没有不同，所不同的是每个流程及其各个环节的信息传递方式发生变化、信息处理时间大大缩短。国际电子商务的交易流程和所涉及的主要业务环节如图 8-2 所示（以 CIF 贸易术语、L/C 付款方式成交为例）。

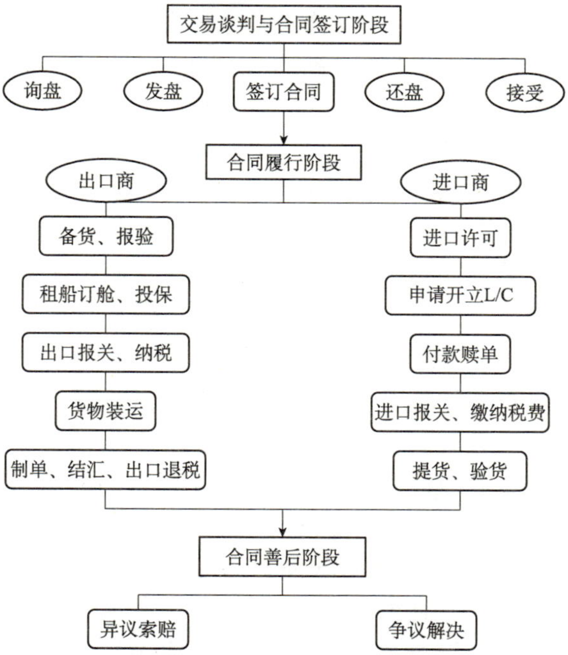

图 8-2 国际电子商务的交易流程

第二节　国际电子商务交易磋商与合同签订

一、电子交易磋商

(一) 电子交易磋商的过程

交易磋商是进出口双方为买卖某种商品,对交易的各项条件进行协商以达成一致的过程,通常称为贸易谈判。无论是在国际电子商务还是在传统国际贸易方式下,这都是一个十分重要的环节。因为交易磋商是签订买卖合同的基础,没有交易磋商就没有买卖合同。交易磋商工作的好坏,直接影响到合同的签订及以后的履行,关系到双方的经济利益。

电子交易磋商,也被称为网上交易磋商,是指交易各方通过计算机网络传递电子信息,对交易条件达成一致的磋商方式。同传统国际贸易方式一样,国际电子商务的交易磋商一般包括四个环节:询盘、发盘、还盘和接受。其中发盘和接受是两个必不可少的环节。

1. 询盘

询盘(Inquiry)是指交易的一方准备购买或出售某种商品,向对方询问买卖该商品的有关交易条件。询盘的内容可涉及:价格、规格、品质、数量、包装、装运以及索取样品等,而多数只是询问价格。所以,国际贸易中询盘也被称为“询价”。在国际贸易业务中,有时一方发出的询盘表达了与对方进行交易的愿望,希望对方接到询盘后及时发出有效的发盘,以便考虑接受与否。也有的询盘只是想探询一下价格,询问的对象也不限于一人,发出询盘的一方希望对方开出报价单。这种报价单一般不具备发盘的条件,所报出的价格也仅供参考。

2. 发盘

发盘(Offer)是指交易的一方(发盘人)向另一方(受盘人)提出出售或购买某种商品的各项交易条件,并表示愿意按照这些条件与对方达成交易、订立合同的行为。国际贸易中,发盘也被称为报盘、发价或报价,法律上称之为“要约”。根据《联合国国际货物销售合同公约》(以下简称《公约》)第14条第1款的规定:“向一个或一个以上特定的人提出的订立合同的建议,如果十分确定,并且表明发价人在得到接受时承受约束的意旨,即构成发盘。一个建议如果写明货物并且明示或默示地规定数量和价格,或者规定如何确定数量和价格,即为十分确定。”

发盘可以是应对方询盘的要求发出,也可以直接向对方发出。发盘一般由卖方发出,但也可以由买方发出,业务上称其为“递盘(Bidding)”或“购货发盘(Buying Offer)”。一项建议要构成发盘必须具备四个条件:

(1) 向一个或一个以上的特定人提出。发盘必须指定可以表示接受的受盘人。受盘人可以是一个,也可以是多个。不指定受盘人的发盘,仅视为发盘的邀请,或称“邀请发盘”(Invitation for Offer)。

(2) 内容必须十分确定。按照《公约》的规定,一项建议的内容必须至少包括商品的具体品名、数量和价格,才符合内容的“十分确定”,该项建议才构成发盘。

(3) 表明订立合同的意思。即发盘应表明,该发盘内容一经受盘人接受,发盘人即受约束,发盘人即承担按发盘条件与受盘人订立合同的法律责任。表明订立合同的意思,可以用“发盘”“发实盘”“订货”或“递盘”等术语加以表明;也可以通过规定发盘的有效期来表示;还可按当时的谈判情形、当事人之间以往的业务交往情况,或双方已经确立的习惯做法来确定。

(4) 必须送达受盘人。《公约》规定,发盘于送达受盘人时生效。

3. 还盘

还盘(Counter Offer)是指受盘人收到发盘后,对发盘所提出的交易条件不同意或不完全同意,向发盘人提出的修改建议或新的交易条件的行为。还盘是对发盘的拒绝,是一项新的发盘。还盘一经作出,原发盘即失去效力,发盘人不再受其约束。还盘一旦作出,当事人双方的地位对调,原发盘人为新的受盘人,而原受盘人为新的发盘人。未经过还盘修改的内容或在还盘中未出现的原发盘内容,对原发盘人仍有约束力。

4. 接受

接受(Acceptance)是指受盘人在发盘的有效期内,以声明或行动表示同意发盘提出的各项交易条件的行为。接受在法律上也叫"承诺"。发盘一经接受,合同即告成立,对双方都将产生约束力。接受和发盘一样,既属于商业行为,也属于法律行为。构成有效的接受必须符合以下条件:

(1) 接受必须是由受盘人作出,否则接受无效,视为新的发盘。其他人对发盘表示同意,不能构成接受。这一条件与构成发盘的第(1)条相呼应。

(2) 接受必须由受盘人明确表示出来。受盘人表示接受,要采取声明(口头、书面或电子)的方式,或以采取行动的方式,如向买方发运货物、向卖方付款或开立信用证等。

(3) 接受的内容要与发盘的内容相符。即接受必须是无条件同意发盘提出的所有交易条件,如果受盘人对发盘内容作出"实质性修改",即使使用了"接受"的字眼,也不构成接受,而被视为"还盘"。《公约》规定:对以下条件的修改均为实质性修改:①货物价格;②付款条件;③货物的数量与质量;④交货时间与地点;⑤当事人的赔偿范围与责任;⑥争议的解决方法等。

(4) 接受必须在发盘规定的有效期内作出。

(5) 接受的传递方式应符合发盘的要求。一般与发盘传递的方式相同。

(二) 交易磋商方式

不同于传统国际贸易交易磋商的电话、面谈等口头方式,以及信函、电报、传真等书面方式,国际电子商务的交易磋商,普遍采用各种快捷、低廉的网上电子磋商方式。

1. E-mail

E-mail 是当前国际电子商务中采用最多的交易磋商方式,它传递速度快、信息量大、价格低廉、易于保存、容易操作,因此成为国际电子商务交易磋商的首选方式。与传统的口头和书面交易磋商方式相比,其突出的特点表现在:

(1)快速。发送电子邮件后,只需几秒钟就可通过网络传送到收件人的电子邮箱。

(2)方便。书写、修改、收发 E-mail 都在电脑上完成,收发电子邮件都无时间、地点限制。

(3)廉价。平均发送一封 E-mail 只需几分钱。

(4)可靠。每个电子信箱地址都是全球唯一的,能确保邮件内容准确发送到收件人的信箱。

(5)多样。E-mail 不仅可以传送文本,还可以传送图像、声音、视频等多种类型的文件。

当前,收发 E-mail 一般通过两种方式进行:一是使用网页方式(即 Web 方式),即邮件使用者首先在提供 Web 邮件服务的网站注册,获得 E-mail 地址,然后,每次收发浏览 E-mail 时,通过浏览器登录注册网站 E-mail 服务器进行操作,可以随时随地收发、浏览和处理邮件,无须事先安装客户端软件。二是通过 Outlook Express、Foxmail 等 E-mail 软件(客户端)来收发邮件。其特点是:不用每次都登录 Web 站点,更加快捷高效;在每天有大量邮件往来的情况下,可以对信件实现更好的管理;可以在"脱机"(不联网的状态)下查看和处理邮件;比 Web 收发邮件性能稳定。但这种方式需要事先安装专门的 E-mail 客户端软件。

但随着 E-mail 的普及应用及其在"网络营销"上的作用的日益增强,邮箱中越来越多的"垃圾邮件"也日渐成为影响采用这种方式开展交易磋商的不利因素。因此,要提高利用 E-mail磋商方式达成交易的成功率,应尽量注意做到以下几点:

(1) 与客户第一次联系最好用不容易被海外客商邮件服务器屏蔽的邮箱,如 Hotmail 或 Gmail 邮箱。

(2) 定时对计算机进行彻底查毒,保证所发邮件不带任何病毒和木马程序。

(3) 尽量避免使用容易被默认为垃圾邮件的标题,如:We could supply, Do you want to buy 等。

(4) 不宜附加内容过多的附件(系统会默认为病毒而屏蔽)。

(5) 了解客户当地的时差,按照客户的上班时间发送邮件,这样客户一上班就可以看到你发的邮件,而不是被其他邮件覆盖。

(6) 邮件标题和内容真实可信,对客户有吸引力。邮件标题使用产品名称,不要附加任何其他的多余语言;开头语简洁,以便立即拉近与客户的距离;开头语后,立即进入报价,以证明你是有诚意、实实在在地想做生意;所报的价必须是实价,应与现有的市场行情相吻合,否则会显得你不专业或者直接吓跑客户;除价格外,其他主要交易条件也应尽可能在邮件中列明;邮件最后留下公司名称及完整的联系方式,表示你们是正规的公司,同时也可以让客户通过多种渠道联系到你。请注意:如果有公司网站,请直接输入网址,但不要做成链接,否则容易被认为是垃圾邮件。

2. 网络即时通信工具

网络即时通信工具(Instant Messenger)是一种基于互联网的即时信息交流软件。交易双方在各自的计算机终端下载安装即时通信软件并注册成功后,即可登录进行在线实时交易谈判,或者一方不在线时,可把交易信息以语音、文字、图像或视频等形式向对方发送,留待对方看后进行回复。

网络即时通信工具的开发,最初被应用于方便个人之间的交流,但其便捷、即时、交互、低廉的特点,使其应用领域不断得到拓展,移动网络通信技术的发展更使其越来越受到推崇。在功能更加强大的个人即时通信工具不断被推出的同时,适用于企业、行业商务交流的即时通信工具,也被迅速开发出来并得到推广应用,大大便利了国际电子商务的交易磋商。

目前,国际电子商务中常用的外国商务网络即时通信工具主要有:Skype、Yahoo Messenger、Netscape Communicator、Angchat 等;常用的国内商务即时通信工具有:阿里旺旺贸易通、阿里旺旺淘宝版、慧聪 TM 等。当然,很多被广泛使用的国内外个人即时通信工具,如 Google Talk、Facebook、ICQ 和 AIM,以及腾讯 QQ、微信、新浪 UC、百度 Hi 等,也被越来越多地用于商务交易磋商。

3. 交易网站"在线洽谈"

无论企业自建交易网站还是专业性国际电子商务交易服务平台,都具有专门的交易"在线洽谈"功能。进出口企业经过注册,在浏览查询企业及产品信息,寻找到合适的产品后,可以直接通过该网站的"在线洽谈"功能,进行实时的在线交易洽谈,或者就需求信息和交易条件填写"留言",进行交易磋商。以"Alibaba"国际电子商务交易平台为例:

欲采购"Air Conditioners"的国外进口商,进入"Alibaba. com"网站产品目录,单击"Home

Appliances”目录下的“Air Conditioners”子目录，即可显示通过该交易平台发布的 8 700 多款产品及供应商的详细信息（如图 8－3 所示）。查看、比较产品及企业信息后，如果对第一款“AKL air conditioner Series”感兴趣，即可单击右下方的“Contact Supplier”或“Leave Messages”按钮（如图 8－4 所示），填写具体的采购信息、采购条件，并向供应商询价（如图 8－5 所示），当然，如果进口商确定了品种和采购数量，也可单击“Start Order”按钮直接向供应商下订单（如图 8－6所示）。

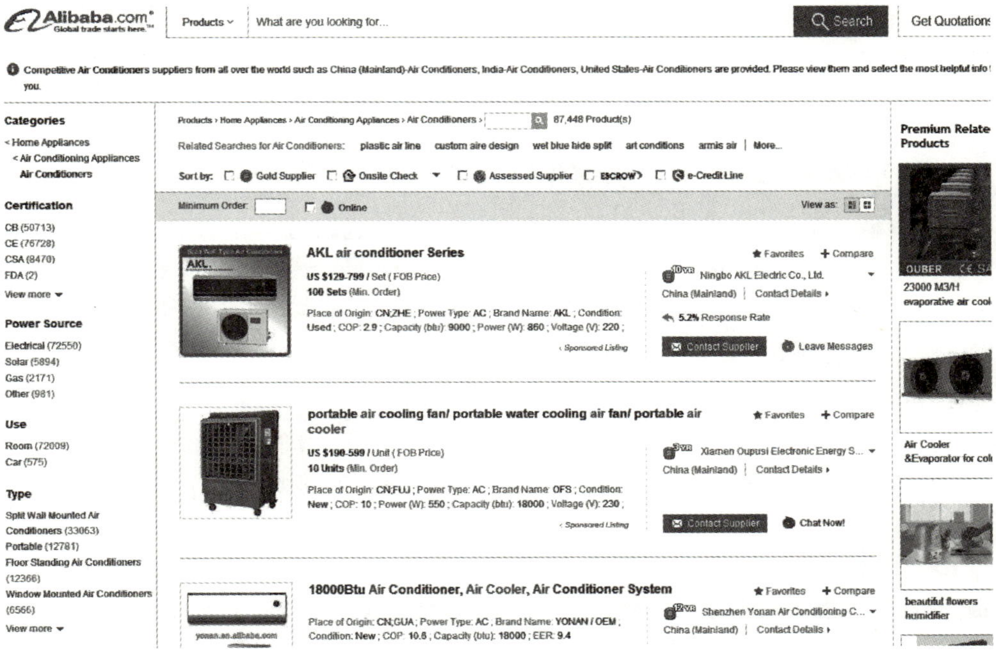

图 8－3　“Alibaba”交易平台“air conditioners”页面信息

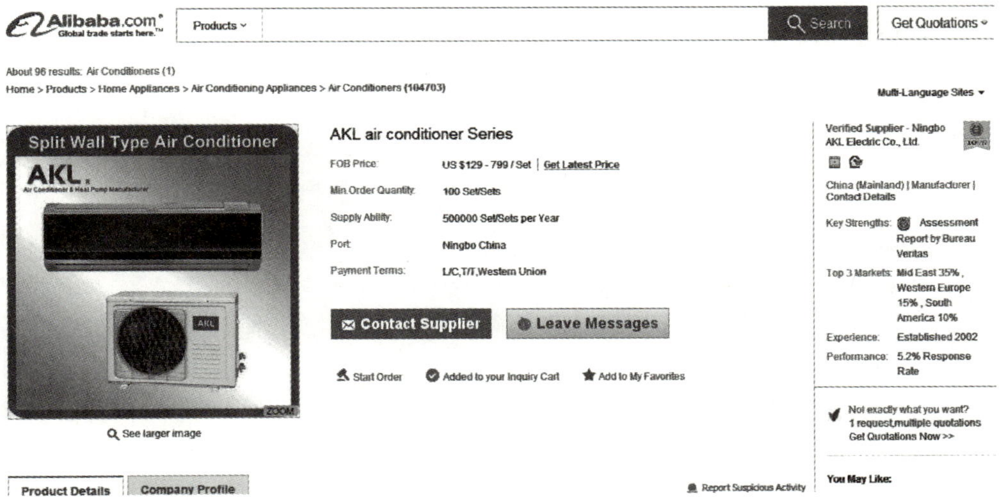

图 8－4　“Alibaba”交易平台“AKL air conditioner Series”页面信息

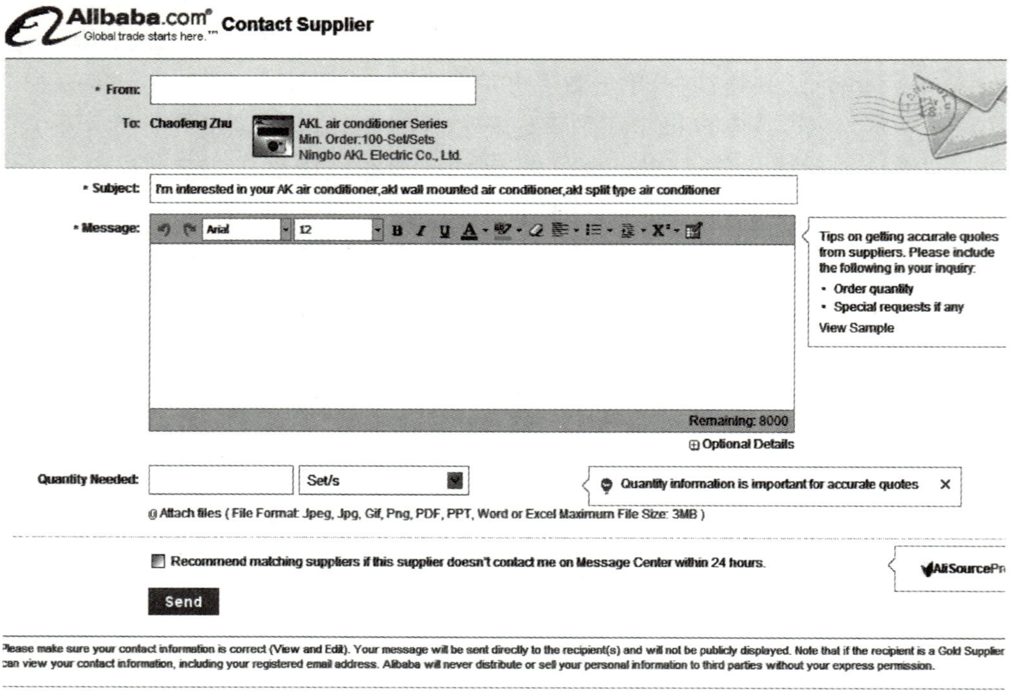

图 8 - 5 “Alibaba”交易平台“Contact Supplier”页面

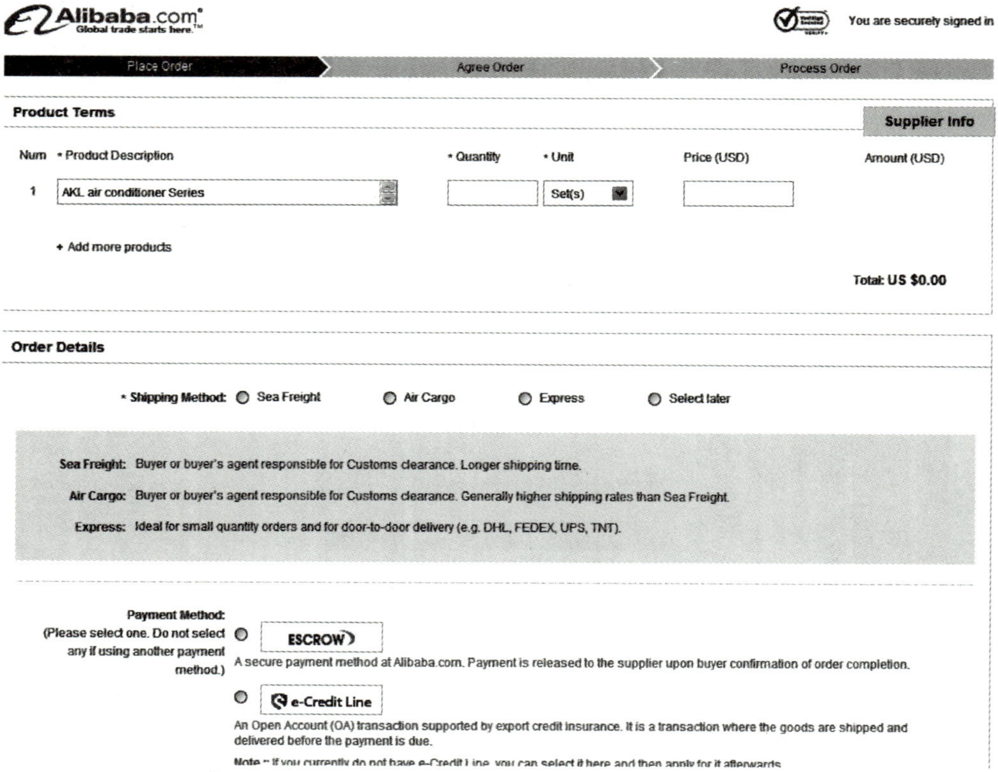

图 8 - 6 “Alibaba”交易平台“Place Order”页面

为提高成交效率，“Alibaba”交易服务平台，还推出“AliSourcePro”交易磋商模块，通过该模块，进口商填写提交购买需求后，系统将根据需求信息匹配符合条件的供应商及其报价，然后反馈给进口商进行报价比较，并从中选择最佳供应商达成交易（如图 8－7 所示）。

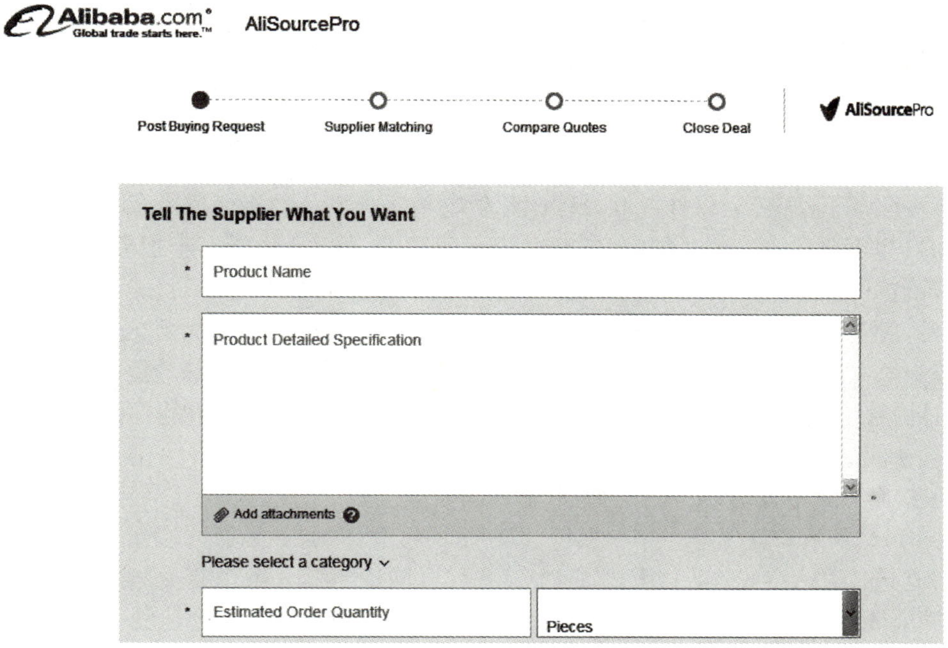

图 8－7　“Alibaba”交易平台“AliSourcePro”交易工具

4. 网络传真

网络传真（Network Facsimile）是指通过互联网发送和接收传真，不需要传统传真机的一种新型传真方式。网络传真基于公共电话交换网（PSTN）和互联网络的传真存储转发，是传统电信线路与软交换技术（NGN）的融合，无须购买任何硬件（传真机、耗材）及软件的高科技传真通信产品，因此也被称为电子传真（eFax）。它整合了电话网、智能网和互联网技术，其原理是通过互联网将文件传送到网络传真服务器上，由服务器转换成传真机接收的通用图形格式后，再通过 PSTN 发送到全球各地的普通传真机或任何电子传真号码上。

网络传真有以下优点：一是突破时空限制，只要能上网或能使用 E-mail，即可发传真到世界各地，实现移动化办公；二是不需要传真机即可收发传真，节省纸张、墨粉等耗材，降低设备维护及耗材成本，实现无纸化、绿色办公，而且费用低廉；三是便于管理、提高工作效率。网络传真像 E-mail 一样，具有群发、定时发送、失败自动重发、智能排队、电子签名、语音通知以及支持多种文本格式等功能，因此，可以大大提高交易磋商信息的传递效率。而且，由于网络传真是电子文档，因此易于保存、查询和管理。

目前，网络传真软件可以提供由传真到传真、传真到 E-mail、E-mail 到传真、PC 到传真等业务，为国际电子商务交易磋商提供了一种新型的电子信息传递工具。

（三）电子交易磋商的相关法律规定

国际电子商务交易方式下，电子交易磋商信息传递速度快的特点，使得《公约》以及各国法律对传统交易磋商方式下发盘（要约）和接受（承诺）的生效、撤回、有效期等相关规定，不再完全适用。为此,联合国等国际组织和各个国家,已通过签订新的国际公约和修改各国法律来加以明确。

1. 电子磋商方式下发盘(要约)生效的时间

由于《公约》生效时间早,其中没有涉及对电子磋商方式下发盘生效时间的规定(只是在第15条第1款笼统地规定:"发价于到达被发价人时生效")。于是,在2005年11月由联合国大会通过的《联合国国际合同使用电子通信公约》(以下简称《电子通信公约》)第10条第2款规定"电子通信的收到时间是其能够由收件人在该收件人指定的电子地址检索的时间。电子通信在收件人的另一电子地址的送到时间是其能够由该收件人在该地址检索并且该收件人了解到该电子通信已发送到该地址的时间。当电子通信抵达收件人的电子地址时,即应推定收件人能够检索该电子通信"。另外,《联合国国际货物销售合同公约咨询委员会——关于电子通信的意见》(以下简称《关于电子通信的意见》)针对第15条第1款进一步指出:在电子通信中,本条的"到达"是指电子通信进入被发价人之服务器的时刻。

我国修订后于1999年10月1日实施的《合同法》第16条规定:"要约到达受要约人时生效。采用数据电文形式订立合同,收件人指定特定系统接收数据电文的,该数据电文进入该特定系统的时间,视为到达时间;未指定特定系统的,该数据电文进入收件人的任何系统的首次时间,视为到达时间。"

2. 电子磋商方式下发盘(要约)的撤回、撤销与失效

《公约》第15条第2款规定:"一项发价,即使是不可撤销的,如果撤回通知于发价送达被发价人之前或同时送达被发价人,得予撤回 。"我国《合同法》第18条也有类似规定:"要约可以撤回,撤回要约的通知应当在要约到达受要约人之前或者与要约同时到达受要约人。"但是在电子磋商方式下,数据信息传递速度快,在发盘人(要约人)发出发盘(要约)后几秒钟内就会到达对方接受系统,除非系统服务器出现故障或互联网线路过分拥挤,导致发盘内容传输出现耽搁,而使发盘撤回通知先于发盘或与发盘同时送达受盘人,正常情况下,发盘一旦发出则难以用更快的方式撤回。因此,电子磋商方式下,发盘人在作出发送决定前,对发盘内容应进行仔细的斟酌和审阅,以免因出现错误或遗漏,发送出去后无法撤回而遭受损失。不过《关于电子通信的意见》指出:电子方式的发价可以撤回,前提是被发价人已明示或默示地同意用指定的电子通信类型,以指定的电子地址接收指定格式的电子通信撤回通知。

对于电子磋商方式下发盘的撤销,联合国《公约》以及我国《合同法》的规定仍然适用。《公约》第16条规定:"在未订立合同之前,如果撤销通知于被发价人发出接受通知之前送达被发价人,发价得予撤销。但在下列情况下,发价不得撤销:(a)发价写明接受发价的期限或以其他方式表示发价是不可撤销的;或(b)被发价人有理由信赖该项发价是不可撤销的,而且被发价人已本着对该项发价的信赖行事。"我国《合同法》第18条和第19条规定:"要约可以撤销,撤销要约的通知应当在受要约人发出承诺通知之前到达受要约人。有下列情形之一的,要约不得撤销:(1)要约人确定了承诺期限或者以其他形式明示要约不可撤销的;(2)受要约人有理由认为要约是不可撤销的,并已经为履行合同做了准备工作。"

电子磋商方式下发盘(要约)的失效,同传统交易磋商方式下相同,一般有几种情况:①拒绝发盘的通知到达发盘人;②发盘人依法撤回或撤销发盘;③发盘有效期届满,受盘人未作出接受;④受盘人对发盘的内容作出实质性变更。

3. 电子磋商方式下发盘(要约)的有效期

联合国《公约》第20条第1款规定:"发价人在电报或信件内规定的接受期间(即发价有

效期),从电报交发时刻或信上载明的发信日期起算,如信上未载明发信日期,则从信封上所载日期起算。发价人以电话、电传或其他快速通信方法规定的接受期间,从发价送达被发价人时起算。"《关于电子通信的意见》针对第 20 条进一步指出:发价人以即时电子通信方式作出的发价中所规定的接受期限,从该发价进入被发价人之服务器时起算。发价人以电子邮件方式作出的发价中所规定的接受期限,从该电子邮件发出时起算。我国《合同法》第 24 条也规定:"要约以信件或者电报作出的,承诺期限自信件载明的日期或者电报交发之日开始计算。信件未载明日期的,自投寄该信件的邮戳日期开始计算。要约以电话、传真等快速通信方式作出的,承诺期限自要约到达受要约人时开始计算。"上述"快速通信方式"包括网络电子通信。

4. 电子磋商方式下接受(承诺)的生效、撤回、失效和撤销

联合国《公约》第 18 条第 2 款规定:"接受于表示同意的通知送达发价人时生效,如果表示同意的通知在发价人所规定的时间内,如未规定时间,则在一段合理的时间内。对口头发价必须立即接受,但情况有别者不在此限。"第 18 条第 3 款规定:"如果根据该项发价或依照当事人之间确立的习惯做法和惯例,被发价人可以作出某种行为,例如与发运货物或支付价款有关的行为,来表示同意,而无须向发价人发出通知,则接受于该项行为做出时生效,但该项行为必须在上一款所规定的期间内作出。"我国《合同法》规定:"承诺通知到达要约人时生效。承诺不需要通知的,根据交易习惯或者要约的要求作出承诺的行为时生效。采用数据电文形式订立合同的,承诺到达的时间适用本法第 16 条第 2 款的规定(即'采用数据电文形式订立合同,收件人指定特定系统接收数据电文的,该数据电文进入该特定系统的时间,视为到达时间;未指定特定系统的,该数据电文进入收件人的任何系统的首次时间,视为到达时间')。"

《公约》第 22 条规定:"接受得予撤回,如果撤回通知于接受应生效之前或同时送达发价人。"我国《合同法》第 27 条也有类似规定:"承诺可以撤回。撤回承诺的通知应当在承诺通知到达要约人之前或者与承诺通知同时到达要约人。"但在电子磋商方式下,同发盘的撤回情况一样,除非系统服务器出现故障或互联网线路过分拥挤,导致接受的通知传输出现耽搁,而使接受的撤回通知先于接受或与接受同时送达发盘人,正常情况下,接受一旦发出则难以用更快的方式撤回。所以,受盘人作出发送接收的决定,也应十分谨慎。

同传统交易磋商方式下一样,电子磋商方式下,接受的失效一般有以下几种情况:①受盘人超过发盘规定有效期作出的接受(发盘人及时通知受盘人该接受有效的除外);②受盘人对发盘内容作出实质性变更;③受盘人对发盘内容作出非实质性变更,但发盘人对这些变更表示了及时的反对;④收盘人在有效期内发出接受,因其他原因导致接受逾期送达发盘人,发盘人及时通知受盘人其接受已经失效。

由于接受在有效期内送达发盘人,双方合同关系即已成立,因此,接受不能撤销。

二、电子合同签订

无论根据联合国《公约》还是我国《合同法》规定,交易一方的发价(要约)被另一方接受(承诺),双方之间的合同关系即告成立。是否签订合同,并不是确定双方之间合同关系的必要条件。但是,在国际贸易实务中,为便于双方有依据地履行合同义务、妥善处理合同执行中可能出现的纠纷或异议、索赔事项,或者根据有关国家规定或双方事先约定,作为合同生效的条件,多数情况下,交易双方在通过磋商就交易条件达成一致后,往往还要签订书

面、口头或其他形式的合同。电子合同就是随着国际电子商务的发展,而出现的新的合同形式。

(一) 电子合同的概念

电子合同(E-contract),是指以电子的方式签订的合同,是在网络信息技术条件下,国际贸易当事人为了实现买卖某项货物或服务的目的,通过电子通信形式,以数据电文方式订立的明确买卖双方权利和义务关系的一种电子文本协议。

联合国《电子通信公约》第4条规定:(b)"电子通信"系指当事人以数据电文方式发出的任何通信;(c)"数据电文"系指经由电子手段、电磁手段、光学手段或类似手段生成、发送、接收或存储的信息,这些手段包括但不限于电子数据交换、电子邮件、电报、电传或传真。

联合国《电子商务示范法》第2条(a)款也规定:"数据电文"系指经由电子手段、光学手段或类似手段生成、储存或传递的信息,这些手段包括但不限于电子数据交换、电子邮件、电报、电传或传真。

我国《合同法》第11条规定:"书面形式是指合同书、信件和数据电文(包括电报、电传、传真、电子数据交换和电子邮件)等可以有形地表现所载内容的形式。"可见,我国是把电子合同视为书面合同形式的一种。

(二) 电子合同的内容

除表现形式和签订方式不同外,电子合同与其他形式的合同在基本内容上并无差别,均包括:

1. 合同的首部

一般包括:合同的名称、合同编号、缔约日期、缔约地点、缔约双方名称和地址、电话、传真、E-mail等。

2. 合同的主体

合同的主体即合同的交易条件,主要包括:商品品名、品质规格、数量或重量、包装、价格、交货条件、运输、保险和支付条款(以上通常被概括为"主要交易条件"),以及检验、索赔、不可抗力和仲裁条款(这四个条款通常被称为"一般交易条款")。

3. 合同的尾部

通常包括:合同的份数、缔约双方签字以及该合同适用法律、惯例等。如有附件,如产品技术标准和说明书等,一般也应在合同的尾部列明,作为合同不可分割的一部分。

我国《合同法》第12条规定:合同的内容由当事人约定,一般包括以下条款:

(1) 当事人的名称或者姓名和住所;

(2) 标的;

(3) 数量;

(4) 质量;

(5) 价款或者报酬;

(6) 履行期限、地点和方式;

(7) 违约责任;

(8) 解决争议的方法。

表8-1为常用国际贸易电子合同样本。

表 8-1　国际贸易电子合同(空白)样本

销售合同

SALES CONTRACT

卖方 SELLER:		编号 NO.:	
		日期 Date:	
		地点 Signed in:	
买方 BUYER:			

买卖双方同意以下条款达成交易:
This contract is made by and agreed between the BUYER and SELLER, in accordance with the terms and conditions stipulated below.

1. 品名及规格 Commodity & Specification	2. 数量 Quantity	3. 单价及价格条款 Unit Price & Trade Terms	4. 金额 Amount
Total:			

允许 With		溢短装,由卖方决定 More or less of shipment allowed at the sellers' option

5. 总值 Total Value	
6. 包装 Packing	
7. 唛头 Shipping Marks	
8. 装运期及运输方式 Time of Shipment & Means of Transportation	
9. 装运港及目的地 Port of Loading & Destination	
10. 保险 Insurance	
11. 付款方式 Terms of Payment	
12. 检验 Inspection	
13. 异议与索赔 Discrepancy and Claims	
14. 不可抗力 Force Majeure	
15. 仲裁 Arbitration	
16. 特别条款 Special Provisions	
17. 适用法律 Governing Laws	
18. 备注 Remarks	

The Buyer (signature)	The Seller (signature)

(三) 电子合同的类型

1. EDI 电子合同

用 EDI 传送信息而处理商品或服务交易的当事人称为 EDI 交易当事人,他们之间将基于一般交易约定条款用 EDI 方式处理约定,而据此具体订立的合同,就是 EDI 合同。EDI 合同具有标准化的格式,采用标准化加密的电子语言进行传递,由计算机进行自动化处理,因此,可以确保合同在买卖双方之间传递的唯一性和安全性,同时,将合同内容的差错率降低到最低限度。目前,采用 EDI 通信标准和技术系统开展国际电子商务的进出口企业,其所采用的电子合同均为 EDI 电子合同。据估计,美国大型国际贸易企业中 90% 以上采用 EDI 方式进行交易,日本和韩国的国际贸易企业中,采用 EDI 技术开展进出口业务的比重也在 40% 以上。

采用 EDI 技术开展国际电子商务,在计算机网络系统正常运转时,计算机一旦发出发盘,发盘的内容信息在几秒内便会送达对方,而对方的接受也会在同样短的时间内传回来。因此,在 EDI 方式下,发盘和接受的撤回都难以实现。一般在接受送达发盘人后,EDI 系统会自动生成 EDI 电子合同供买卖双方确认和签署(电子签名)。

建立专门的 EDI 计算机网络系统,往往需要上百万甚至数百万美元的投资,并由专业性技术团队负责系统的运营和维护。因此,只有大型国际贸易企业才有这样的财力和人力,采用 EDI 方式开展国际电子商务交易。

2. E-mail 合同

由于 E-mail 使用的便利性和广泛性,除作为重要的电子磋商方式外,其也被众多的中小型进出口企业用作签署电子合同的主要工具。使用 E-mail 签署电子合同,通常有三种做法:一是直接使用邮件正文文本作为合同;二是采用通过 E-mail“附件”发送的 Word、Excel 等电子文档作为合同;三是先由一方发送 Word、Excel 等电子文档,另一方接收后用打印机打出签字盖章后,再使用扫描设备扫描成 PDF 或图片格式,然后通过 E-mail 回传给对方(或是通过传真方式回传),对方收到后可采用相同方式进行回签。事实上,第三种做法与传统的纸面合同没有本质区别,只是利用 E-mail 取代“邮寄”作为合同传递的手段,双方还是要履行传统的“签字(盖章)”手续。

(四) 电子合同与传统书面合同的区别

电子合同这种法律行为是以买卖双方(或多方)为主体的法律行为,当事人之间以电子的方式设立、变更或终止权利和义务,当事人之间签订的这种合同是合同的电子化,是计算机网络环境下合同的新形式。电子合同与传统书面合同相比,虽然在内容上相同,必须具备要约(发盘)和承诺(接受)两个要件,合同当事人必须具有民事行为能力,合同标的必须合法,当事人意思表示必须真实,但其在形式上的变化,也导致其生效、变更、保存以及签字等明显区别于传统书面合同。

1. 电子合同的订立、意思的表示、变更和解除等具有电子化的特点

在传统书面合同的订立过程中,当事人一般通过面谈、信函、电话、电报、电传或传真等方式提出发盘和接受,并将一致的意思表示落实到所签署的书面合同上。而电子合同是采用 EDI 的方式,来表达当事人自己的意愿和签订合同的。电子合同的当事人,均是通过电子数据的传递来完成发盘和接受,不必再签署纸质的书面合同。

合同达成后,当事人要修改、变更或解除合同内容,一般也是通过计算机网络,采用 EDI

的方式来实现。电子合同的内容可以完全存储在计算机内存、硬盘或其他非纸质中介物上（如磁带、磁盘、光盘和U盘）。当然，如果当事人愿意，也可以打印出后，以纸质形式保存备查。

2. 电子合同生效的方式、时间和地点与传统书面合同不同

传统书面合同一般以当事人签字（盖章）的方式表示合同生效，有合同原件（正本）和复印件（副本）的区分。而在电子合同形式下，不仅合同内容用电子数据表示，传统的签字（盖章）被电子签名取代，也不再有原件和复印件的区别。

传统书面合同生效的地点一般为合同关系成立的地点。而电子合同要以电子合同收件人的主营业地为合同生效的地点，没有主营业地的，以当事人经常居住地为合同生效地点。《中华人民共和国电子签名法》第12条规定："发件人的主营业地为数据电文的发送地点，收件人的主营业地为数据电文的接收地点。没有主营业地的，其经常居住地为发送或者接收地点。当事人对数据电文的发送地点、接收地点另有约定的，从其约定。"

传统合同一般以发盘（要约）送达受盘人（受要约人）作为发盘生效的时间，以接受（承诺）通知送达发盘人作为合同关系成立的时间。而采用电子数据形式订立的电子合同，以表达电子合同内容的数据电文到达收件人时生效。数据电文进入发件人控制之外的某个信息系统的时间，视为该数据电文的发送时间，收件人指定特定系统接受电子数据的，该电子数据进入该特定系统的时间，被视为发盘生效或合同关系成立的时间。未指定特定系统的，该电子数据进入收件人的任何系统的首次时间，被视为发盘生效或合同关系成立的时间。

3. 电子合同所依赖的电子数据具有易消失性和易改动性

传统的书面合同只是受到当事人保护程度和自然侵蚀的影响，而以计算机或电子存储介质为条件的电子合同，会因操作不当、存储介质的损毁而抹除所有电子数据，无孔不入的计算机网络病毒攻击，也会在无形中篡改甚至抹除合同的电子数据。

传统的书面合同是纸质的，如有改动，容易留下痕迹。而电子合同的数据电文是通过键盘或手写转换成电子信号输入、用磁性介质存储的，人为或病毒侵入改动、伪造后不易留痕迹。

4. 电子合同履行比传统书面合同履行效率高、成本低

传统书面合同下交货、付款义务的履行，绝大多数都是由当事人以人工操作、传递和办理的方式来实现的，时间长、效率低、成本高。正如合同关系的达成是通过EDI实现的一样，电子合同下买卖双方各项义务的履行，除货物的生产、储存和运输外，其他业务环节均可通过计算机网络以EDI的方式来完成。对于国际服务贸易来说，甚至包括服务的生产、储存和交付在内的所有业务环节，全部可以通过计算机网络以EDI的方式来实现。因此，电子合同的履行相对而言时间短、效率高、成本低。当然，在国际电子商务基础设施和网络应用工具尚不完善的国家或地区，电子合同履行中的很多环节，仍需以传统方式来完成。

5. 电子合同的形式及其履行方式的变化带来新的法律问题

电子合同形式的变化，使得某些在传统合同中不很重视的权利和义务，在电子合同里显得十分重要，如信息披露、隐私权保护、网络知识产权保护等。电子合同形式的变化所带来的当事人签字方式的变化，要求必须确立和承认"电子（数字）签名"的法律地位，而电子合同履行方式变化所带来的电子数据丢失、篡改、伪造等风险责任界定，救济措施的采取等新的法律问题，都需要通过修订已有法律或出台新的法规来规范和调整。

(五) 电子合同的法律效力

作为不同于传统合同的新的合同形式,电子合同只有具备与传统合同相同的法律效力,才能得到有效执行,也才能推动更加高效便利的国际电子商务交易模式,更迅速地得到应用普及。对此,国际和国内有关电子商务的立法,已经对电子合同的法律效力问题作出明确规定。

联合国《电子商务示范法》第5条"数据电文的法律承认"中规定:"不得仅仅以某项信息采用数据电文形式为理由而否定其法律效力、有效性或可执行性。"由此指出电子合同在法律效力上应与传统合同一致。同时,针对某些法律要求信息必须采取书面形式的规定,《电子商务示范法》第6条第1款规定:"如法律要求信息须采用书面形式,则假若一项数据电文所含信息可以调取以备日后查用,即满足了该项要求",即满足了书面形式的法律要求。在第9条"数据电文的可接受和证据力"第1款中规定:"在任何法律诉讼中,证据规则的适用在任何方面均不得以下述任何理由否定一项数据电文作为证据的可接受性:(a)仅仅以它是一项数据电文为由;或(b)如果它是举证人按合理预期所能得到的最佳证据,以它并不是原样为由。"

更进一步,《电子商务示范法》在第11条规定:"就合同的订立而言,除非当事各方另有协议,一项要约以及对要约的承诺均可通过数据电文的手段表示。如使用了一项数据电文来订立合同,则不得仅仅以使用了数据电文为理由而否定该合同的有效性或可执行性。"第12条同时规定:"就一项数据电文的发端人和收件人之间而言,不得仅仅以意旨的声明或其他陈述采用数据电文形式为理由而否定其法律效力、有效性或可执行性。"

联合国《电子通信公约》第8条"对电子通信的法律承认"中也明确规定:"对于一项通信或一项合同,不得仅以其为电子通信形式为由而否定其效力或可执行性。"第9条第2款也规定:"凡法律要求一项通信或一项合同应当采用书面形式的,或规定了不采用书面形式的后果的,如果一项电子通信所含信息可以调取以备日后查用,即满足了该项要求。"

《关于电子通信的意见》中又进一步指出:"合同的订立或证明可以采用电子通信方式,《公约》所指的'书面形式'应理解为包括各种能够有形地表现所载内容的电子通信。"

如前文所述,我国《合同法》第11条也将数据电文表现的合同纳入书面形式之中。《中华人民共和国电子签名法》(以下简称《电子签名法》)第4条也规定:"能够有形地表现所载内容,并可以随时调取查用的数据电文,视为符合法律、法规要求的书面形式。"

由此可见,无论合同采用了什么样的电子载体,只要其符合合同成立的要件,即与传统合同形式具有等同的法律效力。

(六) 电子合同的签字——电子签名

传统书面合同,一般需要经过当事人签字(盖章)才能生效。合同之所以要签字(盖章),一方面是表明合同各方的身份,另一方面是表明签字方受合同约束的意愿。而在电子合同形式下,传统的签字(盖章)显然不适用,但还必须履行这一程序,于是,就出现了用电子签名技术来实现的做法。

电子签名(E-signature),又被称为"数字签名"(Digital Signature),是指数据电文中以电子形式所含、所附用于识别签名人身份并表明签名人认可其中内容的数据。通俗点讲,电子签名就是一种电子代码,是通过数字密码技术对电子数据文本进行的电子形式的签名,而不是书面签名的数字图像化,它在功能上类似于手写签名(盖章),也可以说是一种电子"印章"。

从更一般的意义上讲，电子签名是现代身份认证技术的泛指。美国《统一电子交易法》规定："电子签名"泛指"与电子记录相连的或在逻辑上相连的电子声音、符号或程序，而该电子声音、符号或程序是某人为签署记录的目的而签订或采用的"。欧盟《电子签名指令》规定："电子签名"是指"电子形式的附于或逻辑上与其他电子数据关联的数据，起到身份鉴定和验证的作用"。

联合国贸易法委员会《电子签名示范法》第 2 条（a）款规定："电子签名系指在数据电文中，以电子形式所含、所附或在逻辑上与数据电文有联系的数据，它可用于鉴别与数据电文相关的签名人和表明签名人认可数据电文所含信息。"

《电子签名法》第 2 条也规定："本法所称电子签名，是指数据电文中以电子形式所含、所附用于识别签名人身份并表明签名人认可其中内容的数据。本法所称数据电文，是指以电子、光学、磁或者类似手段生成、发送、接收或者储存的信息。"第 14 条进一步规定："可靠的电子签名与手写签名或者盖章具有同等的法律效力。"

由上可以看出，凡是能在电子通信中，起到证明当事人的身份、证明当事人对文件内容的认可的电子技术手段，都可以被称为电子签名，它同手写签名、印章的"电子版"、电子密钥、秘密代号、密码或指纹、声音、视网膜结构等安全认证技术，具有同等的法律效率。电子签名是电子合同生效的证明，是国际电子商务交易安全的重要保障手段。

第三节　国际电子商务合同履行

一、合同履行前的准备

签订进出口贸易合同后，根据进出口商品的性质不同，在合同规定义务正式履行前，还必须办理相关备案、审批或许可手续。对于加工贸易商品，须进行加工贸易合同备案审批；属于许可证管理的商品，须申领进出口许可证；属于配额管理的商品，则要通过配额招标程序或合法配额转让手续取得配额；对于技术进出口、软件服务外包合同，也需办理合同备案手续；属于与签订有国际贸易协定国家（地区）企业的贸易，要申请原产地证书。

为提高政府审批和备案效率，降低进出口企业相关事务办理成本，推动国际电子商务发展，世界各国（地区）政府贸易管理部门，都在通过电子政务系统来受理有关备案、审批、许可证颁发和配额招标分配等事务。我国自然也不例外，自 20 世纪 90 年代末期开始，我国外经贸管理部门就陆续开发出"加工贸易服务促进""许可证联网申领"和"配额电子招标"等电子政务系统。进出口企业经过注册审核获得 CA 证书和电子密钥后，如果所经营进出口商品及所签合同，需要备案、审批、申领许可证或取得进出口配额，就可以登录有关系统办理。

目前，我国进出口贸易企业办理有关备案、审批、许可证或配额申领事务，可以直接登录国家商务部网站（http://www.mofcom.gov.cn），到"在线办事系统"办理（如图 8－8 所示）。也可以通过获得授权的专业国际电子商务服务平台——"中国国际电子商务网"来办理。中国国际电子商务网在其网站已建立"业务申请"系统平台，用于专门受理进出口企业的备案、审批、许可证审批和配额招标事务（如图 8－9 所示）。

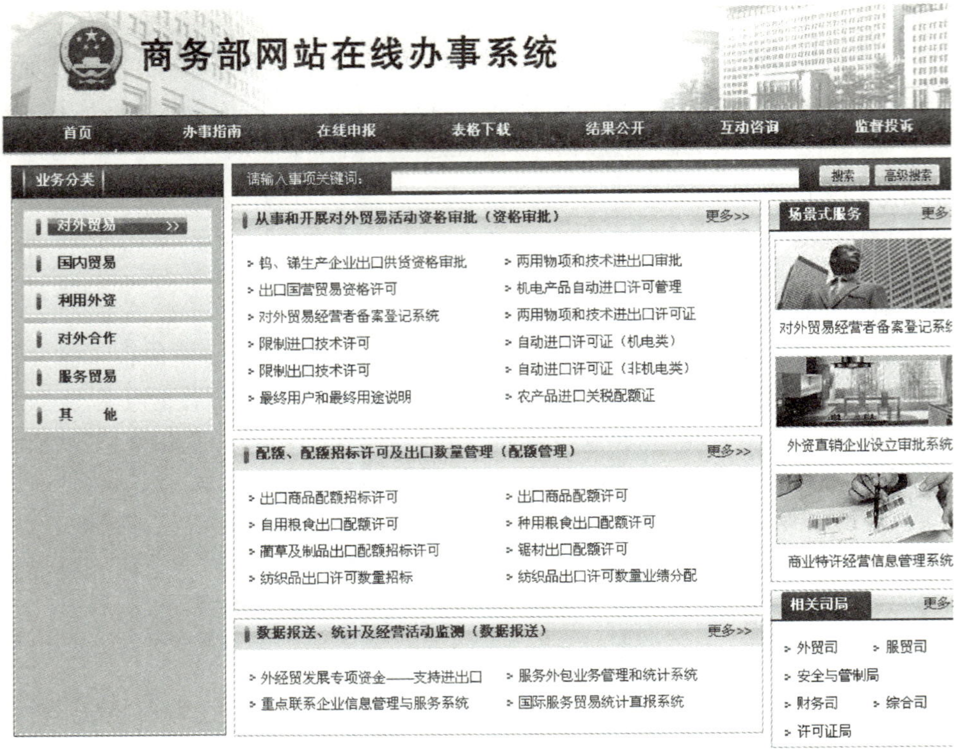

图8-8 中国商务部网站“在线办事系统”页面

图8-9 中国国际电子商务网“业务申请”系统页面

二、合同履行的基本程序

（一）合同履行的基本环节

无论电子合同还是传统合同，其合同主要条款是基本一致的，所不同的是，因为合同标的、付款方式或所采用的贸易术语不同，而在具体条款的内容上有所差别。因此，国际贸易合同的履行，无论电子方式还是传统人工方式，所需办理的主要业务手续或环节也是基本相同的，其差异主要表现在运输、保险、单证、支付等环节，因所采用的付款方式或贸易术语不同，而在不同的合同下分别由不同的当事人办理。

图 8-10 所示的为采用 L/C 付款方式、CIF 贸易术语成交的贸易合同，在正常情况下买卖双方履行合同必须完成的主要业务手续或环节。

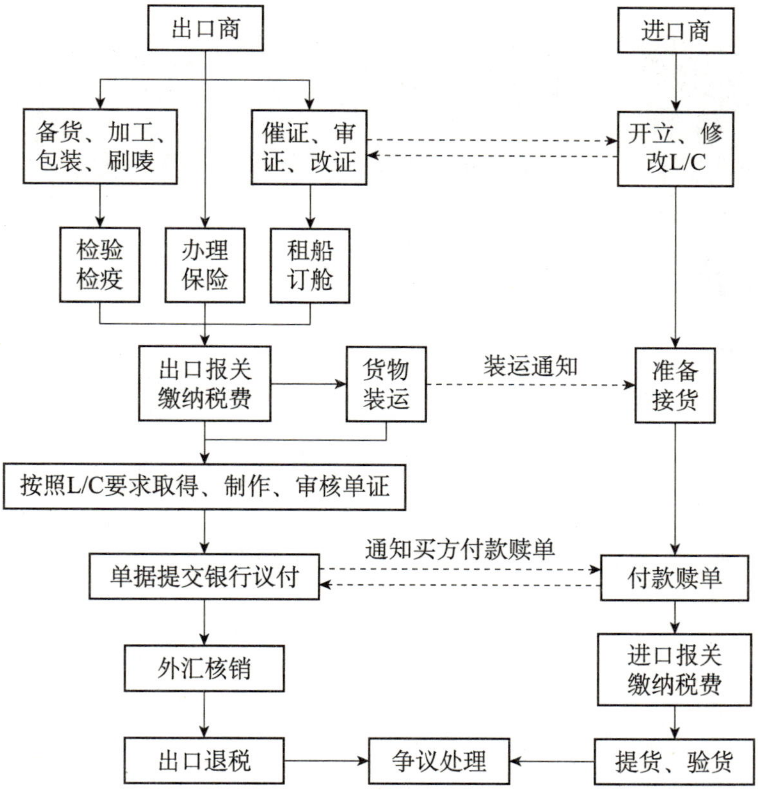

图 8-10　合同履行的基本环节示意图

（二）网上合同履行

国际电子商务与传统商务模式最大的区别，是从交易磋商到合同履行结束的所有业务手续均可以在计算机网络上实现。虽然由于各国国际贸易“单一窗口”的建设进程缓慢，以及国际电子商务交易平台的服务功能尚不完善，使得进出口企业难以通过一个平台、一次性录入数据，就可依次办理完合同规定的所有业务环节，但迄今与合同履行有关的部门、机构和企业所各自开发建立的网络应用系统，已基本可以为进出口企业实现合同履行的网络化、电子化提供越来越便利的服务。下面举例说明目前可以在网上实现的合同履行中的主要环节。

1. 网上电子检验检疫与申请原产地证书

2000 年,我国国家质检总局开发了 CIQ2000 系统(出入境检验检疫综合业务计算机管理系统),在全国范围内实现了电子报检、电子通关、电子转单的“三电工程”(“老三电工程”)。之后“快速查验”“电子审单”“电子收费”,以及其他配套系统(进境许可证系统、决策支持系统、电子身份认证系统、集装箱管理系统等)陆续开发与应用,检验检疫工作网络化、电子化进程不断加快。随着“中国检验检疫电子业务网”(http://www.eciq.cn)的开通运行(如图8-11所示),在为进出口企业提供进出口商品质量检验、卫生检疫、原产地证书申请核发等业务的同时,实现与“中国电子口岸”的互联互通,在全国 20 个直属海关实现“关检三个一”模式,即进出口企业录入一次数据,就可以在海关和检验检疫机构实现“一次申报、一次查验、一次放行”,我国检验检疫信息化建设在“老三电工程”的基础上,逐步发展为“新三电工程”,即“电子申报”“电子监管”“电子放行”。

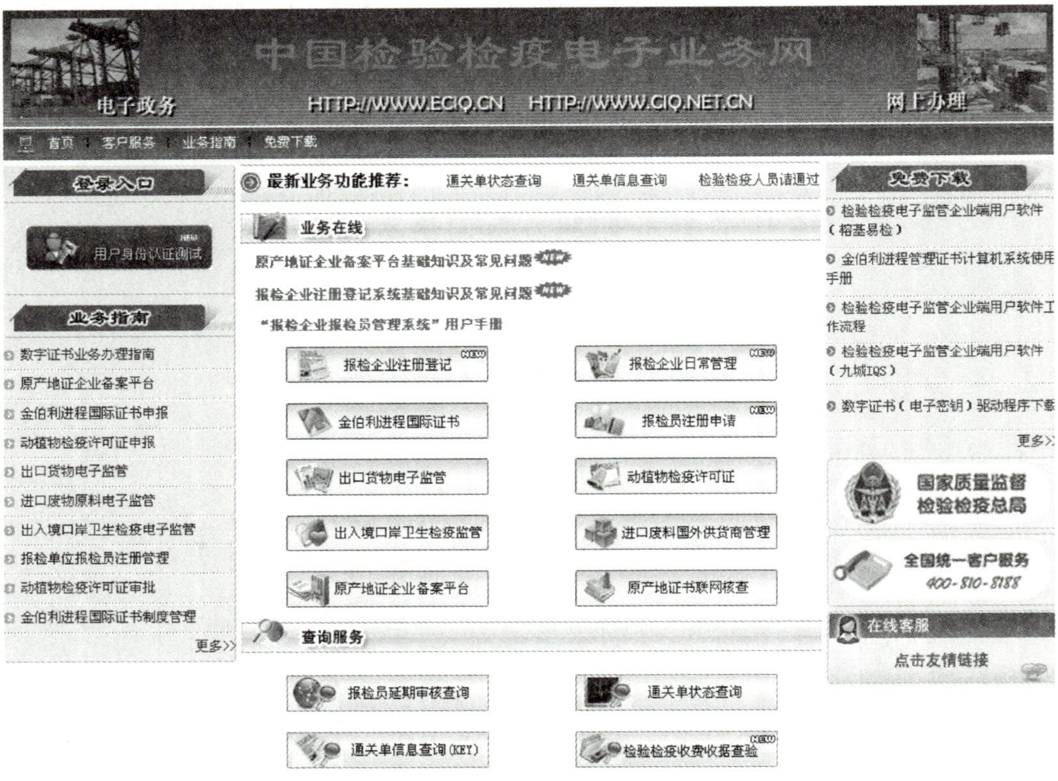

图 8-11 “中国检验检疫电子业务网”主页

电子申报,是指通过专用网络,进出口企业足不出户就可以进行进出口商品的检验、检疫信息申报。目前,可以进行电子申报的业务有:出入境货物申报、产地证申报、检疫许可证申报、旧机电产品备案申报、金伯利过程国际证书(钻石国际证书)申报。

电子监管,是指应用网络化信息管理手段,将进出口检验检疫工作“前推后移”,提高检验检疫工作效率。电子监管包括出口货物前期管理(建立出口企业电子档案、对出口货物生产过程关键控制点进行实时检验检疫,实时提取电子数据,将发现的问题及时反馈给生产企业)、出口货物快速核放(将出口企业日常监管信息、生产过程实时检验检疫结果和标准存入监管数据库;报检时,只需对数据进行对比,成功后即可自动放行)、进口货物快速查验(实现进口货物检验检疫与港口部门的网络互联、信息共享，在进口货物到港前，系统提前获取港务部门提供的相关运输货物信息，并对进口货物到货信息进行自动核查、处理，货物到港后，按照检验检疫的不同要求快速查验放行）。

电子放行，是指检验检疫机构与海关之间、检验检疫机构之间，在进出口货物检验检疫信息和通关申报信息实现互联互通、自动核查无误后放行。它包括电子通关（检验检疫机构与海关通过“中国电子口岸”执法系统实现电子信息共享，信息核对无误后完成货物的通过）、电子转单（指产地检验检疫机构向口岸检验检疫机构发送换证电子数据，出口企业可直接在口岸凭转单凭条向口岸海关换发通关单，为企业提供快速通关服务）和绿色通道制度（指按照分类管理原则，对质量安全风险小、诚信度高的企业出口货物，在产地机构进行检验后，口岸检验检疫机构免于检验检疫，直接向海关发送电子通过单来换发通关单，形成“绿色通关通道”）。

（1）网上电子报验的基本流程可分为以下四个步骤：

第一步，电子报检对报检数据的审核采取“先机审，后人审”的程序。进出口企业采用标准格式在网上发送电子报检数据，电子审单中心按照数据规定和标准对企业上传数据进行自动审核。对不符合要求的数据，系统会反馈错误信息，企业修改错误信息后重新上传发送；对符合要求的报检信息，系统传输给受理报检人员，由报检人员进行再次审核，若符合规定报检人员即将信息反馈给报检单位和施检部门，并提示报检企业与施检部门联系，开展具体的检验检疫。

第二步，出境货物受理电子报检后，报检人应按受理报检信息的要求，在检验检疫机构施检时，提交报检单和随附单据。入境货物受理电子报检后，报检人应按照受理报检信息的要求，在领取入境货物通关单时，提交报检单和随附单据。电子报检人对已发送的报检申请需要更改或撤销时，应发送更改或撤销报检申请。

第三步，报检企业接到报检成功的信息后，按信息中心的提示与施检部门联系检验检疫。在现场实施检验检疫时，持报检软件打印的报检单和全套随附单据交施检人员审核，不符合要求的，施检人员通知报检企业立即更改，并将不符情况反馈给受理报检部门。

第四步，检验检疫费用计收由电子审单系统自动完成。电子报检系统接到施检部门传来的全套单据后，对照单据进行计费复核，报检单位按报检批次或按月缴纳检验检疫等有关费用。

（2）电子转单包括出境电子传单和入境电子传单两个环节。“电子转单”指通过系统网络，将产地检验检疫机构和口岸检验检疫机构的相关信息相互连通，出境货物经产地检验检疫机构将检验检疫合格后的相关电子信息传输到出境口岸检验检疫机构；入境货物经入境口岸检验检疫机构将签发《入境货物通关单》后的相关电子信息传输到目的地检验检疫机构实施检验检疫的监管模式。

第一，出境货物电子转单。产地检验检疫机构检验检疫合格后，应及时通过网络将相关信息传输到电子转单中心。出境货物电子转单传输的内容包括报检信息、签证信息及其他相关信息。由产地检验检疫机构向出境检验检疫关系人以书面方式提供报检单号、转单号及密码等。出境检验检疫关系人凭报检单号、转单号及密码等到出境口岸检验检疫机构申请《出境货物通关单》。出境口岸检验检疫机构应出境检验检疫关系人的申请，提取电子转单信息，签发《出境货物通关单》，并将处理信息反馈给电子转单中心。按照《口岸查验管理规定》须核查货证的，出境检验检疫关系人应配合出境口岸检验检疫机构完成检验检疫工作。

第二,入境货物电子转单。对经入境口岸办理通关手续,需到目的地实施检验检疫的货物,口岸检验检疫机构通过网络,将相关信息传输到电子转单中心。入境货物电子转单传输内容包括报检信息、签证信息及其他相关信息。由入境口岸检验检疫机构以书面方式向入境检验检疫关系人提供报检单号、转单号及密码等。入境检验检疫关系人应凭报检单号、转单号及密码等,向目的地检验检疫机构申请实施检验检疫。目的地检验检疫机构应按时接收国家质检总局电子转单中心转发的相关电子信息,并反馈接收信息情况。目的地检验检疫机构根据电子转单信息,对入境检验检疫关系人未在规定时间内办理货物检验检疫的,将有关信息通过国家质检总局电子转单中心反馈给入境口岸检验检疫机构。入境口岸检验检疫机构应按时接收电子转单中心转发的上述信息,并采取相关处理措施。

(3) 网上电子报检的方式目前有两种:一是通过 Web 方式报检,二是通过客户端软件报检。

第一,通过 Web 方式报检。

采用 Web 方式报检,进出口企业需要首先在“中国检验检疫电子业务网”注册,获得 CA 证书,成为正式会员。然后,就可以进入货物报检网上申报系统,完成相关业务的网上申报工作。采用 Web 报检方式,企业无须安装专门的业务软件,只需登录“中国检验检疫电子业务网”或“信城通”(http://www.itownet.cn),单击“货物报检”栏目即可。这种报检方式对各类进出口企业,尤其是业务量小、地处偏远县乡的进出口企业较为适用。

“信城通”网上申报系统,是北京信城通数码科技有限公司开发的新版网上报检软件系统。该软件是基于 Internet 的网上应用系统,企业只需具备访问 Internet 的条件即可办理网上申报业务,它具有操作简单、投入低、效率高的优点,没有时间和地域限制,申请和查询方便。该系统主要用于进出口企业货物报检、产地证申领业务。该系统目前的主要功能包括:用户安全身份认证,实现进出口货物报检单、产地证签证证书录入、申报,查看并修改已有货物报检单、产地证签证证书信息,进行业务信息逻辑校验。

下面以出口货物通过“信城通”网上申报系统报检为例,概述网上报检流程。

- 登录系统

通过正式注册、审核,成为“中国检验检疫电子业务网”会员的贸易企业,会得到国家质检总局核发的“电子密钥”(中国质检数字证书)一枚。登录系统前必须将电子密钥插入计算机 USB 插口,然后登录“信城通”网站主页(如图 8-12 所示),单击左下角“企业申报”栏目的“货物报检”,进入电子申报系统。单击“出境报检”按钮,即可进入出境报检控制中心(如图 8-13 所示)。

- 填写默认信息

单击“默认信息”,进入默认信息窗口,添加用户经常重复使用的信息(如图 8-14 所示)。按照企业需要可以添加每一项内容。例如,需要添加“启运口岸”,单击?,弹出口岸名称,由企业选择,需要删除内容时单击×,填写完毕后,单击“更改”按钮。

- 填写和申报出境报检单

单击“新建”,弹出一份出境货物报检单(如图 8-15 所示)。在空白栏目处填写相关内容,需要选择的内容,单击?进行选择;一次填写不完,可以单击“暂存”按钮,将所填写的报检单暂时保存在系统中。填写完毕后单击“申报”按钮,出现“确认是否申报”,如果单击“确认”按钮,即发送此报检单。

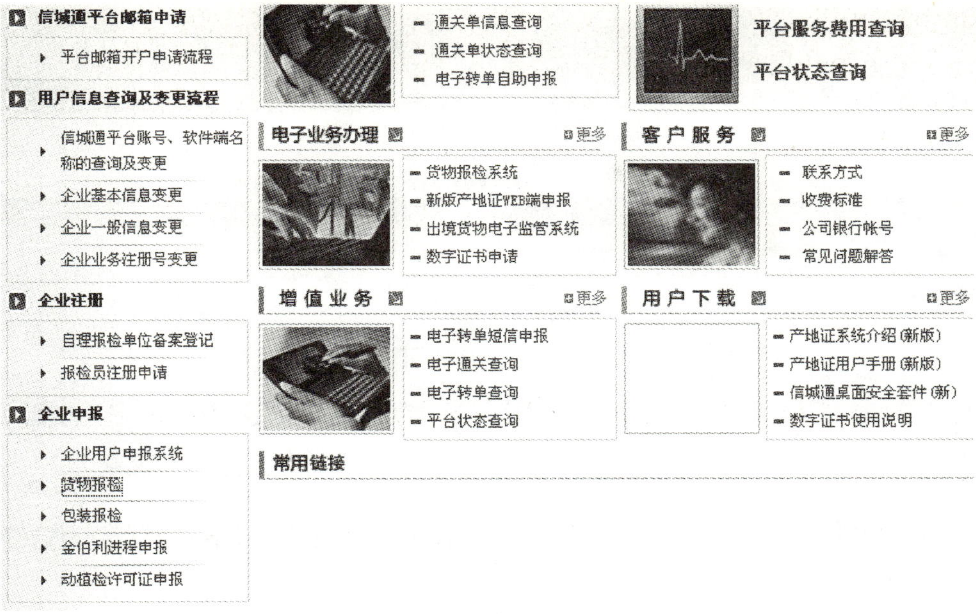

图 8－12　“信城通”网站主页

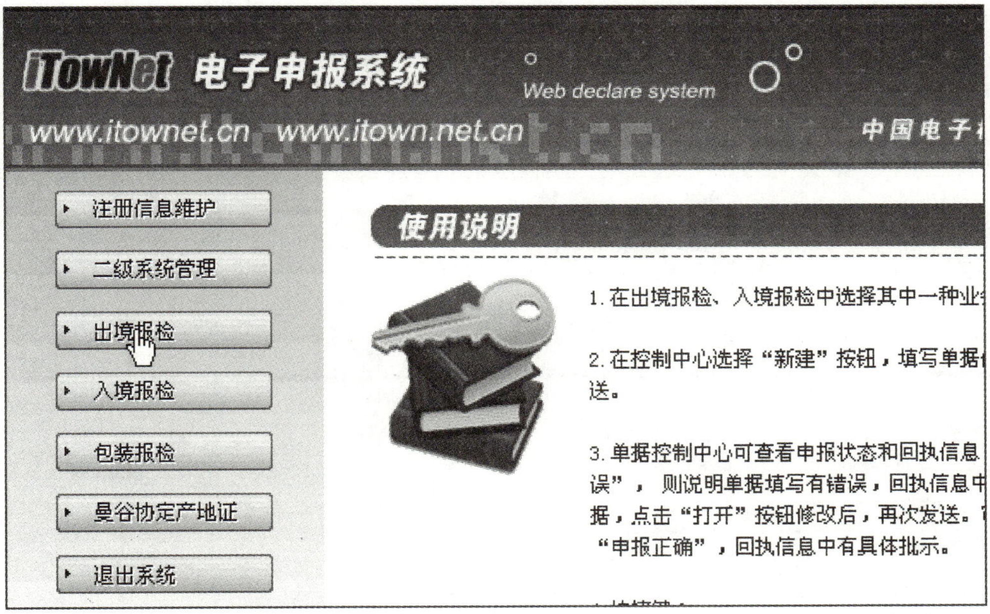

图 8－13　“信城通”网上报检控制中心

● 查看回执

单击“刷新”按钮后，即增加一单数据，为企业刚刚提交成功的出境报检单。当申报要求被电子数据中心收到后，单击“选择”按钮即可查看回执信息（如图 8－16 所示）。如果“申报状态”栏显示“已申报”，表示报检单据申报完毕，但是尚未收到回执信息；如果显示“申报收到”，表示单据已经进入人工审批阶段；若显示“申报错误”，则说明报检单据填写有错误，可选中此单据，单击“打开”按钮修改后，再次发送；若显示“申报正确”，说明人工审批报检单通过，回执中有具体批示。已经申报正确的报检单据不可再次申报。

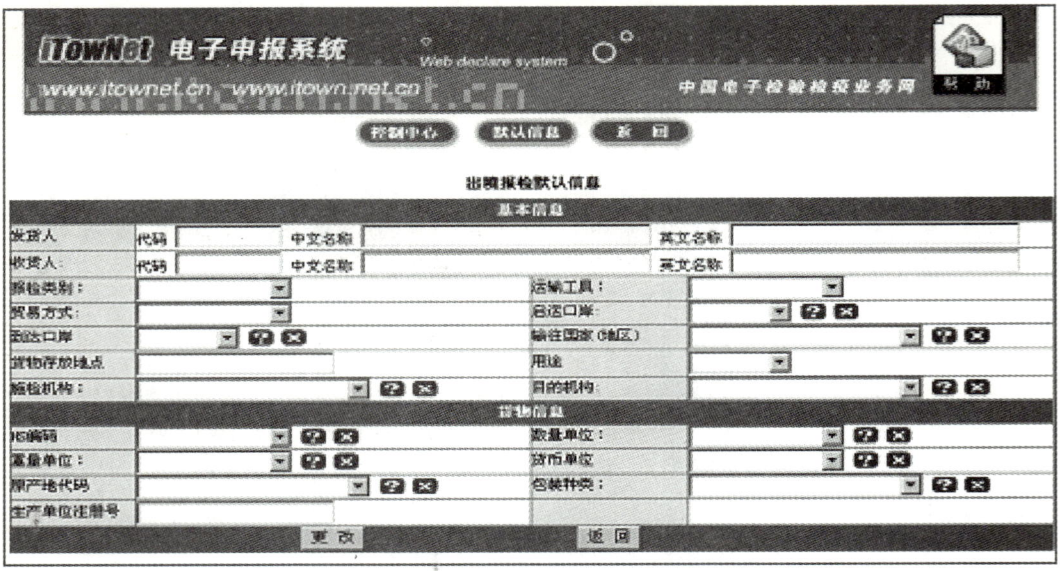

图 8-14 “填写默认信息”图示

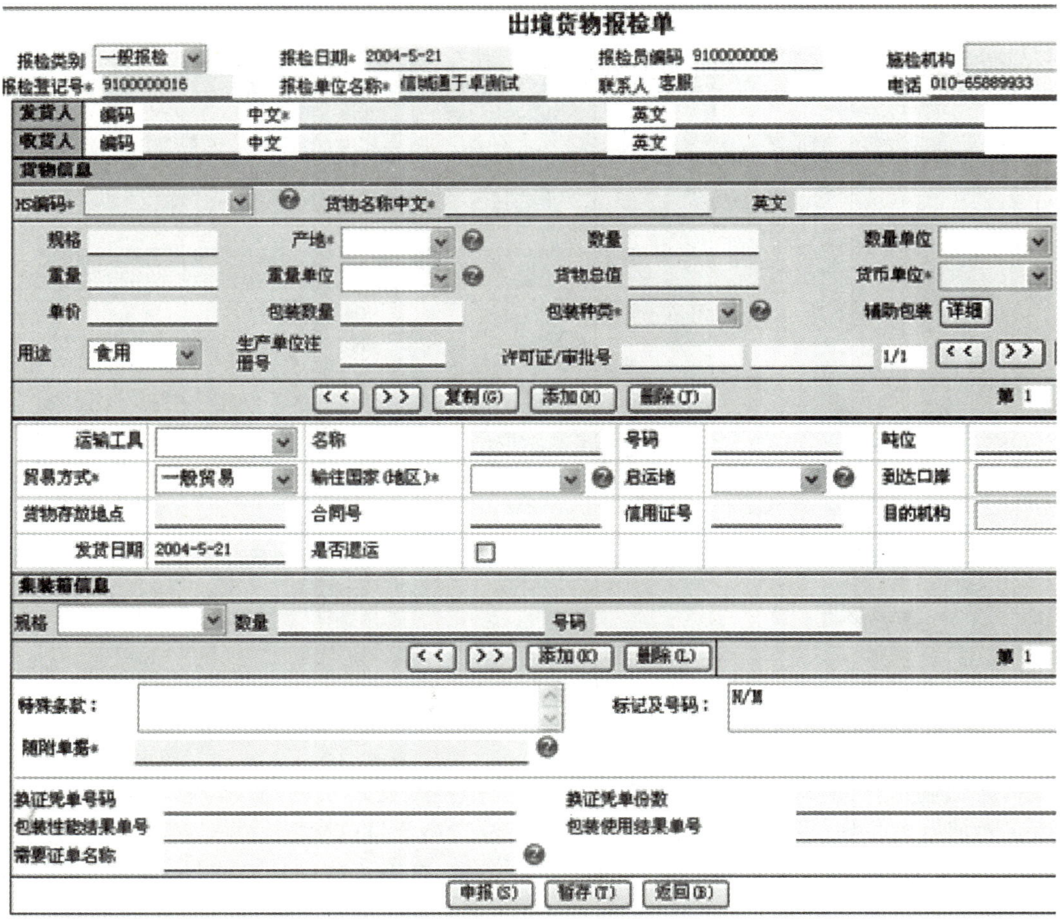

图 8-15 “出境货物报检单”图示

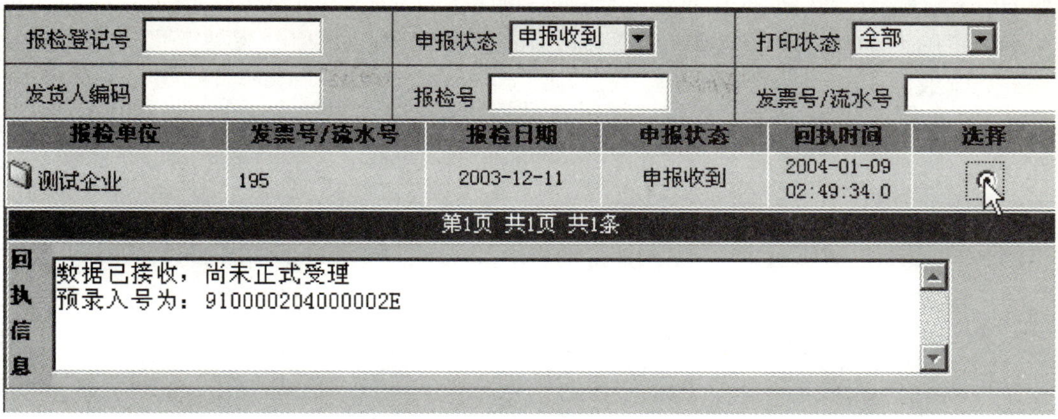

图 8-16　查看申报回执

第二,通过客户端软件报检。

首先,进出口企业在电脑终端安装经国家质检总局测评认可的电子申报企业端专用软件(九城 IQS 和榕基易检);然后,打开该软件,输入报检企业及产品的相关报检信息,发送信息,检验检疫电子业务服务平台将接收到的数据信息转送给检验检疫局,经过审核后生成正式报检号;最后,企业接收报检回执,报检成功。这种报检形式需要企业购买专用报检软件,一次性投入较大,对业务量大的进出口企业较为适合。

下面以"九城电子申报系统(iDecl)"为例,概述通过客户端软件进行出境货物报检的基本流程。[1]

- 下载安装软件

进出口报检企业,从"中国检验检疫电子业务网"下载"检验检疫电子监管企业端用户软件(九城 IQS)",根据提示在企业电脑终端安装。安装成功后,会显示已安装成功的"九城 IQS"系统的两大功能模块:"九城电子申报系统""出口企业产品质量信息管理系统"。

- 制作单证

单击桌面"九城 IQS"图标,进入"九城电子申报系统(iDecl)",选择"出境货物报检",单击"新建单证",即可弹出"出境货物报检单"的录入界面,分为"基本信息"和"货物信息"两部分。在录入界面下方有每个输入框中须填写内容的提示,按照提示录入完成后保存,所填报检单会显示在"未选择单证"里。

- 单证的发送与接收回执

制作完成以后需要将单证发送至检验检疫局进行审核。发送步骤如下:先单击需要发送的证书"未选择单证",然后单击"选择单证",证书状态会转为"待发送单证",再单击"发送/接收",即可将证书发送至局端,发送成功后,单证状态会转为"无回执单证"。

等待一段时间后,再单击"发送/接收",接受局端的回执,单证状态会转为"有回执单证",查看回执内容,根据回执提示进行下一步操作。若回执提示报检单证有错误,回执内容会说明

---

① 九城电子申报系统(iDecl),是由九城网络技术集团有限公司研发,可以实现进出口企业对政府检验检疫部门进行电子申报的 B2G 企业端软件。其业务模块包括:报检类业务、产地证类业务、许可证申报类业务、其他电子申报业务以及产品质量管理系统。目前,九城自主开发的软件产品及相关服务,已广泛应用于国家质检总局、全国 440 个检验检疫机构、海关总署、各地海关及 20 余万家进出口企业之中,市场占有率近 90%,是中国进出口行业应用软件领域的领军企业之一。

错误的位置,录入人员根据提示内容更改,然后再次转为“待发送单证”状态后发送,直至回执显示单证正确为止。若回执提示审核通过,则需要打印“申请书”和“发票”,盖章后去当地检验检疫局领取纸质证书。

除“通过 Web 方式报检”和“通过客户端软件报检”外,所有检验检疫机构的报检大厅都设有计算机终端供报检使用,报检人员可自行安排时间录入报检数据。这种方式比较适合于有零散出口业务的企业和一次性的进出口业务的行政事业单位。

(4) 网上申领原产地证明。原产地证明(Certificate of Origin)是各国根据有关原产地规则签发的证明商品原产地,即货物的生产或制造的一种具有法律效力的证明文件,是货物进入国际市场的“护照”,用以证明货物的经济国籍。原产地证明的主要作用有:进口国海关确定税率的主要依据;进行贸易统计的重要依据;实施进口数量控制,采取反倾销、反补贴等限制措施的依据;控制从特定国家进口货物、确定准予放行与否的依据;证明货物内在品质或价值增值比例的依据。

在我国,根据产地证的种类不同,出口企业申领原产地证明可以通过检验检疫机构或贸促会两个渠道。目前,检验检疫机构受理的产地证业务有:一般原产地证、普惠制(GSP)原产地证(FORM A)、亚太贸易协定产地证、中国—东盟自贸区产地证(FORM E)、中国—智利自贸区产地证(FORM F)、中国—巴基斯坦自贸区产地证、中国—新西兰自贸区产地证、欧盟烟草产地证、蘑菇产地证、加工贸易产地证、转口贸易产地证等。通过贸促会申领的产地证主要有:一般产地证和各种区域优惠产地证明。

申领产地证明可通过检验检疫机构或贸促会,其一般程序如下。

先注册/备案,后申报:凡申请办理产地证明的申请人,必须预先在当地办理机构办理注册/备案和登记手续。

申报模式:产地证申请人,可以选择使用企业端软件(九城软件、榕基软件或 IForm),实现原产地证电子申报;或通过“信城通”网站,实现原产地证网上申报。

申报流程:企业电子申报—系统电子校验—签证机构电子审核—企业制证—现场签证—付费领证。现场签证需要提供的资料包括:打印好的证书(必须有防伪条形码、产地证申报员签字、加盖申请企业中英文签证印章)、发票(必须加盖企业公章和法人章)以及其他所需材料。

第一,通过检验检疫机构申领产地证。

通过检验检疫机构申领产地证有两种方式:一是通过“信城通”网站进行网上申领,二是通过安装企业端软件(九城 IQS 或榕基易检)进行电子申领。下面以使用“榕基易检”软件为例,说明原产地证明申领的基本流程[①]。

- 下载安装“榕基易检”客户端软件

原产地证申领企业,应首先从“中国检验检疫电子业务网”下载“榕基易检”客户端软件,并按照提示进行安装,安装成功后,即可单击桌面快捷图标,进入“榕基易检”主页面(如图 8-17所示)。

---

① 榕基易检即“榕基电子单证系统”,是由福建省榕基软件公司研发的针对进出口企业向检验检疫机构进行货物报检及原产地证签证网上申报的软件,是实现进出口企业与检验检疫机构之间业务数据交换的电子政务解决方案。该软件按照国家检验检疫局的有关业务标准和相关报文的行业及国家标准,采用先进的多层分布式处理模式,涵盖检验检疫远程电子报检、原产地证电子签证两大业务。主要功能包括:报检申请、原产地申请、电子监管、电子签证、系统管理。

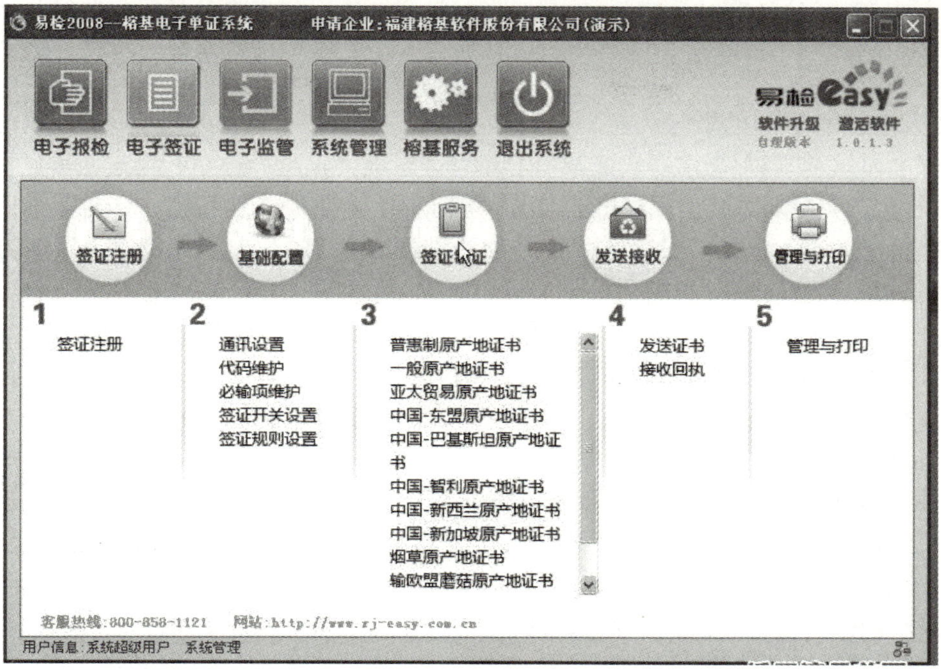

图 8－17 “榕基易检”功能模块

• 签证注册

登录系统后，单击“电子签证”——“签证注册”，会弹出一个注册界面，在录入框中填写申领企业的相关信息后，单击“确定”提交，注册成功后，即可进入证书“签证制证”程序。

• 证书信息录入

单击“电子签证”，在“签证制证”下方的下拉证书列表中选择所需申领证书类型（如“普惠制原产地证书”），单击后即进入证书录入界面。在录入界面上方显示三个标签页：“原产地证书”“原产地证货物”“申请书/发票”，分别单击打开后，分别录入原产地证书的基本信息、原产地证货物信息和申请书/发票信息。

• 发送单证

发送前，先检查所发证书的正确性，并确认网络连接畅通。单击“电子签证”—“发送接收”—“发送单证”，选择所要发送的证书，单击“发送”按钮。

• 接收与查看回执

证书发送完毕，稍等一段时间，再接收回执。其中，电子回执很快，一般 1—2 分钟就可接收到；人工审核回执收到的时间，则要根据检验检疫机构审证人员的具体审核时间而定。单击“接收”按钮，开始接收回执。接收到回执后，可以双击打开回执条，查看回执的具体内容。

接收到回执后，证书会根据所接收回执的具体内容及回执代码自动改变状态到“机审未过”“审核正确”等。若证书状态为“机审未过”“退证”，则须按回执提示进行修改，修改完毕再重新发送；若证书状态为“审核正确”，则可考虑打印原产地证书、申请书、发票等，到检验检疫机构缴费、签字盖章、领证。

在收到“审核正确”的回执后，系统会自动跳转到“审核正确”的状态，对此状态下的证书，可以进行打印。只有“审核正确”状态中的证书才是“有效证书”，且被“锁定”，证书打印时就会自动显示、打印出条形码。拿到检验检疫机构签字的证书必须是此种证书(审核正确,且有条形码)。其他状态下的证书,不是“有效证书”,无条形码,可以作为核对参考时用。

第二,通过贸促会申领产地证。

贸促会研发了“贸促会出证认证 WEBEDI 管理系统”(简称“ZCOAS 系统”)和企业端的制单软件,在全国贸促会系统全面推出了进出口企业网上申领原产地系统。申领企业只需登录 http://www.co.ccpit.org 网站,经过注册成功后,即可以通过操作向导完成原产地证的全部申请、签证过程。

现在贸促会采用的客户端申领软件系统为 iForm 系统,由广州尊网商通资讯科技有限公司开发和维护。iForm 系统可以制作原产地证明、优惠产地证、发票、装箱单、托运单、报关单、保险单等单证。

在具体申领签证过程中,企业申报原产地证中的产品应在“适用制造或加工工序及从价百分比标准的货物清单内。”在申请时,网上审核系统首先判断 ZCOAS 系统中是否有该申领企业和该产品的加工工序、从价百分比等信息,并提示签证员“属‘清单’产品,须按‘清单’标准申报和审核”。如果 ZCOAS 中有产品信息,系统将转为人工审单;如果没有,系统将自动发送审核不通过回执,并提示企业提交相关注册资料。

- 注册并获取账号信息

出口企业在所属贸促会办理注册登记手续,获取贸促会编码(6 位)和企业注册号(9 位)。然后登录中国贸促会网上商务认证中心网站(http://www.co.ccpit.org),单击“注册”,填写相关注册资料(如图 8-18 所示)。经审核注册通过后,一封包括登录账号、密码信息的 E-mail 将发送到用户注册邮箱中。

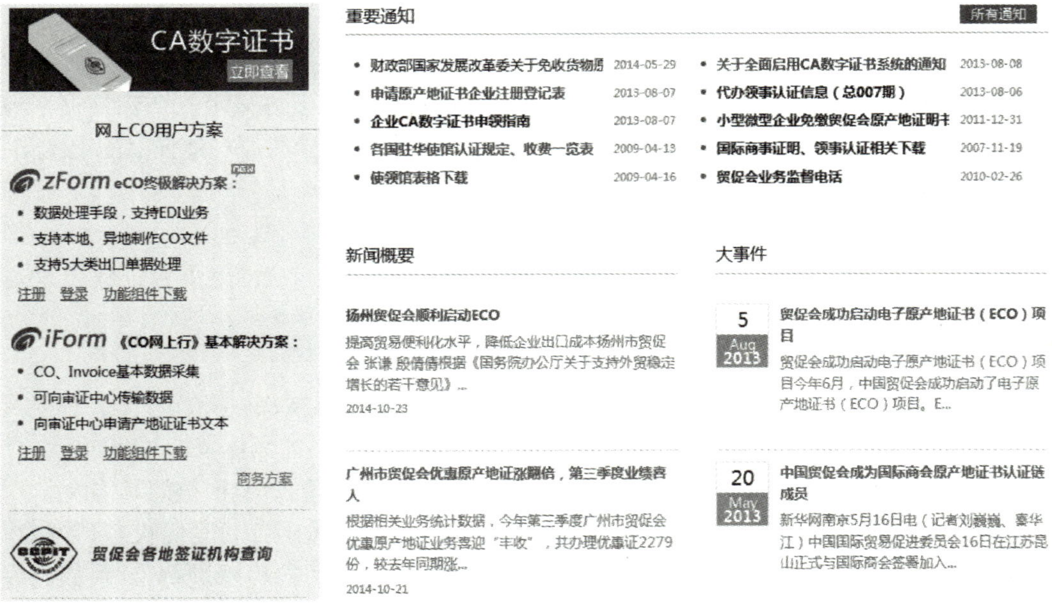

图 8-18 “中国贸促会网上商务认证中心”主页

- 下载安装 iForm 功能组件

单击“功能组件下载”下载 iForm 软件,并按照安装提示在用户电脑终端进行安装。安装完成后，用户电脑桌面会自动生成 iForm 快捷图标。

- 基础资料设置

利用 iForm 系统申领 CO 证书，需要先设置好相关基础资料，如“手签员”“企业信息”等相关信息，以便在以后制单过程中减少错误和录入时间，提高产地证申领效率。单击桌面 iForm 图标进入系统后，单击“基础资料”，在“制单资料”分别单击“手签员”“企业信息设置”按钮，系统弹出相应电子表格，按照录入框要求填写内容后保存即可。

- 原产地证书制作申领

选择“单据制作”—“贸促会网上申领业务”—“原产地证”，进入 CO 证书制单页面，再单击“新建”，系统弹出“发票号”录入窗口，填写完单击“确定”后，即可进入 CO 证书制作界面。完成 CO 证书填写后，单击“保存并校验”按钮，系统将自动对填写内容进行校验。如果发现缺少项目或者数据关系不符合规定，系统将给出提示要求修改；如果校验成功，系统将自动保存。单击“发送”按钮，CO 证书即可发送到贸促会进行审批。

- 审批状态查询

CO 证书数据发送成功后，贸促会审批端系统将对单证内容进行人工审核。审核完成后，贸促会审批端系统自动发送审批结果回执给用户，用户可在系统单据列表中查询审批结果。审批回执有四种状态：①“待审”，表示 CO 证书已发送到贸促会，等待人工审核，用户只能查看不能修改；②“已发证”，表示贸促会已经审核通过并签发产地证，用户只能查看不能再修改；③“未通过”，表示贸促会已经审核，但未通过，用户须对所填写内容进行修改后，再次发送；④“新证”，表示处于用户填写编辑状态的证书。

- 领证

如单证状态显示为“已发证”，申领企业即可办理领证手续。企业领证有两种方式：一是申请企业自行打印出审核通过后的 CO 证书，在签字栏签字、盖章后，持正式发票，送贸促会签证人员进一步审核后签发；二是申请企业直接领取由贸促会打印签发的 CO 证书，具体操作以当地贸促会的通知为准。

- 改证重发

对贸促会已经审核通过显示为“已发证”状态的 CO 证书，当因货物数量、金额变化或原证数据输入有误而需要进行修改时，用户可单击页面左上方的“改证重发”按钮，进入编辑界面，对单证数据进行修改，并在“EDI 补充内容—录入备注”栏中输入单证数据修改原因和项目，然后单击“保存并校验”，校验无误后单击“发送”，提交贸促会重新审核。

通过贸促会申领各种优惠原产地证书（目前主要有：《亚太贸易协定优惠原产地证》；《中国—新加坡自贸区优惠原产地证》；《中国—新西兰自贸区优惠原产地证》；《中国—秘鲁自贸区优惠原产地证》；《中国—东盟自贸区优惠原产地证》，其他种类优惠原产地证的申领在陆续开放中），与申领 CO 证书的程序基本一致。但要先在“优惠贸易协定项下原产地证书”专栏的“税率优惠商品查询系统”，查询商品税则号是否在相关减让表内，再选择“基础资料”—“制单资料”—“商品备案信息”，对优惠原产地证商品进行备案。

2. 网上办理租船、订舱

货物运输是进出口合同履行必不可少的环节。随着国际电子商务的发展，国际货物运输中传统的人工办理租船、订舱方式，也逐渐被网上租船、订舱取代，大大提高了办理效率。同时，电子商务在国际货物运输中的应用，也使得除租船、订舱环节外的其他业务，如运费和船期查询、货物仓储、提箱配载、报关报检、查验申报、进港、装船、提单确认签发等逐步在网上实现，并通过 Internet 与其他合同履行环节实现互联,逐步实现数据信息共享,向贸易“单一窗口”模式推进。

当前,无论专门从事国际货物运输的第三方物流企业(包括货代、船代公司),还是专业从事国际物流信息服务的中介型电子商务网站(如锦程物流网 http://www. jctrans. com,国际物流平台门户网 http://www. zhongsou. net,中国运费网 http://www. cgfreight. cn),均纷纷建立起自己的物流电子商务系统,开通在 Internet 上为国内外用户提供船舶、船期、运费、港口作业、货物等信息查询服务,以及租船、订舱、报关、报检和单证报表等网上业务办理服务。

政府以及与国际物流有关的口岸、海事等管理部门为了更好地监管国际货物运输,也逐渐开发出各类专门网络管理系统,或在其网站中设置与国际货物运输监管有关的子系统,并与国际物流运输企业和中介型物流电子商务网站实现互联互通。如我国政府在“中国电子口岸”中,就设置了“舱单申报”子系统,进出口货物在报关前,运输企业必须事先向“中国电子口岸”系统中传输“舱单”信息,才能进行报关。类似地,美国、加拿大、欧盟各国以及日本、韩国、新加坡等国家也都建有同样的系统。

各国的口岸业务及管理部门,为提高进出口货物进港、出港和装卸效率,一般也都开发出自己的管理信息系统。如天津港开发了“天津港综合物流信息平台”“天津港陆运电子交易平台”等系统。通过这些系统,港口业务及管理部门,可以实现与物流运输企业(船公司、船代、货代)、货主、码头、箱站、储运、报关行、车队、机场、铁路、银行和保险等企业或业务部门的互联,与海关、商检、海事、税务、交通、外经贸局等政府管理部门的互通,实现与上述企业和政府管理部门之间的电子业务交换以及数据信息共享,为贸易企业和物流企业提供更加高效、便捷的服务。表 8 - 2 列出了国内外主要国际物流运输公司的电子商务服务系统网址。

表 8 - 2　国内外物流运输电子商务服务系统举例

企业名称	电子商务服务系统网址
中国远洋	http://ebusiness. coscon. com
中国外运	http://e - sinotrans. sinotrans. com
中国东方海外物流	http://www. oocl. com/schi/ourservices/eservices
中国中海集运	http://www. cscl. com. cn
丹麦马士基航运	http://www. maerskline. com
美国总统轮船(APL)	http://www. apl. com
瑞士地中海航运	http://www. mscgva. ch
法国达飞航运	http://www. cma - cgm. com
台湾长荣航运	http://www. evergreen - line. com
德国哈帕劳埃德航运	http://www. hapag - lloyd. com
韩国韩进航运	http://www. hanjin. com
日本邮船集运(NYK)	http://www2. nykline. com
日本川崎海运	http://kltl. kline. com

本节将以“中远集运电子商务系统”订舱为例,介绍网上租船订舱的基本程序。

输入网址 http://ebusiness. coscon. com,登录中远集装箱运输有限公司的“中远集运电子商务系统”首页。该电子商务系统的功能主要分为两种：一是用户无须注册即可使用“公共服务”功能，包括“船期查询与订阅”“货物跟踪”“船舶资料”“询价”“报关单公共查询”“海关24小时报关查询”“滞期费率查询”以及“移动应用”（利用手机等移动终端实时查询信息）等项目。二是须经过注册审核登录后方可使用的功能，主要包括“船期订阅”“订舱服务”“出口单证服务”“报表服务”“到货通知”“EDI订舱”“网上托单”“网上对单”“电子提箱”“远程提单打印”“E-mail通知”等功能。另外，该系统还提供“服务合同”“美国关税”“国际船舶证书”和“全球机构”等信息查询服务（如图8-19所示）。

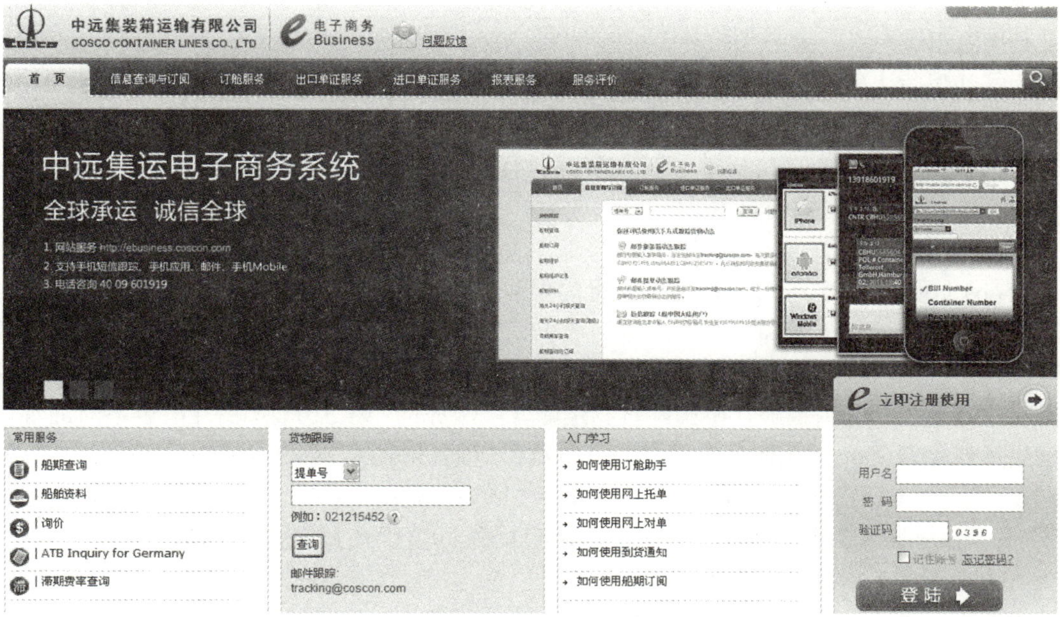

图8-19　“中远集运电子商务系统”主页

• 企业注册

欲选择中远集装箱有限公司作为承运人进行货物运输的贸易企业，须首先在“中远集运电子商务系统”进行注册，单击主页面“立即注册使用”按钮，在弹出的“认证用户注册”表格内填写相关注册信息，单击“提交”，经过审核获得认证后，即可登录系统。

• 船期查询

选择“信息查询与订阅”—“船期查询”，弹出船期查询表格。用户可以采取三种方式查询船期：“起运地/目的地匹配船期查询”“航线船期查询”、“船名船期查询”。如果采用第一种方式查询，首先选择“起运地服务”和“目的地服务”方式，然后分别输入“起运地”和“目的地”，并选择“开始日期”和“终止日期”，单击“查询”，即可弹出查询结果。

• 运费询价

查询并确定船期后，用户可以对运费进行“询价”。选择“信息查询与订阅”—“询价”，弹出询价表格，分别填写“公司和联系信息”“船货信息”，单击“提交”即可弹出具体运价。

• 订舱

选择“订舱服务”—“订舱助手”，在弹出界面登录进入“订舱”界面。单击“订单管理”，即可进行新增订单录入、查询、复制、编辑、删除及打印等操作。单击“新增”按钮，弹出订舱信息填写页面，用户按照提示录入数据信息。录入信息完毕“提交”订舱单后，用户将自动接收到系统发送的 E-mail 反馈。

• 订舱查询

订舱单提交后,用户可以随时查询订舱单受理情况。该系统提供“订舱号”“流水号”和“参考号”等多种查询方式。单击“查询”按钮,输入查询号码,即可显示订舱单处理结果信息,用户不仅可以查询,而且可以进行复制、编辑、删除等操作。

除“在线”订舱功能外,“中远集运电子商务系统”也为发货人提供“离线”订舱服务。这需要贸易企业注册后,从该网站下载“离线订舱客户端软件”,安装软件后,根据软件提供的订舱模板,填写并提交电子订舱单。

• 货物跟踪

为了让发货人实时了解承运人所接收货物的运输状况,“中远集运电子商务系统”提供了使用“提单号”“集装箱号”和“订舱号”在线跟踪、电子邮件跟踪和短信跟踪(限中国大陆用户)三种货物跟踪方式。以“提单号”跟踪为例,将提单号输入查询框,单击“查询”按钮,即可弹出所查询提单下货物的详细跟踪记录。

3. 网上货物运输保险

同“网上租船、订舱”一样,网上货物运输保险也是网络信息技术在保险领域的应用,是货物运输保险适应国际电子商务发展的必然要求,是不同于传统国际货物保险业务的新型保险经营模式。目前,经营国际货物运输保险业务的国内外保险公司,多数都开发建立起专门的网上保险业务系统,同时,专业从事国际货物运输保险服务的“第三方保险平台”也不断涌现,如中国货运保险网(http://www. marins. com. cn)、保运通(http://www. baoyuntong. com)、锦城物流网投保平台(http://bx. jctrans. com)、立刻保(http://www. like18. com)、货运保险先生(http://www. hy - sir. cn)等,为国际货物运输保险提供网上保险服务。下面以“中国货运保险网”为例,介绍网上保险的基本程序。

中国货运保险网是由北京慧保保险经纪有限公司建设与运营的专业货物运输保险电子商务网站,是中国首家通过中国保监会备案的货运保险第三方电子商务平台。中国货运保险网的合作伙伴包括中国人保财险、平安财险、太平洋财险、利宝保险(Liberty Mutual)、美亚保险(AIG)、劳合社保险(LLOYD'S)、慕尼黑保险(Munich RE)等国内外知名保险机构。通过该平台,用户可以办理在上述保险机构的货物运输保险业务。目前,通过该平台,不仅可以办理“国内货运险”“出口货运险”“进口货运险”和“境外履行保险”的在线投保,而且可以办理“船舶保险”“物流责任保险”“提单责任保险”“产品责任保险”以及“出口信用保险”的“预约投保”业务,并办理上述保险的“在线理赔”。

• 办理注册

进出口企业要通过“中国货运保险网”进行网上投保,必须首先在该网站注册,通过审核后成为其会员。进出口企业输入 http://www. marins. com. cn,进入“中国货运保险网”首页(如图 8 - 20 所示),单击左上角的“免费注册”按钮,在弹出的注册表格中填写企业相关信息并提交,通过审核后即可成为该网站会员。

• 查询报价

“中国货运保险网”提供“货运保险在线报价”功能,企业可以通过查询、比较不同保险公司的保险费报价,来选择要投保的保险公司。在网站首页左上角的“货运保险在线报价”模块,选择要询价的保险公司(如“平安财险”)和贸易方式(如“进口”),单击“快速报价”。在弹出的表格中输入相关运输信息,单击“立即报价”,即可显示“报价结果”。重复上述操作,可以

图 8－20 “中国货运保险网”首页

得到不同保险公司的报价结果。通过比较报价，企业可以选择最满意的一家保险公司进行投保。

- 在线投保

通过比较不同保险公司的报价，确定要投保的保险公司后，即可选择运输保险类别（如“进口运输险”）。单击“在线投保”，进入“在线投保流程”界面。选择中国平安保险公司，并单击“立即投保”，进入“平安货物运输保险”界面，选择贸易方式（如“进口”）和投保产品（如“进口运输险”）。

单击“立即投保”，进入“填写投保信息”界面，分别填写“货物信息”和“运输信息”，以及“保险及备注信息”。填写完成，检查无误并“确认投保信息”后，单击“提交”。

- 支付保费

提交投保信息后，系统会立即显示保险费金额。根据所显示“保费金额”，单击“立即支付”，选择网上支付方式（如“网银支付”），填写相关信息后支付保费。支付完成后，在客户后台“我的保单”中会提示保单已生效。

- 下载电子保单

投保成功后，系统会将“电子保单”发送到投保人的电子信箱中。投保人也可以通过网站上的“我的保单”很方便地查询及下载“电子保单”。“纸质保单”在 2—5 个工作日内，会邮寄到投保人所提供的地址。

- 在线索赔

如果货物在运输途中发生保险范围内的风险和损失，投保人可以登录“中国货运保险网”，进行“网上索赔”。单击“在线报案”，在弹出的表格内填写相关信息，单击“提交信息”，提交成功后，专业理赔人员会在 1 个工作日内与投保人取得联系，提供后续理赔服务。

4. 网上报关

根据我国《海关法》的规定,所有进出口货物必须经过报关、查验、通关放行后,才能装运出境或提货入境。为提高报关和通关效率,1988 年国家海关总署开始组织开发电子通关管理系统(H883 系统)。为适应国际电子商务发展对海关通关便利化的要求,海关总署在 H883 系统的基础上,又开发出了基于 Internet 的新一代通关管理系统 H2000,该系统 2004 年完成了在全国海关的推广应用。另外,1996 年 12 月起,按照国务院要求,海关总署还联合其他 11 个部委(原外经贸部、公安部、税务总局、中国人民银行、外汇局、工商总局、质检总局、原铁道部、交通部、民航总局、信息产业部等)开发涵盖通关、检验、外汇、税务、港口、运输、支付等功能的口岸电子执法系统——“中国电子口岸”,2001 年开始在全国海关推广试行,并于 2004 年 1 月 1 日起,在全国推行网上“无纸化”报关与通关,基本实现单证申领、商品检验、物流运输、港口装卸、报关通关、外汇收付、出口退税的全部“无纸化”。

(1) 网上报关的方式主要有终端申报、EDI 申报和 Internet 申报三种。

• 终端申报方式

进出口的收、发货人或其代理人,使用连接海关计算机系统的计算机终端录入报关单内容,直接向海关发送报关单电子数据。终端申报方式是我国海关早期开发利用计算机处理海关业务时使用的一种申报方式,一直沿用至今。终端与海关主机相连接,传送速度快,不受海关参数设置的影响。但这些终端一般只安装在海关的报关大厅里或附近场所,不利于“远程”报关项目的推广。另外,对于报关企业而言必须到安装有计算机终端的现场才能录入报关数据,非常不方便。在基于 Internet 的报关方式发展起来后,这种方式已应用得越来越少。

• EDI 申报方式

海关和报关企业之间建立 EDI 网络,同时进出口收、发货人或其代理人在自己的计算机中安装专门的 EDI 报关系统,在该系统中录入报关单内容,并由计算机转换成标准数据报文,向海关的计算机系统发送报关单电子数据,完成报关手续。EDI 申报方式由分布在全国各地的直属海关自行开发,数据录入不受海关主机影响,也不受场地的限制,有利于“远程”报关项目的推广。但 EDI 申报方式易受海关参数调整的影响,也易受网络稳定性的影响,实现全国联网申报存在很大困难。另外,EDI 申报方式需要专线接入,对硬件和软件的技术要求比较高,成本也相对较高,一般适用于专业报关公司(报关行)和大型外贸企业。

• Internet 申报方式

随着 Internet 的普及应用,完全基于计算机公网的 Internet 申报方式迅速发展起来。这种申报方式下,进出口收、发货人或其代理人在自己的计算机(固定或移动)中安装“中国电子口岸”软件,经过申请、备案、审批,获得企业法人和操作员 IC 卡后,即可登录“中国电子口岸”系统,录入报关电子数据并向海关的计算机系统发送。由于这种申报方式完全基于公网,系统开放性好,提供全天候、全方位服务,因此企业在任何时候、任何地方,只要能接入 Internet,就可以办理报关事宜。系统直观、易学,界面友好、操作简单、成本低廉,使得 Internet 申报已成为报关的主要方式。

为满足企业采用 Internet 申报方式进行报关的需要,近年来,各地纷纷开发出基于 Internet 的网上报关软件,这些软件经过海关总署审核认可后,均可由报关企业下载安装使用。这些报关软件大致分为中国电子口岸浏览器版(Web 申报)、各地电子口岸 EDI 版、报关行版和 QuickPass 版等。

（2）网上报关信息录入可选择自理报关或委托报关。

当前我国进出口货物报关，有进出口企业“自理报关”和“委托报关”（即委托具有报关资质的报关代理企业或报关行，办理报关事宜）两种做法。无论“自理报关”还是“委托报关”，在“中国电子口岸”进行网上报关，均需经过入网申请、信息备案、资格审批、业务部门审批，获得企业法人和操作员 IC 卡和软硬件设备，以及进行安全技术接入通道注册后，方可进行具体申报操作。

第一，自理报关。

具备自理报关资格的企业，可以进行网上信息录入、申报、查询、打印报关单以及网上查询海关回执等操作。

- 自理报关录入业务流程

自理报关单位持“报关单录入”权操作员卡的操作员，进入中国电子口岸“报关单录入”界面，下载本企业征免税证明、加工贸易手册或加工区备案清单后，可脱机录入报关单数据（数据暂存在本地数据库）。录入并提交后将录入的报关单数据信息上载到数据中心，进入自理报关审核申报业务流程。

- 自理报关审核业务流程

自理报关单位持“报关单审核申报”权操作员卡的操作员，进入中国电子口岸的“报关单审核申报”界面，对报关单的逻辑性、填报的规范性进行审核，确保报关单可以向海关进行申报。若审核不通过，则需要将报关单下载到本地进行修改，修改后的报关单需重新上载到数据中心，并且需要重新进行审核。审核通过后进入自理报关申报确认业务流程。

- 自理报关申报确认业务流程

自理报关单位持“报关单申报确认”权操作员卡的企业管理人员，进入中国电子口岸“报关单申报确认”界面，对报关单进行确认申报操作，经“申报确认”后的报关单通过公共数据中心传到海关内部网。如果申报确认时认为报关单的填制不符合逻辑，需要将报关单数据下载到本地进行修改，修改完毕之后需要将数据重新上载到数据中心，并且重新进行审核和申报确认。自理报关单位打印出经海关审核通过的报关单，并携带其他单证去海关办理其他通关手续。

第二，委托报关。

受理委托报关的单位有：专门从事报关服务的企业，即专业报关企业；从事对外贸易仓储、国际运输工具、国际运输工具服务及代理等业务，兼营报关服务业务的企业，即代理报关企业。

受理委托报关的单位，办理报关手续时需提交的文件包括：报关单录入时的备案数据下载协议、报关单审核委托书、报关单申报委托书或报关单审核申报和申报确认委托书。受理委托报关的单位，同时还要向海关出具委托单位的报关委托书。

有权进行代理报关业务的单位可在网上接受并确认委托单位的报关委托申请，并在备案数据下载协议和报关委托书的授权范围内代理委托单位网上办理相应的报关业务。委托报关网上业务流程（在进行此项操作前必须先按照网上报关委托业务的流程建立委托关系）如下：

- 代理报关单录入业务流程

代理报关单位持“报关单录入权”操作员卡的操作员，进入中国电子口岸“报关单录入”界面，在备案数据下载协议的授权范围内下载本委托单位的征免税证明、加工贸易手册或加工区备案清单后，脱机录入报关单数据（数据暂存在本地数据库）。录入并提交后将录入的报关单数据信息上载到数据中心。

- 代理报关审核申报业务流程

代理报关单位持“报关单审核申报”权操作员卡的操作员，进入中国电子口岸的“报关单审核申报”界面,对报关单的逻辑性、填报的规范性进行审核,确保报关单可以向海关进行申报。若审核不通过,则需要将报关单下载到本地进行修改,修改后的报关单需重新上载到数据中心,并且需要重新进行审核。审核通过后进入代理报关申报确认业务流程。

● 代理报关申报确认业务流程

代理报关单位持“报关单申报确认”权操作员卡的企业管理人员,进入中国电子口岸“报关单申报确认”界面,对报关单进行确认申报操作,经“申报确认”后的报关单通过公共数据中心传到海关内部网。如果申报确认时认为报关单的填制不符合逻辑,需要将报关单数据下载到本地进行修改,修改完毕之后需要将数据重新上载到数据中心,并且重新进行审核和申报确认。代理报关单位打印出经海关审核通过的报关单,并携带其他单证去海关办理其他通关手续。

(3) 网上报关操作流程的介绍将以已经普遍适用于各类进出口报关企业的中国电子口岸“Quick Pass 版申报系统”为例。

● 进入系统

下载安装中国电子口岸“QuickPass 申报系统”后,将申报企业操作员 IC 卡插入“读卡器”。双击桌面“QP 预录入”图标,进入中国电子口岸预录入系统,输入用户口令后,单击“确认”,进入“中国电子口岸客户端系统”(如图 8-21 所示)。

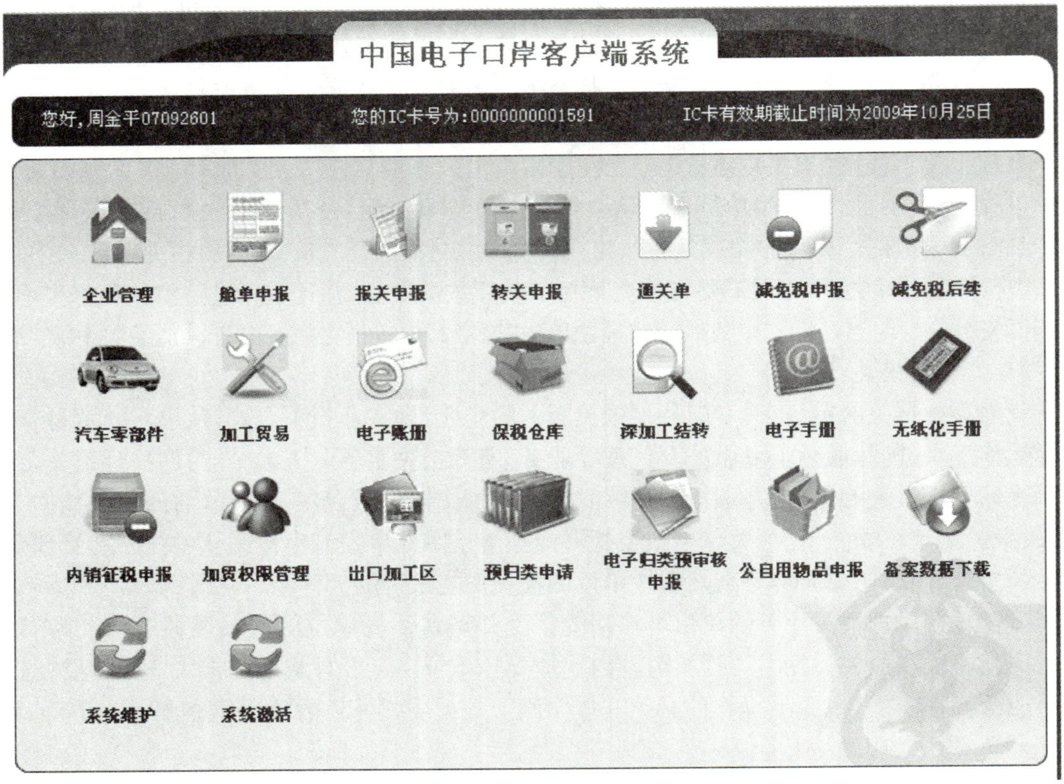

图 8-21 “中国电子口岸客户端系统”界面

● 录入申报信息

单击“报关申报”,进入“报关单预录入/申报”页面,在页面的功能菜单上,单击“报关单(1)”,弹出下拉菜单,选择“出口业务(B)”(进口报关时,选择下拉菜单“进口业务(A)”),进入“报关单录入/申报”界面(如图 8-22 所示)。

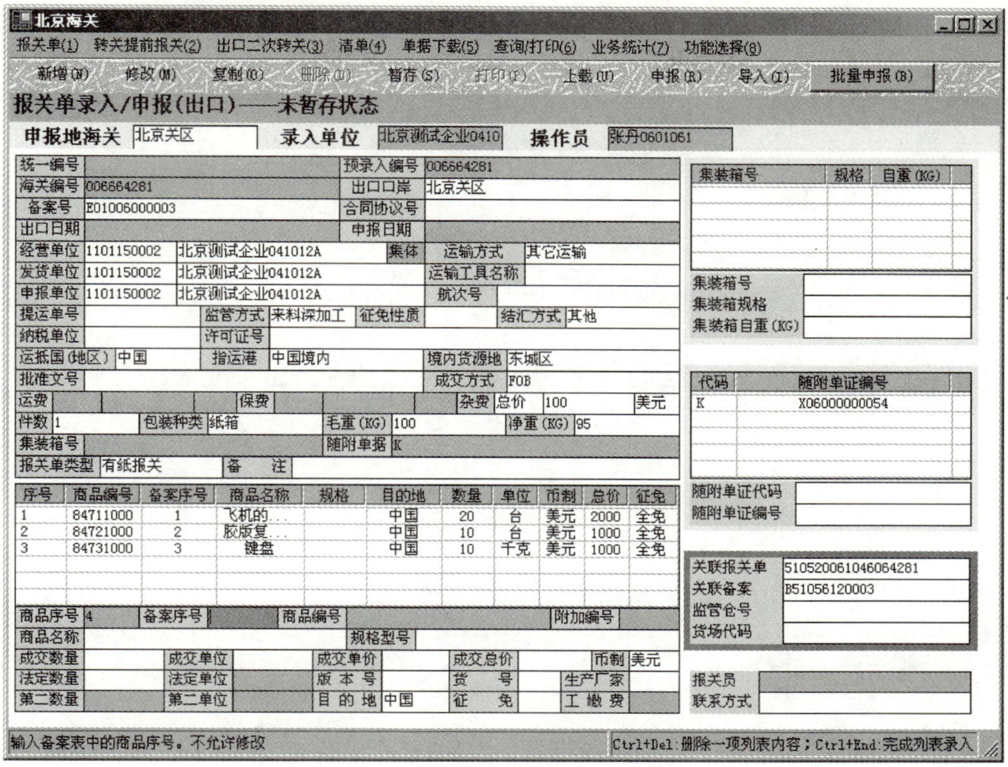

图 8-22 “报关单录入/申报”界面

数据录入完毕后,如需上传,单击“上载(U)”,系统将进行逻辑校验和单证校验,经校验无错误,该票报关单电子数据即自动传送至中国电子口岸数据中心。如未通过校验,系统将弹出“出错”对话框。错误登录信息经修改后,可以再次上传。

数据录入上传完毕后,需要向海关申报的,则单击“申报(R)”,系统同样将进行逻辑校验和单证校验,经校验无错误,该票报关单电子数据将传送至中国电子口岸数据中心,并由数据中心将电子数据转送至所属海关审单中心。如未通过校验,系统将弹出“出错”对话框。错误登录经信息修改后,可以再次上传。

● 查询和打印

对于在中国电子口岸预录入系统录入申报信息的报关单,系统可提供查询功能。通过查询,申报企业可查看到报关单的详细数据及当前所处状态。

在功能菜单上单击“查询/打印”,弹出下拉菜单,选择下拉菜单中的“单据查询/打印”,即进入“单据查询/打印页面”。选择查询方式并输入查询条件,单击“开始查询”,系统即显示所有符合查询范围的数据(如图 8-23 所示)。在查询结果显示界面,单击“打印(D)”,弹出对话框,按照需要选择打印格式(“标准格式”或“套打格式”)、打印单据种类(核对单、海关核销联、企业留存联等),即可打印所需要的单据。

申报企业可以通过在列表中选定的一票单据上双击鼠标左键,详细查看海关通知(包括:不受理通知、审单结果通知、手工申报通知等)。其中,审结通知还可以根据用户要求打印出来。

5. 网上货款结算

随着网络和电子商务的迅猛发展,通过电子银行进行网上货款结算也逐渐取代传统的国

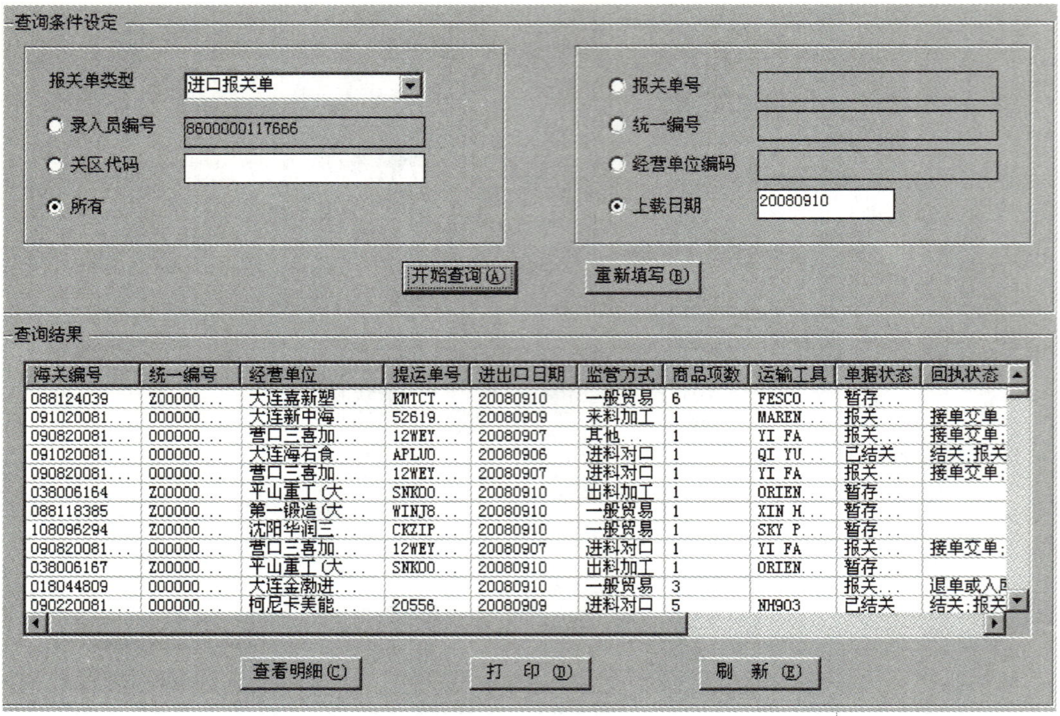

图 8-23 查询结果显示界面

际货款结算方式。目前,无论信用证的开立、通知和修改,货款结算所涉及电子数据及单证的提交、传递,还是外汇收付的核销与国际转账、查询,均可以在网上实现。不仅各国传统的银行相继建立、开通自己的网上银行,为进出口企业国际结算提供更加便捷的金融服务,而且基于Internet专门为企业和个人提供在线支付服务的第三方电子支付平台也纷纷建立网上银行,开展网上货款结算和其他金融服务,如美国的Paypal、欧洲的Moneybooker、英国的World Pay以及中国的支付宝。下面以中国建设银行的"企业网上银行"为例简单介绍一下网上货款结算和收付汇核销的基本流程。

中国建设银行网上银行的"国际业务"包括"国际结算和贸易融资业务""国际融资业务""国外银行业务"和"保函业务"四个业务板块,其中在"国际结算和贸易融资业务"模块下,可以办理进出口各种付款方式下的货款结算及融资业务(如图8-24所示)。

- 网上货款收付

在中国建设银行进行注册开通企业网上银行的进出口企业,在办理完进出口报关手续后,登录中国建设银行"企业网上银行",进入网上银行操作页面,单击"国际业务",将弹出"结汇""外汇汇款""代理行业务""进口信用证"等菜单。如果办理结汇业务,单击"结汇"下拉菜单,选择相应栏目,单击进入按照要求即可办理;如果要办理托收业务,单击"代理行业务"下拉菜单,选择相应栏目,单击进入按照要求录入数据即可办理;如果要办理进口信用证业务,则单击"进口信用证"下拉菜单,选择相应栏目进行办理。

6. 网上出口退税

为方便出口企业办理出口退税业务,"中国电子口岸"执法系统也专门开发了出口退税子系统。通过该子系统,出口企业可以实现以下功能:

图 8－24　中国建设银行网上银行的“国际业务”界面

（1）结关信息查询。出口企业上网后，就可以查阅到已结关的报关单，可以到海关打印报关单出口退税证明联。

（2）数据报送。出口企业在申报地海关领取出口退税报关单后，可通过本系统查出该报关单的详细信息，用户确认报关单电子信息无误后，进行报送操作，由电子口岸数据中心于每天固定时间将出口退税报关单数据传输至国税总局。

（3）数据查询。出口企业在申报地海关领取出口退税报关单后，可通过本系统查出该报关单的详细信息，以及报关单的报送状态。

在“中国电子口岸”出口退税子系统进行出口退税操作的基本流程如下：

● 进入系统

登录“中国电子口岸”，输入操作员 IC 卡密码，单击“确认”，进入“中国电子口岸”子系统选择界面，单击“出口退税”即可进入出口退税管理系统（如图 8－25 所示）。

• 查询结关信息

单击左侧的“结关信息”菜单，即可显示海关通关后已经结关的报关企业所有结关的电子信息，包括报关单统一编号、结关日期、申报地海关等(如图 8－26 所示)。单击右上角的“打印”按钮，可打印本页显示的结关信息，并可及时向申报地海关申领纸质出口货物报关单。

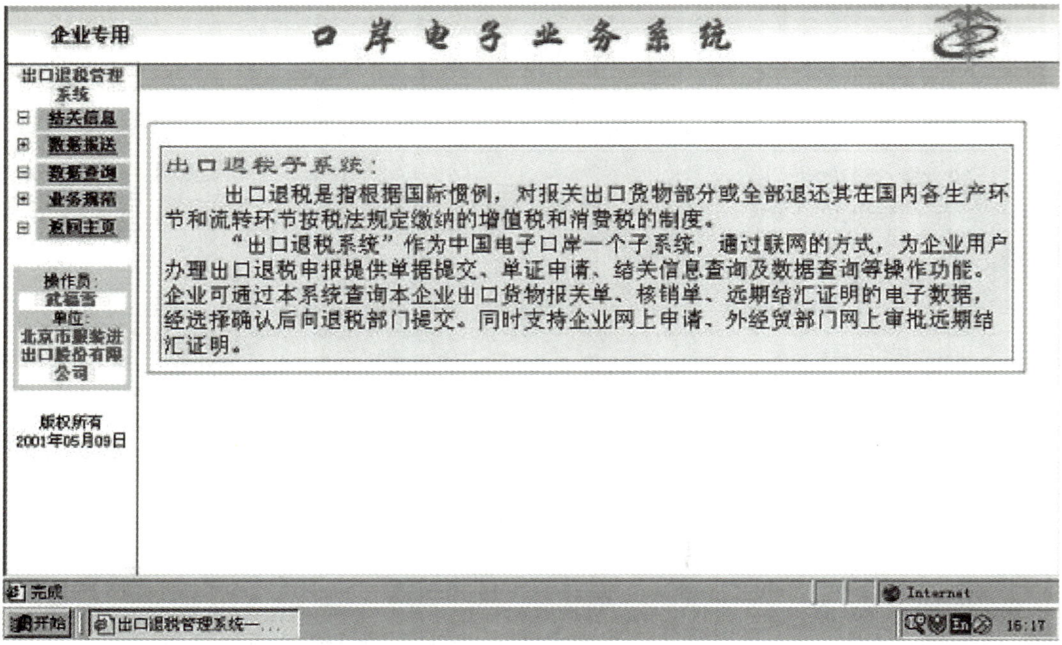

图 8－25 “出口退税管理系统”界面

图 8－26 “查询结关信息”界面

● 数据报送

单击左侧的“数据报送”菜单，在下拉框中选择并单击“查询报送”，弹出如图 8－27 所示的界面。在页面下方“定义多重条件”的“属性”栏选择要查询的内容（报关单编号或出口时间），在“条件”栏选择查询条件，在“值”栏输入相应的数值，然后单击“条件设定”按钮，此时用户设定的条件将显示在上方的“按下列条件查询”栏内。单击“开始查找”按钮，系统将按照所设定的查询条件进行查询，并列出符合条件的报关单号码。对输入错误的查询条件，可在“按下列条件查询”栏中进行选择，单击“删除”按钮，删除错误条件；单击“新查询条件”按钮，可清除“按下列条件查询”栏中显示的所有条件内容。

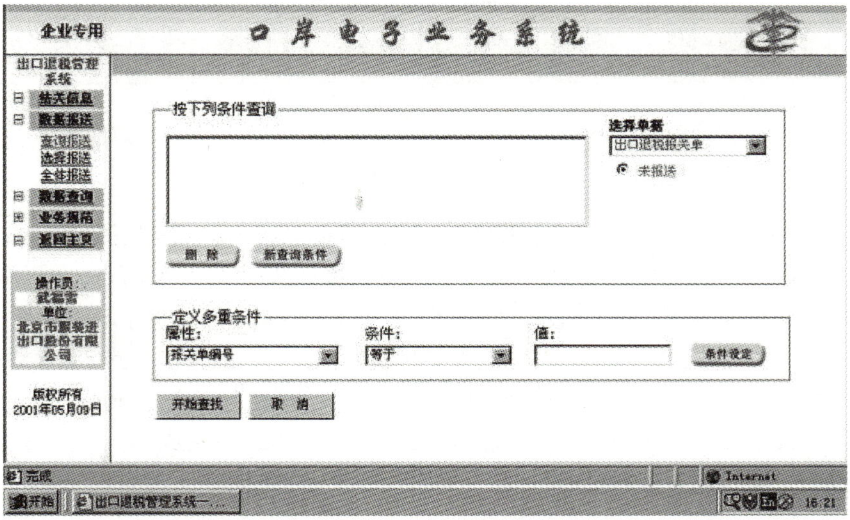

图 8－27　“数据报送”界面

用户可以单击按照查询条件查找到的报关单号码，浏览该报关单的详细内容，通过单击“表头”“表体”按钮，查看报关单电子数据的明细，如图 8－28、图 8－29 所示。与纸质报关单核对无误后，可单击详细信息上方的“报送”按钮，此时屏幕中出现对话框，单击“确认”按钮即可完成报送动作。通过这种方式可进行逐票报送。

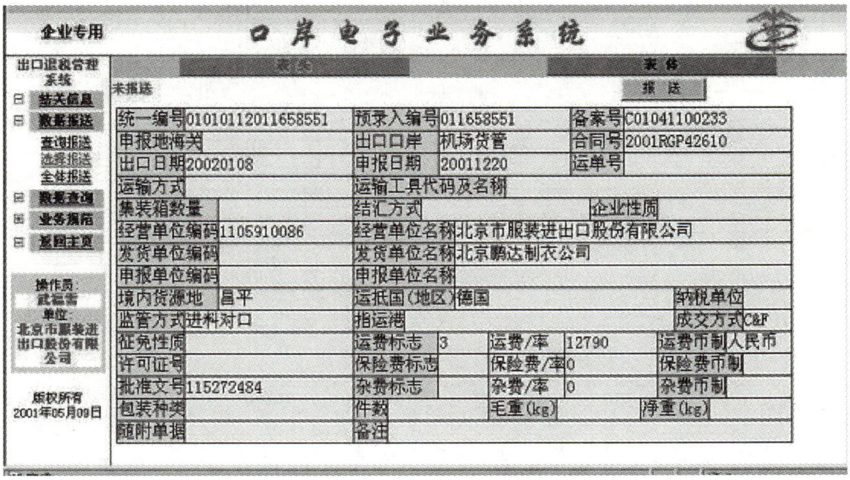

图 8－28　报关单“表头”界面

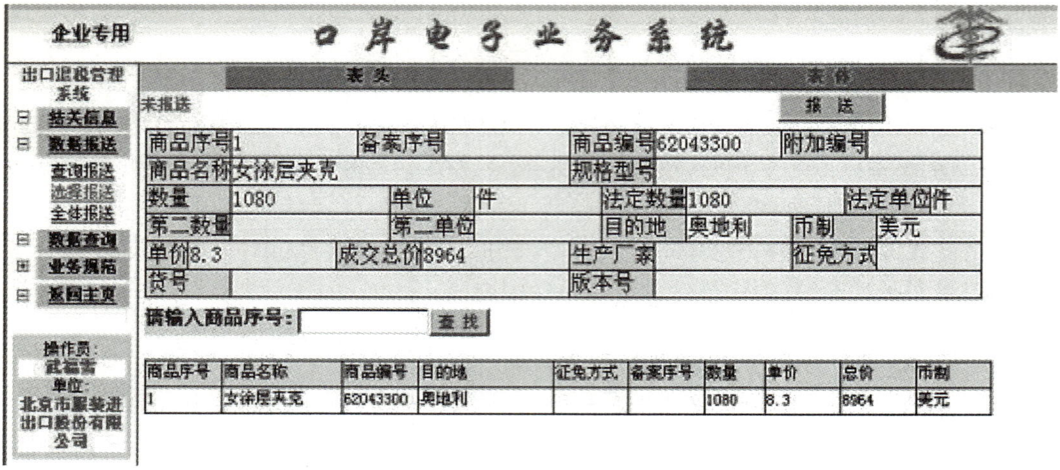

图 8-29　报关单“表体”界面

单击页面左侧功能菜单中的“数据报送”后,在下拉菜单中单击“选择报送”,出现如图 8-30 所示的界面,用户可以单击列表中的报关单号码,浏览该报关单的详细信息,通过单击“表头”“表体”按钮,查看报关单电子数据的明细项目,进行逐票报送(如图 8-28、图 8-29 所示)。用户还可以在图 8-30 中选择准备报送的报关单数据,单击报关单号左侧的“是否报送”选择框,将选择框设为“√”(选择框状态可以通过单击变为“√”或空),选择完成后,单击该页面右侧的“报送”按钮进行报送,此时屏幕中出现对话框,单击“确认”即完成本页报关单数据的报送动作。

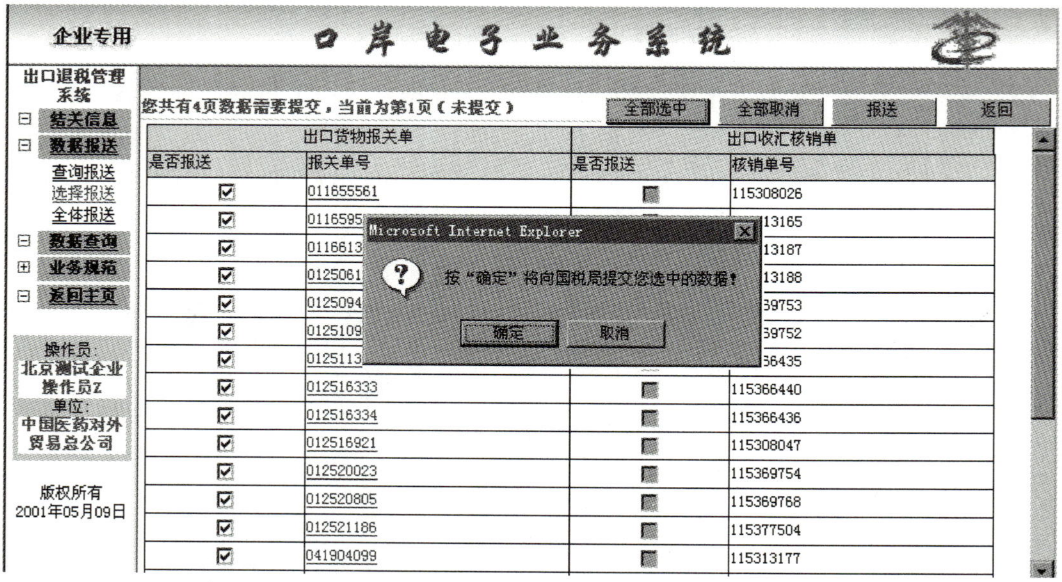

图 8-30　“选择报送”界面

用户如需将图 8-30 界面中的所有报关单数据进行报送,可单击该页面右上方的“全部选中”按钮,该页面中所列报关单数据的左侧选择框全部被设为“√”,然后单击“报送”按钮,完成报送动作。单击页面下方的“下一页”或“上一页”按钮,进行信息显示的翻页操作。已报送过的报关单不可再次报送,“报送”按钮变为灰色,同时报关单状态自动由“未提交”“未报送”改变为“已报送”“已部分提交”或“已全部提交”。

- 数据查询

报送出口退税数据信息后,用户要查询出口退税的受理情况,可以单击左侧的“数据查询”菜单,在下拉菜单中选择“状态查询”和“综合查询”(如图 8－31 所示)。

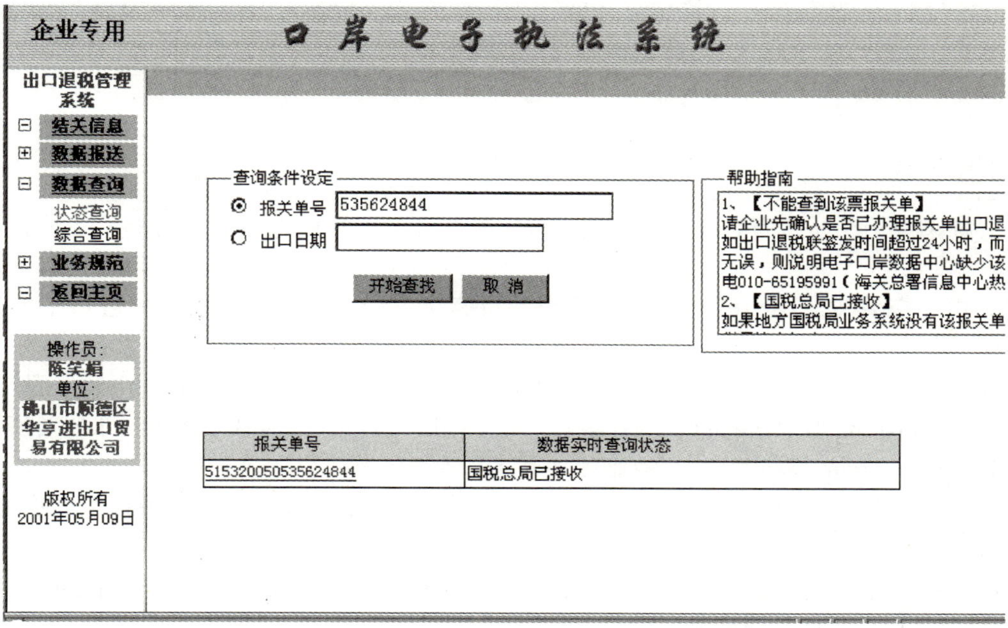

图 8－31　“数据查询”界面

经查询,确认出口退税数据已被国税局接收后,出口企业就可以持相关纸质单据向当地国税局申请出口退税。国税局查询经“中国电子口岸”出口退税管理系统传输的出口退税报关单数据,并核对企业的纸质单据无误后,即可办理退税操作。

本章小结

国际电子商务交易方式下,一笔交易从磋商(谈判)、签约到合同履行,绝大部分环节都可以通过网上电子信息传递来实现。

电子交易磋商,也被称为网上交易磋商,所涉及的环节与传统交易磋商方式相同,也包括询盘、发盘(要约)、还盘和接受(承诺)四个环节,其中发盘和接受是必不可少的环节。但在发盘、接受的生效、撤回和撤销的法律规定上,与传统交易磋商方式有明显区别。目前,电子交易磋商的主要方式有:电子邮件、网络即时通信工具、交易网站“在线洽谈”和网络传真。

电子合同是以电子方式签订的合同,有 EDI 电子合同和 E-mail 合同两种形式。电子合同在内容上与传统书面合同没有区别,但其在签名、生效、变更、解除和保存等相关法律规定上,与传统书面合同有显著不同。与传统书面合同相比,电子合同的履行效率更高、成本更低。

国际电子商务环境下的合同履行,除货物运输环节外均可以在网上完成。为适应国际电子商务发展的需要,电子合同履行中所涉及的检验、报关、税收、外汇、运输、保险和货款收付等环节,均已相继开发、建立专门的网站和应用系统,并通过互联互通和数据共享,逐步向“贸易单一窗口”迈进。目前,关于网上合同履行中的租船订舱、货物保险和货款结算等环节,中国进出口企业可以选择通过第三方网络服务平台或专业网站办理,而检验、报关、税收和外汇等则需通过“中国检验检疫电子业务网”和“中国电子口岸执法系统”来完成。

关键术语

电子(网上)交易磋商,网络传真,电子合同,电子(数字)签名,贸易单一窗口,电子报检,电子报关,电子通关,电子监管,网上租船、订舱,网上保险,网上货款结算,网上外汇核销,网上出口退税

复习思考题

1. 何谓电子交易磋商? 电子交易磋商包括哪些环节? 目前电子交易磋商的主要方式有哪些?

2. 电子交易磋商中,法律对发盘(要约)和接受(承诺)的生效、撤回和撤销是如何规定的?

3. 什么是电子合同? 有哪些类型? 电子合同与传统书面合同有哪些相同点和不同点?

4. 描述不同贸易术语和付款方式组合下(如 CIF + L/C, CFR + D/P, FOB + T/T),所成交国际电子商务合同的履行程序(可以画图来描述)。

5. 目前,我国已经开通运营的第三方国际运输、保险和支付网络服务平台主要有哪些? 各自有哪些服务功能?

6. 选择登录已开通运营的 1—2 家专业国际运输、保险和货款支付网站,查看其网上租船、订舱以及投保和货款结算手续。

7. 登录“中国检验检疫电子业务网”,查看其主要功能和网上报检、网上申请原产地证书的基本程序。

8. 登录“中国贸促会”网站,浏览查看通过“ZCOAS 系统”申领各种原产地证书的基本流程和要求。

9. 登录“中国电子口岸执法系统”网站,浏览其现有的业务功能模块,查看通过该系统办理报关、外汇核销和出口退税的基本流程。

参考文献

“关务通 · 电子口岸系列”编委会:电子口岸实务操作与技巧——通关篇[M],中国海关出版社,2012 年 11 月。

冯晓宁:国际电子商务实务精讲[M],中国海关出版社,2012 年 5 月。

国家发改委高技术产业司:中国电子商务法律法规汇编[M],法律出版社,2014 年 7 月。

韩晓平:电子商务法律法规(第 2 版)[M],机械工业出版社,2012 年 7 月。

胡涵景,张荫芬:国际贸易电子商务标准化实用指南[M],中国标准出版社,2014 年 6 月。

兰宜生:国际电子商务教程(第 2 版)[M],首都经济贸易大学出版社,2010 年 9 月。

林青:电子口岸实务(第 2 版)[M],中国海关出版社,2014 年 6 月。

刘娟:中小企业国际化与电子商务应用研究[M],经济科学出版社,2014 年 8 月。

牟丹等:电子商务与国际贸易实务教程[M],东软电子出版社,2014 年 1 月。

尚明:电子商务国际公约与我国电子商务立法[M],法律出版社,2009 年 5 月。

第九章

国际电子商务环境下的物流服务

学习目标

掌握：国际物流的含义、特点及发展趋势，国际电子商务与物流的关系，国际电子商务的主要物流运营模式，国际物流管理信息系统的概念及框架，自动识别技术、电子数据交换、智能运输以及物联网技术的含义和特点，供应链与供应链管理的含义

理解：国际电子商务对物流具体作业环节的影响，国际物流管理信息系统的基本组成与功能结构，电子商务对供应链管理的影响

了解：国际物流管理信息系统的发展历程，自动识别技术、电子数据交换、智能运输以及物联网技术的简单应用，供应链管理的发展趋势

导学案例

物流联盟——安泰达物流

随着竞争越来越激烈，小天鹅和科龙面临着深刻的转变需求，不仅需要企业提供有竞争优势的产品，而且需要企业提供及时完善的服务。家电企业内部的制造成本越来越接近，而可靠有效的物流运作正是家电企业共同关注的热点。小天鹅和科龙这两家企业清楚地认识到，作为中国家电行业的大公司，既没有时间也没有专门的技术去完成它们要做的每件事。要想在竞争中取得优势，就必须从供应链的创新与改造着手，物流外包则是可降低成本的行之有效的手段。

这两大企业都有其独到的专业化生产战略。小天鹅公司是国内洗衣机行业的龙头企业，每年的销量在260万台以上；科龙公司是国内冰箱行业的领头雁，每年的销量都在200万台以上。这两家公司每年的物流成本都超过4亿元，占生产成本的4%。为了提高它们核心业务的竞争力，它们需要把非核心部分的业务委托外包，从而可以集中精力从事自己的核心业务，全力以赴地适应变化、谋求发展。而中远集团是中国运输行业的龙头企业，是新型的综合物流企业，它也在积极利用其物流强项寻求与物流资源丰富的企业结成战略联盟。

这三家企业都有拓展物流的共同愿望，经过认真的商谈，它们决定组建第三方物流公司。2001年8月，由中远集团占60%的股权，科龙集团、小天鹅集团分别占20%的股权，共同投资

组建的广州安泰达物流有限公司(以下简称“安泰达公司”)正式挂牌揭幕,宣告全国最大的家电物流平台正式启动。这是继科龙和小天鹅2000年在北京宣布联手成立电子商务网站后的又一次大手笔合作。

安泰达公司实行的第三方物流是在传统“物流”概念基础上的新突破。过去在很长一段时间里,工厂都是自己做自己的,有自己的储运系统,这种小而全的做法,效率并不高。安泰达公司是独立于生产商、批发商、零售商的物流企业,通过利用它的专长整合客户的资源,为生产商、批发商、零售商提供专业化的第三方物流服务。它是科龙和小天鹅这两家企业继节约原材料的“第一利润源”、提高劳动生产率的“第二利润源”之后作出的转向高效物流系统的“第三利润源”的努力的结果。对从事第三方物流业的安泰达公司来说,与客户一起共命运是今后获利的重要保证。

资料来源:万莹,安泰达:合作共赢的物流新模式[J],中国物流与采购,2005(20):30—31。

案例思考题:

1. 如何理解物流联盟的运作?
2. 如何评价物流联盟的优势和劣势?

第一节　国际电子商务与国际物流

一、国际物流概述

(一) 国际物流及其发展

1. 国际物流的概念

国际物流的概念有狭义和广义之分,狭义的国际物流是指国际贸易物流,即国际贸易货物通过海(水)、陆、空或管道等运输方式,实现的从出口国(或地区)向进口国(地区)的流动。广义的国际物流除国际贸易物流外,还包括非贸易物流,即国际展览与展品物流、国际邮政物流、国际工程承包设备物流以及国际援助物资物流等。

国际物流的实质是根据国际分工的原则,依照国际惯例,利用国际化的物流网络、物流设施和物流技术,实现货物在国际上的流动与交换,以促进区域经济的发展与世界资源的优化配置。国际物流的目标是为国际贸易和跨国经营服务,即选择最佳的方式与路径,以最低的费用和最小的风险,保质、保量、适时地将货物从某国的供方运到另一国的需方。

2. 国际物流的内涵

国际物流的内涵体现在以下三个方面:

(1) 国际物流是国内物流的延伸,是跨国界的、范围扩大了的物流活动,所以国际物流又称“国际大流通”或“大物流”。

(2) 国际物流伴随着国际分工和国际贸易的发展而不断扩大。随着国际分工的日益深化和细化,国际贸易的范围和规模也在不断扩大。任何国家都不可能包揽一切领域的经济活动,国际合作与交流日益频繁,推动了国家间商品流动的日益频繁,必然推动国际物流范围和规模的不断扩大。因此,国际物流实质上是国际分工和国际贸易的结果。

(3) 国际物流为国际贸易和跨国经营服务。随着经济全球化的日益深入,除国际贸易外,世界各国之间的投资、技术、劳务、工程承包和展览展销等跨国经营活动也日趋活跃,这必然伴随着各种物资、设备的跨国运输和流动。因此，国际物流技术和效率的提高，也在很大程度上推动着跨国经营的发展。

3. 现代国际物流的发展

国际物流和国际贸易如“孪生兄弟”般相伴而生，国家间有贸易就必然有货物从出口国向进口国的流动。只不过早期的国际贸易和物流运输是结合在一起的，或者出口方自己将货物运到进口国销售，或者进口方自己将从国外购买的货物运回本国。后来，随着贸易规模的扩大，物流运输开始从贸易中独立出来，成为专门为国际贸易服务的第三方业务。专业性物流运输公司纷纷成立，承担将贸易货物从出口国运送到进口国的责任，但这仍然是传统的国际物流模式。除承担把货物从出口国安全运输到进口国之外，还提供仓储、分拆、配送等服务的现代国际物流，是在第二次世界大战之后逐步发展起来的，迄今大致经过了三个阶段。

(1) 起步阶段。这一阶段，物流基础设施和物流技术得到了快速的发展，除海运能力得到进一步的提升外，空运在国际物流运输中的地位迅速上升，国际物流公司纷纷建立配送中心，计算机管理开始被引入物流运输的各个环节，物流的机械化、自动化水平不断提高。同时，伴随着国际市场需求的变化，国际物流着力于解决“小批量、高频度、多品种”问题，出现了不少新技术和新方法，使现代物流不仅覆盖了大批量货物、集装杂货，而且也覆盖了多品种的货物。各国政府和国际组织开始重视建立国际物流标准化体系。这一阶段物流系统的改善和物流效率的提高，大大促进了国际贸易的发展。

(2) 发展阶段。一方面，随着国际分工的不断纵深拓展，国际经济交往日益频繁，经济全球化趋势日趋明显。除国际贸易物流的规模继续扩大外，随着国际直接投资、国际工程承包业务的不断扩张，由国际投资和国际工程承包发展带动的非贸易物流也快速增长。另一方面，生产国际化和经济全球化带来的国际市场竞争加剧，也对国际物流效率的提升提出更高的要求，EDI 系统开始被应用于国际物流信息管理，并向物流供应链的上下游延伸。同时，在集装箱标准化的基础上，国际多式联运得到快速发展。条形码技术、全球卫星定位系统、电子报关系统等在国际物流中的推广应用，使国际物流向成本更低、服务更好、批量更大、更精细化的方向发展。

(3) 成熟阶段。一方面，全球价值链分工的深化，进一步凸显了国际物流在降低国际贸易成本、提高贸易效率上的显著作用；另一方面，数字化网络信息技术也为国际物流充分发挥在产品国际供应链中的作用，提供了技术条件。基于 Internet 和物联网的国际物流信息系统基本形成，国际物流成本不断降低，同时，国际物流领域的竞争也不断加剧。物流设施国际化、物流技术国际化、物流标准国际化、物流服务国际化、物流包装国际化、流通加工国际化和物流经营综合化等，成为这一阶段国际物流的主要特征。

（二）国际物流的特点

1. 复杂性

各国物流环境存在差异，尤其是物流软环境存在差异；各国适用法律的不同、物流标准的差异、历史文化及人文风俗的千差万别使国际物流的发展受到了极大限制，也使国际物流研究的范围更加广泛。国际物流系统涉及多个国家，系统的地理范围大。这一特点又称为国际物流系统的地理特征。国际物流跨越不同国家和地区，跨越海洋和大陆，运输距离长，运输方式多样，这就需要合理选择运输路线和运输方式，尽量缩短运输距离，缩短货物在途时间，加速货物的周转时间并降低物流成本。

2. 差异性

国际物流的一个非常重要的特点是物流环境的差异,这里的物流环境主要指物流的软环境。不同的国家有不同的与物流相适应的法律,这使国际物流的复杂性增强;不同的国家有不同的经济和科技发展水平,这使国际物流处于不同的科技条件的支撑下,甚至会因为有些地区根本无法应用某些技术,导致国际物流全系统运作水平下降;不同国家的不同标准使国际物流系统难以建立一个统一的标准;不同国家的国情特征,必然使国际物流受到很大的局限。

3. 标准化

国际物流一般有统一的标准要求。要使国际物流畅通起来,统一标准是非常重要的,可以说,如果没有统一的标准,国际物流水平是无法提高的。美国和欧洲各国基本实现了物流工具、设施的统一标准,如托盘采用 1 000 毫米 ×1 200 毫米,这样一来,大大降低了物流费用,降低了转运的难度。在物流信息传递的技术方面,欧洲各国不仅实现了企业内部的标准化,而且实现了企业之间及欧洲统一市场的标准化,这就使欧洲各国之间比其与亚洲、非洲等国家的交流更简单、更有效。

4. 信息系统国际化

国际物流信息系统是国际物流,尤其是国际联运非常重要的支持手段。国际物流信息系统建立的难度,一是管理困难,二是投资巨大,再加上世界各地区物流信息水平高低不一,由此出现的信息水平不均衡将进一步增加信息系统建立的难度。当前建立国际物流信息系统的一个较好的办法是和各国海关的公共信息系统联机,以及时掌握有关各个港口、机场和联运线路、站场的实际状况,为供应或销售物流决策提供支持。国际物流最早发展 EDI 领域,以 EDI 为基础的国际物流将会对物流的国际化产生重大影响。

5. 风险性

物流本身的功能要素众多,物流系统与外界的沟通也很复杂,而国际物流又在这复杂系统上增加了不同国家的要素,这不仅导致地域和空间的扩大,而且还使所涉及的内外因素更多,所需时间更长。这些因素带来的直接后果是难度和复杂性的增加,即风险增大。国际物流的风险性主要包括政治风险、经济风险和自然风险。政治风险主要指由于所经过国家的政局动荡,如罢工、战争等原因造成货物可能受到损害或灭失;经济风险又可分为汇率风险和利率风险,主要指由于从事国际物流必然要发生的资金流动而产生的汇率风险和利率风险;自然风险则指物流过程中可能因自然因素(如海风、暴雨等)而引起的风险。

6. 运输方式多样性

与国内物流相比,国际物流以远洋运输为主,并由多种运输方式组合而成。国际物流涉及多个国家,地理范围更大,运输距离更长,因此需要合理选择运输路线和运输方式。运输方式选择和组合的多样性是国际物流的一个显著特征。海运是国际物流运输中最普遍的方式,特别是远洋运输更是国际物流的重要手段。提高远洋运输效率,降低远洋运输成本,有助于在国际物流竞争中占据优势地位。

(三) 国际物流的发展趋势

1. 系统更加集成化

国际物流的集成化,是将货物运输、储存、装卸、搬运、包装、流通加工、配送等整个物流系统打造成一个高效、通畅、可控制的一体化信息管理系统,以此来减少流通环节、节约流通费用,达到实现科学的物流管理、提高流通效率和效益的目的,以适应在经济全球化背景下“物流无国界”的发展趋势。

2. 管理更加网络化

在系统工程思想的指导下,以现代信息技术为基础,强化资源整合和优化物流过程是当今国际物流发展的最本质特征。信息化与标准化这两大关键技术对当前国际物流的整合与优化产生了革命性的影响。同时,又由于标准化的推行,使信息化的进一步普及获得了广泛的支撑,使国际物流可以实现跨国界、跨区域的信息共享,物流信息的传递更加方便、快捷、准确,加强了整个物流系统的信息连接。现代国际物流就是这样在信息网络化和标准化的共同支撑下,形成了一个纵横交错、四通八达的物流网络,使国际物流覆盖面不断扩大,规模经济效益更加明显。

3. 标准更加统一化

国际物流的标准化是以国际物流为一个大系统,制定系统内部设施、机械装备、专用工具等各个分系统的技术标准;制定各系统内分领域的包装、装卸、运输、配送等方面的工作标准;以系统为出发点,研究各分系统和分领域中技术标准与工作标准的配合性;按配合性要求,统一整个国际物流系统的标准;最后研究国际物流系统与其他相关系统的配合问题,谋求国际物流大系统标准的统一。物流标准的统一,对于提高国际物流运输中不同运输方式之间的转换、交接和装卸效率,对于提高物流系统的管理效率,具有十分重大的作用。

4. 配送更加精细化

随着国际分工的深化,各国不同产业、部门、企业之间的交换关系和依赖程度也越来越错综复杂,物流是联系这些复杂关系的纽带,它使产品全球价值链的各部分有机地连接起来。在市场需求瞬息万变和竞争环境日益激烈的背景下,国际物流必须具有更快的响应速度和更强的协同配合能力。更快的响应速度,要求国际物流企业必须及时了解客户的需求信息,全面跟踪和监控需求的过程,及时、准确、优质地将产品和服务递交到客户手中。更强的协同配合能力,要求国际物流企业必须与供应商和客户实现实时的沟通及协同,使供应商对自己的供应能力有预见性,能够提供更好的产品、价格和服务;使客户对自己的需求有清晰的计划性,以满足自己消费的需要。

5. 园区更加便利化

为适应经济全球化不断深入的要求,许多国家都致力于港口、机场、铁路、高速公路、立体仓库的建设,国际物流园区也因此应运而生。这些园区一般选择靠近大型港口和机场兴建,依托重要的对外开放口岸,形成国际物流中心,并根据国际贸易发展的需要,拓展物流服务范围和领域。为实现国内物流与国际物流的无缝衔接,提高物流效率,各国对国际物流园区普遍采取简化手续、提高通关便利化等优惠措施。

6. 运输更加现代化

国际物流的支点是运输,要适应当今国际竞争快节奏的特点,运输方式、运输管理都要现代化,要求通过实现高度的机械化、自动化、标准化手段来提高运输速度和效率。由于国际物流要跨越不同的国家,因此,除传统的海洋运输随着超大型船舶的建造、港口吞吐能力的提升,其运输现代化水平得到大幅提升外,各国越来越重视适合国际多式联运的海、陆、空一体的“立体化”国际运输体系的建设,无论货源和目的地处于沿海还是内陆,通过这一融合了信息技术与现代运输手段的“立体化”运输体系,均可实现快速便捷的“一条龙”服务。

二、国际电子商务与国际物流

(一) 国际电子商务与国际物流的关系

国际电子商务与物流之间存在相互促进、共同发展的互动关系。对于国际电子商务而言,国际物流是其重要组成部分,没有国际物流提供服务,国际电子商务的优势也难以充分发挥。对于国际物流而言,国际电子商务的发展不仅为国际物流提供了更多的“可流之物”,而且为国际物流管理的网络化、电子化提供了技术支撑。

1. 国际物流是国际电子商务不可或缺的部分

在国际电子商务环境下,信息流、资金流和物流这三个部分都与传统的商务活动有所不同。信息流与资金流都可以通过计算机网络通信来实现。物流是指物质实体的流动过程,具体指运输、储存、加工、配货、物流信息管理等各种活动。对少数商品和服务来说可以直接通过网络传输的方式进行配送,如各种电子出版物、信息咨询服务等;而对于所有有形货物来说,仍需要通过国际物流来实现货物从出口地生产者那儿运送到目的地消费者手中。

国际电子商务与传统的国际商务相比,最大的特点是向消费者提供迅捷的商务服务,但是,不论交易形式如何变化,是现金支付还是信用支付,是面对面交易还是网上交易,货物总是要从卖者那里交给买者,最终到达消费者手中。在整个交易过程中,物流是不可或缺的,它是国际电子商务活动得以最终实现的必要条件。

2. 国际电子商务的发展加快了国际物流现代化的进程

国际电子商务能够减少国际物流的周转环节和时间,通过为国际物流活动创造一个虚拟的运动空间,使国际物流的各种功能可以通过虚拟模式表现出来,人们从虚拟模式的不同组合中选择最佳物流方案,以精简周转环节,降低物流成本,提高物流效率。另外,通过国际电子商务在网络上传递信息的功能,可以使相关的物流信息,在分散经营的物流企业间交流、传递,从而实现物流资源配置的合理化。为适应国际电子商务对物流更加快捷便利的要求,国际物流企业也在积极用现代计算机网络技术,来改造、提升和完善自己的物流服务功能。更为重要的是,跨境个人电子商务的产生与发展,为快递物流企业的国际化提供了重要的发展契机。

作为一种现代化的网上销售系统,国际电子商务并不是简单的“网上订货+按单送货”,其对物流功能提出了不少新的要求,传统物流只有向与国际电子商务要求相适应的现代物流方向转变,才能真正适应国际电子商务发展的需要。

(二) 国际电子商务对国际物流各环节的影响

1. 国际电子商务对国际采购的影响

传统的采购极其复杂,采购员要完成寻找合适的供应商、检验产品、下订单、接收发货通知单和发票等一系列复杂烦琐的工作。而在国际电子商务环境下,企业通过在专用网络上使用EDI系统或者通过Internet进行采购,使采购过程变得简单、顺畅,大大缩短了订货周期、减少了文件和单证处理程序以及传递时间。

2. 国际电子商务对包装的影响

由于国际电子商务的兴起和发展,人们通过Internet就可以搜寻到有关商品的全部信息,这些信息几乎涵盖了商品的内容,如形状、色彩、声音和文字说明等,远胜于传统的商业包装对商品的促销作用,从而可能导致商业包装促销作用的淡化。

3. 国际电子商务对运输的影响

国际电子商务环境下,传统运输的原理并没有改变,但运输组织形式却发生了较大的变化。一方面,传统意义上的运输被分成了运输和配送两个阶段;另一方面,国际电子商务技术的广泛应用与普及,使得运输企业之间通过联盟,越来越多地采用国际多式联运的经营方式,使得国际物流企业的盈利模式发生了变化。

4. 国际电子商务对库存的影响

在国际电子商务环境下,通过库存合理化方案的制订与实施,可以实现所谓的"零库存"或"柔性库存"。"零库存"是指企业没有库存,把库存转移给国际物流企业。"柔性库存"是指完全无库存,通过互联互通的物流管理信息系统,根据生产需要准时把供应商的原材料、零部件供给到生产场地。之所以能做到"零库存"或"柔性库存",是由于国际电子商务增加了物流系统各环节对市场变化反应的灵敏度,从而减少了库存、节约了成本。

5. 国际电子商务对配送的影响

国际电子商务与传统商务相比,其特点和价值很大程度体现在快捷上,如果国际电子商务的其他环节(如网上信息传递、网上结算、网上交易)都能在 Internet 上瞬间完成,货物的配送时限却达不到用户的要求,那么国际电子商务的价值就无法得到体现。因此,物流配送是否及时,覆盖范围是否广泛,质量是否有保障,已成为消费者选择国际电子商务企业的重要依据。只有国际电子商务与物流配送之间实现完全的匹配,才是真正意义上的国际电子商务。

6. 国际电子商务对物流信息的影响

传统的物流信息管理主要以企业自身的物流管理为中心,与外界信息的交换少。随着国际电子商务活动的广泛开展,企业与企业之间的联系越来越密切,信息在相同或不同国别的企业间的快速流动、交换和共享成为信息管理的新特征。另外,在国际电子商务条件下,现代物流技术的应用使得传统物流管理信息系统发生了革命性的变化,如在物流的运输环节,企业采用在线货运信息系统、地理信息系统、卫星跟踪系统等技术,使运输更加合理、路线更短、载货更多,而且运输由不可见变为可见。

三、国际电子商务环境下的物流运营模式

(一) 自营物流模式

1. 自营物流模式的含义

自营物流模式是指生产或服务企业自己经营的物流,"所流之物"主要是本企业所生产或所采购的物品。一般而言,采取自营物流模式的企业大都是规模较大的集团公司。特别是连锁企业的配送,其基本上都是通过组建自己的配送系统来完成企业的配送业务,包括对内部各连锁店的配送和对企业外部客户的配送。海尔集团的自建物流配送系统就是一个典型的自营物流模式的应用。

2. 自营物流的实现方式

(1) 物流功能自备。该种实现方式在传统经营方式中非常普遍,企业自备仓库、自备运输工具、设立专门的物流管理部门等,拥有一个完备的物流自我服务体系。这其中又包含两种情况:一是企业内部各职能部门彼此独立地完成各自的物流使命;二是企业内部设有物流运作的综合管理部门,通过资源和功能的整合,专设企业物流部门或物流公司来统一管理企业的物流运作。

(2) 物流功能外包。该种实现方式主要包括两种情况:一是将有关的物流服务委托给物流企业去做,即从市场上购买有关的物流服务,如由专门的运输公司负责原料和产品的运输;二是物流服务的基础设施为企业所有,但委托有关的物流企业来运作,如请仓库管理公司来管理仓库,或请物流企业来运作管理现有的企业运输车队等。

3. 自营物流模式的利弊

(1) 自营物流的优势有以下几点:

第一,掌握控制权。企业自营物流,可以根据生产和销售安排对物流活动的各个环节进行有效的调节,能够迅速地取得供应商、销售商以及最终客户的第一手信息,以便随时调整自己的经营策略。通过自营物流,企业可以全过程地有效控制物流系统的运作。

第二,避免商业秘密的泄露。一般来说,企业为了维持正常的运营,对某些特殊运营环节必须采取保密措施,如原材料的构成、生产工艺等。当企业将物流业务外包,特别是引入第三方物流来经营其生产环节中的内部物流时,其基本的运营情况就不可避免地要向第三方公开。企业物流外包,企业经营中的商业秘密就可能会通过第三方物流泄露给竞争对手。

第三,降低交易成本。企业靠自己完成物流业务,就不必对相关的运输、仓储、配送和售后服务的费用问题与物流企业进行谈判,避免了交易结果的不确定性,从而降低了交易风险,减少交易费用。

第四,盘活企业原有资产。目前在中国生产企业中拥有铁路专用线的企业占了3%,拥有机械化装卸设备的企业占了33%,拥有自己的仓库的企业占了70%,而拥有运输车队的企业更是达到了73%。企业选择自营物流模式,在改造企业经营管理结构和机制的基础上使原有物流资源得到充分的利用,盘活了企业原有的资产。

第五,提高企业品牌价值。企业自营物流,就能够更好地控制市场营销活动,一方面,企业可以为客户提供优质的服务,客户能更好地熟悉企业、了解产品,让客户感受到企业的亲和力,切身体会到企业的人文关怀,提高企业在客户心目中的形象;另一方面,企业可以最快地掌握客户信息和市场发展动向,从而根据客户需求、市场信息制定和调整战略,提高企业的市场竞争力。

(2) 自营物流的劣势有以下几点:

第一,占用企业资源。企业为了建立物流系统,必然要投资建立仓储设施、运输设备并组建专门的管理部门,进行相关人力资本的投资等。这必然将减少企业用于研发、生产和营销的资源,会在一定程度上削弱企业的市场竞争能力。

第二,运营和管理效率不高。对于绝大部分的生产和贸易企业而言,物流并不是企业所擅长的活动。在这种情况下,企业自营物流就等于迫使自己从事不擅长的业务活动,企业的管理人员往往需要投入过多的时间、精力和资源去从事该项工作,结果可能是辅助性的工作没有做好,又没有发挥关键业务的作用。

第三,物流规模有限。对规模较小的企业来说,企业产品数量有限,采用自营物流,不足以形成规模效应,一方面导致物流成本过高,产品成本升高,降低了市场竞争力;另一方面,由于规模的限制,物流配送的专业化程度较低,企业的需求无法得到满足。

第四,无法进行准确的效益评估。许多自营物流的企业内部各职能部门独立地完成各自的物流活动,没有将物流费用从整个企业分离出来进行独立核算,因此企业无法准确地计算出产品的物流成本,所以无法进行准确的效益评估。

（二）第三方物流

1. 第三方物流的含义

第三方物流（Third Party Logistics，3PL）是指由物流服务的供方、需方之外的第三方去完成物流服务的物流运作方式，第三方是相对于“第一方”发货人和“第二方”收货人而言的，它是物流交易双方的部分或全部物流功能的外部服务提供者。第三方物流是物流专业化、社会化的一种表现形式。

第三方物流的概念源于管理学中的外包（Out-sourcing）思想。外包指企业动态地配置自身和其他企业的功能及服务，利用外部的资源为企业内部的生产经营服务。将外包引入物流管理领域，就产生了第三方物流。生产经营企业关注核心竞争力，集中精力搞好核心业务，把原来属于自己处理的物流活动，以合同方式委托给专业物流服务企业，同时通过信息系统与物流服务企业保持密切联系，实现对物流全程的管理和控制。

第三方物流业的服务方式一般是与企业签订一定期限的物流服务合同，在合同期内为企业提供运输、仓储、配送以及某些增值服务等一整套的物流服务。由于第三方物流企业拥有专业化的物流软、硬件资源以及具备专业物流知识的人才，使得它们可以高效地运转整个物流系统。第三方物流的成本往往低于企业自己运作物流的成本。

2. 第三方物流的基本特征

（1）信息化。国际电子商务时代，物流信息化表现为物流信息搜集的数据库化、代码化，物流信息处理的电子化（无纸化），物流信息的商品化，物流信息存储的数字化，物流信息传递的标准化、实时化，物流系统管理的网络化等。

（2）网络化。第三方物流的网络化有两层含义：一是组织的网络化，即第三方物流公司内部管理的网络化；二是物流配送系统的网络化，即第三方物流公司与生产商、供应商、采购商以及仓库、场站、港口、机场、车站等通过 Internet 实现互联互通。中国台湾地区的计算机行业在 20 世纪 90 年代创造出了“全球运筹式产销模式”，这种模式的基本点是按照客户订单组织生产，生产采取分散形式，即将全世界的计算机资源都利用起来，采取外包的形式将一台计算机的所有零部件、元器件和芯片外包给世界各地的制造商去生产，然后通过全球的物流网络将这些零部件、元器和芯片发往同一个物流配送中心进行组装，由该物流配送中心将组装的计算机迅速发给客户。没有高效的物流网络化管理支持，这一过程是难以实现的。

（3）自动化。自动化的外在表现是无人化，核心是机电一体化，效果是省力化。国际物流运输的自动化可以大大提高劳动生产率、减少物流作业的差错，从而提高物流作业能力。自动存取系统、自动分拣系统、货物自动跟踪系统和条码技术等，已使物流自动化水平大大提升。

（4）智能化。智能化是物流信息化、自动化的一种高层次应用。物流作业过程中大量的运筹和决策，如库存水平的确定、自动导向车的运行轨迹和作业控制、物流配送中心经营管理的决策支持等问题都需要借助于大量的知识才能解决。随着智能机器人、人工智能专家系统等在物流领域的推广应用，物流的智能化将成为国际电子商务环境下国际物流发展的新趋势。

（5）柔性化。柔性化本来是为实现“以客户为中心”的理念而在生产领域提出的，但要真正做到柔性化，即真正地能根据消费者需求的变化来灵活调节生产工艺，没有配套的柔性化物流系统是不可能实现的。因此，第三方物流企业必须通过开发建立完善的物流信息管理系统，根据消费需求“品种多、批量少、批次多和周期短”的特点，更加灵活地进行物流作业的组织和实施。

3. 第三方物流的优劣

(1) 第三方物流的优势有以下几点:

第一,使生产企业集中资源于核心业务。由于任何企业的资源都是有限的,因此企业应把自己的主要资源集中于自己擅长的主业,而把物流等辅助功能外包给物流公司。如美国通用汽车的萨顿工厂通过与赖德专业物流公司的合作,取得了良好的效益。萨顿集中于汽车制造,而赖德管理萨顿的物流事务。赖德接洽供应商,将零部件运到位于田纳西州的萨顿工厂,同时将成品汽车运到经销商那里。萨顿使用 EDI 进行订购,并将信息发送给赖德。赖德从分布在美国、加拿大和墨西哥的 300 个不同的供应商那里进行所有必要的小批量采购,并使用特殊的决策支持系统软件来有效地规划路线,使运输成本最小化。

第二,灵活运用新技术,实现以信息换库存,降低成本。当科学技术日益进步时,专业的第三方物流供应商能不断地更新信息技术和设备。不同的生产商、采购商可能有不同的、不断变化的配送和信息技术需求,第三方物流公司能以一种快速、更具成本优势的方式满足这些需求。同样,第三方物流企业利用自己掌握的充分信息,还有满足不同企业的潜在客户需求的能力,从而使生产企业能够接洽到更多采购商。

第三,减少固定资产投资,加速资本周转。企业自建物流需要投入大量的资金购买物流设备,建设仓库和信息网络等专业物流设施。这些资源对于缺乏资金的企业特别是中小企业来说是个沉重的负担。而如果使用第三方物流,不仅可减少对相关设施的投资,还解除了仓库和车队方面的资金占用,加速了资金周转。

第四,提供灵活多样的客户服务,为客户创造更多的价值。原材料供应商通过第三方物流的仓储服务,可以满足客户需求,而不必因为建造新设施或长期租赁而调拨资金以致在经营灵活性上受到限制。最终产品供应商利用第三方物流还可以向最终客户提供超过自己供应能力的更多样的服务品种,为客户带来更多的附加价值,使客户满意度提高。

第五,提升企业形象。第三方物流提供者与客户不是竞争对手,而是战略伙伴;第三方物流提供者是物流专家,他们利用完备的设施和训练有素的员工对整个供应链实现完全的控制,减少物流的复杂性;他们通过遍布全球的运输网络和服务提供者(分承包方)大大缩短了交货期,帮助企业改进服务,树立生产企业良好的品牌形象。

(2) 第三方物流的劣势有以下几点:

第一,商业秘密被泄露的风险。商业秘密是企业赖以生存的生命线。当企业引入第三方物流来经营其生产环节中的内部物流时,企业要与物流供应商建立信息共享机制,其基本的运营情况都不可避免地要向第三方物流服务商公开,这对企业来说肯定会存在一定的风险。

第二,增大外包依赖风险。长期依赖某一个第三方物流服务商对企业的资本投资、效率提高具有潜在的好处,但同时又会使第三方物流服务商滋生自满情绪而让企业难以控制。

第三,内部员工抵制。由于物流外包业务的不断扩展,必将导致制造企业对现有资源和资金进行重组,原有的职能型结构将转变成流程型网络结构,垂直业务结构将转变成水平业务结构,这个过程其实就是利益的再分配过程。如果处理不当,可能会导致企业内部员工的抵制,从而影响正常的生产经营活动。

第四,降低用户满意度。企业过于依赖第三方物流服务商,又无法控制或影响他们,使企业不能取得所需的用户需求信息,从而影响企业的产品改进。从长期来看,对物流活动的失控可能导致核心业务与物流活动之间的联系受阻从而降低用户满意度。

第五,物流外包决策失误带来的风险。尽管物流外包有很多优点,但并不是所有的制造企业和业务都适合进行外包,制造企业在进行外包时要考虑以下三个因素:物流外包是否符合企业的发展战略;物流外包是否能提高企业的核心竞争力;物流外包能否提高物流经济效益。当上述三个问题的回答均为肯定的时候,物流外包是可取的,并能为企业带来预期的效果;否则,企业应考虑其他物流模式。

(三) 第四方物流

1. 第四方物流的含义

第四方物流(Fourth Party Logistics,4PL)是一个供应链的集成商,一般情况下,政府为促进地区物流产业发展领头搭建第四方物流平台,提供共享及发布信息服务,是供需双方及第三方物流的领导力量。它能帮助企业实现降低成本和有效整合资源的目标,并且依靠优秀的第三方物流供应商、技术供应商、管理咨询以及其他增值服务商,为客户提供独特的和广泛的供应链解决方案。

第四方物流概念,于1998年由美国埃森哲咨询公司率先提出,是指专门为第一方、第二方和第三方提供物流规划、咨询、物流信息系统、供应链管理等活动的服务商。第四方物流公司并不实际承担具体的物流运作活动。

第四方物流的基本功能包括:供应链管理功能,即管理从货主、托运人到用户、客户的供应全过程;运输一体化功能,即负责管理运输公司、物流公司之间在业务操作上的衔接与协调问题;供应链再造功能,即根据货主/托运人在供应链战略上的要求,及时改变或调整战略战术,使其经常处于高效率的运作过程中。第四方物流的关键是以“行业最佳的物流方案”为客户提供服务与技术。

2. 第四方物流的特点

与第三方物流注重实际操作相比,第四方物流更多地关注整个供应链的物流活动,这种差别主要体现在以下几个方面:

(1) 提供一整套完善的供应链解决方案。第四方物流有能力提供一整套完善的供应链解决方案,是集成管理咨询和第三方物流服务的集成商。第四方物流和第三方物流不同,不是简单地为企业客户的物流活动提供管理服务,而是通过对企业客户所处供应链的整个系统或行业物流的整个系统进行详细分析,提出具有中观指导意义的解决方案。第四方物流服务供应商本身并不能单独地完成这个方案,而是要通过物流公司、技术公司等多类公司的协助才能使方案得以实施。第四方物流服务供应商需要先对现有资源和物流运作流程进行整合及再造,从而达到解决方案所预期的目标。第四方物流服务供应商整个管理过程大概涉及四个层次,即再造、变革、实施和执行。

(2) 通过对整个供应链产生影响增加价值。第四方物流是通过对供应链产生影响的能力来增加价值,在向客户提供持续更新和优化的技术方案的同时,满足客户的特殊需求。第四方物流服务供应商可以通过物流运作的流程再造,使整个物流系统的流程更合理、效率更高,从而将产生的利益在供应链的各个环节之间进行平衡,使每个环节的企业客户都可以受益。如果第四方物流服务供应商只是提出一个解决方案,但是没有能力来控制这些物流运作环节,那么第四方物流服务供应商所能创造价值的潜力也无法被挖掘出来。因此,第四方物流服务供应商对整个供应链所具有的影响能力直接决定了其经营的好坏,也就是说第四方物流除了具有强有力的人才、资金和技术以外,还应该具有与一系列服务供应商建立合作关系的能力。

(3) 通过集约化、综合化提高效益。第四方物流服务供应商通过专业化和规模化运营使物流更快、更省,降低客户物流成本,提高产品的竞争力;通过提供各综合性供应链解决方案,有效地适应产品供需方的多样化和复杂性需求,集中所有的资源为客户完善地解决问题。这一特征已经成为第四方物流具有强大生命力的重要保证。

3. 与第三方物流的区别

第四方物流与第三方物流相比,其服务的内容更多,覆盖的地区更广,对从事货运物流服务的公司要求更高,要求它们必须开拓新的服务领域,提供更多的增值服务。第四方物流最大的优越性,是它能保证产品得以"更快、更好、更廉"地送到需求者手中。在全球价值链分工趋势下,货主/托运人越来越追求供应链的全球一体化以适应跨国经营的需要,跨国公司由于要集中精力于其核心业务因而必须更多地依赖于物流外包。基于此理,它们不只是在操作层面上进行外包,而且在战略层面上也需要借助外界的力量,从而能持续得到"更快、更好、更廉"的物流服务。

第三方物流独自提供服务,要或者通过与自己有密切关系的转包商来为客户提供服务,它不大可能提供技术、仓储和运输服务的最佳整合。因此,第四方物流成了第三方物流的"协助提供者",也是货主的"物流方案集成商"。

总之,第四方物流公司以其知识、智力、信息和经验为资本,为物流客户提供一整套的物流系统咨询服务。第四方物流公司要从事物流咨询服务,必须具备良好的物流行业背景和相关经验,但它并不需要从事具体的物流活动,更不用建设物流基础设施,只是提供基于整个供应链的整合方案。

(四) 物流联盟

1. 物流联盟的含义

物流联盟(Logistics Alliance)是以物流为合作基础的企业战略联盟。它是指两个或多个企业之间,为了实现自己的物流战略目标,通过各种协议、契约而结成的优势互补、风险共担、利益共享的松散型网络组织。它是介于独立的企业与市场交易关系之间的一种组织形态,是企业间由于自身某些方面发展的需要而形成的相对稳定的、长期的契约关系。在现代物流领域中,是否组建物流联盟,作为企业物流战略的决策之一,其重要性是不言而喻的。

2. 物流联盟的组建方式

企业间物流联盟主要有以下几种组建方式:

(1) 纵向一体化物流联盟。该方式是指上游企业和下游企业发挥各自的核心能力,发展良好的合作关系,从原材料采购到产品销售的全过程实施一体化合作,形成物流战略联盟。

(2) 横向一体化物流联盟。该方式是由处于平行位置的几个物流企业结成联盟。目前,国内真正能提供物流全方位服务的大型物流企业尚不存在,因此,横向一体化物流联盟能够弥补现有物流市场条块分割的现状。

(3) 混合物流联盟。该方式是以一家物流企业为核心,联合一家或几家处于平行位置的物流企业和处于上下游位置的中小物流企业加盟组成。这些物流企业通过签订联盟契约,共同采购,共同配送,构筑物流市场,形成相互信任、共担风险、共享收益的集约化物流伙伴关系。

3. 物流联盟的运营管理

(1) 采用先进信息技术,实现信息共享。现代信息技术使分散在不同经济部门、不同企业之间的物流信息实现交流和共享,促进了物流资源整合与技术创新,从而达到对各物流要素和功能进行有效协调、管理和一体化运作的目的。物流联盟中企业之间可以相互交流和共享企业内部经营过程中的信息和知识，而物流联盟伙伴间地理位置上的分散性，使得联盟伙伴间的信息共享比较困难。这就要求物流战略联盟企业之间必须建立互联互通的信息网络，实现信息资源共享。

（2）加强物流联盟伙伴信任关系的建设。物流联盟企业在合作过程中，必须保持伙伴之间的资源共享以及人员"面对面"的沟通，加强对某一问题的看法和意见的交流，增进感情，在伙伴间建立畅通的沟通渠道，让伙伴间彼此了解相关的合作经历、背景、目标、战略，从而明确双方在物流联盟中的战略应该是一致或者是相互依赖的，从而有利于实现物流联盟的战略。联盟企业可以通过企业的身份认证、信誉评价和咨询、质量认证、安全认证等，提高自身的社会信誉度，同时，在合作过程中正确运用合作策略，以建立和保持良好的信誉记录。此外，促进伙伴之间企业文化的融合，创造和谐的文化氛围，对推动物流联盟关系的发展具有至关重要的意义。

（3）建立联盟间学习机制。从长期来看，企业的可持续竞争来自企业比竞争对手拥有更强的学习能力。这里的学习不仅包括知识的传输，还包括知识的创造。物流联盟的缔结就是联盟内部成员企业间相互学习过程的开始。联盟各方必须重视在联盟中健全组织学习机制，培养与积蓄既懂技术又精通经营的人才，促进联盟的发展。

（4）强化项目管理。物流联盟应采取项目管理思想，成立物流服务运作及流程监控专门的项目小组，依据现代化物流企业制定标准操作流程，督促物流战略联盟企业按照标准操作流程进行操作。定期与物流战略联盟召开月度评审会议，对运作中出现的问题，如货物安全、客户投诉、回单等，进行学习、修正，由物流联盟提交整改报告，作为项目小组跟踪和稽核的依据。

（5）加强服务绩效考评。服务绩效考评是在建立周期报告制度和现场服务稽核监控的基础上，项目小组与物流联盟共同确定标杆企业，搜集必要的信息，对服务绩效进行定量评价，将物流联盟企业的产品、服务和管理措施等方面的实际状况与这些标杆企业相比较，分析这些优秀企业绩效达到优秀水平的原因，找出自身不足并逐渐完善，促使物流联盟企业采取应对措施迎头赶上。

第二节 国际物流管理信息系统

一、国际物流管理信息系统概述

（一）国际物流管理信息系统的概念

国际物流管理信息系统是以国际物流系统为对象，对物流活动中产生的各种与物流相关的数据和信息，通过计算机和网络通信技术的传递，经过计算机对原始数据的处理，最终所提供的有助于国际物流管理和国际物流决策的信息系统。

国际物流管理信息系统涉及仓储作业管理、运输及配载管理、财务管理、人力资源管理等内容，通过使用计算机技术、通信技术、网络技术等手段，建立物流信息化管理，以提高物流信息的处理和传递速度，使物流活动的效率和快速反应能力得到提高。

（二）国际物流管理信息系统的发展历程

从物流实践的角度看，国际物流管理信息系统的发展经历了四个阶段。

(1)第一阶段(20 世纪 50 年代前)：物流信息的采集和传输主要依靠信函、电话、手工记录，国际物流管理信息系统处于简单阶段。

(2) 第二阶段(20 世纪 50 年代初到 60 年代中期):由于物流理念以及计算机技术的局限,物流信息化仍处在较低的水平。但管理信息系统已在国际物流中有了初步的应用,给企业的生产经营活动带来了一定的便利之处。

(3) 第三阶段(20 世纪 60 年代中期到 80 年代中期):企业开始注意物流管理的系统化和整体化,MRP、MRP II 的概念被提出,企业的信息管理流程逐步向规范化、标准化迈进。信息管理在物流企业管理中已逐步体现出其核心地位的作用。

(4) 第四阶段(20 世纪 80 年代后期至今):全面质量管理(Total Quality Management, TQM)、准时制(Just In Time,JIT)、企业资源计划、供应链管理、电子商务等概念的提出,大大丰富了物流信息管理的内容。而计算机技术、网络技术、通信技术、数据仓库技术等技术的发展使国际物流信息管理进入高级阶段。

(三) 国际物流管理信息系统的功能结构

(1)信息处理功能。信息处理功能主要包括数据的搜集、信息的存储、信息的传输和信息的处理等功能,为其他环节提供准确信息。

(2) 事务处理功能。系统能够从事部分日常性事务管理工作,如账务处理、统计报表处理等。

(3) 预测功能。系统不仅能实测物流状况,而且能利用历史数据,运用适当的数学方法和科学的预测模型来预测未来物流的发展趋势。

(4) 计划功能。系统针对不同的管理层提出不同的要求,能为各部门提供不同的信息并对其工作进行合理的计划与安排,如库存补充计划、运输计划、配送计划等,从而保证管理的效果。

(5) 控制功能。系统能对物流系统各个环节的运行情况进行监测、检查,比较物流过程的实际执行情况与其计划的差异,从而及时地发现问题。然后再根据偏差分析其原因,采用适当的方法加以纠正,保证系统预期目标的实现。

(6) 辅助决策和决策优化功能。系统不但能为管理者提供相关的决策信息,达到辅助决策的目的,而且还能为管理者提供优化决策功能。辅助决策功能有利于决策的制定,优化决策功能有利于决策的完善。

(四) 国际物流管理信息系统的框架

物流管理信息系统通常包括:物品管理子系统、仓储管理子系统、配送管理子系统、运输与调度管理子系统、客户服务子系统、财务管理子系统、质量管理子系统、人力资源管理子系统等(如图 9-1 所示)。

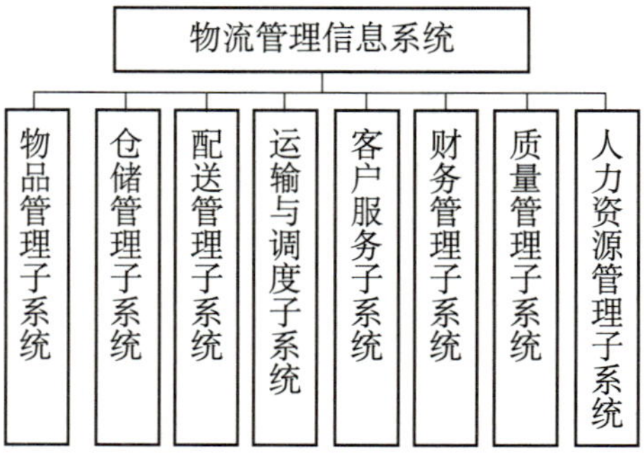

图 9-1 物流管理信息系统的框架

1. 物品管理子系统

物品管理子系统是物流管理信息系统的重要组成部分，从物品的采购计划、审批，物品的国内外采购合同、合同执行情况的跟踪反馈，到物品到货入库、发货、结算与统计，全部都要通过这个物品管理子系统进行调度管理。物品管理子系统一般由下列四个部分组成：采购计划管理、采购合同管理、物品出入库管理、物品进销存查询（如图 9－2 所示）。

2. 仓储管理子系统

一般的仓储管理子系统从功能结构上可分为四大功能（如图 9－3 所示）。

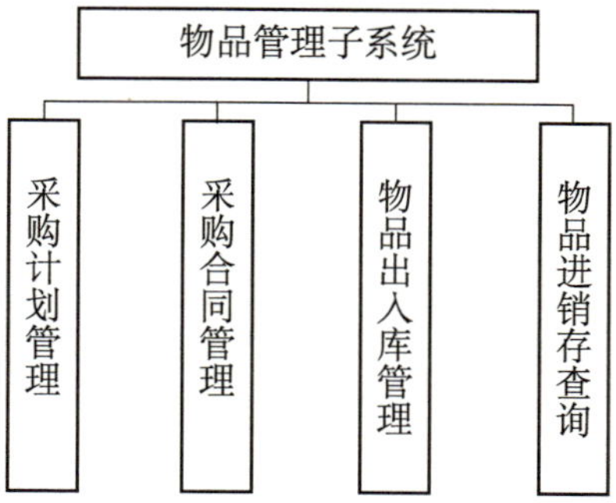

图 9－2 物品管理子系统的框架

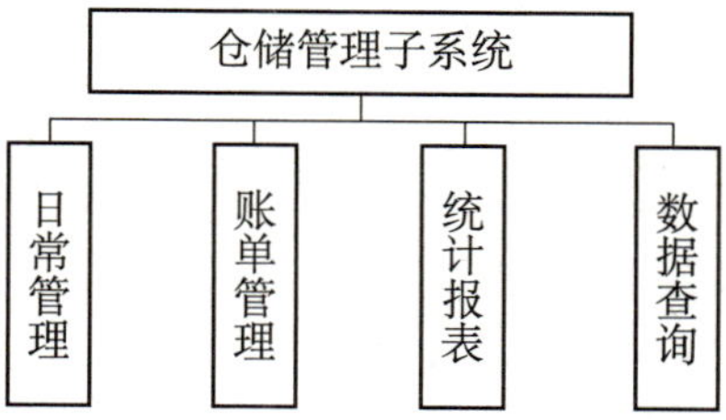

图 9－3 仓储管理子系统的框架

（1）日常管理。日常管理包括物品凭单录入管理、冲账管理、日常查询管理。

（2）账单管理。对仓库的使用资金账单进行管理。

（3）统计报表。管理人员可统计各种物品的出入库及使用情况，并进一步了解仓库库存、仓库总账、损耗误差、物品活动和材料进货，以及统计各种原材料的计划采购数量、实际库存数量和总的库存数量等操作的功能，并可完成相应的图形绘制和报表打印。

（4）数据查询。数据查询是对物品的消耗、库存数量和物品修理费支出的查询。仓储管理的主要数据类如表 9－1 所示。

表 9－1 仓储管理的主要数据类

数据类	数据项
货物档案	货物名称、数量、存放仓位、货物类别、属性、保质期
仓库档案	仓库名称、仓库地址、面积、租赁日期
拣货单	拣货单号、所属订单、送达目的地、货物名称、货物数量

3. 配送管理子系统

配送管理子系统是根据商品的配送类型作分类后，再按照商品重量与体积等各因素拟订派车计划、体积装载计划以及配送行程计划的作业系统。

配送管理子系统通常又包括：备货管理、配送加工管理、分拣管理、配装管理、配送运输管理以及送达服务等功能（如图 9－4 所示）。配送管理的主要数据类如表 9－2 所示。

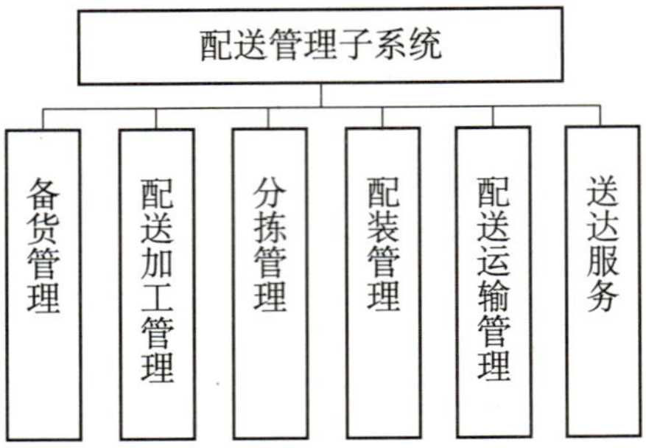

图 9-4 配送管理子系统的框架

表 9-2 配送管理的主要数据类

数据类	数据项
选货单	选货单号、所属订单、货物名称、数量、存放地点
分店信息	分店名称、分店地址
货箱清单	货箱编号、所属分店、分店地址、货物数量
拣货标签	所属拣货单号、送达目的地、所属分店、货物数量
货箱标签	箱货编号、所属分店、分店地址、货物数量

4. 运输与调度管理子系统

运输与调度管理子系统的主要对象是运输工具、运输路线、驾驶装载人员、运单与客户等,一般包括运输任务产生、运输过程管理、服务结算、运输跟踪和运输信息查询等功能模块(如图 9-5 所示)。

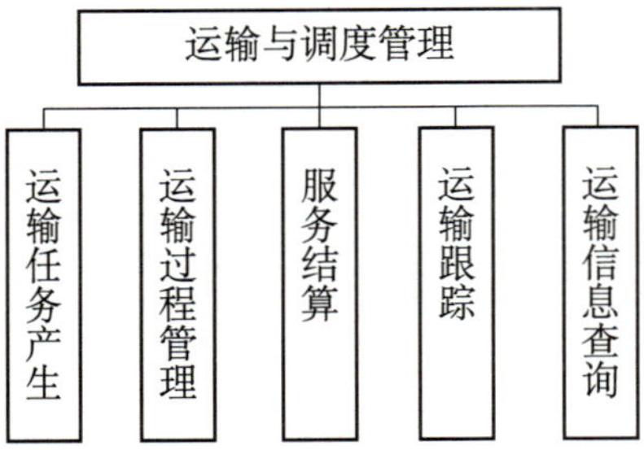

图 9-5 运输与调度管理子系统的框架

(1) 运输任务产生。根据起运地和到达地生成运输任务,对每一个承运公司生成运输任务交接单,同时打印装箱单、运单和运输标记,系统支持条形码输出。

(2) 运输过程管理。对于未完成的运输任务进行状态更新,生成各种统计报表,同时记录每一运单运费。

(3) 服务结算。对每一个承运公司进行运费结算,生成结算报表。承运公司通过 Internet 查询本公司的运输费用结算信息。

(4) 运输跟踪。通过 GPS 等技术跟踪运输任务,全程实时管理运输任务,提高物流运输服务水平。

(5) 运输信息查询。对所有的运输任务进行查询,包括该运输任务的货物细目、到达状态、签收情况、运费等情况。运输与调度管理的数据类如表 9-3 所示。

表 9-3　运输与调度管理的数据类

数据类	数据项
订车单	订车车型、运输路线要求、要求到达时间、交货地点
运输资源	车牌、车辆类型、闲忙状态、总载重、总容积、当前所在地点
车辆信息	车牌、当前执行车单、当前所在地
交通状况	地区、城市、街区、通行状态、拥塞程度
客户托运单	客户名称、目的地
配载方案	货物名称、箱货坐标

5. 客户服务系统

（1）网上下单。客户可以通过网络下单，将自己的物品需求品种、数量和时间发送给物流公司，同时物流公司也可以通过网络向供应商发出订货请求。

（2）货物跟踪。客户可以通过物流公司的网络实时跟踪自己的货物状态。

（3）合同更改。客户可以通过网络及时更改合同的内容，物流公司根据客户更改后的合同及时调整采购和运输计划，承运公司通过网络对承运的运输任务进行状态更新。

（4）网上支付。物流公司可以通过网络与客户和供应商进行网上支付，客户也可以在网上查询其费用。

二、自动识别技术

自动识别技术，是自动识别与数据采集（Automatic Identification and Data Collection，AIDC）技术的简称，主要解决的问题是实物与信息之间的匹配关系，使实物的运输、仓储过程，可以即时地反映到信息网络环境中，使操作者能够迅速了解物流的全部过程，尤其是在途的情况，提高物流过程的作业效率及运输数量的准确性。

在物流作业中主要使用 AIDC 技术中的两个部分，即条形码技术和电子标签技术。

（一）条形码技术

1. 条形码的含义

条形码（Bar Code）是一种可印制的机器语言，是由一组宽度不同、反射率不同的条和空按规定的编码规则组合起来，用以表示一组数据和符号，一般作为货物的名称、产地、价格、种类等的标记。在国际物流管理信息技术中，条形码技术的应用已经成为实现供应链管理的一个重要手段。无论是在生产领域还是在物流领域，都可以通过条形码扫描器的自动识别，来掌握货物的运动状态。

以物流仓储配送作业为例，由于大多数的储存货品都有条形码，所以用条形码进行自动识别与数据采集是最便捷的方式。商品条形码上的资料经条形码读取设备读取后，可迅速、准确、简单地将商品资料自动输入，从而达到自动化登录、控制、传递、沟通和记录的目的。通过条形码技术的应用，企业实现了生产过程管理、库存管理和销售管理的信息化。不仅如此，条形码技术还是全世界通用的商品代码表示方法，通过对条形码的识别，可以进行国际沟通，克服语言文字的障碍，有助于实现物流的国际化。

2. 主要的条形码技术

目前，国际上使用最广泛的条形码技术为欧洲物品编码协会（European Article Number，

EAN)发明的商品条形码,简称 EAN 条码。该条码是以直接向消费者销售的商品为对象,以单个商品为单位使用的条码。由于被包括中国在内的世界绝大部分国家采用,EAN 条码已成为国际通用的商品代码。按照适用的商品类别不同,常用的 EAN 条码主要有 EAN－13、EAN－8、EAN－14 和 EAN－128 等几种。

(1) EAN－13 条码:应用于零售包装,即供零售商场 POS 系统扫描结账的包装(如图 9－6 所示)。

6 901234 567892

国家代码 厂商代码 商品代码 校验码

图 9－6　EAN－13 条码示例

其中,国家代码(3 位数),如中国的代码为 690－692。厂商代码(6 位数),由中国物品编码中心核发。商品代码(3 位数),由厂商按一物一号的原则自行编定,不同的商品赋予不同的序号(包装、尺寸、颜色、材质等不同,应视为不同的商品)。校验码按"10 法则"的公式计算得到(如表 9－4 所示)。

表 9－4　校验码"10 法则"计算方法

校验码计算方法													
	国家代码			厂商代码						商品代码			校验码
位数	13	12	11	10	9	8	7	6	5	4	3	2	1
条码编号	6	9	0	1	2	3	4	5	6	0	0	1	
步骤一: 偶位数数值相加乘以 3	9＋1＋3＋5＋0＋1＝19,19＊3＝57												
步骤二: 奇位数数值相加	6＋0＋2＋4＋6＋0＝18												
步骤三: 步骤一所得数值与步骤二相加	57＋18＝75												
步骤四: 以 10 减去步骤三所得数值的个位数,所得即为校验码	10－5＝5,5 即为校验码 若步骤三所得数值的个位数为"0",则校验码为"0"。												

(2) EAN－8 条码: 应用于印刷面积小的零售包装(如图 9－7 所示)。

其中,国家代码(3 位数),如中国的代码为 690－692。商品代码(4 位数),已申请使用国际条码的厂商,可另外向条码协会申请。校验码按"10 法则"的公式计算得到。

(3) EAN－14 条码:应用于非零售包装,即仓储、运送的包装等(如图 9－8 所示)。

6901 2341

国家代码 商品代码 校验码

图 9－7　EAN－8 条码示例

1 690 123456 001 9

配销识别码 国家代码 厂商代码 商品代码 校验码

图 9－8　EAN－14 条码示例

其中,配销识别码(1 位数)分"0""1—8""9"三种不同的用法。"0":以不同的 EAN－13

的编号来识别不同的非零售包装时，前面补“0”，把 EAN－13 的编号变成 14 位数，印成 EAN－14 条码格式。“1—8”：同一种商品有不同规格化的非零售包装，以 1—8 加以区别，如“1”代表 24 个装，“2”代表 48 个装等，由厂商自行设定。“9”：如果要识别变动计量值的非零售包装，如同一种包装形态其数量、重量、容量、尺寸等是变动的，配销识别码必须使用“9”。通常这类型的非零售包装，要附加计量值的信息，以 EAN－128 码印制条码符号。

（4）EAN－128 条码：EAN－128 条码的组成，可依据实际需要连接机组信息而成，并以应用识别码加以区隔，但最长以不超过 48 个字元为原则（含应用识别码及批号）。EAN－128 条码的辨识范围涵盖生产过程中一些补充性质且易变动的信息，如生产日期、批号等（如图 9－9 所示）。

(01) 04711234567899 (17)990820 (1C)123ZC

(01) 1 6901234 60004 6 (11) 150820 (10)123ZC

应用识别码 非零售包装代码 应用识别码 生产日期 应用识别码 批号

图 9－9 EAN－128 条码示例

（二）电子标签技术

1. 电子标签技术简介

电子标签技术是无线射频识别技术（Radio Frequency Identification Devices，RFID）的俗称，也被称为电子条码，是一种非接触式的自动识别技术，它通过射频信号自动识别目标对象并获取相关数据。

电子标签技术与目前普遍使用的条形码技术相比，可以定向或不定向地远距离读写数据，可以透过外部材料读取数据，可以在恶劣环境下工作，可以同时处理多个电子标签，储存的信息量很大。常用于物料跟踪、运载工具和货架识别等要求非接触数据采集和交换的场合，操作快捷方便。

在企业分销和零售配送中，电子标签技术从货物离开仓库的那一刻起就已经开始发挥作用。当整车货物离开仓库时，RFID 系统对拖车上的货物进行扫描，这样，管理人员就能够获悉每一条发运信息，及时了解库存情况。当拖车到达零售商店时，再经过一次扫描，商店经理就可以了解货物的实际数量，无须再对每一辆拖车进行检查。一旦货架上的商品量出现短缺，嵌入的 RFID 阅读器就会向商店后端办公系统发送一条消息，随后货物就会按需补充，这样就避免了由于商品短缺而造成的销售问题。

由于条形码技术使用的成本较低，因此目前得到了大量使用。但随着 RFID 技术的日益成熟，不断降低的 RFID 成本，尤其是国际物流信息管理网络化、电子化水平的不断提升，RFID 技术将迅速得到普及应用。电子标签技术的工作原理如图 9－10 所示。

2. 电子标签技术的适用性及性能特点

（1）电子标签技术的适用性。物流管理的本质是通过对物流全过程的管理，实现降低成本和提高服务水平两个目的。如何以适当的成本和适当的条件，去保证适当的客户在适当的

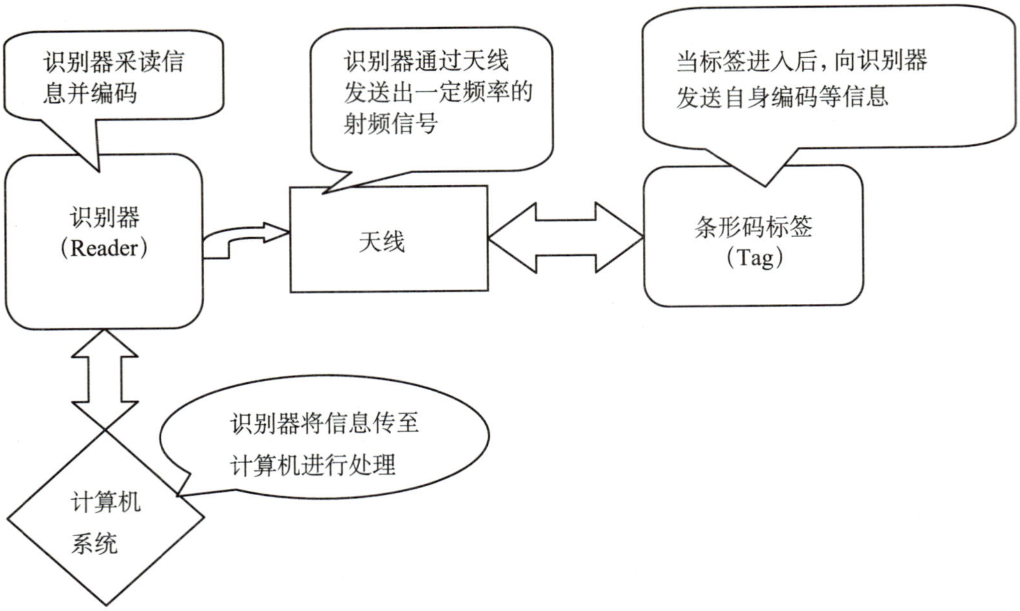

图 9-10　电子标签技术的工作原理

时间和适当的地点,得到适当的产品,成为物流企业追求的最高目标。一般来说,企业存货的价值要占企业资产总额的25%左右,占企业流动资产的50%以上。所以物流管理工作的核心就是对供应链中存货的管理。在运输管理方面采用电子标签技术,只需要在货物的外包装上安装电子标签,在运输检查站或中转站设置阅读器,就能实现资产的可视化管理。与此同时,货主可以根据权限,访问在途可视化网页,这样就可以追踪了解货物的具体位置,这对提高物流企业的服务水平有着重要意义。

(2) 电子标签技术的性能特点主要有以下几点:

第一,快速扫描。RFID 辨识器可同时辨识读取数个电子标签。

第二,体积小型化、形状多样化。RFID 在读取上并不受尺寸大小与形状限制,不需要为了读取精确度而配合纸张的固定尺寸和印刷品质。此外,RFID 标签更可往小型化与多样形态发展,以应用于不同产品。

第三,抗污染能力强和耐久性。传统条形码的载体是纸张,因此容易受到污染,但 RFID 对水、油和化学药品等物质具有很强的抵抗性。此外,由于条形码是附于塑料袋或外包装纸箱上,所以特别容易受到折损;RFID 卷标是将数据存在芯片中,因此可以免受污损。

第四,可重复使用。现今的条形码印刷上去之后就无法更改,RFID 标签则可以重复地新增、修改、删除 RFID 卷标内储存的数据,方便信息的更新。

第五,穿透性和无屏障阅读。在被覆盖的情况下,RFID 能够穿透纸张、木材和塑料等非金属或非透明的材质,并能够进行穿透性通信。而条形码扫描机必须在近距离而且没有物体阻挡的情况下,才可以辨读条形码。

第六,数据的记忆容量大。一维条形码的容量是 50 字节(Bytes),二维条形码最大的容量可储存 2 000—3 000 字符,RFID 最大的容量则有数百万字节(Mega Bytes)。随着记忆载体的发展,数据容量也有不断扩大的趋势。未来物品所需携带的信息量会越来越大,对卷标所能扩充容量的需求也相应增加。

第七，安全性。由于RFID承载的是电子式信息，因此其数据内容可经由密码保护，使其内容不易被伪造及变造。

RFID因其所具备的远距离读取、高储存量等特性而备受瞩目。它不仅可以帮助一个企业大幅提高货物、信息管理的效率，还可以让销售企业和制造企业互联，从而更加准确地接收反馈信息，控制需求信息，优化整个供应链。

三、智能运输系统

（一）智能运输系统的含义和意义

1. 智能运输系统的含义

智能运输系统（Intelligent Transportation Systems，ITS）是将先进的信息技术、数据传输技术、电子传感技术、控制技术及计算机技术等有效地集成，运用于整个交通运输管理的信息系统。ITS通过将道路管理者、用户、交通工具、道路、环境有机地结合起来并纳于系统之中，形成"人—车—路—环境"四位一体的系统，从而大大提高了道路交通运输网络系统的安全性、运输效率和行车的舒适性，并有助于提高道路交通系统的环保性。

2. 智能运输系统的意义

运输系统的智能化的意义在于，车辆在道路上可以安全自由地行驶，在陌生的地方不致迷失方向。道路的交通流可以调整至最佳状态，从而缩短行车时间、减少阻塞、提高其通行能力。交通管理控制中心可对道路和车辆的状态进行实时监控，及时处理事故，保障道路畅通。

（二）智能运输系统的功能结构

智能运输系统的建设基于全球定位系统（GPS）、地理信息系统（GIS）、遥感技术、有线和无线通信及网络技术等，以及道路建设和规划、法规等。典型的智能运输系统的主要功能结构主要包括：信息管理子系统、交通管理子系统、公共运输子系统、车辆控制子系统、电子收费子系统和紧急救援子系统等（如图9-11所示）。

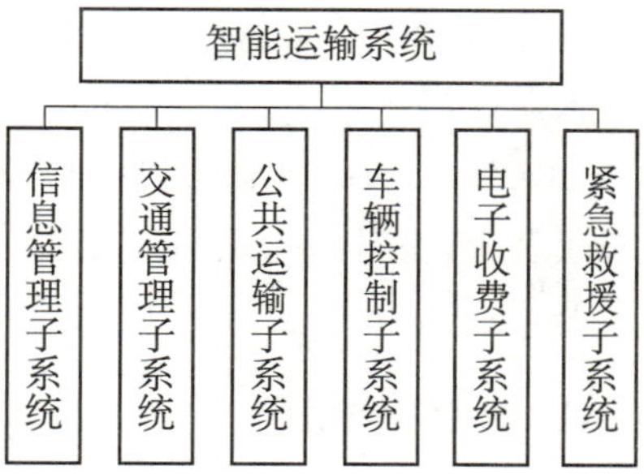

图9-11　智能运输系统的功能结构

1. 信息管理子系统

信息管理子系统，是自动终端情报服务系统（Automatic Terminal Information System，ATIS）的简称，它建立在完善的信息网络基础之上。交通参与者通过安装在道路、车辆、换乘站、停车场以及气象中心的传感器和传输设备，向交通信息中心提供各地的实时交通和气候信息；信息管理子系统得到这些信息并通过处理后，实时向交通参与者提供道路交通信息、公共交通信息、换乘信息、交通气象信息、停车场信息以及与出行相关的其他信息；出行者根据这些信息确定自己的出行方式、选择路线。更进一步，当车上装备了自动定位和导航系统时，该系统可以帮助驾驶员自动选择行驶路线。

2. 交通管理子系统

交通管理子系统（Automatic Traffic Management System，ATMS）有一部分与ATIS共用信息采集、处理和传输系统，但是ATMS主要是给交通管理者使用的，用于检测、控制和管理公路交通，在道路、车辆和驾驶员之间提供通信联系。它将对道路系统中的交通状况、交通事故、气象状况和交通环境进行实时的监测,依靠先进的车辆检测技术和计算机信息处理技术,获得有关交通状况的信息,并根据收集到的信息对交通进行控制,如信号灯、发布引导信息、道路管制、事故处理与救援等。

3. 公共运输子系统

公共运输子系统(Advanced Public Transportation Systems,APTS)的主要目的是采用各种智能技术促进公共运输业的发展,使系统实现安全、便捷、经济、运量大的目标。如通过个人计算机、闭路电视等向公众就出行方式和时间、路线及车次选择等提供咨询,在公交车站通过显示器向候车者提供车辆的实时运行信息。在公交车辆管理中心,可以根据车辆的实时状态合理安排发车、收车,提高工作效率和服务质量。

4. 车辆控制子系统

车辆控制子系统(Advanced Vehicle Control System,AVCS)指辅助驾驶员驾驶汽车或替代驾驶员自动驾驶汽车的系统。该系统通过安装在汽车前部和旁侧的雷达或红外探测仪,可以准确地判断车与障碍物之间的距离,遇到紧急情况,车载电脑能及时发出警报或自动刹车避让,并根据路况自己调节行车速度,人称"智能汽车"。美国已有 3 000 多家公司从事高智能汽车的研制,已推出自动恒速控制器、红外智能导驶仪等高科技产品。

5. 电子收费子系统

电子收费子系统(Electronic Toll Collection,ETC)是世界上最先进的路桥收费方式。通过安装在车辆挡风玻璃上的车载器与在收费站 ETC 车道上的微波天线之间的微波专用短程通信,利用计算机联网技术与银行进行后台结算处理,从而达到车辆通过路桥收费站不需要停车就能交纳路桥费的目的,且所交纳的费用经过后台处理后,清分给相关的收益业主。根据测算统计,在现有的车道上安装电子收费系统,可以使车道的通行能力提高 3—5 倍。

6. 紧急救援子系统

紧急救援子系统(Emergency Management System,EMS)是一个特殊的系统,它的基础是 ATIS、ATMS 和有关的救援机构与设施,通过 ATIS 和 ATMS 将交通监控中心与职业的救援机构联成有机的整体,为道路使用者提供车辆故障现场紧急处置、拖车、现场救护、排除事故车辆等服务。

四、物联网技术

(一) 物联网技术简介

1. 物联网的定义

物联网是在 Internet 的基础上,利用 RFID 技术、通信技术、传感技术和定位技术等,按约定的协议,把人与人、人与物和物与物之间与 Internet 连接起来,进行信息交换和通信,以实现智能化识别、定位、跟踪、监控和管理的一种网络。

对物联网概念的理解可从技术层面和应用层面两方面进行分析。从技术的角度来看,物联网是指通过感知物体信息,并将信息经过网络传输到达指定处理中心,实现人与物、物与物之间的信息交互与处理网络,其核心和基础仍然是 Internet,是在 Internet 基础上的延伸和扩展的网络。从应用的角度来看,物联网把世界上所有的物体都连接到一个网络中,其用户端延伸和扩展到了任何物品与物品之间、人与任何物品之间,实现了人类社会和现实物理系统的整合,使整个社会更加智能化,提升人类的生产和生活效率。

2. 物联网的特点

（1）实时性。由于射频设备和传感设备的信息采集可以实时进行，因而，物联网能够获得实时的真实信息，保证了决策处理的实时性和有效性。

（2）大范围。由于信息采集设备相对廉价，物联网系统能够实现对大范围内的信息进行采集、分析和处理。

（3）自动化。物联网的设计愿景是用自动化设备代替人工，因此，物联网系统一经部署，一般不再需要人工干预。

（4）全天候。由于物联网系统部署之后自动化运转，因此，物联网基本可以不受环境条件和气象变化的限制，实现全天候的运转和工作。

3. 物联网的关键技术

在物联网应用中有以下三项关键技术：

（1）传感器技术。这也是计算机应用中的关键技术。到目前为止绝大部分计算机处理的都是数字信号，自从有计算机以来就需要传感器把模拟信号转换成数字信号，计算机才能处理。

（2）RFID 标签。它本质上也是一种传感器技术，RFID 技术是融合了无线射频技术和嵌入式技术的综合技术，RFID 在自动识别、物品物流管理方面有着广阔的应用前景。

（3）嵌入式系统技术。它是综合了计算机软硬件、传感器技术、集成电路技术、电子应用技术的复杂技术。经过几十年的演变，以嵌入式系统为特征的智能终端产品随处可见，小到人们身边的 MP3，大到航天航空的卫星系统。嵌入式系统正在改变着人们的生活，推动着工业生产以及国防工业的发展。

（二）物联网系统的组成

物联网系统由全球电子产品编码体系（Electronic Product Coding，EPC）、RFID 系统及 EPC 信息网络系统三大部分组成（如表 9－5 所示）。

表 9－5　物联网系统的组成

<table>
<tr><th>系统构成</th><th>主要内容</th><th>注释</th></tr>
<tr><td>EPC 编码体系</td><td>EPC 代码</td><td>用来标识目标的特定代码</td></tr>
<tr><td rowspan="2">RFID 系统</td><td>EPC 标签</td><td>贴在物品上或内嵌在物品中</td></tr>
<tr><td>读写器</td><td>识读 EPC 标签</td></tr>
<tr><td rowspan="4">EPC 信息网络系统</td><td>EPC 中间件</td><td rowspan="4">EPC 系统的软件支持系统</td></tr>
<tr><td>对象名称解析服务器（ONS）</td></tr>
<tr><td>实体标记语言（PML）</td></tr>
<tr><td>EPC 信息服务（EPCIS）</td></tr>
</table>

1. EPC 编码体系

EPC 编码体系是新一代的与 EAN 码和 UPC 码兼容的新的编码标准，是 EPC 系统的核心和关键。EPC 代码就是利用 EPC 编码标准对实体物品及实体物品相关信息的代码化。为了识别物品，每个物品被分配唯一的 EPC 代码，通过代码能读取物品在相应数据库中的动态数据。

2. RFID 系统

RFID 系统一般由电子标签和读写器组成。其工作原理是标签进入磁场后，接收读写器发出的射频信号,凭借感应电流所获得的能量发送出存储在芯片中的产品信息,或者主动发送某一频率的信号,读写器读取信息并解码后,送至中央信息系统进行有关数据处理。

3. EPC 信息网络系统

EPC 信息网络系统主要由 EPC 中间件、对象名称解析服务(Object Naming Service,ONS)、实体标记语言(Physical Markup Language,PML)和 EPC 信息服务(EPCIS)组成。EPC 系统的工作流程如图 9-12 所示。读写器扫描到 EPC 标签后,从标签上读取产品电子代码 EPC,然后将读取的产品电子代码送到 EPC 中间件进行处理,根据 EPC 数据信息在 ONS 服务器上查找 EPC 代码所含信息在 EPCIS 服务器上对应的 IP 地址,在 EPCIS 服务器上查询到保存产品信息的 PML 文件。

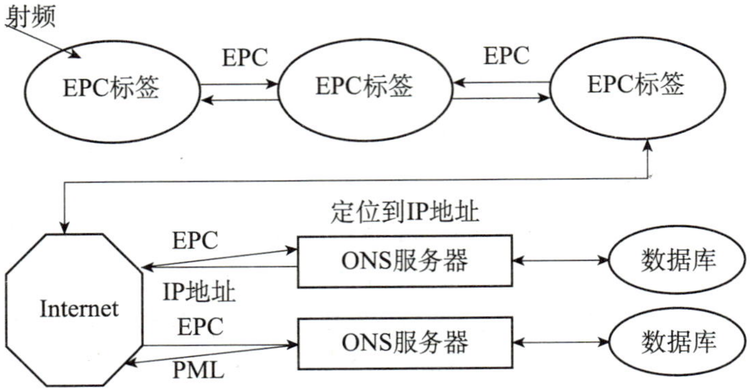

图 9-12　EPC 系统的工作流程

第三节　国际电子商务环境下的供应链管理

一、供应链与供应链管理

(一) 供应链

1. 供应链的定义

2001 年,中国发布实施的国家标准《物流术语》(GB/T18354—2001)对供应链(Supply Chain)的定义是:"生产及流通过程中,涉及将产品更新换代或服务提供给最终客户的上游或下游企业,所形成的网络结构。"

供应链是 20 世纪 80 年代后期全球制造和全球经济一体化浪潮下,为克服传统企业管理模式的弊端而形成的一个新概念,它是社会分工细化的产物,是重要的流通组织形式和市场营销方式。它以市场组织化程度高、规模经营的优势,有机地连接生产和消费,对生产和流通有着直接的导向作用。

2. 供应链的基本结构

从图 9-13 中可以看出,供应链由所有加盟的节点企业组成,其中一般有一个核心企业(产品制造企业或大型零售企业),节点企业在需求信息的驱动下,通过供应链的职能分工与合作(生产、分销、零售等),以资金流、信息流、物流、服务流实现整个供应链的不断增值。

3. 供应链的不同形态结构

各经营主体的特定性及其在供应链中的地位决定了不同经济主体的供应链结构是有差异

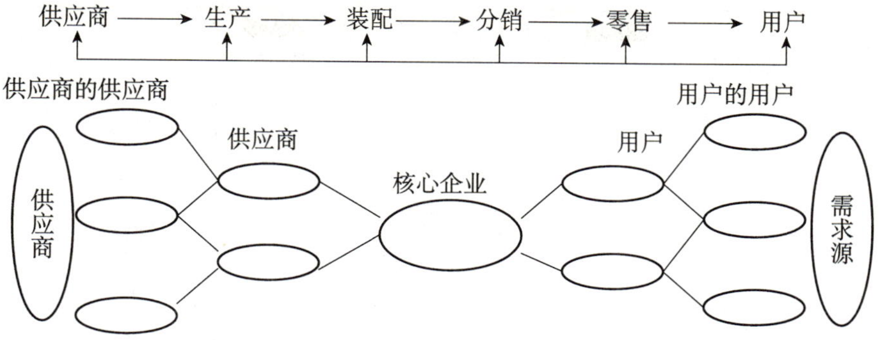

图 9－13　供应链基本结构图

的。经营主体一般可分为生产商、批发商、零售商和各种形式的物流服务提供商。下面分别说明以生产商、批发商和零售商为主体的一般供应链结构。

（1）以生产商为主体的供应链。生产商的供应链最为复杂，其供应链的结构形式是多种多样的。图 9－14 是某公司主要产品的供应链结构。

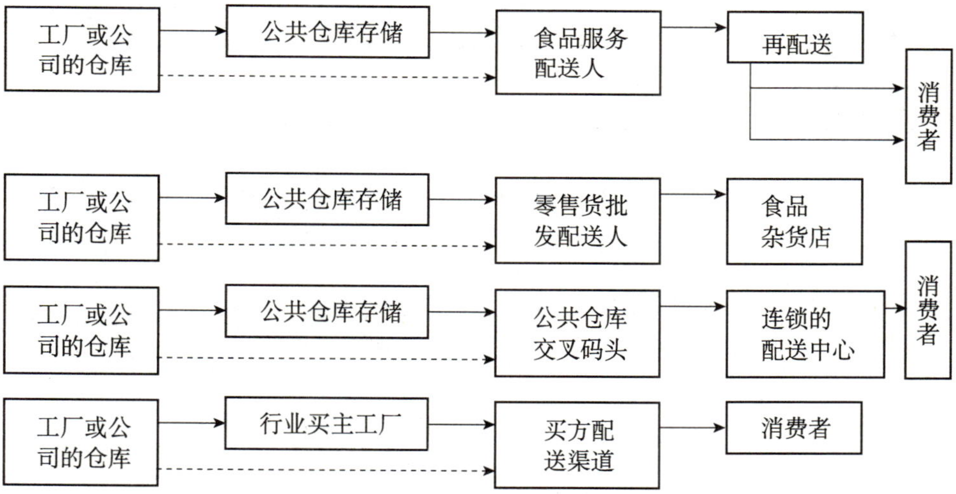

图 9－14　以生产商为主体的供应链示例

注：→　需要中间环节/中间人；

- - →　不需要中间环节/中间人。

（2）以批发商为主体的供应链。批发商在供应链结构中一般执行配送功能，其供应链结构一般取决于产品的特征、生产商所选择的渠道、消费者的购买渠道及批发商的营销策略。图 9－15 为消费品批发商最常见的形式，对消费者来说最典型的是批发商—零售商—消费者结构。绝大多数批量生产的消费品是通过批发商或零售商到达市场的。

（3）以零售商为主体的供应链。零售商供应链管理的目标是增加销售量，降低库存，提高效率，提高利润与有效利用空间。因此，其供应链的形式应尽量简化，更好地与制造商结成一体，下面以连锁店和时装店来说明其供应链的形态结构。

●连锁店的供应链

典型的便利连锁店经营 5 000—10 000 种商品，可分为五大类：不易腐烂的食品、冷冻食品、奶制品、烘烤食品和报刊，其供应链如图 9－16 所示。

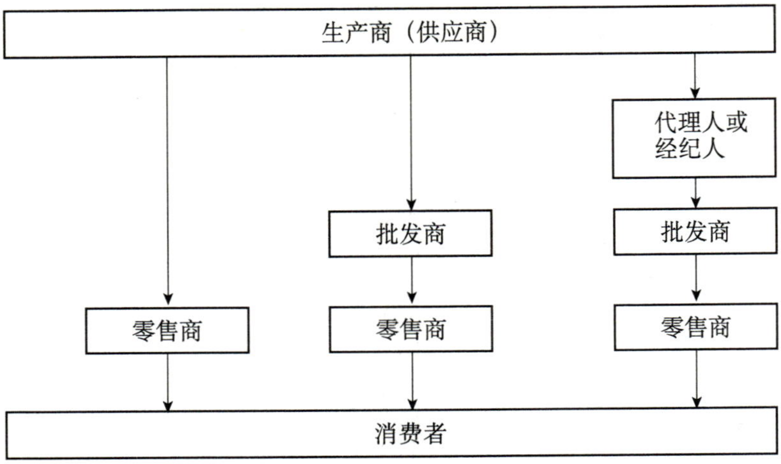

图 9－15　以批发商为主体的供应链示例

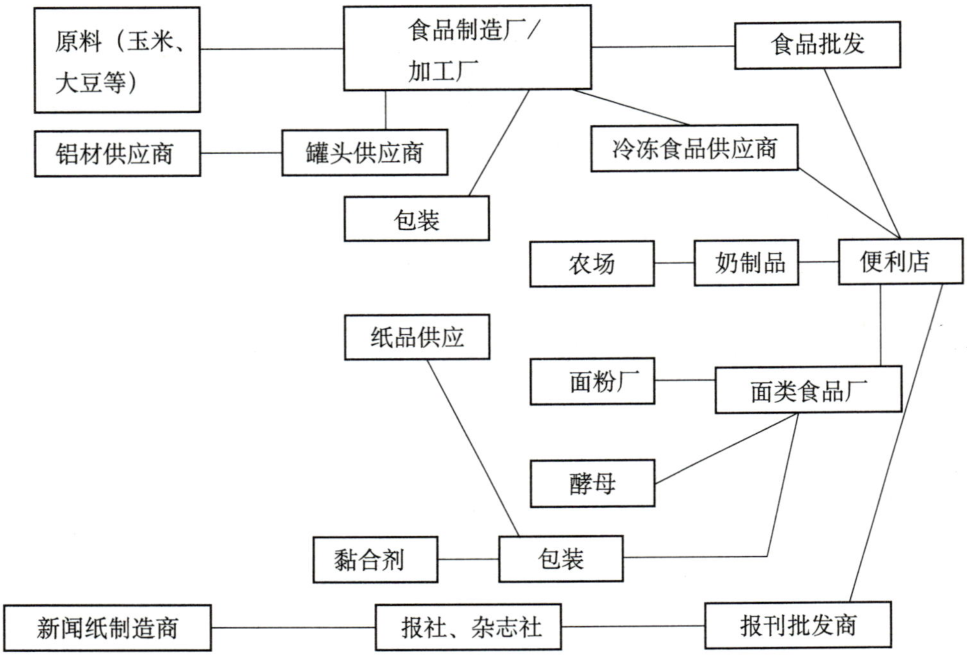

图 9－16　连锁店的供应链示例

●时装店的供应链

时装店从服装制造商或配送中心处进货,服装制造商从其他制造商处购买布匹和其他辅料,而后者从上一级制造商处购买原料,如图 9－17 所示。

(二) 供应链管理

1. 供应链管理的含义

(1) 供应链管理的定义。我国 2007 年 5 月发布实施的国家标准《物流术语》(GB/T18354—2006)对供应链管理(Supply Chain Management,SCM)的定义如下:对供应链涉及的全部活动进行计划、组织、协调与控制。供应链管理是伴随着供应链概念的出现而在管理领域

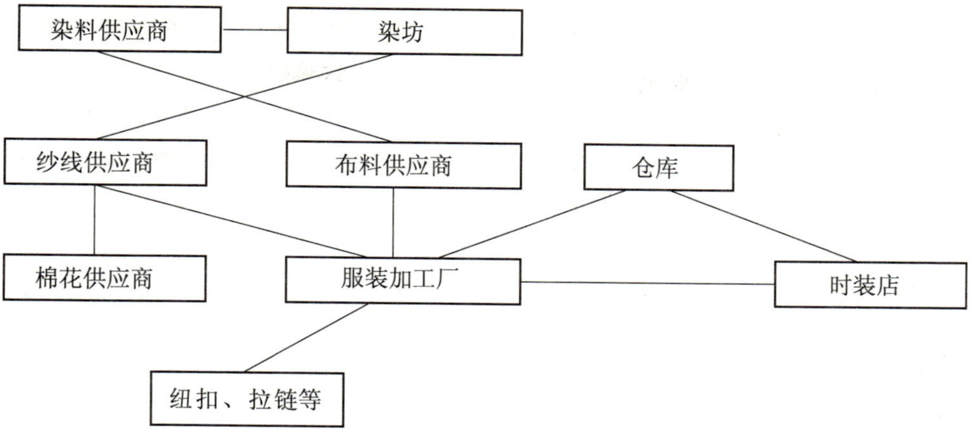

图 9－17　时装店的供应链示例

形成的新的管理思想和方法，涉及企业及企业管理的方方面面，是一种跨行业的管理。它对供应链中的信息流、物流和资金流进行设计、规划与控制，将供应链上各节点的企业连接成一个利益共同体；企业间加强合作，有效地分配资源，最大限度地提高效率。

(2) 供应链管理的范围和功能。供应链管理的范围包括从最初的原材料直到最终产品达到客户手中的全过程，管理对象是在此过程中所有与物资流动及信息流动有关的活动和相互之间的关系。供应链管理的功能是，使客户所需的产品能够在适当的时间，按照适当的数量和适当的质量送到适当的地点，并且使总成本最小化。

(3) 一体化供应链管理。一体化供应链管理（Integrated of Supply Chain Management，ISCM），是指供应商、生产商、分销商和客户的联盟以及他们共同努力达到一个更具有竞争力的先进组织的过程。早期的供应链管理通常将视点集中在一个企业内部的供应链管理上，而现在则主要集中在跨企业的计划与执行活动，即供应链的垂直一体化上。由于供应链系统所包含的范围很广，所以其合理运营的关键在于供应链系统的垂直一体化，即供应商、生产/制造商、分销商和客户为同一个目标而共同努力，从而提高效率（如图 9－18 所示）。

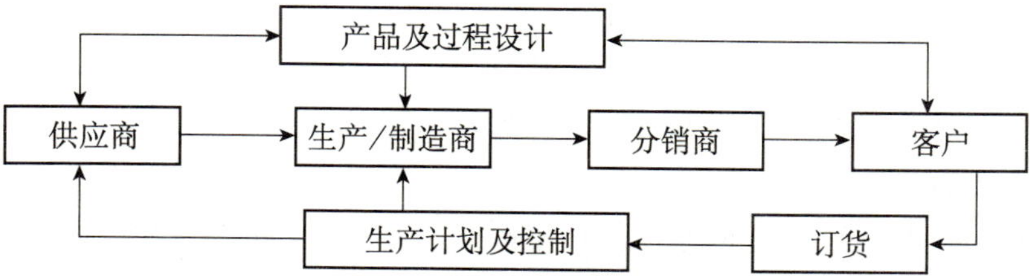

图 9－18　一体化供应链流程示意图

2. 供应链管理的目标

供应链管理的目标是通过调和总成本最低化、客户服务最优化、总库存成本最小化、总周期时间最短化及物流质量最优化等目标之间的冲突，实现供应链绩效的最大化。

(1) 总成本最低化。采购成本、运输成本、库存成本、制造成本及供应链物流的其他成本费用都是相互联系的。因此，为了实现有效的供应链管理，必须将供应链各成员企业作为一个有机整体来考虑,并使实体供应物流、制造装配物流与实体分销物流之间达到高度均衡。因此,总成本最低化并不是指运输成本或库存成本,或者其他任何供应链物流运作与管理活动的成本最小,而是整个供应链运作与管理的所有成本的总和最小化。

(2) 客户服务最优化。在激烈的市场竞争时代,当许多企业都能在价格、特性和质量等方面提供相似产品时,差异化的客户服务能为企业带来独特的竞争优势。在每一个行业,从计算机到汽车,消费者都有广泛而多样化的选择余地。企业提供的客户服务水平,直接影响到它的市场份额、物流总成本,并将最终影响其整体利润。供应链管理的目标之一,就是通过上下游企业协调一致的运作,保证达到令客户满意的服务水平,吸引并保留客户,最终实现企业价值的最大化。

(3) 总库存成本最小化。传统的管理思想认为,库存是维系生产与销售的必要措施,因而企业与其上下游企业之间在不同的市场环境下只是实现了库存的转移,整个社会库存总量并未减少。按照即时生产管理思想,任何库存都是浪费。因此,供应链管理的目标,就是要使整个供应链的库存控制在最低的限度。"零库存"反映的就是这一目标的理想状态。所以,总库存成本最小化目标的达成,有赖于实现对整个供应链的库存水平与库存变化的最优控制,而不只是使单个成员企业库存水平达到最低。

(4) 总周期时间最短化。在当今的国际市场竞争中,时间已成为竞争成功最重要的因素之一。当今的市场竞争不再是单个企业之间的竞争,而是供应链与供应链之间的竞争。从很大程度上说,供应链之间的竞争实质上是时间的竞争,即必须实现快速有效地响应客户需求,最大限度地缩短从客户发出订单到客户满意收货的整个供应链的总时间周期。

(5) 物流质量最优化。供应链企业间服务质量的好坏直接关系到供应链的存亡。如果在所有业务过程完成以后,发现提供给最终客户的产品或服务存在质量缺陷,就意味着所有成本的付出将不会得到任何价值补偿,供应链物流的所有业务活动都会变为非增值活动,从而导致整个供应链的价值无法实现。因此,提高客户对物流服务项目的满意程度,满足客户个性化服务形式需求,定期检查已实施的物流服务的效果,实现和保持较高的服务质量,也是供应链管理的重要目标。而这一目标的实现,必须从原材料、零部件供应的零缺陷开始,直至供应链管理全过程、全方位质量的最优化。

二、国际电子商务对供应链管理的影响

(一) 国际电子商务缩短了供应链各节点的距离

在传统的供应链渠道中,产品从生产企业流到消费者手里要经过多个环节,流程很长,由此造成了成本上升、利润下降等问题。采用国际电子商务方式后,供应链的每个环节都发生了变化,其中发生最大变化的是分销商这一环节。

分销商是传统国际贸易中必不可少的角色,但在新的贸易流程里,已经不需要这一角色。通过网络交易平台,生产企业可以绕过传统的分销商与零售商甚至直接与消费者联系。传统的分销商也可以通过建立商业网站,利用自己与生产企业和消费者直接互联的优势,继续充当分销商的角色,但转型后的分销商在 Internet 上只是一个虚拟的信息与组织中介,不需要设置多层实体分销网络,也不需要存货,因此仍然降低了流通成本,缩短了流通时间,使物流路径缩短。

（二）国际电子商务改变了供应链运营模式

传统供应链中各节点的企业处于独立分离状态，这使企业之间的需求预测、库存状态、生产计划等重要信息无法迅速、准确地传递，导致供需脱节。供应链大都采用“推动式”运营模式，即以制造商为核心，产品生产出来以后，从分销商、零售商开始逐级推向最终消费者。结果导致分销商、零售商处于被动接受地位，只能以增大库存的方法应付市场需求的变化，使得整个供应链上的库存量增大，货物运转周期拉长，对需求变动的反应能力变弱，最终影响了供应链的整体运作效率。

在国际电子商务环境下，供应链实现了一体化，各节点的企业通过 Internet 协调彼此的合作关系。分销商、零售商能及时且准确地掌握客户信息以及产品的销售信息，通过供应链的信息系统迅速传递给上游的制造企业，制造商就可以及时对下一轮的生产进行调整，同时调整自身的采购计划，从而使原材料供应商也获得市场需求变化的信息并及时改变他们的供应计划。市场信息通过网络的快速传递使供应链上各节点的企业能够对市场需求的变化作出同步反应，使产品的流动方向由“推动式”转变成“拉动式”，实现供应链中的“零库存”或“柔性库存”。

（三）国际电子商务改变了供应链的企业管理模式

传统的供应链管理一般建立在专用网络上。一些生产企业除了建立具有竞争优势的核心业务外，还需通过投资自建、投资控股或兼并的方式将上游原材料的供应、下游产品的销售等业务纳入自己的管理范围内，这需要投入大量的资金，只有一些大型企业才有能力进行自己的供应链建设，并且这种供应链缺乏柔性。

国际电子商务的应用促进了供应链的发展，也弥补了传统供应链的不足。企业只需注重自己的核心业务，充分发挥核心竞争优势，将非核心业务交由其他企业完成，最大限度地取得竞争优势。原有供应链上的企业由对立发展走向共生发展，企业与企业之间通过 Internet 结成供应链上的企业联盟。不仅如此，国际电子商务还使供应链可以共享全球化网络，使中小型企业以较低的成本加入到全球化供应链中。

（四）国际电子商务推动第三方物流和第四方物流成为供应链中的主要物流模式

国际电子商务方式下，交易信息查询、交易磋商、签约以及付款等环节，均可以通过 Internet 迅速完成。想要提高国际贸易的综合效率，就要求所交易的货物也应在最短的时间内，从供应链起点的出口国生产商手中送交到供应链终点的进口国购买者手中。因此，选择高效率的国际物流运营模式至关重要。由于第三方物流、第四方物流所具有的显著效率优势，以专业物流企业运营的第三方物流、第四方物流模式，将成为国际电子商务环境下主要的国际物流模式。

三、国际电子商务环境下供应链管理的优势

供应链管理是多层次、多目标的系统工程，随着供应链赖以生存的国际市场环境不断变化，供应链管理的核心任务也在不断变换。在快速发展的国际电子商务时代，供应链管理有如下几方面的优势。

（一）有利于保持现有的客户关系

国际电子商务使竞争从企业之间的竞争逐渐演化为供应链之间的竞争。基于国际电子商

务的供应链管理直接加强了供应链中企业与客户间的联系,并且在开放的 Internet 网络上,企业可以与全球消费者进行直接对话,从而有利于满足客户的各种需求,保留住现有客户。

(二) 有利于促进现有业务的增长

通过实施基于国际电子商务的供应链管理,可以实现供应链的各相关企业对产品和业务进行电子化、网络化的信息管理。同时,通过国际电子商务手段对供应链中各企业实现有组织、有计划的统一管理,减少流通环节,降低成本,提高效率。

(三) 有利于开拓新的客户和新的业务

通过实施基于国际电子商务的供应链管理,无论是企业还是客户都会从中获得利益,企业可以最低的成本搜寻到更多的客户,消费者也可以最低的成本找到最满意的供货商,实现“双赢”目标。

(四)有利于提高运营效率

实施基于国际电子商务的供应链管理,不仅能使供应链的各相关企业降低生产成本、缩短需求响应时间和适应市场变化的时间,还能为客户提供全面服务,使客户能够获得最好品质的产品和服务,同时实现最大增值。

(五) 有利于分享供需信息

基于国际电子商务的供应链交易涉及信息流、产品流和资金流。供应链中的企业借助电子商务手段可以在 Internet 上实现部分或全部的供应链交易,从而有利于各企业掌握跨越整个供应链的各种有用信息,及时了解客户的需求以及供应商的供货情况,同时也便于客户网上订货并跟踪订货情况。

(六) 有利于及时反馈客户诉求

通过实施基于国际电子商务的供应链管理,可以全天候地工作,及时了解和反馈客户诉求,不仅提高了为客户服务的时间效力,而且还提高了为客户服务的忠诚度。

当然,国际电子商务对企业开展供应链管理,也对贸易企业和国际物流企业的管理模式、处于统一供应链的企业之间的协作和利益分配调整,以及信息化建设和信息安全等带来不小的挑战,需要采取有针对性的措施进行调整和优化。

四、国际电子商务环境下供应链管理的发展趋势

随着 Internet 技术的进一步发展和普及应用,国际电子商务已从过去单一的 B2B、B2C 模式逐步走向 B2B、B2C、B2B2C 和 C2C 混合的发展模式,同时,供应链管理也出现了一些新的发展趋势。

(一)ISCM

电子商务环境下的 ISCM 将成为供应链管理发展的一个主要方向,它通过将大量分散的企业连接成一个动态的、集成的、虚拟的、全球性的供应链网络,使渠道安排从一个松散的独立企业的群体,变为一种致力于提高效率和增强竞争力的合作力量,从而增强了渠道的整体竞争力,消除了传统供应链管理松散无效率的弊端。在 ISCM 中,国际物流企业起着“纽带”和“黏合剂”的作用。由于我国 ISCM 的应用尚处于起步阶段,对于国内大多数中小企业而言,供应链管理仅仅局限于基本的产、供、销管理,未能形成有效的供应链管理体系。所幸的是我国实施 ISCM 的各项支撑技术及配送、零售、仓储、运输等物流环节均有了良好的发展,以国际物流

企业为纽带的ISCM已具备实施的基础。重要的是，应积极利用数据共享程序以及电子商务网络技术对现有的供应链进行改造和集成，以便在未来的经济全球化竞争中保持和扩大核心竞争优势，开创更广阔的市场空间。

（二）移动供应链管理

移动供应链管理（Mobile Supply Chain Management，MSCM）已经成为目前最为新颖、最为快捷的供应链管理模式。MSCM基于供应链管理平台，利用移动通信技术、各种移动通信设备、移动计算机技术和移动互联网技术，对围绕提供某种共同产品或服务的相关企业的特定关键资源进行随时随地的管理，从而帮助实现整个渠道商业流程优化的一种新的供应链管理方式。移动供应链的出现，极大地降低了供应链上信息的使用限制，提高了信息传递和处理的效率，增加了信息共享的机会，减少了信息录入的错误率，并以此提升了供应链上企业和客户之间、企业与企业之间的协调能力，让供应链流程更加精确、更加流畅。

（三）绿色供应链管理

绿色供应链管理（Green Supply Chain Management，GSCM）是在整个供应链管理过程中综合考虑环境影响和资源效率的一种现代管理模式，它以绿色制造理论和绿色供应链管理技术为基础，其目的是使得产品在从物料获得、加工、包装、运输、使用到报废处理的整个过程中，对环境影响最小、资源利用效率最高，使供应链管理的经济效益和社会效益协调优化。GSCM把环境整合到整个供应链中，并结合制造技术、控制技术和网络技术等新的应用技术，综合利用资源和保护环境，实现经济效益和环境效益的最优化，最终实现经济的可持续发展。

本章小结

本章从国际物流的概念入手，阐述国际物流的复杂性、差异性、标准化、信息系统国际化、风险性和运输方式多样性特点，并指出系统更加集成化、管理更加网络化、标准更加统一化、配送更加精细化、园区更加便利化和运输更加现代化是国际物流发展的趋势。国际物流成为国际电子商务不可或缺的部分，国际电子商务的发展推进物流的现代化进程。国际电子商务对物流采购、包装、运输、库存、配送和物流信息各环节都产生了一定的影响。自营物流模式、第三方物流、第四方物流和物流联盟是国际电子商务环境下的主要物流运营模式。

国际物流管理信息系统具有信息处理功能、事务处理功能、预测功能、计划功能、控制功能以及辅助决策和决策优化功能。物流管理信息系统包括物品管理子系统、仓储管理子系统、配送管理子系统、运输与调度子系统、客户服务子系统、财务管理子系统、质量管理子系统、人力资源管理子系统等。条形码技术、电子标签技术、智能运输系统以及物联网技术是国际物流管理信息系统应用的主要技术。

国际电子商务对供应链管理产生了一定的影响，它拉近了企业与客户的联系，缩短了供应链各节点间的距离；它改变了供应链中货物的流动方向，改变了供应链中企业的管理模式，第三方物流、第四方物流将成为国际电子商务环境下的主要物流模式。国际电子商务环境下实施供应链管理有利于保持现有的客户关系、促进现有业务的增长、开拓新的客户和新的业务、提高运营效率、分享供需信息和及时反馈客户诉求。国际电子商务交易方式下，供应链管理日益向一体化、移动化和绿色化方向发展。

关键术语

国际物流,自营物流,第三方物流,第四方物流,物流联盟,国际物流管理信息系统,条形码技术,电子标签技术、智能运输系统,物联网技术,供应链,供应链管理,一体化供应链,移动供应链,绿色供应链

复习思考题

1. 什么是国际物流?它具有哪些特点?
2. 试分析国际物流的发展趋势。
3. 如何理解国际电子商务与国际物流之间的关系?
4. 简要阐述国际电子商务对物流具体环节的影响。
5. 国际电子商务环境下的物流运营模式有哪些?
6. 什么是国际物流信息管理系统?它具有哪些功能?
7. 主要的条形码技术类型有哪些?请分别举例说明。
8. 智能运输系统包含哪些子系统?
9. 物联网的特点是什么?包含哪几项关键技术?
10. 什么是供应链和供应链管理?
11. 国际电子商务对供应链管理有哪些影响?
12. 试分析国际电子商务环境下实施供应链管理的优势和挑战。
13. 我国国际物流和供应链管理中存在哪些问题?如何解决?

参考文献

黄小原:电子商务与供应链管理[M],东北大学出版社,2002 年 5 月。

林玲玲:供应链管理(第 2 版)[M],清华大学出版社,2008 年 10 月。

林自葵:电子商务下的物流管理[M],北方交通大学出版社,2010 年 1 月。

李海刚:电子商务物流与供应链管理[M],北京大学出版社,2014 年 6 月。

毛禹忠:国际物流配送和网络系统[M],浙江大学出版社,2013 年 6 月。

魏修建:电子商务物流概论[M],电子工业出版社,2009 年 9 月。

王时晖:国际物流管理[M],天津大学出版社,2012 年 10 月。

宋华:电子商务物流与电子供应链管理[M],中国人民大学出版社,2004 年 1 月。

杨坚争:国际电子商务[M],电子工业出版社,2009 年 1 月。

约翰・曼根(John Mangan)等:国际物流与供应链管理[M],电子工业出版社,2011 年 7 月。

苏尼尔・乔普拉(Sunil Chopra)等:供应链管理(第 3 版)[M],中国人民大学出版社,2008 年 3 月。

第十章

国际电子商务环境下的金融服务

学习目标

掌握：金融电子化的含义和特点，电子商务第三方支付的含义及特点，网上国际结算系统，网上保险的特点及优势

理解：我国金融电子化系统及其构成，电子支付的概念、特征及方式，网上银行的经营风险

了解：网上银行的运行机制与业务模式，SWIFT 的特点、服务与风险防范，网上保险的业务运作模式

导学案例

全球最大的网络支付平台——PayPal

PayPal（在中国的品牌名为“贝宝”），1998 年 12 月由 Peter Thiel 和 Max Levchin 建立，是一个总部在美国加利福尼亚州圣荷西市的 Internet 服务商，允许在使用电子邮件来标识身份的用户之间转移资金，替代了传统的邮寄支票或者汇款的方法。PayPal 也和一些电子商务网站合作，成为它们的货款支付方式之一；但是用这种支付方式转账时，PayPal 要收取一定数额的手续费。

PayPal 是针对具有国际收付款需求的用户而设计的账户类型，它是目前全球使用最为广泛的网上交易工具之一。它能帮助用户进行便捷的外贸收款、提现与交易跟踪；从事安全的国际采购与消费；快捷支付并接收包括美元、加元、欧元、英镑、澳元和日元等 25 种国际主要流通货币。

PayPal 已成为全球最大的网上支付公司。它在 2002 年 6 月被全球最大的电子商务在线交易平台 eBay 收购，成为其旗下的一家子公司，致力于让个人或企业通过电子邮件，安全、简单、便捷地实现在线付款和收款。PayPal 账户所集成的高级管理功能，使用户能轻松掌控每一笔交易详情。截至 2013 年年底，在跨国交易中超过 90% 的卖家和超过 85% 的买家认可并正在使用 PayPal 电子支付业务。

作为备受全球亿万用户追捧的国际贸易支付工具，PayPal 可以实现即时支付、即时到账、

多种语言操作界面,能通过各国本地银行轻松提现,为企业解决外贸收款难题,帮助企业成功开展海外业务。作为世界第一的在线付款服务商,PayPal 向全世界超过 2.2 亿的用户敞开大门。使用 PayPal 最大的好处是:注册完全免费,集国际流行的信用卡、借记卡、电子支票等支付方式于一身,帮助买卖双方解决各种交易过程中的支付难题。

2010 年 4 月 27 日,阿里巴巴和 PayPal 联合宣布,双方达成战略合作伙伴关系。2012 年 8 月 18 日,PayPal 与麦当劳合作测试移动支付服务,并在法国的 30 家麦当劳餐厅设置了这一功能。在法国的试点项目中,麦当劳客户可以通过麦当劳的移动应用订餐,或通过网络订餐,然后利用 PayPal 付款。PayPal 发言人表示,参与试点的餐厅专门为这类用户开辟了一个服务台。

通过 PayPal,付款人欲支付一笔金额给商家或者收款人时,可以分为以下几个步骤:

1. 只要有一个 E-mail 地址,付款人就可以登录开设 PayPal 账户,通过验证成为其用户,并提供信用卡或者相关银行资料,增加账户金额,将一定数额的款项从其开户时登记的账户(如信用卡)转移至 PayPal 账户下。

2. 当付款人启动向第三人付款的程序时,必须先进入 PayPal 账户,指定特定的汇出金额,并提供收款人的电子邮件账号给 PayPal。

3. 接着 PayPal 向商家或者收款人发出电子邮件,通知其有等待领取或转账的款项。

4. 如商家或者收款人也是 PayPal 用户,其决定接受后,付款人所支付的款项即移转至收款人的 PayPal 账户。

5. 若商家或者收款人没有 PayPal 账户,收款人需要按照 PayPal 电子邮件内容指示进入网页注册取得一个 PayPal 账户,收款人可以选择将取得的款项转换成支票寄到指定的处所、转入其个人的信用卡账户或者转入另一个银行账户。

从以上流程可以看出,如果收款人已经是 PayPal 的用户,那么该笔款项就汇入他拥有的 PayPal 账户,若收款人没有 PayPal 账户,网站就会发出一封通知电子邮件,引导收款人到 PayPal 网站注册一个新的账户。所以,也有人称 PayPal 的这种销售模式是一种"邮件病毒式"的商业拓展方式,从而使得 PayPal 如雪球般越滚越大地占有市场。

资料来源:根据 PayPal(http://www.PayPal.com/c2/)和 eBay(http://www.ebay.cn)中文网站发布的信息整理。

案例思考题:

1. 何谓网络支付平台?除 PayPal 外,你还了解哪些网络支付平台?
2. PayPal 为何能在短短的十几年内发展成为全球最大的网络支付平台?
3. PayPal 的成功对中国网络支付平台的发展有哪些启示?

第一节 金融电子化与国际电子商务

一、金融电子化概述

(一) 金融电子化的含义

金融电子化(Financial Computerizing)是指采用计算机技术、通信技术、网络技术等现代化技术手段,改变金融业传统的业务经营方式,实现金融业务处理自动化、服务电子化、管理信息化和金融决策科学化,从而为客户提供多种快捷方便的服务,提高金融业国际竞争力,并为国民经济各部门提供及时、准确的金融信息的活动过程。金融服务电子化是金融服务与网络技术全面结合的产物，包括电子支付、网上银行、网上保险、网上证券等金融业务。

（二）金融电子化的基本内容

金融电子化的目标是建立集金融业务处理、信息管理和决策支持于一体的金融网络信息系统，基本内容包括：

（1）设置金融电子化管理机构；

（2）制订金融电子化发展规划；

（3）建立金融业务信息系统；

（4）制定金融电子化标准、规范与管理制度；

（5）进行金融电子化人才的培养。

二、金融电子化的特点

（一）效率性

在电子技术运用到金融领域之前，各营业机构都是使用手工操作，业务处理速度、业务信息传递速度极为缓慢，业务开展的范围也受到一定的限制，金融产品相对单一。计算机技术进入该领域之后，日常业务批处理的引进，大大提高了处理日常业务的工作效率。随着计算机系统支持的 ATM、POS 终端、网络银行为代表的一系列电子金融创新产品的使用，利用 DDN 或 PSTN，打破存取款地域的限制，使持银行卡或存折的客户可在任何营业网点或代理机构办理业务。

（二）低成本

借助电子技术的金融最大的特点就是前期资金投入较大，后期费用相对低廉。与传统营业网点相比，具有投入人员少、资金划拨快、营业场地虚拟等特征。客户在自己家中就可以通过电话、计算机等工具直接进行交易，也降低了客户的交易成本。

（三）业务性

金融机构的电子化是建立在银行业务的基础之上，借助电子计算机技术这一手段，来达到金融扩散、金融创新、提供新的金融服务、增加盈利的目的。如果只是单纯地注重电子技术发展，而忽视了金融业务的性质与结构，只能是缘木求鱼。如 1995 年 10 月正式开业，号称世界第一家网络银行的美国“安全第一网络银行”（Security First Network Bank），由于过分重视网络服务，忽视金融产品开发，在最初几个月吸引数千万人上网浏览之后，业务增长很快归于平淡，1998 年 10 月被拥有 1 860 亿美元资产的加拿大皇家银行金融集团（Royal Bank Financial Group）收购。

（四）风险性

随着电子金融系统处理能力和网络速度的不断提高，网上交易系统的系统安全问题也日益突出，网上金融欺诈、账号信息泄露以及“黑客”攻击等都对网络电子金融安全造成巨大威胁。我国的证券公司及银行业网上银行服务也多次被“黑客”攻击。国际网络金融市场风险通过电子网络的传递，也会波及我国电子金融市场，增大了银行电子金融服务防范经营风险上的难度。

三、金融电子化的表现形式

(一) 电子货币、信用卡等电子支付产品广泛应用

英国国民西斯敏斯特和米德兰银行 1995 年开发了以智能卡为基础的 MODEEX 电子货币系统,在伦敦建立国际总部,并向美国、加拿大推广这一系统,大大推动了电子货币的应用。

(二) 网上银行

金融服务电子化凭借低成本、高效率,促使各国商业银行纷纷建立自己的网上银行,传统银行业务和金融产品也逐步转移到网上银行进行。当前,无论是发达国家还是发展中国家的银行,不管其规模大小,无一不开展网上银行服务。

(三) 网上保险

自美国国民第一证券银行首创通过 Internet 销售保单业务以来, 美国已有 80% 的网络用户通过 Internet 查询机动车辆保险费率,有 60% 的用户倾向于网上投诉。英国于 2000 年建立"屏幕交易"保险网站,提供七家保险商的汽车和旅游产品,用户数量以每年 17% 的速度递增。2011 年,美国车险网上交易额已经占到交易总额的 50% ,英国车险和家财险的网络销售保费分别占到 47% 及 32% ,日本车险业务电子销售渠道的占比达到 41% 。艾瑞咨询集团的统计显示,2013 年中国互联网车险交易额达到 89. 0 亿元,相较 2012 年增长了 124. 6% 。

(四) 网上证券业

证券交易网络的建立,为个人和机构证券交易者"足不出户"买卖世界各国上市股票和债券,提供了最大便利。新加坡与澳大利亚的证券交易所通过联网,实现上市股票的相互交易,加拿大、墨西哥以及欧洲的一些交易所也借助网络实现了一天 24 小时的证券交易。而正是有了证券交易的网络化,才使得中国香港和内地的交易者能通过"沪港通",相互买卖上海和香港的上市股票和债券。

四、国内外金融电子化的发展概况

电子信息技术运用于金融产业始于 20 世纪 50 年代,但最初应用范围仅局限于银行体系或局域网中,运用的目的主要是提高银行内部工作效率。20 世纪 90 年代中期,随着 Internet 的商业化应用,传统金融才开始加速向电子金融发展和扩张。

(一) 美国金融电子化的发展概况

1995 年 10 月,世界上第一家网络银行——美国"安全第一网络银行"的成立,真正标志着世界电子金融业务的诞生。

长期以来,美国的金融市场与银行业经营一直居于世界领先地位,其高科技的运用与发展更居于国际金融同业前茅。美国著名的 MIS 专家 K. G. Laudon 指出:"在美国,70 年代是 IT 技术支持业务,80 年代是 IT 技术运作业务,而到了 90 年代则是 IT 技术再造业务。"这种说法,基本上概括了美国金融电子化发展的渐进演进顺序以及不同年代的发展特点。

近年来,金融电子化对美国金融业的发展起到了无可替代的作用。在美国,几乎所有银行都建立了自己的网站,提供越来越多的网上银行服务和网络电子金融产品。其今后的发展目标包括:建立客户综合服务网络,建立全球银行间的网络系统,创建银行内部通信网络,实现数据集中处理、挖掘、采集、分析等。花旗银行的 ATM 目前已能处理 150 多种交易,从现金存取、

资金借贷、税费缴纳到共同基金投资，再到进行股票交易，客户对网络银行的依赖性越来越大。同时，以电子化为特征的新兴业务，如 ATM、POS、企业银行、移动银行、全天候自助银行、呼叫中心等层出不穷。

同时，电子金融工程日益为美国银行业所重视，其承担的是向特定用户提供能满足其需要的服务方案。该方案包括尖端金融产品的设计、证券承销安排、资金的吸收与分流、产品开发与信息处理等。银行通过客户综合服务网络，向客户提供能满足其要求的、独特的服务方案。这种方案是标准化的投资机会及储蓄、信托方式，配合客户的独特需要而组合成的最低成本方案，即“固定客户制”。其实现的载体就是客户综合服务网络，通过该网络银行可以最大限度地利用客户信息资源，发掘潜在客户，加深银行与客户的定向信息交流关系。

（二）我国金融电子化的发展进程

我国金融电子化相对西方国家起步较晚，但金融电子化建设进展迅速，在金融通信网络和金融业务处理等方面已发生了根本性变化，已建成的电子化金融系统对加强金融宏观调控、防范化解金融风险、加速资金周转、降低经营成本和提高金融服务质量起到了重要作用。我国金融电子化大致分为三个阶段：

1. 单机批处理阶段

单机批处理阶段从 1957 年到 20 世纪 70 年代末期。1957 年，我国金融领域中的银行联行业务量迅速增长。为满足银行进行集中联行监督和对账的需要，从国外引入电磁式计算机系统。1974 年，中国人民银行又引进了 360/61 型电子计算机，使中国联行业务迈上了一个新台阶。

2. 联机实时处理阶段

由于单机批处理方式效率低，银行业从 80 年代初期开始采用联机实时处理。在联机实时处理阶段，我国开始较大规模地引进、消化、吸收和推广计算机系统及技术。当时引进的计算机系统有日产 M-150 小型计算机、IBM 4381 中型计算机以及多种型号的微型计算机。其中，M-150 运算速度达 250 000 次/秒，内存 2MB。该机通信功能较强，参与了联行业务处理、对公储蓄柜台业务和外汇买卖业务的试点活动。由于采用了软件工程开发的方法，我国金融电子化系统在 80 年代的应用中获得成功。中国工商银行在此期间引进了面向大中城市一级分行的 IBM 4381 计算机系统。该种机型操作系统完善、内存量大、安全保密性好，适合柜台业务和联机业务处理。

3. 金融电子化联机网络阶段

20 世纪 80 年代末至今，是我国金融行业初步实现金融电子化的联机网络阶段。在此期间，在全国范围内建立起一批金融电子化网络系统，如中国人民银行的金融卫星通信网。并且，利用 Internet 技术与环境实现业务集中处理，加快金融创新，逐步开拓网上金融服务，包括网上银行、网上支付、移动支付等。目前，我国金融电子化与发达国家已基本处于同一发展水平。

我国保险和证券业的电子化发展，在 90 年代才开始起步，但借助 Internet 商业化应用的契机，其势头已很迅猛，与发达国家的差距已不明显。

五、我国金融电子化系统的构成

金融电子化系统是对金融信息进行采集、传送、处理、显示与记录、管理和监督的综合性计算机通信网络系统。广义的金融电子化系统涵盖银行、保险、证券和其他金融机构，而协议的金融电子系统则指的是银行电子化系统。狭义上的金融电子化系统一般包括四大组成部分:电子支付系统;金融自动化服务系统;金融管理信息系统和金融决策支持系统。

(一) 电子支付系统

我国金融电子支付系统从体系结构上来说,分为上层支付系统和下层支付系统。上层支付系统是指中央银行提供跨行支付与清算服务的系统;下层支付系统则指商业银行客户服务系统。

1. 支付资金清算系统

该系统包含同城清算所网络系统、小额批量电子支付系统、大额实时支付系统及银行卡授权网络系统、证券簿记系统、邮政支付系统、国际支付系统等。其中,同城清算所网络系统是处理城市范围内的借记与贷记支付、人工或自动分类来进行票据交换的支付系统;小额批量电子支付系统是同时处理票据可以截留的定期贷记、定期借记、预先授权借记的批处理业务的同城与异地一体化系统;大额实时支付系统是从事同城与异地资金逐笔实时处理的支付系统;银行卡授权系统则是对 ATM 和 POS 机进行跨行或行内授权,而后进行清算与结算并最终完成支付的系统;证券簿记系统是从事将证券与证券所有者的信息保留于金融计算机内的系统;邮政支付系统是从事邮政汇款的异地支付服务系统;国际支付系统是从事与其他国家进行支付往来的外汇资金支付系统。

支付系统的最终用户是各行各业的金融用户,他们通过金融电子化系统中的主要手段——金融支付系统来进行各种必要的金融业务活动,而后在金融业务部门和其他金融业务部门之间,进行以支付系统为基础的跨行资金转账和结算。

2. 银行业务处理系统

银行业务处理系统从业务上可分为对公业务和储蓄业务。对公业务包括多项针对国有、集体和个人在银行开立的账户办理存款、贷款及结算业务。具体有:

(1) 委托付款结算、转账支票结算、同城托收承付结算、托收无承付结算、本票及信用证结算等同城结算业务;

(2) 托收承付、委托收款、汇款结算、限额结算、信用证与汇票业务等异地结算业务;

(3) 现金收付汇分户账、现金收入来源与支付分析、现金支票号控制和挂失、代收他行现金业务、应解汇款现金付款业务、大额现金支付管理、隔日工资预处理、个人贷款户付现处理等现金收付业务及现金管理业务;

(4) 面向流动资金贷款户、结算贷款户、固定资产贷款户、逾期贷款户、其他贷款户和个体贷款户的贷款业务;

(5) 账户处理业务;

(6) 查询和改错处理业务;

(7) 轧账和综合核算处理业务;

(8) 定时批处理业务,等等。

储蓄业务则有:

(1) 定期存款、活期存款、贷款、综合业务和轧账等储蓄所柜台业务;

(2) 管辖单位业务;

(3) 上级行储蓄主管部门管理业务等。

(二) 金融自动化服务系统

金融自动化服务系统是以计算机技术与通信技术为核心的自动化网络应用系统,该系统通常包括：自动存取款机系统、销售点终端系统、金融交易智能卡系统、金融新型业务代理系统、电话银行与家庭银行系统等。

（1）自动存取款机系统。它是应用最广的金融服务系统，在实际应用中，分别以现金自动提款机、出纳自动收付两用机、自动柜员机系统等形式出现。

（2）销售点终端系统。它是在商业销售网点和银行销售网点，面向用户付款使用的一种自动化服务系统。

（3）金融交易智能卡系统。它是银行卡电子支付服务系统，但是金融交易智能卡系统内必须配置智能卡授权系统，才能保证安全性。

（4）金融新型业务代理系统。代理公共事业费、代发工资和代理证券交割业务是目前典型的三种代理金融业务的自动化服务项目。

（5）电话银行与家庭银行系统。该系统是将计算机、通信、语音输入输出技术结合起来，应用于原有的金融业务处理系统。电话银行系统是人—通信设备—计算机综合一体的网络系统。

（三）金融管理信息系统

金融管理信息系统是一个由金融界人士、金融计算机、金融业务应用环境统一构成的人—机—环境系统。它专门从事对现代金融管理信息的采集、传输、存储、处理、显示和维护活动，提高金融信息的处理与使用效率，同时对金融活动实施影响、管理和控制。由于金融管理信息系统是专门面向金融领域的管理信息系统，因此具备下述基本功能：

（1）及时、准确地采集、传递必要的金融电子数据和信息；

（2）能够提供标准化的和统一格式的金融信息；

（3）能够应用必要的分析手段对所传递的金融电子信息进行分析；

（4）能够面向层次不同的金融管理机构提供与之相适应的金融信息报告；

（5）能够高效率地使用金融管理信息系统。

基于上述基本功能，金融管理信息系统的体系结构应是以金融业务信息系统为基础建立的人—机—环境开放式系统，它包含众多的管理信息分系统：

（1）金融统计信息分系统。它对国民经济和国家金融的主要统计指标、信贷与资金、银行经营管理的各项统计指标等，进行采集、存储、处理、查询、分析和预测。

（2）金融计划管理分系统。它预测信贷、资金的市场发展，确定信贷中长期计划的主要指标，编制信贷资金计划和业务经营计划。

（3）信贷管理分系统。它分析贷款投向、投量及贷款经济效益。

（4）金融外汇管理分系统。它对外汇信贷业务进行分析预测，搜集、整理与提供外汇价格、国际市场的经济与金融信息，对中间贷款项目进行评估等。

（5）金融财务管理分系统。它开展经济财务活动的分析，包括银行经营成本、利润、税收、利息、资金和基建投资的分析，考核指标的分析等。

（6）金融监督信息分系统。它收集与处理监督类信息，对财务审计与业务审计情况进行分析与监督。

（7）金融人事教育管理分系统。它对金融干部的专业结构和专业水平进行分析，并对有关金融专业的设置、招生计划等进行分析预测。

（四）金融决策支持系统

金融决策支持系统是一种为各级金融管理部门的领导人员和管理人员提供辅助决策信

息,以协助他们作出正确决策的计算机网络系统。它是由能够满足金融领域管理体系和机构的业务需求的集成系统构成的,包括三个分系统:

(1)金融数据管理系统。该系统主要以存储和管理金融管理机构所需要的内外部电子数据信息,通过对数据的收集、调用和及时处理,综合整理出必要的金融数据信息资源。在金融决策支持系统中,数据库系统的存在是一种必要的先决条件。

(2)金融模型库系统。该系统是金融决策支持系统的核心分系统。因金融决策支持系统所固有的多层次的特点,金融模型库系统也因应用范围和目标不同而各有差别。主要包括:国家货币流动模型、国家金融资金运用模型、工业信贷模型、商业信贷模型、长期存款与短期存款预测模型、信贷资金模型、基建财务评估模型、外资投资模型、金融业务量预测模型等。

(3)金融对话智能接口管理系统。它是沟通金融决策支持系统与金融管理和决策机构及人员之间有机联系的主要渠道。管理机构和人员通过计算机语言和图形语言,可以与金融对话智能接口管理系统实现对话,并通过它与数据库系统和模型库系统取得联系。金融决策支持系统也通过金融对话智能接口管理系统与金融管理信息系统建立联系。

六、金融服务电子化与国际电子商务

金融服务电子化是信息技术特别是网络技术发展的产物,与国际电子商务的产生和发展具有相同的技术渊源。而且,银行借贷、货款收付以及保险,是实现国际商务交易必不可少的环节。因此,金融服务电子化与国际电子商务的发展具有相辅相成的关系。

第一,在国际电子商务体系中,电子金融是必不可少的一环。完整的国际电子商务交易包括信息流、资金流和物流三个方面,不仅资金流、物流的完成离不开银行,没有银行服务,信息流也难以畅通。因此,国际电子商务的发展,需要完善、高效的网络电子金融服务的支持。而且,电子金融服务在国际电子商务中,起着关键的"纽带"作用。

第二,金融服务电子化加速了国际电子商务的发展。从发展历史看,金融电子化的出现要远远早于商务电子化。直到基于计算机网络的 EDI 技术出现后,电子商务才开始起步,这时,无论国内还是国家间的金融电子化水平已经相对成熟。因此,金融服务电子化的成熟,解决了国际电子商务跨国支付的瓶颈,对 Internet 时代国际电子商务的产生和快速发展,起到了显著的推动作用。而基于 Internet 的第三方网络支付平台的出现,更加快了国际电子商务的发展速度,尤其是跨境个人电子商务的出现和迅速增长。

第三,国际电子商务的发展也为电子金融国际化、网络化和金融创新拓展了新的空间。国际电子商务业务的增长,一方面降低了银行、保险等金融机构处理单证数据信息的成本,加快了金融机构的资金运营周期,提高了银行服务效率。另一方面也降低了金融机构参与贸易货款结算、贸易信贷、货物保险等国际业务的门槛,促使更多的金融机构开展国际金融业务,从而加快了一国的金融国际化进程,使这些金融机构逐步融入国际金融网络体系。同时,也加快了电子货币、电子支付和新型金融组织——第三方网络支付平台的快速成长和规模扩张。

第二节　国际电子支付

一、电子支付概述

(一)电子支付的概念及特征

电子支付(Electronic Payment)是以金融计算机网络为基础,以商用电子化机具和各类交

易卡为媒介,以计算机技术和通信技术为手段,以电子数据形式存储在银行的计算机系统中,并通过计算机网络系统以电子信息形式实现的货币流通和支付。电子支付具有如下特征:

(1)电子支付是采用先进的信息技术通过数字流转来完成信息传输的,其各种支付方式都是采用数字化的方式进行资金结算。而传统的支付方式则是通过现金的流转、票据的转让及银行的汇兑等物理实体的流转来完成资金结算的。

(2)电子支付的工作环境是基于一个开放的 Internet 网络系统平台。而传统支付方式则是在一个较为封闭的系统中运作。

(3)电子支付使用的是先进的网络通信手段,如 Internet、Extranet,并且对软、硬件设施的要求很高。一般应具备联网计算机、相关的操作和安全应用软件及其他一些配套设施。而传统支付方式使用的是邮政或人工通信手段,对软、硬件的设施要求相对较低。

(4)电子支付具有方便、快捷、高效、经济的优势。

(二)电子支付的发展阶段

在过去的几十年中,计算机和网络通信技术的发展对传统支付方式产生了重大影响。在零售支付服务市场上,开发出了以各种支付卡为代表的电子支付工具和相应的电子支付处理系统,如 ATM 系统、POS 系统、电话银行业务、EDI 以及电子货币系统。在大额支付服务市场上,许多国家都建立和运行着银行间的电子资金转账系统(Electronic Funds Transfer, EFT)。这些新型支付技术的发展为电子支付和网上金融交易创造了坚实的技术条件。电子支付是电子商务发展的核心工程,而金融服务的电子化必将大大促进电子商务的发展。目前,电子商务环境下使用的在线电子支付方式主要有:电子现金、银行卡、电子钱包、电子支票、智能卡等。

电子货币支付方式依据银行采用计算机技术的不同可分为五种方式,分别代表着电子货币支付发展的五个阶段。

第一阶段:银行利用计算机处理银行之间的货币汇划业务,办理汇划结算;

第二阶段:银行计算机与其他机构计算机之间的资金汇划,如代发工资、代缴水电费等;

第三阶段:利用网络终端向客户提供各项银行服务,如客户在 ATM 上进行存、取款操作等;

第四阶段:利用银行 POS 向客户提供自动扣款服务,这是现阶段电子货币支付的主要方式;

第五阶段:电子货币可以随时随地通过 Internet 进行直接的转账结算,以电子资金流的畅通来支持电子商务,是电子支付的最新发展阶段,又称为网上支付或在线支付(Online Payment)。

(三)电子支付系统的基本构成

网上电子支付系统的基本构成如图 10 - 1 所示。

客户是指与某商家有交易关系并存在未清偿的债权债务关系的一方(即债务方),客户用自己已拥有的支付工具(如信用卡、电子钱包等)来发起支付,是支付体系运作的原因和起点。

商家则是拥有债权的商品交易的另一方,他可以根据客户发起的支付指令向金融体系请求货币给付,商家一般要有优良的服务器来处理这一过程,包括认证以及不同支付工具的处理。

客户开户行是指客户在其中拥有了账户的银行,客户所拥有的支付工具就是由开户行提供的,客户开户行在提供支付工具的时候也同时提供了一种银行信用,即保证支付工具的兑

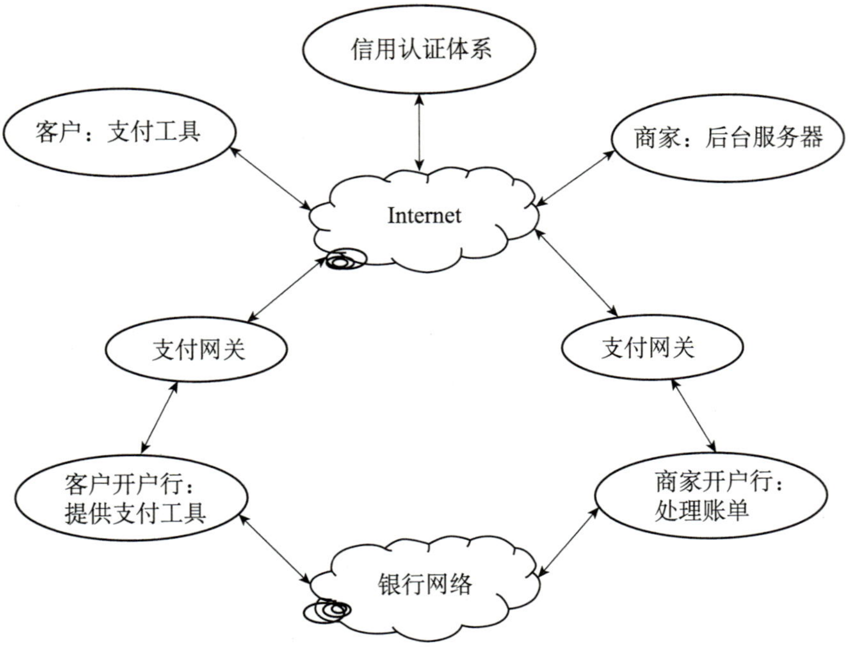

图 10-1　网上电子支付系统示意图

付。在信用卡支付体系中客户开户行又被称为发卡行。

商家开户行是商家在其中拥有账户的银行,其账户是整个支付过程中资金流向的地方。商家将客户的支付指令提交给其开户行后,就由开户行发出支付授权请求并进行银行间的清算。商家开户行是依据商家提供的合法账单(客户的支付指令)来工作的,因此又称为收单行。

支付网关是公用网和金融专用网之间的接口,支付信息必须通过支付网关才能进入银行支付系统,进而完成支付的授权和获取。支付网关的建设关系到支付结算的安全以及银行自身的安全,关系到网上支付结算的安全以及金融系统的风险,必须十分重视和谨慎。因为(国际)电子商务交易中同时传输了两种信息:交易信息与支付信息,必须保证这两种信息在传输过程中不能被无关的第三者阅读,包括商家不能看到其中的支付信息(如信用卡号、授权密码等),银行不能看到其中的交易信息(如商品种类、商品总价等),这就要求支付网关一方面必须由商家以外的银行或其委托的信用卡组织来建设,另一方面网关不能分析交易信息,对支付信息也只是起到保护传输的作用。

金融专用网则是银行内部及银行间进行通信的网络,具有较高的安全性,包括中国国家现代化支付系统(China National Automatic Payment System,CNAPS)、中国人民银行电子联行系统、商业银行电子汇兑系统、银行卡授权系统等。我国银行的金融专用网发展很迅速,为逐步开展电子商务提供了必要的条件。

认证机构则为参与的各方(包括客户、商家与支付网关)发放数字证书,以确认各方身份的真实性、合法性,保证网上支付的安全性,认证机构必须确认参与者的资信状况(如通过在银行的账户状况、与银行交往的历史信用记录等来判断),因此也离不开银行的参与。

除以上参与各方外,网上支付系统的构成还包括支付中使用的电子支付工具以及遵循的网上支付协议。

二、电子支付工具

（一）信用卡

信用卡(Credit Card)1915年起源于美国,目前在世界各国已成为一种普遍使用的支付工具和信贷工具。它使人们的结算方式、消费模式和消费观念发生了根本性的改变。信用卡是市场经济与计算机通信技术相结合的产物,是一种特殊的金融商品和金融工具,是电子支付中最常用的工具。

1. 信用卡的概念

信用卡是银行或专门的发行公司发给消费者使用的一种信用凭证,是一种把支付与信贷两项银行基本功能融为一体的业务。银行或发卡机构规定一定的信用额度,发给资信情况较好的企业和有稳定收入的消费者,持卡人就可以凭卡到指定的银行机构存取现金,到指定的特约商户那里消费,受理信用卡的商户将持卡消费者签出的记账单送交银行或发卡机构,由银行或发卡机构向持卡人收账。信用卡这种结算方式对卖方(特约商户)而言具有加速商品推销及流通的优点;对买方(持卡人)而言具有先消费后付款,避免携带大量现金的优点;而对发卡机构而言则可收取手续费、发放贷款取得利息、扩大资金的周转。可以说具有惠及三方的优越性。

2. 信用卡的功能及特点

通过金融专用网的终端,持卡人可以获得身份验证、消费结算、估资信贷、转账结算、通存通兑、自动取款、代发工资、代理收费等服务。因此,信用卡支付系统的另一优点就是能够在线实时操作,进行持卡人身份的真实性以及信用额度的验证和处理。

信用卡的最大特点是同时具备信贷与支付两种功能。持卡人可以不用现金,凭信用卡购买商品和享受服务。由于其支付款项是发卡银行垫付的,银行便与持卡人发生了贷款关系。而信用卡又不同于一般的消费信贷。一般的消费信贷,只涉及银行与客户二者之间的关系,信用卡除银行与客户之外,还与受理信用卡的商户发生关系。

3. 信用卡的支付类型

目前,基于信用卡的支付有四种类型,即无安全措施的信用卡支付、简单加密信用卡支付、通过第三方代理人的支付及安全电子交易(Secure Electronic Transaction,SET)信用卡支付方式。

(1) 无安全措施的信用卡支付。买方通过网上从卖方订货,而信用卡信息通过电话、传真等进行非网上传送,或者直接在Internet上进行传送,但无任何安全措施,卖方与银行之间使用各自现有的银行商家专用网络授权来检查信用卡的真伪。

(2) 简单加密信用卡支付。简单加密信用卡支付的原理是,使用简单加密信用卡付费时,当信用卡信息被输入买方浏览器窗口或其他电子商务设备时,信用卡信息就被简单加密,安全地作为加密信息通过网络从买方向卖方传递。加密协议有安全超文本传输协议(Secure Hyper Text Transmission Protocol,SHTTP)、安全套接层(Security Socket Layer,SSL)等。

(3) 通过第三方代理人的支付。改善信用卡事务处理安全性的一个途径就是在买方和卖方之间启用第三方代理,目的是使卖方看不到买方信用卡信息,避免信用卡信息在网上多次公开传输而导致的信用卡信息被窃取。

(4) SET信用卡支付。当用户通过网络在该公司购物时,用户用信用卡号同公司交换信息。用户使用安全的 SET 协议进行网络支付,具体方式是用户在网上将信用卡号和密码,加密发送到银行进行支付。在网页传送过程中,为了保证安全可靠,使用 SSL 传输协议。

(二) 电子现金

1. 电子现金的概念

电子现金又称电子货币(Electronic Cash,E-cash)或数字货币(Digital Money),它把现金数值转换成一系列的加密序列数,通过这些序列数来表示现实中各种金额的币值,是纸币现金的电子化,是一种以数据形式流通的货币。E-cash 可以被视为现实货币的电子或数字模拟,它以数字信息形式存在,通过互联网流通。第一个 E-cash 方案由美国的 David Lee Chaum 在 1982 年提出,他利用盲签名技术来实现,可以完全保护用户的隐私权。

E-cash 最简单的使用方式包括三个主体:商家、用户和银行,以及四个安全协议:初始化协议、提款协议、支付协议和存款协议。E-cash 的使用要经过提取、支付和存款三个环节,其基本流通程序是:用户与银行执行提取协议。从银行提取 E-cash;用户与商家执行支付协议。支付 E-cash;商家与银行执行存款协议,将交易所得的 E-cash 存入银行。

2. E-cash 的特点

(1)银行和商家之间应有协议和授权关系;

(2)用户、商家和 E-cash 银行都需要使用 E-cash 软件;

(3)E-cash 银行负责用户和商家之间资金的转移;

(4)E-cash 只能使用一次,重复花费能被容易地检查出来;

(5)用户能将 E-cash 像普通现金一样,在用户之间任意转让,且不能被跟踪;

(6)E-cash 不仅能作为整体使用,还应能被分为更小的部分多次使用,只要各部分的面额之和与原 E-cash 面额相等,就可以进行任意金额的支付;

(7)E-cash 对使用者来说都是匿名的,使用 E-cash 消费可以保护使用者的信息。

3. E-cash 的优缺点

(1)E-cash 的优点:① 使用更方便。无论对消费者还是商家,E-cash 都要比传统的现金、支票、信用卡结算方式更为方便,最终能降低消费者的购物费用。② 成本更低廉。在 Internet 上进行 E-cash 转账的成本要比处理信用卡的成本低。传统的货币交换系统要求银行、分行、银行职员、自动取款机及相应的电子交易系统来管理转账业务并保存现金,其处理成本非常高。而 E-cash 的转账只需利用现有的技术设施、Internet 和计算机系统就能完成,所以处理 E-cash 在硬件方面需要追加投入的固定成本趋近于零。③ 无需特殊认证。与使用信用卡必须进行特殊认证不同,使用 E-cash 不需要进行特殊认证,可用于各种类型的交易。

(2)E-cash 的缺点:① 使用量较小。目前,世界上只有少数几家银行提供 E-cash 业务,也只有少数商家接受 E-cash。② 成本较高。E-cash 对硬件和软件的技术要求都较高,需要一个大型的数据库存储用户完成的交易和 E-cash 序列号以防止重复消费。③ 存在货币兑换问题。由于电子货币仍以传统的货币体系为基础,如美国银行只能以美元的形式发行 E-cash,英国银行只能以英镑的形式发行 E-cash,这就使得跨国交易的交易双方存在货币兑换的要求。④ 存在税收监管困难问题。由于 E-cash 像真实的现金一样,流通不会留下任何记录,因此税务部门很难追查。⑤ 风险较大。E-cash 与普通钱币一样会丢失,如果存放 E-cash 的硬盘发生不可逆性损坏,则 E-cash 就永远丢失,无法恢复。另外,E-cash 使用的无需认证和完全匿名性,也会为许多不法交易(如毒品、军火买卖、贪污贿赂和敲诈等)提供了方便。

尽管存在种种问题,E-cash 的使用仍呈现增长势头。随着较为安全可行的 E-cash 解决方案的出台,E-cash 会成为未来电子商务中方便、安全的重要电子支付方式。

(三)电子支票

1. 电子支票的概念

电子支票(Electronic Check,E-check)是一种借鉴纸张支票转移支付的优点,利用数字传递将钱款从一个账户转移到另一个账户的电子付款形式。它是客户向收款人签发的,无条件的数字化支付指令。它可以通过 Internet 或无线接入设备来完成传统支票的所有功能。

E-check 的支付是在与商户及银行相连的网络上以密码方式传递的,多数使用公用关键字加密签名或个人识别号码(Personal Identification Number,PIN)来代替手写签名。

相比前两种电子支付手段,E-check 的出现相对较晚。E-check 使得买方不必使用写在纸上的支票,而是用写在屏幕上的支票进行支付活动。E-check 几乎和纸质支票有着同样的功能。一个账户的开户人可以在网络上生成一张 E-check,其中包含支付人姓名、存款金融机构名称、支付人账户名、被支付人姓名、支票金额。最后,像纸质支票需要本人签名一样,E-check 需要经过数字签名。被支付人还可以通过数字签名进行背书、转让。金融机构使用数字凭证确认支付者和被支付者身份、支付银行以及账户,就可以使用经过签名和认证的 E-check 进行账户存储。

2. E-check 的特点

(1) E-check 与传统支票工作方式相同,易于理解和接受。

(2) 加密的 E-check 使它们比基于非对称加密技术的 E-check 更易于处理和流通,收款人和收款人银行、付款人银行能够用公钥证书证明支票的真实性,数字签名也可以被自动验证。

(3) E-check 适于各种金融结算,尤其适合大额结算,可以很容易地与 EDI 应用结合,推动 EDI 基础上的电子订货和支付。

(4) 第三方金融服务者不仅可以从交易双方收取固定交易费用或按一定比例抽取费用,还可以以银行身份提供存款账目,且 E-check 存款账户很可能是无利率的,因此给第三方金融机构带来了收益。

(5) E-check 要求把公共网络同金融支付和银行清算网络连接起来,这就充分发挥了现有的金融结算基础设施和公共网络的作用。

E-check 支付系统十分适合 B2B 模式中的货款支付。由于 E-check 的即时认证能加快交易的速度,并在一定程度上保障交易的安全性,因此减少了处理纸质支票时的时间成本与财务成本,对支票丢失或被盗的挂失处理也方便有效得多。并且由于“票据交换所”的加入,在很大程度上提高了整个支票系统的运行效率,轧差处理①(Netting Settlement)使得无论数额大小的交易额都能得到低成本的处理。所有这些优点都促进了 B2B 商务模式运作的高效与低成本,因此具有很强的生命力。但 E-check 支付系统对保密性有较高的要求,这是在设计这个系

---

① 轧差处理是指利用抵消、合同更新等法律制度,最终取得一方对另一方的一个数额的净债权或净债务,如市场交易者之间,可能互有内容相同、方向相反的多笔交易,在结算或结束交易时,可以将各方债权在相等数额内抵消,仅支付余额。轧差处理是控制双边信用风险合约(如远期合约、掉期)的最常见方法之一,包括支付轧差(Payment Netting)、出清轧差(Closeout Netting)、跨产品轧差(Cross-product Netting)三种处理形式。

统时应充分考虑的因素。

（四）智能卡

1. 智能卡的概念及类型

智能卡(Intelligence Card,IC)的概念由 Roland Moreno 在 1972 年提出,1976 年 Bull 公司首先研制出了世界上第一张由双晶片组成的智能卡。经过二十多年的发展,真正意义上的 IC,即在塑料卡上安装嵌入式微型控制器芯片的 IC,由摩托罗拉和 Bull HN 公司共同于 1997 年研制成功。

IC 按存储介质分为两种:智慧卡和存储卡。

（1）智慧卡(Smart Card)又名 CPU 卡,是由一个或多个集成电路芯片组成,并封装成便于人们携带的卡片,在集成电路中具有微电脑 CPU 和存储器,智能卡具有暂时或永久的数据存储能力,其内容可供外部读取或供内部处理和判断之用,同时还具有逻辑处理功能,用于识别、响应外部提供的信息和芯片本身判定路线及指令执行的逻辑功能。按使用方法分为接触式 CPU 卡和非接触式 CPU 卡两种。

（2）存储卡(Memory Card)也是由一个或多个集成电路芯片组成,并封装成便于人们携带的卡片,具有记忆存储功能,但不带 CPU。存储卡按使用方法也分为接触式存储卡和非接触式存储卡两种。由于接触式存储卡成本低廉,社会使用量极大。

2. IC 的特点

（1）可靠性高。IC 是用硅片来存储信息的,先进的硅片制作工艺完全可以保证卡的抗磁性以及防静电、防机械损坏、防化学腐蚀及防射线能力,而且由于硅片的体积很小,里面有环氧层的保护,外面有印刷电路板及基片的保护,因此,具有很强的抗破坏性和耐用性。IC 信息可保存 100 年以上,读写次数在 10 万次以上,至少可用 10 年。

（2）安全性好。IC 系统具有很强的加密性,主要体现在芯片的结构和读取方式上。IC 存储区的访问受逻辑电路控制,只有各种密码核对正确后,才能进行读写操作。而且密码核对有次数限制,超过规定的次数,卡将被锁死。CPU 卡的加密性更高,除了密码控制外,还具备信息处理功能,进一步提高了系统的加密性。IC 的加密性,还体现在系统设计上,IC 属于可以随身携带的数字电路,而数字电路的各种硬件加密手段都可用来提高系统的加密性。另外,在软件设计上,可采用各种加密算法,大大增强了系统的安全性。

（3）存储容量大。传统磁卡的存储容量最大只有几百个字节,磁条一般只有几十个字节,而且只能作为一种被动的存储中介。而 IC 的信息存储容量可以做到几千个字节,现已有 200 万字节位的 IC 问世。而且 IC 上存储区可以分割,可以有不同的访问级别,这就为信息处理及一卡多用提供了方便和灵活性。

（4）用途广、种类多。从全球范围看,现在 IC 的应用范围已不再局限于早期的通信领域,还广泛地应用于金融财务、社会保险、交通旅游、医疗卫生、政府行政、商品零售、休闲娱乐、学校管理及其他领域。

3. IC 的功能

由于 IC 具有可靠性高、安全性好、存储容量大等特点,其功能已从最初的通信、金融结算等,延伸到费用缴纳、身份识别以及信息存储、查阅等越来越多的领域。随着 IC 技术的不断进步,其功能还有不断扩展的趋势。

（1）电子支付。IC 除用于交易结算外,还被广泛用于缴纳各种社会费用,如电话费、煤气费、水电费等。

（2）电子识别。能够控制对大楼房间或系统的访问，如计算机或收银机。

（3）数字存储。适时存储和查询多种数据信息，如存储和查询病历、跟踪目标信息或处理验证信息等。

4. IC 的结构

IC 的结构主要包括以下三个部分：

（1）建立 IC 程序编制器。程序编制器在 IC 开发过程中使用，它从 IC 布局的层次描述了卡的初始化和个人化创建所有需要的数据。

（2）处理 IC 操作系统的代理。包括 IC 操作系统和 IC 应用程序接口的附属部分。该代理具有极高的可移植性，它可以集成到芯片卡阅读器设备或个人计算机及客户机或服务器系统上。

（3）作为 IC 应用程序接口的代理。该代理是应用程序到 IC 的接口。它有助于对不同 IC 代理进行管理，并且还向应用程序提供 IC 类型的独立接口。

由于 IC 内安装了嵌入式微型控制器芯片，因而可储存并处理数据。卡上的价值受用户的 PIN 保护，因此只有用户能访问它。多功能的 IC 内嵌入高性能的 CPU，并配备有独自的基本操作系统软件，能够如同个人电脑那样自由地增加和改变功能。多数 IC 还设有"自爆"装置，如果犯罪分子想打开 IC 非法获取信息，卡内软件上的内容将立即自动消失。

（五）电子钱包

1. 电子钱包的概念

电子钱包（Electronic Wallet，E-wallet）是指装入电子现金、电子零钱、电子信用卡等电子货币，集多种功能于一体的电子货币支付方式。它是电子商务活动中购物 E-wallet 常用的一种支付工具，是在小额购物或购买小商品时常用的新式钱包，它是安装在用户端计算机上并符合 SET 标准的一种软件。E-wallet 中存放的信息包括信用卡信息、电子现金、身份证书、地址及其他相关信息。目前世界上有 Visa Cash 和 Mondex 两大 E-wallet 服务系统，其他 E-wallet 服务系统还有 Master Cash、EurlPay 的 Clip 和比利时的 Proton 等。

2. E-wallet 的特点

（1）用户需要使用 E-wallet 软件。用户可以直接使用与自己银行账号相连接的电子商务系统服务器上的 E-wallet 软件，也可以通过各种保密方式利用 Internet 上免费提供的E-wallet软件。整个过程需在 E-wallet 服务系统中进行。

（2）用户通常要在有关银行开立账户。在使用 E-wallet 时，要把 E-wallet 应用软件安装到电子商务服务器上，利用 E-wallet 服务系统把自己的各种电子货币或电子金融卡上的数据输入网上银行账户。在发生收付款时，如果客户需用电子信用卡付款，如用 Visa 卡和 Mondex 卡等收款时，客户只要单击一下相应项目（或相应图标）即可完成。这种电子支付方式称为单击式或单击式支付方式。

（3）在 E-wallet 内只能装电子货币。也就是说，在 E-wallet 内只能装入电子现金、电子零钱、电子信用卡、数字货币等电子化货币。这些电子支付工具都可以支持单击式支付方式。

在电子商务服务系统中设有 E-cash 和 E-wallet 的功能管理模块，叫作 E-wallet 管理器（Wallet Administration），客户可以用它来改变保密口令或保密方式，用它来查看自己银行账号上收付往来的电子货币账目、清单和数据。电子商务服务系统中还有电子交易记录器，客户通过查询记录器,可以了解自己都买了什么物品,购买了多少,也可以把查询结果打印出来。

3. E-wallet 的功能

(1) 个人资料管理。消费者成功申请钱包后,系统将在 E-wallet 服务器上为其开立一个属于个人的 E-wallet 档案,消费者可在此档案中增加、修改、删除个人资料。

(2) 网上付款:E-wallet 消费者在网上选择商品后,登录到 E-wallet,选择入网银行卡,向支付网关发出付款指令进行支付。

(3) 交易记录查询。消费者可通过 E-wallet,对所有历史交易和支付记录进行查询。

(4) 银行卡余额查询。消费者可通过 E-wallet 查询个人银行卡余额。

(5) 商户站点链接。E-wallet 内设众多商户站点链接,用户可通过链接直接登录商户站点进行访问和购物。

4. E-wallet 的使用步骤

(1) 将 E-wallet 装入系统,单击 E-wallet 的相应项或 E-wallet 图标,E-wallet 立即打开;然后输入自己的保密口令,在确认是自己的 E-wallet 后,从中取出一张电子信用卡来付款。

(2) 电子商务服务器对此信用卡号码采用某种保密算法并加密后传送到相应的银行,同时商店也收到经过加密的购货账单。

(3) 商家将自己的客户编码加入电子购货账单后,再转送到电子商务服务器上去,商店不可能也不应该知道客户电子信用卡上的号码,商店无权也无法处理信用卡中的钱款。因此,只能把信用卡送到电子商务服务器上去处理。

(4) 经过电子商务服务器确认这是一位合法客户后,将其同时送到信用卡公司和商业银行。在信用卡公司和商业银行之间要进行应收款项与账务往来的电子数据交换及结算处理。信用卡公司将处理请求再送到商业银行请求确认并授权,商业银行确认并授权后送回信用卡公司。

(5) 经商业银行证明这张信用卡有效并授权后,商店就可交货。

在上述 E-wallet 购物的全过程中,虽然中间经过了信用卡公司和商业银行等多次进行身份确认、银行授权、各种财务数据交换和账务往来等,好像很复杂,其实这都是在极短的时间内通过很简单的操作完成的。实际上,从客户输入订货单到拿到商店出具的电子收据全过程仅用 5—20 秒的时间,并且安全可靠。在购物过程中,客户可以用任何一种浏览器(如 IE、Netscape)进行浏览和查看。有了电子商务服务器的安全保密措施,既可以保证客户的信用卡上的信息对其他人不可见,又可以保证客户去购物的商店是真实的而不是假冒的,从而保证客户安全可靠地买到称心的商品。

三、国际电子商务环境下的第三方支付

在电子支付的多种模式中,第三方专业化网络支付平台等新型支付模式发展迅速,已经成为目前各国电子支付领域中成长最快的支付模式。2010 年以来,我国的第三方支付模式逐渐成熟,并已广泛应用在国内、国际电子商务结算中。根据艾瑞咨询发布的《中国互联网支付行业年度监测报告(2013)》,2013 年我国第三方互联网支付的交易额达到 5.4 万亿元,比 2012 年的 3.7 万亿元增长了 46.8%,2014 年中国第三方互联网支付交易额突破 8 万亿,达到 80 767 亿元同比增长 50.3%,预计到 2018 年,中国第三方互联网支付将达到 22 亿元。2013 年 61.3% 的中国网

民使用第三方支付完成在线交易支付，仅次于78.1%的网上银行直接支付网民比例。全球最大的第三方在线支付平台 PayPal，2014 年的国际支付总金额为 2 350 美元，其中，PayPal 处理的移动交易支付量为 460 亿美元。目前，我国的第三方支付产品主要有支付宝、贝宝、财付通、快钱、百付宝、网易宝、汇付天下等，其中支付宝和贝宝的用户数量最大。图 10－2 为“支付宝”主页。

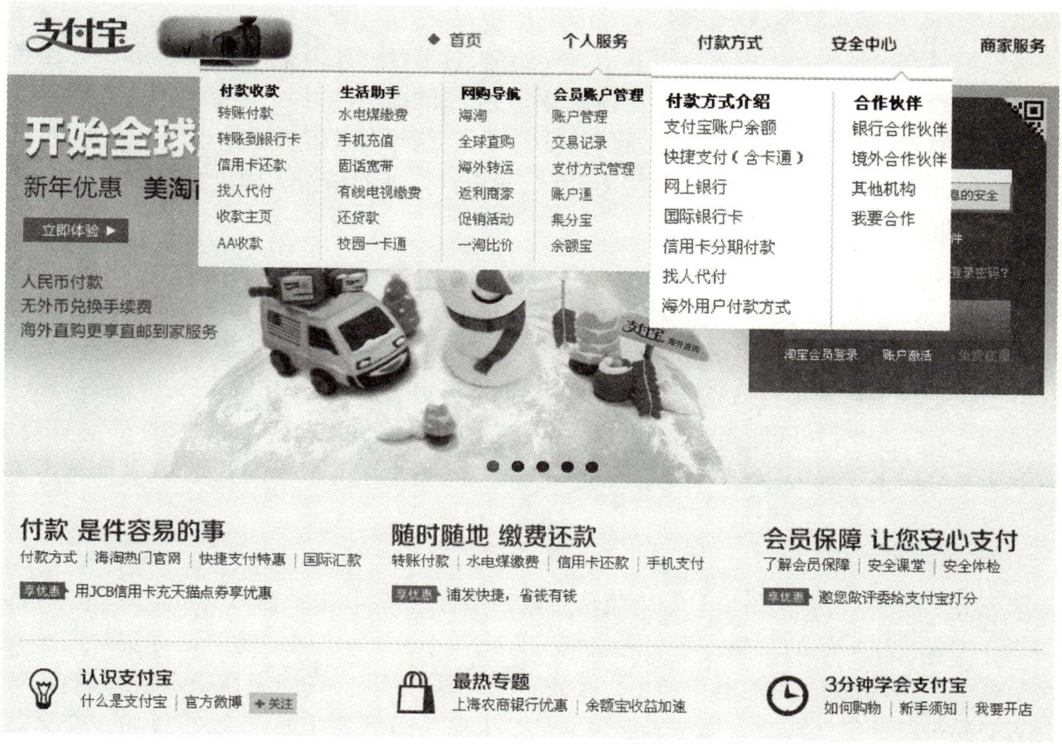

图 10－2　支付宝主页面

（一）第三方支付的含义

第三方支付（Third-Party Payment）就是在国际电子商务企业与银行之间建立的，采用与相应各银行签约的方式提供和银行支付结算系统的接口及通道服务，能实现资金转移和网上支付结算服务的交易服务平台。作为买卖双方交易过程中付款方面的中间人，第三方支付旨在通过一定的手段为交易双方提供信用担保，从而化解网上交易风险的不确定性，增加网上交易成交的可能性，并在交易后提供相应的增值服务。

第三方支付服务运作的一般步骤是：

（1）买方选购商品，使用第三方平台提供的账户进行货款支付；

（2）第三方收到货款后代为保管，通知卖家货款到账，要求卖家发货；

（3）买方收到货物、检验商品并确认后，通知第三方；

（4）第三方将其款项转划至卖家账户上。

我国的第三方支付可以通过多种方式实现，包括常见的网上支付、电话支付、线下付款和他人代付等方式。其中，网上支付是第三方支付最主要的支付方式。

(二) 第三方支付服务的特点

1. 安全可靠

第三方支付平台使用数字证书、数字签名等安全技术,通过与银行的连接服务,实现互联网与银行系统之间数据的加密传输,保证账户的安全。付款方的账户信息只需告诉第三方支付服务商,收款人无法获取敏感的财务信息。同时,第三方支付平台提供资金和货物的风险防范机制,确保交易双方的利益和安全。

根据第三方支付的运作模式可以看出,第三方支付平台在充当支付中介的同时,也担当着资金转移信用担保的角色。薄弱的信用体系、网上交易的虚拟性,都给国际电子商务发展带来难题。第三方支付平台采用的买家确认后付款的模式,能够有效解决这些难题。因此,在目前国际金融服务及网络安全不完善的环境下,第三方支付工具能够最大限度地保证网上交易的安全,促进国际电子商务的健康发展。

2. 节约成本

第三方支付服务商与多家银行合作,提供统一的应用接口。这样,无须分别安装各银行的专用接口,商家就能够利用不同银行的支付通道,在支付手段上为客户提供更多选择。同时,第三方支付平台也帮助银行节省网关开发费用,创造了更大的利润空间。

因此, 第三方支付既可以节省买卖双方的交易成本,也能节约资源,降低社会交易成本。这有利于提高网上交易效率、扩大交易规模、增加效益,推动国际电子商务发展,从而创造更多的社会价值。

3. 整合资源

第三方支付平台,将交易信息和物流信息进行整合,为国际电子商务的资金流、信息流、物流的同步实现提供一致的解决方案。通过第三方支付平台,商家网站能够解决实时交易查询和交易系统分析,提供及时的退款和止付服务。同时,便于客户查询交易动态信息、物流状态以及对交易进行相应处理等。第三方支付平台关于交易信息的详细记录,可以防止交易双方对交易行为的抵赖,也为售后可能出现的纠纷提供了相应的证据,维护双方权益。

4. 操作简便

较之 SSL、SET 等支付协议,利用第三方支付平台进行支付操作更加简单且易于接受。SSL 是现在应用比较广泛的安全协议,但 SSL 需要利用公开密钥和对称密钥技术进行加密与解密,商家和客户之间要进行双向认证。SET 协议是目前发展的基于信用卡支付系统的比较成熟的技术,但在 SET 中,各方的身份都需要通过 CA 进行认证,程序复杂,手续繁多,速度慢且实现成本高。有了第三方支付平台,商家和客户之间的交涉由第三方来完成,使网上交易变得更加简单、便捷。

(三) 第三方支付服务的运作模式

当前,世界各国出现的第三方支付平台,其运作模式主要可以分为两类:一是独立运营的第三方网络支付平台,一般采用独立的第三方支付网关模式;二是依托国际电子商务网站而存在的非独立的第三方网络支付平台。

1. 独立的第三方支付平台

独立的第三方支付平台,是指完全独立于国际电子商务网站,由第三方投资机构为网上签约商户提供围绕订单和支付等多种增值服务的共享平台。这类平台提供支付产品和支付系统等多种解决方案。平台前端提供各种支付方法供网上商户和消费者选择,平台后端则连着众多国家的银行，对支付提供支持。国内具有代表性的独立的第三方支付平台包括银联、首信易、快钱、汇付天下、易票联支付、捷诚宝、百付宝、易宝支付和国付宝等。独立的第三方支付平台根据与银行间所签署的协议，定期进行账户清算，同时提供商户订单管理及账户查询功能等增值服务。

2. 非独立的第三方支付平台

非独立的第三方支付平台，是指依托电子商务交易平台或主要为某个网络交易平台提供支付支持的第三方交易平台，这类交易平台一般与某个大型网络交易平台绑定，凡是在该交易平台购物的客户，如果选择第三方支付方式付款，均要通过这一非独立第三方支付平台进行。非独立的第三方支付平台，往往凭借网络交易平台的实力，一方面同众多商业银行建立合作关系，另一方面吸引商家和客户同时成为网络交易平台及支付平台的使用者，以此扩大电子商务的市场占有率、竞争力和盈利能力。

无论是全球最大的第三方支付平台 PayPal（eBay 旗下子公司），还是中国最大的第三方交易平台支付宝 Alipay（阿里巴巴旗下子公司），以及腾讯公司旗下"财付通"、盛大公司旗下"盛付通"和京东集团旗下"网银在线"（Chinabank）等，均属于非独立的第三方支付平台。由于有网络交易平台做支撑，目前，国内外的非独立第三方支付平台的支付规模和发展势头，普遍好于独立的第三方支付平台。

（四）第三方支付平台实例——PayPal

1. PayPal 发展历程

PayPal 在中国的品牌为"贝宝"，总部位于美国加利福尼亚州圣荷西市，其前身是 1998 年 12 月由 P. Thiel 及 M. Levchin 创立的 Confinity 互联网公司。1999 年 7 月获得由 Nokia Ventures 和 Deutsche Bank 主导的 450 万美元风险投资，10 月在线支付工具 PayPal 诞生；2000 年 3 月与网络银行 X. com 合并，更名为 X. com，2001 年 6 月公司正式更名为 PayPal（如图 10 – 3 所示）。

2002 年 2 月 PayPal 成功上市，总市值约 9 亿美元，同年 10 月被 eBay 以 15 亿美元收购。经过十多年的发展，目前已成为全球最大的非独立的第三方国际贸易支付平台，PayPal 集流行的信用卡、借记卡、电子支票等支付方式于一身。在跨国交易中超过 95% 的卖家和超过 85% 的买家认可并正在使用 PayPal 电子支付业务，在全球 190 个国家和地区支持多达 25 种货币进行交易。2013 年 PayPal 活跃注册账户数量达到 1. 43 亿，增长 16%；全年交易数量达到 30 亿笔，创造了 1 800 亿美元的净支付总额，增长 25%；全年营收达 66 亿美元，增长 19%。其发展大致经历了四个阶段：

（1）"病毒式"扩张，形成初期规模。业务发展初期，PayPal 花费超过 1 亿美元的资金，使用激进的财务奖励计划以及"病毒式"营销模式，来打开市场。①客户奖励措施：在发展初期，PayPal 会给予新开户使用者 10 美元的奖励，另介绍其他使用者加入成为会员者，每位给予 10 美元的介绍费。目前为止 PayPal 仍给予 5 美元奖励措施，但获得奖励的标准则大幅提高；这包括了电子邮件的确认、检查账户信息无误、必须使用银行支票存款账户转账至 PayPal 账户等。通过客户奖励计划，PayPal 迅速积累了大量客户。②病毒式营销：当某一使用者通过 PayPal 付款给未注册使用者时，收款者必须注册成为会员并拥有 PayPal 账户，方能收取款项。这使得每一个现有客户都成了 PayPal 的推销员。

（2）借助 eBay 平台，迅猛扩张。2002 年 10 月，全球最大的第三方电子商务交易平台

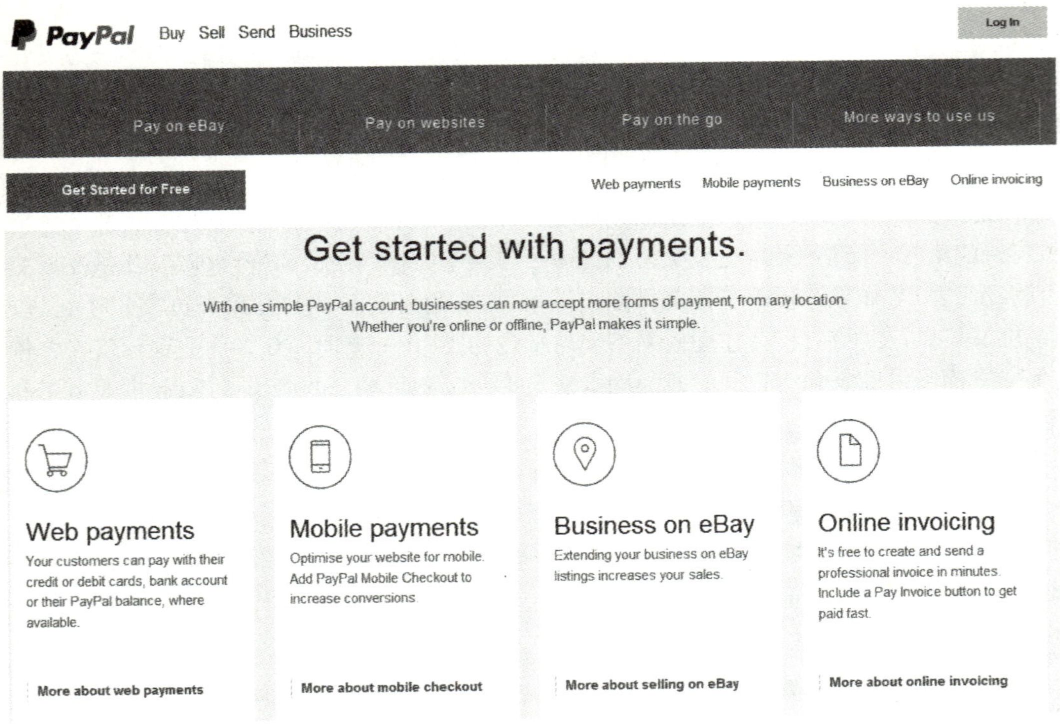

图 10-3 PayPal 主页面

eBay 以 15 亿美元收购 PayPal。依托 eBay 庞大的交易量,PayPal 得到快速发展。2003 年,PayPal 年收入就暴增 359%,达到 4.4 亿美元。2008 年,PayPal 以 9.45 亿美元收购了延期支付公司 Bill Me Later,该网站提供的服务使得在线零售商能准予网购者赊购物品,而无须填写烦琐的申请表格,进一步丰富了 PayPal 的支付模式。Bill Me Later 的“消费信贷”和 PayPal 的原有“直付”业务正好形成互补,同时可以充分利用 eBay 平台的客户资源。到 2013 年,PayPal 收入达到 66 亿美元,其中 63% 的交易来自 eBay。

(3) 借助收购,走出 eBay,全面拓展小、中、大企业市场。2006 年开始,eBay 的交易额增速开始放慢,受国际金融危机影响,2009 年甚至出现了负增长。这使 PayPal 看到过分依赖 eBay 容易导致未来业务增长的不确定性。因此,PayPal 开始战略性地把服务扩展到新的目标市场。2005 年年末,Paypal 以 3.7 亿美元收购 VeriSign 的支付网关业务,以占领中小企业网关支付市场。VeriSign 被收购前已经有 10 万家中小企业商户和超过 400 亿美元的交易额。通过并购,PayPal 在客户群、网关服务和安全解决方案上有了一个质的飞跃。eBay 在 2011 年以 24 亿美元收购电子商务外包服务企业 GSI。而 GSI 的专长在于为成熟企业提供电子商务解决方案,被收购前客户数量已经超过 500 家,其中 200 多家为知名品牌。美国 TOP 500 的 B2C 企业中,超过 70 家是 GSI 的客户。借助 GSI,PayPal 有机会切入大企业市场,拓展自身服务边界。与此同时,PayPal 也不断完善自己的产品线。从 2005 年到 2013 年,PayPal 的 B2C 和 B2B(除 eBay 之外)交易量占比从 30% 上升至 62%。

(4) 进军移动支付市场。目前全美线上支付仅占到支付总额的 6%,而随着智能手机和移动网络的普及,未来移动支付的发展则有可能将线上支付的技术与线下支付的场景连接起来,未来第三方支付将面临更为广阔的市场空间。于是,PayPal 在 2011 年以 2.4 亿美元完成了对移动支付公司 Zong 的收购,并于 2012 年推出了移动支付应用 PayPal Here。2013 年,PayPal 全年移动支付交易额达 270 亿美元,在 eBay 平台外的总支付交易额更是增长了 128%。

2. PayPal 的战略特点与核心优势

(1) 并购和整合的能力。PayPal 和 eBay 的发展史就是一部互联网企业的并购史,通过不断的并购拓展其业务、客户和技术实力,从而建立起更大的竞争优势。而其强大的并购、整合的能力主要源于:①坚实的现金流:C2C 和支付为其两大现金来源,PayPal 和 eBay 每年的营业收入超过 200 亿美元,为其并购提供了充足的现金保证。②包容和开放的文化:PayPal 鼓励个人价值,对不同文化和思想更具包容性,因此也更能融合被收购企业的人员和文化。

(2) 专注于支付领域。在"存、贷"业务上,PayPal 和 eBay 一直走的是"支付 + 第三方金融机构"的道路。由 eBay 和 PayPal 提供平台、客户和支付渠道,由专门的金融机构提供产品、管理和风险控制等。如 2004 年,eBay 提出消费信贷概念,和 GE Money Bank 发行联名信用卡;2008 年,收购 BML(Bill Me Later),借助 WebBank 为客户提供延期支付服务。而这些业务始终围绕着客户支付行为(PayPal 和 eBay 并没有商户融资服务),旨在拓展支付渠道,提升支付体验,从而增强其在支付领域的客户基础和竞争力。

(3) 廉价和安全的比较优势。以 PayPal 为代表的第三方支付的最大优势是解决了国际电子商务中的信用缺失的问题,通过虚拟账户和信用垫付促成了交易的形成。并且相对于传统的支付方式,PayPal 通过 Internet 平台降低了国际电子商务的交易成本,提高了对商家和用户的吸引力。此外,PayPal 还通过收购 Verisign 引入最为权威的网络安全支付系统,并收购以色列的反欺诈科技公司(Fraud Sciences)强化其防范网络欺诈的能力。目前,PayPal 的支付安全水平已经达到甚至超越了传统支付工具。

(4) 平台资源和入口。PayPal 的发展主要是基于 eBay 交易产生的。通过为 eBay 上的个人卖家以及小型商户提供支付受理服务,PayPal 迅速发展起来。2002 年 PayPal 交易的 70% 来自 eBay 交易。此外,68% 的 eBay 交易都使用 PayPal 付款,而 PayPal 也控制了将近 1/4 的网上拍卖交易支付市场。eBay 的平台优势使 PayPal 在与其他线上支付公司的竞争中抢得先机。这其中不乏 PayDirect、c2it 这样具有传统金融和 Internet 复合背景的企业,但它们最主要的劣势在于缺乏 eBay 这样的成熟的国际电子商务平台,无法获得电商平台和入口优势。

(5) 国际化的拓展。相比中国的"阿里巴巴",eBay 的国际化能力无疑更加突出。首先,eBay 依托美国强大的经济影响力和美元的强势地位,能够吸引更多的使用者;其次,PayPal 支持在全球 190 多个国家和地区,使用 25 种货币进行交易。最后,eBay 通过并购的方式完成了国际化的布局,消除了不同地区法律和制度的障碍。2013 年,eBay 利润中的 48% 来自美国以外地区;PayPal 交易量的 59% 和活跃用户的 58% 来自美国以外地区。反观"阿里巴巴",其"淘宝"和"支付宝"客户基本来自中国国内(约为 5 亿和 8 亿注册用户),海外用户主要来自"阿里巴巴"B2B 平台,大约有 3 000 万注册用户。

第三节　网上银行与国际结算

网上银行在电子商务的整体框架中是必不可少的重要组成部分,是电子商务发展的必要条件。无论是对于传统的交易,还是新兴的电子商务,资金的支付都是完成交易的重要环节。所不同的是,电子商务强调支付过程和支付手段的电子化。电子商务交易过程可分为两个基本环节:交易环节和支付结算环节,而支付结算环节是由支付网关、收单银行、发卡银行与金融专用网络等组成的。也就是说,银行作为电子化支付和结算的最终执行者,起着连接买卖双方的纽带作用。网上银行所提供的国际电子支付服务是电子商务的关键因素,直接关系到国际电子商务的发展前景。从这个意义上讲,随着国际电子商务的发展,网上银行的发展亦是必然趋势。

一、网上银行业务

(一) 网上银行的概念

网上银行(On-line Bank)又称电子银行、网络银行,是指银行利用 Internet 技术,通过 Internet 向客户提供开户、查询、对账、转账、信贷、网上证券、投资理财等金融服务项目,使用户可以足不出户就能够安全便捷地管理活期和定期存款、支票、信用卡及个人投资等。

网上银行是从 Internet 时代开始出现的银行服务新渠道,由商业银行等金融机构通过 Internet 等向其客户提供各种金融服务。可以说,网上银行是在 Internet 上的虚拟银行柜台,是银行为其用户提供银行服务的新手段,它以现有的银行业务为基础。

网上银行也被称为"3A"银行,因为它不受时间、空间限制,能够在任何时间(Anytime)、任何地点(Anywhere)、以任何方式(Anyway)为客户提供金融服务。根据服务面向的客户不同,网上银行一般分为个人网上银行和企业网上银行。

(二) 网上银行的优势

与传统银行业务相比,网上银行业务有许多优势:

1. 大大降低了银行经营成本,有效提高了银行盈利能力

开办网上银行业务,主要利用公共网络资源,不需要设置物理的分支机构或营业网点,减少了人员费用,提高了银行后台系统的效率。

2. 无时空限制,有利于扩大客户群体

网上银行业务打破了传统银行业务的地域、时间限制,具有"3A"特点,即能在任何时候、任何地方、以任何方式为客户提供金融服务,这既有利于吸引和保留优质客户,又能主动扩大客户群,开辟新的利润来源。

3. 有利于服务创新,向客户提供多种类、个性化服务

通过银行营业网点销售保险、证券和基金等金融产品,往往受到很大限制,主要是由于一般的营业网点难以为客户提供详细的、低成本的信息咨询服务。利用网上银行支付系统,容易满足客户咨询、购买和交易多种金融产品的需求,客户除办理银行业务外,还可以很方便地进行网上买卖股票债券等,网上银行能够为客户提供更加合适的个性化金融服务。

(三) 网上银行服务及业务功能

1. 网上银行服务

(1) 网上形式的传统银行业务:包括银行及相关金融信息的发布、客户的咨询投诉、账户的查询勾兑、申请和挂失以及在线缴费及转账功能。

(2) 电子商务相关业务:既包括商户对客户模式下的购物、订票、证券买卖等零售业务,也包括商户对商户模式下的网上采购等批发业务的网上结算。

(3) 新的金融创新业务:如投资理财、保险、担保抵押、集团客户通过网上银行查询子公司的账户余额和交易信息等。

(4) 信息发布:包括国际市场外汇行情、兑换利率、储蓄利率、汇率、国际金融信息、证券行

情、银行信息等。

2. 网上银行的业务功能

网上银行的业务功能主要包括基本银行业务、网上投资、网上购物、个人理财、企业银行及其他金融服务。

（1）基本银行业务：包括在线查询账户余额、交易记录、下载数据、转账和网上支付等。

（2）网上投资：一般包括股票、期权、期货和共同基金投资等多种金融产品投资。

（3）网上购物：网上银行设立的网上购物协助服务，为客户在相同的服务品种上提供了优质的金融服务或相关的信息服务，加强了商业银行在传统竞争领域的竞争优势。

（4）个人理财：商业银行将传统银行业务中的理财功能转移到网上进行，通过网络为客户提供理财的各种解决方案，提供咨询建议，或者提供金融服务技术的援助，从而扩大服务范围，降低相关服务成本。

（5）企业银行：企业银行服务一般包括提供账户余额查询、交易记录查询、总账户与分账户管理、转账、在线支付各种费用、透支保护、储蓄账户与支票账户资金自动划拨、商业信用卡等服务，部分网上银行还为企业提供网上贷款业务。

（6）其他金融服务：除了银行服务外，大商业银行的网上银行均通过自身或与其他金融服务网站联合的方式，为客户提供多种金融服务产品，如保险、抵押和按揭等，以扩大盈利空间。

（四）网上银行业务的运行特点

1. 业务智能化、虚拟化

传统"砖瓦型"银行，其分行是物理网络，主要借助于物质资本，通过众多银行员工的辛苦劳动为客户提供服务。而网上银行没有建筑物、没有地址，只有网址，其分行是终端机和 Internet 带来的虚拟化的电子空间，主要借助智能资本，客户无须银行工作人员的帮助，可以自己在短时间内完成账户查询、资金转账、现金存取等银行业务，即可自助式地获得网络银行高质、快速、准确、方便的服务。

2. 服务多样化、个性化

传统银行一般是单方面开发业务品种，向客户推销产品和服务，客户只能在规定的业务范围内选择自己需要的银行服务，而 Internet 为银行服务提供了交互式的沟通渠道，客户可以在访问网络银行站点时提出具体的服务要求，网上银行与客户之间采用一对一的金融解决方案，使金融机构在与客户的互动中，实行有特色、有针对性的多样化、个性化服务，通过主动服务赢得客户。

3. 金融业务创新的平台

传统银行的业务创新主要围绕资产业务，针对商业银行的资产负债业务，进行资产证券化，对金融产品进行改造与组合，满足客户和银行新的需求。而网上银行侧重于利用其成本低廉的优势和 Internet 丰富的信息资源，就企业资信评估、公司个人理财顾问、专家投资分析等业务进行创新和完善，提高信息的附加价值，强化银行信息中介职能。

（五）网上银行的运行机制与业务模式

1. 网上银行的运行机制

网上银行的运行机制，目前主要有两种形式：

一种形式是完全依赖于 Internet 发展起来的全新电子银行——"虚拟银行"，如 1995 年在美国出现的世界上第一家网上银行“美国安全第一网络银行”。这类银行几乎所有的银行业务交易都依靠 Internet 进行。随着电子商务的发展还会有更多的没有店面的虚拟银行诞生。

另一种形式是在现有的传统银行的基础上,利用 Internet 开展传统的银行业务交易服务。即传统银行利用 Internet 作为新的服务手段为客户提供在线服务,实际上是传统银行服务在 Internet 上的延伸,这是目前国内外网上银行存在的主要形式,也是绝大多数商业银行采取的网上银行发展模式。图 10-4 为中国工商银行“网上银行”首页。

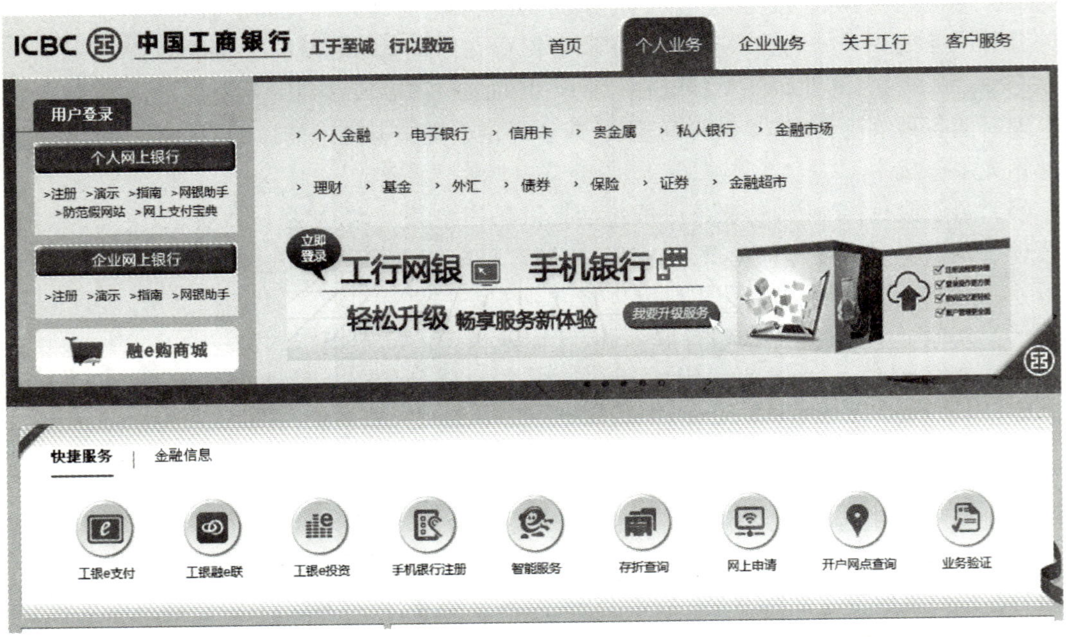

图 10-4 中国工商银行“网上银行”首页

2. 网上银行的业务模式

从目前网上银行业务发展方面看,有三种模式:

第一种模式,把网上银行所针对的客户群设定为零售客户,即把网上银行作为银行零售业务柜台的延伸,达到 24 小时不间断服务的效果,并节省银行的成本。

第二种模式,网上银行以批发业务为主,即在网上银行处理银行间的交易(如拆借)和银行间的资金往来(结算和清算)。

第三种模式,是前两种模式的结合,即网上银行包括零售和批发两个方面的业务。

上述三种业务模式的区别主要在于网上银行服务的客户对象群体不同,选择哪种业务模式关键要看银行对其推出的网上银行业务的市场定位和服务内容。对于服务对象相对单一的中小型银行来说,其开展网上银行的业务一般会选择第一或第二种模式,而对于服务对象众多的大型银行而言,绝大多数都是选择第三种业务模式。未来的网上银行经营也都会向第三种模式发展。

(六) 网上银行的风险及其防范

随着国际电子商务的快速发展,网上银行及其业务也在迅速扩大,与此同时,由于技术、操作以及法律等方面的不完善,网上银行经营也面临着众多的风险。根据产生的原因不同,网上银行面临的风险主要包括:整体策略风险、技术风险、业务风险、法律风险等。

1. 整体策略风险

整体策略风险,是网上银行系统非技术层面的全局风险因素,主要体现在商业银行对网络业务的预期风险估计不足,没有系统的、可实施的应对方案或方案不完整,整体策略不完整或存在重大缺陷,将导致风险点失控,当某项风险成为损失时,可能以放射状和网络方式触发网上银行系统的全局风险,甚至可能威胁到商业银行的整体利益,引发信用危机。

防范整体策略风险的关键,在于强化风险管理意识,在对网上银行经营中可能出现的风险进行充分评估和识别的基础上,制订系统的、可操作的应对策略方案。同时,建立网上银行经营风险预警指标体系和实施机制,防止局部风险演变成全局性、系统性风险。

2. 技术风险

技术风险,是指网上银行技术系统或关联系统不完整或存在重大缺陷带来的潜在损失。网上银行技术风险的直接诱因来自如下几个方面:IT 技术的常规风险、加密技术风险、身份认证和验证风险、网络安全防护技术风险、群机系统安全和 Internet 接入风险。这些诱因给恶意或随机探测行为提供了可利用或可重复利用的潜在机会,也会造成系统自身运行过程中故障多发、效率低下,影响网上银行的稳定运行,诱发业务或法律风险。

防范技术风险,应建立高素质的专业人才队伍,高标准建设网上银行系统基础设施,采用最新信息加密技术和防火墙技术,发挥第三方认证机构的作用,提高私人密钥和数字证书承载介质的安全质量,提高群机安全自动扫描监测、全部进程实时监控和外部入侵动态扫描等技术措施,选择信誉高的 Internet 接入服务商。

3. 业务风险

业务风险,是指商业银行在网上银行产品的业务处理流程设计上,存在产品或制度缺陷,导致非法指令控制的资金转移成为可能。业务风险源自如下几个方面:客户端业务操作问题、客户端有效凭证问题、客户端私人密钥风险、交易指令传递风险、银行端会计凭证风险和借记支付业务风险。

商业银行有义务在客户端软件流程设计、应用软件使用、网上银行与财务软件对接等方面,协助客户做好操作风险防范,并不断提高客户端软件质量。网上银行系统的客户端程序要提供可供客户选择的多授权人和操作员操作才能使交易指令生效的授权操作机制。网上银行要加大对网上银行业务的稽核检查,利用会计和交易资料相互印证手段,及时发现并纠正违规行为。银行应优化网上银行业务的处理流程,尽量减少同一电子支付指令转化为纸基凭证进行人工后续处理的环节,减少人工介入网上支付指令的处理,要严格履行付款人授权制度、真实交易验证机制。

4. 法律风险

法律风险,是指网上银行业务运营过程中或交易纠纷形成后,没有确定的、适用的法律条款和规定来定性结果或切分责任。网上银行的法律风险源于 Internet 开放式的特殊性。国际上,尽管网上银行已经采取了一系列技术性保护措施,但还是面临着虚假信息、网上信息泄露、网上欺诈、"黑客"入侵和病毒攻击等尚未完善和明确立法惩处的问题。

网上银行业务只是从技术上改变了法律关系的产生和存在形式,但当事人法律关系的实质没有改变,许多问题可以在现有法律框架下得到解决。网上银行应该注重交易数据的保管,这其中包括电子数据和纸基凭证,认真研究其作为证据的合理性和得到第三方技术支持的可能性,争取得到合理认定,为可能的纠纷或诉讼过程做好必要的准备。

二、网上银行国际结算

(一) 网上银行国际结算的发展

国际结算(International Settlement)是指通过银行进行的国际间因各种贸易或非贸易往来,而产生的以货币表示的债权债务的清偿行为。产生国际间债权债务的原因主要有:有形贸易类和无形贸易类。有形贸易引起的是国际贸易结算,无形贸易引起的是非贸易结算。国际结算的基本原则是按时合理付汇、安全及时收汇。

按结算支付手段分类,国际结算可分为:现金/货币结算、票据结算。按结算方式,国际结算可分为:汇款(Remittance)、托收(Collection)、信用证(Letter of Credit)和保理(Factoring)等。

随着计算机网络技术在银行结算中的普及应用,国际结算向电子化、网络化发展的趋势进一步加强,网上银行结算在国际结算中运用得越来越广泛。在电汇汇款业务中,汇出行通过网上银行发出电信汇款指示给汇入行,委托汇入行解付汇款给收款人。在托收业务中,委托行也越来越多地通过网上银行,向国外代收行传递电子单证,要求代收行向付款人收款。在信用证业务中,电子化的 SWIFT 信用已逐步取代传统的纸质信用证,受益人与议付行之间、议付行与付款行之间的单证传递和货款结算,也逐步通过网上银行在线完成。为此,联合国、国际商会等国际组织和机构,也先后制定了电子单证报文标准、电子提单、信用证电子交单规则等一系列国际标准和国际惯例(详见第二章第三节)。

(二) 网上银行国际结算系统实例

1. SWIFT 系统简介

SWIFT 是“环球银行间金融电信协会”(Society for Worldwide Inter-bank Financial Telecommunication)的简称,是一个国际性的银行间非营利性国际组织,成立于 1973 年 5 月,总部在比利时首都布鲁塞尔。它的环球计算机数据通信网在荷兰、美国和中国香港设有运行中心,并为各参加国开设集线中心,为国际金融业务提供快捷、准确、优良的服务。SWIFT 在中国北京设有办事处,在北京和上海设有访问点 SAP(SWIFT Access Point)。目前,SWIFT 的服务已经遍及 207 个国家,接入的金融机构超过 8 100 家,SWIFT 系统依靠其提供的 240 种以上电文标准,日处理 SWIFT 电讯 500 万笔,高峰达 550 万笔,这些电讯划拨的资金以万亿美元计。

SWIFT 运营着世界级的金融电信网络,银行和其他金融机构通过该网络与同业交换电文来完成金融交易。除此之外,SWIFT 还向金融机构销售软件和服务,其中大部分的用户都在使用 SWIFT 网络。SWIFT 网站有英文、法文、西班牙文、中文、日文和韩文等多种语言网站(如图 10-5所示)。SWIFT 自投入运行以来,以其高效、可靠、低廉和完善的服务,在促进世界贸易发展、加速全球范围内货币流通和国际金融结算、促进国际金融业务现代化和规范化方面发挥了积极的作用。

在成立之初,SWIFT 网站仅仅是为国库与其相关银行之间的操作而设计的,时至今日,很多其他金融机构也被允许加入并访问服务,尽管某些情况下访问是有限制的。当前,SWIFT 用户可被分为以下几类:银行(Banks),贸易机构(Trading Institutions),短期信贷经纪人(Money Brokers),债券经纪人(Security Broker Dealers),投资管理机构(Investment Management Institutions),许可交易所(Recognized Exchanges),清算系统与中央储备局(Clearing Systems and Central Depositories),信托服务公司(Trust and Fiduciary Service Companies)等。

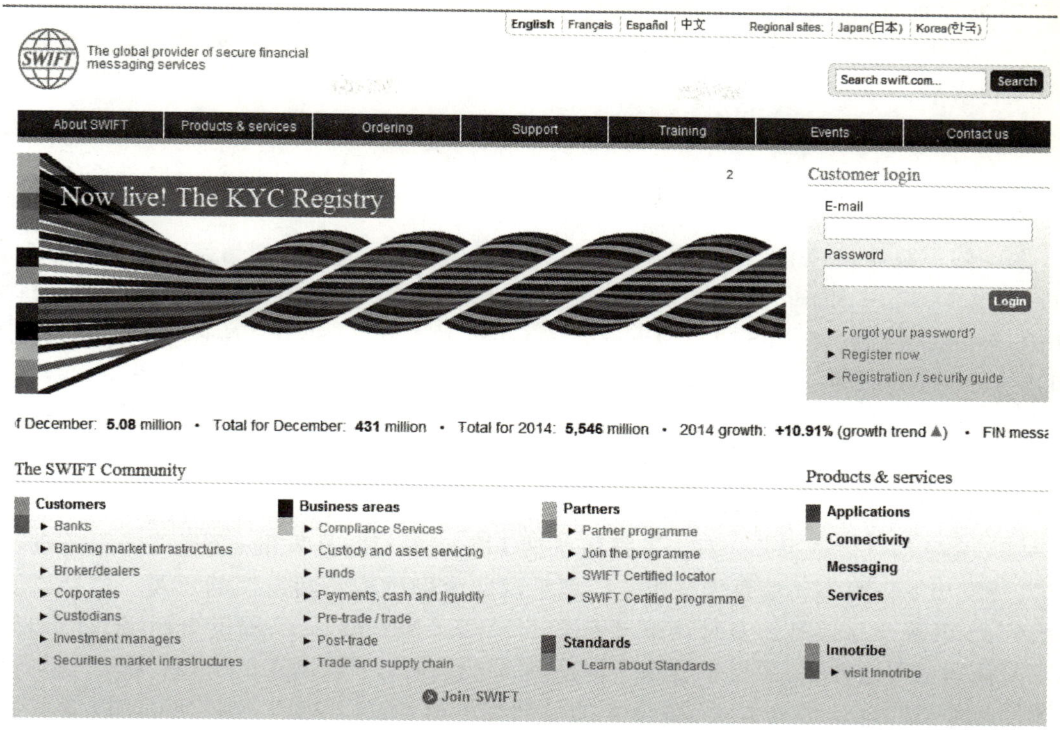

图 10－5　SWIFT 网站主页面

SWIFT 网络是世界上大多数银行进行电子支付和开展外汇业务必不可少的网络，世界各银行把 SWIFT 协会指定的银行标识码作为唯一形成共识的银行往来清算账号，进行国际结算业务的银行建立 SWIFT 系统的完善程度和系统级别，已成为衡量一家银行电子化自动清算水平的标准。

SWIFT 统一编制了标准电信格式和业务处理流程，会员银行严格按照标准格式发送和处理资金往来业务。SWIFT 标准电信格式共分为 10 类、120 多种。

第 1 类：客户汇款与支票（Customer Payments & Checks）

第 2 类：金融机构间头寸调拨（Financial Institution Transfers）

第 3 类：资金市场交易（Treasury Markets-FX，MM，Derivatives）

第 4 类：托收与光票（Collections & Cash Letters）

第 5 类：证券（Securities Markets）

第 6 类：贵金属（Treasury Market-Precious Metals）

第 7 类：跟单信用证和保函（Documentary Credits and Guarantees）

第 8 类：旅行支票（Traveler's Checks）

第 9 类：现金管理与账务（Cash Management & Customer Status）

第 10 类：SWIFT 系统电报

除上述 10 类报文外，SWIFT 电文还有一个物殊类，即第 N 类——公共报文组（Common Group Messages）。

2. SWIFT 的特点

（1）SWIFT 需要会员资格。当前其会员银行超过 5 000 家，我国大多数银行都是其会员。

（2）SWIFT 的速度快、费用较低。传输同样多的内容，SWIFT 的费用只有电传（Telex）的

18%左右,只有电报(Cable)的2.5%左右。

(3) SWIFT的安全性较高。SWIFT的密押比电传的密押可靠性强、保密性高,且具有较高的自动化水平。

(4) SWIFT的格式具有标准化要求。对于SWIFT电文,SWIFT组织有着统一的要求和格式。

3. SWIFT提供的服务

(1) 接入服务。SWIFT的接入服务通过SWIFT Alliance的系列产品完成,包括:①SWIFT Alliance Access and Entry,是传送FIN信息的接口软件;②SWIFT Alliance Gateway,为接入SWIFT Net的窗口软件;③SWIFT Alliance Webstation,为接入SWIFT Net的桌面接入软件;④File Transfer Interface,是文件传输接口软件,通过SWIFT Net Fileact使用户方便地访问其后台办公系统。同时,SWIFT Net Link软件内嵌在SWIFT Alliance Gateway和SWIFT Alliance Webstation中,提供传输、标准化、安全和管理服务。连接后,它确保用户可以用同一窗口多次访问SWIFT Net,获得不同服务。

(2) 金融信息传送服务。SWIFT把传统的FIN服务与新开发的、交互性的服务进行了整合,开发出SWIFT Net信息传送服务以满足现代金融机构不断发展的需要。包括以下四种服务:①各种金融信息的实时发布与传送;②SWIFT Net Interact ,提供交互(实时)和存储转发两种信息传送方式,适用于要求实时应答的金融业务;③SWIFT Fileact,提供交互和存储转发两种文件自动传输方式,适合大批量数据的传输;④SWIFT Net Browse以浏览为基础,使用标准的Internet浏览器(IE、Netscape)和SWIFT Alliance Webatation访问Browse服务,其安全由SSL和SIPN保证。

(3) 交易处理服务。交易处理服务也是通过SWIFT Net向各银行、外汇交易所、货币市场和金融衍生工具认证机构提供交易处理服务,具体包括:①交易处理匹配服务(Accord Matching);②实时报告的双边净额清算服务(According Netting);③支持B2B国际电子商务的端对端电子支付(E-PaymentsPlus)。

(4) 分析工具与分析服务。SWIFT也向金融机构提供一些辅助性的服务,即分析工具与分析服务。SWIFT包括以下分析工具:①BIC Online和BIC Directory Update Broadcast,向金融机构提供最新的、世界范围内的金融机构的代码(BIC);②Traffic Watch,可以监视SWIFT当前传送信息的数量;③Transaction Watch,可以监视信息从发出到接收所经历的过程,获得各种参数,为提高证券系统和支付系统的效率提供分析数据;④STP Review,金融机构为提高自身竞争力,直达处理(Straight Through Processing,STP)能力变得愈加重要,SWIFT可以向用户提供独立、客观的STP评估。

4. SWIFT的安全风险防范

SWIFT安全威胁来自两个方面:一是支付风险,二是系统风险。

(1) 在支付风险方面,SWIFT利用其所提供的服务,为金融机构有效控制支付风险提供协助。例如,SWIFT为支持大额支付与证券相关交易中的清算、结算、净额结算,提供了FIN Copy服务。在交易指令传达给接收方之前,指令要备份并通过第三方(如中央银行)的认证。

(2) SWIFT的系统安全威胁主要来自以下几个方面:假冒,报文被截取(读取或复制)、修改、重播,报文丢失,报文发送方或接收方否认等。针对这些安全威胁,SWIFT系统提供了安全策略,用以维护系统安全。SWIFT安全层次分为:①安全登录和选择服务;②防止第三方冒充;

③防止第三方截取报文;④使第三方无法修改、替换报文内容,或者使接收方可以发现报文在传输的过程中被修改;⑤防止报文的重播和丢失;⑥在系统内进行交换的报文被复制存储,与报文交换有关的各种活动及其发生的时间均被记录;⑦相关安全责任的分离,即一人不能负责多项安全事务。

5. SWIFT 的银行识别代码

每家申请加入 SWIFT 的银行都必须事先按照 SWIFT 的统一原则,制定出本行的 SWIFT 地址代码,经 SWIFT 批准后正式生效。银行识别代码(Bank Identifier Code,BIC)由计算机可以自动判读的 8 位或是 11 位英文字母或阿拉伯数字组成,用于在 SWIFT 电文中明确区分金融交易中不同的金融机构。凡 SWIFT 成员银行都有自己特定的 SWIFT 代码,即 SWIFT Code。在电汇时,汇出行按照收款行的 SWIFT Code 发送付款电文,就可将款项汇至收款行。SWIFT 代码相当于各个银行的身份证号。

11 位数字或字母的 BIC 可以拆分为银行代码、国家代码、地区代码和分行代码四部分。以中国银行北京分行为例,其银行识别代码为 BKCHCNBJ300,其含义为:BKCH(银行代码)、CN(国家代码)、BJ(地区代码)、300(分行代码)。

(1) 银行代码(Bank Code):由四位英文字母组成,每家银行只有一个银行代码,并由其自定,通常是该行的行名字头缩写,适用于其所有的分支机构。

(2) 国家代码(Country Code):由两位英文字母组成,用以区分用户所在的国家和地理区域。

(3) 地区代码(Location Code):由 0、1 以外的两个数字或两个字母组成,用以区分所在国家的地理位置,如时区、省、州、城市等。

(4) 分行代码(Branch Code):由三个字母或数字组成,用来区分一个国家里的某一分行、组织或部门。如果银行的 BIC 只有八位而无分行代码,其初始值定为“XXX”。

同时,SWIFT 还为没有加入 SWIFT 组织的银行,按照此规则编制了一种在电文中代替输入其银行全称的代码。所有此类代码均在最后三位加上“BIC”三个字母,用来区别于正式 SWIFT 会员银行的 SWIFT 地址代码。

6. SWIFT 的信用证标准电信格式

为方便世界各国银行间的电子信用证开立、通知、修改和传递,SWIFT 制定了第 7 类“跟单信用证和保函”的统一标准的电信格式。这里以适用于跟单信用证开立的 SWIFT - MT700/MT701 为例,简要介绍其代码和栏目名称(如表 10 - 1 所示)。

表 10 - 1 SWIFT 跟单信用证 MT700/MT701 解读

M/O	Tag 代码	Field Name	栏位名称
M	27	Sequence of Total	页次
M	40A	Form of Documentary Credit	跟单信用证类别
M	20	Documentary Credit Number	信用证号码
O	23	Reference to Pre-Advice	预通知的编号
O	31C	Date of Issue	开证日期

（续表）

M/O	Tag 代码	Field Name	栏位名称
M	40E	Applicable Rules	适用的规则
M	31D	Date and Place of Expiry	到期日及地点
O	51a	Applicant Bank	申请人的银行
M	50	Applicant	申请人
M	59	Beneficiary	受益人
M	32B	Currency Code, Amount	币别代号、金额
O	39A	Percentage Credit Amount Tolerance	信用证金额加减百分率
O	39B	Maximum Credit Amount	最高信用证金额
O	39C	Additional Amounts Covered	可附加金额
M	41a	Available with …by…	向……银行押汇,押汇方式……
O	42C	Drafts at …	汇票期限
O	42a	Drawee	付款人
O	42M	Mixed Payment Details	混合付款指示
O	42P	Deferred Payment Details	延迟付款指示
O	43P	Partial Shipments	分批装运
O	43T	Transhipment	转运
O	44A	in Charge/Dispatch from.../Place of Receipt	货物监管地/发货地/收货地点
O	44E	Port of Loading/Airport of Departure	装货港或装货机场
O	44F	Port of Discharge/Airport of Destination	目的港或到达机场
O	44B	Place of Final Destination/ For Transportation to.../Place of Delivery	最后目的地/货物运至地/交货地
O	44C	Latest Date of Shipment	最后装运日
O	44D	Shipment Period	装运期间
O	45A	Description of Goods and /or Services	货物描述及/或交易条件
O	46A	Documents Required	应提交的单据
O	47A	Additional Conditions	附加条件
O	71B	Charges	费用
O	48	Period for Presentation	提示期间
M	49	Confirmation Instructions	保兑指示
O	53a	Reimbursing Bank	清算银行
O	78	Instructions to the Paying/Accepting/Negotiating Bank	对付款/承兑/议付银行之指示
O	57a	"Advise Through" Bank	收讯银行以外的通知银行

（续表）

M/O	Tag 代码	Field Name	栏位名称
O	72	Sender to Receiver Information	银行间的通知

说明：(1) M/O 为 Mandatory 与 Optional 的缩写，前者指必要项目，后者为任意项目。

(2) 页次是指本证的发报次数，用分数来表示，分母、分子各一位数字，分母表示发报的总次数，分子则表示这是其中的第几次，如“1/2”，其中“2”指本证总共发报 2 次，“1”指本次为第 1 次发报。

第四节　国际电子商务环境下的保险服务

一、网上保险概述

（一）网上保险的含义

网上保险又称保险电子商务，是指保险公司或保险中介机构以信息技术为基础，以互联网络为渠道来开展保险业务的经济行为，即利用计算机和网络技术所形成的对组织内部的管理、对客户关系的管理以及经营业务的部分或完全电子化的综合人机系统来进行的商务活动。

网上保险的含义应从广义和狭义两个层次来理解。从广义上讲，网上保险包括保险公司内部基于 Intranet 技术的经营管理活动，对公司员工和代理人的培训，以及保险公司之间及保险公司与公司股东、保险监管、税务、工商管理等机构之间的信息交流活动。从狭义上讲，网上保险是指保险公司或新型的网上保险中介机构通过 Internet 为客户提供有关保险产品和服务的信息，并实现网上投保、承保和网上理赔等保险业务，直接完成保险产品的销售和服务，并由银行将保费划入保险公司。

（二）网上保险的特点及优势

1. 网上保险具有以下特点：

（1）虚拟性。开展网上保险不需要具体的建筑物和地址，只需要申请一个网址，建立一个服务器，并与相关交易机构作连接，就可以通过 Internet 开展保险业务。

（2）直接性。网络使得客户与保险机构的相互作用更为直接，它解除了传统业务模式下双方活动的时间、空间制约，与传统保险营销“一对多”的方式不同，网上保险营销可以随时根据消费者的个性化需要提供“一对一”的个性化设计。客户也可以主动选择和实现自己的投保意愿，无须消极接受保险中介人的硬性推销，并可以在多家保险公司及多种产品中实现多样化的比较和选择。

（3）电子化。客户与保险公司之间通过网络进行交易，尽可能多地采用电子单据、电子传递、电子货币交割，实现无纸化交易，避免了传统保险活动中书写任务繁重且不宜保存、传递速度慢等弊端，实现了快速、准确双向式的数据信息交流。

（4）时效性。网络使得保险公司随时可以准确、迅速、简洁地为客户提供所需的资料，客户也可以方便、快捷地访问保险公司的客户服务系统，获得诸如公司背景、保险产品及费率的详细情况，实现实时互动。而且，当保险公司有新产品推出时，保险人可以用公告牌、电子邮件等方式向全球发布电子广告，向客户发送有关保险动态、防灾防损咨询等信息，投保人也无须等待销售代表回复电话，可自行查询信息，了解新的保险产品的情况，有效地解决了借助报纸、印刷型宣传小册子时效性差的问题。

2. 网上保险的优势

作为一种全新的经营理念和商业模式，网上保险无论在时间和空间、理念和手段上较之传

统保险都具有明显的优势:

(1)降低经营成本。由于减少了中间环节,网上保险能够大幅度地降低中间费用支出和管理费用。网上保险一般采用电子保单,也节约了一部分单证及相关成本,同时相对于传统保险渠道而言,网上保险平台的日常维护和跟踪成本也较低。成本降低可以更好地让利于保险客户,从而进一步提高了保险公司的竞争力。

(2)建立开发客户的新渠道。通过网络方式,保险公司得以将自己的产品和服务直接推送到特定的目标客户群体面前,而更深度的数据挖掘也有助于提高保险营销的针对性。

(3)提升保险营销效率。网上保险销售的便捷性、与客户消费行为的契合性、服务的无局限性等特点,为保险公司获取客户、服务客户,提供了便利的条件,提高了保险营销效率。

二、网上保险的基本运行模式

网上保险不管有多少种类型,都离不开一种基本的运行模式。网上保险以电子商务的基本运行环境为基本框架,以保险公司的实质经营内容为核心,利用电子商务的特性来优化保险公司的经营管理。图10-6为网上保险的基本运行模式示意图。

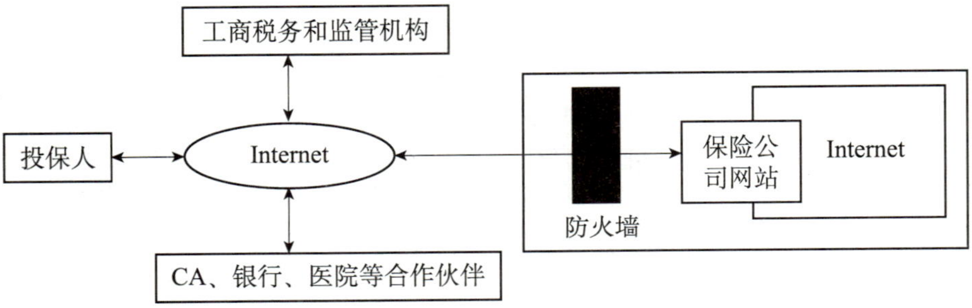

图10-6 网上保险的基本运行模式示意图

保险公司的网上保险系统同投保人和其他部门都是通过Internet进行数据通信的。由图10-6可以看出,参与网上保险的主要当事人有四类:投保人、保险公司、银行及监管机构。图中的CA为从事网上保险的投保人、合作伙伴颁发数字证书和提供认证服务,银行为其客户(投保人)提供网上保险的支付服务。

三、网上保险的业务运作模式

(一)传统保险公司提供网上保险服务

这种业务模式实际上是将传统保险公司的业务,转移到自建网上保险平台上办理,是传统保险公司保险经营手段的变化。为适应网络时代提高保险竞争力的需要,越来越多的传统保险公司,都已经或正在建立自己的网站开展网上保险业务。

在保险公司的网站上,用户不仅可以选择自己需要的险种,在选定险种的电子投保书上填写保险金额、保费交付方式、被保险人、被保险人健康状况、受益人、联系地址等项目,还可以实现网上签订保险合同、网上支付保险费、网上索赔理赔。同时,被保险人还可以查阅保险法规、保险费率变化、进行网上咨询等。

(二)第三方网上保险服务平台

同专业化网上交易平台和网上支付平台一样,依托传统保险公司,专门为投保人提供各种保险信息和保险服务的新型保险中介机构——第三方网上保险平台，也不断出现并发挥越来越重要的作用。这一网上保险业务模式的出现，为广大投保人从数量众多的保险公司、保险责任和保费互有差异的保险品种中，选择最满意者提供了便利条件。

在国际贸易货物运输保险领域，近年来我国就先后建立了多个第三方网上保险平台，具有代表性的有：中国货运保险网、保运通、锦城物流网投保平台、立刻保、货运保险先生等。图 10-7 是国际货运第三方网上保险平台“保运通”的主页。

图 10-7 “保运通”网站主页面

本章小结

本章就国际电子商务环境下的金融服务，从金融电子化、国际电子支付、网上银行与国际结算、网上保险等几个方面进行了系统介绍。

金融服务电子化是金融服务与网络技术全面结合的产物，包括电子支付、网上银行、网上保险、网上证券等金融业务。金融电子化提高了金融业日常业务的工作效率，降低了客户的交易成本，改变了金融业务的传统工作模式，使得人们在只要有网络的地方就可以随时享受与电子商务相关的金融服务。金融电子化系统一般包括四大组成部分：电子支付系统、自动化服务系统、管理信息系统和金融决策支持系统。金融服务电子化与国际电子商务发展具有相辅相成的关系。

电子支付是通过计算机网络系统以电子信息形式实现的货币流通和支付。电子支付工具主要包括信用卡、电子现金、电子支票、智能卡和电子钱包等。国际电子商务中，专业化第三方网络支付平台等新型支付模式发展迅速，凭借安全可靠、节约成本、操作渐变和资源整合等优势，已经成为目前各国电子支付领域中成长最快的支付模式。第三方支付平台有独立运营和非独立运营两种运作模式,其中,非独立运作模式的第三方支付平台,如美国的 PayPal 和中国的支付宝等,发展势头好于独立运营的第三方支付平台。

作为电子商务发展的必要条件,网上银行所提供的电子支付服务是国际电子商务中最关键的因素,直接关系到国际电子商务的发展前景。首先,网上银行以现有的银行业务为基础,利用 Internet 和 Intranet 技术为客户提供综合、统一、安全、实时的金融服务,从而降低银行经营成本,有效提高银行的盈利能力;其次,网上银行无时空限制,有利于扩大客户群体;最后,网上银行有利于服务创新,具有向客户提供多种类个性化服务等优势。网上银行有两种运行机制,一是完全依赖于 Internet 发展起来的全新电子银行——"虚拟银行";二是传统银行利用 Internet 作为新的服务手段为客户提供在线服务。根据产生的原因不同,网上银行面临的风险主要包括:整体策略风险、技术风险、业务风险、法律风险等。网上国际结算是指通过网上银行进行的国际间因各种贸易或非贸易往来,而产生的以货币表示的债权债务的清偿行为,SWIFT 是当前全球最大的网络国际结算系统。

作为一种全新的经营理念和商业模式,网上保险无论在时间和空间、理念和手段上较之传统保险都具有明显的优势,如成本低、直接性、时效性和提升保险服务效率等。网上保险有两种运作模式,即传统保险公司提供网上保险服务和第三方网上保险服务平台。

关键术语

金融电子化,电子支付,信用卡,电子现金,电子支票,智能卡,电子钱包,第三方支付,网上银行,网上国际结算,SWIFT,网上保险

复习思考题

1. 什么是金融电子化? 其主要特点是什么?
2. 金融电子化的具体表现是什么?
3. 试比较中美金融电子化发展的异同。
4. 我国金融电子系统由哪几部分构成? 各组成部分的基本功能是什么?
5. 请借助现实生活中的实例,分析国际电子商务与金融电子化的关系。
6. 何谓电子支付? 其发展经历了哪几个阶段?
7. 电子支付的主要方式有哪几种? 各自有何特点?
8. 结合我国电子商务的发展,分析第三方支付及其特点。
9. 登录 Paypal 与支付宝网站,查看其功能设置,比较分析各自的特点。
10. 网上银行的运行机制有哪几种? 业务模式有哪几种?
11. 与传统保险模式相比,网上保险有哪些特点及优势。

参考文献

陈拥军:电子商务与网络营销(第 2 版)[M],电子工业出版社,2012 年 2 月。
傅少川:企业电子商务风险预防[M],清华大学出版社,2007 年 9 月。
柯新生:网络支付与结算(第 2 版)[M],电子工业出版社,2013 年 6 月。
兰宜生:国际电子商务教程(第 2 版)[M],首都经济贸易大学出版社,2010 年 9 月。
李洪心,马刚:银行电子商务与网上支付(第 2 版)[M],机械工业出版社,2013 年 6 月。

李耀东,李钧:互联网金融[M],电子工业出版社,2014 年 1 月。
刘咏芳等:国际贸易电子商务[M],清华大学出版社,2008 年 6 月。
刘德华等:电子商务与国际贸易[M],中南大学出版社,2013 年 3 月。
牟丹等:电子商务与国际贸易实务教程[M],东软电子出版社,2014 年 1 月。
徐学锋:电子支付与互联网银行[M],上海财经大学出版社,2014 年 4 月。
杨坚争:国际电子商务[M],电子工业出版社,2009 年 1 月。
张波,任新利:网上支付与电子银行(第 3 版)[M],华东理工大学出版社,2014 年 8 月。
张劲松:网上电子支付与结算[M],人民邮电出版社,2011 年 4 月。
中国保险行业协会:互联网保险行业发展报告[M],中国财政经济出版社,2014 年 2 月。
周虹:电子支付与网络银行(第 2 版)[M],中国人民大学出版社,2011 年 5 月。

第十一章

国际电子商务管理

学习目标

掌握：国际贸易管理体制的新特点，国际贸易“单一窗口”的含义，世界贸易网点联盟，中国电子口岸的含义、主要功能和优越性

理解：国际电子商务对传统国际贸易体质的挑战，中国电子口岸的建设目标和意义，中国电子口岸的系统结构及特点

了解：WTO《电子商务工作计划》及进展情况，国际贸易“单一窗口”的演变过程，中国电子口岸联网应用项目

导学案例

新加坡的国际贸易网络化管理实践

为不断提高新加坡的贸易管理效率，降低国际贸易成本，早在20世纪80年代后期，新加坡政府就开始探索利用计算机网络信息通信技术，对国际贸易实行无纸化和网络化管理。1989年1月1日，由新加坡海关间牵头建设的国际贸易单一窗口——“贸易网”（TradeNet）正式投入运营，也使新加坡成为世界上第一个建成并使用国际贸易“单一窗口”管理的国家。

TradeNet采用EDI网络通信技术，在新加坡全国范围内实现数电子数据交换，连接海关、税务、农粮局、经济发展局等30多个政府部门，以及经过身份认证的进出口、运输、保险和银行等私营企业和/或机构，与进出口相关的申报、审核、许可、管制等全部手续均可以通过TradeNet进行。

由于进出口企业通过TradeNet“单一窗口”，一次性提交标准格式的进出口企业及货物信息，就可以完成所有申报处理手续，因此实现了进出口和运输单证处理的一体化，减少了贸易及运输单证的准备、提交与处理的成本及流转时间，降低了单证传递和处理的不确定性，大大加快了货物通关速度，为新加坡贸易企业在世界市场持续保持较高的国际竞争力，起到了至关重要的作用。

为适应贸易程序的改变、贸易政策和税收结构的变化以及信息技术的发展，TradeNet先后进行了多次升级。然而，基于EDI技术的TradeNet，需要企业投入一大笔资金建立专用计算机

网络和购买专用软件，这就大大制约了众多中小微型贸易公司加入和利用 TradeNet 的积极性。为此，基于 Internet 和 Web 技术，更加便利于第三方接入的新的 TradeNet 系统——TradeXchange 于 2007 年 10 月 1 日正式开通运行（如图 11－1 所示）。

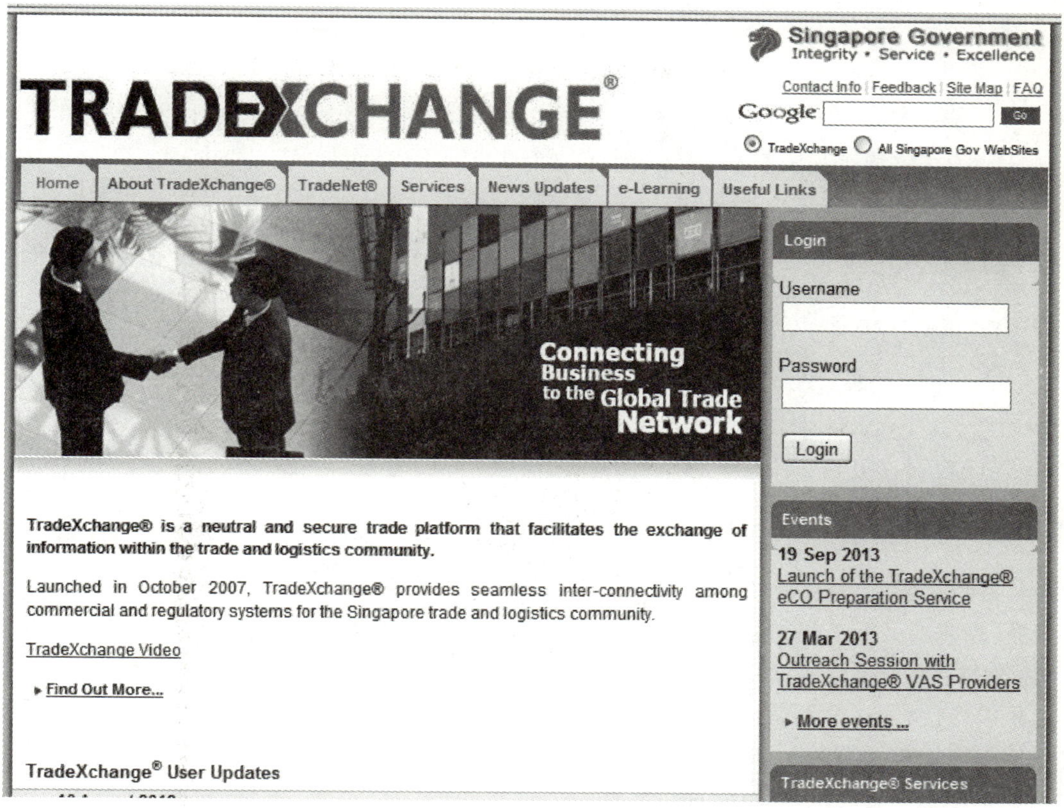

图 11－1　新加坡“TradeXchange”系统的主页面

TradeXchange 由于采用了 Internet 和 Web 技术，使得所有用户通过接入 Internet 的计算机终端浏览器，就可以方便地登录 TradeXchange 系统并实现进出口信息的一次录入、一次办理。与基于 EDI 技术的 TradeNet 系统相比，这不仅将大大节省用户对网络基础设施的投资，使所有新加坡贸易企业均可利用 TradeXchange 系统办理申报通关手续；而且，更重要的是可以实现与其他国家类似“单一窗口”贸易管理系统的互联互通，实现国家间进出口货物、运输、保险及货款结算信息交换的无纸化和网络化，在进一步推进贸易便利化的同时，加快国际电子商务的发展（如图 11－2 所示）。

TradeXchange 系统可以实现全天候不间断运行，在更进一步加快完成单证信息无纸化传递交换的同时，可以实现网上电子支付，随时追踪查阅业务手续的办理进程。由此，可简化贸易信息交换程序，加快贸易单证处理速度，减少数据录入差错，提升贸易便利化水平，进一步降低国际商务成本，大大提升新加坡国家及其企业的全球竞争力。

目前，通过 TradeXchange 系统，新加坡已实现 100% 的网上通关申报和处理，100% 的贸易货款实现电子化支付，90% 的政府贸易许可手续可以在 10 分钟内办理完毕。

除 TradeXchange 贸易管理系统外，新加坡还开通运营了：①“港口网”（PortNet）：该网络集合了海事及港务局、船舶公司及其代理行、货主、物流服务商等信息，融合航运和港口的专业运

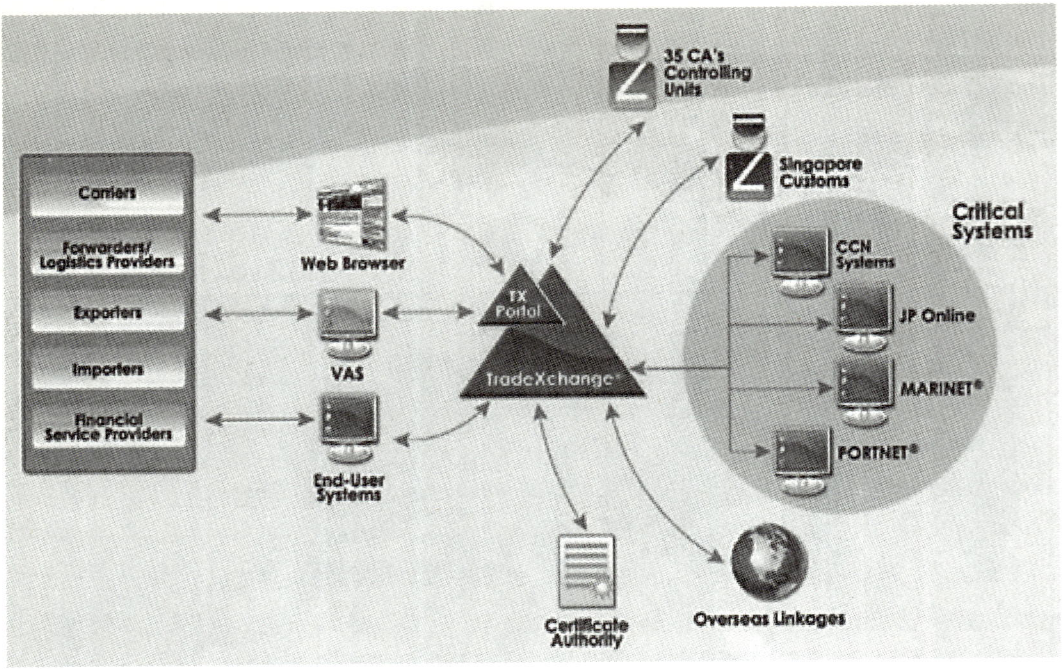

图 11－2　TradeXchange 系统架构示意图

作经验,利用高效的数据交换和通信技术将航运相关各方连接起来,简化点到点的信息流程。②“海事网”(Marinet):为 800 多家船公司提供相关海事服务,如处理和传送电子船舶文件,提供燃料采购、船舶追踪等信息。③“空运社群网”(Cargo Community Network):通过这一平台,空运货物代理可直接与全球 20 多家大型航空公司及其他货运代理联系处理相关单证等事宜,并与世界其他同类型系统相连,提供区域和全球空运服务。

资料来源:根据 TradeXchange 网站(https://www.tradexchange.gov.sg)发布的信息整理。

案例思考题:

1. 新加坡为何要建立 TradeNet 和 TradeXchange 贸易管理“单一窗口”?
2. 新加坡的实践对我国加快国际贸易管理电子化有何借鉴意义?

第一节　国际电子商务环境下的贸易管理体制变革

一、国际电子商务对传统贸易管理体制的挑战

国际电子商务的迅速发展,在理论和实践上都对传统国际贸易管理体制提出了挑战。

(一) 国际电子商务交易属性的界定

WTO 多边贸易管理体制,已经就货物和服务贸易达成了协议,即《关税与贸易总协定》(GATT)和《服务贸易总协定》(GATS)。其中 GATS 被分为四种模式:①过境交付;②境外消费;③商业存在;④自然人活动。国际电子商务的发展对 WTO 多边贸易管理军训提出了挑战。国际电子商务以其自身的多种属性和一些前所未有的特点要求人们在未来的贸易政策制定和贸易管理过程中应回答两个问题:①国际电子商务是否可以归属于现有的 WTO 多边贸易体制

管理？如果可以，它应该由哪一个协议来约束？②对于一些难以界定的国际电子商务行为应如何处理？

（二）国际电子商务交易的安全问题

近年来，国际、国内有关“黑客”非法侵入计算机网络的事件层出不穷，给各国互联网经济造成了重大损失。在Internet上开展国际电子商务活动的一个首要问题就是要解决商务活动中的安全性和可靠性。任何国际电子商务系统都必须在安全策略的指导下建立一个完整的综合保障体系，来规避信息传输风险、信用风险、管理风险和法律风险，以满足开展国际电子商务所需的机密性、认证性、完整性、可访问性、防御性、不可否认性和合法性等安全性要求。只有满足这些条件，国际电子商务活动才能顺利开展，与此相关的贸易活动才得以顺利展开，并避免不必要的经济损失。

此外，国际电子商务也使一个国家的经济安全面临挑战。当经济贸易日益电子化后，互联网的连通使数据很容易被他国掌握，尤其是技术相对落后的发展中国家，其保护经济数据、机密信息和商业秘密将更加困难。

（三）国际电子商务交易的税收问题

国际电子商务有别于传统国际商务交易方式，其无国界、虚拟、隐蔽的特性，对现行税收制度形成了诸多挑战，主要有以下四个方面：

1. 常设机构的概念受到挑战

按国际规范，只有在某个国家设有常设机构，并取得归属于该常设机构的收入，才能被认定为从该国取得的收入，由该国行使地域税收管辖权进行征税。所谓“常设机构”，是指一个企业进行全部或部分经营活动的固定营业场所，包括管理场所、分支机构、办事处、工厂、作业场所等。Internet的出现，使许多国内消费者或厂商可以通过网络购买外国商品和劳务，外国销售商并没有在本国出现，因而不能对外国销售商在本国的销售和经营征税。另外，本国销售商向外国销售产品和劳务，本国当然要对其销售行为征税，但是，涉及的出口商品和劳务的税收优惠、出口退税等问题，同样不好处理。而且，原本设在本国的分销机构现在完全有可能用一台智能型服务器来代替，服务器能否被认定为常设机构值得商榷。即使将服务器认定为常设机构，由于服务器中只有数字信息，不存在进货、出货及库存等概念，因而营业收入也难以界定。这样，如何确定贸易方的国籍并判断是国内贸易还是国际贸易就成为一个问题。

2. 服务收入来源地的确定问题

网上服务贸易是国际电子商务中发展潜力非常大的领域。在确定服务收入来源时，国际上一般都是采取服务提供地标准。Internet服务贸易主要集中在通过网络提供服务上，如计算机游戏、数字图书、数字音像制品和信息查询等，另外，网上专家系统也可以提供诸如法律、医疗等方面的咨询服务，而且Internet还提供了远程办公的可能。服务提供者在提供这些服务时，如果服务的提供者和消费者分处不同的国家或地区，就会出现服务提供地与实际收入来源地不一致的情况。这样就会使一国对实际来源于本国的收入无法征税，造成新的国际税收纠纷。

3. 管理中心的标准需重新调整

在国际税收的传统概念中，管理中心的标准是判定法人居民身份的要素。召开董事会议或股东大会的场所是认定法人实际管理中心的重要标志。然而，网络技术使各国各地的董事、股东足不出户,通过网络视频就可以参加董事会或股东大会,从而使管理中心的标准在处理这一问题时显得力不从心。

4. 国际税收管辖权的冲突

国家税收管辖权问题是国际税收的核心问题之一。目前,世界各国有的实行地域税收管辖权,有的实行居民税收管辖权,也有的地域税收管辖权和居民税收管辖权都实行。一般来说,发达国家的居民会发生大量的对外投资和跨国经营活动,能够从国外取得大量的投资收益和经营所得。因此,发达国家更侧重于去维护自己的居民税收管辖权,而发展中国家更侧重于维护自己的地域税收管辖权。但总的来说,大多数国家都是坚持地域税收管辖权优先的原则。网上贸易和服务的发展,使各国对所得来源地的判定产生了争议,这给行使地域税收管辖权带来了相当大的困难。美国作为网上贸易和服务的发源地,基于其自身利益出发,已明确表态要求加强居民税收管辖权。

(四) 发展中国家的特殊待遇问题

根据 WTO 的基本原则,发展中国家在一般贸易中享有一定的例外和差别待遇,以鼓励发展中国家的积极参与。但是在这场信息技术革命引起的国际贸易方式的变革中,发展中国家处于一种较为尴尬的境地,他们非常希望乘机取得后发优势,又无奈资金、技术等先天不足。因而除了新加坡、韩国、马来西亚等几个"新兴工业化国家"发布了自己的《电子商务基本法》外,绝大部分发展中国家的电子商务战略还很不明确,更未大规模开展国际电子商务。而发达国家急于抢占国际电子商务的制高点,用它作为一种全新的国际贸易竞争手段,继续主导国际贸易发展方向。因此,可以预见,在发达国家的主导下,国际电子商务将用于进一步推动贸易自由化,然而网络技术落后的发展中国家却面临着新的技术壁垒。

国际电子商务不能引起新的贸易障碍和贸易壁垒(尤其是那些针对较贫穷的国家的贸易障碍),这必须在制定全球电子商务政策时引起更深切、更广泛的关注,以确保国际电子商务这一新型国际贸易方式能够真正使世界各国受益。在未来的国际电子商务政策制定过程中,以下问题必须得到重视:①发展中国家缺乏开展国际电子商务的基本设施建设和技术能力,联合国、WTO 和世界银行等国际组织,应建立和实施切实可行的技术援助项目。②发展中国家在涉及国际电子商务的关税减免等具体项目上应始终享有特殊待遇。③WTO 应协助发展中国家利用国际电子商务可能给它们带来的好处,使发展中国家变被动为主动。

(五) 知识产权保护问题

国际电子商务的一个重要用途就是知识和信息资源共享,这就使知识产权保护遇到了一系列的问题。在国际电子商务条件下,知识产权更容易遭到侵犯。1994 年,GATT/WTO 签订的《与贸易有关的知识产权协定》(TRIPs),对与国际电子商务有关的知识产权问题有所涉及,但并不完善。随着国际电子商务的发展,很多新问题随之出现:①域名和商标的关系问题;②网络产品版权问题;③网络侵权的界定与治理问题。

Internet 上存在着大量电子书籍、音像制品的任意下载行为,这样不仅侵犯了原著作者的版权,也侵犯了网上电子书店的利益;还有大量的无授权软件下载以及一些网络使用者不负责任地把并不属于自己的正版软件随意上传以供他人共享的行为。网上的商标侵权也愈演愈烈,包括 BBS 上的商标侵权、链接引起的商标之争以及隐形商标侵权等。同时,域名抢注问题也很严重。

这就对 WTO 提出了新的挑战:①如何修订 TRIPs 协议,使之能够全面涵盖国际电子商务所涉及的知识产权保护问题？②如何与世界知识产权组织(World Intellectual Property Organization,WIPO)合作,对国际电子商务所引发的新概念(如域名、数字产品)、新问题进行统一的界定,并采取一致的、国际通行的准则来保护网上知识产权,打击网上侵权行为？

(六)贸易立法的国际协调问题

世界各国政府和国际组织在解决国际电子商务法律问题方面已做了大量开拓性工作,并取得了初步成效,但目前的立法现状离国际电子商务发展对法律环境的要求尚有一定差距。虽然不少国家的法规针对(国际)电子商务或“改”或“立”,但仍存在很多立法上的空白点。尽管联合国《电子商务示范法》和《电子签名示范法》等国际示范性法律相继出台,为电子商务立法的国际合作树立了良好的开端,但这些法规均不构成直接有效的国际法。而主权国家之间的立法合作也仅在个别领域展开,远远跟不上国际电子商务的发展步伐。由于电子商务应用的国际性强,由此引起的法律障碍很大程度上要通过国际合作和协调来解决,因此如何对现有法规进行调整以适应国际电子商务这种新的贸易方式,将成为国际组织未来的工作重心之一。

二、国际电子商务环境下贸易管理的新特点

国际电子商务推动国际贸易向“无纸化”和“网络化”方向发展,促使各国政府必须逐步改变传统的国际贸易监管方式。在进出口通关、出口退税、外汇核销、申领发放进出口许可证、进出口商品检验检疫、出口商品配额招标和进出口海关统计等方面,逐步实现电子化、网络化管理,提高监管效率,推进贸易便利化。

国际电子商务提供的交互式网络运行机制,为国际贸易提供了一种信息较为完备的市场环境,促进了各国贸易管理和监管方式的改变,主要表现在以下两个方面:

(一)国际贸易管理手段的“电子化、网络化”

Internet的发展在推动国际贸易方式从传统的“有纸化”向“无纸化”方向发展的同时,也在全方位影响政府的贸易管理行为,要求政府贸易管理部门改进管理手段、提高管理效率。政府通过建立专门的网站,更加透明、快捷地发布贸易政策,处理企业登记、审批业务,由传统政务走向“电子政务”,使国际贸易管理逐步实现“电子化、网络化”。

(1)通过政府网站发布国际贸易政策、法规,开展进出口统计和信息发布;

(2)进出口商品配额实行网上招投标管理,贸易企业间的配额转让也在网上实现;

(3)进出口许可证实现网上申领与签发;

(4)海关报关和通关的网络化;

(5)进出口商品检验检疫的电子化;

(6)税费缴纳、出口退税办理的网络化。

(二)国际贸易单证、报文的“标准化、统一化”

在传统“有纸”贸易方式下,关于国际贸易中所使用的大量单证和报文,无论在格式还是在内容上,不同国家或地区的贸易企业之间存在明显差别,但由于是人工处理和寄送,不会影响贸易的正常进行。而在“数字”传输的国际电子商务方式下,要求各种单证和报文的格式必须统一,才能在网络上实现快速传输、自动处理和共享。因此,国际电子商务的顺利开展,要求各国政府部门、企业和机构之间,应实现代码、单证、报文等的“标准化、统一化”。为此,各国政府主管部门和国际组织都在作出积极的努力,并取得显著进展。如联合国有关机构在20世

纪 90 年代就开始制定发布《行政、商业和运输业电子数据交换规则》(UN/EDIFACT)等一系列规则和标准。

我国商务部委托中国国际电子商务中心根据开展国际电子商务的需要,先后制定了国际贸易方式代码、国际贸易单证代码、国际贸易交货条款代码等 7 项代码国家标准,商业发票、装箱单、装运声明等 6 项外贸单证标准,进出口许可证格式、原产地证明格式、联合国标准发票报文等 7 项国际贸易报文格式。

第二节 国际电子商务管理的全球合作

一、WTO 与电子商务

(一) 电子商务被纳入 WTO 议事日程

电子商务的飞速发展引起了全球经济增长方式的巨大变革,同时电子商务在国际贸易领域的应用和普及,也使得国际贸易的各个方面出现了新的变化,对现有国际贸易体制提出了新的挑战。正是由于认识到电子商务在全球贸易发展中日益提高的重要性,1995 年 1 月 1 成立的 WTO,开始把电子商务的发展和应用对国际贸易的影响,作为重要议题列入其议事日程。

在 1998 年 5 月召开的瑞士日内瓦第二次部长级会议上,WTO 各成员方的贸易部长们一致同意研究全球电子商务问题,并通过一项《全球电子商务宣言》。该宣言称:认识到全球电子商务日益发展,并不断创造新的贸易机会,WTO 总理事会应建立一个"综合工作计划",来审查全球电子商务有关的所有贸易方面的议题,包括由各成员方提出的有关这方面的议题。工作计划要包括 WTO 有关机构,考虑到经济、财政等因素和发展中国家的发展需要。总理事会应对工作计划的进展情况和应采取的行动建议,在 WTO 第三次部长会议上提交报告。在对工作计划的结果和 WTO 协议下成员方的权利、义务没有任何歧视的条件下,各成员方应继续实施目前对电子交易不征收关税的做法。

按照《全球电子商务宣言》的要求,WTO 总理事会于 1998 年 9 月 25 日发布了《电子商务工作计划》。

(二) WTO 与《电子商务工作计划》

WTO 总理事会于 1998 年 9 月 25 日发布的《电子商务工作计划》(*Work Programme on Electronic Commerce*),共有八个部分。

第一部分(1.1 条),说明了建立工作计划的依据,即 WTO 第二次部长级会议通过的"全球电子商务宣言"。

第二部分(1.2 条),规定了总理事会在工作计划实施中的作用和日程安排:总理事会在该计划的实施中将发挥中心作用,根据日程安排对工作计划实施经常性的检查回顾;总理事会将考虑具有交叉性质的所有与贸易有关的问题;工作计划中凡是涉及电子交易征税的问题应由总理事会审查;总理事会将在 1999 年 3 月 31 日,对工作计划的实施情况进行中期审查;工作计划中涉及的所有机构应在 1999 年 7 月 31 日向总理事会提交研究报告或信息。

第三部分(1.3 条),对"电子商务"进行了定义。该计划将"电子商务"定义为:"通过电子方式实现的货物和服务的生产、分配、营销、销售和交付活动。"同时,该计划也将与电子商务基础设施发展有关的问题包括在内。

第四部分(1.4条),要求工作计划中所涉及的WTO有关机构,应将其他政府间国际组织,在推动电子商务发展中的工作成果考虑在内,考虑从有关非政府间国际组织(NGOs)那里获得信息的可能方法和途径。

第五至第八部分规定了四个WTO机构的具体审查工作范围。

第五部分(2.1条),是对WTO"服务贸易理事会"的工作规定:服务贸易理事会应就《服务贸易总协定》(GATS)法律框架内的电子商务的待遇问题进行审查及报告。具体包括:提供服务的范围(包括提供方式,第1条);最惠国待遇问题(第2条);透明度原则(第3条);发展中成员方的不断参与(第4条);国内规定、标准与承认(第6条与第7条);竞争问题(第8条和第9条);保护隐私、公共道德和防止欺诈(第14条);服务电子方式提供的市场准入承诺(包括基础和增值电信服务承诺、分销服务承诺,第16条);国民待遇(第17条);接入和使用公共电信传输网及其服务(GATS关于电信的附件);关税问题;电子商务分类问题。

第六部分(3.1条),是对WTO"货物贸易理事会"的工作规定:该理事会将就与《GATT1994》中条款、与《WTO协议》附件1A项下的多边贸易协定和本工作计划有关的电子商务问题进行审查及报告。具体包括:与电子商务有关的产品市场准入;由于应用"关于实施GATT1994第七条协议"(即"海关估价协议")而引起的各种海关估价问题;由于应用"进口许可证程序协议"而引起的各种问题;《GATT1994》第2条定义的关税和其他税费问题;与电子商务有关的标准;原产地规则问题;电子商务下的货物分类问题;简化贸易手续。

第七部分(4.1条),是对WTO"与贸易有关的知识产权理事会"(TRIPs)的工作规定:该理事会负责对电子商务引起的知识产权问题进行审查和报告。具体包括:版权及相关权利的保护与加强;商标的保护与加强;新技术与技术的使用权问题。

第八部分(5.1条),是对WTO"贸易与发展委员会"的工作规定。WTO贸易与发展委员会负责在考虑经济、财政等因素和发展中国家发展需要的前提下,审查和报告电子商务发展的意义。具体包括:电子商务对发展中国家,尤其是这些国家中小企业的贸易和经济前景的影响,使它们获得最大可能利益的途径;电子商务对发展中国家的挑战,增强发展中国家参与电子商务的途径,尤其对以电子方式交付产品的出口商而言,改善基础设施、技术转让和自然人流动的作用;多边贸易体制下,在发展中国家一体化中信息技术的应用;电子商务对货物传统交付方式的可能影响,对发展中国家的意义;电子商务对发展中国家的财政意义。

从以上可以看出,WTO《电子商务工作计划》具有与WTO协议相似的结构:以货物、服务、与贸易有关的知识产权的市场准入为基石,同时兼顾发展问题。WTO总理事会负责审查所有相关条款与交叉问题,协调一切可能的司法冲突。

(三) WTO《电子商务工作计划》的进展情况

截至1999年9月底,WTO《电子商务工作计划》中涉及的各相关机构都向总领事会提交了各自负责领域的工作报告。原计划于1999年11月底至12月初在美国西雅图举行的WTO第三次部长级会议上,由总理事会提交《电子商务工作计划》的最后工作报告,其中包括行动建议。但这一计划因为各成员方的巨大分歧而搁浅。

2001年11月11日至14日在卡塔尔首都多哈举行的WTO第四次部长级会议上,总理事会向大会提交了《电子商务工作计划》的工作报告,报告得到了大会的认可,一致同意继续推行该计划。电子商务作为一项议题单独写入《WTO第四次部长会议宣言》,该宣言称:迄今为止的工作表明,电子商务使各成员方各发展阶段的贸易面临新的挑战,也带来新的机遇。我们认识到孕育和维持一个有利于电子商务发展环境的重要性,指示总理事会为《电子商务工作计划》的运行考虑最适合的制度安排,并且就进一步进展向第五次部长级会议报告。各成员方将保持目前的做法,即在第五次部长级会议前不对电子交易征收关税。

WTO《电子商务工作计划》实施过程中,在WTO贸易和发展委员会的倡议下,1999年10月和2002年4月分别举行了WTO全球电子商务论坛。

第一次论坛,各成员方就电子商务的特点、对国际贸易的影响、电子商务在发展中国家贸易中的潜力、政府对基础设施的建设及规范等问题进行了广泛的讨论。这次论坛成果对于《电子商务工作计划》的实施,起到了巨大的推动作用。

第二次论坛的议题是“电子商务对财政收入的意义”,论坛把贸易和发展委员会对电子商务的考虑作为WTO工作计划的一个重要组成部分。本次论坛就电子商务的发展趋势、电子商务对税收的影响、电子商务的财政意义、政府和私有部门的电子商务经验等几个专题进行了深入讨论,使WTO对于电子商务的研究,从概念、理论走向应用和实践。

以上说明,WTO对电子商务及其对全球贸易发展的重要性,有了更深刻的认识,正由过去一般意义上的审查研究,走向具体的制度安排,为将来进行全球电子商务谈判和签署专门的《全球电子商务协议》作准备。综合WTO各有关机构关于电子商务的工作报告,以及2001年6月WTO总理事会关于电子商务问题的专门讨论,WTO对于全球电子商务发展的基本观点可概括如下:

(1) WTO成员方政府认同三种形式的Internet交易:① 完全在Internet实现的从选择、购买到交付的服务性交易;② 在线(On-line)选择和购买,而以传统方式交付的货物或服务产品的分销;③ 涉及电信传输功能的交易,包括提供了Internet服务的交易。

(2) WTO成员方政府普遍认为:Internet上实现的绝大部分交易,是GATS管辖范围内的服务性交易。

(3) WTO成员方政府普遍坚持:GATS没有对交货的技术方式进行区分。

(4) WTO成员方政府一般认为:GATS的所有条款均适用于电子方式的服务贸易。

(5) Internet上完成交易的部分产品,在是属于服务还是货物的问题上,WTO成员方存在分歧。分歧主要集中在书籍和软件等产品上。一些WTO成员政府坚持认为,通过传统方式交付的印刷书籍,属于货物,而数字化形式的书籍应该归于GATS项下的服务。另一些成员政府则坚持认为,数字化形式的产品仍属于关税和其他GATT条款规定下的货物范畴。但还有一部分成员认为,这类产品既不是服务,也不是货物,应被列为“第三类产品”,并且对此类产品需制定特殊条款。

GATS的电信服务附件应如何与Internet准入服务的应用相联系?许多Internet服务提供商(ISP)及其服务可能得益于附件的规定,但一些成员政府担心,这些ISP在多大程度上应受到附件条款的约束。

2005年12月18日在香港结束的第六次WTO部长级会议发表的《部长宣言》中,进一步强调了WTO对于电子商务的特别关注。但鉴于WTO《电子商务工作计划》框架下的问题核查工作尚未结束,WTO成员方一致同意继续推进已经开展的电子商务核查工作,继续讨论电子商务中与发展有关的议题,以及电子方式交付的软件贸易待遇问题。WTO同意维持目前电子商务工作计划的制度安排,并且强调至下次部长级会议之前,各成员国维持现有的对电子商务交易免征关税的做法。

在2009年11月30日至12月2日日内瓦召开的第七次WTO部长级会议上，WTO决定更广泛地关注《电子商务工作计划》的进展，指示总理事会定期回顾工作计划执行的进展情况，并向2011年召开的部长级会议提交进展报告和行动建议。部长会议认为，基于WTO非歧视、可预见性和透明度等原则，工作计划应重视与发展有关的问题、软件电子化交货的贸易待遇等问题的讨论。本次部长级会议强调至下次部长级会议之前，各成员国继续维持现有的对电子商务交易免征关税的做法。

在2011年12月日内瓦召开的第八次WTO部长级会议上，通过了以下四点决议：

第一，根据现有授权、指导原则和成员方提案，继续在电子商务工作计划下探讨有关问题，如与发展有关的问题、贸易待遇问题等。决议要求坚持WTO的基本原则，为满足电子商务发展的需要，加强网络互联和对所有信息的获取，促进远程通信技术和公共Internet建设。决议还要求工作计划研究货物贸易和服务贸易中中小企业对电子商务的运用。

第二，指示总理事会加强工作项目下与发展有关的讨论，特别是通过贸易与发展委员会研究、跟踪与发展有关的议题，如技术援助、能力建设、促进中小企业利用电子商务等。

第三，指示总理事会继续定期审查工作项目的进展。

第四，延续以往决议，各成员方对电子商务交易暂不征收关税。

在WTO第九次部长级会议于印尼巴厘岛召开之前的2013年4月和6月，WTO召集了两次与电子商务有关的研讨会。在4月8—9日召开的题为“电子商务、发展与中小企业”研讨会上，与会政府、非政府组织及私人企业代表，就电子商务与发展之间的关系，发展中国家中小企业(Small and Medium-sized Enterprises，SMEs)如何利用电子商务在国内外销售其产品等，展开充分的讨论。会议还重点关注了发展中国家面临的机遇与挑战，帮助或阻碍SMEs通过电子商务发现新商机的电信基础设施、规制和投资水平。会议讨论认为：应提高发展中国家SMEs利用电子商务的便利化水平，如组织、法规和国家(地区)能力建设；提高对电子商务的认识；增强信息获取能力。发展中国家SMEs应利用电子商务和信息通信技术，来改善其生产和商业绩效。国际社会尤其是发达国家，应向发展中国家SMEs分享电子商务的成功经验、公共支持政策的成功案例，提供技术援助，改善投资和技能培训。

2013年6月17—18日召开的研讨会，以展示全球电子贸易(E-Trade)的商业、技术和法规进展为主题。会议参加者包括：以电子方式参与全球贸易面临挑战的私营企业家，分享数字时代法规调整经验的公共部门官员和展示其电子商务重要研究成果的国际组织专家。会议讨论了有关电信基础设施建设的成功案例、移动电子商务的进展、贸易协议的电子商务条款、在线销售、软件与云服务市场和新媒体全球化趋势。案例研究主要聚焦于中小企业、发展中国家参与在线服务贸易、为保护电子商务利益政府所采取的监管措施实例。

在2013年12月3—5日于印尼巴厘岛召开的WTO第九次部长级会议上，达成了WTO成立18年以来的首份《巴厘一揽子协议》，其中包括《贸易便利化协议》(Trade Facilitation Agreement，TFA)①。虽然由于印度、古巴、玻利维亚、阿根廷和南非等国的阻挠，原定于2014年7月1日生效的《贸易便利化协议》被推迟，但经过进一步谈判，2014年11月27日，WTO《贸易便

① 贸易便利化，是指通过简化程序、增强透明、统一标准、完善规范、减少限制等一系列的措施，降低国际贸易活动中的交易成本，从而促进货物、服务的自由流动。简而言之，贸易便利化就是对国际贸易制度和手续的简化与协调。贸易便利化的目标是设计具有逻辑一致性、透明性和可预见性的国际经济交往环境，包括建立国际公认的海关程序、协调一致的贸易和运输法规等，以求加快货物和信息跨越边界的流动。

利化协议》议定书得以通过,这意味着 WTO 史上第一项全球贸易改革协定在历经 19 年的等待后终有所成。《贸易便利化协议》通过使用国际标准建立“单窗口”,简化了通关和行政监管手续,推动了全球电子商务发展,从而被纳入国际多边贸易规划体系。

综上可以看出,WTO《电子商务工作计划》的实施,已经从政策建议层面,逐步走向成功案例研究推广、基础设施改善、法规建设和具体实施的实践层面,这对于 WTO 成员尤其是发展中国家成员而言,将有利于它们更有效地参与全球电子商务并从中获益,更具现实意义。

二、联合国国际贸易“单一窗口”

第二次世界大战以后,国际贸易自由化和经济全球化的趋势进一步蔓延,关税和非关税措施的不断削减,在逐步降低贸易成本的同时,推动国际贸易规模持续扩大,对促进世界经济发展起到了巨大的促进作用。然而,烦琐的贸易环节、监管流程,需重复提交的单证数据信息,以及落后的监管手段,仍构成贸易效率提高的主要障碍,阻碍着各国贸易便利化水平的提升。为此,相关国际组织在 20 世纪 90 年代就开始研究,如何利用现代计算机网络技术来推进贸易便利化,进一步降低贸易成本、提高贸易效率。在各国政府具体实践探索的基础上,联合国下属的“贸易便利化与电子业务中心”(UN/CEFACT)在 2005 年公布了第 33 号建议书——《建立国际贸易单一窗口》(*Establishing a Single Window for International Trade*),倡议联合国各成员国,充分利用计算机网络技术,尽快建立国际贸易管理的“单一窗口”。该中心于 2010 年又发布第 35 号建议书——《建立国际贸易单一窗口的法律框架》(*Establishing a Legal Framework for International Trade Single Window*),建议联合国各成员国制定相关法律,为国际贸易“单一窗口”的建立和运行提供保护。

自建立国际贸易“单一窗口”发布至今,全球已有 50 多个经济体引进这一措施,建立起各自的国际贸易管理“单一窗口”,在大大提升贸易便利化水平的同时,为本经济体的贸易企业带来了可观的效益,成为世界贸易改革的新浪潮。不仅发达国家,如澳大利亚、新西兰、日本、韩国等,亚洲的东盟 10 国,甚至南美洲的哥伦比亚、危地马拉、秘鲁,非洲的毛里求斯、加纳等都建立了本国的国际贸易“单一窗口”。

(一) 国际贸易“单一窗口”的含义

根据第 33 号建议书,国际贸易“单一窗口”,是指“一个允许贸易和运输中的各参与方通过一个单入口点提交标准化的信息和单证,满足所有与进口、出口和转口相关的管理机构要求”。“如果信息是电子化的,则单独的数据元只应提交一次。”或者说,国际贸易“单一窗口”是国际贸易和运输相关各方在单一登记点递交满足全部进口、出口和转口相关监管规定的标准资料和单证的一项措施。

国际贸易“单一窗口”的正式名称是“国际贸易数据系统”(International Trade Data System,ITDS),可以视作为贸易商和政府提供的服务。这种服务能够通过对国际贸易信息的集约化和自动化处理,促进贸易商和政府机构之间、政府机构与政府机构之间国际贸易相关信息的交换,达到国际贸易数据共享以及大大提高国际贸易效率和效益的目的。

国际贸易“单一窗口”通常要具备四个要素:一是一次申报,也就是说贸易经营企业只需要一次性向贸易管理部门提交相应的信息和单证;二是通过一个设施申报,该设施拥有统一的平台,对企业提交的信息数据进行一次性处理;三是使用标准化的数据元,贸易经营企业提交的信息应为标准化的数据;四是能够满足政府部门和企业的需要。

（二）国际贸易“单一窗口”的演变过程

“单一窗口”的概念，从提出至今，已经历了几十年的演变过程。20世纪50年代，欧美国家提出了“贸易程序简化”措施，以减少贸易程序、降低贸易成本。1970年随着计算机的推广应用，又提出建立不同形式的“自动化海关和相关系统”，以加快报关和通关速度。20世纪80年代基于计算机网络的EDI技术的出现，推动各国（地区）纷纷研发建立将政府（当局）监管部门与进出口、运输、保险和银行互联的电子化“贸易网”，如新加坡的“TradeNet”、中国台湾的“关贸网络”（Trade-VAN）、中国香港的“数码贸易运输网络系统”（DTTN）、中国内地的“中国电子口岸”等。进入90年代后期，Internet技术在国际贸易领域的迅速普及应用，使得现代国际贸易“单一窗口”概念逐步确立。

2011年召开的联合国全球贸易便利化地区委员会会议，对“单一窗口”的概念演进作了分析，并提议将不同类型的单一窗口系统划分为三种：①有限“单一窗口”（Limited Single Window），相当于海关单一窗口、港口单一窗口或者港口物流服务系统，地方政府单一窗口等；②国家“单一窗口”（National Single Window），即一个国家内部与贸易有关的政府部门、进出口企业与运输、保险和银行之间，通过单一系统实现信息共享；③区域性/全球性“单一窗口”（Regional/Global Single Window）由区域内（如欧盟、东盟）各国，直至全球所有国“单一窗口”互联互通而形成。这是国际贸易管理“单一窗口”的最终目标，只有各国之间与贸易有关的所有数据信息实现通过单一窗口交换和处理，才能从根本上解决贸易便利化问题。

1. 有限“单一窗口”

海关、港口“单一窗口”和港口社区服务系统都是有限的“单一窗口”的不同形式。它们在贸易团体和海关/港口之间提供单一接口，通常不完全涉及所有其他政府机构的许可和授权。

澳大利亚“海关和边境保护服务集成货物系统”（The Australian Customs and Border Protection Service Integrated Cargo System）和芬兰的PortNet系统是海关“单一窗口”的范例。港口社区服务系统有英国的“菲力克斯托港口社区服务系统”（Felixstowe Port Community System）和新加坡的“空运社群网”（Cargo Community Network）。地方政府“单一窗口”系统则是另一种类型的有限“单一窗口”系统，它允许本地贸易团体和管理机构在贸易团体“单一窗口”系统中与市级或省级贸易管理系统组合在一起，如中国上海的Easipass平台。

2. 国家“单一窗口”

国家“单一窗口”是全国性的设施，供所有的参与方（管理机构和贸易团体）使用，允许在单一接口一次性地递交标准化的信息，满足所有与进口、出口和转口相关的管理机构要求。扩展的国家“单一窗口”形式包括企业对企业的电子商务交易。世界银行2012年的跨境贸易报告显示，49个经济体提供“单一窗口”服务，其中有20个已经部署了“单一窗口”系统，能够与所有政府机构建立连接。新加坡的TradeXchange系统是典型的国家“单一窗口”。

3. 区域性/全球性“单一窗口”

东南亚国家联盟（Association of Southeast Asian Nations，ASEAN）是最早构思区域“单一窗口”项目的组织之一。ASEAN“单一窗口”计划于2015年开始运行，同时计划在2014年开展一些跨境交易处理。在非洲，Trans-Kalahari“单一窗口”已经与博茨瓦纳、纳米比亚和南非建立了连接。欧盟也有两个主要的区域性“单一窗口”方案：欧盟税务和海关联盟总局（Directorate-General Taxation and Customs Union）的“单一窗口”方案的目标是建立社区级单一窗口；欧盟机动性和运输总局（Directorate-General for Mobility and Transport）的海事“单一窗口”的目标是在欧盟内部的海上运输运营者之间提供电子交换。

国际贸易“单一窗口”发展的下一阶段是,在能够促进跨境贸易的全球网络中实现国家国际贸易单一窗口的连接,以及在国际供应链上实现信息共享。

(三) 国际贸易管理“单一窗口”的优势

国际贸易“单一窗口”的优势,在于整体提升政府的贸易管理效率和贸易商的国际竞争力。根据美国、日本、韩国和新加坡等国的实践经验,其优势可归纳为五个方面:提高效益、减轻负担、数据准确、效率提升、程序便利。

1. 提高效益

根据 UN/CEFACT 提供的数据,国际贸易便利化措施每年可为世界贸易节省约 1 万亿美元的费用。新加坡国际贸易管理“单一窗口”(TradeXchang)连接了 35 个政府机构,给贸易商和政府机构带来巨大收益。统计表明,通过 TradeXchang“单一窗口”,新加坡企业每笔贸易可以节省费用 40%—60%;政府机构降低管理费用 50%。新加坡的企业通过 TradeXchang“单一窗口”办理单项手续的费用平均为 3 新元,是此前 15 新元费用的 1/5。仅单证费用一项,新加坡全国每年节省约 10 亿新元。

2. 减轻负担

在许多国家,参与国际贸易的企业经常都要按照进口、出口、转口相关的监管规定编制大量资料和单证并提交给政府主管机关审核。这些资料和单证往往都必须经由不同的机构进行提交,每一个机构都有各自专门的(人工或自动)系统和书面格式。这些名目繁多的单证表格加上后续的审核成本,对政府和企业构成一系列负担,并成为国际贸易发展的障碍。实施“单一窗口”管理后,贸易商只需一次性提交单证或电子报文,就可以完成申报手续,大大减少了贸易商多次录入数据的时间和成本。同时,政府不同监管部门,可从“单一窗口”的数据中心,调用贸易商填报数据信息进行审核,不必每个部门都向企业索要重复性的数据信息,政府管理效率得到提高。

新加坡海关报关大厅原来有 134 名工作人员,在全面实行 TradeXchang“单一窗口”后,现在报关大厅仅需 1 名工作人员值班即可。

3. 数据准确

贸易商通过一票录入数据直接传送到国际贸易管理“单一窗口”,系统自动进行审核,大大减少了数据重复输入而造成的遗漏或差错。

政府监管部门针对进口、出口和转口交易使用数据与报文的标准化、统一化,将大大提高信息传输和自动处理速度,不仅能缩短贸易流程、节约时间成本,而且将确保各项申报的数据通用性和准确性,并将使各国政府之间都互相交换和共享信息,从而进一步简化国际贸易程序。

4. 效率提升

贸易相关企业和政府部门通过国际贸易管理“单一窗口”实现信息共享和电子数据交换,在大幅提高效益、减轻负担和数据准确的基础上,效率也将得到很大的提升。

根据东盟各国统计,按照传统进出口办理程序,进出口企业办理一笔进出口贸易手续需要 10—12 天。而新加坡企业通过 TradeXchang“单一窗口”在 10 分钟内就可以办理完全部手续;按照传统的程序,进出口企业办理一笔贸易许可手续需要 3—5 天,而通过 TradeXchang 在 1 分钟内就可以办理完。目前,新加坡贸易企业 97% 的报关业务通过 TradeXchang 在 10 秒内即可完成；瑞典贸易企业通过瑞典国际贸易“单一窗口”办理报关手续的回应时间也只有 90 秒钟。很明显，实施贸易“单一窗口”后，政府部门的监管效率得到大幅度的提高。

5. 程序便利

国际贸易“单一窗口”能使贸易程序便利化在各方面得到体现。为此，国际贸易管理“单一窗口”被美国政府列入政府机构改革、提高政府行政效率的重要措施，其 2009 年建成的“自动化商业环境”（Automated Commercial Environment，ACE）系统，实现了 27 个政府部门的 550 多个机构的贸易数据和监管信息共享。另外，美国与加拿大、墨西哥、英国等共同合作，已开始使用一套标准数据，用于多国机构办理进口、出口和转口手续，为更进一步的贸易便利化努力实现国际协调和国际标准化。

国际贸易“单一窗口”的实施已经彻底改变了新加坡的国际贸易单证处理流程，被认为是将新加坡建设成全球化最具竞争力大都市的国家战略信息系统。自新加坡 2007 年开通 TradeXchang 国际贸易“单一窗口”以来，新加坡已连续七年被评为国际竞争力世界领先城市。

（四）国际贸易数据简化与标准化

在发布《建立国际贸易单一窗口》建议书之后，UN/CEFACT 还发布了第 34 号建议书——《国际贸易数据简化与标准化》（*Data Simplification and Standardization for International Trade*）。强调国际贸易“单一窗口”必须建立在国际贸易数据简化与标准化的基础上，即建立在国际贸易公约、标准、建议和指南的基础上。

为执行国际贸易法规，各个国家的政府都要求贸易相关企业，向政府监管部门提交大量的数据和单证，贸易企业还必须与供应商、客户、代理商、金融机构以及第三方贸易中介等交换信息。针对这些处理所需的数据元定义，在各个政府机构之间或商业组织之间通常很少或没有协调，其结果是，造成涉及贸易和运输的公司必须受制于各种不同的数据规定、单证和专用表格，需要重复提交类似或相同的信息。因此，实现国际贸易数据的简化和标准化，无疑对国际贸易“单一窗口”建设起着关键的基础作用。美国“远期自动商务环境工作组”项目办公室，把调查国际贸易的业务流程和信息需求，作为其首要目标之一。自 1996 年起该机构就开始对美国不同机构所要求的全部表格进行调查审核，汇编出一份贸易机构收集数据元的清单，这份清单涉及近 10 000 个数据项构成的 300 多张单证、表格。这些信息显示出贸易机构提交的大量冗余和重复数据，冗余度超过 90%。经过一个分析、协调的数据简化和标准化过程，美国政府最终制定出一个由不到 200 个数据元组成的美国国家标准数据集。

目前，我国已经引进了联合国 UN/CEFACT 各项建议书的主要标准，并等同或等效采用为国家标准。如 UN/CEFACT“口岸及相关地点代码”（建议书第 16 号），被转换成我国国家标准 GB/T 15514—2008；UN/CEFACT“付款条款缩写”（建议书第 17 号），被转换成我国国家标准 GB/T 18126—2010 等（如表 11 - 1 所示）。但总体来说，我国外贸企业普遍对国际贸易标准化缺乏全面系统的了解，我国政府转化国际标准的工作还应进一步加快，大专院校中的涉外专业应积极开设国际贸易标准化的相关课程和培训。在我国国家标准贸易进程中，由于单证、标签等不符合国际标准造成的滞关、压仓、退货、货物损毁等，每年造成的损失高达数十亿美元。因此，加快我国国际贸易标准化进程已刻不容缓。

表 11-1 被转换成我国国家标准的 UN/CEFACT 建议标准(部分)

国际贸易单证标准	UN/CEFACT 建议书	对应的我国国家标准
国家名称的代码表示	建议书第 3 号	GB/T 2659—2000
国际贸易术语解释通则缩写	建议书第 5 号	GB/T 15423—1994
日期、时间和时间期限的数字表示	建议书第 7 号	GB/T 7408—2005
表示货币的字母代码	建议书第 9 号	GB/T 12406—2008
简单运输标志	建议书第 15 号	GB/T 18131—2000
口岸及相关地点代码	建议书第 16 号	GB/T 15514—2008
付款条款缩写	建议书第 17 号	GB/T 18126—2010
运输方式代码	建议书第 19 号	GB/T 6512—1998
国际贸易计量单位代码	建议书第 20 号	GB/T 17295—2008
货物、包装以及包装类型代码	建议书第 21 号	GB/T 16472—1996
运费代码	建议书第 23 号	GB/T 17152—2008
运输工具类型代码	建议书第 28 号	GB/T 18804—2002

(五) 建立我国国际贸易“单一窗口”

国际贸易“单一窗口”旨在使企业和政府之间的信息流更为畅通和简化,有助于提高贸易企业的国际竞争力、效益和效率。建立国际贸易“单一窗口”,应成为推动我国从贸易大国走向贸易强国的重大战略措施。

我国香港地区借鉴了新加坡、荷兰、美国、澳大利亚、英国和德国的经验,于 2006 年开通运行国际贸易“单一窗口”——“数码贸易运输网络系统”(Digital Trade and Transportation Network,DTTN)。DTTN 是一个安全开放的公共平台,提供贸易、物流和金融行业之间的互联互通,任何一家香港公司都可以通过它方便快捷地与贸易、物流和金融伙伴进行互联,开展跨境电子商务业务,大大提升了贸易效率,降低了交易成本。

我国国务院《电子口岸发展“十二五”规划》(国办发〔2012〕41 号)提出:到 2015 年,符合国际“单一窗口”建设的管理规则和通行标准、适应经济社会发展需要的中国特色“单一窗口”工程初步建成。我国要力争在 2018 年全面实现国际贸易“单一窗口”的应用,2020 年实现同东盟、欧盟、美国等主要贸易伙伴国家“单一窗口”的连接。

在已经建成运营的“中国电子口岸系统”的基础上,我国国际贸易“单一窗口”建设已取得积极进展。我国将通过完善“电子口岸”功能,全面推进关检合作“三个一”(一次申报、一次查验、一次放行),加快国际贸易“单一窗口”建设进程,建立查验场地集中、管理系统统一、监管流程同步的口岸协同执法体系,深化通关协作,推动建设口岸管理一体化大格局。

截至 2014 年 9 月,海关总署已有 20 个直属海关和 111 个通关现场实施了关检合作“三个一”。2014 年 6 月,上海自由贸易试验区国际贸易“单一窗口”平台上线运行,目前试点进行“一般贸易进口货物申报”和“船舶出口岸联网核放”两个项目。2014 年 9 月,上海口岸工作领导小组会议审议通过《上海国际贸易单一窗口建设工作方案(审议稿)》,计划用三年左右的时间,基本建成上海国际贸易“单一窗口”,包含货物进出口、运输工具、进出口许可、支付结算、企业资质、信息查询等六个方面。在“单一窗口”平台上,将实现贸易和运输企业通过上海电子口岸一点接入、一次性递交满足监管部门要求的格式化单证和电子信息,监管部门处理状态(结果)通过单一平台反馈给申报人,监管部门共享监管资源、实施联合监管。

2014 年 7 月 1 日,京津冀一省两市已经率先在全国实现区域“通关一体化”,9 月 22 日,涵盖整个长江经济带沿线所有海关的长江经济带海关区域“通关一体化”开始实施，12月初，珠三角“通关一体化”也正式启动。作为国际贸易“单一窗口”的核心业务，三大经济区区域“通关一体化”的相继启动，必将对加快我国国际贸易“单一窗口”的工程建设起到巨大的推动作用。

然而，建立国际贸易“单一窗口”是一项涉及面广、技术复杂、系统性的政府行政和监管体制改革项目。要求实现系统的规划设计，制定法律和制度框架，进行业务流程优化分析，简化业务环节和流程，标准化贸易单证、报文，统一化数据格式，制定严格的管理规则等。

三、世界贸易网点联盟

世界贸易网点联盟（World Trade Point Federation，WTPF）是在联合国贸易和发展会议（UNCTAD）指导下，通过应用电子商务技术致力于中小型企业全球贸易促进和贸易信息提供的非政府国际组织，旨在推进全球贸易的发展；通过其独特的人力资源网络，将当地专有技术和电子商务市场结合起来，为中小企业，尤其是发展中国家和最不发达国家的中小企业提供贸易资讯，帮助中小企业通过电子通信技术开展国际贸易。

WTPF的核心价值观是：遵守商业道德，公正透明，资源共享，彼此尊重文化差异，致力于共同建设。WTPF一直恪守上述原则，为客户提供高品质服务，并获得了广泛好评。

（一）WTPF的发展

WTPF源于UNCTAD创立的“全球贸易网点网络”（Global Trade Point Network，GTPNET）项目。1992年，UNCTAD为帮助发展中国家增强竞争力，提高贸易效率，并充分利用全球化信息资源，创建了GEPNET项目。2000年，WTPF在日内瓦正式成立，成为各国贸易网点的管理者。

目前，WTPF共在90多个国家和地区设立了120余家贸易网点，这些网点分欧洲、中东、美洲、非洲、亚太地区共五大区域。其中，欧洲有贸易网点31家，中东22家，美洲21家，非洲18家，亚太地区10家。WTPF在中国设有联合国贸易网络北京中心和联合国贸易网络上海中心。

2004年8月，WTPF获得了联合国经济社会理事会（Economic and Social Council，ECOSOC）授予的咨询商地位，有权出席ECOSOC及其不同附属机构主办的会议，对这些会议的议程可以提出口头干涉和书面陈述。拥有咨询商地位的组织还可以出席联合国主办的国际会议、成员大会特别会议和其他政府间组织活动。

（二）WTPF的组织机构

WTPF是按瑞士法律建立起来的非营利性组织，注册地为瑞士的日内瓦，主要有联盟大会、指导委员会及指导局三个组成机构。联盟大会是WTPF的最高组织机构，每年召开一次，对联盟的总体行动计划、政策、规则以及纲领进行表决。与此同时，大会也成了各网点经验共享的一个论坛，它们可以商讨合资计划，了解到信息技术的最新发展趋势，以及其他贸易相关的发展资讯。指导委员会及其下属的指导局是WTPF的执行机构，主要负责组织的运营和对秘书处日常行为的监管。指导委员会的成员是从五个区域（欧洲、中东、美洲、非洲、亚太地区）等比例选出来的。2012年11月，在2012—2015年度WTPF执行委员会选举中，联合国贸易网络北京中心被选为WTPF执行委员会的10个成员之一。

(三)WTPF 网站

WTPF 新版网站(http://www.tradepoint.org)由联合国贸易网络北京中心和联合国贸易网络上海中心共同建设(如图 11－3 所示),主要由电子贸易机会(ETO)、全球贸易商名录(GTDS)等系统组成。WTPF 分布在全球的 120 多个网点同步更新信息,已成为全球最具影响力的贸易促进和服务的电子商务平台。

图 11－3 WTPF 的网站首页

(四) WTPF 的战略目标

WTPF 有以下五个战略目标:

(1) 提高中小企业在国际贸易中的参与度;

(2) 帮助中小企业提高贸易效率和竞争力;

(3) 建立一个值得信赖的商业合作伙伴全球关系网络;

(4) 协助中小企业获得信息通信技术,并促进它们在贸易中使用这些技术;

(5) 促使网点成为一站式服务市场,能为中小企业提供广泛的贸易服务和指导。

WTPF 的基本目标,是通过辅助 UNCTAD 工作,促进贸易发展,提高贸易效率,尽可能扩大贸易利得所惠及的范围。

(五)WTPF 提供的服务

成为 WTPF 的成员,能获得如下服务:

(1) 获得关于商业、市场以及投资的特别资讯,这些资讯涵盖了 90 多个 WTPF 成员国和地区；

（2）通过 WTPF 网站的 GTDS 数据库可以总览全球网点客户；

（3）可进入独家 ETO 系统，在此平台上可以免费收发商业合作信息；

（4）独享全球贸易网络点所提供的专业技术，借鉴其他贸易网点的经验；

（5）通过区域性网点论坛，能够寻求与其他网点合作，共同开发项目。

（六）WTPF 的主要活动

WTPF 开展的主要活动如下：

（1）通过贸易网点，帮助中小企业在全球 70 多个国家中找到可靠的商业合作伙伴，并鼓励它们在交易中更加数字化；

（2）提供国际市场信息和全球投资资讯；

（3）提供一个独特的 ETO 系统，使中小企业免费发布和获取贸易信息；

（4）通过 GTDS 系统，公司的信息会长期挂在 WTPF 网页上；

（5）为实现机构目标，与公共机构或私人机构建立合作伙伴关系；

（6）在日内瓦总部接待官方政府和贸易代表团；

（7）组织代表团外出访问，宣传贸易网点网络；

（8）组织一年一度的年度大会及区域性会议；

（9）代表贸易网点出席相关国际贸易论坛。

第三节 中国电子口岸

一、中国电子口岸建设及其进展

（一）中国电子口岸的概念

电子口岸，是经国务院批准，由海关总署会同公安部、财政部、原铁道部、交通部、工业与信息化部、商务部、人民银行、税务总局、工商总局、质检总局、民航总局、国家外汇管理局、国家发改委和环境保护部等 14 个部委共同建设的跨部门、跨行业、跨地区的大通关统一信息平台。它依托国家电信公网，实现进出口相关管理部门间与大通关流程相关的数据共享和联网核查，实现工商、税务、海关、外汇、外贸、质检、公安、铁路、银行等部门以及进出口企业、加工贸易企业、外贸中介服务企业、外贸货主单位的联网，将进出口管理流信息、资金流信息、货物流信息存放在一个集中式的数据库中，随时为国家各行政管理部门提供跨部门、跨行业、跨地区的数据交换并方便其联网核查，并向企业提供报关申报、网上支付、外汇核销、出口退税等“一站式”电子政务服务。经过十年的建设和发展，电子口岸已经逐步发展成为一个集口岸通关执法管理及相关物流商务服务于一体的大通关统一信息平台。

根据国务院相关文件的规定，电子口岸分为中国电子口岸和地方电子口岸两个层面。中国电子口岸建设由国家电子口岸建设指导委员会牵头，国家 15 个部门共同建设，主要承担国务院各有关部门间与大通关流程相关的数据共享和联网核查；地方电子口岸建设由各地方政府牵头，政府各部门和当地数据分中心共同建设，主要承担地方各有关部门、单位和企业大通关核心流程和相关物流商务服务信息平台的整合。地方电子口岸是中国电子口岸的延伸和补充。

（二）中国电子口岸产生的背景

20 世纪 90 年代中期，利用假单证、假批文、假印章进行的“三假”走私，骗汇、骗税违法犯罪活动十分猖獗。据不完全统计,1997 年全国海关共查获"三假"走私案案值人民币 15 亿元,1998 年达到 21 亿元。"三假"走私、骗汇、骗税对国家经济造成了严重损害。

按照当时国家外汇管理的有关规定,企业出口货物必须事先到外汇管理部门备案,然后在规定的时间内把出口货物换取的外汇结算给外汇指定银行。企业进口设备、原材料需要外汇时,只需要向外汇指定银行出具海关签发的进口报关单证明,就可以自由购汇。实际上,1998 年国家外汇大量流失的主要原因是,不法分子根本没有进口货物,而是通过制造假的报关单到银行骗购外汇。

为了配合有关部门打击骗汇、骗税活动,全国海关曾经采取了许多防伪措施,先后研制了 3 代防伪印油、2 代激光防伪标签,并且在所有海关签发的报关单证明上加贴激光防伪标签和加盖特防伪印油,进行单证防伪,并且配合外汇、国税和银行对进出口报关单进行"二次核对"。

1998 年,海关总署和外汇管理局按照国务院关于要加快银行、外汇管理局和海关之间的计算机联网,加强对报关单和外汇进出口核销工作的管理,从源头上防止骗汇、逃汇违法活动的发生的通知精神,联合开发了"进口付汇报关单联网核查系统",该系统通过海关与外汇部门的联网核查来鉴别进出口付汇报关单的真伪,改变了靠书面单证防伪的做法,1999 年 1 月 1 日该系统在全国推广使用,并立刻收到了明显的效果。主要表现在三个方面:

1. 贸易顺差和顺收趋于平衡

1998 年我国贸易顺差为 435 亿美元,同年外汇顺收只有 47.8 亿美元。1999 年"进口报关单联网核查系统"应用项目推广使用后,假报关单没了,当年贸易顺差为 293 亿美元,而外汇顺收上升到 235 亿美元,到 2000 年外汇顺收趋于平衡。

2. "三假"走私案件减少

1996 年全国海关查获的"三假"走私案案值为人民币 7 亿元,1997 年为 14.7 亿元,1998 年达到 21.2 亿元。1999 年海关实行"电子底账 + 联网核查"的新管理模式后,"三假"案发率大幅下降,案值只有 3.1 亿元,2000 年则基本为零。

3. 促进海关税收大幅增长

走私是个链条,包括购买走私货物、运输、销售、调汇等许多环节,自 1999 年海关与外汇部门实行进口报关单联网核查后,很大程度上切断了走私的外汇资金渠道,极大地遏制了走私活动,因此,也促进了海关税收的大幅增长。据海关统计,1998 年海关税收为 879 亿元,1999 年上升到 1 591 亿元,2000 年已突破 2 242 亿元,连年保持海关税收大幅度增收。

鉴于以上核查系统所取得的显著成果,在已有系统的基础上,国务院决定开发建立涵盖对外贸易全流程的"口岸电子执法系统"——中国电子口岸。2000 年下半年,"口岸电子执法系统"数据库、网络平台、安全认证以及出口收汇核查子系统的开发测试工作也相继完成。

(三) 中国电子口岸建设的目标及意义

1. 中国电子口岸所要实现的目标

(1) 建立现代化的管理部门联网综合管理模式,增加管理综合效能。在公共数据中心支持下,进出口环节的所有管理操作,都有电子底账可查,都可以按照职能分工进行联网核查、核注、核销。

(2) 利用高科技手段增强管理部门执法透明度。借助于高科技手段,使管理部门各项进出口管理作业更规范、统一、透明,各部门、各操作环节相互制约,相互监督,从机制上加强管理部门的廉政建设。

(3) 便利企业,提高贸易效率,降低贸易成本。很多进出口手续在办公室通过网络就可以完成,通关效率提高,出口退税迅速,结售汇核销等手续更为便捷。

2. 建设中国电子口岸的意义

(1) 加强口岸监管,提高政府部门行政执法能力。中国电子口岸采用“电子底账 + 联网核查”的管理方式,使口岸执法部门通过公共平台实现信息资源共享,使口岸管理的各个环节环环相扣、相互印证和相互制约,从源头上防范和打击了走私、骗汇、骗税等违法犯罪活动,为国家挽回大量外汇收入,促进了海关税收连年大幅增长,不仅大大提高了口岸相关管理效率、执法单位的依法行政能力和联合执法能力,而且最大限度地减少了人为因素的干扰和影响,加强了国家对进出口的管理。

(2) 提高通关效率,降低贸易企业成本。中国电子口岸按照国务院提出的“政府牵头协调、统一信息平台、手续前推后移、加快实货验放”的大通关建设要求进行建设,依托技术进步和管理创新,实现了互联互通,整合了相关资源,简化了通关手续,降低了企业成本,提高了我国产品的国际竞争力。

(3) 改善投资软环境,促进国际物流业发展。中国电子口岸在统一认证基础上,构筑集口岸通关执法管理及相关物流商务服务于一体的口岸大通关统一信息平台,实现了铁路、公路、航空、海运等运输信息资源的共享,解决了物流信息割裂问题,大大提高了物流速度,降低了物流成本,为物流业的发展创造了条件,配套以规范便捷的服务和通畅有序的口岸环境,改善了地方投资环境,促进了区域经济发展。

(4) 推进电子政务建设,提高政府服务水平。中国电子口岸通过互联互通、资源共享,大力推动政务公开和政府服务水平的提升,成为我国政府管理信息化应用的一个成功范例,并受到世界海关的关注。通过将大通关有关的各类公共服务内容、程序和办事流程向企业公开,提高了政务透明度,便于企业进行查询和监督;通过将报关、报检、付汇、收汇、缴税、退税等通关项目,以及运输、仓储等物流服务项目整合到一个平台,节省了企业多次往返不同政府部门重复录入信息和身份认证的成本。

(5) 加快中国电子商务发展。截至 2013 年年底,中国电子口岸入网贸易企业已超过 65 万家且仍在持续不断地增长。这些用户每年进出口货物总值已超过 2 万亿美元,孕育着巨大的运输、仓储、金融、保险等国际电子商务服务市场,再加上中国电子口岸安全、可靠、高效的交易平台,严密的资信和授权管理,为带动中国国际电子商务的蓬勃发展创造了良好的条件。

(6) 配合国家宏观调控在进出口领域的实施。中国电子口岸积极配合国家宏观调控政策实施,与国家外汇管理局、税务总局、商务部等有关部委密切合作,围绕大局,先后开发推广了进口报关单联网核查、出口收结汇联网核查、进口增值税联网核查等 67 个服务项目,用联网核查的方法对贸易项下资金流动、税费征管的真实性进行有效监控,为保障国家经济、金融安全发挥了重要作用。

(四) 中国电子口岸建设的进展

中国电子口岸于 2000 年 10 月在北京、上海、天津和广州等 4 个城市试运行,2001 年 6 月 1 日在全国各口岸启动。在北京、上海、深圳等多个城市建立起了中心节点,并在全国 47 个省会城市、计划单列市和 300 多个地级市计划设立接入节点 330 余个,通过专线、宽带、拨号等多样化的接入方式,基本实现了全国范围的网络覆盖。2002 年 10 月起,中国电子口岸数据中心陆续在 41 个直属海关所在地设立数据分中心,承担中国电子口岸应用项目在本地区的推广,为地方电子口岸建设提供技术支持,并向本地用户提供客户服务。

截至2013年,中国电子口岸已有67个项目在线运行,入网企业超过65万家,每日处理电子单证数量达240万笔,中国电子口岸门户网站日单击率超过1 000万次。同时,地方电子口岸建设也取得了长足发展,有35个地方电子口岸平台在线运行,并呈现良好的发展态势。中国电子口岸在为政府部门之间共享信息、提高效率、加强监管和为企业提供贸易便利、加快通关速度、减低贸易成本等方面发挥着日益重要的作用。

2013年,全国海关共办理无纸通关报关单3 189.1万份,占同期报关单总数的46.9%;全国进、出口无纸化通关报关单货物平均通关时间分别为3.99小时和0.22小时,较上年分别缩短了11.97小时和1.37小时,通关效率分别提高了75%和86%。"属地申报、口岸验放"通关模式适用企业数量由15万余家增至近32万家。2014年京津冀、长江经济带和珠三角地区先后启动实施"通关一体化"工程。

(五)中国电子口岸建设的主要成果

1. 电子口岸专用网络建设

从2003年开始,数据中心与各大电信运营商合作,依托公共网络资源建设了具有扩展性强、服务性好、覆盖面广、接入方式多样等特点的电子口岸业务专用网络,截至2013年年底,电子口岸专网已经实现了与国税总局、外汇管理局、质检总局等17个部委,工商银行等16个银行以及香港工贸署、澳门经济局、中国贸促会等6个单位的网络专线连接,覆盖到全国41个直属海关所在城市、省会城市及重点地级市及报关现场,联网节点已超过300余个,并实现了骨干网络双线路运行,为电子口岸共建部门和企业用户提供快速、安全、稳定的业务数据传输网络。

2. 电子口岸运行机房建设

从2001年开始,数据中心与各大电信运营商合作,采用租赁托管机房的方式,按照国家电子信息系统机房A级标准先后建成电子口岸运行机房、同城备份机房和异地容灾机房,同时按照"两地三中心运行模式",不断建设完善电子口岸系统。

3. 电子口岸安全保密子系统

该系统于2000年3月在国家密码管理局(原国家密码管理委员会办公室)立项建设,2000年8月建设完成。2000年12月通过了国家密码管理局组织的安全性审查,并于2001年年初上线运行。随着密码技术的发展以及有关技术标准、规范的出台,2007年数据中心启动了密码算法升级改造工作,改造后的系统于2009年9月通过了国家密码管理局组织的安全性审查。2010年12月,数据中心获得了国家密码管理局颁发的电子政务电子认证服务资质;截至2013年年底,已累计发放数字证书1 000余万张,是我国投入运营较早、发证量较多、应用范围较广、软件完整性保护得好的安全认证系统之一。

4. 电子口岸一体化客户服务体系

从2008年开始,数据中心充分发挥电子口岸建设的网络化优势,与各数据分中心合作构建服务接入号码统一、服务标准统一、服务管理统一的电子口岸一体化客户服务体系,截至2010年,已基本完成了数据中心呼叫中心系统的建设,以及与12个数据分中心呼叫中心平台的对接,大大提高了电子口岸总体客户服务质量。2010年,电子口岸客服电话的人工接通率达到85.4%,问题直接处理率达到95.3%,总体客户服务满意度也达到91.5%。

5. 电子口岸应用项目建设

截至2013年,数据中心已累计开发推广应用项目67个,其中,采用"电子底账+联网核查”模式、实现大通关相关部门执法数据互联互通的应用项目26个，构建“一站式”服务平台、实现企业便捷通关的应用项目30个，整合物流商务信息、促进区域经济发展的应用项目11个。主要应用项目有：进口报关单联网核查系统、出口退税联网核查系统、进口增值税联网检查系统、出口收结汇联网核查系统、CEPA原产地证明核查系统、网上税费支付系统、集成通系统、深圳陆路口岸快速通关系统、特殊区域（场所）海关监管作业平台等。

二、中国电子口岸系统框架

1. 科学的系统结构

中国电子口岸改变了过去点对点的连接方式，依托国家电信公网建立了一个公共数据中心和交换平台，实现了国家部委之间、部委与企业之间的联网数据交换和共享，以及中国与境外国际贸易“单一窗口”之间的互联互通（如图11－4所示）。实践证明，采用国家电信公网资源，可以缩短建设周期，减少重复建设造成的浪费，实行专业化管理，提高服务质量，并且由于电信运营商实行规模经营，可以大大减轻企业负担，减少政府投入。

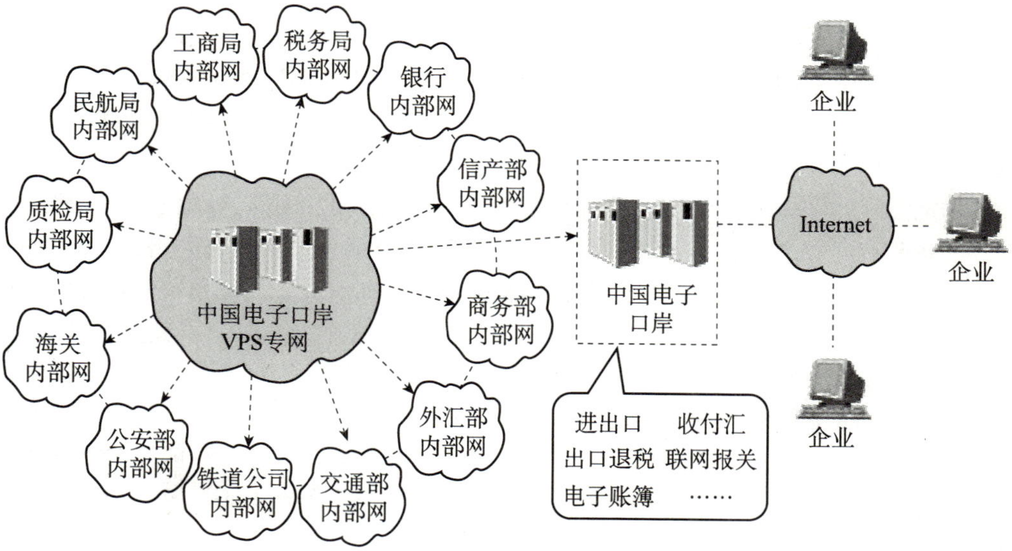

图11－4　中国电子口岸网络系统结构

2. 多种接入方式

为便于企业上网办理业务，电信运营商结合中国电子口岸的业务特点，推出了全国统一的“95199”拨号、宽带和专线等多种接入方式于一体的全国性网络操作平台，无论企业采用何种网络接入方式，无论在任何时候、任何地方，只要能够接入Internet，就可以开展中国电子口岸业务。

3. 严格内外网隔离

中国电子口岸采用了“一点接入”的方式，把每一个行政管理机关与其他行政管理机关和企业的连接通道全部进行逻辑隔离，在公共数据中心加装多重防护措施，以保证主运行系统和网络的安全。多重防护设施主要包括：电子门卫，负责身份认证；电子警犬，负责24小时侦查、报警；电子侦察，对非法入侵者进行跟踪（如图11－5所示）。

4. 完善的多重备用系统

鉴于中国电子口岸在国家进出口管理中所承担的重要任务，在系统总体设计中应特别注

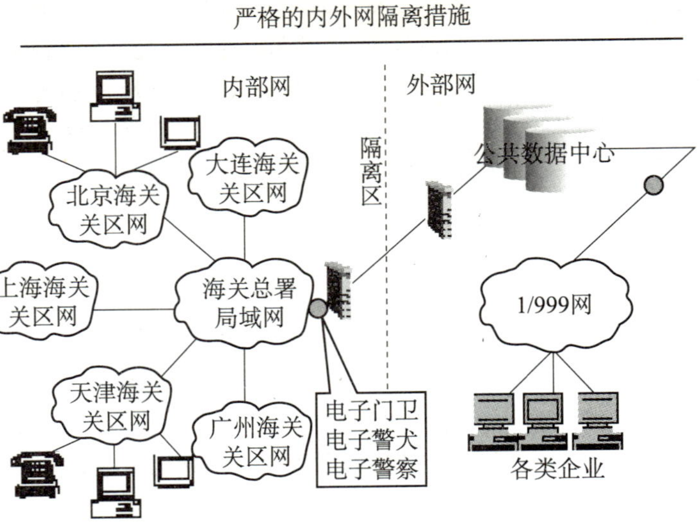

图 11－5　中国电子口岸网络隔离措施

重多重备份。目前除主运行系统外还建有同城备份系统,并且在异地建有容灾备份中心。网络方面通过电信部门提供的远程拨号接入和迂回通信等方式,进一步加强网络安全可靠性。

5. 严密的用户入网资格审查

企业申请成为电子口岸用户,上网办理报关、外汇核销、出口退税等业务,必须经过工商、税务、质检、外经贸、海关、外汇等6个部门的资格审查和申请业务授权,企业使用IC上网办理业务时,系统将自动进行身份检查和授权操作检查,确保用户的所有业务操作都在严密的管理和监控之下进行。

中国电子口岸的安全认证系统是采用基于公共密钥体系结构(PKI)安全认证体系的CA安全认证体系结构,以密码学为基础,采用对称和非对称加密算法、数字签名、数字信封、时间戳服务等安全技术,建立起一套严密的身份认证机制,从而保证信息传输的安全性、信息的完整性和不可抵赖性以及发送双方身份的认证。中国电子口岸安全认证系统,参照国家和国际有关标准及规范研制开发,通过了国家信息安全保密鉴定,是一个拥有自主知识产权、具有较高保密强度和技术水平的身份认证系统。

电子口岸入网IC卡分企业IC卡、政务IC卡两类。其中,企业IC卡又分法人卡和操作员卡;政务IC卡分管理员卡和操作员卡。企业法人卡用于以法人名义授权签字和对本企业操作卡进行管理等;企业操作员卡用于企业联网办理通关、收汇、退税业务等。政务管理员卡用于对本部门操作IC卡的发放和管理;政务操作员卡用于办理网上审批和审核业务等。

三、中国电子口岸的主要功能

1. 数据交换功能

该功能是通过中国电子口岸平台,政府与政府部门、政府部门与企业之间可实现数据交换和共享。数据交换对象包括国家行政管理机关、社会团体、事业单位、国内外企业、驻华使领馆、个体工商户等。连接方法包括PSTN、ISDN、ADSL、DDN、FR、ATM等有线或GPRS、CDMA等无线接入方式。交换格式包括EDFACT、XML、HTML、WML、SWIFT等。

2. 事务处理功能

该功能指中国电子口岸可为政府部门和企业办理核销单审批、加工贸易合同审批、减免税审批、报关单申报、进出口许可证和外汇核销单的申领、结付汇核销、保税区台账申请、ATA 单证申请等提供实时在线服务。

3. 身份认证功能

中国电子口岸入网用户都要经过工商、税务、质检、外经贸、海关、外汇等 6 个部门严格的入网资格审查，才能取得入网 IC 卡开展网上业务，从而有效解决网上业务信任关系和法律责任问题。身份认证包括：对工商、税务、海关、外汇、外经贸技术监督局等政府部门的身份认证；对进出口企业、加工贸易企业、外贸工业服务企业、外贸附属企业的身份认证；对个体工商户的身份认证。

4. 存证举证功能

根据国家行政管理机关的授权以及中国电子口岸数据中心与各用户单位之间签订的协议，中国电子口岸数据中心针对部分联网应用项目承担存证、举证的责任，电子数据存证期为 20 年。

5. 标准转换功能

按照国家行政管理机关各部门以及企业用户的需要，由中国电子口岸数据中心对交换数据进行代码转换，如组织机构代码转换、业务单证代码转换、参数数据代码转换。

6. 查询统计功能

根据提供共享业务数据主管部门或单位的授权，有控制地开放数据查询和统计服务。共享数据包括进出口报关单数据、企业经济户口档案数据、外汇核销单数据、海陆空铁邮及快件等货运数据、知识产权数据等。

7. 网上支付功能

针对用户支付税费和货款的需求，由中国银行、中国工商银行、中国农业银行、交通银行、招商银行等 16 家商业银行在中国电子口岸设立网上银行，为用户开设电子账户，提供资金支付、信用担保、账务管理等多种金融服务。

8. 网络隔离功能

企业及个人与政府部门的联网通过电子口岸实现“一点接入”，使电子口岸成为政府网关，并实现政府网与互联网的逻辑隔离，从而确保政府网络的安全性。

四、中国电子口岸的优越性

1. 一个公共数据中心集中存放电子底账，实现信息资源共享

中国电子口岸建立之前，贸易企业想要和政府部门联网必须分别进行，各个政府部门之间数据不共享，贸易企业办理各种申报审核手续费时费力。通过中国电子口岸，企业只要与电信公网连接，就可以透过公共数据中心在网上直接向海关、国检、外贸、外汇、工商、税务等政府管理机关申办各种进出口手续，各政府部门也可以在网上办理各种审批手续，从而真正实现了政府对企业的“一站式”服务。通过数据中心，企业还可以获得运输、仓储、金融、保险等行业的中介服务，企业间也可以进行联网，从而实现真正意义上的国际电子商务。

2. 完全基于公网，系统开放性好，提供全天候、全方位服务

企业利用电信公网实现对公共数据中心的接入访问，企业在任何时候、任何地方只要能访问 Internet，就可以登录中国电子口岸办理业务。

3. 无须投资购买专用设备,入网成本低

企业只需购置可以上网的电脑终端、安装必备的操作系统和浏览器,使用中国电子口岸系统安装软件安装客户端程序,按照要求连接好读卡器并插入企业 IC 卡,使用 95199 接入互联网后,即可开始使用中国电子口岸的各项业务功能,比采用 EDI 方式的成本大大降低。而且,相关管理部门还可提供免费技术、业务支持,企业将得到更多的实惠。

4. 系统直观、易学、操作简单

中国电子口岸以 Windows 操作系统为平台,普遍应用的 IE 等浏览器为工具,建立起和用户交互式的友好界面,系统提供一系列丰富的在线帮助和业务规范、操作指南查询,使用户轻松实现网上办公。

5. 多重严密的安全防护措施使系统运行安全可靠

中国电子口岸采用了国际标准和国内自主研发的高强度密码设计,在网传加密、网络隔离防护、机房设施安全和身份认证、权限设置及数字签名等方面采取了多重严密的安全防护措施,防黑客、防病毒、防偷窥、防抵赖。

五、中国电子口岸入网及业务操作

1. 企业登记备案

凡经国家工商、税务部门批准,持有效的《企业法人营业执照》(或《企业营业执照》)和《税务登记证》(或《外商投资企业税务登记证》)的企业,都能够成为中国电子口岸的用户。

企业持上述材料到当地的分中心或制卡代理点办理登记备案手续,提供完整准确的法人和操作员信息。由相关部门对企业用户进行资格审查后,分中心根据企业提供的信息,为企业制作中国电子口岸企业法人 IC 卡和操作员 IC 卡。

2. 购置必需的软硬件设备

企业在分中心办理登记备案成功后,可以随企业 IC 卡(或 WatchKey)同时获得中国电子口岸系统安装软件一张。企业购置一台可以上网的计算机,使用中国电子口岸系统安装软件安装客户端程序,按照要求连接好读卡器并插入企业 IC 卡(或 WatchKey),使用 95199 接入互联网后,即可开始使用中国电子口岸的各项业务功能。中国电子口岸系统运行所需要的软硬件配置较低,下列配置为安装使用系统的基本配置要求,企业可以根据实际使用情况选定。

CPU:PII266 以上;

内存:64M 或以上;

显示器:支持 800×600 或以上分辨率;

硬盘:C 盘要求 500M 以上剩余空间;

操作系统:Windows 2000/XP;

浏览器:IE5.0 以上版本;

其他:配备 33.6K 以上的 MODEM 卡,配备光驱。

3. 办理 95199 上网手续

95199 系统是由中国电信、中国网通针对中国电子口岸应用项目的特点,建立的集宽带、拨号和专线等多种接入方式于一体的全国性网络操作平台。无论企业采用何种网络接入方式,无论在任何时候、任何地方,只要能够接入互联网,就可以开展中国电子口岸业务。企业可以通过网上支付方便、快捷地购买宽带用户卡,也可以向当地的代售网点购卡。

4. 登录中国电子口岸

首先，企业可以通过任意方式与互联网进行连接。启动 IE 浏览器，在地址框内输入中国电子口岸网址（www.chinaport.gov.cn）即可登录中国电子口岸网站页面（如图 11－6 所示）。然后，单击屏幕左上角的"中国电子口岸执法系统"，即可进入用户登录界面（如图 11－7 所示）。在读卡器中插入企业 IC 卡（或在计算机的 USB 接口插入 WatchKey），并录入用户密码后，即可打开子系统选择界面（如图 11－8 所示）。

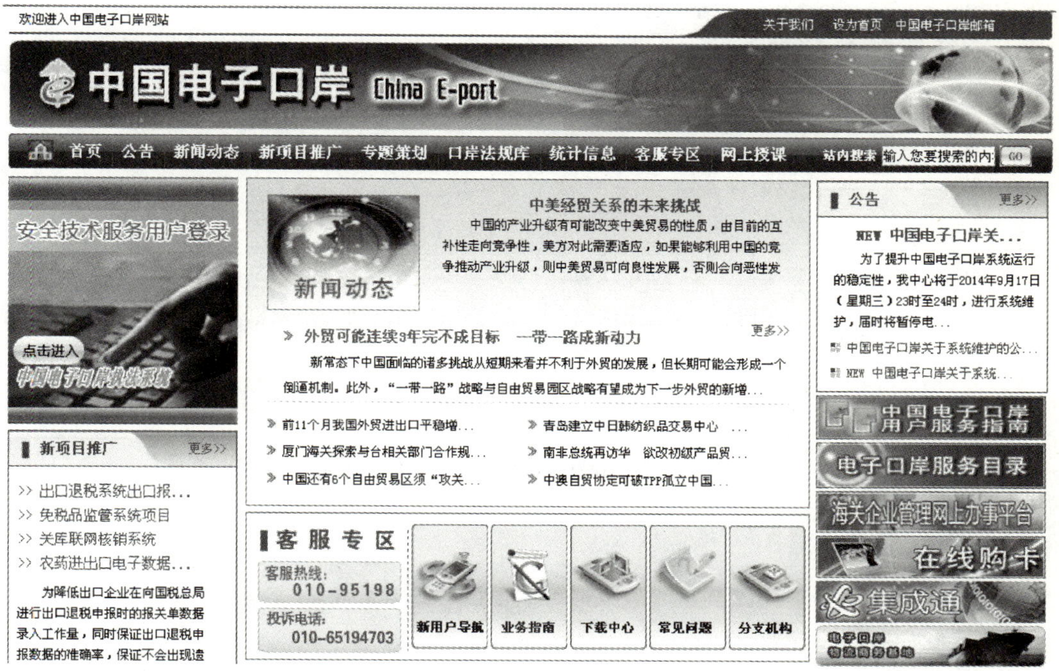

图 11－6 "中国电子口岸"主页面

在企业申请制卡时，相关部门根据企业业务类型和操作权限，赋予企业进入不同子系统的权利，可以进入的系统名称以深黑色显示，企业操作员可以单击进入，办理不同的业务。不允许进入的系统名称以浅灰色显示，企业操作员无法进入操作（如图 11－8 所示）。注意，企业首次进入中国电子口岸系统必须修改密码及注册 95199 上网卡账号，否则无法进入子系统。

5. 选择要进入操作的子系统，如"出口收汇"并单击，即可进入具体业务操作界面（有关具体业务操作流程，请参阅本教材第八章第三节有关内容）

中国电子口岸数据中心在不断新增和完善电子口岸各个业务系统的同时，还致力于建立强大的客户服务体系。目前，以数据中心客服部门为主，遍布全国的 41 个数据分中心客服部门为辅的"服务接入号码统一、服务标准统一、服务管理统一"的电子口岸一体化客户服务体系已经建立起来，已基本完成了数据中心呼叫中心系统的建设，大大提高了电子口岸总体客户服务质量。中国电子口岸入网企业可以通过热线电话、客服邮箱、网上咨询、客服传真等多种方式，向数据中心反馈从企业登记备案、系统安装到电子口岸的业务操作及系统故障的各种问题。其中，中国电子口岸热线服务电话已经实现了 7×24 小时全天候为全国企业服务。

六、中国电子口岸联网应用项目

自 1999 年 1 月 1 日中国电子口岸第一个应用项目——"进口付汇报关单联网核查系统"在

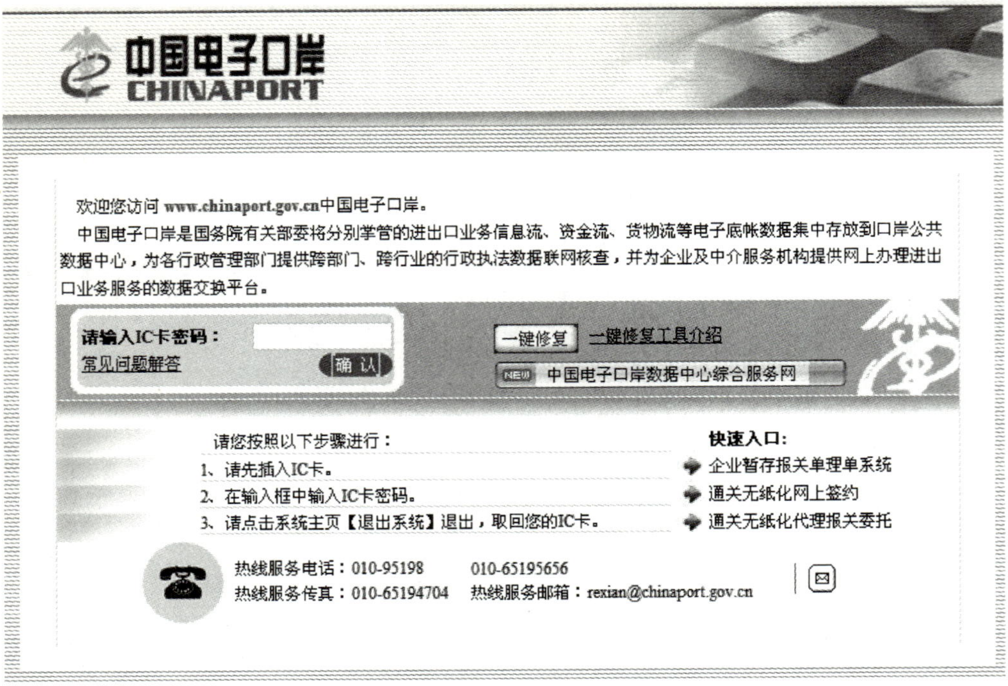

图 11-7 “中国电子口岸”用户登录界面

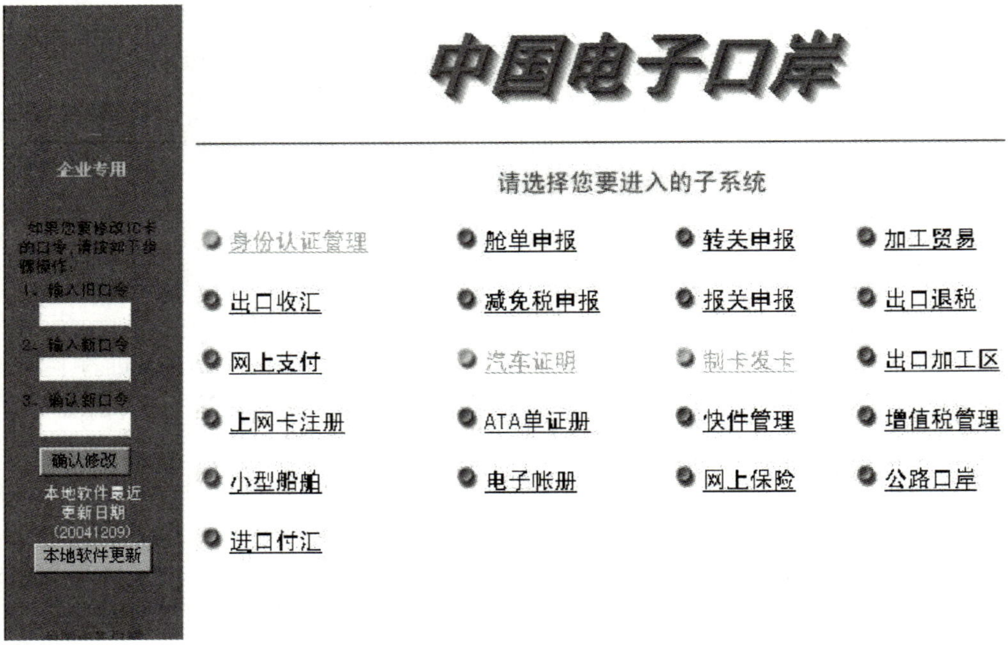

图 11-8 “中国电子口岸”子系统选择界面

全国推广应用以来,截至 2015 年 6 月,中国电子口岸已累计开发推广应用项目 74 个,其中采用“电子底账 + 联网核查”模式、实现大通关相关部门执法数据互联互通的应用项目 26 个,构建“一站式”服务平台、实现企业便捷通关的应用项目 30 个,整合物流商务信息、促进区域经济发展的应用项目 11 个。表 11-2 是对中国电子口岸已经联网应用的几个代表性项目的概括介绍。

表 11-2 “中国电子口岸”联网应用项目(截至 2015 年 6 月)

序号	项目名称	建设单位	主要功能	应用情况	主要成效
一、基础平台类应用项目(3 个)					
1	中国电子口岸安全与保密系统	国家密码管理局 海关总署 无锡江南信息安全工程技术中心 东方口岸科技有限公司	实现安全认证、数据和应用安全保护、安全防御和安全管理等功能,可为国家级信息系统提供全方位的安全基础设施保障	2001 年 5 月在中国电子口岸平台运行,2009 年 11 月通过最终验收	为电子口岸各业务系统提供了技术先进、运行稳定的安全登录认证、用户身份鉴别、访问权限控制、加密解密、加签验签和数据保护,有效地防止了针对电子口岸平台的各类攻击和破坏活动,充分保证了电子口岸各项业务功能的顺利实现
2	企业基础信息平台	国信办 工商总局 税务总局 质检总局 外汇局 商务部 国资委 海关总署	实现工商执照、税务登记证、外贸经营资质证明、外汇许可、组织机构代码、报关企业资格等企业基础信息的交换与共享	2001 年 4 月已实现对进出口企业的在线审批。2003 年年底完成平台项目开发,上线试运行	通过工商、税务、海关、外汇、商务、质检、国资委部门的互联互通,实现跨地区、跨部门的进出口企业、加工贸易企业、外贸中介服务机构、外贸货主单位基础信息的及时交换共享,加强国家对进出口活动的监督管理,有效提高国家行政管理机关综合管理效能和行政执法水平
3	安全与交换系统	海关总署	提供本地化的安全认证服务和数据交换	目前处于试点推广阶段	实现地方数据交换、统一用户身份认证的功能,保证数据交换的安全性、可靠性,满足各系统间的数据交换需求,显著提高交换效率
二、跨部委联网类应用项目(23 个)					
4	进口报关单联网核查	外汇局 海关总署	海关向外汇、银行提供进口报关单业务数据	1998 年 12 月完成开发,1999 年 1 月正式运行并推广到全国	通过“电子底账 + 联网核查”的管理模式,从根本上防止了不法分子利用假进口报关单骗汇,使得“三假”走私案件急剧减少,促使海关税收大幅增加、国家贸易顺差和顺收趋于平衡
5	出口收汇联网核查系统	外汇局 海关总署	海关向外汇局提供出口报关单业务数据;企业、外汇局、海关在线办理核销单申领、发放、口岸备案等工作	2000 年 12 月完成开发,2001 年 8 月在全国正式运行	通过“电子底账 + 联网核查”的管理模式,杜绝了不法分子利用伪造核销单、虚报核销单丢失等手段进行逃汇、骗税的活动。此外,企业可直接通过本项目进行核销单申领、口岸备案、挂失等操作,免去了企业往返于海关和外汇管理分支局之间办理相关手续的环节,将原来需要几周时间才能完成的工作缩短到一天内就可以完成

(续表)

序号	项目名称	建设单位	主要功能	应用情况	主要成效
6	ATA单证册通关项目	贸促会 海关总署	贸促会向海关传送ATA单证册电子数据	2001年7月完成开发,8月上海试点,目前在全国范围内推广	实现贸促会和海关部门ATA单证册相关信息的共享,防止不法企业利用伪造单证册、虚报单证册丢失等手段进行逃汇
7	网上税费支付系统	海关总署 中行、工行、建行、农行等16家商业银行	进出口企业支付关税、增值税等税费,并提供指定银行、预扣、实扣等相关金融服务	2001年10月完成开发,12月由中国银行在大连试点。目前已在全国范围内推广应用	使得企业往返银行和海关之间通过柜台支付多日方能办理完成的业务缩短至半小时之内,降低了企业贸易成本
8	通关单联网核查系统	质检总局 海关总署	质检部门向海关传送核发通关单电子信息	2002年3月完成开发并在上海试点,目前已在13个省、16个海关试运行	实现海关依据质检部门核发的通关单电子信息实施核放,方便企业实现无纸通关,降低了企业通关成本
9	出口退税联网核查系统	国税总局 海关总署	海关向国税提供出口报关单业务数据	2001年12月完成开发,2003年1月推广到全国	通过"电子底账+联网核查"的管理模式,使国税部门有效地辨别纸质的出口报关单退税联的真伪,进一步提高了国税部门办理退税业务的效率;杜绝了不法企业通过伪造单证骗取国家出口退税的行为
10	加工贸易联网监管系统(含中期核查、保税仓、出口加工区等)	商务部 海关总署	企业进行加工贸易合同备案、货物进出、报核、核销、库存等业务数据的录入和申报;海关、外经贸以及国税部门通过电子口岸平台对加工贸易企业经营范围、加工能力联网审批备案和联网核查	2003年2月正式运行	通过海关与企业的联网,使海关能够对企业加工贸易合同备案、货物进出、报核、核销、库存等各个业务环节进行实时监控;通过建立以企业为单元的电子底账代替纸面手册的模式,企业无须分配合同手册至各进出口岸,降低了企业的手册管理和通关成本,同时海关对实行联网监管的企业给予通关便利,进一步增强了企业的国际竞争力。
11	铁路口岸信息平台	原铁道部 海关总署	铁路运输部门整合铁路口岸货物信息,向海关传送铁路舱单电子信息	2003年6月正式运行	实现铁路运输部门代理货主整体申报货物信息,实现铁路、海关、质检、边检和相关企业的信息共享,加快铁路换装水平,提高贸易效率,降低企业贸易成本

（续表）

序号	项目名称	建设单位	主要功能	应用情况	主要成效
12	CEPA 原产地证明核查系统	香港工贸署 澳门经济局 海关总署	香港工贸署、澳门经济局向海关发送原产地证明书业务数据	2003 年 10 月完成开发，2004 年 1 月 1 日正式运行	通过该项目实现香港、澳门原产地证明和内地的数据共享，通过对香港、澳门原产货物实现优惠税则，充分落实了中央关于建立内地与香港、澳门更紧密经贸关系的精神；防止不法分子利用假原产地证明书偷逃关税
13	进口增值税联网核查系统	国税总局 海关总署	海关向国税部门传送进口增值税信息；企业在线办理进口增值税抵扣相关报送材料的生成，地方国税局、海关在线查询完税凭证信息	2004 年 8 月完成开发，并开始在全国试点运行	通过“电子底账 + 联网核查”的管理模式，有效防止不法分子利用假进口增值税税票进行抵扣，堵住了可能造成国家税款流失的漏洞。此外企业可以通过本项目直接生成抵扣报送材料，降低了手工操作可能产生的错误，将企业需要多人多日才能完成的抵扣材料生成工作，在几分钟内即可由系统直接生成
三、海关外网应用项目(30 个)					
14	进出口快件通关系统	海关总署	快件公司提前向海关申报、验核快件报关单和舱单等业务数据	2001 年 7 月完成开发，8 月上海试点，目前在全国范围内推广	保证进出口快件的快速通关，既提高了通关效率，又严密了海关监管。在实现电子化申报之前快件企业需要一天以上的通关时间，现在缩短至可在半小时之内完成
15	报关单预录入申报系统	海关总署	实现一般贸易报关、无纸通关等多种报关方式，支持企业自理报关、报关行代理报关、报关行预录入企业自理报关等三种业务模式。	2001 年 5 月正式上线运行	通过该项目保证进出口报关单的准确申报，在严格海关监管的同时，提高了整个通关的效率，使进出口企业的通关效率从需要大约七天时间缩短到一天之内完成
16	加工贸易手册管理系统	海关总署	实现企业加工贸易手册、分册、变更、核销等信息的录入和申报。	2003 年年初正式上线运行	满足加工贸易企业现代生产运营方式及多层次发展需要，适应和促进中小型加工贸易企业发展；改变企业传统纸质手册管理模式，使业务流程从五天时间缩短到一天之内完成

(续表)

序号	项目名称	建设单位	主要功能	应用情况	主要成效
17	减免税管理系统	海关总署	实现企业减免税备案及免表信息的录入和申报	2003 年年初正式上线运行	确保企业向海关提供减免税数据的准确性、有效性和合法性,提高海关对征税环节的监管力度,使业务流程从需要大约 15 天缩短到一天之内完成
18	企业备案管理系统	海关总署	实现企业办理进出口业务基础信息的录入和申报	2003 年年初正式上线运行	实现对进出口企业等单位和报关员等个人的有效管理及资格认定,并且对资信不良的企业和个人实施风险管理
19	免税商品监管系统	海关总署	面向免税企业提供免税店备案、免税商品备案、调拨申请、审单申请、特殊商品处理申请、核查单申请、季报申请等功能	2011 年 4 月正式上线运行	大大方便了免税店向海关报送业务数据。系统提供查询功能,企业可查询本企业申请的业务单据。
20	跨境贸易电子商务通关服务平台	海关总署	实现跨境电子商务企业向海关报送通过电子商务模式成交的进出境物品的通关数据	2014 年 6 月正式上线运行	实现外贸电子商务企业与口岸管理相关部门的业务协同和数据共享,解决以邮、快件运输出境的跨境贸易电子商务预售商品快速通关、结汇和退税
21	新车辆证明书联网核查系统	海关总署	对车辆证明书数据的录入方式作了较大改变,将原先由海关在联系单签发环节统一录入,调整为由进口货物收货人或代理人录入。实现“一车一证”数据联网核查	2016 年 6 月正式上线	配合海关总署规范海关对签发《货物进口证明书》的管理,加强了对进口汽车、摩托车的监管,提高了海关签发进口车辆证明书的效率

本章小结

本章主要对国际电子商务环境下的贸易管理体制变革、国际电子商务管理的全球合作以及中国电子口岸执法系统建设等内容进行了重点介绍。

国际电子商务的快速发展,从交易属性界定、交易安全、税收管理、发展中国家特殊待遇、知识产权保护、贸易立法的国际协调等方面，对传统国际贸易管理体制提出新的挑战，要求实现国际贸易管理手段的“电子化、网络化”，国际贸易单证、报文的“标准化、统一化”。

为推进全球电子商务发展，国际组织纷纷采取行动，WTO 在 1998 年 9 月推出《电子商务工作计划》，并为该计划的落实和实施提出了多项政策建议，在 WTO 于 2014 年 11 月通过的《贸易便利化协议》中，推动全球电子商务发展，被正式纳入国际多边贸易规则体系。联合国于 2005 年也正式推出“建立国际贸易单一窗口”建议，并相继发布“建立国际贸易单一窗口的法律框架”和“国际贸易数据简化与标准化”建议。这些建议已经转化为包括中国在内的世界 50 多个国家和政府的具体政策及行动，各国政府纷纷建立起自己的国际贸易“单一窗口”，使贸易便利化水平不断提升。为促进 SMEs 尤其是发展中国家和最不发达国家 SMEs 参与全球电子商务的能力，联合国还在“全球贸易网点网络”项目的基础上，成立了 WTPF，并在世界 90 多个国家建立网络站点，通过提供 ETO 和 GTDS，为 SMEs 开展国际电子商务提供更多的机会和信息。

中国电子口岸执法系统，是中国政府响应国际组织倡议，推进中国对外贸易管理体制和方式，以适应国际电子商务发展的需要，而采取的具体改革行动和实践。经过十多年的努力，中国电子口岸开发并投入联网应用的项目共计 74 个，其所提供的数据交换、事务处理、身份认证、存证举证、标准转换、查询统计、网上支付和网络隔离等功能，加强了口岸监管，提高了政府部门的行政执法能力；提高了通关效率，降低了贸易企业成本；改善了投资软环境，促进了国际物流业的发展；推进了电子政务建设，提高了政府服务水平，加快了中国电子商务发展。

关键术语

国际贸易管理体制，WTO《电子商务工作计划》，贸易便利化，国际贸易“单一窗口”，有限“单一窗口”，国家“单一窗口”，区域性/全球性“单一窗口”，通关一体化，世界贸易网点联盟（WTPF），中国电子口岸

复习思考题

1. 国际电子商务发展对传统国际贸易管理体制提出了哪些挑战？
2. 国际电子商务环境下国际贸易管理体制呈现出哪些新的特点？
3. 如何理解 WTO《电子商务工作计划》的作用和意义？
4. 登录 WTO 官方网站，查看并分析 WTO 对全球电子商务的基本观点及所采取的行动。
5. 试分析贸易便利化与国际电子商务的关系。
6. 何谓国际贸易“单一窗口”？它对促进国际电子商务发展有何作用？
7. 登录 WTPF，分析其对促进 SMEs 开展全球电子商务的作用。
8. 概述中国电子口岸的含义、建设目标及意义。
9. 试述中国电子口岸的主要功能及优越性。
10. 如何理解中国电子口岸与国际贸易“单一窗口”的关系？

参考文献

“关务通 · 电子口岸系列”编委会：电子口岸实用功能（第 2 版）[M]，中国海关出版社，2014 年 11 月。

冯晓宁:国际电子商务实务精讲[M],中国海关出版社,2012 年 5 月。
胡涵景,钟小林:国际贸易程序简化与标准化指南[M],中国标准出版社,2010 年 6 月。
兰宜生:国际电子商务教程(第 2 版)[M],首都经济贸易大学出版社,2010 年 9 月。
林青:电子口岸实务(第 2 版)[M],中国海关出版社,2014 年 8 月。
刘咏芳等:国际贸易电子商务[M],清华大学出版社,2008 年 6 月。
孟朱明:联合国国际贸易单一窗口教程[M],中国商务出版社,2012 年 7 月。
牟丹等:电子商务与国际贸易实务教程[M],东软电子出版社,2014 年 1 月。
王健:电子商务国际贸易理论与实务[M],中国财富出版社,2006 年 7 月。

教师反馈及教辅申请表

北京大学出版社本着“教材优先、学术为本”的出版宗旨，竭诚为广大高等院校师生服务。为更有针对性地提供服务，请您认真填写以下表格并经系主任签字盖章后寄回，我们将按照您填写的联系方式免费向您提供相应教辅资料，以及在本书内容更新后及时与您联系邮寄样书等事宜。

书名		书号	978-7-301-	作者	
您的姓名				职称职务	
校/院/系					
您所讲授的课程名称					
每学期学生人数	______人_____年级			学时	
您准备何时用此书授课					
您的联系地址					
邮政编码		联系电话（必填）			
E-mail（必填）		QQ			
您对本书的建议：				系主任签字 盖章	

我们的联系方式：

北京大学出版社经济与管理图书事业部

北京市海淀区成府路 205 号，100871

联系人：徐冰

电话：　010-62767312 / 62757146

传真：　010-62556201

电子邮件：em_pup@126.com　　em@pup.cn

Q Q：5520 63295

新浪微博：@北京大学出版社经管图书

网址：　http://www.pup.cn